Hans Rainer Künzle
Raphael Cica
Christian Lyk
Olivier Weber

KENDRIS Jahrbuch 2019/2020

zur Steuer- und Nachfolgeplanung

Schulthess § 2019

Bibliografische Information der Deutschen Nationalbibliothek
Die Deutsche Nationalbibliothek verzeichnet diese Publikation in der Deutschen Nationalbibliografie; detaillierte bibliografische Daten sind im Internet über http://dnb.d-nb.de abrufbar.

Alle Rechte, auch die des Nachdrucks von Auszügen, vorbehalten. Jede Verwertung ist ohne Zustimmung des Verlages unzulässig. Dies gilt insbesondere für Vervielfältigungen, Übersetzungen, Mikroverfilmungen und die Einspeicherung und Verarbeitung in elektronische Systeme.

© Schulthess Juristische Medien AG, Zürich · Basel · Genf 2019
 ISBN 978-3-7255-7993-8

www.schulthess.com

Inhaltsverzeichnis

Inhaltsverzeichnis III
Einleitung XV
Abkürzungsverzeichnis XVII
A. Einkommens- und Vermögenssteuern 1
   1. Direkte Bundessteuer 1
   2. Kanton Aargau 2
   3. Kanton Appenzell-Innerrhoden 4
   4. Kanton Appenzell-Ausserrhoden 6
   5. Kanton Bern 8
   6. Kanton Basel-Landschaft 10
   7. Kanton Basel-Stadt 12
   8. Kanton Freiburg 14
   9. Kanton Genf 16
   10. Kanton Glarus 18
   11. Kanton Graubünden 20
   12. Kanton Jura 22
   13. Kanton Luzern 24
   14. Kanton Neuenburg 26
   15. Kanton Nidwalden 28
   16. Kanton Obwalden 30
   17. Kanton St. Gallen 32
   18. Kanton Schaffhausen 34
   19. Kanton Solothurn 36
   20. Kanton Schwyz 38
   21. Kanton Thurgau 40
   22. Kanton Tessin 42
   23. Kanton Uri 44
   24. Kanton Waadt 46
   25. Kanton Wallis 48

26. Kanton Zug 50
27. Kanton Zürich 52
B. Besteuerung von Dividenden 55
   1. Direkte Bundessteuer 55
   2. Kantone 56
      Übersicht 56
        a. Kanton Aargau 56
        b. Kanton Appenzell-Innerrhoden 57
        c. Kanton Appenzell-Ausserhoden 57
        d. Kanton Bern 57
        e. Kanton Basel-Landschaft 58
        f. Kanton Basel-Stadt 58
        g. Kanton Freiburg 59
        h. Kanton Genf 60
        i. Kanton Glarus 61
        j. Kanton Graubünden 62
        k. Kanton Jura 63
        l. Kanton Luzern 64
        m. Kanton Neuenburg 65
        n. Kanton Nidwalden 66
        o. Kanton Obwalden 67
        p. Kanton St. Gallen 67
        q. Kanton Schaffhausen 68
        r. Kanton Solothurn 68
        s. Kanton Schwyz 69
        t. Kanton Thurgau 69
        u. Kanton Tessin 70
        v. Kanton Uri 71
        w. Kanton Waadt 72
        x. Kanton Wallis 73

  y. Kanton Zug 75
  z. Kanton Zürich 76
 3. Schweizerisches Bundesgericht 76
C. Besteuerung von Liquidationsgewinnen nach Art. 37b DBG 77
 1. Einführung 77
 2. Art. 37b DBG: Liquidationsgewinne 77
 3. Verordnung über die Besteuerung der Liquidationsgewinne bei definitiver Aufgabe der selbständigen Erwerbstätigkeit (LGBV) 78
 4. Kreisschreiben Nr. 28 der Eidgenössischen Steuerverwaltung vom 3. November 2010 78
  a. Anwendung von Art. 37b DBG bei späterer Aufnahme einer selbständigen Erwerbstätigkeit 78
  b. Fiktiver Einkauf 78
  c. Erbgang 78
 5. Besteuerung der Liquidationsgewinne im kantonalen Steuerrecht 79
 6. Fallbeispiel zur Wirkungsweise der Liquidationsgewinn-Besteuerung nach Art. 37b DBG 79
  a. Steuerbarer Liquidationsgewinn 79
  b. Besteuerung des fiktiven Einkaufs in die Vorsorge 80
  c. Besteuerung des Liquidationsgewinnes nach Abzug der fiktiven Beitragslücke BVG 80
  d. Gesamtsteuerbelastung direkte Bundessteuer auf Liquidationsgewinn 81
  e. Zum Vergleich: Gesamtsteuerbelastung auf Liquidationsgewinn bei ordentlicher Besteuerung (altrechtlich) 81
D. Besteuerung von Vorsorgeleistungen 83
 1. Kern-Kennzahlen der Schweizerischen Sozialversicherungen 83
 2. Besteuerung von Kapitalleistungen der Säulen 2 und 3a 90
E. Besteuerung von rückkaufsfähigen Lebensversicherungen 105
 1. Direkte Steuern 105
  a. Besteuerung während der Dauer der Versicherung 106
  b. Besteuerung nach Ablauf des Versicherungsvertrages 106

	2.	Indirekte Steuern 107	
		a. Abgaben bei Abschluss der Lebensversicherung 107	
		b. Abgaben bei Auszahlung einer Kapitalleistung 107	
	3.	Finanzierungsart 108	
	4.	Erbrechtliche Behandlung 109	
F.	Besteuerung von Grundstücken 111		
	1.	Grundstückgewinnsteuer 111	
		a. Wer erhebt die Grundstückgewinnsteuer? 111	
		b. Wodurch wird die Grundstückgewinnsteuer ausgelöst?.... 111	
		c. Was ist eine Veräusserung? 111	
		d. Wann wird die Grundstückgewinnsteuer aufgeschoben?.. 112	
		e. Wer ist steuerpflichtig? 112	
		f. Wie wird der steuerbare Gewinn ermittelt? 112	
		g. Besteuerungssystem der Kantone für die Grundstückgewinne ... 113	
	2.	Handänderungssteuer 114	
		a. Wer erhebt die Handänderungssteuer? 114	
		b. Wodurch wird die Handänderungssteuer ausgelöst? 114	
		c. Welche Vorgänge sind von der Handänderungssteuer befreit? ... 114	
		d. Wer ist steuerpflichtig? 114	
		e. Worauf wird die Handänderungssteuer erhoben? 114	
	3.	Liegenschaftensteuer 115	
		a. Wer erhebt die Liegenschaftensteuer? 115	
		b. Wer ist steuerpflichtig? 115	
		c. Worauf wird die Liegenschaftensteuer erhoben? 115	
	4.	Kantonale Regelungen im Einzelnen 116	
		a. Kanton Aargau 116	
		b. Kanton Appenzell-Innerrhoden 117	
		c. Kanton Appenzell-Ausserhoden 118	
		d. Kanton Bern 119	
		e. Kanton Basel-Landschaft 120	

	f. Kanton Basel-Stadt	121
	g. Kanton Freiburg	124
	h. Kanton Genf	125
	i. Kanton Glarus	126
	j. Kanton Graubünden	127
	k. Kanton Jura	128
	l. Kanton Luzern	129
	m. Kanton Neuenburg	130
	n. Kanton Nidwalden	131
	o. Kanton Obwalden	132
	p. Kanton St. Gallen	133
	q. Kanton Schaffhausen	134
	r. Kanton Solothurn	136
	s. Kanton Schwyz	137
	t. Kanton Thurgau	138
	u. Kanton Tessin	139
	v. Kanton Uri	140
	w. Kanton Waadt	141
	x. Kanton Wallis	142
	y. Kanton Zug	143
	z. Kanton Zürich	144
G. Erbschafts- und Schenkungssteuern		145
1. Übersicht		145
2. Kantonale Regelungen im Einzelnen		151
	a. Kanton Aargau	151
	b. Kanton Appenzell-Innerrhoden	153
	c. Kanton Appenzell-Ausserhoden	154
	d. Kanton Bern	155
	e. Kanton Basel-Landschaft	157
	f. Kanton Basel-Stadt	159

       g. Kanton Freiburg 161
       h. Kanton Genf 162
       i.   Kanton Glarus 166
       j.   Kanton Graubünden 167
       k. Kanton Jura 169
       l.   Kanton Luzern 170
       m. Kanton Neuenburg 173
       n. Kanton Nidwalden 174
       o. Kanton Obwalden 175
       p. Kanton St. Gallen 175
       q. Kanton Schaffhausen 176
       r.   Kanton Solothurn 178
       s.   Kanton Schwyz 180
       t.   Kanton Thurgau 181
       u. Kanton Tessin 182
       v. Kanton Uri 184
       w. Kanton Waadt 185
       x. Kanton Wallis 187
       y. Kanton Zug 187
       z. Kanton Zürich 189
   3. Gegenrechtsvereinbarungen 192
       a. Übersicht 192
       b. Beispiel 1: Zürich – Waadt 193
       c. Beispiel 2: Bern – Genf 195
H. Vereinfachung der Nachbesteuerung in Erbfällen und straflose
    Selbstanzeige 199
   1. Bundesgesetz vom 14. Dezember 1990 über die direkte
       Bundessteuer 199
   2. Bundesgesetz vom 14. Dezember 1990 über die Harmonisierung
       der direkten Steuern der Kantone und Gemeinden 202
I. Verzugs- und Vergütungszinsen 207

J. Doppelbesteuerungsabkommen zur Erbschaftssteuer 223
   1. Belgien 223
   2. Deutschland 223
   3. Frankreich 233
   4. Italien 234
   5. Liechtenstein 234
   6. Niederlande 234
   7. Österreich 239
   8. Schweden 245
   9. Spanien 254
   10. United Kingdom (England and Wales) 254
   11. United States 265

K. Einkommens-, Vermögens- und Erbschaftssteuern (International) 271
   1. FATCA (USA) 271
   2. Informationsaustausch (OECD) 272
      a. Amtshilfe in Steuersachen 272
      b. Stand der Doppelbesteuerungsabkommen 272
      c. Automatischer Informationsaustausch (AIA) 272
   3. Belgien 276
      a. DBA Belgien-Schweiz 276
      b. Einkommenssteuer 2019 (Einschätzungsjahr 2020) 276
      c. Vermögenssteuer 2019 276
      d. Erbschaftssteuer 2019 277
      e. Schenkungssteuern 280
   4. Deutschland 282
      a. Einkommenssteuer 2019 282
      b. Vermögenssteuer 2019 282
      c. Erbschafts- und Schenkungssteuer 2019 282
   5. Frankreich 284
      a. DBA Frankreich-Schweiz 284

  b. Einkommenssteuer 2018 – Deklarationsjahr 2019 285
  c. Vermögenssteuer 2019 286
  d. Erbschafts- und Schenkungssteuer 287
6. Italien 289
  a. Einkommenssteuer 2019 („IRPEF") 289
  b. Vermögenssteuer 2019 289
  c. Erbschafts- und Schenkungssteuer 2019 290
7. Liechtenstein 291
  a. DBA Liechtenstein-Schweiz 291
  b. Einkommenssteuer 2019 291
  c. Vermögenssteuer 2019 292
  d. Nachlass-, Erbanfall- und Schenkungssteuer 2019 292
8. Niederlande 293
  a. Einkommenssteuer 2019 293
  b. Vermögenssteuer 2019 295
  c. Erbschafts- und Schenkungssteuer 2019 296
9. Österreich 297
  a. Einkommenssteuer 2019 297
  b. Vermögenssteuer 2019 297
  c. Erbschafts- und Schenkungssteuer/Schenkungsmeldegesetz 2019 297
  d. Privatstiftungen 299
10. Schweden 300
  a. Einkommenssteuer 2019 300
  b. Vermögenssteuer 2019 301
  c. Erbschaftssteuer 2019 301
11. Spanien 301
  a. Einkommenssteuer 2019 301
  b. Vermögenssteuer 2019 302
  c. Erbschafts- und Schenkungssteuer 2019 303

    12. United Kingdom 305
        a. Einkommenssteuer 2019/2020 305
        b. Vermögenssteuer 2019/2020 307
        c. Erbschaftssteuer 2019/2020 307
    13. United States 308
        a. DBA United States-Schweiz 308
        b. Einkommenssteuer 2019 308
        c. Vermögenssteuer 2019 309
        d. Nachlasssteuer und Schenkungssteuer 2019 310
        e. Steuerreform 310
L. Gesetzestexte Schweiz 311
    1. Gesetzliche Erbfolge (Art. 457–466 ZGB) 311
    2. Verfügungsbeschränkungen (Art. 470–476 ZGB) 314
    3. Internationales Erbrecht (Art. 86-96 IPRG) 317
M. Gesetzestexte Belgien 323
    1. Gesetzliche Erbfolge (Art. 731–755 CC bel.) 323
    2. Verfügungsbeschränkungen (Art. 913–919 CC bel.) 348
    3. Internationales Erbrecht (Art. 77-84 CDIP) 358
N. Gesetzestexte Deutschland 363
    1. Gesetzliche Erbfolge (§§ 1922–1941 BGB) 363
    2. Verfügungsbeschränkungen (§§ 2303–2338a BGB) 368
    3. Internationales Erbrecht (BGBEG, FamFG und IntErbRVG) .. 377
O. Gesetzestexte Frankreich 381
    1. Gesetzliche Erbfolge (Art. 731–767 CC fr.) 381
    2. Verfügungsbeschränkungen (Art. 912–920 CC fr.) 402
    3. Internationales Erbrecht (Art. 3, 720 CC fr., Art. 44 f. CPC) .. 408
P. Gesetzestexte Italien 413
    1. Gesetzliche Erbfolge (Art. 565–586 CC it.) 413
    2. Verfügungsbeschränkungen (Art. 536–552 CC it.) 421
    3. Internationales Erbrecht (Art. 46-50 LDIP) 429

Q. Gesetzestexte Liechtenstein 435
   1. Gesetzliche Erbfolge (§§ 727–761 ABGB FL) 435
   2. Verfügungsbeschränkungen (§§ 762–796 ABGB FL) 441
   3. Internationales Erbrecht (Art. 29 f. IPRG, §§ 54-56a JN) 450
R. Gesetzestexte Niederlande 453
   1. Gesetzliche Erbfolge (Art. 4:9–41 BW) 453
   2. Verfügungsbeschränkungen (Art. 4:63–78 BW) 491
   3. Internationales Erbrecht (Art. 10:145-152 BW) 505
S. Gesetzestexte Österreich 513
   1. Gesetzliche Erbfolge (§§ 727–761 ABGB) 513
   2. Verfügungsbeschränkungen (§§ 762–796 ABGB) 520
   3. Internationales Erbrecht (EU ErbVO, §§ 105-107 JN) 525
T. Gesezestexte Schweden 529
   1. Gesetzliche Erbfolge (1.–5. Kap. ÄB) 529
   2. Verfügungsbeschränkungen (7. Kap. ÄB) 542
   3. Internationales Erbrecht (Lag [2015:417], §§ 1-3) 546
U. Gesetzestexte Spanien 551
   1. Gesetzliche Erbfolge (Art. 912–958 CC esp.) 551
   2. Verfügungsbeschränkungen (Art. 806–840 CC esp.) 564
   3. Internationales Erbrecht (CC esp., LOPJ, LEC) 584
V. United Kingdom (England and Wales) 591
   1. Gesetzliche Erbfolge (sec. 45–52 AEA) 591
   2. Verfügungsbeschränkungen (sec. 1–4 I[PFD]A 1975) 601
   3. Internationales Erbrecht (Wills Act 1963) 608
W. United States of America 611
   1. Kalifornien 611
      a. Gesetzliche Erbfolge (§§ 240-241 und 6400–6455 Cal.Prob. Code) 611
      b. Verfügungsbeschränkungen (§§ 6500–6615 Cal.Prob.Code) 621
      c. Internationales Erbrecht (§§ 7051-7052 Cal.Prob.Code …) 633

2.	New York	636
	a. Gesetzliche Erbfolge (EPTL Article 4)	636
	b. Verfügungsbeschränkungen (EPTL Article 5)	644
	c. Internationales Erbrecht (EPTL § 3-5.1)	672
X. Internationale Übereinkommen		675
1.	Erbrechtsverordnung der Europäischen Union	675
	a. Gesetzestext	675
	b. Die EuErbVO und die Schweiz	708
2.	Haager Trust Übereinkommen (SR 0.221.371)	713
	a. Gesetzestext	713
	b. Vertragsstaaten	730
3.	Weitere erbrechtliche Übereinkommen	731
	a. Haager Form-Übereinkommen	731
	b. Basler Registrierungs-Übereinkommen	732
	c. Haager Erbverwaltungs-Übereinkommen	733
	d. Washingtoner Form-Übereinkommen	734
	e. Haager Erbrechts-Übereinkommen	735
Y. Gesetze, Literatur und Rechtsprechung 2018/2019		737
1.	Gesetzgebung zum schweizerischen Erbrecht 2018/2019	737
2.	Literatur zum schweizerischen Erbrecht 2018/2019	743
3.	Rechtsprechung zum schweizerischen Erbrecht 2018/2019	753
Z. Kantonale Behörden und Gerichte in Erbschaftssachen		803
KENDRIS Ansprechpartner im Bereich der Steuer- und Nachfolgeplanung		807

Einleitung

Zu den Neuerungen der vierzehnten Auflage:

Im *Teil Steuern* weisen die kantonalen Einkommens- und Vermögenssteuern (A.) zahlreiche Änderungen auf. Wir danken wiederum den kantonalen Steuerämtern, welcher uns freundlicherweise beim Sammeln der Steuerdaten unterstützt haben. Im Kapital B (Besteuerung von Dividenden) wurde die Steuerreform eingearbeitet. Im Kapitel D (Besteuerung von Vorsorgeleistungen) sind die neuesten Kennzahlen der Sozialversicherung ersichtlich. Bei den Erbschaftssteuern (Kapitel G.) wurden die Freibeträge im Kanton Graubünden angepasst. Im internationalen Teil (K.) haben in zahlreichen Ländern die Einkommenssteuertarife (Belgien, Deutschland, Frankreich, Niederlande, Schweden und USA) und die Erbschafts- und Schenkungssteuern (Belgien, Niederlande, USA [Freibetrag auf 11.4 Mio. USD erhöht]), Änderungen erfahren.

Im *Teil Recht* ist in der Schweiz eine Revision des Erbrechts (Zivilgesetzbuch) im Gange, dessen erste Etappe (Reduktion der Pflichtteile) frühestens 2021 in Kraft treten wird (Kapitel L.1.). Für die zweite Etappe (Unternehmensnachfolge) wird 2020 ein Entwurf des Bundesrates erwartet und für die dritte Etappe (mit Themen wie digitaler Tod, Aufsicht über den Willensvollstrecker, Erbenruf und Erbschleicherei) beginnen erst die Arbeiten an einem Vorentwurf. Daneben wird in der Schweiz auch das Internationale Erbrecht (IPRG) an die EU-Erbrechtsverordnung angepasst und auf neuen Stand gebracht (Kapitel L.3.). In dieser Revision wird bis 2020 ein Entwurf des Bundesrates vorliegen. In Kalifornien wurde die Definition von «natural parent» (§ 6453 Cal.Prob.Code) angepasst (Kapitel W.1.a.), in New York die Wahl des überlebenden Ehegatten (EPTL § 5-1.1-A [d][1]) präzisiert und für Schweden die noridische Erbrechtskonvention geändert. Die Angaben zu Gesetzesänderungen, Literatur und Rechtsprechung für die Jahre 2018/2019 (Kapitel Y.1.-3.) wurden neu erstellt.

Das Jahrbuch 2019/2020 wird nur in Buchform erscheinen, weder als elektronisches Buch noch als App.

Hinweise zum Gebrauch dieses Buches:
Im *Teil Steuern* werden im Kapital A. die Einkommens- und Vermögenssteuern aller Kantone behandelt. Aufgeführt werden jeweils die teuersten und steuergünstigsten Gemeinden sowie der Kantonshauptort.
Im Internationalen Teil (J.) werden zunächst die Doppelbesteuerungsabkommen im Bereich der Erbschaftssteuern mit den Ländern Belgien, Deutschland, Frankreich, Italien, Liechtenstein, Niederlande, Österreich, Schweden, Spanien, United

Einleitung

Kingdom und United States behandelt. Sodann werden die Steuertarife zu den Einkommens-, Vermögens- und Erbschaftssteuern derselben Länder dargestellt (K.).

Wichtig: Die in dieser Publikation aufgeführten Zahlen wurden sorgfältig erarbeitet, sie dürfen aber nur als Erstinformation für Planungen verwendet werden, da sie weder verbindlich sind, noch die notwendige Aktualität gewährleisten können. Für konkrete Berechnungen ist in jedem Fall vorgängig die mit Rechtskraft versehene Gesetzessammlung zu konsultieren.

Im Teil Recht werden zunächst die nationalen Gesetzestexte (L.) dargestellt. Diese enthalten die gesetzliche Erbfolge (a.) und Verfügungsbeschränkungen (insbesondere durch Pflichtteile) (b.), und zwar für die gleichen Länder wie bei den Steuern. Anschliessend werden die Kollisionsregeln für internationale Nachlässe (Zuständigkeit und anwendbares Recht) aufgeführt (c.), einschliesslich der Staatsverträge (bilateral und multilateral).

Wichtig: Verbindlich ist nur die Originalsprache der Gesetzestexte, welche jeweils in der rechten Spalte abgedruckt ist. Wenn einzelne Gesetzesartikel ein vom Gesamterlass abweichendes Datum der Änderung bzw. des Inkrafttretens aufweisen, wird dieses angegeben. Der Einfachheit halber ist pro Artikel nur ein einziges Datum angeführt, genauere Angaben sind den offiziellen Gesetzessammlungen zu entnehmen. In der Deutsch-Übersetzung (linke Spalte) wird weniger Gewicht auf eine wörtliche Übersetzung gelegt, als vielmehr eine sinngemässe Erfassung angestrebt. Dabei wird die Terminologie des schweizerischen Erbrechts verwendet, was naturgemäss zu Ungenauigkeiten führt. Die abgedruckten Gesetzestexte stellen zudem nur einen kleinen Ausschnitt der massgebenden Bestimmungen dar. Für konkrete Erbschaftsplanungen muss in jedem Fall der vollständige Originaltext aller relevanten Erlasse in den mit Rechtskraft versehenen Gesetzessammlungen konsultiert werden. Diese sind zu einem grossen Teil auf dem Internet zugänglich. Einige Links dazu werden unter www. successio.ch (Lasche "successio online", Rubrik "Gesetze") angeboten.

Auf *männlich-weibliche Doppelformen* wird zur besseren Lesbarkeit der Texte verzichtet; die weibliche Form ist jeweils mitgemeint.

Wir hoffen, den Steuer- und Nachfolgeplanern den Alltag mit dem KENDRIS Jahrbuch 2019/2020 zu erleichtern und nehmen gerne *Anregungen* für weitere Auflagen entgegen.

Zürich/Aarau, im Dezember 2019   Die Herausgeber

Abkürzungsverzeichnis

A.	Auflage.
a.a.O.	am angegebenen Ort.
AB	Assembly Bills.
ABGB	Allgemeines bürgerliches Gesetzbuch vom 1. Juni 1811 (JGS Nr. 946).
ABGB FL	Allgemeines bürgerliches Gesetzbuch vom 1. Juni 1811 (LR 210.0).
Abs.	Absatz (= al.).
AEA	Administration of Estates Act, 1925 (15 & 16 Geo. 5 c. 23).
ÄB	Ärvdabalk (Erbgesetzband) vom 12. Dezember 1958 (Nr. 637), in der Fassung des Neudrucks von 1981 (Nr. 359) mit einigen späteren Änderungen.
AG	(Kanton) Aargau.
AI	(Kanton) Appenzell Innerrhoden.
AI-SG	Kanton Appenzell I. Rh., Systematische Gesetzessammlung.
AJP	Aktuelle Juristische Praxis (= PJA).
al.	alinéa (= Abs.).
Amdts.	Amendments.
AML	Anti Money Laundering.
AR	(Kanton) Appenzell Ausserrhoden.
AR-bGS	Kanton Appenzell A. Rh., bereinigte (systematische) Gesetzessammlung.
Art. / art.	Artikel, Article, article.
ASA	Archiv für Schweizerisches Abgaberecht / Archives de droit fiscales suisse.
ATF	Arrêt du Tribunal fédéral suisse (= BGE).
ATSG	BG vom 6. Oktober 2000 über den Allgemeinen Teil des Sozialversicherungsrechts (SR 830.1) (= LPGA/OPGA).
BBl.	Bundesblatt.
BE	(Kanton) Bern.
Bevans	Treaties and Other International Agreements of the United States, 1776-1944.
BG	Bundesgesetz.
BGB	Bürgerliches Gesetzbuch vom 18. August 1896 (RGBl. 195).
BGBB	BG vom 4. Oktober 1991 über das bäuerliche Bodenrecht (SR 211.412.11) (= LDFR).
BGBEG	Einführungsgesetz zum Bürgerlichen Gesetzbuch vom 18. August 1896 (RGBl. 1896 I S. 195) (Deutschland).
BGBl.	Bundesgesetzblatt (Deutschland/Österreich).
BGE	Entscheidungen des Schweizerischen Bundesgerichtes (= ATF).
BGer	(Schweizerisches) Bundesgericht (= TF).
BGFA	Bundesgesetz vom 23. Juni 2000 über die Freizügigkeit der Anwältinnen und Anwälte (SR 935.61) (= LLCA).

BGG	Bundesgesetz vom 17. Juni 2005 über das Bundesgericht (Bundesgerichtsgesetz (SR 173.110) (= LTF).
BJM	Basler Juristische Mitteilungen.
BL	(Kanton) Basel-Landschaft.
BL-SGS	Kanton Basel-Landschaft, Systematische Gesetzessammlung.
BN	Berner Notar (= NB).
BR	Bündner Rechtsbuch.
BS	(Kanton) Basel-Stadt.
BSG	Bernische Systematische Gesetzessammlung.
BS-SG	Kanton Basel-Stadt, Systematische Gesetzessammlung.
BStPra	Basellandschaftliche und Baselstädtische Steuerpraxis.
BV	Bundesverfassung der Schweizerischen Eidgenossenschaft vom 18. April 1999 (SR 101) (=Cst.).
BVG	Bundesgesetz vom 25. Juni 1982 über die berufliche Alters-, Hinterlassenen- und Invalidenvorsorge (SR 831.40) (= LPP).
BVR	Bernische Verwaltungsrechtsprechung.
BVV3	V vom 13. November 1985 über die steuerliche Abzugsberechtigung für Beiträge an anerkannte Vorsorgeformen (SR 831.461.3).
BW	Burgerlijk Wetboek.
c.	consideration (= E.).
	chapter(s) (= Kapitel).
Cal.Civ.Code	California Civil Code.
Cal.Elec.Code	California Elections Code.
Cal.Prob.Code	California Probate Code.
CAN	Zeitschrift für kantonale Rechtsprechung.
CC	Code Civil Suisse du 10 décembre 1907 (SR 210) (= ZGB). Codice civile svizzero del 10 dicembre 1907 (SR 210) (=ZBG).
CC bel.	Code civil belge du 21 mars 1804 (vgl. CC fr.).
CC esp.	Código Civil Español (Ley de 11 de mayo de 1888 por la que se autoriza al Gobierno para publicar un Código Civil con arreglo a las condiciones y bases establecidas en la misma, Colección Legislativa de España, tomo CXL, primer semestre de 1888, 829 ff.).
CC fr.	Code civil français (L. du 30 ventôse an XII [sc. 21 mars 1804], contenant la réunion des lois civiles en un seul corps de lois, sous le titre Code civil des Français).
CC it.	Codice civile italiano (R.D. 16 marzo 1942, n. 262, G.U. 4 aprile 1942, n. 79 Ediziione Straordinaria).
CDIP	Lois du 16 juillet 2004 portant le Code de droit international privé (Belgique).
CDP	Cour de droit public (Neuchâtel).
CDPJ	Code de droit privé judiciaire vaudois (RSV 211.02).

CEDH	Convention du 4 novembre 1950 de sauvegarde des droits de l'homme et des libertés fondamentales (SR 0.101) (= EMRK). Cour Européenne des Droits de l'Homme.
CETS	Center of Europe Treaty Series.
CFPG	Commissione ticinese per la formazione permanente dei giuristi.
ch.	chiffre (= Ziff.) / chapter (= Kapitel).
CHF	Schweizer Franken.
CL	Convention du 30 octobre 2007 concernant la compétence judiciaire, la reconnaissance et l'exécution des décisions en matière civile et commerciale (Convention de Lugano - RS 0.275.12) (= LugÜ).
CLug	Convenzione del 30 ottobre 2007 concernente la competenza giurisdizionale, il riconoscimento e l'esecuzione delle decisioni in materia civile e commerciale (Convenzione di Lugano – RS 0.275.12) (= LugÜ).
CO	Loi fédérale du 30 mars 1911 complétant le code civil suisse (Livre cinquième: Droit des obligations – RS 220) (= OR).
CPC	Code de procédure civile du 19 décembre 2008 (RS 272) (= ZPO). Code de procédure civile (Frankreich).
CPP	Code de procédure pénale du 12 septembre 1967 (RSV 312.01).
CRDS	Contribution au Remboursement de la Dette Sociale.
CREC	Chambre des Recours Civile.
CSG	Contrubution Sociale Generalisée.
Cst.	Constitution fédérale de la Confédération suisse du 18 avril 1999 (SR 101) (= BV).
DBA	Doppelbesteuerungsabkommen.
DBG	BG vom 14. Dezember 1990 über die direkte Bundessteuer (SR 641.11).
dRSK	Der digitale Rechtsprechungs-Kommentar.
DStG	Gesetz über die direkten Kantonssteuern (SGF 631.1).
E.	Erwägung (= c.).
ECS	L'Expert-comptable suisse (= STH).
EGV	Eidgenössisches Versicherungsgericht (Sozialversicherungs-abteilung des Schweizerischen Bundesgerichts).
EGV SZ	Entscheide der Gerichts- und Verwaltungsbehörden des Kantons Schwyz.
EGZGB	Einführungsgesetz zum Zivilgesetzbuch.
EMRK	Konvention vom 4. November 1950 zum Schutze der Menschenrechte und Grundfreiheiten (SR 0.101) (=CEDH)
EPT	Estates Powers and Trusts (New York).
EPTL	Estates Powers and Trusts Law (New York).
Erw.	Erwägung.
ESchG	Erbschafts- und Schenkungssteuer-Gesetz.

(ESchG)	BE: Gesetz vom 23. November 1999 über die Erbschafts- und Schenkungssteuer (BSG 662.1). BL: Gesetz vom 7. Januar 1980 über die Erbschafts- und Schenkungssteuer (BL-SGS 334). FR: Gesetz vom 14. September 2007 über die Erbschafts- und Schenkungssteuer (SGF 635.2.1). GE: Loi du 26 novembre 1960 sur les droits de succession (RSG D 3 25). JU: Loi du 26 octobre 1978 sur la taxe des successions et donations (RSJU 642.1). NE: Loi du 1er octobre 2002 instituant un impôt sur les successions et sur les donations entre vifs (RSN 633.0). SH: G vom 13. Dezember 1976 über die Erbschafts- und Schenkungssteuer (SHR 643.100). TG: G vom 15. Juni 1989 über die Erbschafts- und Schenkungssteuer (TG-RB 641.8). UR: G vom 2. Juni 1991 über die Erbschafts- und Schenkungssteuer (UR-RB 3.2221). VD: Loi du 27 février 1963 concernant le droit de muation sur les transferts immobiliers et l'impôt sur les successions et donations (RSV 648.11). ZH: G vom 28. September 1986 über die Erbschafts- und Schenkungssteuer (ZH-LS 631.1).
EStG	Gesetz vom 27. Mai 1908 betreffend die Erbschaftssteuern (SRL 640).
ESTV	Eidgenössische Steuerverwaltung.
etc.	et cetera.
EU	Europäische Union (= UE).
EuErbVO	EU-Erbrechtsverordnung.
EUR	Euro.
FamFG	Gesetz vom 17. Dezember 2008 über das Verfahren in Familiensachen und in den Angelegenheiten der freiwilligen Gerichtsbarkeit (BGBl. I S. 2586) (Deutschland).
FamPra.ch	Die Praxis des Familienrechts.
FATCA	Foreign Account Tax Compliance Act.
f./ff.	folgende (Seite[n]).
FFI	Foreign Financial Institution.
FL	Fürstentum Liechtenstein.
FN	Fussnote.
FR	(Kanton) Freiburg.
FusG	BG vom 3. Oktober 2003 über Fusion, Spaltung, Umwandlung und Vermögensübertragung (SR 221.301).

Abkürzungsverzeichnis

FZG	BG vom 17. Dezember 1993 über die Freizügigkeit in der beruflichen Alters-, Hinterlassenen- und Invalidenvorsorge (Freizügigkeitsgesetz – SR 831.42).
G	Gesetz.
GAAR	General Anti-Avoidance Rules.
GBAG	Gesetz über die Grundbuchabgaben (Grundbuchabgabengesetz – AGS 725.100).
GBP	Pound Sterling.
GBV	V vom 22. Februar 1910 betreffend das Grundbuch (Grundbuchverordnung – SR 211.432.1).
GE	(Kanton) Genf.
Geo.	George (English Statutes).
GL	(Kanton) Glarus.
GL-GS	Sammlung des glarnischen Rechts, Gesetzessammlung.
GOG	Gesetz vom 10. Mai 2010 über die Gerichts- und Behördenorganisation im Zivil- und Strafprozess (ZH-LS 211.1).
GR	(Kanton) Graubünden.
GStG	Gesetz vom 10. Mai 1963 über die Gemeindesteuern (SGF 632.1).
G.U.	Gazzetta Ufficiale (= italienisches Amtsblatt).
GVG	Gerichtsverfassungsgesetz.
HAVE	Haftung und Versicherung.
HGStG	Gesetz vom 1. Mai 1996 über die Handänderungs- und Grundpfandrechtssteuern (SGF 635.1.1).
Hrsg.	Herausgeber.
HStG	Gesetz vom 28. Juni 1983 über die Handänderungssteuer (SRL Nr. 645).
HTÜ	Haager Übereinkommen über das auf Trusts anzuwendende Recht und über ihre Anerkennung.
i.c.	in casu.
I(PFD)A 1975	Inheritance (Provision for Family Dependants) Act 1975 (c. 63).
IPRG	BG vom 18. Dezember 1987 über das Internationale Privatrecht (SR 291).
	Gesetz vom 16. Juli 2004 betreffend das Gesetzbuch zum Internationalen Privatrecht (IPRG) (Belgien).
	Gesetz Nr. 218 vom 31. Mai 1995 betreffend die Reform des Systems des italienischen Privatrechts (Italien).
	Gesetz vom 19. September 1996 über das Internationale Privatrecht (Liechtenstein).
	Bundesgesetz vom 15. Juni 1978 über das internationale Privatrecht (Österreich).
IQG	BG vom 15. Juni 2012 über die internationale Quellenbesteuerung (BBl. 2012, 5805).

I.R.C.	Internal Revenue Code (U.S. Steuergesetz).
IRS	Internal Revenue Service (U.S. Steuerbehörde).
ISF	Impôt de solidarité sur la fortune.
Ius.focus	ius.focus (Zeitschrift), Aktuelle Rechtsprechung kompact.
Ius.full	Forum für juristische Bildung.
JdT	Journal des Tribunaux.
JN	Gesetz vom 10. Dezember 1912 über die Ausübung der Gerichtsbarkeit und die Zuständigkeit der Gerichte in bürgerlichen Rechtssachen (Jurisdiktionsnorm) (Liechtenstein).
	Gesetz vom 1. August 1895 über die Ausübung der Gerichtsbarkeit und die Zuständigkeit der ordentlichen Gerichte in bürgerlichen Rechtssachen (Jurisdiktionsnorm) (Österreich).
JU	(Kanton) Jura.
Jusletter	Jusletter (Online-Zeitschrift: www.weblaw.ch/jusletter/).
KESB	Kindes- und Erwachsenenschutzbehörde.
KMU	Kleine und mittlere Unternehmen.
KYC	Know Your Client.
LBA	Loi établissant le budget administratif de l'Etat de Genève pour l'année … (Loi budgétaire annuelle) (RSG D 3 70).
LCA	Loi du 2. April 1908 sur le contrat d'assurance (RS 221.229.1) (= Versicherungsvertragsgesetz).
LCDir.	Loi du 21 mars 2000 sur les contributions directes (RSN 631.0).
LCP	Loi générale du 9 novembre 1887 sur les contributions publiques (RSG D 3 05).
LDA	LF du 9 octobre 1992 sur le droit d'auteur et les droits voisins (Loi sur le droit d'auteur - RS 231.1) (= URG).
LDE	FR: Loi du 4 mai 1934 sur les droits d'enregistrement (BDLF 635.2.1).
	GE: Loi du 9 octobre 1969 sur les droits d'enregistrement (RSG D 03 30).
LDFR	Loi du 4 octobre 1991 sur le droit foncier rural (SR 211.412.11) (= BGBB).
LDIP	Loi fédérale du 18 décembre 1987 sur le droit international privé (RS 291) (= IPRG).
	Legge federale del 18 dicembre 1987 sul diritto internazionale privato (RS 291) (= IPRG).
	Legge 31 maggio 1995 n. 218 Riforma del sistema italiano di diritto internazionale privato (Italien).
LDMG	Loi du 9 novembre 1978 réglant les droits de mutation et les droits perçus pour la constitution de gages (RSJU 215.326.2).
LDMI	Loi du 20 novembre 1991 concernant la perception de droits de mutation sur les transferts immobiliers (RSN 635.0).

LDS	Loi du 26 novembre 1960 sur les droits de succession (RSG D 3 25).
LEF	Legge federale dell' 11 aprile 1889 sulla esecuzione e sul fallimento (RS 281.1) (= LP/SchKG).
let.	lettre(s) (= lit.).
LFors	Loi fédérale du 24 mars 2000 sur les fors en matière civile (RS 732.44).
LGBl.	Landesgesetzblatt (FL).
LGL	Loi générale sur le logement et la protection des locataires (RSG I. 4 04).
LGVE	Luzerner Gerichts- und Verwaltungsentscheide.
LHID	LF du 14 décembre 1990 sur l'harmonisation des impôts directs des cantons et des communes (RS 642.14) (= STHG).
LI	Loi d'impôt (= StG). JU: Loi d'impôt du 26 mai 1988 (RSJU 641.11). GE: voie LIPP. VD: Loi du 4 juillet 2000 sur les impôt directs cantonaux (RSV 642.11).
LIC	Loi du 5 décembre 1956 sur les impôts communaux (RSV 650.11).
LIFD	LF du 14 décembre 1990 sur l'impôt fédéral direct (RS 641.11).
LIPP	Loi sur l'imposition des personnes physiques (RSG D 3 08).
lit.	litera.
LLCA	Loi fédérale du 23 juin 2000 sur la libre circulation des avocats (RS 935.61) (= BGFA). Legge federale del 23 giugno 2000 sulla libera circolazione degli avvocati (RS 935.61) (= BGFA).
LMSD	Loi du 27 février 1963 concernant le droit de mutation sur les transferts immobiliers et l'impôt sur les successions et donations (RSV 648.11).
LNo	Loi du 29 juin 2004 sur le Notariat (RSV 178.11).
LOPJ	Ley Orgánica 6/1985, de 1 de julio, del Poder Judicial (Spanien).
LP	Loi fédérale du 11 avril 1889 sur la poursuite pour dettes et la faillite (RS 281.1) (= LEF/SchKG).
LPartG	Gesetz vom 16. Februar 2001 über die Eingetragene Lebenspartnerschaft (BGBl. I S. 266).
LPC	Decreto esecutivo dell' 3 dicembre 2013 concernente la legge federale sulle prestazioni complementari all'AVS e all'AI (TI-RL 6.4.5.3.2).
LPG	Bundesgesetz vom 4. Oktober 1985 über die landwirtschaftliche Pacht (SR 221.213.2).
LPGA	Legge federale del 6 ottobre 2000 sulla parte generale del diritto delle assicurazioni sociali (RS 830.1) (= ATSG/OPGA).

LPP	Loi fédérale du 25 juin 1982 sur la prévoyance professionnelle vieillesse, survivants et invalidité (SR 831.40) (= BVG)
LR	Liechtensteiner Rechtsvorschriften.
LT	Legge tributaria del 21 giugno 1994 (TI-RL 10.2.1.1).
LTF	Loi du 17 juin 2005 sur le Tribunal fédéral (RS 173.110).
LU	(Kanton) Luzern.
LugÜ	Übereinkommen vom 30. Oktober 2007 über die gerichtliche Zuständigkeit und die Anerkennung und Vollstreckung von Entscheidungen in Zivil- und Handelssachen (Lugano-Übereinkommen – SR 0.275.12) (= CL).
NB	Le notaire bernois (= BN).
NE	(Kanton) Neuenburg.
NFFE	Non-Financial Foreign Entity.
NG	Nidwaldner Gesetzessammlung.
NHG	Gesetz vom 12. Februar 1968 über den Natur- und Heimatschutz im Kanton Schaffhausen (SHR 451.100).
No.	Number.
Not@lex	Revue de droit privé et fiscal du patrimoine.
npoR	Zeitschrift für das Recht der Non Profit Organisationen.
NStP	Neue Steuerpraxis.
NW	(Kanton) Nidwalden.
OAOF	Ordonnance du Tribunal fédéral du 13 juillet sur l'administration des offices de faillite (RS 281.32).
OECD	Organisation für wirtschaftliche Zusammenarbeit und Entwicklung.
OPGA	Loi fédérale du 6 octobre 2000 sur la partie générale du droit des assurances sociales (RS 830.1) (= ATSG/LPGA).
OR	Bundesgesetz vom 30. März 1911 betreffend die Ergänzung des Schweizerischen Zivilgesetzbuches (Fünfter Teil: Obligationenrecht) (SR 210) = (CO).
OW	(Kanton) Obwalden.
OW-LB	Landbuch des Kantons Obwalden.
PACS	Pacte civile de solidarité.
PartG	BG vom 18. Juni 2004 über die eingetragene Partnerschaft gleichgeschlechtlicher Paare (Partnerschaftsgesetz - SR 211.231).
PJA	Pratique Juridique Actuelle (= AJP).
PRO	Public Record Office.
QI	Qualified Intermediary.
RBOG	Rechenschaftsbericht des Obergerichts des Kantons Thurgau.
R.D.	Regio Decreto (= Königliches Dekret).
RDAF	Revue de droit administratif et de droit fiscal (Revue genevoise de droit publique).
RDT	Revue du droit de tuelle (= ZVW).

recht	recht. Zeitschrift für juristische Ausbildung und Praxis.
Reprax.	Zeitschrift zur Rechtsetzung und Praxis im Gesellschafts- und Handelsregisterrecht.
RFJ	Revue fribourgeoise de jurisprudence.
RGBl.	Reichsgesetzblatt.
RJN	Receuil de jurisprudence neuchâteloise.
RNRF	Revue Suisse du Notariat et du Registre foncier (= ZBGR).
RS	Recueil systématique de droit fédéral (= SR).
RSG	Recueil officiel systématique de la législation genevoise en vigueur.
RSJ	Revue Suisse de Jurisprudence (=SJZ).
RSJB	Revue de la Société des Juristes Bernois (= ZBJV).
RSJU	Recueil systématique du droit jurassien.
RSN	Recueil systématique de la législation neuchâteloise.
RSV	Recueil systématique de la législation vaudoise.
RtiD	Rivista ticinese di diritto.
RVJ	Revue valaisanne de jurisprudence.
SAR	Systematische Sammlung des Aargauischen Rechts.
SchKG	BG vom 11. April 1889 über Schuldbetreibung und Konkurs (SR 281.1) (= LEF/LP).
SchlT ZGB	Schlusstitel ZGB (=Tit. fin. CC).
SEK	Schwedische Krone.
SFr.	Schweizer Franken.
SG	(Kanton) St. Gallen.
SGF	Systematische Gesetzessammlung des Kantons Freiburg.
SG-sGS	Kanton St. Gallen, Gesetzessammlung, Neue Reihe.
SH	(Kanton) Schaffhausen.
SHR	Schaffhauser Rechtsbuch.
SJ	La Semaine judiciaire.
SJZ	Schweizerische Juristenzeitung (= RSJ).
SO	(Kanton) Solothurn.
SO-BGS	Bereinigte Sammlung der Solothurnischen Erlasse.
SR	Systematische Sammlung der Bundesgesetze (Systematische Rechtssammlung) (= RS).
SRL	Systematische Rechtssammlung des Kantons Luzern.
s./ss.	et suivante(s) (= f./ff.).
Stat.	Statutes.
Stats	Statutes.
StE	Steuer-Entscheid.
StG	Steuergesetz (= LI). AG: Steuergesetz vom 15. Dezember 1998 (SAR 651.100). AI: Steuergesetz vom 25. April 1999 (AI-SG 640.000).

(StG)	AR: Steuergesetz vom 21. Mai 2000 (AR-bGS 621.11). BE: Steuergesetz vom 21. Mai 2000 (BSG 661.11). BL: Gesetz vom 7. Februar 1974 über die Staats- und Gemeindesteuern (Steuergesetz – SGS 331). BS: Gesetz vom 12. April 2000 über die direkten Steuern (BS-SG 640.100). GL: Steuergesetz vom 7. Mai 2000 (GL-GS VI C/1/1). GR: Steuergesetz vom 8. Juni 1996 (BR 720.000). NW: G vom 22. März 2000 über die Steuern des Kantons und der Gemeinden (NG 521.1). OW: Steuergesetz vom 30. Oktober 1994 (OW-LB 641.4). SG: Steuergesetz vom 9. April 1998 (SG-sGS 811.1). SH: Gesetz vom 20. März 2000 über die direkten Steuern (SHR 641.100). SO: G vom 1. Januar 1985 über die Staats- und Gemeindesteuern (SO-BGS 614.11). SZ: Steuergesetz vom 9. Februar 2000 (SZ-nGS 21.10). TG: Gesetz vom 14. September 1992 über die Staats- und Gemeindesteuern (TG-RB 640.1). UR: Gesetz vom 26. September 2010 über die direkten Steuern im Kanton Uri (UR-RB 3.2211). VS: Steuergesetz vom 10. März 1976 (VS-SGS 642.1). ZG: Steuergesetz vom 25. Mai 2000 (ZG-BGS 632.1). BG vom 27. Juni 1973 über die Stempelabgaben (SR 641.10).
STH	Der Schweizer Treuhänder (= ECS).
STHG	BG vom 14. Dezember 1990 über die Harmonisierung der direkten Steuern der Kantone und Gemeinden (SR 642.14) (= LHID).
StR	Steuer-Revue / Revue fiscale.
STS	Sentanza del Tribunal Suprema (Spanien).
StrV/BE	G vom 15. März 1995 über das Strafverfahren (BSG 321.1).
successio	successio, Zeitschrift für Erbrecht (www.successio.ch).
SZ	(Kanton) Schwyz.
SZG	Schweizerische Zeitschrift für Gesundheitsrecht.
SZIER	Schweizerische Zeitschrift für internationales und europäisches Recht.
SZ-nGS	Schwyzer Gesetzessammlung.
SZW	Schweizerische Zeitschrift für Wirtschafts- und Finanzrecht.
TF	Tribunal fédéral (= BGer.).
TFJC	Tarif du 4 décembre des frais judiciaires en matière civile (RSV 270.11.5).
TG	(Kanton) Thurgau.
TG-RB	Thurgauer Rechtsbuch.

TI	(Kanton) Tessin.
TI-RL	Raccolta delle leggi vigenti del Cantone Ticino.
Tit. fin. CC	Titre final du Code Civil Suisse.
TREX	Der Treuhandexperte.
TS	Treaty Series (UK/US).
UE	Union européenne / Unione europea (= EU).
UP	Unentgeltliche Rechtspflege.
UR	(Kanton) Uri.
URG	BG vom 9. Oktober 1992 über das Urheberrecht und verwandte Schutzrechte (Urheberrechtsgesetz – SR 231.1) (= LDA).
UR-RB	Urner Rechtsbuch.
URP	Umweltrecht in der Praxis.
US / USA	Vereinigte Staaten von Amerika.
U.S.C.	United Staates Code.
USD	US-Dollar.
USG	Bundesgesetz vom 3. Oktober 1983 über den Umweltschutz (SR 814.01).
US-TIN	US Tax Identification Number.
V	Verordnung.
VD	(Kanton) Waadt.
VDSG	Verordnung vom 14. Juni 1993 zum Bundesgesetz über den Datenschutz (SR 235.11).
Vgl. / vgl.	Vergleiche / vergleiche.
VKD	Dekret vom 24. März 2010 betreffend die Verfahrenskosten und die Verfahrensgebühren der Gerichtsbehörden und des Staatsanwaltschaft (BSG 161.12).
VS	(Kanton) Wallis.
VS-SGS	Systematische Gesetzessammlung der Republik und des Kantons Wallis (= VS-RS: Recueil systématique des lois cantonales).
ZBGR	Zeitschrift für Beurkundungs- und Grundbuchrecht (= RNRF).
ZBJV	Zeitschrift des bernischen Juristenvereins (= RSJB).
ZErb	Zeitschrift für die Steuer- und Erbrechtspraxis.
ZEV	Zeitschrift für Erbrecht und Vermögensnachfolge.
ZG	(Kanton) Zug.
ZGB	Schweizerisches Zivilgesetzbuch vom 10. Dezember 1907 (SR 210) (= CC).
ZG-BGS	Bereinigte Gesetzessammlung des Kantons Zug.
ZH	(Kanton) Zürich.
ZH-LS	Zürcher Loseblattsammlung.
Ziff.	Ziffer (= ch.).
ZMP	Zürcher Mietrechtspraxis.

ZPO	Schweizerische Zivilprozessordnung vom 19. Dezember 2008 (SR 272) (= CPC).
ZR	Blätter für Zürcherische Rechtsprechung.
ZSR	Zeitschrift für Schweizerisches Recht.
ZVW	Zeitschrift für Vormundschaftswesen (= RDT).
ZZZ	Schweizerische Zeitschrift für Zivilprozess- und Zwangsvollstreckungsrecht.

A. Einkommens- und Vermögenssteuern

1. Direkte Bundessteuer

Auf den nachfolgenden Seiten werden die kantonalen und kommunalen Einkommenssteuern dargestellt. Bei allen muss die direkte Bundessteuer hinzugerechnet werden.

Verheirateten Tarif				
Direkte Bundessteuer	**Steuerbares Einkommen**	**Einkommenssteuer**	**Steuerbelastung in %**	**Grenzsteuersatz**
	CHF 50'000	CHF 217	0.434%	
	CHF 100'000	CHF 1'968	1.968%	
	CHF 150'000	CHF 6'062	4.041%	
	CHF 200'000	CHF 12'562	6.281%	
	CHF 250'000	CHF 19'062	7.625%	
	CHF 500'000	CHF 51'562	10.312%	
	CHF 1'000'000	CHF 115'000	11.500%	max. 11.500%

Link zur Steuerberechnung:
www.estv2.admin.ch/d/dienstleistungen/steuerrechner/steuerrechner.htm

Der Bundesrat hat am 14. August 2019 die Zusatzbotschaft zur Beseitigung der Heiratsstrafe verabschiedet:
https://www.estv.admin.ch/estv/de/home/die-estv/medien/nsb-news_list.msg-id-76067.html

A. Einkommens- und Vermögenssteuern

2. Kanton Aargau

		Steuerfuss	112%
Kantonshauptort	Aarau	Steuerfuss	97%
Günstigste Gemeinde	Oberwil-Lieli	Steuerfuss	57%
Teuerste Gemeinden	Full-Reuenthal	Steuerfuss	125%
	HendSchiken		
	Kaiserstuhl		
	Oberhof		
	Rekingen		
	Ueken		
	Uerkheim		
	Wölflinswil		

Verheirateten Tarif, ohne Kirchensteuer, ohne Spezialsteuer				
Aarau	Steuerbares Einkommen	Einkommenssteuer	Steuerbelastung in %	Grenzsteuersatz
	CHF 50'000	CHF 2'863	5.727%	
	CHF 100'000	CHF 10'412	10.412%	
	CHF 150'000	CHF 19'723	13.149%	
	CHF 200'000	CHF 29'651	14.825%	
	CHF 250'000	CHF 40'030	16.012%	
	CHF 500'000	CHF 94'044	18.809%	
	CHF 1'000'000	CHF 207'295	20.729%	max. 22.988%
	Steuerbares Vermögen	Vermögenssteuer	Steuerbelastung in %	Grenzsteuersatz
	CHF 100'000	CHF 230	0.230%	
	CHF 200'000	CHF 502	0.251%	
	CHF 500'000	CHF 1'442	0.288%	
	CHF 750'000	CHF 2'362	0.315%	
	CHF 1'000'000	CHF 3'344	0.334%	
	CHF 10'000'000	CHF 42'803	0.428%	
	CHF 100'000'000	CHF 437'813	0.438%	max. 0.438%

Link zur Steuerberechnung:
www.ag.ch/steueramt/de/pub/angebote/steuerberechnungen.php

A. Einkommens- und Vermögenssteuern

Verheirateten Tarif, ohne Kirchensteuer, ohne Spezialsteuer				
Oberwil-Lieli 57%	**Steuerbares Einkommen**	**Einkommenssteuer**	**Steuerbelastung in %**	**Grenzsteuersatz**
	CHF 50'000	CHF 2'315	4.631%	
	CHF 100'000	CHF 8'420	8.420%	
	CHF 150'000	CHF 15'949	10.632%	
	CHF 200'000	CHF 23'976	11.988%	
	CHF 250'000	CHF 32'369	12.947%	
	CHF 500'000	CHF 76'045	15.209%	
	CHF 1'000'000	CHF 167'621	16.762%	max. 18.588%
	Steuerbares Vermögen	**Vermögenssteuer**	**Steuerbelastung in %**	**Grenzsteuersatz**
	CHF 100'000	CHF 186	0.186%	
	CHF 200'000	CHF 406	0.203%	
	CHF 500'000	CHF 1'166	0.233%	
	CHF 750'000	CHF 1'910	0.255%	
	CHF 1'000'000	CHF 2'704	0.270%	
	CHF 10'000'000	CHF 34'611	0.346%	
	CHF 100'000'000	CHF 354'021	0.354%	max. 0.355%
Verheirateten Tarif, ohne Kirchensteuer, ohne Spezialsteuer				
Full-Reuenthal 125% Handschiken Kaiserstuhl Oberhof Rekingen Ueken Uerkheim Wölflinswil	**Steuerbares Einkommen**	**Einkommenssteuer**	**Steuerbelastung in %**	**Grenzsteuersatz**
	CHF 50'000	CHF 3'247	6.494%	
	CHF 100'000	CHF 11'807	11.807%	
	CHF 150'000	CHF 22'366	14.910%	
	CHF 200'000	CHF 33'623	16.812%	
	CHF 250'000	CHF 45'393	18.157%	
	CHF 500'000	CHF 106'643	21.329%	
	CHF 1'000'000	CHF 235'066	23.507%	max. 26.067%
	Steuerbares Vermögen	**Vermögenssteuer**	**Steuerbelastung in %**	**Grenzsteuersatz**
	CHF 100'000	CHF 261	0.261%	
	CHF 200'000	CHF 569	0.284%	
	CHF 500'000	CHF 1'635	0.327%	
	CHF 750'000	CHF 2'678	0.357%	
	CHF 1'000'000	CHF 3'792	0.379%	
	CHF 10'000'000	CHF 48'538	0.485%	
	CHF 100'000'000	CHF 496'468	0.496%	max. 0.498%

A. Einkommens- und Vermögenssteuern

3. Kanton Appenzell-Innerrhoden

Kantonshauptort	Appenzell,	Steuerfuss	96%
Günstigste Gemeinde	Schule Appenzell Appenzell,	Steuerfuss	65%
Teuerste Gemeinde	Schule Appenzell Rüte, Schule	Steuerfuss	65%
	Eggerstanden	Steuerfuss	100%

Verheirateten Tarif, ohne Kirchensteuer, ohne Spezialsteuer				
Appenzell, Schule Appenzell 65%	Steuerbares Einkommen	Einkommens-steuer	Steuerbelastung in %	Grenz-steuersatz
	CHF 50'000	CHF 2'898	5.796%	
	CHF 100'000	CHF 9'402	9.402%	
	CHF 150'000	CHF 16'261	10.841%	
	CHF 200'000	CHF 23'506	11.753%	
	CHF 250'000	CHF 30'751	12.300%	
	CHF 500'000	CHF 64'400	11.880%	
	CHF 1'000'000	CHF 128'800	12.880%	max. 12.880%
	Steuerbares Vermögen	Vermögens-Steuer	Steuerbelastung in %	Grenz-steuersatz
	CHF 100'000	CHF 242	0.242%	
	CHF 200'000	CHF 483	0.242%	
	CHF 500'000	CHF 1'208	0.242%	
	CHF 750'000	CHF 1'811	0.242%	
	CHF 1'000'000	CHF 2'415	0.242%	
	CHF 10'000'000	CHF 24'150	0.242%	
	CHF 100'000'000	CHF 241'500	0.242%	max. 0.242%

Link zur Steuerberechnung:
https://taxcalc.ai.ch/np/EingabeNP.php

A. Einkommens- und Vermögenssteuern

Verheirateten Tarif, ohne Kirchensteuer, ohne Spezialsteuer					
Rüti, Schule Eggerstanden 100%	**Steuerbares Einkommen**		**Einkommenssteuer**		**Steuerbelastung in %**	**Grenzsteuersatz**
	CHF	50'000	CHF	3'528	7.056%	
	CHF	100'000	CHF	11'446	11.446%	
	CHF	150'000	CHF	19'796	13.197%	
	CHF	200'000	CHF	28'616	14.308%	
	CHF	250'000	CHF	37'436	14.974%	
	CHF	500'000	CHF	78'400	15.680%	
	CHF	1'000'000	CHF	156'800	15.680%	max. 15.680%
	Steuerbares Vermögen		**Vermögenssteuer**		**Steuerbelastung in %**	**Grenzsteuersatz**
	CHF	100'000	CHF	294	0.294%	
	CHF	200'000	CHF	588	0.294%	
	CHF	500'000	CHF	1'470	0.294%	
	CHF	750'000	CHF	2'205	0.294%	
	CHF	1'000'000	CHF	2'940	0.294%	
	CHF	10'000'000	CHF	29'400	0.294%	
	CHF	100'000'000	CHF	294'000	0.294%	max. 0.294%

A. Einkommens- und Vermögenssteuern

4. Kanton Appenzell-Ausserrhoden

Steuerfuss 3.3 Einheiten

Kantonshauptort	Herisau	Steuerfuss 4.1 Einheiten
Günstigste Gemeinde	Teufen	Steuerfuss 2.8 Einheiten
Teuerste Gemeinde	Waldstatt, Urnäsch, Trogen, Rehetobel	Steuerfuss 4.3 Einheiten

Verheirateten Tarif, ohne Kirchensteuer, ohne Spezialsteuer				
Herisau 4.1 Einheiten	**Steuerbares Einkommen**	**Einkommenssteuer**	**Steuerbelastung in %**	**Grenzsteuersatz**
	CHF 50'000	CHF 4'033	8.066%	
	CHF 100'000	CHF 13'172	13.172%	
	CHF 150'000	CHF 23'458	15.639%	
	CHF 200'000	CHF 33'040	17.020%	
	CHF 250'000	CHF 44'770	17.908%	
	CHF 500'000	CHF 96'200	19.240%	
	CHF 1'000'000	CHF 192'400	19.240%	max. 19.240%
	Steuerbares Vermögen	**Vermögenssteuer**	**Steuerbelastung in %**	**Grenzsteuersatz**
	CHF 100'000	CHF 370	0.370%	
	CHF 200'000	CHF 740	0.370%	
	CHF 500'000	CHF 1'943	0.389%	
	CHF 750'000	CHF 2'960	0.395%	
	CHF 1'000'000	CHF 3'978	0.398%	
	CHF 10'000'000	CHF 40'608	0.406%	
	CHF 100'000'000	CHF 406'908	0.407%	max. 0.407%

Link zur Steuerberechnung:
https://www.ar.ch/verwaltung/departement-finanzen/steuerverwaltung/steuerberechnungen-steuerfuesse

A. Einkommens- und Vermögenssteuern

Verheirateten Tarif, ohne Kirchensteuer, ohne Spezialsteuer				
Teufen 2.8 Einheiten	Steuerbares Einkommen	Einkommenssteuer	Steuerbelastung in %	Grenzsteuersatz
	CHF 50'000	CHF 3'325	6.649%	
	CHF 100'000	CHF 10'858	10.858%	
	CHF 150'000	CHF 19'337	12.891%	
	CHF 200'000	CHF 28'060	14.030%	
	CHF 250'000	CHF 36'905	14.762%	
	CHF 500'000	CHF 79'300	15.860%	
	CHF 1'000'000	CHF 158'600	15.860%	max. 15.860%
	Steuerbares Vermögen	Vermögenssteuer	Steuerbelastung in %	Grenzsteuersatz
	CHF 100'000	CHF 305	0.305%	
	CHF 200'000	CHF 610	0.305%	
	CHF 500'000	CHF 1'601	0.320%	
	CHF 750'000	CHF 2'440	0.325%	
	CHF 1'000'000	CHF 3'279	0.328%	
	CHF 10'000'000	CHF 33'474	0.335%	
	CHF 100'000'000	CHF 335'424	0.335%	max. 0.335%
Verheirateten Tarif, ohne Kirchensteuer, ohne Spezialsteuer				
Urnäsch 4.3 Einheiten Waldstatt, Trogen, Rehetobel	Steuerbares Einkommen	Einkommenssteuer	Steuerbelastung in %	Grenzsteuersatz
	CHF 50'000	CHF 4'142	8.284%	
	CHF 100'000	CHF 13'528	13.528%	
	CHF 150'000	CHF 24'092	16.061%	
	CHF 200'000	CHF 34'960	17.480%	
	CHF 250'000	CHF 45'980	18.392%	
	CHF 500'000	CHF 98'800	19.760%	
	CHF 1'000'000	CHF 197'600	19.760%	max. 19.760%
	Steuerbares Vermögen	Vermögenssteuer	Steuerbelastung in %	Grenzsteuersatz
	CHF 100'000	CHF 380	0.380%	
	CHF 200'000	CHF 760	0.380%	
	CHF 500'000	CHF 1'995	0.399%	
	CHF 750'000	CHF 3'040	0.405%	
	CHF 1'000'000	CHF 4'085	0.409%	
	CHF 10'000'000	CHF 41'705	0.417%	
	CHF 100'000'000	CHF 417'905	0.418%	max. 0.418%

5. Kanton Bern

		Steuerfuss	306%
Kantonshauptort	Bern	Steuerfuss	154%
Günstigste Gemeinde	Deisswil b.M.	Steuerfuss	89%
Teuerste Gemeinde	Schelten	Steuerfuss	220%

Verheirateten Tarif, ohne Kirchensteuer, ohne Spezialsteuer				
Bern 154%	Steuerbares Einkommen	Einkommens- steuer	Steuerbelastung in %	Grenz- steuersatz
	CHF 50'000	CHF 7'596	15.191%	
	CHF 100'000	CHF 17'777	17.777%	
	CHF 150'000	CHF 29'979	19.986%	
	CHF 200'000	CHF 43'272	21.636%	
	CHF 250'000	CHF 56'840	22.736%	
	CHF 500'000	CHF 129'570	25.914%	
	CHF 1'000'000	CHF 279'070	27.907%	max. 29.900%
	Steuerbares Vermögen	Vermögens- steuer	Steuerbelastung in %	Grenz- steuersatz
	CHF 100'000	CHF 154	0.154%	
	CHF 200'000	CHF 476	0.238%	
	CHF 500'000	CHF 1'645	0.329%	
	CHF 750'000	CHF 2'795	0.373%	
	CHF 1'000'000	CHF 4'142	0.414%	
	CHF 10'000'000	CHF 57'498	0.575%	
	CHF 100'000'000	CHF 474'998	0.575%	max. 0.575%

Link zur Steuerberechnung:
http://www.stebe.apps.be.ch/steuerberechnung/jst/html/pst.jsp

Der Regierungsrat möchte die Ersatzmassnahmen aus der STAF ab 2020 möglichst wirkungsvoll ausgestalten. Der Kanton möchte auf die Anpassung der Gewinnsteuertarife bei juristischen Personen verzichten.

Die geplanten Massnahmen der Steuergesetzrevision 2021 sind die Senkung der Steueranlagen für natürliche und juristische Personen sowie die Erhöhung des Drittbetreuungsabzuges.

A. Einkommens- und Vermögenssteuern

Verheirateten Tarif, ohne Kirchensteuer, ohne Spezialsteuer					
Deisswil b.M. 89%	Steuerbares Einkommen		Einkommensteuer		Steuerbelastung in %	Grenzsteuersatz
	CHF	50'000	CHF	6'522	13.044%	
	CHF	100'000	CHF	15'265	15.265%	
	CHF	150'000	CHF	25'743	17.162%	
	CHF	200'000	CHF	37'157	18.579%	
	CHF	250'000	CHF	48'809	19.523%	
	CHF	500'000	CHF	111'261	22.252%	
	CHF	1'000'000	CHF	239'636	23.964%	max. 25.675%
	Steuerbares Vermögen		Vermögenssteuer		Steuerbelastung in %	Grenzsteuersatz
	CHF	100'000	CHF	132	0.132%	
	CHF	200'000	CHF	409	0.204%	
	CHF	500'000	CHF	1'412	0.282%	
	CHF	750'000	CHF	2'400	0.320%	
	CHF	1'000'000	CHF	3'557	0.356%	
	CHF	10'000'000	CHF	49'373	0.494%	
	CHF	100'000'000	CHF	493'748	0.494%	max. 0.494%
Verheirateten Tarif, ohne Kirchensteuer, ohne Spezialsteuer						
Schelten 220%	Steuerbares Einkommen		Einkommensteuer		Steuerbelastung in %	Grenzsteuersatz
	CHF	50'000	CHF	8'685	17.371%	
	CHF	100'000	CHF	20'327	20.327%	
	CHF	150'000	CHF	34'280	22.853%	
	CHF	200'000	CHF	49'480	24.740%	
	CHF	250'000	CHF	64'996	25.998%	
	CHF	500'000	CHF	148'161	29.632%	
	CHF	1'000'000	CHF	319'111	31.911%	max. 34.190%
	Steuerbares Vermögen		Vermögenssteuer		Steuerbelastung in %	Grenzsteuersatz
	CHF	100'000	CHF	176	0.176%	
	CHF	200'000	CHF	544	0.272%	
	CHF	500'000	CHF	1'880	0.376%	
	CHF	750'000	CHF	3'195	0.426%	
	CHF	1'000'000	CHF	4'737	0.474%	
	CHF	10'000'000	CHF	65'747	0.657%	
	CHF	100'000'000	CHF	657'497	0.657%	max. 0.657%

A. Einkommens- und Vermögenssteuern

6. Kanton Basel-Landschaft

		Steuerfuss	100%
Kantonshauptort	Liestal	Steuerfuss	65%
Günstigste Gemeinden	Arlesheim	Steuerfuss	45%
	Bottmigen		
	Pfeffingen		
Teuerste Gemeinde	Waldenburg	Steuerfuss	69.5%

Verheirateten Tarif, ohne Kirchensteuer, ohne Spezialsteuer (Vollsplitting)				
Liestal 65%	**Steuerbares Einkommen**	**Einkommens-steuer**	**Steuerbelastung in %**	**Grenz-steuersatz**
	CHF 50'000	CHF 2'266	4.531%	
	CHF 100'000	CHF 12'091	12.091%	
	CHF 150'000	CHF 24'420	16.280%	
	CHF 200'000	CHF 37'959	18.979%	
	CHF 250'000	CHF 52'221	20.888%	
	CHF 500'000	CHF 125'753	25.151%	
	CHF 1'000'000	CHF 278'787	27.879%	max. 30.624%
	Steuerbares Vermögen	**Vermögens-steuer**	**Steuerbelastung in %**	**Grenz-steuersatz**
	CHF 100'000	CHF 265	0.265%	
	CHF 200'000	CHF 693	0.347%	
	CHF 500'000	CHF 2'970	0.594%	
	CHF 750'000	CHF 5'074	0.677%	
	CHF 1'000'000	CHF 7'590	0.759%	
	CHF 10'000'000	CHF 75'900	0.759%	
	CHF 100'000'000	CHF 759'000	0.759%	max. 0.759%

Link zur Steuerberechnung:
http://www.steuerrechner.bl.ch/Steuerberechnung/

Per 01.01.2020 tritt eine Steuergesetzänderung in Kraft.

A. Einkommens- und Vermögenssteuern

Verheirateten Tarif, ohne Kirchensteuer, ohne Spezialsteuer (Vollsplitting)				
Arlesheim 45% Bottmingen Pfeffingen	Steuerbares Einkommen	Einkommens- steuer	Steuerbelastung in %	Grenz- steuersatz
	CHF 50'000	CHF 1'991	3.982%	
	CHF 100'000	CHF 10'625	10.625%	
	CHF 150'000	CHF 21'460	14.307%	
	CHF 200'000	CHF 33'357	16.679%	
	CHF 250'000	CHF 45'891	18.357%	
	CHF 500'000	CHF 110'510	22.102%	
	CHF 1'000'000	CHF 244'994	24.499%	max. 26.912%
	Steuerbares Vermögen	Vermögens- steuer	Steuerbelastung in %	Grenz- steuersatz
	CHF 100'000	CHF 232	0.232%	
	CHF 200'000	CHF 609	0.305%	
	CHF 500'000	CHF 2'610	0.522%	
	CHF 750'000	CHF 4'459	0.595%	
	CHF 1'000'000	CHF 6'670	0.667%	
	CHF 10'000'000	CHF 66'700	0.667%	
	CHF 100'000'000	CHF 667'000	0.667%	max. 0.667%
Verheirateten Tarif, ohne Kirchensteuer, ohne Spezialsteuer (Vollsplitting)				
Waldenburg 69.5%	Steuerbares Einkommen	Einkommens- steuer	Steuerbelastung in %	Grenz- steuersatz
	CHF 50'000	CHF 2'328	4.655%	
	CHF 100'000	CHF 12'420	12.420%	
	CHF 150'000	CHF 25'086	16.724%	
	CHF 200'000	CHF 38'994	19.497%	
	CHF 250'000	CHF 53'645	21.458%	
	CHF 500'000	CHF 129'182	25.836%	
	CHF 1'000'000	CHF 286'390	28.639%	max. 31.459%
	Steuerbares Vermögen	Vermögens- steuer	Steuerbelastung in %	Grenz- steuersatz
	CHF 100'000	CHF 271	0.271%	
	CHF 200'000	CHF 712	0.356%	
	CHF 500'000	CHF 3'051	0.610%	
	CHF 750'000	CHF 5'212	0.695%	
	CHF 1'000'000	CHF 7'797	0.780%	
	CHF 10'000'000	CHF 77'970	0.780%	
	CHF 100'000'000	CHF 779'700	0.780%	max. 0.780%

A. Einkommens- und Vermögenssteuern

7. Kanton Basel-Stadt

| | | Steuerfuss | 100% |

Kantonshauptort	Basel		
Günstigste Gemeinde	Bettingen	Steuerfuss	39%
Teuerste Gemeinde	Basel		

Verheirateten Tarif, ohne Kirchensteuer, ohne Spezialsteuer					
Basel, inkl. Kantonssteuerfuss	Einkommen *		Einkommenssteuer	Steuerbelastung in %	Grenzsteuersatz
	CHF	50'000	CHF 1'364	2.728%	
	CHF	100'000	CHF 12'364	12.364%	
	CHF	150'000	CHF 23'364	15.576%	
	CHF	200'000	CHF 34'364	17.182%	
	CHF	250'000	CHF 45'364	18.146%	
	CHF	500'000	CHF 102'612	20.522%	
	CHF	1'000'000	CHF 232'612	23.261%	max. 25.997%
	Vermögen *		Vermögenssteuer	Steuerbelastung in %	Grenzsteuersatz
	CHF	100'000	CHF -	0.000%	
	CHF	200'000	CHF 225	0.113%	
	CHF	500'000	CHF 1'575	0.315%	
	CHF	750'000	CHF 3'140	0.419%	
	CHF	1'000'000	CHF 4'815	0.482%	
	CHF	10'000'000	CHF 79'160	0.792%	
	CHF	100'000'000	CHF 799'160	0.799%	max. 0.799%

* Die Berechnung der Steuerbelastung wird auf auf dem Nettolohn bzw. Nettovermögen erstellt und basiert auf den massgenden Tarifen in § 36 bzw. § 239b StG.

Link zur Steuerberechnung:
http://www.steuerverwaltung.bs.ch/steuererklaerung/natuerliche-personen/steuerrechner.html

Gemäss Beschluss der Referendumsabstimmung vom 10. Februar 2019 nahm die Bevölkerung den Basler Kompromiss zur Steuervorlage 17 an. Der Einkommenssteuersatz wird um 0.25% gesenkt und der Versicherungsabzug bei Alleinstehenden um CHF 400.- und bei Verheirateten um CHF 800.- erhöht.

Per 01.01.2020 tritt eine Steuergesetzänderung in Kraft.

A. Einkommens- und Vermögenssteuern

Verheirateten Tarif, ohne Kirchensteuer, ohne Spezialsteuer					
Bettingen ** 39%	Einkommen *		Einkommens-steuer		Steuerbelastung in %	Grenz-steuersatz
	CHF	50'000	CHF	1'214	2.428%	
	CHF	100'000	CHF	11'004	11.004%	
	CHF	150'000	CHF	20'794	13.863%	
	CHF	200'000	CHF	30'584	15.292%	
	CHF	250'000	CHF	40'374	16.150%	
	CHF	500'000	CHF	91'325	18.265%	
	CHF	1'000'000	CHF	207'025	20.703%	max. 23.140%
Bettingen ** 40%	Vermögen *		Vermögens-steuer		Steuerbelastung in %	Grenz-steuersatz
	CHF	100'000	CHF	-	0.000%	
	CHF	200'000	CHF	203	0.102%	
** in % der vollen Kantonssteuer	CHF	500'000	CHF	1'418	0.284%	
	CHF	750'000	CHF	2'826	0.377%	
	CHF	1'000'000	CHF	4'334	0.433%	
	CHF	10'000'000	CHF	71'244	0.712%	
	CHF	100'000'000	CHF	719'244	0.719%	max. 0.719%

* Die Berechnung der Steuerbelastung wird auf auf dem Nettolohn bzw. Nettovermögen erstellt und basiert auf den massgenden Tarifen in § 36 bzw. § 239b StG.

A. Einkommens- und Vermögenssteuern

8. Kanton Freiburg

| | | Steuerfuss | 100.0% |

Kantonshauptort	Freiburg	Steuerfuss	81.6%
Günstigste Gemeinde	Greng	Steuerfuss	32%
Teuerste Gemeinden	Billens-Hennens	Steuerfuss	100%
	Le Châtelard		
	Jaun		

Verheirateten Tarif, ohne Kirchensteuer, ohne Spezialsteuer					
Freiburg 81.6%	Steuerbares Einkommen		Einkommenssteuer		Steuerbelastung in %	Grenzsteuersatz
	CHF	50'000	CHF	4'830	9.660%	
	CHF	100'000	CHF	14'895	14.895%	
	CHF	150'000	CHF	26'909	17.939%	
	CHF	200'000	CHF	39'316	19.658%	
	CHF	250'000	CHF	52'902	21.161%	
	CHF	500'000	CHF	122'580	24.516%	
	CHF	1'000'000	CHF	245'160	24.516%	max. 24.516%
	Steuerbares Vermögen		Vermögenssteuer		Steuerbelastung in %	Grenzsteuersatz
	CHF	100'000	CHF	338	0.338%	
	CHF	200'000	CHF	835	0.418%	
	CHF	500'000	CHF	2'361	0.472%	
	CHF	750'000	CHF	3'950	0.527%	
	CHF	1'000'000	CHF	5'811	0.581%	
	CHF	10'000'000	CHF	59'928	0.599%	
	CHF	100'000'000	CHF	599'280	0.599%	max. 0.599%

Link zur Steuerberechnung:
http://www.fr.ch/scc/de/pub/allgemeine_informationen/steuertarife/naturliche_personen.htm

A. Einkommens- und Vermögenssteuern

Verheirateten Tarif, ohne Kirchensteuer, ohne Spezialsteuer				
Greng 32%	Steuerbares Einkommen	Einkommenssteuer	Steuerbelastung in %	Grenzsteuersatz
	CHF 50'000	CHF 3'512	7.024%	
	CHF 100'000	CHF 10'827	10.827%	
	CHF 150'000	CHF 19'580	13.053%	
	CHF 200'000	CHF 28'578	14.289%	
	CHF 250'000	CHF 38'453	15.380%	
	CHF 500'000	CHF 89'100	17.820%	
	CHF 1'000'000	CHF 178'200	17.820%	max.17.820%
	Steuerbares Vermögen	Vermögenssteuer	Steuerbelastung in %	Grenzsteuersatz
	CHF 100'000	CHF 246	0.246%	
	CHF 200'000	CHF 607	0.304%	
	CHF 500'000	CHF 1'716	0.343%	
	CHF 750'000	CHF 2'781	0.371%	
	CHF 1'000'000	CHF 4'224	0.422%	
	CHF 10'000'000	CHF 43'560	0.436%	
	CHF 100'000'000	CHF 435'600	0.436%	max. 0.494%
Verheirateten Tarif, ohne Kirchensteuer, ohne Spezialsteuer				
Billens-Hennens 100% Le Châtelard Jaun	Steuerbares Einkommen	Einkommenssteuer	Steuerbelastung in %	Grenzsteuersatz
	CHF 50'000	CHF 5'320	10.640%	
	CHF 100'000	CHF 16'404	16.404%	
	CHF 150'000	CHF 29'635	19.757%	
	CHF 200'000	CHF 43'300	21.650%	
	CHF 250'000	CHF 58'262	23.305%	
	CHF 500'000	CHF 135'000	27.000%	
	CHF 1'000'000	CHF 270'000	27.000%	max. 27.000%
	Steuerbares Vermögen	Vermögenssteuer	Steuerbelastung in %	Grenzsteuersatz
	CHF 100'000	CHF 372	0.372%	
	CHF 200'000	CHF 920	0.460%	
	CHF 500'000	CHF 2'600	0.520%	
	CHF 750'000	CHF 4'350	0.580%	
	CHF 1'000'000	CHF 6'400	0.640%	
	CHF 10'000'000	CHF 66'000	0.660%	
	CHF 100'000'000	CHF 660'000	0.660%	max. 0.660%

A. Einkommens- und Vermögenssteuern

9. Kanton Genf

		Steuerfuss	130.8%
Kantonshauptort	Genf	Steuerfuss	42.5%
Günstigste Gemeinde	Genthod	Steuerfuss	25.0%
Teuerste Gemeinden	Avully	Steuerfuss	51.0%
	Chancy		

Verheirateten Tarif, ohne Kirchensteuer, ohne Spezialsteuer						
Genf 42.5%		**Steuerbares Einkommen**		**Einkommenssteuer**		**Steuerbelastung in %**	**Grenzsteuersatz**
		CHF	50'000	CHF	2'333	4.666%	
		CHF	100'000	CHF	14'110	14.140%	
		CHF	150'000	CHF	27'405	18.270%	
		CHF	200'000	CHF	41'069	20.535%	
		CHF	250'000	CHF	54'840	21.936%	
		CHF	500'000	CHF	128'167	25.633%	
		CHF	1'000'000	CHF	288'206	28.821%	max. 32.600%
		Steuerbares Vermögen *		**Vermögenssteuer**		**Steuerbelastung in %**	**Grenzsteuersatz**
		CHF	100'000	CHF	340	0.340%	
		CHF	200'000	CHF	776	0.388%	
		CHF	500'000	CHF	2'533	0.507%	
		CHF	750'000	CHF	4'249	0.567%	
		CHF	1'000'000	CHF	6'137	0.614%	
		CHF	10'000'000	CHF	95'575	0.956%	
		CHF	100'000'000	CHF	1'002'775	1.003%	max. 1.10%

* Nach Sozialabzug auf Vermögen

Die kantonalen und kommunalen Einkommens- und Vermögenssteuern dürfen 60% des Nettoeinkommens nicht übersteigen. Der Nettoertrag des Vermögens wird auf mindestens 1% des Nettovermögens festgesetzt. Gegebenenfalls ist die Vermögenssteuer zu reduzieren.

Link zur Steuerberechnung:
https://ge.ch/afcaelp1dmapublic/2018/nouvelleSimulation.do;jsessionid=17887D81F42580B0BFE92271CCA22930.e3151e1d5d822ed13e6c260cd7db6012

Per 01.01.2020 tritt eine Steuergesetzänderung in Kraft.

A. Einkommens- und Vermögenssteuern

Verheirateten Tarif, ohne Kirchensteuer, ohne Spezialsteuer				
Genthod 25%	**Steuerbares Einkommen**	**Einkommenssteuer**	**Steuerbelastung in %**	**Grenzsteuersatz**
	CHF 50'000	CHF 2'061	4.122%	
	CHF 100'000	CHF 12'496	12.496%	
	CHF 150'000	CHF 24'219	16.146%	
	CHF 200'000	CHF 36'293	18.147%	
	CHF 250'000	CHF 48'464	19.386%	
	CHF 500'000	CHF 113'264	22.653%	
	CHF 1'000'000	CHF 254'693	25.469%	max.28.800%
	Steuerbares Vermögen *	**Vermögenssteuer**	**Steuerbelastung in %**	**Grenzsteuersatz**
	CHF 100'000	CHF 304	0.304%	
	CHF 200'000	CHF 695	0.348%	
	CHF 500'000	CHF 2'274	0.455%	
	CHF 750'000	CHF 3'818	0.509%	
	CHF 1'000'000	CHF 5'146	0.515%	
	CHF 10'000'000	CHF 86'713	0.867%	
	CHF 100'000'000	CHF 910'888	0.911%	max. 0.494%
Verheirateten Tarif, ohne Kirchensteuer, ohne Spezialsteuer				
Avully 51% Chancy	**Steuerbares Einkommen**	**Einkommenssteuer**	**Steuerbelastung in %**	**Grenzsteuersatz**
	CHF 50'000	CHF 2'405	4.810%	
	CHF 100'000	CHF 14'581	14.581%	
	CHF 150'000	CHF 28'620	18.840%	
	CHF 200'000	CHF 42'350	21.175%	
	CHF 250'000	CHF 56'551	22.620%	
	CHF 500'000	CHF 132'166	26.433%	
	CHF 1'000'000	CHF 297'197	29.720%	max. 33.600%
	Steuerbares Vermögen *	**Vermögenssteuer**	**Steuerbelastung in %**	**Grenzsteuersatz**
	CHF 100'000	CHF 349	0.349%	
	CHF 200'000	CHF 797	0.399%	
	CHF 500'000	CHF 2'603	0.521%	
	CHF 750'000	CHF 4'364	0.582%	
	CHF 1'000'000	CHF 6'302	0.630%	
	CHF 10'000'000	CHF 97'952	0.980%	
	CHF 100'000'000	CHF 1'027'427	1.027%	max. 1.030%

* Nach Sozialabzug auf Vermögen

10. Kanton Glarus

		Steuerfuss	54.5%
Kantonshauptort	Glarus	Steuerfuss	63%
Günstigste Gemeinde	Glarus Nord	Steuerfuss	65%
Teuerste Gemeinden	Glarus Süd	Steuerfuss	63%

Verheirateten Tarif, ohne Kirchensteuer, ohne Spezialsteuer					
Glarus 63%	Steuerbares Einkommen		Einkommenssteuer		Steuerbelastung in %	Grenzsteuersatz
	CHF	50'000	CHF	3'871	7.742%	
	CHF	100'000	CHF	11'985	11.985%	
	CHF	150'000	CHF	20'794	13.863%	
	CHF	200'000	CHF	30'080	15.040%	
	CHF	250'000	CHF	39'652	15.861%	
	CHF	500'000	CHF	92'825	18.565%	
	CHF	1'000'000	CHF	199'750	19.975%	max. 21.385%
	Steuerbares Vermögen		Vermögenssteuer		Steuerbelastung in %	Grenzsteuersatz
	CHF	100'000	CHF	353	0.353%	
	CHF	200'000	CHF	705	0.353%	
	CHF	500'000	CHF	1'763	0.353%	
	CHF	750'000	CHF	2'644	0.353%	
	CHF	1'000'000	CHF	3'525	0.353%	
	CHF	10'000'000	CHF	35'250	0.353%	
	CHF	100'000'000	CHF	352'500	0.353%	max. 0.353%

Für in ungetrennter Ehe lebende Steuerpflichtige sowie für getrennt lebende, geschiedene, verwitwete und ledige Steuerpflichtige, die mit Kindern i.S. von Art. 33 StG zusammenleben, ist für die Ermittlung des satzbestimmenden Einkommens das steuerbare Gesamteinkommen durch den Divisor 1.6 zu teilen.

Link zur Steuerberechnung:
http://www.estv2.admin.ch/d/dienstleistungen/steuerrechner/steuerrechner.htm

Per 01.01.2020 tritt eine Steuergesetzänderung in Kraft.

A. Einkommens- und Vermögenssteuern

Verheirateten Tarif, ohne Kirchensteuer, ohne Spezialsteuer				
Glarus Nord 65%	Steuerbares Einkommen	Einkommenssteuer	Steuerbelastung in %	Grenzsteuersatz
	CHF 50'000	CHF 3'937	7.874%	
	CHF 100'000	CHF 12'189	12.189%	
	CHF 150'000	CHF 21'149	14.099%	
	CHF 200'000	CHF 30'592	15.296%	
	CHF 250'000	CHF 40'327	16.131%	
	CHF 500'000	CHF 94'405	18.881%	
	CHF 1'000'000	CHF 203'150	20.315%	max. 21.749%
	Steuerbares Vermögen	Vermögens-Steuer	Steuerbelastung in %	Grenzsteuersatz
	CHF 100'000	CHF 359	0.359%	
	CHF 200'000	CHF 717	0.359%	
	CHF 500'000	CHF 1'793	0.359%	
	CHF 750'000	CHF 2'689	0.359%	
	CHF 1'000'000	CHF 3'585	0.359%	
	CHF 10'000'000	CHF 35'850	0.359%	
	CHF 100'000'000	CHF 358'500	0.359%	max. 0.359%
Verheirateten Tarif, ohne Kirchensteuer, ohne Spezialsteuer				
Glarus Süd 63%	Steuerbares Einkommen	Einkommenssteuer	Steuerbelastung in %	Grenzsteuersatz
	CHF 50'000	CHF 3'871	7.742%	
	CHF 100'000	CHF 11'985	11.985%	
	CHF 150'000	CHF 20'794	13.863%	
	CHF 200'000	CHF 30'080	15.040%	
	CHF 250'000	CHF 39'652	15.861%	
	CHF 500'000	CHF 92'825	18.565%	
	CHF 1'000'000	CHF 199'750	19.975%	max. 21.385%
	Steuerbares Vermögen	Vermögens-Steuer	Steuerbelastung in %	Grenzsteuersatz
	CHF 100'000	CHF 353	0.353%	
	CHF 200'000	CHF 705	0.353%	
	CHF 500'000	CHF 1'763	0.353%	
	CHF 750'000	CHF 2'644	0.353%	
	CHF 1'000'000	CHF 3'525	0.353%	
	CHF 10'000'000	CHF 35'250	0.353%	
	CHF 100'000'000	CHF 352'500	0.353%	max. 0.353%

A. Einkommens- und Vermögenssteuern

11. Kanton Graubünden

		Steuerfuss	100%
Kantonshauptort	Chur	Steuerfuss	88%
Günstigste Gemeinde	Rongellen	Steuerfuss	30%
Teuerste Gemeinden	Bergün Filisur Furna Lohn	Steuerfuss	130%

Verheirateten Tarif, ohne Kirchensteuer, ohne Spezialsteuer					
Chur 88%	**Steuerbares Einkommen**	**Einkommens-steuer**		**Steuerbelastung in %**	**Grenz-steuersatz**
	CHF 50'000	CHF	2'443	4.886%	
	CHF 100'000	CHF	11'343	11.343%	
	CHF 150'000	CHF	21'209	14.139%	
	CHF 200'000	CHF	31'295	15.648%	
	CHF 250'000	CHF	41'823	16.729%	
	CHF 500'000	CHF	94'667	18.933%	
	CHF 1'000'000	CHF	202'480	20.248%	max. 20.680%
	Steuerbares Vermögen	**Vermögens-Steuer**		**Steuerbelastung in %**	**Grenz-steuersatz**
	CHF 100'000	CHF	180	0.180%	
	CHF 200'000	CHF	442	0.221%	
	CHF 500'000	CHF	1'479	0.296%	
	CHF 750'000	CHF	2'397	0.320%	
	CHF 1'000'000	CHF	3'196	0.320%	
	CHF 10'000'000	CHF	31'960	0.320%	
	CHF 100'000'000	CHF	319'600	0.320%	max. 0.320%

Link zur Steuerberechnung:
https://www.gr.ch/DE/institutionen/verwaltung/dfg/stv/berechnen/Seiten/einkommens_und_vermoegenssteuer.aspx

A. Einkommens- und Vermögenssteuern

Verheirateten Tarif, ohne Kirchensteuer, ohne Spezialsteuer				
Rongellen 30%	Steuerbares Einkommen	Einkommenssteuer	Steuerbelastung in %	Grenzsteuersatz
	CHF 50'000	CHF 1'689	3.378%	
	CHF 100'000	CHF 7'844	7.844%	
	CHF 150'000	CHF 14'666	9.777%	
	CHF 200'000	CHF 21'640	10.820%	
	CHF 250'000	CHF 28'920	11.568%	
	CHF 500'000	CHF 65'462	13.092%	
	CHF 1'000'000	CHF 140'013	14.001%	max. 14.30%
	Steuerbares Vermögen	Vermögenssteuer	Steuerbelastung in %	Grenzsteuersatz
	CHF 100'000	CHF 124	0.124%	
	CHF 200'000	CHF 306	0.153%	
	CHF 500'000	CHF 1'023	0.205%	
	CHF 750'000	CHF 1'658	0.221%	
	CHF 1'000'000	CHF 2'210	0.221%	
	CHF 10'000'000	CHF 22'100	0.221%	
	CHF 100'000'000	CHF 221'000	0.221%	max. 0.221%
Verheirateten Tarif, ohne Kirchensteuer, ohne Spezialsteuer				
Bergün Filisur 130% Furna Lohn	Steuerbares Einkommen	Einkommenssteuer	Steuerbelastung in %	Grenzsteuersatz
	CHF 50'000	CHF 2'989	5.977%	
	CHF 100'000	CHF 13'878	13.878%	
	CHF 150'000	CHF 25'947	17.298%	
	CHF 200'000	CHF 38'287	19.143%	
	CHF 250'000	CHF 51'167	20.467%	
	CHF 500'000	CHF 115'817	23.163%	
	CHF 1'000'000	CHF 247'715	24.772%	max. 25.30%
	Steuerbares Vermögen	Vermögenssteuer	Steuerbelastung in %	Grenzsteuersatz
	CHF 100'000	CHF 220	0.220%	
	CHF 200'000	CHF 541	0.270%	
	CHF 500'000	CHF 1'809	0.362%	
	CHF 750'000	CHF 2'933	0.391%	
	CHF 1'000'000	CHF 3'910	0.391%	
	CHF 10'000'000	CHF 39'100	0.391%	
	CHF 100'000'000	CHF 391'000	0.391%	max. 0.391%

A. Einkommens- und Vermögenssteuern

12. Kanton Jura

| | | Steuerfuss | 285% |

Kantonshauptort	Délémont	Steuerfuss	190%
Günstigste Gemeinde	Les Breuleux	Steuerfuss	140%
Teuerste Gemeinden	Basse-Allaine	Steuerfuss	235%
	Coeuve		
	Fontenais		

Verheirateten Tarif, ohne Kirchensteuer, ohne Spezialsteuer				
Délémont 190%	**Steuerbares Einkommen**	**Einkommenssteuer**	**Steuerbelastung in %**	**Grenzsteuersatz**
	CHF 50'000	CHF 5'169	10.338%	
	CHF 100'000	CHF 15'768	15.768%	
	CHF 150'000	CHF 27'484	18.323%	
	CHF 200'000	CHF 39'618	19.809%	
	CHF 250'000	CHF 53'609	21.444%	
	CHF 500'000	CHF 123'971	24.794%	
	CHF 1'000'000	CHF 266'162	26.616%	max. 21.475%
	Steuerbares Vermögen	**Vermögenssteuer**	**Steuerbelastung in %**	**Grenzsteuersatz**
	CHF 100'000	CHF 238	0.238%	
	CHF 200'000	CHF 589	0.295%	
	CHF 500'000	CHF 1'732	0.346%	
	CHF 750'000	CHF 2'860	0.381%	
	CHF 1'000'000	CHF 4'138	0.414%	
	CHF 10'000'000	CHF 55'162	0.552%	
	CHF 100'000'000	CHF 568'162	0.568%	max. 0.570%

Link zur Steuerberechnung:
https://www.jura.ch/DFI/Dtr/Calculez-vos-impots.html

Der Rechner verwendet vorübergehend Einheitssätze der um 1% reduzierten Einkommenssteuertarife für das Steuerjahr 2019, bis das Erbgebnis der Volksabstimmung im Zusammenhang mit dem gegen den Beschluss des Parlaments vom 19.12.2018 eingereichten Referendum vorliegt.

A. Einkommens- und Vermögenssteuern

Verheirateten Tarif, ohne Kirchensteuer, ohne Spezialsteuer					
Les Breuleux 140%	**Steuerbares Einkommen**	**Einkommenssteuer**		**Steuerbelastung in %**	**Grenzsteuersatz**
	CHF 50'000	CHF	4'625	9.725%	
	CHF 100'000	CHF	14'108	14.108%	
	CHF 150'000	CHF	24'591	16.394%	
	CHF 200'000	CHF	35'448	17.724%	
	CHF 250'000	CHF	47'966	19.187%	
	CHF 500'000	CHF	110'921	22.184%	
	CHF 1'000'000	CHF	238'145	23.815%	max. 26.00%
	Steuerbares Vermögen	**Vermögenssteuer**		**Steuerbelastung in %**	**Grenzsteuersatz**
	CHF 100'000	CHF	213	0.213%	
	CHF 200'000	CHF	526	0.263%	
	CHF 500'000	CHF	1'549	0.310%	
	CHF 750'000	CHF	2'559	0.341%	
	CHF 1'000'000	CHF	3'702	0.370%	
	CHF 10'000'000	CHF	49'355	0.494%	
	CHF 100'000'000	CHF	508'355	0.508%	max. 0.508%
Verheirateten Tarif, ohne Kirchensteuer, ohne Spezialsteuer					
Bass-Alleine 235% Coeuve Fontenais	**Steuerbares Einkommen**	**Einkommenssteuer**		**Steuerbelastung in %**	**Grenzsteuersatz**
	CHF 50'000	CHF	5'659	11.318%	
	CHF 100'000	CHF	17'262	17.262%	
	CHF 150'000	CHF	30'087	20.598%	
	CHF 200'000	CHF	43'372	21.686%	
	CHF 250'000	CHF	58'688	23.475%	
	CHF 500'000	CHF	135'715	27.143%	
	CHF 1'000'000	CHF	291'377	29.138%	max. 31.81%
	Steuerbares Vermögen	**Vermögens-Steuer**		**Steuerbelastung in %**	**Grenzsteuersatz**
	CHF 100'000	CHF	260	0.260%	
	CHF 200'000	CHF	645	0.322%	
	CHF 500'000	CHF	1'902	0.380%	
	CHF 750'000	CHF	3'137	0.418%	
	CHF 1'000'000	CHF	4'543	0.454%	
	CHF 10'000'000	CHF	60'410	0.604%	
	CHF 100'000'000	CHF	622'010	0.622%	max. 0.624%

A. Einkommens- und Vermögenssteuern

13. Kanton Luzern

		Steuerfuss	160%
Kantonshauptort	Luzern	Steuerfuss	185%
Günstigste Gemeinde	Meggen	Steuerfuss	99%
Teuerste Gemeinden	Wikon	Steuerfuss	250%

Verheirateten Tarif, ohne Kirchensteuer, ohne Spezialsteuer				
Luzern 185%	**Steuerbares Einkommen**	**Einkommenssteuer**	**Steuerbelastung in %**	**Grenzsteuersatz**
	CHF 50'000	CHF 3'885	7.769%	
	CHF 100'000	CHF 11'754	11.754%	
	CHF 150'000	CHF 20'714	13.809%	
	CHF 200'000	CHF 30'713	15.356%	
	CHF 250'000	CHF 40'718	16.287%	
	CHF 500'000	CHF 90'743	18.149%	
	CHF 1'000'000	CHF 190'793	19.079%	max. 19.32%
	Steuerbares Vermögen	**Vermögenssteuer**	**Steuerbelastung in %**	**Grenzsteuersatz**
	CHF 100'000	CHF 259	0.259%	
	CHF 200'000	CHF 518	0.259%	
	CHF 500'000	CHF 1'294	0.259%	
	CHF 750'000	CHF 1'941	0.259%	
	CHF 1'000'000	CHF 2'588	0.259%	
	CHF 10'000'000	CHF 25'875	0.259%	
	CHF 100'000'000	CHF 258'750	0.259%	max. 0.259%

Link zur Steuerberechnung:
https://steuern.lu.ch/steuererklaerung/kalkulatoren/kalkulatoren_natuerliche_personen/staats_gemeindesteuern

Gemäss Bundesgerichtsentscheid vom 23. Mai 2019 werden bei getrennt veranlagten Eltern mit Kinderalimente-Zahlungen der Kinderabzug sowie der Versicherungsabzug und der Vermögenssteuerfreibetrag für das Kind in der Steuerperiode des Volljährigkeitseintritts des Kindes anteilsmässig beiden Eltern zugeteilt. Die Praxis wird ab sofort auf allen noch nicht rechtskräftigen Veranlagungen angewendet.

Per 01.01.2020 tritt eine Steuergesetzänderung in Kraft.

A. Einkommens- und Vermögenssteuern

Verheirateten Tarif, ohne Kirchensteuer, ohne Spezialsteuer					
Meggen 99%	Steuerbares Einkommen		Einkommens-steuer		Steuerbelastung in %	Grenz-steuersatz
	CHF	50'000	CHF	2'916	5.833%	
	CHF	100'000	CHF	8'824	8.824%	
	CHF	150'000	CHF	15'550	10.367%	
	CHF	200'000	CHF	23'057	11.528%	
	CHF	250'000	CHF	30'568	12.227%	
	CHF	500'000	CHF	68'123	13.625%	
	CHF	1'000'000	CHF	143'233	14.212%	max. 14.323%
	Steuerbares Vermögen		Vermögens-steuer		Steuerbelastung in %	Grenz-steuersatz
	CHF	100'000	CHF	194	0.194%	
	CHF	200'000	CHF	389	0.194%	
	CHF	500'000	CHF	971	0.194%	
	CHF	750'000	CHF	1'457	0.194%	
	CHF	1'000'000	CHF	1'943	0.194%	
	CHF	10'000'000	CHF	19'425	0.194%	
	CHF	100'000'000	CHF	194'250	0.194%	max. 0.194%
Verheirateten Tarif, ohne Kirchensteuer, ohne Spezialsteuer						
Wikon 250%	Steuerbares Einkommen		Einkommens-steuer		Steuerbelastung in %	Grenz-steuersatz
	CHF	50'000	CHF	4'617	9.233%	
	CHF	100'000	CHF	13'969	13.969%	
	CHF	150'000	CHF	24'616	16.411%	
	CHF	200'000	CHF	36'499	18.250%	
	CHF	250'000	CHF	48'389	19.356%	
	CHF	500'000	CHF	107'839	21.568%	
	CHF	1'000'000	CHF	224'000	22.400%	max. 22.400%
	Steuerbares Vermögen		Vermögens-Steuer		Steuerbelastung in %	Grenz-steuersatz
	CHF	100'000	CHF	300	0.300%	
	CHF	200'000	CHF	600	0.300%	
	CHF	500'000	CHF	1'500	0.300%	
	CHF	750'000	CHF	2'250	0.300%	
	CHF	1'000'000	CHF	3'000	0.300%	
	CHF	10'000'000	CHF	30'000	0.300%	
	CHF	100'000'000	CHF	300'000	0.300%	max. 0.300%

A. Einkommens- und Vermögenssteuern

14. Kanton Neuenburg

		Steuerfuss	125%
Kantonshauptort	Neuenburg	Steuerfuss	65%
Günstigste Gemeinde	Milvignes	Steuerfuss	63%
Teuerste Gemeinden	Enges	Steuerfuss	79%
	Les Verrières		

Verheirateten Tarif, ohne Kirchensteuer, ohne Spezialsteuer					
Neuenbeurg 65%	**Steuerbares Einkommen**		**Einkommenssteuer**		**Steuerbelastung in %**	**Grenzsteuersatz**
	CHF	50'000	CHF	5'527	11.055%	
	CHF	100'000	CHF	17'705	17.705%	
	CHF	150'000	CHF	31'011	20.674%	
	CHF	200'000	CHF	45'193	22.597%	
	CHF	250'000	CHF	60'137	24.055%	
	CHF	500'000	CHF	131'634	26.127%	
	CHF	1'000'000	CHF	264'634	26.463%	max. 26.600%
	Steuerbares Vermögen		**Vermögenssteuer**		**Steuerbelastung in %**	**Grenzsteuersatz**
	CHF	100'000	CHF	52	0.052%	
	CHF	200'000	CHF	622	0.311%	
	CHF	500'000	CHF	2'591	0.518%	
	CHF	750'000	CHF	4'704	0.627%	
	CHF	1'000'000	CHF	6'840	0.684%	
	CHF	10'000'000	CHF	68'400	0.684%	
	CHF	100'000'000	CHF	684'000	0.684%	max. 0.680%

Link zur Steuerberechnung:
http://www.ne.ch/autorites/DFS/SCCO/impot-pp/Pages/calculette_pp.asp

A. Einkommens- und Vermögenssteuern

Verheirateten Tarif, ohne Kirchensteuer, ohne Spezialsteuer					
Milvignes 63%	**Steuerbares Einkommen**		**Einkommenssteuer**		**Steuerbelastung in %**	**Grenzsteuersatz**
	CHF	50'000	CHF	5'469	10.938%	
	CHF	100'000	CHF	17'518	17.518%	
	CHF	150'000	CHF	30'684	20.456%	
	CHF	200'000	CHF	44'717	22.359%	
	CHF	250'000	CHF	59'504	23.802%	
	CHF	500'000	CHF	130'248	26.050%	
	CHF	1'000'000	CHF	261'848	26.185%	max. 26.305%
	Steuerbares Vermögen		**Vermögenssteuer**		**Steuerbelastung in %**	**Grenzsteuersatz**
	CHF	100'000	CHF	51	0.051%	
	CHF	200'000	CHF	615	0.308%	
	CHF	500'000	CHF	2'564	0.513%	
	CHF	750'000	CHF	4'655	0.621%	
	CHF	1'000'000	CHF	6'768	0.677%	
	CHF	10'000'000	CHF	67'680	0.677%	
	CHF	100'000'000	CHF	678'800	0.677%	max. 0.680
Verheirateten Tarif, ohne Kirchensteuer, ohne Spezialsteuer						
Enges 79% Les Verrières	**Steuerbares Einkommen**		**Einkommenssteuer**		**Steuerbelastung in %**	**Grenzsteuersatz**
	CHF	50'000	CHF	5'934	11.869%	
	CHF	100'000	CHF	19'009	19.009%	
	CHF	150'000	CHF	33'296	22.316%	
	CHF	200'000	CHF	48'522	24.665%	
	CHF	250'000	CHF	64'569	25.828%	
	CHF	500'000	CHF	141'333	28.267%	
	CHF	1'000'000	CHF	284'133	28.413%	max. 28.600%
	Steuerbares Vermögen		**Vermögens-Steuer**		**Steuerbelastung in %**	**Grenzsteuersatz**
	CHF	100'000	CHF	56	0.056%	
	CHF	200'000	CHF	668	0.329%	
	CHF	500'000	CHF	2'782	0.556%	
	CHF	750'000	CHF	5'050	0.673%	
	CHF	1'000'000	CHF	7'344	0.734%	
	CHF	10'000'000	CHF	73'440	0.734%	
	CHF	100'000'000	CHF	734'400	0.734%	max. 0.730%

A. Einkommens- und Vermögenssteuern

15. Kanton Nidwalden

		Steuerfuss	266%
Kantonshauptort	Stans	Steuerfuss	245%
Günstigste Gemeinde	Hergiswil	Steuerfuss	153%
Teuerste Gemeinden	Stans	Steuerfuss	245%

Verheirateten Tarif, ohne Kirchensteuer, ohne Spezialsteuer					
Stans 245%	**Steuerbares Einkommen**	**Einkommenssteuer**		**Steuerbelastung in %**	**Grenzsteuersatz**
	CHF 50'000	CHF	2'850	5.701%	
	CHF 100'000	CHF	10'293	10.293%	
	CHF 150'000	CHF	18'003	12.002%	
	CHF 200'000	CHF	25'929	12.965%	
	CHF 250'000	CHF	34'097	13.639%	
	CHF 500'000	CHF	70'262	14.052%	
	CHF 1'000'000	CHF	140'525	14.053%	max. 14.053%
	Steuerbares Vermögen	**Vermögenssteuer**		**Steuerbelastung in %**	**Grenzsteuersatz**
	CHF 100'000	CHF	128	0.128%	
	CHF 200'000	CHF	256	0.128%	
	CHF 500'000	CHF	639	0.128%	
	CHF 750'000	CHF	958	0.128%	
	CHF 1'000'000	CHF	1'278	0.128%	
	CHF 10'000'000	CHF	12'775	0.128%	
	CHF 100'000'000	CHF	127'750	0.128%	max. 0.128%

Link zur Steuerberechnung:
http://www.steuern-nw.ch/steuerrechnereinkommenvermoegen/

Per 01.01.2020 tritt eine Steuergesetzänderung in Kraft.

A. Einkommens- und Vermögenssteuern

Verheirateten Tarif, ohne Kirchensteuer, ohne Spezialsteuer				
Hergiswil 153%	**Steuerbares Einkommen**	**Einkommenssteuer**	**Steuerbelastung in %**	**Grenzsteuersatz**
	CHF 50'000	CHF 2'337	4.674%	
	CHF 100'000	CHF 8'440	8.440%	
	CHF 150'000	CHF 14'762	9.841%	
	CHF 200'000	CHF 21'261	10.630%	
	CHF 250'000	CHF 27'958	11.183%	
	CHF 500'000	CHF 57'613	11.523%	
	CHF 1'000'000	CHF 115'225	11.523%	max. 11.523%
	Steuerbares Vermögen	**Vermögenssteuer**	**Steuerbelastung in %**	**Grenzsteuersatz**
	CHF 100'000	CHF 105	0.105%	
	CHF 200'000	CHF 210	0.105%	
	CHF 500'000	CHF 524	0.105%	
	CHF 750'000	CHF 786	0.105%	
	CHF 1'000'000	CHF 1'048	0.105%	
	CHF 10'000'000	CHF 10'475	0.105%	
	CHF 100'000'000	CHF 104'750	0.105%	max. 0.105%

A. Einkommens- und Vermögenssteuern

16. Kanton Obwalden

		Steuerfuss	305%
Kantonshauptort	Sarnen	Steuerfuss	406%
Günstigste Gemeinde	Sarnen	Steuerfuss	406%
Teuerste Gemeinden	Lungern	Steuerfuss	525%

Verheirateten Tarif, ohne Kirchensteuer, ohne Spezialsteuer					
Sarnen 406%	Steuerbares Einkommen		Einkommens-steuer		Steuerbelastung in %	Grenz-steuersatz
	CHF	50'000	CHF	6'399	12.798%	
	CHF	100'000	CHF	12'798	12.798%	
	CHF	150'000	CHF	19'197	12.798%	
	CHF	200'000	CHF	25'596	12.798%	
	CHF	250'000	CHF	31'995	12.798%	
	CHF	500'000	CHF	63'990	12.798%	
	CHF	1'000'000	CHF	127'980	12.798%	max. 12.798%
	Steuerbares Vermögen		Vermögens-steuer		Steuerbelastung in %	Grenz-steuersatz
	CHF	100'000	CHF	142	0.142%	
	CHF	200'000	CHF	284	0.142%	
	CHF	500'000	CHF	711	0.142%	
	CHF	750'000	CHF	1'067	0.142%	
	CHF	1'000'000	CHF	1'422	0.142%	
	CHF	10'000'000	CHF	14'220	0.142%	
	CHF	100'000'000	CHF	142'200	0.142%	max. 0.142%

Link zur Steuerberechnung:
http://steuerechner.ow.ch/einkommenvermoegen/

Die Obwaldner Bevölkerung hat das Gesetz über die Umsetzung von Massnahmen der Finanzstrategie am 23. September 2018 abgelehnt. Die Steuererhöhungen finden nicht statt.

A. Einkommens- und Vermögenssteuern

Verheirateten Tarif, ohne Kirchensteuer, ohne Spezialsteuer					
Lungern 525%	**Steuerbares Einkommen**		**Einkommensteuer**		**Steuerbelastung in %**	**Grenzsteuersatz**
	CHF	50'000	CHF	7'470	14.940%	
	CHF	100'000	CHF	14'940	14.940%	
	CHF	150'000	CHF	22'410	14.940%	
	CHF	200'000	CHF	29'880	14.940%	
	CHF	250'000	CHF	37'350	14.940%	
	CHF	500'000	CHF	74'700	14.940%	
	CHF	1'000'000	CHF	149'400	14.940%	max. 11.358%
	Steuerbares Vermögen		**Vermögenssteuer**		**Steuerbelastung in %**	**Grenzsteuersatz**
	CHF	100'000	CHF	166	0.166%	
	CHF	200'000	CHF	332	0.166%	
	CHF	500'000	CHF	830	0.166%	
	CHF	750'000	CHF	1'246	0.166%	
	CHF	1'000'000	CHF	1'660	0.166%	
	CHF	10'000'000	CHF	16'600	0.166%	
	CHF	100'000'000	CHF	166'000	0.166%	max. 0.166%

17. Kanton St. Gallen

		Steuerfuss	115%
Kantonshauptort	St. Gallen	Steuerfuss	141%
Günstigste Gemeinde	Mörschwil	Steuerfuss	75%
Teuerste Gemeinden	Wartau	Steuerfuss	160%

Verheirateten Tarif, ohne Kirchensteuer, ohne Spezialsteuer				
St. Gallen 141%	**Steuerbares Einkommen**	**Einkommenssteuer**	**Steuerbelastung in %**	**Grenzsteuersatz**
	CHF 50'000	CHF 3'891	7.782%	
	CHF 100'000	CHF 13'414	13.414%	
	CHF 150'000	CHF 24'760	16.507%	
	CHF 200'000	CHF 36'608	18.304%	
	CHF 250'000	CHF 48'640	19.456%	
	CHF 500'000	CHF 108'800	21.760%	
	CHF 1'000'000	CHF 217'600	21.760%	max. 21.760%
	Steuerbares Vermögen	**Vermögenssteuer**	**Steuerbelastung in %**	**Grenzsteuersatz**
	CHF 100'000	CHF 435	0.435%	
	CHF 200'000	CHF 870	0.435%	
	CHF 500'000	CHF 2'176	0.435%	
	CHF 750'000	CHF 3'264	0.435%	
	CHF 1'000'000	CHF 4'352	0.435%	
	CHF 10'000'000	CHF 43'520	0.435%	
	CHF 100'000'000	CHF 435'200	0.435%	max. 0.435%

Link zur Steuerberechnung:
http://www.steuern.sg.ch/home/sachthemen/eservices/steuerkalkulator0.html

Ab dem 01.01.2020 werden Steuermassnahmen umgesetzt. Der Abzug für Versicherungsprämien sowie der maximale Pendlerabzug werden erhöht. Zusätzlich kommen Familien in den Genuss von höheren Kinder- und Ausbildungszulagen.

A. Einkommens- und Vermögenssteuern

Verheirateten Tarif, ohne Kirchensteuer, ohne Spezialsteuer				
Mörschwil 75%	Steuerbares Einkommen	Einkommenssteuer	Steuerbelastung in %	Grenzsteuersatz
	CHF 50'000	CHF 2'888	5.776%	
	CHF 100'000	CHF 9'956	9.956%	
	CHF 150'000	CHF 18'377	12.251%	
	CHF 200'000	CHF 27'170	13.584%	
	CHF 250'000	CHF 36'100	14.440%	
	CHF 500'000	CHF 80'750	16.150%	
	CHF 1'000'000	CHF 161'500	16.150%	max. 16.150%
	Steuerbares Vermögen	Vermögenssteuer	Steuerbelastung in %	Grenzsteuersatz
	CHF 100'000	CHF 323	0.323%	
	CHF 200'000	CHF 646	0.323%	
	CHF 500'000	CHF 1'615	0.323%	
	CHF 750'000	CHF 2'423	0.323%	
	CHF 1'000'000	CHF 3'230	0.323%	
	CHF 10'000'000	CHF 32'300	0.323%	
	CHF 100'000'000	CHF 323'000	0.323%	max. 0.323%
Verheirateten Tarif, ohne Kirchensteuer, ohne Spezialsteuer				
Wartau 160%	Steuerbares Einkommen	Einkommenssteuer	Steuerbelastung in %	Grenzsteuersatz
	CHF 50'000	CHF 4'180	8.360%	
	CHF 100'000	CHF 14'410	14.410%	
	CHF 150'000	CHF 26'598	17.732%	
	CHF 200'000	CHF 39'325	19.663%	
	CHF 250'000	CHF 52'250	20.900%	
	CHF 500'000	CHF 116'875	23.375%	
	CHF 1'000'000	CHF 233'750	23.375%	max. 23.375%
	Steuerbares Vermögen	Vermögens-Steuer	Steuerbelastung in %	Grenzsteuersatz
	CHF 100'000	CHF 468	0.468%	
	CHF 200'000	CHF 935	0.468%	
	CHF 500'000	CHF 2'338	0.468%	
	CHF 750'000	CHF 3'506	0.468%	
	CHF 1'000'000	CHF 4'675	0.468%	
	CHF 10'000'000	CHF 46'750	0.468%	
	CHF 100'000'000	CHF 467'500	0.468%	max. 0.468%

A. Einkommens- und Vermögenssteuern

18. Kanton Schaffhausen

		Steuerfuss	110%
Kantonshauptort	Schaffhausen	Steuerfuss	93%
Günstigste Gemeinde	Stetten	Steuerfuss	65%
Teuerste Gemeinden	Beggingen	Steuerfuss	119%

Verheirateten Tarif, ohne Kirchensteuer, ohne Spezialsteuer				
Schaffhausen 93%	**Steuerbares Einkommen**	**Einkommenssteuer**	**Steuerbelastung in %**	**Grenzsteuersatz**
	CHF 50'000	CHF 3'586	7.172%	
	CHF 100'000	CHF 11'551	11.551%	
	CHF 150'000	CHF 21'898	14.599%	
	CHF 200'000	CHF 33'063	16.532%	
	CHF 250'000	CHF 44'228	17.691%	
	CHF 500'000	CHF 100'485	20.097%	
	CHF 1'000'000	CHF 200'970	20.097%	max. 20.097%
	Steuerbares Vermögen	**Vermögenssteuer**	**Steuerbelastung in %**	**Grenzsteuersatz**
	CHF 100'000	CHF 203	0.203%	
	CHF 200'000	CHF 406	0.203%	
	CHF 500'000	CHF 1'624	0.325%	
	CHF 750'000	CHF 3'147	0.420%	
	CHF 1'000'000	CHF 4'669	0.467%	
	CHF 10'000'000	CHF 46'690	0.467%	
	CHF 100'000'000	CHF 466'900	0.467%	max. 0.467%

Link zur Steuerberechnung:
http://steuerrechner.sh.ch/steuernnat

Per 01.01.2020 tritt eine Steuergesetzänderung in Kraft.

A. Einkommens- und Vermögenssteuern

Verheirateten Tarif, ohne Kirchensteuer, ohne Spezialsteuer				
Stetten 65%	**Steuerbares Einkommen**	**Einkommenssteuer**	**Steuerbelastung in %**	**Grenzsteuersatz**
	CHF 50'000	CHF 3'091	6.182%	
	CHF 100'000	CHF 9'958	9.958%	
	CHF 150'000	CHF 18'878	12.585%	
	CHF 200'000	CHF 28'503	14.252%	
	CHF 250'000	CHF 38'128	15.251%	
	CHF 500'000	CHF 86'625	17.325%	
	CHF 1'000'000	CHF 173'250	17.325%	max. 17.325%
	Steuerbares Vermögen	**Vermögenssteuer**	**Steuerbelastung in %**	**Grenzsteuersatz**
	CHF 100'000	CHF 175	0.175%	
	CHF 200'000	CHF 350	0.175%	
	CHF 500'000	CHF 1'400	0.280%	
	CHF 750'000	CHF 2'713	0.362%	
	CHF 1'000'000	CHF 4'025	0.403%	
	CHF 10'000'000	CHF 40'250	0.403%	
	CHF 100'000'000	CHF 402'500	0.403%	max. 0.403%
Verheirateten Tarif, ohne Kirchensteuer, ohne Spezialsteuer				
Beggingen 119%	**Steuerbares Einkommen**	**Einkommenssteuer**	**Steuerbelastung in %**	**Grenzsteuersatz**
	CHF 50'000	CHF 4'045	8.090%	
	CHF 100'000	CHF 13'030	13.030%	
	CHF 150'000	CHF 24'703	16.469%	
	CHF 200'000	CHF 37'298	18.649%	
	CHF 250'000	CHF 49'893	29.957%	
	CHF 500'000	CHF 113'355	22.671%	
	CHF 1'000'000	CHF 226'710	22.671%	max. 22.671%
	Steuerbares Vermögen	**Vermögens-Steuer**	**Steuerbelastung in %**	**Grenzsteuersatz**
	CHF 100'000	CHF 229	0.229%	
	CHF 200'000	CHF 458	0.229%	
	CHF 500'000	CHF 1'832	0.366%	
	CHF 750'000	CHF 3'550	0.473%	
	CHF 1'000'000	CHF 5'267	0.527%	
	CHF 10'000'000	CHF 52'670	0.527%	
	CHF 100'000'000	CHF 526'700	0.527%	max. 0.527%

A. Einkommens- und Vermögenssteuern

19. Kanton Solothurn

		Steuerfuss	104%
Kantonshauptort	Solothurn	Steuerfuss	110%
Günstigste Gemeinde	Kammersrohr	Steuerfuss	65%
Teuerste Gemeinden	Holderbank	Steuerfuss	140%

Verheirateten Tarif, ohne Kirchensteuer, ohne Spezialsteuer				
Solothurn 110%	Steuerbares Einkommen	Einkommens-steuer	Steuerbelastung in %	Grenzsteuersatz
	CHF 50'000	CHF 4'331	8.663%	
	CHF 100'000	CHF 14'203	14.203%	
	CHF 150'000	CHF 25'085	16.723%	
	CHF 200'000	CHF 36'615	18.308%	
	CHF 250'000	CHF 48'920	19.568%	
	CHF 500'000	CHF 110'445	22.089%	
	CHF 1'000'000	CHF 224'700	22.470%	max. 22.47%
	Steuerbares Vermögen	Vermögens-steuer	Steuerbelastung in %	Grenzsteuersatz
	CHF 100'000	CHF 187	0.187%	
	CHF 200'000	CHF 428	0.214%	
	CHF 500'000	CHF 1'070	0.214%	
	CHF 750'000	CHF 1'605	0.214%	
	CHF 1'000'000	CHF 2'140	0.214%	
	CHF 10'000'000	CHF 21'400	0.214%	
	CHF 100'000'000	CHF 214'000	0.214%	max. 0.214%

Link zur Steuerberechnung:
https://steuerrechner.so.ch/stre_np.php

Per 01.01.2020 tritt eine Steuergesetzänderung in Kraft.

A. Einkommens- und Vermögenssteuern

Verheirateten Tarif, ohne Kirchensteuer, ohne Spezialsteuer				
Kammersrohr 65%	Steuerbares Einkommen	Einkommenssteuer	Steuerbelastung in %	Grenzsteuersatz
	CHF 50'000	CHF 3'421	6.841%	
	CHF 100'000	CHF 11'216	11.216%	
	CHF 150'000	CHF 19'810	13.207%	
	CHF 200'000	CHF 28'916	14.458%	
	CHF 250'000	CHF 38'633	15.453%	
	CHF 500'000	CHF 87'221	17.444%	
	CHF 1'000'000	CHF 177'450	17.445%	max. 18.046%
	Steuerbares Vermögen	Vermögenssteuer	Steuerbelastung in %	Grenzsteuersatz
	CHF 100'000	CHF 148	0.148%	
	CHF 200'000	CHF 338	0.169%	
	CHF 500'000	CHF 845	0.169%	
	CHF 750'000	CHF 1'268	0.169%	
	CHF 1'000'000	CHF 1'690	0.169%	
	CHF 10'000'000	CHF 16'900	0.169%	
	CHF 100'000'000	CHF 169'000	0.169%	max. 0.169%
Verheirateten Tarif, ohne Kirchensteuer, ohne Spezialsteuer				
Holderbank 140%	Steuerbares Einkommen	Einkommenssteuer	Steuerbelastung in %	Grenzsteuersatz
	CHF 50'000	CHF 4'939	9.877%	
	CHF 100'000	CHF 16'194	16.194%	
	CHF 150'000	CHF 28'602	19.068%	
	CHF 200'000	CHF 41'748	20.874%	
	CHF 250'000	CHF 55'778	22.311%	
	CHF 500'000	CHF 125'928	25.186%	
	CHF 1'000'000	CHF 256'200	25.620%	max. 26.054%
	Steuerbares Vermögen	Vermögens-Steuer	Steuerbelastung in %	Grenzsteuersatz
	CHF 100'000	CHF 214	0.214%	
	CHF 200'000	CHF 488	0.244%	
	CHF 500'000	CHF 1'220	0.244%	
	CHF 750'000	CHF 1'830	0.244%	
	CHF 1'000'000	CHF 2'440	0.244%	
	CHF 10'000'000	CHF 24'400	0.244%	
	CHF 100'000'000	CHF 244'000	0.244%	max. 0.244%

A. Einkommens- und Vermögenssteuern

20. Kanton Schwyz

		Steuerfuss	160%
Kantonshauptort	Schwyz	Steuerfuss	220%
Günstigste Gemeinde	Wollerau	Steuerfuss	80%
	Freienbach	Steuerfuss	80%
	Feusisberg	Steuerfuss	80%
Teuerste Gemeinden	Illgau	Steuerfuss	235%

Verheirateten Tarif, ohne Kirchensteuer, ohne Spezialsteuer				
Schwyz 220%	Steuerbares Einkommen	Einkommenssteuer	Steuerbelastung in %	Grenzsteuersatz
	CHF 50'000	CHF 4'189	8.378%	
	CHF 100'000	CHF 10'707	10.707%	
	CHF 150'000	CHF 18'068	12.045%	
	CHF 200'000	CHF 25'478	12.739%	
	CHF 250'000	CHF 32'888	13.155%	
	CHF 500'000	CHF 72'681	14.536%	
	CHF 1'000'000	CHF 160'300	16.030%	max. 16.030%
	Steuerbares Vermögen	Vermögenssteuer	Steuerbelastung in %	Grenzsteuersatz
	CHF 100'000	CHF 228	0.228%	
	CHF 200'000	CHF 456	0.228%	
	CHF 500'000	CHF 1'140	0.228%	
	CHF 750'000	CHF 1'710	0.228%	
	CHF 1'000'000	CHF 2'280	0.228%	
	CHF 10'000'000	CHF 22'800	0.228%	
	CHF 100'000'000	CHF 228'000	0.228%	max. 0.228%

Link zur Steuerberechnung:
https://www.sz.ch/steuern/steuern-natuerliche-personen/steuerberechnung/steuerrechner/steuerkalkulator-natuerliche-personen.html/72-512-445-3489-3487-3483-3481

A. Einkommens- und Vermögenssteuern

Verheirateten Tarif, ohne Kirchensteuer, ohne Spezialsteuer				
Wollerau 80% Freienbach Feusisberg	Steuerbares Einkommen	Einkommens- steuer	Steuerbelastung in %	Grenz- steuersatz
	CHF 50'000	CHF 2'646	5.292%	
	CHF 100'000	CHF 6'762	6.762%	
	CHF 150'000	CHF 11'412	7.608%	
	CHF 200'000	CHF 16'092	8.046%	
	CHF 250'000	CHF 20'772	8.309%	
	CHF 500'000	CHF 47'131	9.426%	
	CHF 1'000'000	CHF 109'200	10.920%	max. 10.920%
	Steuerbares Vermögen	Vermögens- steuer	Steuerbelastung in %	Grenz- steuersatz
	CHF 100'000	CHF 144	0.144%	
	CHF 200'000	CHF 288	0.144%	
	CHF 500'000	CHF 720	0.144%	
	CHF 750'000	CHF 1'080	0.144%	
	CHF 1'000'000	CHF 1'440	0.144%	
	CHF 10'000'000	CHF 14'400	0.144%	
	CHF 100'000'000	CHF 144'000	0.144%	max. 0.144%
Verheirateten Tarif, ohne Kirchensteuer, ohne Spezialsteuer				
Illgau 235%	Steuerbares Einkommen	Einkommens- steuer	Steuerbelastung in %	Grenz- steuersatz
	CHF 50'000	CHF 4'354	8.708%	
	CHF 100'000	CHF 11'129	11.129%	
	CHF 150'000	CHF 18'782	12.521%	
	CHF 200'000	CHF 26'464	13.242%	
	CHF 250'000	CHF 34'187	13.675%	
	CHF 500'000	CHF 75'419	15.084%	
	CHF 1'000'000	CHF 165'775	16.578%	max. 16.578%
	Steuerbares Vermögen	Vermögens- Steuer	Steuerbelastung in %	Grenz- steuersatz
	CHF 100'000	CHF 237	0.237%	
	CHF 200'000	CHF 474	0.237%	
	CHF 500'000	CHF 1'185	0.237%	
	CHF 750'000	CHF 1'778	0.237%	
	CHF 1'000'000	CHF 2'370	0.237%	
	CHF 10'000'000	CHF 23'700	0.237%	
	CHF 100'000'000	CHF 237'000	0.237%	max. 0.237%

A. Einkommens- und Vermögenssteuern

21. Kanton Thurgau

		Steuerfuss	117%
Kantonshauptort	Frauenfeld	Steuerfuss	144%
Günstigste Gemeinde	Bottighofen	Steuerfuss	104%
Teuerste Gemeinden	Arbon	Steuerfuss	183%

Verheirateten Tarif, ohne Kirchensteuer, ohne Spezialsteuer				
Frauenfeld 144%	Steuerbares Einkommen	Einkommens-steuer	Steuerbelastung in %	Grenz-steuersatz
	CHF 50'000	CHF 3'059	6.118%	
	CHF 100'000	CHF 11'672	11.672%	
	CHF 150'000	CHF 20'807	13.871%	
	CHF 200'000	CHF 30'464	15.232%	
	CHF 250'000	CHF 40'251	16.101%	
	CHF 500'000	CHF 91'799	18.360%	
	CHF 1'000'000	CHF 196'199	19.620%	max. 20.867%
	Steuerbares Vermögen	Vermögens-Steuer *	Steuerbelastung in %	Grenz-steuersatz
* Proportionaler Vermögenssteuertarif 1.1‰ (einfache Steuer)	CHF 100'000	CHF 287	0.287%	
	CHF 200'000	CHF 574	0.287%	
	CHF 500'000	CHF 1'436	0.287%	
	CHF 750'000	CHF 2'153	0.287%	
	CHF 1'000'000	CHF 2'871	0.287%	
	CHF 10'000'000	CHF 28'710	0.287%	
	CHF 100'000'000	CHF 287'100	0.287%	max. 0.287%

Link zur Steuerberechnung:
http://steuerverwaltung.kalkulatoren.tg.ch/TG/kalkulatoren/kalkulatoren/calc_01_eink_eingabe.jsp

Die aktuellsten Weisungsänderungen sind über den folgenden Link abrufbar:
https://steuerverwaltung.tg.ch/informationen/thurgauer-steuerpraxis/aktuelle-weisungsaenderungen.html/3670

A. Einkommens- und Vermögenssteuern

Verheirateten Tarif, ohne Kirchensteuer, ohne Spezialsteuer				
Bottighofen 104%	**Steuerbares Einkommen**	**Einkommenssteuer**	**Steuerbelastung in %**	**Grenzsteuersatz**
	CHF 50'000	CHF 2'590	5.180%	
	CHF 100'000	CHF 9'883	9.883%	
	CHF 150'000	CHF 17'618	11.746%	
	CHF 200'000	CHF 25'795	12.898%	
	CHF 250'000	CHF 34'083	13.633%	
	CHF 500'000	CHF 77'730	15.546%	
	CHF 1'000'000	CHF 166'130	16.613%	max. 17.669%
	Steuerbares Vermögen	**Vermögens-Steuer ***	**Steuerbelastung in %**	**Grenzsteuersatz**
* Proportionaler	CHF 100'000	CHF 243	0.243%	
Vermögenssteuertarif	CHF 200'000	CHF 486	0.243%	
1.1‰ (einfache	CHF 500'000	CHF 1'216	0.243%	
Steuer)	CHF 750'000	CHF 1'823	0.244%	
	CHF 1'000'000	CHF 2'431	0.243%	
	CHF 10'000'000	CHF 24'310	0.243%	
	CHF 100'000'000	CHF 243'100	0.243%	max. 0.243%

Verheirateten Tarif, ohne Kirchensteuer, ohne Spezialsteuer				
Arbon 183%	**Steuerbares Einkommen**	**Einkommenssteuer**	**Steuerbelastung in %**	**Grenzsteuersatz**
	CHF 50'000	CHF 3'516	7.032%	
	CHF 100'000	CHF 13'416	13.416%	
	CHF 150'000	CHF 23'916	15.944%	
	CHF 200'000	CHF 35'016	17.508%	
	CHF 250'000	CHF 46'266	18.506%	
	CHF 500'000	CHF 105'516	21.103%	
	CHF 1'000'000	CHF 225'516	22.552%	max. 23.680%
	Steuerbares Vermögen	**Vermögens-Steuer ***	**Steuerbelastung in %**	**Grenzsteuersatz**
* Proportionaler	CHF 100'000	CHF 330	0.330%	
Vermögenssteuertarif	CHF 200'000	CHF 660	0.330%	
1.1‰ (einfache	CHF 500'000	CHF 1'650	0.330%	
Steuer)	CHF 750'000	CHF 2'475	0.330%	
	CHF 1'000'000	CHF 3'300	0.330%	
	CHF 10'000'000	CHF 33'000	0.330%	
	CHF 100'000'000	CHF 330'000	0.330%	max. 0.330%

A. Einkommens- und Vermögenssteuern

22. Kanton Tessin

| | | Steuerfuss | 100% |

Kantonshauptort	Bellinzona	Steuerfuss	93%
Günstigste Gemeinde	Cadempino	Steuerfuss	60%
Teuerste Gemeinden	Faido	Steuerfuss	100%
	Bodio		
	Bosco Gurin		

Der Steuersatz von 100% gilt insgesamt für 15 Gemeinden, unter anderem die hier genannten

Verheirateten Tarif, ohne Kirchensteuer, ohne Spezialsteuer				
Bellinzona 93%	Steuerbares Einkommen	Einkommenssteuer	Steuerbelastung in %	Grenzsteuersatz
	CHF 50'000	CHF 2'889	5.778%	
	CHF 100'000	CHF 13'306	13.306%	
	CHF 150'000	CHF 25'579	17.053%	
	CHF 200'000	CHF 38'659	19.330%	
	CHF 250'000	CHF 52'502	21.001%	
	CHF 500'000	CHF 124'101	24.820%	
	CHF 1'000'000	CHF 268'791	26.879%	max. 29.096%
	Steuerbares Vermögen	Vermögenssteuer	Steuerbelastung in %	Grenzsteuersatz
	CHF 100'000	CHF -	0.000%	
	CHF 200'000	CHF 386	0.193%	
	CHF 500'000	CHF 1'756	0.351%	
	CHF 750'000	CHF 2'963	0.395%	
	CHF 1'000'000	CHF 4'458	0.446%	
	CHF 10'000'000	CHF 48'250	0.483%	
	CHF 100'000'000	CHF 482'500	0.483%	max. 0.579%

Link zur Steuerberechnung:
http://www3.ti.ch/DFE/DC/calcolatori/RedditoSostanza.php

Seit dem 1.1.2018 ist mit Art. 49a StG eine Begrenzung der Einkommens- und Vermögenssteuer in Kraft. Diese Steuerbremse wird jedoch nur auf Antrag des Steuerpflichtigen gewährt.

A. Einkommens- und Vermögenssteuern

Verheirateten Tarif, ohne Kirchensteuer, ohne Spezialsteuer				
Cadempino 60%	Steuerbares Einkommen	Einkommenssteuer	Steuerbelastung in %	Grenzsteuersatz
	CHF 50'000	CHF 2'395	4.790%	
	CHF 100'000	CHF 11'031	11.031%	
	CHF 150'000	CHF 21'206	14.137%	
	CHF 200'000	CHF 32'049	16.024%	
	CHF 250'000	CHF 43'525	17.410%	
	CHF 500'000	CHF 102'882	20.576%	
	CHF 1'000'000	CHF 222'832	22.283%	max. 24.103%
	Steuerbares Vermögen	Vermögenssteuer	Steuerbelastung in %	Grenzsteuersatz
	CHF 100'000	CHF -	0.000%	
	CHF 200'000	CHF 320	0.160%	
	CHF 500'000	CHF 1'456	0.291%	
	CHF 750'000	CHF 2'496	0.333%	
	CHF 1'000'000	CHF 3'696	0.370%	
	CHF 10'000'000	CHF 48'000	0.480%	
	CHF 100'000'000	CHF 480'000	0.480%	max. 0.480%
Verheirateten Tarif, ohne Kirchensteuer, ohne Spezialsteuer				
Faido 100% Bodio Bosco Gurin	Steuerbares Einkommen	Einkommenssteuer	Steuerbelastung in %	Grenzsteuersatz
	CHF 50'000	CHF 2'994	5.988%	
	CHF 100'000	CHF 13'788	13.788%	
	CHF 150'000	CHF 26'507	17.671%	
	CHF 200'000	CHF 40'061	20.031%	
	CHF 250'000	CHF 54'407	21.763%	
	CHF 500'000	CHF 128'602	25.720%	
	CHF 1'000'000	CHF 278'540	27.854%	max. 30.129%
	Steuerbares Vermögen	Vermögens-Steuer	Steuerbelastung in %	Grenzsteuersatz
	CHF 100'000	CHF -	0.000%	
	CHF 200'000	CHF 400	0.200%	
	CHF 500'000	CHF 1'820	0.364%	
	CHF 750'000	CHF 3'120	0.416%	
	CHF 1'000'000	CHF 4'620	0.462%	
	CHF 10'000'000	CHF 60'000	0.600%	
	CHF 100'000'000	CHF 600'000	0.600%	max. 0.600%

23. Kanton Uri

		Steuerfuss	100%
Kantonshauptort	Altdorf	Steuerfuss	95%
Günstigste Gemeinde	Seedorf	Steuerfuss	90%
Teuerste Gemeinden	Gurtnellen	Steuerfuss	120%
	Sisikon		

Verheirateten Tarif, ohne Kirchensteuer, ohne Spezialsteuer					
Altdorf 95%	Steuerbares Einkommen		Einkommens-steuer		Steuerbelastung in %	Grenz-steuersatz
	CHF	50'000	CHF	6'923	13.845%	
	CHF	100'000	CHF	13'845	13.845%	
	CHF	150'000	CHF	20'768	13.845%	
	CHF	200'000	CHF	27'690	13.845%	
	CHF	250'000	CHF	34'613	13.845%	
	CHF	500'000	CHF	69'225	13.845%	
	CHF	1'000'000	CHF	138'450	13.845%	max. 13.845%
	Steuerbares Vermögen		Vermögens-steuer		Steuerbelastung in %	Grenz-steuersatz
	CHF	100'000	CHF	195	0.195%	
	CHF	200'000	CHF	390	0.195%	
	CHF	500'000	CHF	975	0.195%	
	CHF	750'000	CHF	1'463	0.195%	
	CHF	1'000'000	CHF	1'950	0.195%	
	CHF	10'000'000	CHF	19'550	0.195%	
	CHF	100'000'000	CHF	195'000	0.195%	max. 0.195%

Link zur Steuerberechnung:
http://www.estv2.admin.ch/d/dienstleistungen/steuerrechner/steuerrechner.htm

Per 01.01.2020 ist eine Steuergesetzänderung in Planung.

A. Einkommens- und Vermögenssteuern

Verheirateten Tarif, ohne Kirchensteuer, ohne Spezialsteuer				
Seedorf 90%	**Steuerbares Einkommen**	**Einkommenssteuer**	**Steuerbelastung in %**	**Grenzsteuersatz**
	CHF 50'000	CHF 6'745	13.490%	
	CHF 100'000	CHF 13'490	13.490%	
	CHF 150'000	CHF 20'235	13.490%	
	CHF 200'000	CHF 26'980	13.490%	
	CHF 250'000	CHF 33'725	13.490%	
	CHF 500'000	CHF 67'450	13.490%	
	CHF 1'000'000	CHF 134'900	13.490%	max. 13.490%
	Steuerbares Vermögen	**Vermögenssteuer**	**Steuerbelastung in %**	**Grenzsteuersatz**
	CHF 100'000	CHF 190	0.190%	
	CHF 200'000	CHF 380	0.190%	
	CHF 500'000	CHF 950	0.190%	
	CHF 750'000	CHF 1'425	0.190%	
	CHF 1'000'000	CHF 1'900	0.190%	
	CHF 10'000'000	CHF 19'000	0.190%	
	CHF 100'000'000	CHF 190'000	0.190%	max. 0.190%
Verheirateten Tarif, ohne Kirchensteuer, ohne Spezialsteuer				
Gurtnellen 120% Sisikon	**Steuerbares Einkommen**	**Einkommenssteuer**	**Steuerbelastung in %**	**Grenzsteuersatz**
	CHF 50'000	CHF 7'810	15.620%	
	CHF 100'000	CHF 15'620	15.620%	
	CHF 150'000	CHF 23'430	15.620%	
	CHF 200'000	CHF 31'240	15.620%	
	CHF 250'000	CHF 39'050	15.620%	
	CHF 500'000	CHF 78'100	15.620%	
	CHF 1'000'000	CHF 156'200	15.620%	max. 29.988%
	Steuerbares Vermögen	**Vermögens-Steuer**	**Steuerbelastung in %**	**Grenzsteuersatz**
	CHF 100'000	CHF 220	0.220%	
	CHF 200'000	CHF 440	0.220%	
	CHF 500'000	CHF 1'100	0.220%	
	CHF 750'000	CHF 1'650	0.220%	
	CHF 1'000'000	CHF 2'200	0.220%	
	CHF 10'000'000	CHF 22'000	0.220%	
	CHF 100'000'000	CHF 220'000	0.220%	max. 0.220%

A. Einkommens- und Vermögenssteuern

24. Kanton Waadt

		Steuerfuss	154.5%
Kantonshauptort	Lausanne	Steuerfuss	79%
Günstigste Gemeinde	Eclépens	Steuerfuss	46%
Teuerste Gemeinden	Treytorrens	Steuerfuss	84%

Verheirateten Tarif, ohne Kirchensteuer, ohne Spezialsteuer				
Lausanne 79%	Steuerbares Einkommen	Einkommenssteuer	Steuerbelastung in %	Grenzsteuersatz
	CHF 50'000	CHF 6'588	13.176%	
	CHF 100'000	CHF 16'719	16.719%	
	CHF 150'000	CHF 28'953	19.302%	
	CHF 200'000	CHF 43'047	21.524%	
	CHF 250'000	CHF 57'872	23.149%	
	CHF 500'000	CHF 140'651	28.130%	
	CHF 1'000'000	CHF 300'000	30.000%	max. 30.000%
	Steuerbares Vermögen	Vermögenssteuer	Steuerbelastung in %	Grenzsteuersatz
	CHF 100'000	CHF -	0.000%	
	CHF 200'000	CHF 639	0.320%	
	CHF 500'000	CHF 2'616	0.523%	
	CHF 750'000	CHF 4'500	0.600%	
	CHF 1'000'000	CHF 6'478	0.648%	
	CHF 10'000'000	CHF 77'719	0.777%	
	CHF 100'000'000	CHF 790'128	0.790%	max. 0.791%

Link zur Steuerberechnung:
https://www.vd.ch/themes/etat-droit-finances/impots/impots-pour-les-individus/calculer-mes-impots/

Die kantonalen und kommunalen Einkommens- und Vermögenssteuern dürfen 60% des Nettoeinkommens nicht übersteigen. Der Nettoertrag wird auf mindestens 1% des Nettovermögens festgesetzt.

A. Einkommens- und Vermögenssteuern

Verheirateten Tarif, ohne Kirchensteuer, ohne Spezialsteuer				
Eclépens 46%	Steuerbares Einkommen	Einkommenssteuer	Steuerbelastung in %	Grenzsteuersatz
	CHF 50'000	CHF 5'657	11.313%	
	CHF 100'000	CHF 14'357	14.357%	
	CHF 150'000	CHF 24'862	16.574%	
	CHF 200'000	CHF 36'963	18.482%	
	CHF 250'000	CHF 49'693	19.877%	
	CHF 500'000	CHF 120'773	24.155%	
	CHF 1'000'000	CHF 276'167	27.617%	max. 31.079%
	Steuerbares Vermögen	Vermögens-Steuer	Steuerbelastung in %	Grenzsteuersatz
	CHF 100'000	CHF -	0.000%	
	CHF 200'000	CHF 549	0.275%	
	CHF 500'000	CHF 2'246	0.449%	
	CHF 750'000	CHF 3'864	0.515%	
	CHF 1'000'000	CHF 5'563	0.556%	
	CHF 10'000'000	CHF 66'735	0.667%	
	CHF 100'000'000	CHF 678'461	0.678%	max. 0.680%
Verheirateten Tarif, ohne Kirchensteuer, ohne Spezialsteuer				
Treytorrens 84%	Steuerbares Einkommen	Einkommenssteuer	Steuerbelastung in %	Grenzsteuersatz
	CHF 50'000	CHF 6'729	13.458%	
	CHF 100'000	CHF 17'077	17.077%	
	CHF 150'000	CHF 29'573	19.715%	
	CHF 200'000	CHF 43'969	21.985%	
	CHF 250'000	CHF 59'112	23.645%	
	CHF 500'000	CHF 143'663	28.733%	
	CHF 1'000'000	CHF 300'000	30.000%	max. 30.000%
	Steuerbares Vermögen	Vermögens-Steuer	Steuerbelastung in %	Grenzsteuersatz
	CHF 100'000	CHF -	0.000%	
	CHF 200'000	CHF 653	0.327%	
	CHF 500'000	CHF 2'672	0.534%	
	CHF 750'000	CHF 4'596	0.613%	
	CHF 1'000'000	CHF 6'617	0.662%	
	CHF 10'000'000	CHF 79'384	0.794%	
	CHF 100'000'000	CHF 807'047	0.807%	max. 0.807%

A. Einkommens- und Vermögenssteuern

25. Kanton Wallis

		Steuerfuss	160%
Kantonshauptort	Sion	Steuerfuss	170%
		Koeffizient	1.10
Günstigste Gemeinde	Bagnes	Steuerfuss	170%
	Biser	Koeffizient	1.10
	Bitsch		
	Bourg-St-Pierre		
	Eisten		
	Ergisch		
	Finhaut		
	Hermence		
	Oberems		
	Simplon, Trient		
	Zwischenbergen		
Teuerste Gemeinde	Leukerbad	Steuerfuss	145%
		Koeffizient	1.50

Verheirateten Tarif, ohne Kirchensteuer, ohne Spezialsteuer					
Sion 170% / 1.10	Steuerbares Einkommen		Einkommenssteuer		Steuerbelastung in %	Grenzsteuersatz
	CHF	50'000	CHF	3'805	7.610%	
	CHF	100'000	CHF	11'889	11.889%	
	CHF	150'000	CHF	24'670	16.447%	
	CHF	200'000	CHF	37'847	18.924%	
	CHF	250'000	CHF	50'707	20.283%	
	CHF	500'000	CHF	115'640	23.128%	
	CHF	1'000'000	CHF	240'640	24.064%	max. 24.990%
	Steuerbares Vermögen		Vermögenssteuer		Steuerbelastung in %	Grenzsteuersatz
	CHF	100'000	CHF	357	0.357%	
	CHF	200'000	CHF	798	0.399%	
	CHF	500'000	CHF	2'310	0.462%	
	CHF	750'000	CHF	3'749	0.500%	
	CHF	1'000'000	CHF	5'250	0.525%	
	CHF	10'000'000	CHF	63'000	0.630%	
	CHF	100'000'000	CHF	630'000	0.630%	max. 0.630%

Link zur Steuerberechnung:
https://apps.vs.ch/SCC_Calculette/?Language=de

A. Einkommens- und Vermögenssteuern

Verheirateten Tarif, ohne Kirchensteuer, ohne Spezialsteuer				
Bagnes 170% / 1.00 Bister Bitsch Bourg-St-Pierre Eisten Ergisch Finhaut Hermence Oberems	**Steuerbares Einkommen**	**Einkommens- steuer**	**Steuerbelastung in %**	**Grenz- steuersatz**
	CHF 50'000	CHF 3'637	7.274%	
	CHF 100'000	CHF 11'396	11.396%	
	CHF 150'000	CHF 23'492	15.661%	
	CHF 200'000	CHF 36'022	18.011%	
	CHF 250'000	CHF 48'361	19.344%	
	CHF 500'000	CHF 110'640	22.128%	
	CHF 1'000'000	CHF 230'640	23.064%	max. 23.990%
Simlon Trient Zwischenbergen	**Steuerbares Vermögen**	**Vermögens- Steuer**	**Steuerbelastung in %**	**Grenz- steuersatz**
	CHF 100'000	CHF 340	0.340%	
	CHF 200'000	CHF 760	0.380%	
	CHF 500'000	CHF 2'200	0.440%	
	CHF 750'000	CHF 3'570	0.476%	
	CHF 1'000'000	CHF 5'000	0.500%	
	CHF 10'000'000	CHF 60'000	0.600%	
	CHF 100'000'000	CHF 600'000	0.600%	max. 0.600%
Verheirateten Tarif, ohne Kirchensteuer, ohne Spezialsteuer				
Leukerbad 145% / 1.50	**Steuerbares Einkommen**	**Einkommens- steuer**	**Steuerbelastung in %**	**Grenz- steuersatz**
	CHF 50'000	CHF 4'899	9.798%	
	CHF 100'000	CHF 14'475	14.475%	
	CHF 150'000	CHF 30'770	20.513%	
	CHF 200'000	CHF 45'972	22.988%	
	CHF 250'000	CHF 61'377	24.551%	
	CHF 500'000	CHF 135'640	27.128%	
	CHF 1'000'000	CHF 280'640	28.064%	max. 28.990%
	Steuerbares Vermögen	**Vermögens- Steuer**	**Steuerbelastung in %**	**Grenz- steuersatz**
	CHF 100'000	CHF 425	0.425%	
	CHF 200'000	CHF 950	0.475%	
	CHF 500'000	CHF 2'750	0.550%	
	CHF 750'000	CHF 4'463	0.595%	
	CHF 1'000'000	CHF 6'250	0.625%	
	CHF 10'000'000	CHF 75'000	0.750%	
	CHF 100'000'000	CHF 750'000	0.750%	max. 0.750%

A. Einkommens- und Vermögenssteuern

26. Kanton Zug

		Steuerfuss	82%
Kantonshauptort	Zug	Steuerfuss	54%
Günstigste Gemeinde	Baar	Steuerfuss	53%
Teuerste Gemeinden	Menzingen	Steuerfuss	69%

Verheirateten Tarif, ohne Kirchensteuer, ohne Spezialsteuer. ohne Bürgerort im Kanton Zug					
Zug 54%	Steuerbares Einkommen		Einkommens-steuer		Steuerbelastung in %	Grenz-steuersatz
	CHF	50'000	CHF	2'013	4.026%	
	CHF	100'000	CHF	5'523	5.523%	
	CHF	150'000	CHF	10'897	7.265%	
	CHF	200'000	CHF	18'785	9.393%	
	CHF	250'000	CHF	26'251	10.500%	
	CHF	500'000	CHF	54'398	10.880%	
	CHF	1'000'000	CHF	108'798	10.880%	max. 10.880%
	Steuerbares Vermögen		Vermögens-steuer		Steuerbelastung in %	Grenz-steuersatz
	CHF	100'000	CHF	68	0.068%	
	CHF	200'000	CHF	160	0.080%	
	CHF	500'000	CHF	691	0.138%	
	CHF	750'000	CHF	1'371	0.183%	
	CHF	1'000'000	CHF	2'051	0.205%	
	CHF	10'000'000	CHF	26'531	0.265%	
	CHF	100'000'000	CHF	271'331	0.271%	max. 0.272%

Link zur Steuerberechnung:
http://www.zug.chbehoerden/finanzdirektion/steuerverwaltung/steuerrechner

Per 01.01.2021 ist eine Steuergesetzänderung in Planung.

A. Einkommens- und Vermögenssteuern

Verheirateten Tarif, ohne Kirchensteuer, ohne Spezialsteuer, ohne Bürgerort im Kanton Zug				
Baar 53%	Steuerbares Einkommen	Einkommenssteuer	Steuerbelastung in %	Grenzsteuersatz
	CHF 50'000	CHF 1'999	3.998%	
	CHF 100'000	CHF 5'482	5.482%	
	CHF 150'000	CHF 10'817	7.211%	
	CHF 200'000	CHF 18'647	9.324%	
	CHF 250'000	CHF 26'058	10.423%	
	CHF 500'000	CHF 53'998	10.800%	
	CHF 1'000'000	CHF 107'998	10.800%	max. 10.80%
	Steuerbares Vermögen	Vermögens-Steuer	Steuerbelastung in %	Grenzsteuersatz
	CHF 100'000	CHF 68	0.068%	
	CHF 200'000	CHF 159	0.080%	
	CHF 500'000	CHF 686	0.137%	
	CHF 750'000	CHF 1'361	0.181%	
	CHF 1'000'000	CHF 2'036	0.204%	
	CHF 10'000'000	CHF 26'336	0.263%	
	CHF 100'000'000	CHF 269'336	0.269%	max. 0.269%
Verheirateten Tarif, ohne Kirchensteuer, ohne Spezialsteuer, ohne Bürgerort im Kanton Zug				
Menzingen 69%	Steuerbares Einkommen	Einkommenssteuer	Steuerbelastung in %	Grenzsteuersatz
	CHF 50'000	CHF 2'236	4.472%	
	CHF 100'000	CHF 6'132	6.132%	
	CHF 150'000	CHF 12'099	8.066%	
	CHF 200'000	CHF 20'857	10.429%	
	CHF 250'000	CHF 29'147	11.659%	
	CHF 500'000	CHF 60'398	12.080%	
	CHF 1'000'000	CHF 120'798	12.080%	max. 12.080%
	Steuerbares Vermögen	Vermögens-Steuer	Steuerbelastung in %	Grenzsteuersatz
	CHF 100'000	CHF 76	0.076%	
	CHF 200'000	CHF 178	0.089%	
	CHF 500'000	CHF 767	0.153%	
	CHF 750'000	CHF 1'522	0.203%	
	CHF 1'000'000	CHF 2'277	0.228%	
	CHF 10'000'000	CHF 29'457	0.295%	
	CHF 100'000'000	CHF 301'257	0.301%	max. 0.302%

A. Einkommens- und Vermögenssteuern

27. Kanton Zürich

		Steuerfuss	100%
Kantonshauptort	Zürich	Steuerfuss	119%
Günstigste Gemeinde	Kilchberg	Steuerfuss	72%
Teuerste Gemeinden	Adlikon Maschwanden	Steuerfuss	130%

Verheirateten Tarif, ohne Kirchensteuer, ohne Spezialsteuer, ohne Bürgerort im Kanton Zug					
Zürich 119%	**Steuerbares Einkommen**		**Einkommenssteuer**		**Steuerbelastung in %**	**Grenzsteuersatz**
	CHF	50'000	CHF	3'110	6.220%	
	CHF	100'000	CHF	10'700	10.700%	
	CHF	150'000	CHF	20'052	13.368%	
	CHF	200'000	CHF	30'581	15.291%	
	CHF	250'000	CHF	42'081	16.832%	
	CHF	500'000	CHF	110'212	22.042%	
	CHF	1'000'000	CHF	252'551	25.255%	max. 28.149%
	Steuerbares Vermögen		**Vermögenssteuer**		**Steuerbelastung in %**	**Grenzsteuersatz**
	CHF	100'000	CHF	-	0.000%	
	CHF	200'000	CHF	50	0.025%	
	CHF	500'000	CHF	504	0.101%	
	CHF	750'000	CHF	1'051	0.140%	
	CHF	1'000'000	CHF	1'851	0.185%	
	CHF	10'000'000	CHF	56'655	0.567%	
	CHF	100'000'000	CHF	647'802	0.648%	max. 0.656%

Link zur Steuerberechnung:
https://www.steueramt.zh.ch/internet/finanzdirektion/ksta/de/steuerberechnung/npers/staats_und_gemeindesteuern.html

A. Einkommens- und Vermögenssteuern

Verheirateten Tarif, ohne Kirchensteuer, ohne Spezialsteuer, ohne Bürgerort im Kanton Zug				
Kilchberg 72%	Steuerbares Einkommen	Einkommenssteuer	Steuerbelastung in %	Grenzsteuersatz
	CHF 50'000	CHF 2'442	4.885%	
	CHF 100'000	CHF 8'404	8.404%	
	CHF 150'000	CHF 15'748	10.499%	
	CHF 200'000	CHF 24'018	12.009%	
	CHF 250'000	CHF 33'050	13.220%	
	CHF 500'000	CHF 86'559	17.312%	
	CHF 1'000'000	CHF 198'350	19.835%	max. 22.358%
	Steuerbares Vermögen	Vermögens-Steuer	Steuerbelastung in %	Grenzsteuersatz
	CHF 100'000	CHF -	0.000%	
	CHF 200'000	CHF 40	0.020%	
	CHF 500'000	CHF 396	0.079%	
	CHF 750'000	CHF 826	0.110%	
	CHF 1'000'000	CHF 1'453	0.145%	
	CHF 10'000'000	CHF 44'496	0.445%	
	CHF 100'000'000	CHF 508'776	0.509%	max. 0.516%
Verheirateten Tarif, ohne Kirchensteuer, ohne Spezialsteuer, ohne Bürgerort im Kanton Zug				
Adlikon 130% Maschwanden	Steuerbares Einkommen	Einkommenssteuer	Steuerbelastung in %	Grenzsteuersatz
	CHF 50'000	CHF 3'266	6.532%	
	CHF 100'000	CHF 11'238	11.238%	
	CHF 150'000	CHF 21'059	14.039%	
	CHF 200'000	CHF 32'117	16.059%	
	CHF 250'000	CHF 44'195	17.678%	
	CHF 500'000	CHF 115'748	23.150%	
	CHF 1'000'000	CHF 265'236	26.524%	max. 29.900%
	Steuerbares Vermögen	Vermögens-Steuer	Steuerbelastung in %	Grenzsteuersatz
	CHF 100'000	CHF -	0.000%	
	CHF 200'000	CHF 53	0.027%	
	CHF 500'000	CHF 529	0.106%	
	CHF 750'000	CHF 1'104	0.147%	
	CHF 1'000'000	CHF 1'944	0.194%	
	CHF 10'000'000	CHF 59'501	0.595%	
	CHF 100'000'000	CHF 680'340	0.680%	max. 0.680%

B. Besteuerung von Dividenden

1. Direkte Bundessteuer

Mit der Annahme der Steuerreform und AHV-Finanzierung (STAF) am 19. Mai 2019, tritt die neue Steuerreform auf Bundessteuerebene per 1. Januar 2020 in Kraft. Das Bundessteuergesetz über die direkte Bundessteuer sowie das Steuerharmonisierungsgesetz werden angepasst.

Mit der Annahme der Steuerreform verändert sich die Teilbesteuerung von Dividenden auf Bundesebene per 01.01.2020 wie folgt:

Art. 18b Abs. 1 DBG
Teilbesteuerung der Einkünfte aus Beteiligungen des Geschäftsvermögens
Dividenden, Gewinnanteile, Liquidationsüberschüsse und geldwerte Vorteile aus Aktien, Anteilen an Gesellschaften mit beschränkter Haftung, Genossenschaftsanteilen und Partizipationsscheinen sowie Gewinne aus der Veräusserung solcher Beteiligungsrechte sind nach Abzug des zurechenbaren Aufwandes im Umfang von *70 Prozent steuerbar*, wenn diese Beteiligungsrechte mindestens 10 Prozent des Grund- oder Stammkapitals einer Kapitalgesellschaft oder Genossenschaft darstellen.

Bis zum 31.12.2019 werden Dividenden im Umfang von 50 Prozent priviligiert besteuert.

Art. 20 Abs. 1bis DBG
Teilbesteuerung der Einkünfte aus Beteiligungen des Privatvermögens
Dividenden, Gewinnanteile, Liquidationsüberschüsse und geldwerte Vorteile aus Aktien, Anteilen an Gesellschaften mit beschränkter Haftung, Genossenschaftsanteilen und Partizipationsscheinen (einschliesslich Gratisaktien, Gratisnennwerterhöhungen u. dgl.) sind im Umfang von *70 Prozent steuerbar*, wenn diese Beteiligungsrechte mindestens 10 Prozent des Grund- oder Stammkapitals einer Kapitalgesellschaft oder Genossenschaft darstellen.

Bis zum 31.12.2019 werden Dividenden im Umfang von 60 Prozent priviligiert besteuert.

B. Besteuerung von Dividenden

Die Eidgenössische Steuerverwaltung hat die Teilbesteuerung von Dividenden und Einkünften aus Beteiligungen im **Kreisschreiben Nr. 22**: Teilbesteuerung der Einkünfte aus Beteiligungen im Privatvermögen und Beschränkung des Schuldzinsenabzugs) und im **Kreisschreiben Nr. 23**: Teilbesteuerung der Einkünfte aus Beteiligungen im Geschäftsvermögen und zum Geschäftsvermögen erklärte Beteiligungen) noch weiter präzisiert.

2. Kantone

Übersicht

Die folgenden Angaben der Kantone basieren auf dem Informationsstand per 30.09.2019.

Teilsatzverfahren:
Dieses Verfahren wird in den Kantonen AG, AI, BE, BL, NW, SH und Zürich angewandt.

Teileinkünfteverfahren:
Dieses Verfahren wird bei der direkten Bundessteuer und in den Kantonen AR, BS, FR, GE, GL*, GR, JU, LU, NE, OW, SG*, SO, SZ, TG, TI, UR, VD, VS und Zug angewandt.

* Neu ab 01.01.2020 mit Annahme der STAF

a. Kanton Aargau

Einkommenssteuer
§ 45a Abs. 1 StG AG
Das Einkommen aus Beteiligungen an Kapitalgesellschaften und Genossenschaften wird zu 40% des Satzes des gesamten steuerbaren Einkommens besteuert, wenn die steuerpflichtige Person mit mindestens 10% am Aktien-, Grund- oder Stammkapital beteiligt ist.

Vermögenssteuer
§ 54 Abs. 3 StG AG
Zur Milderung der wirtschaftlichen Doppelbelastung wird der Steuerwert von Aktien und Anteilscheinen inländischer Kapitalgesellschaften und Genossenschaften, die weder an der Börse kotiert sind noch einem organisierten ausserbörslichen Handel unterliegen, um 50% herabgesetzt.

b. Kanton Appenzell-Innerrhoden

Einkommenssteuer
Art. 38 Abs. 4 StG AI
Für Dividenden, Gewinnanteile, Liquidationsüberschüsse und geldwerte Vorteile aus Kapitalgesellschaften wird die Steuer zu 30 bis 50 Prozent des Satzes des steuerbaren Gesamteinkommens berechnet, sofern der Steuerpflichtige eine Beteiligungsquote von mindestens zehn Prozent hält. Der Grosse Rat legt den Steuersatz jährlich fest. Für das Steuerjahr 2019 beträgt der Satz 40% des steuerbaren Gesamteinkommens.

c. Kanton Appenzell-Ausserhoden

Einkommenssteuer
Art. 26 Abs. 1bis StG AR
Ausgeschüttete Gewinne aus Kapitalgesellschaften oder Genossenschaften werden im Umfang von 60 Prozent* steuerbar, sofern die steuerpflichtige Person eine Beteiligungsquote von mindestens 10 Prozent am Kapital hält.

*Wechsel vom Teilsatz- zum Teileinküfteverfahren per 01.01.2020 mit Annahme der STAF.

d. Kanton Bern

Einkommenssteuer
Art. 42 Abs. 3 StG BE
Für Einkünfte aus Beteiligungen an Kapitalgesellschaften oder Genossenschaften wird der für das steuerbare Gesamteinkommen massgebliche Steuersatz um 50 Prozent reduziert, sofern die Beteiligungsquote mindestens zehn Prozent beträgt.

B. Besteuerung von Dividenden

Übersetzung:
Le taux d'imposition applicable au revenu total imposable est réduit de 50 pour cent pour l'imposition des revenus des participations détenues dans des sociétés de capitaux ou dans des sociétés coopératives, à condition que la participation soit au moins égale à dix pour cent.

e. Kanton Basel-Landschaft

Einkommenssteuer
§ 34 Abs. 5 und 6 StG BL
Die Dividenden, Gewinnanteile, Liquidationsüberschüsse und geldwerten Vorteile aus Aktien, Anteilen an Gesellschaften mit beschränkter Haftung, Genossenschaftsanteilen und Partizipationsscheinen werden zum halben Satz des gesamten Einkommens besteuert, wenn diese Beteiligungsrechte mindestens 10% des Grund- oder Stammkapitals einer Kapitalgesellschaft oder Genossenschaft darstellen.
Die Satzreduktion gilt auch auf Gewinnen aus der Veräusserung von Beteiligungsrechten des Geschäftsvermögens, sofern die veräusserten Beteiligungsrechte mindestens ein Jahr im Eigentum der steuerpflichtigen Person oder des Personenunternehmens waren.

f. Kanton Basel-Stadt

Einkommensteuer
§ 19b Abs. 1 und 2 StG BS / Teilbesteuerung der Einkünfte aus Beteiligungen des Geschäftsvermögens
Dividenden, Gewinnanteile, Liquidationsüberschüsse und geldwerte Vorteile aus Aktien, Anteilen an Gesellschaften mit beschränkter Haftung, Genossenschaftsanteilen und Partizipationsscheinen sowie Gewinne aus der Veräusserung solcher Beteiligungsrechte sind nach Abzug des zurechenbaren Aufwandes im Umfang von 80 Prozent* steuerbar, wenn diese Beteiligungsrechte mindestens 10 Prozent des Grund- oder Stammkapitals einer Kapitalgesellschaft oder Genossenschaft darstellen.
Die Teilbesteuerung auf Veräusserungsgewinnen wird nur gewährt, wenn die veräusserten Beteiligungsrechte mindestens ein Jahr im Eigentum der steuerpflichtigen Person oder des Personenunternehmens waren.

§ 21 Abs. 1bis StG BS / *Teilbesteuerung der Einkünfte aus Beteiligungen des Privatvermögens*
Dividenden, Gewinnanteile, Liquidationsüberschüsse und geldwerte Vorteile aus Aktien, Anteilen an Gesellschaften mit beschränkter Haftung, Genossenschaftsanteilen und Partizipationsscheinen (einschliesslich Gratisaktien, Gratisnennwerterhöhungen u. dgl.) sind im Umfang von 80 Prozent* steuerbar, wenn diese Beteiligungsrechte mindestens 10 Prozent des Grund- oder Stammkapitals einer Kapitalgesellschaft oder Genossenschaft darstellen.

*Neu ab 01.01.2020, mit Annahme der STAF. Jedoch verlangt eine noch nicht überwiesene Motion eine Senkung auf 60%.

g. Kanton Freiburg

Einkommenssteuer
Art. 19b DStG FR / *Teilbesteuerung der Einkünfte aus Beteiligungen des Geschäftsvermögens*
Dividenden, Gewinnanteile, Liquidationsüberschüsse und geldwerte Vorteile aus Aktien, Anteilen an Gesellschaften mit beschränkter Haftung, Genossenschaftsanteilen und Partizipationsscheinen sowie Gewinne aus der Veräusserung solcher Beteiligungsrechte sind nach Abzug des zurechenbaren Aufwandes im Umfang von 50% steuerbar, wenn diese Beteiligungsrechte mindestens 10% des Grund- oder Stammkapitals einer Kapitalgesellschaft oder Genossenschaft darstellen.
Die Teilbesteuerung auf Veräusserungsgewinnen wird nur gewährt, wenn die veräusserten Beteiligungsrechte mindestens 1 Jahr im Eigentum der steuerpflichtigen Person oder des Personenunternehmens waren.

Übersetzung
Les dividendes, les parts de bénéfice, les excédents de liquidation et les prestations appréciables en argent provenant d'actions, de parts à des sociétés à responsabilité limitée, de parts à des sociétés coopératives et de bons de participation ainsi que les bénéfices provenant de l'aliénation de tels droits de participation sont imposables, après déduction des charges imputables, à hauteur de 50%, lorsque ces droits de participation équivalent à 10% au moins du capital-actions ou du capital social d'une société de capitaux ou d'une société coopérative.
L'imposition partielle n'est accordée sur les bénéfices d'aliénation que si les droits de participation sont restés propriété du contribuable ou de la société de personnes pendant un an au moins.

B. Besteuerung von Dividenden

Art. 21 Abs. 1bis LI FR / Teilbesteuerung der Einkünfte aus Beteiligungen des Privatvermögens
Dividenden, Gewinnanteile, Liquidationsüberschüsse und geldwerte Vorteile aus Aktien, Anteilen an Gesellschaften mit beschränkter Haftung, Genossenschaftsanteile und Partizipationsscheinen (einschliesslich Gratisaktien, Gratisnennwerterhöhungen u. dgl.) sind im Umfang von 70%* steuerbar, wenn diese Beteiligungsrechte mindestens 10% des Grund- oder Stammkapitals einer Kapitalgesellschaft oder Genossenschaft darstellen.

*Neu ab 01.01.2020 mit Annahme der STAF

Übersetzung
Les dividendes, les parts de bénéfice, les excédents de liquidation et les avantages appréciables en argent provenant d'actions, de parts à des sociétés à responsabilité limitée, de parts à des sociétés coopératives et de bons de par-ticipation (y compris les actions gratuites, les augmentations gratuites de la valeur nominale, etc.) sont imposables à hauteur de 70%, lorsque ces droits de participation équivalent à 10% au moins du capital-actions ou du capital social d'une société de capitaux ou d'une société coopérative.

h. Kanton Genf

Einkommenssteuer
Art. 19B Abs. 1 LIPP / Teilbesteuerung der Einkünfte aus Beteiligungen des Geschäftsvermögens
Les dividendes, les parts de bénéfice, les excédents de liquidation et les prestations appréciables en argent provenant d'actions de sociétés anonymes, de parts à des sociétés à responsabilité limitée, de parts à des sociétés coopératives et de bons de participation ainsi que les bénéfices provenant de l'aliénation de tels droits de participation sont imposables, après déduction des charges imputables, à hauteur de 40%*, lorsque ces droits de participation équivalent à 10% au moins du capital-actions ou du capital social d'une société de capitaux ou d'une société coopérative.

Übersetzung:
Dividenden, Gewinnanteile, Liquidationsüberschüsse und geldwerte Vorteile aus Aktien, Anteilen an Gesellschaften mit beschränkter Haftung, Genossenschaftsanteilen und Partizipationsscheinen sowie Gewinne aus der Veräusserung solcher Beteiligungsrechte sind nach Abzug des zurechenbaren Aufwandes im Umfang von 40%* steuerbar, wenn diese Beteiligungsrechte mindestens 10% des Grund-

oder Stammkapitals einer Kapitalgesellschaft oder Genossenschaft darstellen. Die Teilbesteuerung auf Veräusserungsgewinnen wird nur gewährt, wenn die veräusserten Beteiligungsrechte mindestens 1 Jahr im Eigentum der steuerpflichtigen Person oder des Personenunternehmens waren.

Art. 22 Abs. 2 LIPP / Teilbesteuerung der Einkünfte aus Beteiligungen des Privatvermögens
Les dividendes, les parts de bénéfice, les excédents de liquidation et les avantages appréciables en argent provenant d'actions de sociétés anonymes, de parts à des sociétés à responsabilité limitée, de parts à des sociétés coopératives et de bons de participation (y compris les actions gratuites, les augmentations gratuites de la valeur nominale, etc.) sont imposables à hauteur de 50%*, lorsque ces droits de participation équivalent à 10% au moins du capital-actions ou du capital social d'une société de capitaux ou d'une société coopérative. L'imposition partielle est accordée indépendamment du temps de propriété des droits de participation par le contribuable.

Übersetzung:
Dividenden, Gewinnanteile, Liquidationsüberschüsse und geldwerte Vorteile aus Aktien, Anteilen an Gesellschaften mit beschränkter Haftung, Genossenschaftsanteile und Partizipationsscheinen (einschliesslich Gratisaktien, Gratisnennwerterhöhungen u. dgl.) sind im Umfang von 50%* steuerbar, wenn diese Beteiligungsrechte mindestens 10% des Grund- oder Stammkapitals einer Kapitalgesellschaft oder Genossenschaft darstellen.

* Neu ab 01.01.2020 mit Annahme der STAF

i. Kanton Glarus

Einkommenssteuer
Art. 18b Abs. 1 STG GL / Teilbesteuerung der Einkünfte aus Beteiligungen des Geschäftsvermögens
Dividenden, Gewinnanteile, Liquidationsüberschüsse und geldwerte Vorteile aus Aktien, Anteilen an Gesellschaften mit beschränkter Haftung, Genossenschaftsanteilen und Partizipationsscheinen sowie Gewinne aus der Veräusserung solcher Beteiligungsrechte sind nach Abzug des zurechenbaren Aufwandes im Umfang von 70 Prozent steuerbar*, wenn diese Beteiligungsrechte mindestens 10 Prozent des Grund- oder Stammkapitals einer Kapitalgesellschaft oder Genossenschaft darstellen.

B. Besteuerung von Dividenden

Art. 20b Abs. 1a STG GL / Teilbesteuerung der Einkünfte aus Beteiligungen des Privatvermögens
Dividenden, Gewinnanteile, Liquidationsüberschüsse und geldwerte Vorteile aus Aktien, Anteilen an Gesellschaften mit beschränkter Haftung, Genossenschaftsanteilen und Partizipationsscheinen (einschliesslich Gratisaktien, Gratisnennwerterhöhungen und dergleichen) sind im Umfang von 70 Prozent* steuerbar, wenn diese Beteiligungsrechte mindestens 10 Prozent des Grund-oder Stammkapitals einer Kapitalgesellschaft oder Genossenschaft darstellen.

*Neu ab 01.01.2020, mit Annahme der STAF

j. Kanton Graubünden

Einkommenssteuer
Art. 18a Abs. 1 und 2 StG GR / Teilbesteuerung der Einkünfte aus Beteiligungen des Geschäftsvermögens
Zur Milderung der wirtschaftlichen Doppelbelastung bei massgebenden Beteiligungen sind Dividenden, Gewinnanteile, Liquidationsüberschüsse und geldwerte Vorteile aus Aktien, Anteilen an Gesellschaften mit beschränkter Haftung, Genossenschaftsanteilen und Partizipationsscheinen sowie Gewinne aus der Veräusserung solcher Beteiligungsrechte nach Abzug des zurechenbaren Aufwandes im Umfang von 50 Prozent steuerbar, wenn diese Beteiligungsrechte mindestens 10 Prozent des Grund- oder Stammkapitals einer Kapitalgesellschaft oder Genossenschaft darstellen.
Die Teilbesteuerung auf Veräusserungsgewinnen wird nur gewährt, wenn die veräusserten Beteiligungsrechte mindestens ein Jahr im Eigentum der steuerpflichtigen Person oder des Personenunternehmens waren.

Art. 21a StG GR / Teilbesteuerung der Einkünfte aus Beteiligungen des Privatvermögens
Zur Milderung der wirtschaftlichen Doppelbelastung bei massgebenden Beteiligungen sind Dividenden, Gewinnanteile, Liquidationsüberschüsse und geldwerte Vorteile aus Aktien, Anteilen an Gesellschaften mit beschränkter Haftung, Genossenschaftsanteilen und Partizipationsscheinen im Umfang von 60 Prozent steuerbar, wenn diese Beteiligungsrechte mindestens 10 Prozent des Grund- oder Stammkapitals einer Kapitalgesellschaft oder Genossenschaft darstellen.

k. Kanton Jura

Einkommenssteuer
Art. 16b LI JU / Teilbesteuerung der Einkünfte aus Beteiligungen des Geschäftsvermögens
Les dividendes, les parts de bénéfice, l'excédent de liquidation et tous autres avantages appréciables en argent provenant d'actions de sociétés anonymes, de parts à des sociétés à responsabilité limitée, de parts à des sociétés coopératives et de bons de participation ainsi que les bénéfices provenant de l'aliénation de tels droits de participation sont imposables, après déduction des charges imputables, à hauteur de 50%, lorsque ces droits de participation équivalent à 10% au moins du capital-actions ou du capital social d'une société de capitaux ou d'une société coopérative.
L'imposition partielle n'est accordée sur les bénéfices d'aliénation que si les droits de participation sont restés propriété du contribuable ou de l'entreprise de personnes pendant un an au moins.

Übersetzung:
Dividenden, Gewinnanteile, Liquidationsüberschüsse und alle anderen geldwerten Vorteile aus Aktien, Anteilen an Gesellschaften mit beschränkter Haftung, Genossenschaftsanteilen und Partizipationsscheinen sowie Gewinne aus der Veräusserung solcher Beteiligungsrechte sind nach Abzug des zurechenbaren Aufwandes im Umfang von 50% steuerbar, wenn diese Beteiligungsrechte mindestens 10% des Grund- oder Stammkapitals einer Kapitalgesellschaft oder Genossenschaft darstellen.
Die Teilbesteuerung auf Veräusserungsgewinnen wird nur gewährt, wenn die veräusserten Beteiligungsrechte mindestens 1 Jahr im Eigentum der steuerpflichtigen Person oder des Personenunternehmens waren.

Art. 18 Abs. 2bis LI JU / Teilbesteuerung der Einkünfte aus Beteiligungen des Privatvermögens
Les dividendes, les parts de bénéfice, l'excédent de liquidation et tous autres avantages appréciables en argent provenant d'actions de sociétés anonymes, de parts à des sociétés à responsabilité limitée, de parts à des sociétés coopératives et de bons de participation (y compris les actions gratuites, les augmentations gratuites de la valeur nominale, etc.), sont imposables à hauteur de 60% lorsque ces droits de participation équivalent à 10% au moins du capital-actions ou du capital social d'une société de capitaux ou d'une société coopérative. L'imposition partielle est

accordée indépendamment du temps de propriété des droits de participation par le contribuable.

Übersetzung:
Dividenden, Gewinnanteile, Liquidationsüberschüsse und alle anderen geldwerten Vorteile aus Aktien, Anteilen an Gesellschaften mit beschränkter Haftung, Genossenschaftsanteile und Partizipationsscheinen (einschliesslich Gratisaktien, Gratisnennwerterhöhungen u. dgl.) sind im Umfang von 60% steuerbar, wenn diese Beteiligungsrechte mindestens 10% des Grund- oder Stammkapitals einer Kapitalgesellschaft oder Genossenschaft darstellen.

1. Kanton Luzern

Einkommenssteuer

§ 25b Abs. 1 und 2 StG LU / Teilbesteuerung der Einkünfte aus Beteiligungen des Geschäftsvermögens
Dividenden, Gewinnanteile, Liquidationsüberschüsse und geldwerte Vorteile aus Aktien, Anteilen an Gesellschaften mit beschränkter Haftung, Genossenschaftsanteilen und Partizipationsscheinen sowie Gewinne aus der Veräusserung solcher Beteiligungsrechte sind nach Abzug des zurechenbaren Aufwands im Umfang von 50 Prozent steuerbar, wenn diese Beteiligungsrechte mindestens 10 Prozent des Grund- oder Stammkapitals einer Kapitalgesellschaft oder Genossenschaft darstellen.
Die Teilbesteuerung auf Veräusserungsgewinnen wird nur gewährt, wenn die veräusserten Beteiligungsrechte mindestens 1 Jahr im Eigentum der steuerpflichtigen Person oder des Personenunternehmens waren.

§ 27 Abs. 3 StG LU / Teilbesteuerung der Einkünfte aus Beteiligungen des Privatvermögens
Dividenden, Gewinnanteile, Liquidationsüberschüsse und geldwerte Vorteile aus Aktien, Anteilen an Gesellschaften mit beschränkter Haftung, Genossenschaftsanteilen und Partizipationsscheinen (einschliesslich Gratisaktien, Gratisnennwerterhöhungen und dergleichen) sind im Umfang von 60 Prozent steuerbar, wenn diese Beteiligungsrechte mindestens 10 Prozent des Grund- oder Stammkapitals einer Kapitalgesellschaft oder Genossenschaft darstellen.

B. Besteuerung von Dividenden

m. Kanton Neuenburg

Einkommenssteuer
Art. 21b LCdir / Teilbesteuerung der Einkünfte aus Beteiligungen des Geschäftsvermögens
Les dividendes, les parts de bénéfice, les excédents de liquidation et les prestations appréciables en argent provenant d'actions de société anonymes, de parts à des sociétés à responsabilité limitée, de parts à des sociétés coopératives et de bons de participation ainsi que les bénéfices provenant de l'aliénation de tels droits de participation sont imposables, après déduction des charges imputables, à hauteur de 60%*, lorsque ces droits de participation équivalent à 10% au moins du capital-actions ou du capital social d'une société de capitaux ou d'une société coopérative.
L'imposition partielle n'est accordée sur les bénéfices d'aliénation que si les droits de participation sont restés propriété du contribuable ou de l'entreprise de personnes pendant un an au moins.

Übersetzung:
Dividenden, Gewinnanteile, Liquidationsüberschüsse und alle anderen geldwerten Vorteile aus Aktien, Anteilen an Gesellschaften mit beschränkter Haftung, Genossenschaftsanteilen und Partizipationsscheinen sowie Gewinne aus der Veräusserung solcher Beteiligungsrechte sind nach Abzug des zurechenbaren Aufwandes im Umfang von 60%* steuerbar, wenn diese Beteiligungsrechte mindestens 10% des Grund- oder Stammkapitals einer Kapitalgesellschaft oder Genossenschaft darstellen.
Die Teilbesteuerung auf Veräusserungsgewinnen wird nur gewährt, wenn die veräusserten Beteiligungsrechte mindestens 1 Jahr im Eigentum der steuerpflichtigen Person oder des Personenunternehmens waren.

* Neu ab 01.01.2020 mit Annahme der STAF

23 al. 1bis LICD FR / Teilbesteuerung der Einkünfte aus Beteiligungen des Privatvermögens
Les dividendes, les parts de bénéfice, les excédents de liquidation et les avantages appréciables en argent provenant d'actions de société anonymes, de parts à des sociétés à responsabilité limitée, de parts à des sociétés coopératives et de bons de participation (y compris les actions gratuites, les augmentations gratuites de la valeur nominale, etc.) sont imposables à hauteur de 60%, lorsque ces droits de participation équivalent à 10% au moins du capital-actions ou du capital social

B. Besteuerung von Dividenden

d'une société de capitaux ou d'une société coopérative. L'imposition partielle est accordée indépendamment du temps de propriété des droits de participation par le contribuable.

Übersetzung:
Dividenden, Gewinnanteile, Liquidationsüberschüsse und alle anderen geldwerten Vorteile aus Aktien, Anteilen an Gesellschaften mit beschränkter Haftung, Genossenschaftsanteile und Partizipationsscheinen (einschliesslich Gratisaktien, Gratisnennwerterhöhungen u. dgl.) sind im Umfang von 60% steuerbar, wenn diese Beteiligungsrechte mindestens 10% des Grund- oder Stammkapitals einer Kapitalgesellschaft oder Genossenschaft darstellen.

n. Kanton Nidwalden

Einkommenssteuer
Art. 40 Abs. 3 und 4 StG NW
Für Dividenden, Gewinnanteile, Liquidationsüberschüsse und geldwerte Vorteile aus Aktien-, Anteilen an Gesellschaften mit beschränkter Haftung, Genossenschaftsanteilen und Partizipationsscheinen (einschliesslich Gratisaktien, Gratisnennwerterhöhungen und dergleichen) sowie Beteiligungen an Körperschaften gem. Art. 65 Abs. 1 Ziff. 2 ermässigt sich die Steuer gemäss Abs. 1 bzw. Abs. 2 auf der Grundlage des Steuersatzes, der dem gesamten steuerbaren Einkommen entspricht, um die Hälfte, wenn diese Beteiligungsrechte mindestens 10 Prozent des Aktien-, Grund- oder Stammkapitals einer Kapitalgesellschaft, Genossenschaft oder Körperschaft gem. Art. 65 Abs. 1 Ziff. 2 darstellen.
Für die übrigen Erträge aus beweglichem Vermögen ermässigt sich die Steuer gemäss Art. 40 Abs. 1 bzw. 2 StG NW auf der Grundlage des Steuersatzes, der dem gesamten steuerbaren Einkommen entspricht, um 20 Prozent; von der Ermässigung ausgeschlossen sind Einkünfte gemäss Art. 23 Ziff. 4 + 6 StG NW.

Vermögenssteuer
Art. 54 Abs. 2 StG NW
Bei Beteiligungen an Kapitalgesellschaften und Genossenschaften sowie Körperschaften gemäss Art. 65 Abs. 1 Ziff. 2 ermässigt sich die Vermögenssteuer nach Art. 54 Abs. 1 auf 0.2 Promille des steuerbaren Vermögens, wenn diese Beteiligungen mindestens 10 Prozent des Aktien-, Grund- oder Stammkapitals darstellen.

B. Besteuerung von Dividenden

o. Kanton Obwalden

Einkommenssteuer
Art. 20a Abs. 1 und 2 StG OW / Teilbesteuerung der Einkünfte aus Beteiligungen des Geschäftsvermögens
Dividenden, Gewinnanteile, Liquidationsüberschüsse und geldwerte Vorteile aus Aktien, Anteilen an Gesellschaften mit beschränkter Haftung, Genossenschaftsanteilen und Partizipationsscheinen sowie Gewinne aus der Veräusserung solcher Beteiligungsrechte sind nach Abzug des zurechenbaren Aufwandes im Umfang von 50 Prozent steuerbar, wenn diese Beteiligungsrechte mindestens 10 Prozent des Grund- oder Stammkapitals einer Kapitalgesellschaft oder Genossenschaft darstellen.
Die Teilbesteuerung auf Veräusserungsgewinnen wird nur gewährt, wenn die veräusserten Beteiligungsrechte mindestens ein Jahr im Eigentum der steuerpflichtigen Person oder des Personenunternehmens waren.

Art. 22 Abs. 2 StG OW / Teilbesteuerung der Einkünfte aus Beteiligungen des Privatvermögens
Dividenden, Gewinnanteile, Liquidationsüberschüsse und geldwerte Vorteile aus Aktien, Anteilen an Gesellschaften mit beschränkter Haftung, Genossenschaftsanteilen und Partizipationsscheinen (einschliesslich Gratisaktien, Gratisnennwerterhöhungen und dergleichen) sind im Umfang von 50 Prozent steuerbar, wenn diese Beteiligungsrechte mindestens 10 Prozent des Grund- oder Stammkapitals einer Kapitalgesellschaft oder Genossenschaft darstellen.

p. Kanton St. Gallen

Einkommenssteuer
Art. 31bis Abs. 1bis StG SG
Dividenden, Gewinnanteile, Liquidationsüberschüsse und geldwerte Vorteile aus Aktien, Anteilen an Gesellschaften mit beschränkter Haftung, Genossenschaftsanteilen und Partizipationsscheinen (einschliesslich Gratisaktien, Gratisnennwerterhöhungen und dergleichen) sind im Umfang von 70 Prozent* steuerbar, wenn diese Beteiligungsrechte wenigstens 10 Prozent des Grund- oder Stammkapitals einer Kapitalgesellschaft oder Genossenschaft darstellen.

* Neu ab 01.01.2020 mit Annahme der STAF

q. Kanton Schaffhausen

Einkommenssteuer
Art. 38 Abs. 3a StG SH
Für Dividenden, Gewinnanteile, Liquidationsüberschüsse und geldwerte Vorteile aus Beteiligungen aller Art, die mindestens 10 Prozent des Grund- oder Stammkapitals einer Kapitalgesellschaft oder Genossenschaft ausmachen, wird die Steuer zum halben Satz des steuerbaren Gesamteinkommens berechnet.

r. Kanton Solothurn

Einkommenssteuer
§ 24bis Abs. 1 und 2 StG SO / Teilbesteuerung der Einkünfte aus Beteiligungen des Geschäftsvermögens
Dividenden, Gewinnanteile, Liquidationsüberschüsse und geldwerte Vorteile aus Aktien, Anteilen an Gesellschaften mit beschränkter Haftung, Genossenschaftsanteilen und Partizipationsscheinen sowie Gewinne aus der Veräusserung solcher Beteiligungsrechte sind nach Abzug des zurechenbaren Aufwandes im Umfang von 50% steuerbar, wenn diese Beteiligungsrechte mindestens 10% des Grund- oder Stammkapitals einer Kapitalgesellschaft oder Genossenschaft darstellen.
Die Teilbesteuerung wird auf Veräusserungsgewinnen nur gewährt, wenn die veräusserten Beteiligungsrechte mindestens ein Jahr im Eigentum der steuerpflichtigen Person oder des Personenunternehmens waren.

§ 26 Abs. 1 lit. b StG SO / Teilbesteuerung der Einkünfte aus Beteiligungen des Privatvermögens
Dividenden, Gewinnanteile, Liquidationsüberschüsse und geldwerte Vorteile aus Beteiligungen aller Art (einschliesslich Gratisaktien, Gratisnennwerterhöhungen und dergleichen). Sie sind im Umfang von 60% steuerbar, wenn diese Beteiligungsrechte mindestens 10% des Grund- oder Stammkapitals einer Kapitalgesellschaft oder Genossenschaft darstellen. Ein bei der Rückgabe von Beteiligungsrechten im Sinne von Artikel 4a des Bundesgesetzes über die Verrechnungssteuer vom 13. Oktober 1965 an die Kapitalgesellschaft oder Genossenschaft erzielter Liquidationsüberschuss gilt in dem Jahr als realisiert, in welchem die Verrechnungssteuerforderung entsteht.

s. Kanton Schwyz

Einkommenssteuer

§ 20b Abs. 1 und 2 StG SZ / dd) Teilbesteuerung der Einkünfte aus Beteiligungen des Geschäftsvermögens
Dividenden, Gewinnanteile, Liquidationsüberschüsse und geldwerte Vorteile aus Aktien, Anteilen an Gesellschaften mit beschränkter Haftung, Genossenschaftsanteilen und Partizipationsscheinen sowie Gewinne aus der Veräusserung solcher Beteiligungsrechte sind nach Abzug des zurechenbaren Aufwandes im Umfang von 50 Prozent steuerbar, wenn diese Beteiligungen mindestens 10 Prozent des Grund- oder Stammkapitals einer Kapitalgesellschaft oder Genossenschaft darstellen.
Die Teilbesteuerung auf Veräusserungsgewinnen wird nur gewährt, wenn die veräusserten Beteiligungsrechte mindestens ein Jahr im Eigentum der steuerpflichtigen Person oder des Personenunternehmens waren.

§ 21 Abs. 1a StG SZ
Dividenden, Gewinnanteile, Liquidationsüberschüsse und geldwerte Vorteile aus Aktien, Anteilen an Gesellschaften mit beschränkter Haftung, Genossenschaftsanteilen und Partizipationsscheinen sind im Umfang von 50 Prozent steuerbar, wenn diese Beteiligungsrechte mindestens 10 Prozent des Grund- oder Stammkapitals einer Kapitalgesellschaft oder Genossenschaft darstellen.

t. Kanton Thurgau

Einkommenssteuer

§ 20b Abs. 1, 2 und 3 StG TG / Teilbesteuerung der Einkünfte aus Beteiligungen des Geschäftsvermögens
Dividenden, Gewinnanteile, Liquidationsüberschüsse und geldwerte Vorteile aus Aktien, Anteilen an Gesellschaften mit beschränkter Haftung, Genossenschaftsanteilen und Partizipationsscheinen sowie Gewinne aus der Veräusserung solcher Beteiligungsrechte sind nach Abzug des zurechenbaren Aufwandes im Umfang von 50 Prozent steuerbar, wenn diese Beteiligungsrechte mindestens 10 Prozent des Grund- oder Stammkapitals einer Kapitalgesellschaft oder Genossenschaft darstellen.
Die Teilbesteuerung auf Veräusserungsgewinne wird nur gewährt, wenn die veräusserten Beteiligungsrechte mindestens ein Jahr im Eigentum der steuerpflichtigen Person oder des Personenunternehmens waren.

B. Besteuerung von Dividenden

Veräusserungsgewinne aus Beteiligungen von mehr als 50 Prozent am Grund- oder Stammkapital einer Immobiliengesellschaft sind von der Teilbesteuerung gemäss Art. 20b Abs. 2 StG TG ausgenommen und vollumfänglich steuerbar.

§ 22 Abs. 2 StG TG / Teilbesteuerung der Einkünfte aus Beteiligungen des Privatvermögens
Dividenden, Gewinnanteile, Liquidationsüberschüsse und geldwerte Vorteile aus Aktien, Anteilen an Gesellschaften mit beschränkter Haftung, Genossenschaftsanteilen und Partizipationsscheinen, einschliesslich Gratisaktien, Gratisnennwerterhöhungen und dergleichen, sind im Umfang von 60 Prozent steuerbar, wenn diese Beteiligungsrechte mindestens 10 Prozent des Grund- oder Stammkapitals einer Kapitalgesellschaft oder Genossenschaft darstellen.

u. Kanton Tessin

Einkommenssteuer
Art. 17b Abs. 1 und 2 StG TI / Teilbesteuerung der Einkünfte aus Beteiligungen des Geschäftsvermögens
I dividendi, le quote di utili, le eccedenze di liquidazione come pure le prestazioni valutabili in denaro provenienti da azioni, quote in società a garanzia limitata o in società cooperative e buoni di partecipazione, nonché gli utili conseguiti con l'alienazione di tali diritti di partecipazione sono imponibili in ragione del 70 per cento, dopo deduzione degli oneri imputabili, se questi diritti di partecipazione rappresentano almeno il 10 per cento del capitale azionario o sociale di una società di capitali o di una società cooperativa.*
L'imposizione parziale degli utili conseguiti con l'alienazione è concessa soltanto se i diritti di partecipazione alienati erano, per almeno un anno, di proprietà del contribuente o dell'impresa di persone.

* Die Steuergesetzrevision trat per 1. Januar 2018 in Kraft

Übersetzung:
Dividenden, Gewinnanteile, Liquidationsüberschüsse und geldwerte Vorteile aus Aktien, Anteilen an Gesellschaften mit beschränkter Haftung und Partizipationsscheinen sowie Gewinne aus der Veräusserung solcher Beteiligungsrechte nach Abzug des zurechenbaren Aufwandes im Umfang von 70 Prozent steuerbar, wenn diese Beteiligungsrechte mindestens 10 Prozent des Grund- oder Stammkapitals einer Kapitalgesellschaft oder Genossenschaft darstellen.

Die Teilbesteuerung auf Veräusserungsgewinnen wird nur gewährt, wenn die veräusserten Beteiligungsrechte mindestens ein Jahr im Eigentum der steuerpflichtigen Person oder des Personenunternehmens waren.

Art. 19 Abs. 1bis StG TI / Teilbesteuerung der Einkünfte aus Beteiligungen des Privatvermögens
I dividendi, le quote di utili, le eccedenze di liquidazione come pure le prestazioni valutabili in denaro provenienti da azioni, quote in società a garanzia limitata o in società cooperative e buoni di partecipazione (comprese le azioni gratuite, gli aumenti gratuiti del valore nominale e simili) sono imponibili in ragione del 70 per cento se questi diritti di partecipazione rappresentano almeno il 10 per cento del capitale azionario o sociale di una società di capitali o di una società cooperativa.

Übersetzung:
Dividenden, Gewinnanteile, Liquidationsüberschüsse und geldwerte Vorteile aus Aktien, Anteilen an Gesellschaften mit beschränkter Haftung und Partizipationsscheinen sowie Gewinne aus der Veräusserung solcher Beteiligungsrechte nach Abzug des zurechenbaren Aufwandes im Umfang von 70 Prozent steuerbar, wenn diese Beteiligungsrechte mindestens 10 Prozent des Grund- oder Stammkapitals einer Kapitalgesellschaft oder Genossenschaft darstellen.

v. Kanton Uri

Einkommenssteuer
Art. 22 Abs. 1 und 2 StG UR / Teilbesteuerung der Einkünfte aus Beteiligungen des Geschäftsvermögens
Dividenden, Gewinnanteile, Liquidationsüberschüsse und geldwerte Vorteile aus Aktien, Anteilen an Gesellschaften mit beschränkter Haftung, Genossenschaftsanteilen und Partizipationsscheinen sowie Gewinne aus der Veräusserung solcher Beteiligungsrechte sind nach Abzug des zurechenbaren Aufwands im Umfang von 40 Prozent steuerbar, wenn diese Beteiligungsrechte mindestens 10 Prozent des Grundkapitals einer Kapitalgesellschaft oder Genossenschaft darstellen.
Die Teilbesteuerung auf Veräusserungsgewinnen wird nur gewährt, wenn die veräusserten Beteiligungsrechte mindestens ein Jahr im Eigentum der steuerpflichtigen Person oder des Personenunternehmens waren.

B. Besteuerung von Dividenden

Art. 24 Abs. 2 StG UR / Teilbesteuerung der Einkünfte aus Beteiligungen des Privatvermögens
Dividenden, Gewinnanteile, Liquidationsüberschüsse und geldwerte Vorteile aus Aktien, Anteilen an Gesellschaften mit beschränkter Haftung, Genossenschaftsanteilen und Partizipationsscheinen (einschliesslich Gratisaktien, Gratisnennwerterhöhungen und dergleichen) sind im Umfang von 40 Prozent steuerbar, wenn diese Beteiligungsrechte mindestens 10 Prozent des Grundkapitals einer Kapitalgesellschaft oder Genossenschaft darstellen.

w. Kanton Waadt

Einkommenssteuer
Art. 21b LI VD / Teilbesteuerung der Einkünfte aus Beteiligungen des Geschäftsvermögens
Les dividendes, les parts de bénéfice, les excédents de liquidation et les prestations en argent provenant d'actions, de parts à des sociétés à responsabilité limitée, de parts à des sociétés coopératives et de bons de participation ainsi que les bénéfices provenant de l'aliénation de tels droits de participation sont imposables, après déduction des charges imputables, à hauteur de 60% lorsque ces droits de participation équivalent à 10% au moins du capital-actions ou du capital social d'une société de capitaux ou d'une société coopérative.
L'imposition partielle n'est accordée sur les bénéfices d'aliénation que si les droits de participation sont restés propriété du contribuable ou de l'entreprise de personnes pendant un an au moins.

Übersetzung:
Dividenden, Gewinnanteile, Liquidationsüberschüsse und geldwerte Vorteile aus Aktien, Anteilen an Gesellschaften mit beschränkter Haftung, Genossenschaftsanteilen und Partizipationsscheinen sowie Gewinne aus der Veräusserung solcher Beteiligungsrechte sind nach Abzug des zurechenbaren Aufwandes im Umfang von 60% steuerbar, wenn diese Beteiligungsrechte mindestens 10% des Grund- oder Stammkapitals einer Kapitalgesellschaft oder Genossenschaft darstellen.
Die Teilbesteuerung auf Veräusserungsgewinnen wird nur gewährt, wenn die veräusserten Beteiligungsrechte mindestens 1 Jahr im Eigentum der steuerpflichtigen Person oder des Personenunternehmens waren.

Art. 23 Abs. 1^(bis) LI VD / Teilbesteuerung der Einkünfte aus Beteiligungen des Privatvermögens
Les dividendes, les parts de bénéfice, les excédents de liquidation et les avantages appréciables en argent provenant d'actions, de parts à des sociétés à responsabilité limitée, de parts à des sociétés coopératives et de bons de participation (y compris les actions gratuites, les augmentations gratuites de la valeur nominale, etc.) sont imposables à hauteur de 70% lorsque ces droits de participation équivalent à 10% au moins du capital-actions ou du capital social d'une société de capitaux ou d'une société coopérative.

Übersetzung:
Dividenden, Gewinnanteile, Liquidationsüberschüsse und geldwerte Vorteile aus Aktien, Anteilen an Gesellschaften mit beschränkter Haftung, Genossenschaftsanteile und Partizipationsscheinen (einschliesslich Gratisaktien, Gratisnennwerterhöhungen u. dgl.) sind im Umfang von 70% steuerbar, wenn diese Beteiligungsrechte mindestens 10% des Grund- oder Stammkapitals einer Kapitalgesellschaft oder Genossenschaft darstellen.

x. Kanton Wallis

Einkommenssteuer
Art. 14b Abs. 1 und 2 StG VS / Teilbesteuerung der Einkünfte aus Beteiligungen des Geschäftsvermögens
Dividenden, Gewinnanteile, Liquidationsüberschüsse und geldwerte Vorteile aus Aktien, Anteilen an Gesellschaften mit beschränkter Haftung, Genossenschaftsanteilen und Partizipationsscheinen sowie Gewinne aus der Veräusserung solcher Beteiligungsrechte sind nach Abzug des zurechenbaren Aufwandes im Umfang von 50% steuerbar, wenn diese Beteiligung mindestens 10% des Grund- oder Stammkapitals einer Kapitalgesellschaft oder Genossenschaft darstellen.
Die Teilbesteuerung auf Teilveräusserungsgewinne wird nur gewährt, wenn die veräusserten Beteiligungsrechte mindestens ein Jahr im Eigentum der steuerpflichtigen Person oder des Personenunternehmens bleiben.

Übersetzung:
Les dividendes, les parts de bénéfice, les excédents de liquidation et les pres-tations appréciables en argent provenant d'actions de SA, de parts à des so-ciétés à responsabilité limitée, de parts à des sociétés coopératives et de bons de partici-pations ainsi que les bénéfices provenant de l'aliénation de tels droits de partici-pations sont imposables, après déduction des charges impu-tables, à hauteur de

B. Besteuerung von Dividenden

50%, lorsque ces droits de participations équivalent à 10% au moins du capital-actions ou du capital social d'une société de capi-taux ou d'une société coopérative et sont détenus au moins 1 an.

L'imposition partielle n'est accordée sur les bénéfices d'aliénation que si les droits de participation sont restés propriété du contribuable ou de la société de personnes pendant un an au moins.

Art. 16 Abs. 1bis StG VS / Teilbesteuerung der Einkünfte aus Beteiligungen des Privatvermögens
Dividenden, Gewinnanteile, Liquidationsüberschüsse und geldwerte Vorteile aus Aktien, Anteilen an Gesellschaften mit beschränkter Haftung, Genossenschaftsanteilen und Partizipationsscheinen (einschliesslich Gratisaktien, Gratisnennwerterhöhungen etc.) sind im Umfang von 60 Prozent steuerbar, wenn diese Beteiligungsrechte mindestens 10 Prozent des Grund- oder Stammkapitals einer Kapitalgesellschaft oder Genossenschaft darstellen.

Übersetzung:
Les dividendes, les parts de bénéfice, les excédents de liquidation et les avantages appréciables en argent provenant d'actions, de parts à des sociétés à responsabilité limitée, de parts à des sociétés coopératives et de bons de par-ticipations (y compris les actions gratuites, les augmentations gratuites de la valeur nominale, etc.) sont imposables à hauteur de 60%, lorsque ces droits de participations équivalent à 10% au moins du capital-actions ou du capital social d'une société de capitaux ou d'une société coopérative.

Vermögenssteuer
Art. 2 Abs. 1 Verordnung vom 14. August 2002 über die Festsetzung der konfiskatorischen Belastung durch die Vermögenssteuer
Unbeschränkt steuerpflichtige Personen, deren Vermögenssteuern für den Kanton und die Gemeinden und die Steuern auf den Nettovermögensertrag 20% des steuerbaren Nettoeinkommens übersteigen, haben Anspruch auf eine Herabsetzung der Steuern. Die Reduktion entspricht der Differenz zwischen der Kantons- und Gemeindesteuer für das Vermögen und für den Nettovermögensertrag sowie 50 Prozent des Nettovermögensertrages. Es gilt ein Selbstbehalt von 10'000 Franken für den gesamten herabgesetzten Betrag, welcher hälftig auf die Kantonssteuer für das Vermögen und die Gemeindesteuer für das Vermögen aufzuteilen ist. Auf alle Fälle verbleibt eine Minimalbesteuerung in der Höhe der Hälfte der Vermögenssteuer.

B. Besteuerung von Dividenden

Übersetzung:
Les personnes assujetties de façon illimitée aux impôts et dont les impôts cantonaux et communaux sur la fortune ainsi que les impôts sur le revenu net de la fortune dépassant de 20 % le revenu net imposable, peuvent requé-rir une réduction de l'impôt sur la fortune. La réduction correspondra à la différence entre l'impôt cantonal et communal sur la fortune et sur le revenu de placement net et également à 50% du rendement des actifs nets. Une fran-chise de CHF 10'000 est appliquée à la réduction total à répartir à raison de moitié entre l'impôt cantonal sur la fortune et l'impôt communal sur la for-tune.Dans tous les cas, une imposition minimale demeure à hauteur de la moitié de ll'impôt foncier.

y. Kanton Zug

Einkommenssteuer

§ 18ter Abs. 1 und 2 StG ZG / Teilbesteuerung der Einkünfte aus Beteiligungen des Geschäftsvermögens
Dividenden, Gewinnanteile, Liquidationsüberschüsse und geldwerte Vorteile aus Aktien, Anteilen an Gesellschaften mit beschränkter Haftung, Genossenschaftsanteilen und Partizipationsscheinen sowie Gewinne aus der Veräusserung solcher Beteiligungsrechte sind nach Abzug des zurechenbaren Aufwandes im Umfang von 50 Prozent steuerbar, wenn diese Beteiligungsrechte mindestens 10 Prozent des Grund- oder Stammkapitals einer Kapitalgesellschaft oder Genossenschaft darstellen.
Die Teilbesteuerung auf Veräusserungsgewinnen wird nur gewährt, wenn die veräusserten Beteiligungsrechte mindestens ein Jahr im Eigentum der steuerpflichtigen Person oder des Personenunternehmens waren.

§ 19 Abs. 2 StG ZG / Teilbesteuerung der Einkünfte aus Beteiligungen des Privatvermögens
Dividenden, Gewinnanteile, Liquidationsüberschüsse und geldwerte Vorteile aus Aktien, Anteilen an Gesellschaften mit beschränkter Haftung, Genossenschaftsanteilen und Partizipationsscheinen (einschliesslich Gratisaktien, Gratisnennwerterhöhungen und dergleichen) sind im Umfang von 50 Prozent steuerbar, wenn diese Beteiligungsrechte mindestens 10 Prozent des Grund- oder Stammkapitals einer Kapitalgesellschaft oder Genossenschaft darstellen.

z. **Kanton Zürich**

Einkommenssteuer
§ 35 Abs. 4 StG ZH
Ausgeschüttete Gewinne aus Kapitalgesellschaften und Genossenschaften mit Sitz in der Schweiz* werden zur Hälfte des für das steuerbare Gesamteinkommen anwendbaren Steuersatzes besteuert, sofern die steuerpflichtige Person mit wenigstens 10 Prozent am Aktien-, Grund- oder Stammkapital beteiligt ist.

* Gemäss Entscheid des Bundesgerichtes vom 25. September 2009 kann die Teilbesteuerung auch bei Ausschüttungen aus ausländischen Körperschaften geltend gemacht werden, wenn die übrigen Voraussetzungen gemäss §35 Abs. 4 StG erfüllt sind.

3. Schweizerisches Bundesgericht

Das Schweizerische Bundesgericht hat mit den Urteilen 2C_30/2008, 2C/49/2008, 2C_62/2008 und 2C_274/2008 vom 25. September 2009 entschieden, dass die Regelungen betreffend Dividendenbesteuerung von den Kantonen Zürich, Bern und Basel-Landschaft im Wesentlichen nicht wegen Verfassungswidrigkeit aufzuheben seien. Das Bundesgericht erachtet die kantonalen Regelungen bei der Einkommensbesteuerung im Wesentlichen als durch das seit anfangs 2009 in Kraft stehende Bundesgesetz (Unternehmenssteuerreform II) gedeckt. Weil es Bundesgesetze auch anwenden muss, wenn diese verfassungswidrig sind (Art. 190 Bundesverfassung), stellt das Bundesgericht die entsprechenden Bestimmungen nicht in Frage.

Bei der bernischen Regelung beurteilt das Bundesgericht allerdings einzelne Nebenpunkte bei der Einkommensbesteuerung sowie die analoge Entlastung bei der Vermögensbesteuerung als verfassungswidrig.

Im Schaffhauser Fall erachtete das Bundesgericht die Veranlagungen, die sich auf die 2004 in Kraft getretene gesetzliche Regelung des Kantons bei der Einkommensbesteuerung stützen, rückblickend zwar als verfassungswidrig, weil es damals keine entsprechend Bundesregelung gab. Dem Antrag der Beschwerdeführer auf Gleichbehandlung im Unrecht vermochte das Bundesgericht aber nicht stattzugeben, da aufgrund des späteren Bundesrechts für den Kanton kein Anlass mehr besteht, seine Praxis zu ändern.

C. Besteuerung von Liquidationsgewinnen nach Art. 37b DBG

1. Einführung

Die Aufgabe einer selbständigen Erwerbstätigkeit erfolgt mit einer definitiven Einstellung der betrieblichen Aktivitäten oder einem Verkauf der **Personenunternehmung**. Bei einer eigentlichen Liquidation werden die Aktivitäten der Personenunternehmung endgültig eingestellt und deren Aktiven und Passiven liquidiert. Steuersystematisch führt der Verkauf einer Personengesellschaft zum gleichen Resultat.

Im Rahmen einer solchen Liquidation werden häufig **stille Reserven realisiert**, die über viele Jahre gebildet worden sind und aus Sicht des selbständig Erwerbenden seiner Vorsorge dienen.

Seit der Einführung der Unternehmenssteuerreform II per 1. Januar 2011 hat der Gesetzgeber mit **Art. 37b DBG** eine gesetzliche Grundlage geschaffen, Liquidationsgewinne, die häufig einen Vorsorgecharakter aufweisen, einer privilegierten Besteuerung zuzuführen.

2. Art. 37b DBG: Liquidationsgewinne

[1]Wird die selbständige Erwerbstätigkeit nach dem vollendeten 55. Altersjahr oder wegen Unfähigkeit zur Weiterführung infolge Invalidität definitiv aufgegeben, so ist die Summe der in den letzten zwei Geschäftsjahren realisierten stillen Reserven getrennt vom übrigen Einkommen zu besteuern. Einkaufsbeiträge gemäss Art. 33 Abs. 1 Bst. d sind abziehbar. Werden keine solchen Einkäufe vorgenommen, so wird die Steuer auf dem Betrag der realisierten stillen Reserven, für den der Steuerpflichtige die Zulässigkeit eines Einkaufs gem. Art. 33 Abs. 1 Bst. d nachweist, zu einem Fünftel der Tarife nach Art. 36 berechnet. Für die Bestimmung des auf den Restbetrag der realisierten stillen Reserven anwendbaren Satzes ist ein Fünftel dieses Restbetrages massgebend, es wird aber in jedem Falle eine Steuer zu einem Satz von mindestens 2 Prozent erhoben.
[2]Absatz 1 gilt auch für den überlebenden Ehegatten, die anderen Erben und die Vermächtnisnehmer, sofern sie das übernommene Unternehmen nicht fortführen; die steuerliche Abrechnung erfolgt spätestens fünf Kalenderjahre nach Ablauf des Todesjahres des Erblassers.

3. Verordnung über die Besteuerung der Liquidationsgewinne bei definitiver Aufgabe der selbständigen Erwerbstätigkeit (LGBV)

Der Bundesrat hat zu Art. 37b DBG die Verordnung über die Besteuerung der Liquidationsgewinne bei definitiver Aufgabe der selbständigen Erwerbstätigkeit (LGBV) erlassen.

4. Kreisschreiben Nr. 28 der Eidgenössischen Steuerverwaltung vom 3. November 2010

Die Eidgenössische Steuerverwaltung hat das Kreisschreiben Nr. 28 (2010) publiziert. In diesem Kreisschreiben wird die Besteuerung der Liquidationsgewinne näher erläutert. Wir machen im Speziellen auf folgende Punkte aufmerksam:

a. Anwendung von Art. 37b DBG bei späterer Aufnahme einer selbständigen Erwerbstätigkeit

Wurde einmal ein Liquidationsgewinn nach Art. 37b DGB besteuert, so ist bei einer späteren Aufnahme einer selbständigen Erwerbstätigkeit Art. 37b DBG für den Liquidationsgewinn aus dieser Tätigkeit nicht mehr anwendbar.

b. Fiktiver Einkauf

Der selbständig Erwerbende kann unabhängig davon, ob er einer beruflichen Vorsorgeeinrichtung angeschlossen ist oder nicht, einen Antrag auf Besteuerung eines fiktiven Einkaufs stellen. Dieser Antrag kann geltend gemacht werden, solange nach dem BVG ein Einkauf möglich ist.

c. Erbgang

Im Todesfall geht die selbständige Erwerbstätigkeit des Erblassers durch Universalsukzession auf die Erben über.
Wenn direkt im Anschluss an den Erbgang die Liquidation vorgenommen wird, können die Erben/Vermächtnisnehmer, welche die selbständige Erwerbstätigkeit nicht weiterführen, an Stelle des Erblassers die Besteuerung nach Art. 37b DBG geltend machen, sofern der Erblasser im Zeitpunkt seines Ablebens die Voraussetzungen gemäss Art. 1 Abs. 1 LGBV erfüllt hat.

Weder bei der Liquidation durch die Erben/Vermächtnisnehmer noch bei der gesetzlichen Überführung in das Privatvermögen können Einkäufe von Beitragsjahren für den Erblasser oder die Besteuerung eines fiktiven Einkaufs geltend gemacht werden.

5. Besteuerung der Liquidationsgewinne im kantonalen Steuerrecht

Vorangehend werden die Besteuerungsgrundlagen der direkten Bundessteuer erwähnt. Gemäss Art. 11 Abs. 5 StHG sind die Kantone ebenfalls verpflichtet, eine Privilegierung dieser Liquidationsgewinne vorzunehmen.

6. Fallbeispiel zur Wirkungsweise der Liquidationsgewinn-Besteuerung nach Art. 37b DBG

Annahme: verheiratete Person; Alter 62 bei Geschäftsaufgabe; ohne Berücksichtigung des ordentlichen Einkommens; bisher nicht versichert im BVG.

Es wird die Steuerbelastung der direkten Bundessteuer auf dem fiktiven Einkauf in die Vorsorge (b), auf dem separat steuerbaren Liquidationsgewinn (c), sowie die ordentliche Steuerbelastung auf dem Liquidationsgewinn gemäss altrechtlicher Besteuerung (e) aufgezeigt.

a. Steuerbarer Liquidationsgewinn

Realisierte stille Reserven aus Aufgabe der selbständigen Erwerbstätigkeit innert den letzten zwei Geschäftsjahren	CHF 1'500'000
./. AHV-Beiträge 9.65%	- CHF 144'750
= separat steuerbarer Liquidationsgewinn	**CHF 1'355'250**
separat steuerbarer Liquidationsgewinn	CHF 1'355'250

./. möglicher fiktiver Einkauf Berechnung der fiktiven Deckungslücke BVG: Formel: A x (B x C) = fiktive Beitragslücke BVG per Liquidationsschlussbilanz A = 15% Altersgutschriftensatz gem. Art. 6 Abs. 1 LGBV	- CHF 832'500

C. Besteuerung von Liquidationsgewinnen nach Art. 37b DBG

B = Anzahl Beitragsjahre zwischen dem 25. Altersjahr und dem Liquidationsjahr gem. Art. 6 Abs. 2 LGBV (62-25) C = Durchschnitt der Summe der AHV-pflichtigen Erwerbseinkommen aus selbständiger Erwerbstätigkeit der letzten 5 Geschäftsjahre vor dem Liquidationsjahr gem. Art. 6 Abs. 3 LGBV (Annahme: CHF 150'000) 15% x (37 x CHF 150'000) = CHF 832'500 fiktive Beitragslücke BVG.	
= Davon als separat steuerbarer Liquidationsgewinn aus Aufgabe der selbständigen Erwerbstätigkeit nach Nutzung der fiktiven Einkaufsmöglichkeit	**CHF 522'750**

b. Besteuerung des fiktiven Einkaufs in die Vorsorge

Der Liquidationsgewinnanteil, für den ein sog. fiktiver Einkauf in die Vorsorge geltend gemacht wird, wird getrennt vom übrigen Einkommen zu einem Fünftel des ordentlichen Steuersatzes besteuert, max. 2,3%.

Steuerbare fiktive Vorsorgeleistung nach Art. 38 i.V.m. Art. 36 DBG	CHF 832'500
=> 1/5 des ordentlichen Steuersatzes von 11.3858%, d.h. 2.27716%	
Einmalige Jahressteuer, getrennt vom übrigen Einkommen nach Art. 38 DBG	**CHF 18'957**

c. Besteuerung des Liquidationsgewinnes nach Abzug der fiktiven Beitragslücke BVG

Steuerbarer Liquidationsgewinn nach Abzug der fiktiven Beitragslücke	CHF 522'750
=> Satzbestimmend ist 1/5 = CHF 104'550; zum Tarif nach Art. 36 DBG; Steuersatz 2.109%	
Einmalige Jahressteuer, getrennt vom übrigen Einkommen nach Art. 37b Abs. 1 i.V.m. Art. 36 Abs. 2 DBG	**CHF 11'024**

C. Besteuerung von Liquidationsgewinnen nach Art. 37b DBG

d. **Gesamtsteuerbelastung direkte Bundessteuer auf Liquidationsgewinn**

=> **Steuerbelastung direkte Bundessteuer unter Art. 37b DBG**	**CHF**	**29'981**
In Prozent des separat steuerbaren Liquidationsgewinnes		2.21%

e. **Zum Vergleich: Gesamtsteuerbelastung auf Liquidationsgewinn bei ordentlicher Besteuerung (altrechtlich)**

=> **Steuerbelastung direkte Bundessteuer unter Art. 36 DBG**	**CHF**	**155'848**
In Prozent des Liquidationsgewinnese		11.5%

D. Besteuerung von Vorsorgeleistungen

1. Kern-Kennzahlen der Schweizerischen Sozialversicherungen

Vorbemerkung: Beginn und Voraussetzungen der Beitragspflichten werden nachfolgend nicht behandelt, weil es den vorgesehenen Rahmen sprengen würde.

Das Drei-Säulen-Prinzip		
1. Säule	**2. Säule**	**3. Säule**
• Alters- und Hinterlassenenversicherung (AHV) • Invalidenversicherung (IV) • Erwerbsersatzordnung (EO) • Ergänzungsleistung (EL)	• Berufliche Alters-, Hinterlassenen- und Invalidenvorsorge (BVG) • Überobligatorium der beruflichen Alters-, Hinterlassenen- und Invalidenvorsorge, • Unfallversicherung (UVG), • Überobligatorium der Unfallversicherung • Kollektivkrankentaggeldversicherung (KTG)	• Säule 3a (gebundene Vorsorge) • Säule 3b (freie Vorsorge)

Mutterschaftsversicherung
Nach Art. 329 f. OR wird der Mutterschaftsurlaub während mindestens 14 Wochen gewährt. Die Mutterschaft umfasst die Schwangerschaft, Niederkunft sowie die nachfolgende Erholungszeit der Mutter. Zum Bezug des Erwerbsersatzes berechtigt sind Erwerbstätige oder Taggeldbezügerinnen, welche bei Beginn der Schwangerschaft der AHV unterstellt sind, die mindestens fünf Monate Erwerbseinkommen oder Taggelder aufweisen und bei denen die Schwangerschaft bereits länger als 23 Wochen besteht. Frühester Beginn: Ab dem Tag der Niederkunft. Bei längerem Spitalaufenthalt des Neugeborenen kann der bezahlte Urlaub auch später beginnen. Die Entschädigung beträgt 80% des Erwerbseinkommens, maximal werden 98 Taggelder ausgerichtet welche maximal CHF 196 betragen (80% von CHF 245). Die Entschädigung unterliegt der Sozialversicherungsbeitragspflicht. Bei vorzeitiger Arbeitsaufnahme entfällt der Anspruch.

D. Besteuerung von Vorsorgeleistungen

Beiträge für 2019
1. Säule

Arbeitnehmer
AHV 8.4%
IV 1.4%
EO 0.45%
Total 10.25% auf dem AHV-Lohn ohne Beschränkung. Davon trägt der Arbeitnehmer 50% und der Arbeitgeber 50%.
+ ALV 2.2% auf maximal CHF 148'200 AHV-Lohn. Davon trägt der Arbeitnehmer 50% und der Arbeitgeber 50%.
+ ALV 1.0% Solidaritäts-Beitrag für Lohnbestandteile ab dem maximalen versicherten Verdienst (CHF 148'200). Vom Beitrag trägt der Arbeitnehmer 50% und der Arbeitgeber 50%.

Geringfügiger Nebenerwerb bis CHF 2'300 jährlich
AHV ist nur abzurechnen, wenn dies vom Arbeitnehmer verlangt wird. Bei Hausangestellten ist diese Beitragspflicht separat zu prüfen.

Nichterwerbstätige
Der Beitrag bemisst sich am Vermögen per 31. Dezember des Beitragsjahres sowie am 20-fachen des jährlichen Renteneinkommens (inklusive Renten der AHV, nicht aber IV-Renten). Für das Jahr 2019 beträgt der Mindestbeitrag CHF 482 und der Maximalbeitrag CHF 24'100 pro Jahr.

Selbständigerwerbende
AHV 7.8%
IV 1.4%
EO 0.45%
Total 9.65% auf dem aktuellen Einkommen des Beitragsjahres.

Bei einem jährlichen Einkommen von weniger als CHF 9'500 muss ein Mindestbeitrag von CHF 482 entrichtet werden. Für Jahreseinkommen von weniger als CHF 56'900 gilt ein tieferer AHV-, IV- und EO-Beitragssatz.
Die Ausgleichskassen erheben zusätzlich Verwaltungskostenbeiträge von maximal 5% der Beiträge auf den Erwerbseinkommen.

2. Säule

Unfallversicherung (UVG):
Die Prämien bestimmen sich in % vom AHV-Lohn bis max. CHF 148'200. Berufsunfallversicherungsprämien gehen zulasten des Arbeitgebers, je nach Branche werden unterschiedliche Beiträge erhoben von ca. 0.17% bis zu ca. 13.5%.
Die Beiträge an die *Nichtberufsunfallversicherung* werden i.d.R. zu Lasten des Arbeitnehmers erhoben und betragen zwischen ca. 0.68% bis ca. 4.87%. Die Beiträge der Nichtberufsunfallversicherung für Arbeitslose betragen ca. 4.37% vom Taggeld, hiervon fallen 1/3 zu Lasten der ALV.

Krankenversicherung (KVG):
Je nach Krankenkasse unterschiedlich, die Prämiengestaltung ist pro Versicherter höchst unterschiedlich.

Krankentaggeldversicherung (KTG):
Es besteht keine obligatorische Versicherungspflicht. Sofern ein Arbeitgeber eine solche Versicherung abschliesst, werden die Prämien i.d.R. hälftig von Arbeitnehmer und Arbeitgeber getragen.

Berufliche Vorsorge (BVG):
Nach Alter gestaffelte Altersgutschriften:
Alter 25 – 34 = 7% des koordinierten Lohnes
Alter 35 – 44 = 10% des koordinierten Lohnes
Alter 45 – 54 = 15% des koordinierten Lohnes
Alter 55 – 65 (resp. Frauen bis Alter 64) = 18% des koordinierten Lohnes.
Koordinierter Lohn 2019 = Der Teil des Jahreslohnes zwischen CHF 24'885 und CHF 85'320 der zu versichern ist. In der Regel werden die Beiträge je hälftig vom Arbeitnehmer und Arbeitgeber getragen.

3. Säule

Säule 3a
Vom steuerbaren Erwerbseinkommen der Lohnbezüger werden 2019 maximal CHF 6'826 zum Abzug zugelassen.
Selbständigerwerbende und Teilzeitangestellte ohne Versicherung in der zweiten Säule können 20% oder maximal CHF 34'128 vom Einkommen abziehen.
Säule 3b: Die Höhe der Beiträge ist frei wählbar.

D. Besteuerung von Vorsorgeleistungen

Leistungen (an Versicherungsnehmer resp. hinterlassenen Ehegatten)
(Leistungen an Kinder resp. Waisen werden hier nicht behandelt)

Leistungen	1. Säule	2. Säule	3. Säule
Im Alter:	*Altersrente*: Gemäss Skala 44 maximal CHF 28'440, minimal CHF 14'220. *Ehepaarrente:* Beschränkung auf CHF 42'660.	Je nach Reglement unterschiedlich: Im *Beitragsprimat* wird das Alterskapital mit dem jährlich aktuellen Umwandlungssatz errechnet. Im *Leistungsprimat* wird das Alterskapital in Prozenten vom versicherten Lohn bestimmt.	*Säule 3a*: Je nach Höhe der geleisteten Beiträge bis zum ordentlichen AHV-Pensionsalter. *Säule 3b:* Auszahlung je nach vereinbarter Police
Bei Krankheit:	Die maximale und minimale *Invaliditätsrente* entspricht der AHV-Rente. Der Invaliditätsgrad bestimmt die Höhe der Rente: Invalidität ab 70% = ganze Rente; ab 60% = ¾ Rente ab 50% = ½ Rente ab 40% = ¼ Rente Invalidität bis 40% = keine Rente	Bei *unselbständig Erwerbenden* berechnet vom Altersguthaben per Invaliditätsdatum, zusätzlich der Summe der fehlenden Beiträge bis zur Pensionierung. Bei *selbständig Erwerbenden* ist die Leistung vom Anschluss an einer Pensionskasse abhängig und dessen Reglement massgebend.	*Säule 3a*: Nur Leistungen bei Abschluss einer Erwerbsunfähigkeitsversicherung *Säule 3b:* Nur Leistungen bei Abschluss einer Erwerbsunfähigkeitsversicherung

D. Besteuerung von Vorsorgeleistungen

Leistungen (an Versicherungsnehmer resp. hinterlassenen Ehegatten)			
(Leistungen an Kinder resp. Waisen werden hier nicht behandelt)			
Leistungen	1. Säule	2. Säule	3. Säule
Bei Unfall:	Leistungen wie bei Krankheit.	*Unfalltaggeld:* Maximal CHF 118'560, also 80% des versicherten Lohnes (maximal CHF 148'200). *Invalidenrente:* Wie Unfalltaggeld. *Komplementärrente:* Maximal CHF 133'380, welche die erste Säule und UVG-Invalidenrente bis zu 90% des versicherten Lohnes (maximal CHF 148'200) abdeckt. Im Falle einer *selbständigen Erwerbstätigkeit* werden nur Leistungen ausgerichtet, wenn ein freiwilliger UVG-Anschluss besteht.	Säule 3a: Leistungen wie bei Krankheit Säule 3b: Leistungen wie bei Krankheit

D. Besteuerung von Vorsorgeleistungen

Leistungen (an Versicherungsnehmer resp. hinterlassenen Ehegatten)			
(Leistungen an Kinder resp. Waisen werden hier nicht behandelt)			
Leistungen	1. Säule	2. Säule	3. Säule
Bei Tod infolge Krankheit:	*Witwenrente:* Gemäss Skala 44 maximal CHF 22'752 und minimal CHF 11'376, wenn im Zeitpunkt der Verwitwung Kinder vorhanden sind oder die Witwe älter als 45 ist und die Ehe mindestens während 5 Jahren bestand. *Witwerrente:* Sie wird nur ausgerichtet, wenn Kinder vorhanden sind, die im Zeitpunkt der Verwitwung jünger als 18 Jahre sind; die Leistung wird nur bis zur Erreichung des 18. Altersjahres des letzten Kindes ausgerichtet.	*Obligatorische Ehegattenrente* des BVG von 60% der Alters- oder Invaliditätsrente. Wenn das Ehepaar kinderlos ist, wird keine Ehegattenrente ausgerichtet (dafür *Kapitalabfindung* in der Höhe von 3 Jahresrenten), ausser der hinterlassene Ehegatte sei älter als 45 Jahre und die Ehe bestand mindestens 5 Jahre. Angehörige von *selbständig Erwerbenden* erhalten nur Leistungen, wenn ein Anschluss an eine Pensionskasse bestand.	*Säule 3a:* Todesfallkapital respektive Hinterbliebenenrente *Säule 3b:* Todesfallkapital respektive Hinterbliebenenrente

D. Besteuerung von Vorsorgeleistungen

Leistungen (an Versicherungsnehmer resp. hinterlassenen Ehegatten)			
(Leistungen an Kinder resp. Waisen werden hier nicht behandelt)			
Leistungen	1. Säule	2. Säule	3. Säule
Bei Tod infolge Unfall:	Leistungen wie bei Tod infolge Krankheit	*Witwen/Witwer-Rente:* 40% des versicherten Lohnes (maximal CHF 148'200), wenn eigene rentenberechtigte Kinder vorhanden sind oder solche des Ehegatten und die Witwe/der Witwer mindestens 2/3 invalid ist oder es innert 2 Jahren nach dem Tod des Ehegatten wird. Die *Witwe* (nicht: der Witwer) erhält *Rente*, wenn sie im Zeitpunkt der Verwitwung das 45. Altersjahr zurückgelegt hat oder Kinder hat, welche nicht mehr rentenberechtigt sind. Allenfalls *Kapitalabfindung* für die Witwe oder geschiedene Ehefrau, wenn keine Witwenrente bezahlt wird. Angehörige von *selbständig Erwerbenden* erhalten nur Leistungen, wenn ein freiwilliger UVG-Anschluss bestand.	*Säule 3a:* Leistungen wie bei Tod infolge Krankheit *Säule 3b:* Leistungen wie bei Tod infolge Krankheit

2. Besteuerung von Kapitalleistungen der Säulen 2 und 3a

Die Kapitalleistungen aus beruflicher Vorsorge (2. Säule) und gebundener Selbstvorsorge (Säule 3a) werden wie folgt besteuert:

Bund/ Kanton	Besteuerungsart
Bund	Art. 38 i.V.m. Art. 22 DBG: Jahressteuer getrennt vom übrigen Einkommen. Die einmalige Steuer beträgt 1/5 des in den gesetzlichen Tarifen vorgesehenen Satzes.
AG	§45 i.V.m. §31 StG AG: Jahressteuer getrennt vom übrigen Einkommen zu 30% des Tarifs, mindestens aber zum Satz von 1%.
AI	Art. 40 i.V.m. Art. 38 Abs. 1-3 StG AI: Jahressteuer getrennt vom übrigen Einkommen. Die einfache Steuer beträgt ein Viertel des Einkommenssteuertarifs, mindestens aber 0.5%. Für gemeinsam steuerpflichtige Ehegatten wird der Steuersatz des halben steuerbaren Einkommens angewandt.
AR	Art. 41 i.V.m. Art. 25 StG AR: Jahressteuer getrennt vom übrigen Einkommen. Steuertarif: 0.75% bis CHF 400'000 und 1% für den übersteigenden Betrag multipliziert mit dem geltenden Steuerfuss (verheirateten Tarif). Für die übrigen steuerpflichtigen Personen (alleinstehender Tarif) betragen die Steuertarife 1% respektive 1.3333%.
BE	Art. 44 i.V.m. Art. 26 StG BE: Getrennt vom übrigen Einkommen gemäss separatem Vorsorgetarif (progressiv ansteigend von 0.65 bis 2.0% der Kapitalleistung). Kapitalleistungen unter CHF 5'200 sind steuerfrei. *Übersetzung: Imposition distincte des autres revenus, selon un barème séparé (progressif, échelonné entre 0.65% et 2.0% de la prestation en capital). Les prestations en capital inférieures à CHF 5'200 ne sont pas imposables.*

D. Besteuerung von Vorsorgeleistungen

Bund/ Kanton	Besteuerungsart
BL	§36 i.V.m. §27 bis StG BL: Jahressteuer getrennt vom übrigen Einkommen und ohne Zusammenrechnung unter Ehegatten zu einem Sondertarif (2% für die ersten CHF 400'000, 6% für die übrigen Beträge, insgesamt aber nicht mehr als 4.5%).
BS	§39 i.V.m. §23 StG BS: Jahressteuer getrennt vom übrigen Einkommen und ohne Zusammenrechnung unter Ehegatten zu einem Sondertarif (3% für die ersten CHF 25'000, 4% für die nächsten CHF 25'000, 6% für die nächsten CHF 50'000 und 8% für die übrigen Beträge). Leistungen an andere Begünstigte: Besteuerung zum Einkommenssteuersatz, aber getrennt vom übrigen Einkommen.
FR	Art. 39 LICD: Jahressteuer getrennt vom übrigen Einkommen zu einem Sondertarif (2% für die ersten CHF 40'000, 3% für die nächsten CHF 40'000, 4% für die nächsten CHF 50'000, 5% für die nächsten CHF 60'000, 6% für die übrigen Beträge). Ein Abzug von 5'000 Franken wird gewährt auf den Kapitalleistungen, die an Ehegatten, die in rechtlich und tatsächlich ungetrennter Ehe leben, sowie für verwitwete, gerichtlich oder tatsächlich getrennt lebende, geschiedene und ledige Steuerpflichtige, die mit Kindern oder unterstützungsbedürftigen Personen im gleichen Haushalt zusammenleben und deren Unterhalt zur Hauptsache bestreiten, ausgezahlt werden. *Übersetzung:* *Imposition distincte des autres revenus selon un tarif spécial (2% pour les premiers CHF 40'000, 3% pour les CHF 40'000 suivants, 4% pour les CHF 50'000 suivants, 5% pour les CHF 60'000 suivants et 6% pour le solde) avec une déduction spéciale de CHF 5'000 sur la prestation imposable de personnes mariées faisant ménage commun ou de contribuables veufs, séparés, divorcés ou célibataires faisant ménage commun avec des enfants ou des personnes nécessiteuses dont ils assurent l'entretien.*

D. Besteuerung von Vorsorgeleistungen

Bund/ Kanton	Besteuerungsart
GE	Art. 45 Abs. 2 LIPP: Imposition distincte des autres revenus, au taux correspondant à 1/5 du barème à l'art. 41 LIPP (Pour les époux vivant en ménage commun, le taux appliqué à leur revenu est celui qui correspond à 50% de ce dernier). En cas de décès de l'assuré, les versements en faveur du conjoint survivant ou des personnes à charge sont soumis à l'impôt sur le revenu, et sont exonérés des droits de succession. *Übersetzung: Jahressteuer getrennt vom übrigen Einkommen. Die Steuer beträgt 1/5 des für natürliche Personen (Alleinstehende) gesetzlich vorgesehenen Tarifs (für die in gemeinsamem Haushalt lebenden Ehegatten wird 50% davon geschuldet). Leistungen bei Tod des Versicherten an den überlebenden Ehegatten oder an unterstützte Personen unterliegen der Einkommenssteuer, sind aber von der Erbschaftssteuer befreit.*
GL	Art. 22 i.V.m. Art. 36 StG GL: Jahressteuer getrennt vom übrigen Einkommen. Die einfache Steuer beträgt 4%.
GR	Art. 40a i.V.m. Art. 29 Abs. 1 lit. d StG GR: Jahressteuer getrennt vom übrigen Einkommen zum Satz, der anwendbar wäre, wenn anstelle der einmaligen eine jährliche Leistung von 1/15 der Kapitalleistung ausgerichtet würde. Minimalsätze: 1.5% für Verheiratete und 2% für die anderen Steuerpflichtigen; Maximalsätze: 2.6% für Verheiratete und 4% für die anderen Steuerpflichtigen. Leistungen unter CHF 5'800 werden nicht besteuert.
JU	Art. 21 + Art. 37 LI JU: Imposition distincte des autres revenus selon un tarif spécial (4.32% à 6.087% pour les couples mariés domiciliés à Delémont) sur la prestation en capital. *Übersetzung: Jahressteuer getrennt vom übrigen Einkommen auf Grund eines progressiven Sondertarifs (4.32% bis 6.087% für Verheiratete und Einelternfamilien mit Steuerdomizil in Delsberg).*

D. Besteuerung von Vorsorgeleistungen

Bund/ Kanton	Besteuerungsart
LU	§58 i.V.m. §24 Abs. 2 und §29 Abs. 1 StG LU: Jahressteuer getrennt vom übrigen Einkommen zu 1/3 des Einkommenssteuersatzes auf der vollen Kapitalleistung, mind. aber zu 0.5% je Einheit (Grundtarif).
NE	Art. 42 LCDir: Imposition distincte des autres revenus, au taux correspondant à 1/4 du barème. Le taux d'imposition ne peut être inférieur à 2.5%. *Übersetzung: Jahressteuer getrennt vom übrigen Einkommen zu 1/4 des im gesetzlichen Tarif vorgesehenen Satzes für natürliche Personen (Alleinstehende), mind. aber zu 2.5%.*
NW	Art. 42 i.V.m. Art. 20 Abs. 2 StG NW: Jahressteuer getrennt vom übrigen Einkommen zu 2/5 des Einkommenssteuersatzes auf der vollen Kapitalleistung, mind. aber zu 0.8% (einfache Steuer).
OW	Art. 40 i.V.m. Art. 24 StG OW: Jahressteuer getrennt vom übrigen Einkommen zu 2/5 des Einkommenssteuersatzes auf der vollen Kapitalleistung.
SG	Art. 52 i.V.m. Art. 35 StG SG: Jahressteuer getrennt vom übrigen Einkommen. Für gemeinsam steuerpflichtige Ehegatten sowie für verwitwete, getrennt lebende, geschiedene und ledige Steuerpflichtige, die mit Kindern oder unterstützungsbedürftigen Personen zusammenleben und deren Unterhalt zur Hauptsache bestreiten, beträgt die einfache Steuer 2.0% und für die übrigen Steuerpflichtigen 2.2%.
SH	Art. 40 i.V.m. Art. 24 StG SH: Jahressteuer getrennt vom übrigen Einkommen. Die einmalige Steuer beträgt 1/5 des ordentlichen Tarifs nach Art. 38 StG SH vorgesehenen Satzes.

D. Besteuerung von Vorsorgeleistungen

Bund/ Kanton	Besteuerungsart
SO	§47 i.V.m. § 30 StG SO: Jahressteuer getrennt vom übrigen Einkommen. Die einmalige Steuer beträgt 1/4 des ordentlichen Tarifs nach §44 StG SO vorgesehenen Satzes.
SZ	§38 i.V.m. §23 StG SZ: Jahressteuer getrennt vom übrigen Einkommen zu dem Satz, der anwendbar wäre, wenn anstelle der einmaligen eine jährliche Leistung von 1/25 der Kapitalleistung ausgerichtet würde. Die einfache Steuer beträgt jedoch max. 2.5%.
TG	§39 i.V.m. §24 StG TG: Jahressteuer getrennt vom übrigen Einkommen. Die einfache Steuer beträgt 2 Prozent für Verheiratete in ungetrennter Ehe und 2.4 Prozent für die übrigen Steuerpflichtigen.
TI	Art. 38 i.V.m. Art. 21 LT: Le prestazioni in capitale sono imposte separamente con un'imposta annua intera. L'imposta è calcolata con l'aliquota che sarebbe applicabile se al posto della prestazione unica fosse versata una prestazione annua corrispondente. L'aliquota minima è del 2 per cento. *Übersetzung: Jahressteuer getrennt vom übrigen Einkommen zum Satz, der anwendbar wäre, wenn anstelle der Kapitalleistung eine jährliche Rente ausgerichtet würde, mind. jedoch zu 2%.*
UR	Art. 19 Abs. 2 + 27 i.V.m. Art. 45 StG UR: Jahressteuer getrennt vom übrigen Einkommen. Die einfache Steuer für ein Steuerjahr beträgt: a) für den Kanton 1.9 Prozent; b) für die Einwohnergemeinden 1.9 Prozent; c) für die Landeskirchen oder deren Kirchgemeinden 0.5 Prozent der steuerbaren Kapitalleistung.
VD	Art. 26 + Art. 49 LI VD: Imposition distincte des autres revenus, au taux correspondant à 1/3 du taux de l'impôt sur le revenu. *Übersetzung: Jahressteuer getrennt vom übrigen Einkommen zu 1/3 des im gesetzlichen Tarif für natürliche Personen vorgesehenen Satzes.*

D. Besteuerung von Vorsorgeleistungen

Bund/ Kanton	Besteuerungsart
VS	Art. 33b StG VS: Jahressteuer getrennt vom übrigen Einkommen zu dem Satz, der anwendbar wäre, wenn anstelle der Kapitalleistung eine jährliche Rente ausgerichtet würde (Besteuerung zum Rentensatz), mind. aber zum Minimalsatz und höchstens zum Maximalsatz von 4%. *Übersetzung:* *Imposition séparée des autres revenus, au "taux de la rente", soit au taux qui serait applicable si une rente annuelle correspondante était servie en lieu et place de la prestation en capital, mais au moins au taux minimum prévu et, au plus, au taux maximum de 4%.*
ZG	§37 i.V.m. §21 StG ZG: Jahressteuer getrennt vom übrigen Einkommen. Die Steuer beträgt für die ersten CHF 216'000 30% und für den übersteigenden Betrag 40% des massgeblichen Tarifs. Die einfache Kantonssteuer beträgt jedoch mindestens 1%.
ZH	§37 i.V.m. §17 Abs. 3 + §22 StG ZH: Jahressteuer getrennt vom übrigen Einkommen zu dem Satz, der anwendbar wäre, wenn anstelle der einmaligen eine jährliche Leistung von 1/10 der Kapitalleistung ausgerichtet würde. Die einfache Staatssteuer beträgt jedoch mind. 2%.

Berechnungsbeispiele:

Direkte Bundessteuer	verheirateten Tarif	
Direkte Bundessteuer	**Kapitalleistung**	**Sondersteuer**
	CHF 50'000	CHF 43
	CHF 100'000	CHF 394
	CHF 150'000	CHF 1'212
	CHF 200'000	CHF 2'512
	CHF 250'000	CHF 3'812
	CHF 500'000	CHF 10'312
	CHF 1'000'000	CHF 23'000

Kanton Aargau	verheirateten Tarif	
Aarau	**Kapitalleistung**	**Sondersteuer**
	CHF 50'000	CHF 1'045
	CHF 100'000	CHF 3'123
	CHF 150'000	CHF 5'917
	CHF 200'000	CHF 8'895
	CHF 250'000	CHF 12'007
	CHF 500'000	CHF 28'213
	CHF 1'000'000	CHF 62'188

Kanton Appenzell-Innerrhoden	verheirateten Tarif	
Appenzell	**Kapitalleistung**	**Sondersteuer**
ohne Kirchensteuer	CHF 50'000	CHF 725
	CHF 100'000	CHF 2'351
	CHF 150'000	CHF 4'065
	CHF 200'000	CHF 5'877
	CHF 250'000	CHF 7'688
	CHF 500'000	CHF 16'100
	CHF 1'000'000	CHF 32'200

D. Besteuerung von Vorsorgeleistungen

Kanton Appenzell-Ausserrhoden	verheirateten Tarif	
Herisau	**Kapitalleistung**	**Sondersteuer**
	CHF 50'000	CHF 2'775
	CHF 100'000	CHF 5'550
	CHF 150'000	CHF 8'325
	CHF 200'000	CHF 11'100
	CHF 250'000	CHF 13'875
	CHF 500'000	CHF 29'600
	CHF 1'000'000	CHF 66'600

Kanton Bern	verheirateten Tarif	
Bern	**Kapitalleistung**	**Sondersteuer**
	CHF 50'000	CHF 1'495
	CHF 100'000	CHF 3'533
	CHF 150'000	CHF 6'113
	CHF 200'000	CHF 8'758
	CHF 250'000	CHF 11'671
	CHF 500'000	CHF 28'307
	CHF 1'000'000	CHF 70'032

Kanton Basel-Landschaft	verheirateten Tarif	
Liestal	**Kapitalleistung**	**Sondersteuer**
	CHF 50'000	CHF 1'650
	CHF 100'000	CHF 3'300
	CHF 150'000	CHF 4'950
	CHF 200'000	CHF 6'600
	CHF 250'000	CHF 8'250
	CHF 500'000	CHF 23'100
	CHF 1'000'000	CHF 72'600

D. Besteuerung von Vorsorgeleistungen

Kanton Basel-Stadt	verheirateten Tarif	
Basel	**Kapitalleistung**	**Sondersteuer**
Sondertarif wird angewendet	CHF 50'000	CHF 1'750
	CHF 100'000	CHF 4'750
	CHF 150'000	CHF 8'750
	CHF 200'000	CHF 12'750
	CHF 250'000	CHF 16'750
	CHF 500'000	CHF 36'750
	CHF 1'000'000	CHF 76'750

Kanton Freiburg	verheirateten Tarif	
Fribourg	**Kapitalleistung**	**Sondersteuer**
	CHF 50'000	CHF 1'725
	CHF 100'000	CHF 4'721
	CHF 150'000	CHF 8'626
	CHF 200'000	CHF 13'257
	CHF 250'000	CHF 18'705
	CHF 500'000	CHF 45'945
	CHF 1'000'000	CHF 100'425

Kanton Genf	verheirateten Tarif	
Genf	**Kapitalleistung**	**Sondersteuer**
	CHF 50'000	CHF 466
	CHF 100'000	CHF 2'828
	CHF 150'000	CHF 5'481
	CHF 200'000	CHF 8'214
	CHF 250'000	CHF 10'968
	CHF 500'000	CHF 25'634
	CHF 1'000'000	CHF 57'641

Kanton Glarus	verheirateten Tarif	
Glarus	**Kapitalleistung**	**Sondersteuer**
	CHF 50'000	CHF 2'350
	CHF 100'000	CHF 4'700
	CHF 150'000	CHF 7'050
	CHF 200'000	CHF 9'400
	CHF 250'000	CHF 11'750
	CHF 500'000	CHF 23'500
	CHF 1'000'000	CHF 47'000

Kanton Graubünden	verheirateten Tarif	
Chur	**Kapitalleistung**	**Sondersteuer**
	CHF 50'000	CHF 1'410
	CHF 100'000	CHF 2'820
	CHF 150'000	CHF 4'230
	CHF 200'000	CHF 5'640
	CHF 250'000	CHF 7'050
	CHF 500'000	CHF 14'100
	CHF 1'000'000	CHF 48'880

Kanton Jura	verheirateten Tarif	
Delémont	**Kapitalleistung**	**Sondersteuer**
	CHF 50'000	CHF 2'138
	CHF 100'000	CHF 4'727
	CHF 150'000	CHF 7'769
	CHF 200'000	CHF 10'857
	CHF 250'000	CHF 13'944
	CHF 500'000	CHF 29'382
	CHF 1'000'000	CHF 60'257

Kanton Luzern	verheirateten Tarif	
Luzern	**Kapitalleistung**	**Sondersteuer**
	CHF 50'000	CHF 1'295
	CHF 100'000	CHF 3'918
	CHF 150'000	CHF 6'905
	CHF 200'000	CHF 10'238
	CHF 250'000	CHF 13'573
	CHF 500'000	CHF 30'248
	CHF 1'000'000	CHF 63'598

Kanton Neuenburg	verheirateten Tarif	
Neuenburg	**Kapitalleistung**	**Sondersteuer**
	CHF 50'000	CHF 2'400
	CHF 100'000	CHF 4'800
	CHF 150'000	CHF 7'876
	CHF 200'000	CHF 11'607
	CHF 250'000	CHF 15'567
	CHF 500'000	CHF 34'145
	CHF 1'000'000	CHF 68'946

Kanton Nidwalden	verheirateten Tarif	
Stans	**Kapitalleistung**	**Sondersteuer**
	CHF 50'000	CHF 2'044
	CHF 100'000	CHF 4'117
	CHF 150'000	CHF 7'201
	CHF 200'000	CHF 10'372
	CHF 250'000	CHF 13'639
	CHF 500'000	CHF 28'105
	CHF 1'000'000	CHF 56'210

Kanton Obwalden	verheirateten Tarif	
Sarnen	**Kapitalleistung**	**Sondersteuer**
	CHF 50'000	CHF 2'560
	CHF 100'000	CHF 5'119
	CHF 150'000	CHF 7'679
	CHF 200'000	CHF 10'238
	CHF 250'000	CHF 12'798
	CHF 500'000	CHF 25'596
	CHF 1'000'000	CHF 51'192

Kanton St. Gallen	verheirateten Tarif	
St. Gallen	**Kapitalleistung**	**Sondersteuer**
	CHF 50'000	CHF 2'560
	CHF 100'000	CHF 5'120
	CHF 150'000	CHF 7'680
	CHF 200'000	CHF 10'240
	CHF 250'000	CHF 12'800
	CHF 500'000	CHF 25'600
	CHF 1'000'000	CHF 51'200

Kanton Schaffhausen	verheirateten Tarif	
Schaffhausen	**Kapitalleistung**	**Sondersteuer**
	CHF 50'000	CHF 718
	CHF 100'000	CHF 2'310
	CHF 150'000	CHF 4'379
	CHF 200'000	CHF 6'612
	CHF 250'000	CHF 8'845
	CHF 500'000	CHF 20'097
	CHF 1'000'000	CHF 40'194

D. Besteuerung von Vorsorgeleistungen

Kanton Solothurn	verheirateten Tarif	
Solothurn	**Kapitalleistung**	**Sondersteuer**
	CHF 50'000	CHF 1'083
	CHF 100'000	CHF 3'551
	CHF 150'000	CHF 6'271
	CHF 200'000	CHF 9'154
	CHF 250'000	CHF 12'230
	CHF 500'000	CHF 27'611
	CHF 1'000'000	CHF 56'175

Kanton Schwyz	verheirateten Tarif	
Schwyz	**Kapitalleistung**	**Sondersteuer**
	CHF 50'000	CHF 475
	CHF 100'000	CHF 1'312
	CHF 150'000	CHF 2'574
	CHF 200'000	CHF 4'388
	CHF 250'000	CHF 6'668
	CHF 500'000	CHF 25'107
	CHF 1'000'000	CHF 76'137

Kanton Thurgau	verheirateten Tarif	
Frauenfeld	**Kapitalleistung**	**Sondersteuer**
	CHF 50'000	CHF 2'610
	CHF 100'000	CHF 5'220
	CHF 150'000	CHF 7'830
	CHF 200'000	CHF 10'440
	CHF 250'000	CHF 13'050
	CHF 500'000	CHF 26'100
	CHF 1'000'000	CHF 52'200

D. Besteuerung von Vorsorgeleistungen

Kanton Tessin	verheirateten Tarif	
Bellinzona	**Kapitalleistung**	**Sondersteuer**
Annahme:	CHF 50'000	CHF 1'930
Ehemann, Alter 65	CHF 100'000	CHF 3'860
2019	CHF 150'000	CHF 5'790
	CHF 200'000	CHF 7'720
	CHF 250'000	CHF 9'650
	CHF 500'000	CHF 19'300
	CHF 1'000'000	CHF 59'112

Kanton Uri	verheirateten Tarif	
Altdorf	**Kapitalleistung**	**Sondersteuer**
	CHF 50'000	CHF 1'853
ohne Kirchen-	CHF 100'000	CHF 3'705
steuer	CHF 150'000	CHF 5'558
	CHF 200'000	CHF 7'410
	CHF 250'000	CHF 9'263
	CHF 500'000	CHF 18'525
	CHF 1'000'000	CHF 37'050

Kanton Waadt	verheirateten Tarif	
Lausanne	**Kapitalleistung**	**Sondersteuer**
	CHF 50'000	CHF 2'196
	CHF 100'000	CHF 5'573
	CHF 150'000	CHF 9'651
	CHF 200'000	CHF 14'349
	CHF 250'000	CHF 19'291
	CHF 500'000	CHF 46'884
	CHF 1'000'000	CHF 107'207

D. Besteuerung von Vorsorgeleistungen

Kanton Wallis	verheirateten Tarif	
Sion	**Kapitalleistung**	**Sondersteuer**
Annahme: Ehemann, Alter 65	CHF 50'000	CHF 2'058
	CHF 100'000	CHF 4'116
	CHF 150'000	CHF 6'174
	CHF 200'000	CHF 8'506
	CHF 250'000	CHF 11'669
	CHF 500'000	CHF 34'940
	CHF 1'000'000	CHF 78'400

Kanton Zug	verheirateten Tarif	
Zug	**Kapitalleistung**	**Sondersteuer**
	CHF 50'000	CHF 680
	CHF 100'000	CHF 1'657
	CHF 150'000	CHF 3'269
	CHF 200'000	CHF 5'636
	CHF 250'000	CHF 8'331
	CHF 500'000	CHF 19'590
	CHF 1'000'000	CHF 41'350

Kanton Zürich	verheirateten Tarif	
Zürich	**Kapitalleistung**	**Sondersteuer**
	CHF 50'000	CHF 2'190
	CHF 100'000	CHF 4'380
	CHF 150'000	CHF 6'570
	CHF 200'000	CHF 8'760
	CHF 250'000	CHF 10'950
	CHF 500'000	CHF 31'098
	CHF 1'000'000	CHF 107'003

E. Besteuerung von rückkaufsfähigen Lebensversicherungen

1. Direkte Steuern

Die folgenden Ausführungen basieren auf der Gesetzgebung zur direkten Bundessteuer (DBG). Diese Regeln, aber auch die kantonale Besteuerung der Lebensversicherungen wurden in den letzten zwanzig Jahren mehrfach geändert. Deshalb gibt es in vielen Kantonen für Versicherungsverträge mit Einmalprämien, welche noch unter altem Recht abgeschlossen wurden, nach wie vor gültige Übergangsregelungen.

*Art. 205a DBG   Altrechtliche Kapitalversicherungen mit
              Einmalprämien*
¹ Bei Kapitalversicherungen gem. Art. 20 Abs. 1 lit. a, die vor dem 1. Januar 1994 abgeschlossen wurden, bleiben die Erträge steuerfrei, sofern bei Auszahlung das Vertragsverhältnis mindestens fünf Jahre gedauert oder der Versicherte das 60. Altersjahr vollendet hat.
² Bei Kapitalversicherungen nach Art. 20 Abs. 1 lit. a, die in der Zeit vom 1. Januar 1994 bis und mit 31. Dezember 1998 abgeschlossen wurden, bleiben die Erträge steuerfrei, sofern bei Auszahlung das Vertragsverhältnis mindestens fünf Jahre gedauert und der Versicherte das 60. Altersjahr vollendet hat.

Art. 7 Abs. 1ter StHG
Erträge aus rückkaufsfähigen Kapitalversicherungen mit Einmalprämie sind im Erlebensfall oder bei Rückkauf steuerbar, ausser wenn diese Kapitalversicherungen der Vorsorge dienen. Als der Vorsorge dienend gilt die Auszahlung der Versicherungsleistung ab dem vollendeten 60. Altersjahr des Versicherten auf Grund eines mindestens fünfjährigen Vertragsverhältnisses, das vor Vollendung des 66. Altersjahres begründet wurde. In diesem Fall ist die Leistung steuerfrei.

Art. 78a StHG   Kapitalversicherungen mit Einmalprämie
Art. 7 Abs. 1ter ist auf Kapitalversicherungen mit Einmalprämien anwendbar, die nach dem 31. Dezember 1998 abgeschlossen wurden.

a. Besteuerung während der Dauer der Versicherung

Gemäss Art. 33 Abs. 1 Bst. g DBG sind die Einlagen, Prämien und Beiträge für die Lebensversicherungen bis zum maximal gesetzlich festgelegten Betrag abzugsfähig. Die Kantone gewähren gemäss Art. 9 Abs. 2 lit. g StHG ähnliche pauschale Abzüge. Der Rückkaufswert unterliegt auf kantonaler Ebene der Vermögenssteuer (Art. 14 StHG).

b. Besteuerung nach Ablauf des Versicherungsvertrages

Art. 20 Abs. 1 lit. a DBG
Steuerbar sind die Erträge aus beweglichem Vermögen, insbesondere:
a. Zinsen aus Guthaben, einschliesslich ausbezahlter Erträge aus rückkaufsfähigen Kapitalversicherungen mit Einmalprämie im Erlebensfall oder bei Rückkauf, ausser wenn diese Kapitalversicherungen der Vorsorge dienen. Als der Vorsorge dienend gilt die Auszahlung der Versicherungsleistung ab dem vollendeten 60. Altersjahr des Versicherten auf Grund eines mindestens fünfjährigen Vertragsverhältnisses, das vor Vollendung des 66. Altersjahres begründet wurde. In diesem Fall ist die Leistung steuerfrei. Im Todesfall ist die Leistung steuerfrei nach Art. 24 lit. b DBG auch wenn die Voraussetzung "der Vorsorge dienend" nicht erfüllt wird.

Erträge aus rückkaufsfähigen Kapitalversicherungen im Erlebensfall sind bei periodische Prämie gemäss Art. 24 lit. b und bei Einmalprämie unter den Bedingungen von Art. 20 Abs. 1 lit. a DBG steuerfrei. Versicherungsleistungen im Todesfall unterliegen grundsätzlich den jeweiligen kantonalen Erbschaftssteuern. Einkommenssteuern werden ausnahmsweise dann erhoben, wenn der Rechtsgrund der Versicherungsleistung nicht im Erbrecht liegt. Renten, die im Todesfall zu fliessen beginnen unterliegen zu 40% der Einkommenssteuer gemäss Art. 22 Abs. 3 DBG.

2. Indirekte Steuern

a. Abgaben bei Abschluss der Lebensversicherung

Art. 21 StG   Regel
Gegenstand der Abgabe sind die Prämienzahlungen für Versicherungen,
a. die zum inländischen Bestand eines der Aufsicht des Bundes unterstellten oder eines inländischen öffentlich-rechtlichen Versicherer gehören;
b. die ein inländischer Versicherungsnehmer mit einem nicht der Bundesaufsicht unterstellten ausländischen Versicherer abgeschlossen hat.

Die mit Einmalprämien finanzierten Lebensversicherungen unterliegen einer Abgabe auf Versicherungsprämien. Von der Abgabe auf Versicherungsprämien ausgenommen sind jedoch u.a. nichtrückkaufsfähige Lebensversicherungen sowie die rückkaufsfähige Lebensversicherung mit periodischer Prämienzahlung (Art. 22 StG). Nach Art. 24 StG beträgt die Abgabe für Lebensversicherungen 2.5 Prozent der Barprämie. Abgabepflichtig ist der Versicherer (Art. 25 StG).

b. Abgaben bei Auszahlung einer Kapitalleistung

Gegenstand der Verrechnungssteuer auf Versicherungsleistungen sind Kapitalleistungen aus Lebensversicherung sowie Leibrenten und Pensionen, sofern die Versicherung zum inländischen Bestand des Versicherers gehört und bei Eintritt des versicherten Ereignisses der Versicherungsnehmer oder ein Anspruchsberechtigter Inländer ist (Art. 7 VStG).

Von der Verrechnungssteuer ausgenommen sind u.a. Kapitalleistungen, wenn der gesamte Leistungsbetrag aus derselben Versicherung CHF 5'000 nicht übersteigt (Art. 8 Abs. 1 lit. a VStG).

Steuerpflichtig ist der Schuldner der steuerbaren Leistung wobei die Steuerforderung mit der Erbringung der Leistung entsteht (Art. 10 i.V.m. Art. 12 VStG).
Die Steuer beträgt nach Art. 13 VStG Abs. 1 auf Leibrenten und Pensionen 15 Prozent der steuerbaren Leistung respektive auf sonstigen Versicherungsleistungen (inklusive Kapitalleistungen aus rückkaufsfähigen Lebensversicherungen) 8 Prozent der steuerbaren Leistung.
Der Versicherer hat seine Steuerpflicht durch Meldung der steuerbaren Versicherungsleistung zu erfüllen, sofern nicht vor Ausrichtung der Leistung der Versi-

cherungsnehmer oder ein Anspruchsberechtigter bei ihm schriftlich Einspruch gegen die Meldung erhoben hat (Art. 19 VStG).

3. Finanzierungsart

Lebensversicherungen können mittels periodischen Prämien oder Einmalprämien finanziert werden. Die **Einmalprämie** einer rückkaufsfähigen Rentenversicherung kann nicht zu einer Steuerumgehung führen, da die Erträge aus kapitalbindenden Rentenversicherungen gemäss aktueller Steuerpraxis in jedem Fall der Einkommenssteuer unterliegen (sowohl die laufenden Renten als auch Rückkäufe und die Prämienrückgewähr bei Tod).

Das Bundesgericht hat rückkaufsfähige private Kapitalversicherung als Ganzes von der Einkommenssteuer befreit, allfällige Missbräuche aber vorbehalten. Einen Missbrauch ortet das Bundesgericht insbesondere bei der **Fremdfinanzierung** einer rückkaufsfähigen Kapitalversicherung, die mit einer Einmaleinlage finanziert wurde.

Ob allenfalls eine **Steuerumgehung** vorliegt, ist in der Praxis anhand der folgenden Kriterien zu beurteilen.
- *Höhe des Reinvermögens*: Verfügt der Steuerpflichtige über ein wesentlich niedrigeres Vermögen als der Betrag der Einmalprämie ausmacht, so dass die Einmalprämie nur mittels Darlehensaufnahme finanziert werden kann, liegt gemäss bundesgerichtlicher Rechtsprechung eine absonderliche Ausgestaltung vor.
- *Höhe der Schuldzinsen*: Gefordert wird ein realistisches Verhältnis zwischen Belastung (Darlehenszinsen) und Einkommen. Die Schuldzinsenbelastung sollte durch das Einkommen so abgedeckt sein, dass genügend flüssige Mittel zum Bestreiten des bisherigen Lebensunterhaltes vorhanden sind.
- *Rendite des übrigen Vermögens*: Bei der Frage, ob eine Einmalprämie mit eigenen oder fremden Mitteln finanziert werden soll, ist zur Hauptsache ein Vergleich zwischen der Rendite, die die eigenen Mittel bei einer anderweitigen Kapitalanlage abwerfen, und den für das Darlehen zu bezahlenden Passivzinsen massgebend.
- *Illiquidität*: Ausserdem wird der am Abschluss interessierte Steuerpflichtige in seine Finanzierungsentscheide mit einbeziehen, welche weiteren Folgen die Beschaffung liquider Mittel durch die Veräusserung von anderen Aktiven nach sich ziehen würde.

- *Versicherungsschutz*: Wesentlich für die Beurteilung ist der von der Versicherung gebotene Versicherungsschutz, insb. die Höhe einer allfälligen Todesfallleistung. Mit diesem Kriterium wird angestrebt, dass der Versicherungsvertrag trotz Rückzahlung der Darlehenssumme bei Fälligkeit noch genügend finanziellen Schutz bietet. Im Weiteren sind das versicherungsrechtliche Konkursprivileg sowie die erbrechtliche Sonderstellung der Versicherung hervorzuheben.

4. Erbrechtliche Behandlung

Für die erbrechtliche Behandlung verweisen wir auf folgende Literatur:

Hans Rainer Künzle, Einleitung, in: Praxiskommentar Erbrecht, 4. A., Basel 2019, Einleitung N 117 ff.

Hans Rainer Künzle, Lebensversicherung als Instrument der Nachlassplanung, in: Festschrift für Moritz Kuhn, Zürich 2009, S. 245-260.

F. Besteuerung von Grundstücken

1. Grundstückgewinnsteuer

Vorbemerkung: Die nachfolgenden Ausführungen betreffen nur Gewinne auf Grundstücken des **Privatvermögens einer natürlichen Person**. Es ist darauf hinzuweisen, dass wesentliche kantonale und kommunale Unterschiede und Eigenheiten bestehen.

a. Wer erhebt die Grundstückgewinnsteuer?

Die Grundstückgewinnsteuer wird von den Kantonen und / oder vereinzelt von den Gemeinden als Sondersteuer erhoben. Der Bund erhebt keine Grundstückgewinnsteuer, d.h. dort sind Gewinne aus der Veräusserung von Grundstücken im Privatvermögen steuerfrei.

b. Wodurch wird die Grundstückgewinnsteuer ausgelöst?

Die Grundstückgewinnsteuer wird ausgelöst wenn
- eine Veräusserung von bzw. eine Übertragung an einem Grundstück stattfindet **und**
- ein Gewinn auf der Veräusserung erzielt wird.

c. Was ist eine Veräusserung?

Als Veräusserung gilt allgemein die Übertragung von Eigentum an einem Grundstück oder einem Grundstückanteil vom bisherigen Eigentümer auf einen anderen. Einer Veräusserung sind gleichgestellt:
- Rechtsgeschäfte die wirtschaftlich wie eine direkte Veräusserung wirken (sog. wirtschaftliche Handänderung wie z.B. Verkauf von Anteilen an einer Immobiliengesellschaft)
- Überführung eines Grundstückes vom Privat- ins Geschäftsvermögen (in Kantonen mit dualistischem System)
- Belastung mit privatrechtlichen Dienstbarkeiten oder öffentlichrechtlichen Eigentumsbeschränkungen
- ohne Veräusserung erzielte Planungsmehrwerte (nur in einigen Kantonen).

d. Wann wird die Grundstückgewinnsteuer aufgeschoben?

In den folgenden Fällen wird die Besteuerung aufgeschoben:
- Eigentumswechsel durch Erbgang, Erbvorbezug oder Schenkung
- Eigentumswechsel unter Ehegatten im Zusammenhang mit dem Güterrecht, Abgeltung ausserordentlicher Beiträge eines Ehegatten an den Familienunterhalt und scheidungsrechtliche Ansprüche (sofern beide Ehegatten einverstanden sind)
- Landumlegungen zwecks Güterzusammenlegung, Quartierplanung, Grenzbereinigung, Abrundung landwirtschaftlicher Heimwesen sowie bei Landumlegungen im Enteignungsverfahren oder drohender Enteignung
- Veräusserung einer dauernd und ausschliesslich selbstgenutzten Wohnliegenschaften, soweit der Erlös innert angemessener Frist zum Erwerb oder zum Bau einer gleichgenutzten Ersatzliegenschaft verwendet wird.

e. Wer ist steuerpflichtig?

Steuerpflichtig ist der Veräusserer des Grundstücks (zivilrechtlicher Eigentümer, aber auch Person, welche die Verfügungsgewalt über ein Grundstück besitzt und diese entgeltlich überträgt).

f. Wie wird der steuerbare Gewinn ermittelt?

Der steuerbare Gewinn entspricht der Differenz zwischen Veräusserungserlös und Anlagewert abzüglich Handänderungskosten und übliche Vermittlergebühren. In einigen Kantonen sind weitere Abzüge möglich. Massgebend für die Ermittlung des Anlagewertes ist die letzte Handänderung, welche die Grundstückgewinnsteuer auslöste. Als Anlagewert gilt der Erwerbspreis (falls der Erwerb mehr als zwanzig Jahre zurück liegt, kann in den meisten Kantonen der Verkehrswert des Grundstückes von vor zwanzig Jahren ersatzweise herangezogen werden) zuzüglich der Investitionen in die Liegenschaft mit wertvermehrendem Charakter.[1]

---

[1] Kanton Obwalden: Die Anlagekosten werden in der Regel pauschaliert (Art. 152a StG OW).

g. Besteuerungssystem der Kantone für die Grundstückgewinne

Das Bundesgesetz über die Harmonisierung der direkten Steuern der Kantone und Gemeinden (StHG) überlässt es den Kantonen, ob sie sämtliche Grundstückgewinne mit einer Sondersteuer abschöpfen (monistisches System) oder aber die Grundstückgewinne des Geschäftsvermögens mit der ordentlichen Einkommens- oder Gewinnsteuer und die Grundstückgewinne des Privatvermögens mit einer Sondersteuer erfassen wollen (dualistisches System).

Monistisch	Dualistisch
Bern	Aargau
Basel-Landschaft	Appenzell Innerhoden
Basel-Stadt	Appenzell Ausserrhoden
Jura	Freiburg
Nidwalden	Genf
Schwyz	Graubünden
Tessin	Glarus
Uri	Luzern
Zürich	Neuenburg
	Obwalden
	Sankt Gallen
	Schaffhausen
	Solothurn
	Thurgau
	Waadt
	Wallis
	Zug

2. Handänderungssteuer

a. Wer erhebt die Handänderungssteuer?

Die Handänderungssteuer wird von den Kantonen und / oder vereinzelt von den Gemeinden erhoben. Der Bund erhebt keine Handänderungssteuer. Die Terminologie ist kantonal unterschiedlich, es wird von "Abgabe", "Steuer" oder "Gebühr" gesprochen. In einigen Kantonen wurde die Handänderungssteuer zwischenzeitlich ganz abgeschafft (z.B. Zürich).

b. Wodurch wird die Handänderungssteuer ausgelöst?

Gegenstand der Handänderungssteuer ist die Übertragung (Handänderung) von Grundstücken (d.h. Liegenschaften, im Grundbuch eingetragene selbständige und dauernde Rechte, Bergwerke, Miteigentumsanteile).

c. Welche Vorgänge sind von der Handänderungssteuer befreit?

Bestimmte Handänderungsvorgänge sind von der Steuer befreit. Hier bestehen grosse kantonale Unterschiede, einige Kantone gewähren auch lediglich eine Privilegierung durch Ermässigung des Steuersatzes. In der Regel entsprechen die befreiten Vorgänge in etwa den Vorgängen, welche auch bei der Grundstückgewinnsteuer zu einem Aufschub führen.

d. Wer ist steuerpflichtig?

Steuerpflichtig ist in der Regel der Erwerber, in einzelnen Kantonen sowohl Erwerber als auch Veräusserer.

e. Worauf wird die Handänderungssteuer erhoben?

Die Steuer wird grundsätzlich auf dem Kaufpreis erhoben. Gibt es keinen solchen, oder weicht er offensichtlich vom Verkehrswert ab, so wird auf den Verkehrswert im Zeitpunkt der Veräusserung abgestellt. In der kantonalen Vielfalt gibt es auch noch andere Bemessungsgrundlagen.

3. Liegenschaftensteuer

a. Wer erhebt die Liegenschaftensteuer?

Die Liegenschaftensteuer wird von verschiedenen Kantonen, vereinzelt auch von den Gemeinden erhoben. Der Bund erhebt keine Liegenschaftensteuer.

b. Wer ist steuerpflichtig?

Steuerpflichtig ist der Eigentümer der Liegenschaft, welche in einem bestimmten Kanton bzw. in einer bestimmten Gemeinde liegt.

c. Worauf wird die Liegenschaftensteuer erhoben?

Die Liegenschaftssteuer wird grundsätzlich nicht mehr auf dem Steuerwert der Liegenschaft erhoben, sondern auf dem Verkehrswert und zwar ohne Abzüge. Es handelt sich um eine besondere Art der Vermögenssteuer.

4. Kantonale Regelungen im Einzelnen

a. Kanton Aargau

(1) Grundstückgewinn (§ 95 ff. StG AG)

Steuersatz

Besitzjahr	Steuersatz	Besitzjahr	Steuersatz
1.	40%	14.	17%
2.	38%	15.	16%
3.	36%	16.	15%
4.	34%	17.	14%
5.	32%	18.	13%
6.	30%	19.	12%
7.	28%	20.	11%
8.	26%	21.	10%
9.	24%	22.	9%
10.	22%	23.	8%
11.	20%	24.	7%
12.	19%	25.	6%
13.	18%	Ab dem vollendeten 25.	5%

Ermässigung bei längerer Besitzesdauer: Besteuerung gemäss Grundtarif.
Zuschlag bei kurzer Besitzesdauer: Besteuerung gemäss Grundtarif.
Fälligkeit: Die Steuer ist bis zum Ende des übernächsten Monats nach der Zustellung der Veranlagung oder provisorischen Rechnung zu bezahlen.

(2) Handänderung
Der Kanton Aargau kennt keine klassische Handänderungssteuer. Er erhebt auf den grundbuchlichen Vorgängen neben Kanzlei- und Grundbuchgebühren eine Grundbuchabgabe nach Massgabe des Grundbuchabgabengesetzes (GBAG).
Bei Handänderungen an Grundstücken beträgt die Abgabe 4‰ der Kauf- oder Übernahmesumme, mindestens jedoch CHF 100 (§ 8 Abs. 1 GBAG).

(3) Liegenschaftensteuer
Der Kanton Aargau erhebt keine Liegenschaftensteuer.

b. Kanton Appenzell-Innerrhoden

(1) Grundstückgewinn (Art. 103 ff. StG AI)

Steuersatz

Steuerbarer Betrag	Steuersatz
Auf den ersten CHF 4'000	10%
Auf den weiteren CHF 6'000	15%
Auf den weiteren CHF 8'000	20%
Auf den weiteren CHF 12'000	25%
Auf den weiteren CHF 20'000	30%
Auf den weiteren CHF 50'000	35%
Für Gewinnteile über CHF 100'000	40%

Ermässigung bei längerer Besitzesdauer

Besitzesdauer	Ermässigung	Besitzesdauer	Ermässigung
Volle 5 Jahre	5%	Volle 13 Jahre	29%
Volle 6 Jahre	8%	Volle 14 Jahre	32%
Volle 7 Jahre	11%	Volle 15 Jahre	35%
Volle 8 Jahre	14%	Volle 16 Jahre	38%
Volle 9 Jahre	17%	Volle 17 Jahre	41%
Volle 10 Jahre	20%	Volle 18 Jahre	44%
Volle 11 Jahre	23%	Volle 19 Jahre	47%
Volle 12 Jahre	26%	Volle 20 Jahre + mehr	50%

Zuschlag bei kurzer Besitzesdauer: Beträgt die anrechenbare Besitzesdauer weniger als drei Jahre, erhöht sich die nach obigen Tabellen berechnete Grundstückgewinnsteuer für jeden fehlenden Monat um je ein Prozent.
Steuerfreibetrag: Grundstückgewinne unter CHF 4'000 werden nicht besteuert.
Fälligkeit: Die Steuer wird mit der Veräusserung bzw. mit dem Eintrag der Handänderung im Grundbuch fällig.

(2) Handänderung (Art. 116 ff. StG AI)
Der Steuersatz beträgt ein Prozent.

(3) Liegenschaftensteuer (Art. 112 ff. StG AI)
Der Kanton Appenzell-Innerrhoden erhebt eine fakultative Gemeindesteuer auf Liegenschaften der natürlichen Personen, wo die Liegenschaftssteuer auch von

den Bezirken erhoben werden kann (ebenso auf Liegenschaften von juristischen Personen). Die Liegenschaftssteuer beträgt höchstens ein Promille. Für landwirtschaftliche Grundstücke bei Selbstbewirtschaftung wird die Liegenschaftssteuer auf dem Steuerwert, bei allen übrigen Grundstücken auf dem Verkehrswert berechnet.

c. Kanton Appenzell-Ausserhoden

(1) Grundstückgewinn (Art. 122 ff. StG AR)
Die Grundstückgewinnsteuer beträgt 30%.

Ermässigung bei längerer Besitzesdauer

Anrechenbare Besitzesdauer	Ermässigung
Mindestens 10 Jahre	2.5% pro Jahr, maximal 50%, ab dem 11. vollen Jahr

Zuschlag bei kurzer Besitzesdauer

Anrechenbare Besitzesdauer	Erhöhung
Weniger als 1/2 Jahr	50%
Weniger als 1 Jahr	35%
Weniger als 2 Jahre	20%
Weniger als 3 Jahre	10%
Weniger als 4 Jahre	5%

Steuerberechnung: Der steuerbare Gewinn ist auf die nächsten CHF 500 abzurunden.
Steuerfreibetrag: Grundstückgewinne unter CHF 3'000 werden nicht besteuert.
Fälligkeit: Der Steueranspruch entsteht mit der Eintragung des Eigentumsüberganges im Grundbuch.

(2) Handänderung (Art. 234 ff. StG AR)
Der Steuersatz beträgt 2%.
Die Gemeinden können einen tieferen Steuersatz festlegen.
Der Steuersatz beträgt die Hälfte bei Handänderungen von Eltern zu Nachkommen, einschliesslich Stief- und Pflegekinder.

(3) Liegenschaftensteuer (Art. 96 StG AR)
Der Kanton Appenzell-Ausserrhoden erhebt eine Minimalsteuer von 2 Promillen auf Liegenschaften juristischer Personen, wenn dieser Betrag höher ist als die ordentlichen Gewinn- und Kapitalsteuern.

d. Kanton Bern

(1) Grundstückgewinn (Art. 126 ff. StG BE)

Einfache Steuer

Zu *versteuernder* Gewinn	*Einheitsansatz*
Für die ersten CHF 2'700	1.44%
Für die weiteren CHF 2'700	2.40%
Für die weiteren CHF 7'900	4.08%
Für die weiteren CHF 13'000	4.92%
Für die weiteren CHF 26'100	6.41%
Für die weiteren CHF 78'100	7.26%
Für die weiteren CHF 195'300	7.81%
Für die weiteren Gewinne	8.10%

Multiplikator je Gemeinde; Beispiel Multiplikator 2019 für Stadt + Kanton Bern = 460% (ohne Kirchensteuer).
Ermässigung bei längerer Besitzesdauer: Der Vermögensgewinn ermässigt sich ab dem fünften Besitzesjahr, für jedes Jahr um 2%, höchstens aber um 70%.

Zuschlag bei kurzer Besitzesdauer

Anrechenbare Besitzesdauer	*Erhöhung*
Weniger als 1 Jahr	70%
Von 1 bis weniger als 2 Jahren	50%
Von 2 bis weniger als 3 Jahren	35%
Von 3 bis weniger als 4 Jahren	20%
Von 4 bis weniger als 5 Jahren	10%

Steuerfreibetrag: Gewinne unter CHF 5'200 sind steuerfrei. Für die Steuerberechnung werden Restbeträge des steuerbaren Grundstückgewinns unter CHF 100 nicht mitgerechnet.
Fälligkeit: Die Steuer wird mit Zustellung der definitiven oder provisorischen Rechnung fällig.

(2) Handänderung (Gesetz über die Handänderungssteuer)
Die Handänderungssteuer beträgt 1.8%.
Steuern unter CHF 100 werden nicht erhoben.

(3) Liegenschaftensteuer (Art. 258 ff. StG BE)
Die Gemeinden erheben eine fakultative Liegenschaftensteuer bis maximal 1.5 Promille des amtlichen Wertes (Steuerwert) auf Liegenschaften der natürlichen und juristischen Personen.

e. Kanton Basel-Landschaft

(1) Grundstückgewinn (§ 71 ff. StG BL)
Der Grundstückgewinnsteuersatz beträgt 3%.
Dieser Steuersatz erhöht sich gleichmässig von 100 zu 100 Franken Grundstückgewinn.

Zuschlag

Steuerbarer Betrag	Erhöhung
Bis CHF 30'000	Um je 0.03% bis 12%
Von CHF 30'000 bis CHF 70'000	Um je 0.02% bis 20%
Von CHF 70'000 bis CHF 120'000	Um je 0.01% bis 25%
Über CHF 120'000	25%

Ermässigung bei längerer Besitzesdauer:
Bei der Veräusserung von selbstbewohnten Liegenschaften ermässigt sich für jedes nach dem 20. Besitzesjahr nachgewiesene Jahr der Selbstnutzung der Grundstückgewinn um CHF 5'000 bis max. CHF 50'000, sofern der Veräusserer die Liegenschaft während mindestens 20 Jahren zu Eigentum besessen hat.
Zuschlag bei kurzer Besitzesdauer: Ist der Grundstückgewinn innerhalb von 5 Jahren entstanden, erhöht sich die errechnete Steuer für jeden Monat, um den die Besitzesdauer kürzer ist, um 1 2/3%.
Fälligkeit: Die Steuer wird mit der Zustellung der Verfügung oder Rechnung fällig.

(2) Handänderung (§ 81 ff. StG BL)
Die Handänderungssteuer beträgt für Veräusserer und Erwerber je 1.25%, also Total 2.5% des Kaufpreises.

Erwerber einer dauernd selbstbewohnten Liegenschaft sowie der Veräusserer einer dauernd selbstbewohnten Liegenschaft, sofern er sich Realersatz beschafft, bezahlen keine Handänderungssteuern.

(3) Liegenschaftensteuer
Der Kanton Basel-Landschaft erhebt keine Liegenschaftensteuer.

f. Kanton Basel-Stadt

(1) Grundstückgewinn (§ 102 ff. StG BS)

Steuersatz

Besitzesdauer bis zu		Steuersatz
Jahr(e)	Monat(e)	
0 – 3	-	60.00%
3	1	59.50%
3	2	59.00%
3	3	58.50%
3	4	58.00%
3	5	57.50%
3	6	57.00%
3	7	56.50%
3	8	56.00%
3	9	55.50%
3	10	55.00%
3	11	54.50%
3	12	54.00%
4	1	53.50%
4	2	53.00%
4	3	52.50%
4	4	52.00%
4	5	51.50%
4	6	51.00%
4	7	50.50%
4	8	50.00%
4	9	49.50%
4	10	49.00%
4	11	48.50%
4	12	48.00%

F. Besteuerung von Grundstücken

Besitzesdauer bis zu		Steuersatz
Jahr(e)	Monat(e)	
5	1	47.50%
5	2	47.00%
5	3	46.50%
5	4	46.00%
5	5	45.50%
5	6	45.00%
5	7	44.50%
5	8	44.00%
5	9	43.50%
5	10	43.00%
5	11	42.50%
5	12	42.00%
6	1	41.50%
6	2	41.00%
6	3	40.50%
6	4	40.00%
6	5	39.50%
6	6	39.00%
6	7	38.50%
6	8	38.00%
6	9	37.50%
6	10	37.00%
6	11	36.50%
6	12	36.00%
7	1	35.50%
7	2	35.00%
7	3	34.50%
7	4	34.00%
7	5	33.50%
7	6	33.00%
7	7	32.50%
7	8	32.00%
7	9	31.50%
7	10	31.00%
7	11	30.50%
7	12	30.00%

F. Besteuerung von Grundstücken

Besitzesdauer bis zu		Steuersatz
Jahr(e)	Monat(e)	
8 *	1 – 12	30.00%
9	1 – 12	30.00%
10	1 – 12	30.00%
11	1 – 12	30.00%
12	1 – 12	30.00%
13	1 – 12	30.00%
14	1 – 12	30.00%
15	1 – 12	30.00%
16	1 – 12	30.00%
17	1 – 12	30.00%
18	1 – 12	30.00%
19	1 – 12	30.00%
20	1 – 12	30.00%
21	1 – 12	30.00%
22	1 – 12	30.00%
23	1 – 12	30.00%
24	1 – 12	30.00%
25 und länger		30.00%

* Ab dem 9. Besitzjahr wird die Besitzesdauer nur noch nach Jahren bemessen.
Ermässigung bei längerer Besitzesdauer: Zur Abgeltung der Besitzesdauer wird auf dem ermittelten Gewinn ein Abzug vorgenommen. Er beträgt ab dem 6. und für jedes weitere Besitzesjahr 3%, höchstens jedoch 60% des Gewinns.
Steuerfreibetrag: Grundstückgewinne sind steuerfrei, wenn deren Betrag CHF 500 nicht erreicht. Ebenso fallen Restbeträge unter CHF 100 ausser Betracht.
Ausnahmen: Bei Gewinnen aus dauernd und ausschliesslich selbst genutzten Wohnliegenschaften (Einfamilienhäuser und Eigentumswohnungen) beträgt der Steuersatz ungeachtet der Besitzesdauer 30%.
Fälligkeit: Die Steuer wird 90 Tage nach der Veräusserung des Grundstückes fällig.

(2) Handänderung (§ 1 Abs. 2 + 3 und § 5 Abs. 2 Handänderungssteuer-gesetz)
Die Handänderungssteuer beträgt 3% und ist grundsätzlich vom Erwerber zu bezahlen. Jedoch ist bei Erwerb eines ausschliesslich und während mindestens 6 Jahren dauernd selbstbewohnten Grundstücks der Veräusserer steuerpflichtig. Bei

Neuerwerb oder Ersatzerwerb von selbst genutztem Wohneigentum reduziert sich die Steuer auf 1.5%.

(3) Liegenschaftensteuer (§ 111 ff. StG BS)
Der Kanton Basel-Stadt erhebt eine Minimalsteuer auf Liegenschaften juristischer Personen, wenn dieser Betrag höher ist als die ordentlichen Gewinn- und Kapitalsteuern.

g. Kanton Freiburg

(1) Grundstückgewinn (Art. 41 ff. DStG)

Steuersatz

Besitzesdauer	Steuersatz (Kanton)	Erhöhung (Gemeinde, 60%)	Total
Bis zu 2 Jahre	22%	13.2%	35.2%
Bis zu 4 Jahre	20%	12.0%	32.0%
Bis zu 6 Jahre	18%	10.8%	28.8%
Bis zu 8 Jahre	16%	9.6%	25.6%
Bis zu 10 Jahre	14%	8.4%	22.4%
Bis zu 15 Jahre	12%	7.2%	19.2%
Über 15 Jahre	10%	6.0%	16.0%

Ermässigung bei längerer Besitzesdauer: Besteuerung gemäss Grundtarif.
Zuschlag bei kurzer Besitzesdauer: Übersteigen die Gewinne aus dem Verkauf von Grundstücken, die weniger als 5 Jahre im Eigentum waren, insgesamt CHF 400'000 im Kalenderjahr, so wird die Steuer auf dem Gewinn, der über diesem Betrag liegt, um 40% erhöht.
Steuerfreibetrag: Grundstückgewinne unter CHF 6'000 für alle im Verlauf des Kalenderjahres vorgenommenen Grundstückveräusserungen werden nicht besteuert.
Fälligkeit: Die Steuer wird mit der Zustellung der Veranlagungsverfügung fällig.

(2) Handänderung (Art. 1 ff. + Art. 21 ff. HGStG)
Auf Kantonsebene beträgt die Handänderungssteuer 1.5%. Auf Gemeindeebene kann zusätzlich eine Handänderungssteuer von 50% bis 100% der kantonalen Handänderungssteuer erhoben werden.

(3) Liegenschaftensteuer (Art. 13 GStG)
Der Kanton Freiburg erhebt eine fakultative Gemeindesteuer auf Liegenschaften der natürlichen und juristischen Personen, auf Liegenschaften von Immobiliengesellschaften und an Drittpersonen vermietete Liegenschaften eine "Sondersteuer auf Liegenschaften".

h. Kanton Genf

(1) Grundstückgewinn (Art. 80 LCP)
Die Grundstückgewinnsteuer wird aufgrund der Übertragung von Grundstücken oder deren Teilen erhoben, welche im Kanton gelegen sind, sowie auch gewisse Gewinne welche diese Grundstücke ohne Übertragung erbringen. Die Grundstückgewinnsteuer wird für Immobiliengesellschaften ebenfalls angewandt.

Steuersatz

Besitzesdauer *	*Steuersatz*
Bis zu 2 Jahre	50%
Bis zu 4 Jahre	40%
Bis zu 6 Jahre	30%
Bis zu 8 Jahre	20%
Bis zu 10 Jahre	15%
Bis zu 25 Jahre	10%
Über 25 Jahre	0%

Ermässigung bei längerer Besitzesdauer: Besteuerung gemäss Grundtarif.
Zuschlag bei kurzer Besitzesdauer: Besteuerung gemäss Grundtarif.
* Siehe auch Information Nr. 3/2008 vom 19. November 2008 (AFC GE) wenn die Liegenschaft durch Erbschaft oder Erbteilung nach dem 1. Januar 2001 erworben wurde.
Fälligkeit: Die Steuer wird mit der Zustellung der Veranlagungsverfügung fällig.

(2) Handänderung (Art. 33 ff. LDE)
Die Übertragungen von Grundstücken welche in Genf gelegen sind, unterliegen der Handänderungssteuer von 3%.

(3) Liegenschaftsteuer (Art. 76 LCP)
Der Kanton Genf erhebt eine kantonale Liegenschaftsteuer auf Liegenschaften der natürlichen und juristischen Personen von 1 Promille.

i. Kanton Glarus

(1) Grundstückgewinn (Art. 105 ff. StG GL)

Steuersatz

Steuerbarer Betrag	Steuersatz
Für die ersten CHF 5'000	10%
Für die weiteren CHF 5'000	15%
Für die weiteren CHF 5'000	20%
Für die weiteren CHF 5'000	25%
Für die weiteren Beträge über CHF 20'000	30%

Ermässigung bei längerer Besitzesdauer

Anrechenbare Besitzesdauer (volle Jahre)	Ermässigung	Anrechenbare Besitzesdauer (volle Jahre)	Ermässigung
5 Jahre	5%	16 Jahre	40%
6 Jahre	8%	17 Jahre	45%
7 Jahre	11%	18 Jahre	50%
8 Jahre	14%	19 Jahre	55%
9 Jahre	17%	20 Jahre	60%
10 Jahre	20%	21 Jahre	65%
11 Jahre	23%	22 Jahre	70%
12 Jahre	26%	23 Jahre	75%
13 Jahre	29%	24 Jahre	80%
14 Jahre	32%	25 Jahre	85%
15 Jahre	35%	30 Jahre und mehr	90%

Zuschlag bei kurzer Besitzesdauer

Anrechenbare Besitzesdauer	Erhöhung
Weniger als 1 Jahr	30%
Weniger als 2 Jahre	20%
Weniger als 3 Jahre	15%
Weniger als 4 Jahre	10%

Steuerfreibetrag: Grundstückgewinne unter CHF 5'000, bei parzellenweiser Veräusserung unter CHF 2'000, werden nicht besteuert.
Fälligkeit: Der Steueranspruch entsteht mit der Veräusserung.

F. Besteuerung von Grundstücken

(2) Handänderung
Der Kanton Glarus erhebt keine Handänderungssteuer.
Das Grundbuchamt erhebt jedoch Gebühren bei der Eintragung im Grundbuch (Verordnung mit Gebührentarif zum Schweizerischen Zivilgesetzbuch und zum Schweizerischen Obligationenrecht vom 16. Februar 1949, Art. 41 ff).
(3) Liegenschaftensteuer
Der Kanton Glarus erhebt keine Liegenschaftensteuer.

j. Kanton Graubünden

(1) Grundstückgewinn (Art. 41 ff. StG GR)

Steuersatz

Steuerbarer Betrag	Steuersatz	Steuerbarer Betrag	Steuersatz
Für die ersten CHF 9'373	5%	Für die weiteren CHF 9'373	16%
Für die weiteren CHF 9'373	6%	Für die weiteren CHF 9'373	17%
Für die weiteren CHF 9'373	7%	Für die weiteren CHF 9'373	18%
Für die weiteren CHF 9'373	8%	Für die weiteren CHF 9'373	19%
Für die weiteren CHF 9'373	9%	Für die weiteren CHF 9'373	20%
Für die weiteren CHF 9'373	10%	Für die weiteren CHF 9'373	21%
Für die weiteren CHF 9'373	11%	Für die weiteren CHF 9'373	22%
Für die weiteren CHF 9'373	12%	Für die weiteren CHF 9'373	23%
Für die weiteren CHF 9'373	13%	Für die weiteren CHF 9'373	24%
Für die weiteren CHF 9'373	14%	Für die weiteren CHF 9'373	25%
Für die weiteren CHF 9'373	15%	Bei CHF 196'833	Max 15%

Für das Steuerjahr 2019 wird keine Indexierung angewendet.
Ermässigung bei längerer Besitzesdauer: War das Grundstück während mehr als 10 Jahren im Eigentum des Veräusserers, wird der Steuerbetrag für jedes weitere volle Jahr um 1.5% ermässigt, höchstens jedoch um 51%.
Zuschlag bei kurzer Besitzesdauer: War das Grundstück weniger als zwei Jahre (nur volle Monate) im Eigentum des Veräusserers, wird der Steuerbetrag für jeden Monat, um den die Eigentumsdauer kürzer ist, um 2% erhöht.
Steuerfreibetrag: Grundstückgewinne unter CHF 4'400 pro Jahr sind steuerfrei.
Fälligkeit: Die Steuer wird mit der Zustellung der provisorischen Steuerrechnung oder der Veranlagungsverfügung fällig.

(2) Handänderung (Art. 7 ff. Gesetz über die Gemeinde- und Kirchensteuern)
Die Handänderungssteuer ist eine rein kommunale Steuer und beträgt je nach Gemeinde 0 bis 2% des Verkehrswertes.

(3) Liegenschaftensteuer (Art. 16 ff. Gesetz über die Gemeinde- und Kirchensteuern)
Die Gemeinden im Kanton Graubünden erheben jeweils eine fakultative Gemeindesteuer von maximal zwei Promillen auf Liegenschaften der natürlichen und juristischen Personen.

k. Kanton Jura

(1) Grundstückgewinn (Art. 87 ff. LI JU)

Steuersatz

Steuerbarer Betrag	Steuersatz
CHF 4'000 – 50'000	3.5%
CHF 50'100 – 100'000	4.5%
CHF 100'100 – 200'000	5.5%
CHF 200'100 und mehr	6.0%

Ermässigung bei längerer Besitzesdauer

Besitzesdauer	Ermässigung
Ab 10. Jahr	1% pro Besitzesjahr
	Maximal 30%

Zuschlag bei kurzer Besitzesdauer

Besitzesdauer	Erhöhung
Weniger als 2 Jahre	50%
2 bis 5 Jahre	25%

Fälligkeit: Die Steuer wird mit der Zustellung der Veranlagungsverfügung fällig.
Gemeinden: Die Gemeinden erheben eine Gemeindesteuer mit Steuerfuss in der gleichen Höhe wie für die kantonale Einkommens- und Vermögenssteuer (vgl. Teil A).

(2) Handänderung (Art. 1 ff. LDMG)
Für jede Akquisition von Grundstücken oder Errichtung eines Grundpfandes wird eine Handänderungssteuer von 2.1% aber mindestens CHF 30 durch den Kanton erhoben.

(3) Liegenschaftensteuer (Art. 112 ff. LI JU)
Der Kanton Jura erhebt eine obligatorische Gemeindesteuer auf Liegenschaften der natürlichen und juristischen Personen. Der Steuersatz beträgt zwischen 0.5 Promille und 1.8 Promille je nach Gemeinde.

l. Kanton Luzern

(1) Grundstückgewinn (Gesetz über die Grundstückgewinnsteuer)

Steuersatz

Steuerbarer Betrag	Steuersatz
Für die ersten CHF 9'400	0.00%
Für die nächsten CHF 2'300	0.50%
Für die nächsten CHF 3'000	1.00%
Für die nächsten CHF 1'100	2.00%
Für die nächsten CHF 1'100	3.00%
Für die nächsten CHF 2'700	4.00%
Für die nächsten CHF 4'100	4.50%
Für die nächsten CHF 80'500	5.00%
Für die nächsten CHF 50'900	5.25%
Für die nächsten CHF 25'000	5.50%
Für die nächsten CHF 1'804'400	5.80%
Über CHF 1'984'500	5.70%

Der Steuerfuss beträgt 4.2 Einheiten (ohne Kirchensteuer).
Steuerbefreiung: Gewinne bis CHF 13'000 werden nicht besteuert.
Ermässigung bei längerer Besitzesdauer: War das Grundstück während mehr als 8 Jahren im Besitz des Veräusserers, so wird der Steuerbetrag für jedes weitere volle Jahr um 1% ermässigt, höchstens aber um 25%.
Zuschlag bei kurzer Besitzesdauer: War das Grundstück während weniger als 6 Jahren im Besitz des Veräusserers, so wird der Steuerbetrag mit jedem vollen Jahr, um das die Besitzesdauer kürzer ist, um 10% erhöht. Die Steuer darf jedoch 40% des Grundstückgewinns nicht übersteigen.
Fälligkeit: Die Steuer wird mit der Rechtskraft der Veranlagung fällig.

F. Besteuerung von Grundstücken

(2) Handänderung (Gesetz über die Handänderungssteuer)
Die Handänderungssteuer beträgt 1 1/2% des Handänderungswerts.

(3) Liegenschaftensteuer (§ 241 ff. StG LU)
Es wird keine Liegenschaftssteuer erhoben.

m. Kanton Neuenburg

(1) Grundstückgewinn (Art. 56 und 70ff. LCdir.)

Steuersatz

Steuerbarer Betrag	Steuersatz	Steuer auf Höchstbetrag	Effektiver Steuersatz auf Höchstbetrag
CHF 0 – 5'000	10%	CHF 500	10.00%
CHF 5'001 – 10'000	15%	CHF 1'250	12.50%
CHF 10'001 – 30'000	20%	CHF 5'250	17.50%
CHF 30'001 – 50'000	25%	CHF 10'250	20.50%
CHF 50'001 – 75'000	30%	CHF 17'750	23.667%
CHF 75'001 – 100'000	35%	CHF 26'500	26.50%
CHF 100'001 – 135'000	40%	CHF 40'500	30.00%
Über CHF 135'000	30%		

Ermässigung bei längerer Besitzesdauer

Anrechenbare Besitzesdauer	Ermässigung	Anrechenbare Besitzesdauer	Ermässigung
Über 5 Jahre	6%	Über 10 Jahre	36%
Über 6 Jahre	12%	Über 11 Jahre	42%
Über 7 Jahre	18%	Über 12 Jahre	48%
Über 8 Jahre	24%	Über 13 Jahre	54%
Über 9 Jahre	30%	Über 14 Jahre	60%
		Maximal	60%

Zuschlag bei kurzer Besitzesdauer

Anrechenbare Besitzesdauer	Erhöhung
Bis 1 Jahr	60%
Bis 2 Jahre	45%
Bis 3 Jahre	30%
Bis 4 Jahre	15%

Fälligkeit: Die Steuer wird mit der Zustellung der Veranlagungsverfügung fällig.

(2) Handänderung (Art. 1 ff. LDMI)
Der Kanton Neuenburg erhebt vom Käufer eine Handänderungssteuer, sog. "lods", von 3.3%. Beim Erwerb des ersten selbstbewohnten Eigentums sowie bei neu erstellten Wohnliegenschaften reduziert sich der Satz auf 2.2%.

(3) Liegenschaftensteuer (Art. 111 ff. + Art. 273 + Art. 290 LCDir.)
Natürliche Personen unterliegen der Liegenschaftensteuer nicht.
Die Liegenschaftensteuer wird von Vorsorgeeinrichtungen und Unternehmen als Eigentümern von Liegenschaften erhoben. Die kantonale Liegenschaftensteuer beträgt 2‰ des Katasterwerts der Liegenschaft. Die Gemeinden erheben eine Steuer nach eigenem Tarif.

n. Kanton Nidwalden

(1) Grundstückgewinn (Art. 151 ff. StG NW)

Steuersatz

Besitzesdauer	Steuersatz	Besitzesdauer	Steuersatz
Bis 1 Jahr	36.0%	Bis 16 Jahre	19.5%
Bis 2 Jahre	33.0%	Bis 17 Jahre	19.0%
Bis 3 Jahre	31.0%	Bis 18 Jahre	18.5%
Bis 4 Jahre	29.0%	Bis 19 Jahre	18.0%
Bis 5 Jahre	28.0%	Bis 20 Jahre	17.5%
Bis 6 Jahre	27.0%	Bis 21 Jahre	17.0%
Bis 7 Jahre	26.0%	Bis 22 Jahre	16.5%
Bis 8 Jahre	25.0%	Bis 23 Jahre	16.0%
Bis 9 Jahre	24.0%	Bis 24 Jahre	15.5%
Bis 10 Jahre	23.0%	Bis 25 Jahre	15.0%
Bis 11 Jahre	22.0%	Bis 26 Jahre	14.5%
Bis 12 Jahre	21.5%	Bis 27 Jahre	14.0%
Bis 13 Jahre	21.0%	Bis 28 Jahre	13.5%
Bis 14 Jahre	20.5%	Bis 29 Jahre	13.0%
Bis 15 Jahre	20.0%	Bis 30 Jahre	12.5%
		Mehr als 30 Jahre	12.0%

Ermässigung bei längerer Besitzesdauer: Besteuerung gemäss Grundtarif.
Zuschlag bei kurzer Besitzesdauer: Besteuerung gemäss Grundtarif.

Fälligkeit: Die Steuer wird bei Zustellung einer provisorischen Rechnung nach 30 Tagen fällig. Sofern die definitive Veranlagung gleichzeitig mit der Rechnung versandt wird, erfolgen Fälligkeit und Rechtskraft zugleich.

(2) Handänderung (Art. 136 ff. StG NW)
Der feste Steuersatz beträgt ein Prozent des Handänderungswertes gemäss Art. 138 StG NW.

(3) Liegenschaftensteuer (Art. 55 ff. StG NW)
Der Kanton Nidwalden erhebt eine Minimalsteuer von 0.3 Promille (einfache Steuer) auf Liegenschaften juristischer Personen und natürlichen Personen, wenn dieser Betrag höher ist als die ordentlichen Gewinn- und Kapitalsteuern respektive Einkommens- und Vermögenssteuer.

o. Kanton Obwalden

(1) Grundstückgewinn (Art. 144 ff. StG OW)
Die einfache Grundstückgewinnsteuer beträgt 1.8 Prozent des Grundstückgewinns.
Multiplikator je Gemeinde; Beispiel Multiplikator 2019 für Sarnen und Kanton Obwalden = 711 % (ohne Kirchensteuer).
Steuerfreibetrag: Grundstückgewinne unter CHF 5'000 werden nicht besteuert.
Ermässigung bei längerer Besitzesdauer: Es wird keine Ermässigung gewährt.

Zuschlag bei kurzer Besitzesdauer

Anrechenbare Besitzesdauer	Erhöhung
Weniger 1 Jahr	30%
1 – 2 Jahre	20%
2 – 3 Jahre	10%

Fälligkeit: Der Steueranspruch entsteht mit der Veräusserung.

(2) Handänderung (Art. 157 ff. StG OW)
Der feste Steuersatz beträgt 1.5 Prozent des Kaufpreises und ist vom Veräusserer und Erwerber je zur Hälfte zu entrichten.

(3) Liegenschaftensteuer (Art. 56 + Art. 101 StG OW)
Der Kanton Obwalden erhebt eine Minimalsteuer auf Liegenschaften juristischer Personen und natürlichen Personen, wenn dieser Betrag höher ist als die ordentlichen Gewinn- und Kapitalsteuern respektive Einkommens- und Vermögenssteuer.

p. Kanton St. Gallen

(1) Grundstückgewinn (Art. 130 ff. StG SG)

Einfache Steuer

Steuerbarer Betrag	Einfache Steuer
Bis CHF 248'000	0 – 10%
Für die weiteren CHF 208'000	10.5%
Für die weiteren CHF 144'000	11.0%
Für Gewinne über CHF 600'000 (auf dem ganzen Gewinn)	10.0%

Die Einfache Steuer ist mit dem aktuell gültigen Kantonssteuerfuss (inkl. Zuschläge) zu multiplizieren. Beispiel: Multiplikator 2019 = 335% (ohne Kirchensteuer).

Ermässigung bei längerer Besitzesdauer

Anrechenbare Besitzesdauer	Gewinnanteil	Ermässigung
Eigentumsdauer länger als 15 Jahre • ohne Selbstnutzung • Selbstnutzung weniger als 15 Jahre		1.5% pro jedem vollen Jahr, max. 30% nach 35 Jahren
Eigentumsdauer länger als 15 Jahre, Selbstnutzung über 15 Jahre	Weniger als CHF 500'000	1.5% pro jedem vollen Jahr, max. 40.5% nach 42 Jahren
Eigentumsdauer länger als 15 Jahre, Selbstnutzung über 15 Jahre	Über CHF 500'000	Auf CHF 500'000: 1.5% pro jedem vollen Jahr, max. 40.5% nach 42 Jahren Auf Rest: 1.5% pro jedem vollen Jahr, max. 30% nach 35 Jahren

Zuschlag bei kurzer Besitzesdauer

Besitzesdauer	Erhöhung
Weniger als 5 Jahre	1% für das fünfte und jedes volle Jahr weniger

Fälligkeit: Der Steueranspruch entsteht mit der Veräusserung und wird mit der Eröffnung der Veranlagungsverfügung fällig.

(2) Handänderung (Art. 241 ff. StG SG)

Der Steuersatz beträgt ein Prozent vom Kaufpreis und wird nur auf Gemeindeebene belastet. Ermässigung auf 0.5 Prozent bei Handänderungen zwischen Eltern und ihren Kindern, Adoptiv-, Stief- oder Pflegekindern sowie zwischen Geschwistern bei der Teilung des elterlichen Nachlasses. Sind Geschwister vorverstorben, so gilt die Ermässigung auch für ihre Nachkommen.

(3) Liegenschaftensteuer (Art. 237 ff. StG SG)

Der Kanton St. Gallen erhebt eine obligatorische Gemeindesteuer auf Liegenschaften der natürlichen und juristischen Personen.

q. Kanton Schaffhausen

(1) Grundstückgewinn (Art. 110 ff. StG SH)

Einfache Steuer

Steuerbarer Betrag	Einfache Steuer 100%	Steuerbarer Betrag	Einfache Steuer 100%
Die ersten CHF 2'000	2%	Weitere CHF 15'000	14%
Weitere CHF 2'000	4%	Weitere CHF 15'000	16%
Weitere CHF 2'000	6%	Weitere CHF 20'000	18%
Weitere CHF 2'000	8%	Weitere CHF 20'000	20%
Weitere CHF 7'000	10%	Ab CHF 100'000	15%
Weitere CHF 15'000	12%		

Multiplikator je Gemeinde; Beispiel Multiplikator 2019 für Stadt + Kanton Schaffhausen = 203 % (ohne Kirchensteuer).

F. Besteuerung von Grundstücken

Ermässigung bei längerer Besitzesdauer

Anrechenbare Besitzesdauer	Ermässigung	Anrechenbare Besitzesdauer	Ermässigung
6 Jahre	5%	12 Jahre	35%
7 Jahre	10%	13 Jahre	40%
8 Jahre	15%	14 Jahre	45%
9 Jahre	20%	15 Jahre	50%
10 Jahre	25%	16 Jahre	55%
11 Jahre	30%	17 Jahre	60%

Die Höchstbelastung für Kanton und Gemeinde zusammen darf 50% des steuerpflichtigen Grundstückgewinnes nicht übersteigen.

Zuschlag bei kurzer Besitzesdauer

Anrechenbare Besitzesdauer	Erhöhung	Anrechenbare Besitzesdauer	Erhöhung
Weniger als 6 Monate	50%	2 1/2 – 3 Jahre	25%
6 – 12 Monate	45%	3 – 3 1/2 Jahre	20%
1 – 1 1/2 Jahre	40%	3 1/2 – 4 Jahre	15%
1 1/2 – 2 Jahre	35%	4 – 4 1/2 Jahre	10%
2 – 2 1/2 Jahre	30%	4 1/2 – 5 Jahre	5%

Steuerfreibetrag: Grundstückgewinne unter CHF 5'000 werden nicht besteuert.
Fälligkeit: Die Steuer wird mit der Veräusserung fällig.

(2) Handänderung
Der Kanton Schaffhausen erhebt keine Handänderungssteuer.
Für jede Handänderung sind jedoch Grundbuchgebühren zu entrichten (§13 ff. Grundbuchgebührenordnung vom 13. Juni 2000).

(3) Liegenschaftensteuer (Art. 85 ff. StG SH)
Der Kanton Schaffhausen erhebt eine Minimalsteuer von 0.75 Promille auf Liegenschaften juristischer Personen, wenn dieser Betrag höher ist als die ordentlichen Gewinn- und Kapitalsteuern.

r. Kanton Solothurn

(1) Grundstückgewinn (§ 48 ff. StG SO)

Einfache **Steuer**

Steuerbarer Betrag	Steuersatz (100%)	Steuerbarer Betrag	Steuersatz (100%)
Für die ersten CHF 10'000	0.00%	Weitere CHF 14'000	9.50%
Weitere CHF 3'000	5.00%	Weitere CHF 20'000	10.00%
Weitere CHF 4'000	6.00%	Weitere CHF 28'000	10.50%
Weitere CHF 7'000	7.00%	Weitere CHF 212'000	11.50%
Weitere CHF 6'000	8.00%	Über CHF 310'000	10.50%
Weitere CHF 6'000	9.00%		

Multiplikator je Gemeinde; Beispiel Multiplikator 2019 für Stadt + Kanton Solothurn = 214% (ohne Kirchensteuer).
Ermässigung bei längerer Besitzesdauer: Der steuerbare Gewinn wird nach einer Besitzesdauer von 5 Jahren um je 2% für jedes weitere Jahr reduziert, höchstens um 50% nach einer Besitzesdauer von 30 Jahren.
Die einfache Steuer ist mit dem aktuellen Steuerfuss des Kantons (104%), der Einwohnergemeinde und allenfalls der Kirchgemeinde zu multiplizieren.
Fälligkeit: Die Steuer wird mit der Zustellung der Veranlagungsverfügung oder der provisorischen Rechnung zur Zahlung fällig.

(2) Handänderung (§ 205 ff. StG SO)
Der Steuersatz beträgt 2,2% auf dem Verkehrswert, bei Erwerb unter Ehegatten und durch Nachkommen die Hälfte.

(3) Liegenschaftensteuer
Der Kanton Solothurn erhebt keine Liegenschaftensteuer.

F. Besteuerung von Grundstücken

s. **Kanton Schwyz**

(1) **Grundstückgewinn (§ 104 ff. StG SZ)**

Steuersatz

Steuerbarer Betrag*	Steuersatz	Steuerbarer Betrag*	Steuersatz
Für die ersten CHF 3'000	8%	Weitere CHF 10'000	20%
Weitere CHF 5'000	12%	Weitere CHF 15'000	25%
Weitere CHF 7'000	16%	Über CHF 40'000	30%

* nach Abzug von CHF 2'000

Ermässigung bei längerer Besitzesdauer

Anrechenbare Besitzesdauer	Ermässigung	Anrechenbare Besitzesdauer	Ermässigung
Volle 5 Jahre	10%	Volle 16 Jahre	43%
Volle 6 Jahre	13%	Volle 17 Jahre	46%
Volle 7 Jahre	16%	Volle 18 Jahre	49%
Volle 8 Jahre	19%	Volle 19 Jahre	52%
Volle 9 Jahre	22%	Volle 20 Jahre	55%
Volle 10 Jahre	25%	Volle 21 Jahre	58%
Volle 11 Jahre	28%	Volle 22 Jahre	61%
Volle 12 Jahre	31%	Volle 23 Jahre	64%
Volle 13 Jahre	34%	Volle 24 Jahre	67%
Volle 14 Jahre	37%	Volle 25 Jahre	70%
Volle 15 Jahre	40%		

Zuschlag bei kurzer Besitzesdauer

Anrechenbare Besitzesdauer	Erhöhung
Weniger als 4 Jahre	10%
Weniger als 3 Jahre	20%
Weniger als 2 Jahre	30%
Weniger als 1 Jahre	40%

Fälligkeit: Die Steuer wird 30 Tage nach der Veräusserung fällig und ist innert 30 Tagen seit Rechnungsstellung zu bezahlen unter Vorbehalt der Pflicht zur Steuersicherung nach §197 Abs. 1 StG SZ.

(2) Handänderung
Der Kanton Schwyz erhebt keine Handänderungssteuer.

(3) Liegenschaftensteuer
Der Kanton Schwyz erhebt keine Liegenschaftensteuer.

t. Kanton Thurgau

(1) Grundstückgewinn (§ 126 ff. StG TG)
Steuersatz: Die Grundstückgewinnsteuer beträgt 40 Prozent des Grundstückgewinns.
Ermässigung bei längerer Besitzesdauer: Bei einer Eigentumsdauer von sechs Jahren sowie für jedes weitere Jahr ermässigt sich die Steuer um vier Prozent, höchstens jedoch um 72 Prozent.
Zuschlag bei kurzer Besitzesdauer: War das veräusserte Grundstück während weniger als drei Jahren im Eigentum des Steuerpflichtigen, wird der Steuerbetrag für jeden Monat, den die Eigentumsdauer weniger ausmacht, um ein Prozent erhöht; bei Härtefällen kann der Zuschlag bis zur Hälfte reduziert werden.
Fälligkeit: Der 90. Tag nach Entstehen des Steueranspruchs gilt als Verfalltag.

(2) Handänderung (§ 137 ff. StG TG)
Steuersatz: Die Handänderungssteuer beträgt 1% des Übergangswertes.
Steuerbefreiung: Die in §129 Abs. 1 Ziff. 1 bis 9 StG TG genannten Veräusserungen sowie Handänderungen zwischen Eltern und Nachkommen, Stief- oder Schwiegerkindern und zwischen Geschwistern sind von der Handänderungssteuer befreit; ausgenommen sind Aufzahlungen und freihändiger Verkauf gemäss Ziffer 6 sowie die Nachbesteuerung nach Absatz 4.
Bei der *Ersatzbeschaffung* nach §129 Abs. 1 Ziff. 8 und 9 StG TG gilt die Steuerbefreiung im Umfang der Reinvestition des Veräusserungserlöses in das Ersatzgrundstück.

(3) Liegenschaftensteuer (§ 123 ff. StG TG)
Der Kanton Thurgau erhebt eine kantonale Liegenschaftensteuer von 0.5 Promille auf Liegenschaften der natürlichen und juristischen Personen.

u. Kanton Tessin

(1) Grundstückgewinn (Art. 123 ff. StG TI)

Steuersatz (Art. 139 StG TI)

Besitzesdauer	Steuersatz	Besitzesdauer	Steuersatz
Bis 1 Jahr	31%	9 – 10 Jahre	14%
1 – 2 Jahre	30%	10 – 11 Jahre	11%
2 – 3 Jahre	29%	11 – 12 Jahre	10%
3 – 4 Jahre	28%	12 – 13 Jahre	9%
4 – 5 Jahre	27%	13 – 14 Jahre	8%
5 – 6 Jahre	26%	14 – 15 Jahre	7%
6 – 7 Jahre	23%	15 – 20 Jahre	6%
7 – 8 Jahre	20%	20 – 30 Jahre	5%
8 – 9 Jahre	17%	Über 30 Jahre	4%

Ermässigung bei längerer Besitzesdauer: Besteuerung gemäss Grundtarif.
Zuschlag bei kurzer Besitzesdauer: Besteuerung gemäss Grundtarif.
Fälligkeit: Der Notar ist verpflichtet, einen Teil des Grundstückgewinns vom Kaufpreis abzuziehen. Die definitive Steuererhebung erfolgt nach Einreichung der Steuererklärung.

(2) Handänderung

Der Kanton Tessin erhebt keine Handänderungssteuer. Das Grundbuchamt kann jedoch gewisse Gebühren erheben (Legge sulle tariffe per le operazioni nel registro fondario SR 4.1.3.1.2 sowie allenfalls die Tassa del archivio von 3‰.)

(3) Liegenschaftensteuer (Art. 88 ff. + Art. 95 ff. StG TI sowie Dekrete)

Der Kanton Tessin erhebt eine obligatorische Gemeindesteuer auf Liegenschaften der natürlichen und juristischen Personen, eine kantonale Liegenschaftensteuer auf Liegenschaften der juristischen Personen und eine Minimalsteuer auf Liegenschaften juristischer Personen, wenn dieser Betrag höher ist als die ordentlichen Gewinn- und Kapitalsteuern. Die Gemeindesteuer beträgt in der Regel 0.1% und wird vom Steuerwert („valore di stima") berechnet.

F. Besteuerung von Grundstücken

v. Kanton Uri

(1) Grundstückgewinn (Art. 126 ff. StG UR)
Für die Berechnung der Grundstückgewinnsteuer sind der Steuersatz und die Besitzesdauer massgebend. Die Steuer für den um CHF 10'000 verminderten Grundstückgewinn beträgt:

Besitzesdauer	Steuersatz	Anrechenbare Besitzesdauer	Steuersatz
Bis 1 Jahr	31%	Bis 11 Jahre	21%
Bis 2 Jahre	30%	Bis 12 Jahre	20%
Bis 3 Jahre	29%	Bis 13 Jahre	19%
Bis 4 Jahre	28%	Bis 14 Jahre	18%
Bis 5 Jahre	27%	Bis 15 Jahre	17%
Bis 6 Jahre	26%	Bis 16 Jahre	16%
Bis 7 Jahre	25%	Bis 17 Jahre	15%
Bis 8 Jahre	24%	Bis 18 Jahre	14%
Bis 9 Jahre	23%	Bis 19 Jahre	13%
Bis 10 Jahre	22%	Bis 20 Jahre	12%
		Mehr als 20 Jahre	11%

Ermässigung bei längerer Besitzesdauer: Besteuerung gemäss Grundtarif.
Zuschlag bei kurzer Besitzesdauer: Besteuerung gemäss Grundtarif.
Fälligkeit: Die Steuer wird mit der Zustellung der provisorischen oder definitiven Rechnung fällig.

(2) Handänderung
Der Kanton Uri erhebt keine Handänderungssteuern. Das Grundbuchamt erhebt jedoch Gebühren für die Eintragung einer Eigentumsänderung (Grundbuchgebührentarif).

(3) Liegenschaftensteuer (Art. 58 ff. StG UR)
Der Kanton Uri erhebt eine Minimalsteuer auf Grundstücken nur von natürlichen Personen, welche im Kanton pro Steuerjahr weniger als CHF 300 Kantons-, Gemeinde- und Kirchensteuern bezahlen.

w. Kanton Waadt

(1) Grundstückgewinn (Art. 61 ff. LI)

Steuersatz

Besitzesdauer	Steuersatz	Besitzesdauer	Steuersatz
Bis 1 Jahr	30%	13 – 14 Jahre	13%
1 – 2 Jahre	27%	14 – 15 Jahre	12%
2 – 3 Jahre	24%	15 – 16 Jahre	12%
3 – 4 Jahre	22%	16 – 17 Jahre	11%
4 – 5 Jahre	20%	17 – 18 Jahre	11%
5 – 6 Jahre	18%	18 – 19 Jahre	10%
6 – 7 Jahre	17%	19 – 20 Jahre	10%
7 – 8 Jahre	16%	20 – 21 Jahre	9%
8 – 9 Jahre	15%	21 – 22 Jahre	9%
9 – 10 Jahre	15%	22 – 23 Jahre	8%
10 – 11 Jahre	14%	23 – 24 Jahre	8%
11 – 12 Jahre	14%	Über 24 Jahre	7%
12 – 13 Jahre	13%		

Die eigene Besitzesdauerperiode durch den Steuerpflichtigen wird doppelt gezählt.
Ermässigung bei längerer Besitzesdauer: Zuschlag für die kurze Besitzesdauer.
Fälligkeit: Die Steuer wird 60 Tage nach der Veräusserung des Grundstückes fällig.

(2) Handänderung (Art. 1 ff. + Art. 10 ff. LMSD)

Unter Lebenden gegen Entgelt übertragene Liegenschaften oder Anteile an Liegenschaften werden mit der Handänderungssteuer belastet sofern sie im Kanton Waadt gelegen sind. Der Kanton Waadt erhebt eine Handänderungssteuer von 2.2% auf dem Kaufpreis. Die Gemeinden können eine Zusatzsteuer von 0 bis zu 50% erheben (1.1%).

(3) Liegenschaftensteuer (Art. 19 + Art. 20 LICom)

Der Kanton Waadt erhebt eine fakultative Gemeindesteuer auf Liegenschaften der natürlichen und juristischen Personen, nur auf Liegenschaften juristischer Personen die nicht dem Geschäftsbetrieb dienen. Die Steuer darf 1.5‰ des Steuerwerts der Liegenschaft nicht übersteigen.

x. Kanton Wallis

(1) Grundstückgewinn (Art. 44 ff. StG VS)

Steuersatz

Steuerbarer Betrag	Steuersatz
Bis zu CHF 50'000	12%
CHF 50'001 – 100'000	18%
Über CHF 100'001	24%

Ermässigung bei längerer Besitzesdauer

Anrechenbare Besitzesdauer	Ermässigung
Ab dem 6. Jahr	Pro Jahr 4%

Steuersatz bei Besitzdauer über 25 Jahren

Steuerbarer Betrag	Steuersatz
Bis zu CHF 50'000	1%
CHF 50'001 – 100'000	2%
Über CHF 100'001	3%

Steuersatz bei Veräusserung innert 5 Jahren

Steuerbarer Gewinn	1. Jahr	2. Jahr	3. Jahr	4. Jahr	5. Jahr
CHF 0 – 50'000	19.2%	18.0%	15.6%	14.4%	13.2%
CHF 50'001 – 100'000	28.8%	27.0%	23.4%	21.6%	19.8%
Über CHF 100'001	38.4%	36.0%	31.2%	28.8%	26.4%

Fälligkeit: Die Steuer wird mit Zustellung der Veranlagungsverfügung fällig.

(2) Handänderung (Art. 1 und Art. 14 ff. Gesetz über die Handänderungs-Steuer [HG])

Der Kanton Wallis erhebt vom Erwerber oder vom Eigentümer eine kantonale Handänderungssteuer von bis zu 1.5% des Wertes, welcher im Übertragungsdokument angegeben ist. Daneben wird eine kommunale Handänderungssteuer erhoben, welche bis zu 50% der kantonalen Handänderungssteuer beträgt.

Daneben wird für alle Änderungen im Grundbuch eine als Kausalabgabe ausgestattete Gebühr (Grundbuchgebühr).

F. Besteuerung von Grundstücken

Steuersatz

Steuerbarer Betrag	Steuersatz
CHF 1'001 – CHF 50'000	CHF 20
CHF 50'001 – CHF 500'000	1%
CHF 500'001 – CHF 1'000'000	1.3%
Ab CHF 1'000'001	1.5%

(Kantonale Steuer ohne Anteil der Gemeinde)

(3) Liegenschaftensteuer (Art. 181 StG VS)
Die obligatorische Gemeindesteuer wird von der Gemeinde auf dem Steuerwert der Liegenschaften von natürlichen (1‰) und juristischen Person (1.25‰) erhoben.

y. Kanton Zug

(1) Grundstückgewinn (§ 187 ff. StG ZG)

Steuersatz / Ermässigung bei längerer Besitzesdauer

	Steuersatz	Ermässigung
a.	mindestens 10%	
b.	maximal 60%	Bei Besitzesdauer von 12 Jahren, jährliche Ermässigung um 2.5% Bei Besitzesdauer von 25 und mehr Jahren beträgt der maximale Steuersatz 25%.

Steuerfreibetrag: Grundstückgewinne unter CHF 5'000 werden nicht besteuert.
Fälligkeit: Die Steuer wird mit der Zustellung der provisorischen Rechnung fällig.

(2) Handänderung
Der Kanton Zug kennt keine Handänderungssteuer. Durch das Grundbuchamt wird eine Grundbuchgebühr erhoben, die sich nach dem Aufwand bemisst [(§13 ff. Gesetz über den Gebührentarif im Grundbuchwesen (Grundbuchgebührentarif)].

(3) Liegenschaftensteuer
Der Kanton Zug erhebt keine Liegenschaftensteuer.

z. Kanton Zürich

(1) Grundstückgewinn (§ 216 ff. StG ZH)

Steuersatz

Steuerbarer Betrag	Steuersatz
Für die ersten CHF 4'000	10%
Weitere CHF 6'000	15%
Weitere CHF 8'000	20%
Weitere CHF 12'000	25%
Weitere CHF 20'000	30%
Weitere CHF 50'000	35%
Über CHF 100'000	40%

Ermässigung bei längerer Besitzesdauer

Anrechenbare Besitzesdauer	Ermässigung	Anrechenbare Besitzesdauer	Ermässigung
Volle 5 Jahre	5%	Volle 13 Jahre	29%
Volle 6 Jahre	8%	Volle 14 Jahre	32%
Volle 7 Jahre	11%	Volle 15 Jahre	35%
Volle 8 Jahre	14%	Volle 16 Jahre	38%
Volle 9 Jahre	17%	Volle 17 Jahre	41%
Volle 10 Jahre	20%	Volle 18 Jahre	44%
Volle 11 Jahre	23%	Volle 19 Jahre	47%
Volle 12 Jahre	26%	Volle 20 Jahre + mehr	50%

Zuschlag bei kurzer Besitzesdauer

Anrechenbare Besitzesdauer	Erhöhung
Weniger 1 Jahr	50%
Weniger 2 Jahre	25%

Steuerfreibetrag: Grundstückgewinne unter CHF 5'000 werden nicht besteuert.
Fälligkeit: Die Steuer wird mit der Zustellung der definitiven, auf der Einschätzung beruhenden Steuerrechnung fällig.

(2) Handänderung
Es werden keine Handänderungssteuern, aber Grundbuchgebühren erhoben (Notariatsgebührenverordnung).

(3) Liegenschaftensteuer
Der Kanton Zürich erhebt keine Liegenschaftensteuer.

G. Erbschafts- und Schenkungssteuern

1. Übersicht

Kanton	Ehegatte	Direkte Nachkommen	Eltern	Dritte Personen
AG	keine Besteuerung § 142 StG	keine Besteuerung § 142 StG	keine Besteuerung § 142 StG	12 – 32% § 149 StG
AI	keine Besteuerung Art. 97 StG	1.0%, Freibetrag CHF 300'000 Art. 100/101 StG	4.0%, Freibetrag CHF 20'000 Art. 100/101 StG	20%, Freibetrag CHF 5'000 Art. 100/101 StG
AR	keine Besteuerung Art. 139 StG	keine Besteuerung Art. 139 StG	keine Besteuerung Art. 139 StG	32%, Freibetrag CHF 5'000 Art. 146/147 StG
BE	keine Besteuerung Art. 9 ESchG	keine Besteuerung Art. 9 ESchG	6 – 15%, Freibetrag CHF 12'000 Art. 17-19 ESchG	16 – 40%, Freibetrag CHF 12'000 Art. 17-19 ESchG
BL	keine Besteuerung § 9 ESchG	keine Besteuerung § 9 ESchG	keine Besteuerung § 9 ESchG	30%, Freibetrag CHF 10'000 § 12 ESchG
BS	keine Besteuerung § 120 StG	keine Besteuerung § 120 StG	5 – 11%, Freibetrag Erbschaftssteuern CHF 2'000, Schenkungssteuern CHF 10'000 § 129-131 StG	22.5 – 49.5%, Freibetrag Erbschaftssteuern CHF 2'000, Schenkungssteuern CHF 10'000 § 129-131 StG

G. Erbschafts- und Schenkungssteuern

Kanton	Ehegatte	Direkte Nachkommen	Eltern	Dritte Personen
FR	keine Besteuerung Art. 8e) ASF	keine Besteuerung Art. 8f) ASF	keine Besteuerung Art. 8f) ASF	22%, Freibetrag CHF 5'000 [2] Art. 25c) ASF
GE	keine Besteuerung[3] Art. 6A EschG	keine Besteuerung[4] Art. 6A EschG	keine Besteuerung[5] Art. 6A EschG	42 – 54.6%, Freibetrag Erbschaftssteuern CHF 500, Schenkungssteuern CHF 5'000 Art. 21 ESchG u. Art. 5 LBA
GL	keine Besteuerung Art. 120 StG	keine Besteuerung Art. 120 StG	2.5 – 6.25%, Freibetrag CHF 50'000 Art. 126/127 StG	10 – 25%, Freibetrag CHF 10'000 Art. 126/127 StG
GR	keine Besteuerung Art. 107 StG	keine Besteuerung Art. 107 StG	10%, Freibetrag CHF 103'000 pro Elternteil Art. 114 StG[6]	10%, Freibetrag CHF 7'300 Art. 114 StG[7]

---

[2] Zusätzlich wird eine Gemeindezusatzsteuer erhoben, welche maximal 70% der Kantonssteuer beträgt. Reduzierter Steuersatz für Kinder des Ehegatten oder des registrierten Partners, Pflegekinder: 7.75% gemäss Art. 25c GEG / für Personen seit 10 Jahren im gleichen Haushalt lebend und mit dem gleichen Steuerdomizil: 8.25% gemäss Art. 25 c GEG / für nicht steuerbefreite Personenvereinigungen mit gemeinnützigem Zweck: 3% gemäss Art. 25 al. 3 GEG.

[3] Solange der Verstorbene für die letzten drei definitiven Veranlagungen vor seinem Tod nicht nach Aufwand besteuert wurde. Falls nicht zutreffend max. Steuersatz von 6% für Ehegatten.

[4] Solange der Verstorbene für die letzten drei definitiven Veranlagungen vor seinem Tod nicht nach Aufwand besteuert wurde. Falls nicht zutreffend max. Steuersatz von 6% für Kinder und 7.2% für Grosskinder.

[5] Solange der Verstorbene für die letzten drei definitiven Veranlagungen vor seinem Tod nicht nach Aufwand besteuert wurde. Falls nicht zutreffend max. Steuersatz von 7.8% für die übrigen Erben.

[6] Keine Indexierung für Steuerperiode 2019.

[7] Keine Indexierung für Steuerperiode 2019.

G. Erbschafts- und Schenkungssteuern

Kanton	Ehegatte	Direkte Nachkommen	Eltern	Dritte Personen
JU	keine Besteuerung Art. 10 ESchG	Keine Besteuerung[8] Art. 10 und 22 Abs. 3 ESchG	7% Art. 10 ESchG	35% Art. 10 ESchG
LU	keine Besteuerung § 11 EStG	0 – 2%[9] § 33 f. NEStG	6 – 12% § 3 + 5 EStG	20 – 40% § 3 + 5 EStG
NE	keine Besteuerung Art. 9 ESchG	3%, Freibeträge: Erbschaftssteuer CHF 50'000, Schenkungssteuer CHF 10'000 Art. 23 ESchG	3%, Freibeträge Erbschaftssteuer CHF 50'000, Schenkungssteuer CHF 10'000 Art. 23 ESchG	45%, Freibetrag CHF 10'000 Art. 23 EschG
NW	keine Besteuerung Art. 157 StG	keine Besteuerung Art. 157 StG	keine Besteuerung Art. 157 StG	15%, Freibetrag von CHF 20'000 Art. 164 StG
OW[10]	keine Besteuerung	keine Besteuerung	keine Besteuerung	keine Besteuerung

---

[8] Ordentlich besteuerter Erblasser: keine Besteuerung; nach Aufwand besteuerter Erblasser: 3.5%; Kinder des überlebenden Ehegatten: 7%.

[9] 42 Gemeinden erheben keine Nachkommen-Erbschaftssteuer (u.a. Emmen, Sursee und Kriens). 4 Gemeinden erheben eine Nachkommen-Erbschaftssteuer ohne Progression, alle übrigen Gemeinden mit Progression (gesetzliche Grundlage s. SRL Nr. 652; zu Einzelheiten siehe Weisungen EstG – Erbschaftssteuer, Luzerner Steuerbuch Bd. 3 (https://steuerbuch.lu.ch/index//band_3_weisungen_estg__erbschaftssteuer_ehegattennachkommen.html).

[10] Per 1. Januar 2017 wurde die Erbschafts- und Schenkungssteuer ganz abgeschafft.

G. Erbschafts- und Schenkungssteuern

Kanton	Ehegatte	Direkte Nachkommen	Eltern	Dritte Personen
SG	keine Besteuerung Art. 146 StG	keine Besteuerung Art. 146 StG	10%, Freibetrag CHF 25'000 Art. 153 + 154 StG	30%, Freibetrag CHF 10'000 Art. 153 + 154 StG
SH	keine Besteuerung Art. 3 ErbStG	keine Besteuerung Art. 3 ErbStG	$2-8\%$[11], Freibetrag CHF 30'000 Art. 11 + 12 ErbStG	$10-40\%$[12], Freibetrag CHF 10'000 Art. 11 + 12 ErbStG
SO	keine Besteuerung § 225 StG	keine Besteuerung § 225 StG	keine Besteuerung § 225 StG	$12-30\%$,[13] Freibetrag Schenkungssteuer CHF 14'100 § 232 StG § 239 Abs. 2 StG
SZ	keine Besteuerung § 2 StG	keine Besteuerung § 2 StG	keine Besteuerung § 2 StG	keine Besteuerung § 2 StG
TG	keine Besteuerung § 7 ESchG	keine Besteuerung § 7 ESchG	$2-7\%$, Freibetrag CHF 20'000 § 15 – 17 ESchG	$8-28\%$ § 16 – /17 ESchG
TI	keine Besteuerung Art. 154 StG	keine Besteuerung Art. 154 StG	keine Besteuerung Art. 154 StG	$17.85-41\%$ Art. 164 StG

---

[11] Für Beträge über CHF 700'000 beträgt die Steuer einheitlich 8%.
[12] Für Beträge über CHF 700'000 beträgt die Steuer einheitlich 40%.
[13] Siehe auch Nachlasstaxe gemäss § 217 - 222 StG.

G. Erbschafts- und Schenkungssteuern

Kanton	Ehegatte	Direkte Nachkommen	Eltern	Dritte Personen
UR	keine Besteuerung Art. 158 StG	keine Besteuerung Art. 158 StG	keine Besteuerung Art. 158 StG	24%, Freibetrag CHF 15'000 Art. 161 StG
VD	keine Besteuerung Art. 20 lit. e ESchG	Max. 3.5% [14], [15] Art. 31 + 34 ESchG	Max. 7.5% [16] Art. 31 + 34 ESchG	Max. 25% [17] Art. 31 + 34 ESchG
VS	keine Besteuerung Art. 112 StG	keine Besteuerung Art. 112 StG	keine Besteuerung Art. 112 StG	25% Art. 116 StG
ZG	keine Besteuerung § 175 StG	keine Besteuerung § 175 StG	keine Besteuerung § 175 StG	10 – 20% § 180 StG
ZH	keine Besteuerung § 11 ESchG	keine Besteuerung § 11 ESchG	Max. 6%, Freibetrag CHF 200'000 § 21, 22 + 23 ESchG	Max. 36% § 22 + 23 ESchG

---

[14] Die Gemeinden legen für die Gemeindesteuer einen Prozentsatz von der Kantonalen Steuer fest (0-100%). Die Steuer reduziert sich um die Hälfte für ausländische Hinterlassene, die nie in der Schweiz gearbeitet haben.

[15] Steuerfreier Betrag von CHF 250'000. Wenn der zugewiesene Betrag CHF 250'000 übersteigt, wird der steuerfreie Betrag jedoch um 1/250 pro CHF 1'000 reduziert.

[16] Die Gemeinden legen für die Gemeindesteuer einen Prozentsatz von der Kantonalen Steuer fest (0-100%). Die Steuer reduziert sich um die Hälfte für ausländische Hinterlassene, die nie in der Schweiz gearbeitet haben.

[17] Die Gemeinden legen für die Gemeindesteuer einen Prozentsatz von der Kantonalen Steuer fest (0-100%). Die Steuer reduziert sich um die Hälfte für ausländische Hinterlassene, die nie in der Schweiz gearbeitet haben.

G. Erbschafts- und Schenkungssteuern

Hinweis über das Bundesgesetz über die eingetragene Partnerschaft gleichgeschlechtlicher Paare vom 18. Juni 2004:

Grundsätzlich gilt das Bundesgesetz vom 18. Juni 2004 über die eingetragene Partnerschaft gleichgeschlechtlicher Paare für alle Kantone für die Erbschafts- und Schenkungssteuern. Einige Kantone haben jedoch das Erbschafts- und Schenkungssteuergesetz noch nicht angepasst. Aus diesem Grund werden in denjenigen Kantonen lediglich Ehegatten erwähnt, nicht jedoch die gleichzustellenden Partner aus eingetragener Partnerschaft.

2. Kantonale Regelungen im Einzelnen

a. Kanton Aargau

Steuersubjekt
Steuerpflichtig ist, wer den Vermögensanfall tatsächlich erhält (Erben, Vermächtnisnehmer, Beschenkte, Berechtigte, Begünstigte).

Steuerzugehörigkeit
Steuerbar sind Vermögensanfälle, die von einer Person stammen, die im Kanton Wohnsitz oder Aufenthalt hat oder im Zeitpunkt ihres Todes hatte oder im Kanton verschollen erklärt wird.
Der Steuer unterliegen zudem Vermögensanfälle von Eigentum und anderen dinglichen Rechten an im Kanton gelegenen Grundstücken oder von Rechten, die wirtschaftlich wie Rechte an Grundstücken wirken, sowie der Anfall von Vermögen aus im Kanton gelegenen Betriebsstätten.

Steuerbefreite Vermögensübergänge
Steuerfrei sind Vermögensanfälle:
a. unter Verheirateten sowie unter eingetragenen Partnerinnen und Partnern,
b. an Nachkommen, Stiefkinder und Pflegekinder, sofern das Pflegeverhältnis während mindestens 2 Jahren bestanden hat,
c. an Eltern, Stiefeltern und Pflegeeltern, wenn das Pflegeverhältnis während mindestens 2 Jahren bestanden hat.

Berücksichtigung früherer Zuwendungen
Mehrfache Zuwendungen zwischen den gleichen Personen innert 5 Jahren werden zusammengerechnet. Die Fünfjahresfrist beginnt mit dem Kalenderjahr der ersten Zuwendung.

Steuerfreibeträge
Kleinere Gelegenheitsgeschenke werden nicht besteuert.

G. Erbschafts- und Schenkungssteuern

Steuersätze

Steuerbarer Betrag	Steuersatz in Klasse 1	Steuersatz in Klasse 2	Steuersatz in Klasse 3
	Personen, die mit der zuwendenden Person während mind. 5 Jahren in Wohngemeinschaft (gleicher Wohnsitz) gelebt haben	Geschwister und Grosseltern	Alle weiteren steuerpflichtigen Personen
für die ersten CHF 120'000	4.0%	6%	12%
für die weiteren CHF 60'000	6.0%	12%	20%
für die weiteren CHF 60'000	7.0%	15%	22%
für die weiteren CHF 60'000	7.5%	18%	24%
für die weiteren CHF 60'000	7.5%	19%	26%
für die weiteren CHF 120'000	8.0%	20%	28%
für die weiteren CHF 240'000	8.5%	21%	30%
für die weiteren CHF 240'000	8.5%	22%	31%
für die CHF 960'000 übersteigenden Teile:	9.0%	23%	32%

Unterliegt nicht der ganze Vermögensanfall der aargauischen Steuerhoheit, wird der Steuersatz nach dem gesamten Vermögensanfall bemessen.

b. Kanton Appenzell-Innerrhoden

Steuersubjekt
Steuerpflichtig ist der Empfänger der Zuwendung (Erben, Vermächtnisnehmer, Beschenkte, Berechtigte, Begünstigte).

Steuerzugehörigkeit
Die Steuerpflicht besteht, wenn:
a. der Erblasser seinen letzten Wohnsitz im Kanton hatte oder der Erbgang im Kanton eröffnet wurde;
b. der Schenker seinen Wohnsitz im Zeitpunkt der Zuwendung im Kanton hat;
c. im Kanton gelegene Grundstücke oder Rechte an solchen übergehen.

Im internationalen Verhältnis besteht die Steuerpflicht ausserdem, wenn im Kanton steuerpflichtiges bewegliches Vermögen übergeht.

Steuerbefreite Vermögensübergänge
Zuwendungen an den Ehegatten werden nicht besteuert.

Übliche Gelegenheitsgeschenke sowie Zuwendungen für Heiratsgut und Ausstattung bis zum Betrag von CHF 5'000 werden nicht besteuert.

Berücksichtigung früherer Zuwendungen
Bei mehreren Zuwendungen vom gleichen Erblasser oder Schenker an den gleichen Empfänger wird der Freibetrag insgesamt nur einmal abgezogen. Bei Zuwendungen, die nur teilweise im Kanton steuerpflichtig sind, wird der Freibetrag nur anteilmässig gewährt.

Steuerfreibeträge
Von den steuerbaren Zuwendungen werden für die Berechnung der Steuer abgezogen:

Beziehung zum Erblasser	Steuerfreibetrag
a. Nachkommen, Stiefkind, Pflegekind, wenn das Pflegeverhältnis mindestens 2 Jahre angedauert	CHF 300'000
b. Eltern, Adoptiveltern	CHF 20'000
c. Übrige Empfänger	CHF 5'000

G. Erbschafts- und Schenkungssteuern

Steuersätze

Beziehung zum Erblasser	Steuersatz
a. Nachkommen und Stiefkinder	1%
b. Eltern und Grosseltern	4%
c. Geschwister und Adoptivgeschwister	6%
d. Nichten und Neffen	9%
e. Tanten, Onkel, Pflegekinder und Stiefeltern	12%
f. Alle übrigen Empfänger	20%

Für Nacherben ist das Verwandtschaftsverhältnis zum ersten Erblasser massgebend.

c. Kanton Appenzell-Ausserhoden

Steuersubjekt
Steuerpflichtig ist, wer Zuwendungen erhält (Erben, Vermächtnisnehmer, Beschenkte, Berechtigte, Begünstigte).

Steuerzugehörigkeit
Die Steuerpflicht besteht, wenn:
a. die verstorbene Person ihren letzten Wohnsitz im Kanton hatte oder der Erbgang im Kanton eröffnet wurde;
b. die schenkende Person im Zeitpunkt der Zuwendung ihren Wohnsitz im Kanton hatte;
c. im Kanton gelegene Grundstücke oder Rechte an solchen übergehen.

Im internationalen Verhältnis besteht die Steuerpflicht ausserdem, wenn im Kanton steuerpflichtiges bewegliches Vermögen übergeht.

Steuerbefreite Vermögensübergänge
Zuwendungen an Nachkommen sowie Stief- und Pflegekinder, den Ehegatten und die Eltern sind steuerfrei.

Berücksichtigung früherer Zuwendungen
Bei mehrmaligen Vermögensübertragungen zwischen den gleichen Personen kann der Steuerfreibetrag insgesamt nur einmal gewährt werden.

Steuerfreibeträge

Von den steuerbaren Vermögensübergängen sind bei der Steuerberechnung abzuziehen:
a. für den nichtverheirateten Lebenspartner CHF 10'000;
b. für die übrigen empfangenden Personen CHF 5'000.

Ausserdem werden übliche Gelegenheitsgeschenke bis CHF 2'000 nicht besteuert.

Steuersätze

Beziehung zum Erblasser	Steuersatz
a. Nichtverheirateter Lebenspartner	12%
b. Geschwister, Stiefeltern, Schwiegereltern, Schwiegersohn, Schwiegertochter und Grosseltern	22%
c. Die übrigen Empfänger	32%

Nacherben entrichten die Steuer nach dem Verwandtschaftsverhältnis zur ersten verstorbenen Person.

d. Kanton Bern

Steuersubjekt

Steuerpflichtig ist, wer eine Zuwendung erwirbt, aus
a. Erbschaft einschliesslich Vor- und Nacherbschaft,
b. Vermächtnis einschliesslich Vor- und Nachvermächtnis,
c. Schenkung einschliesslich Erbvorbezug.

Stirbt die steuerpflichtige Person, so treten ihre Erben in deren Rechte und Pflichten ein.

Steuerzugehörigkeit

Eine Besteuerung erfolgt, wenn
a. der Erblasser den letzten steuerrechtlichen Wohnsitz oder Aufenthalt im Kanton Bern hatte oder der Erbgang im Kanton Bern eröffnet worden ist,
b. der Schenker im Zeitpunkt der Zuwendung steuerrechtlichen Wohnsitz, Aufenthalt oder Sitz im Kanton Bern hat,
c. im Kanton Bern gelegene Grundstücke oder Rechte daran übergehen.

Im internationalen Verhältnis erfolgt ferner eine Besteuerung, wenn im Kanton Bern gelegenes bewegliches Vermögen erworben wird, das nach Staatsvertrag dem Betriebsstätte- oder Belegenheitsstaat zur Besteuerung zugewiesen wird.

G. Erbschafts- und Schenkungssteuern

Steuerbefreite Vermögensübergänge
a. Unentgeltliche Zuwendungen sowie ein Vermögenserwerb von Todes wegen unter Ehegatten und Personen in eingetragener Partnerschaft;
b. Unentgeltliche Zuwendungen an Nachkommen, Stief- oder Pflegekind sowie ein Vermögenserwerb von Todes wegen durch Nachkommen, Stief- oder Pflegekinder. Für Pflegekinder entfällt die Besteuerung, sofern das Pflegeverhältnis mindestens zwei Jahre gedauert hat.

Berücksichtigung früherer Zuwendungen
Der Steuersatz richtet sich nach dem Gesamtbetrag aller Zuwendungen, sofern die erwerbende Person innert fünf Jahren mehrere Zuwendungen von der gleichen Person erhalten hat.

Steuerfreibeträge
Von Zuwendungen können CHF 12'000 abgezogen werden.
Erhält jemand mehrfach Zuwendungen von der gleichen Person, wird der Abzug innert fünf Jahren insgesamt nur einmal gewährt. Dies gilt auch, wenn die ersten Zuwendungen nicht nach den Vorschriften des Gesetzes über die Erbschafts- und Schenkungssteuer besteuert worden sind.

Steuersätze

Steuerbarer Betrag	Steuersatz
für die ersten CHF 110'600	1.00%
für die weiteren CHF 110'600	1.25%
für die weiteren CHF 110'600	1.50%
für die weiteren CHF 110'600	1.75%
für die weiteren CHF 110'600	2.00%
für die weiteren CHF 110'600	2.25%
für jeden weiteren Vermögenserwerb	2.50%

Steuerbetrag

Beziehung zum Erblasser	x-faches des Tarifs
a. Eltern, Stiefeltern, Pflegeeltern, Geschwister, Halbgeschwister, Grosseltern, Stief- und Pflegegrosseltern sowie für Personen, die zum Zeitpunkt der Entstehung des Steueranspruchs mit der zuwendenden Person seit mindestens zehn Jahren in Wohngemeinschaft mit gleichem steuerrechtlichen Wohnsitz gelebt haben.	Das Sechsfache
b. Neffen, Nichten, Schwiegerkinder, Schwiegereltern, Onkel und Tanten	Das Elffache
c. Alle übrigen steuerpflichtigen Personen	Das Sechzehnfache

Pflegekinder, bei denen das Pflegeverhältnis weniger als zwei Jahre gedauert hat, werden wie die Erben nach obigem Buchstaben a. besteuert.

Ist die erwerbende Person nur für einen Teil der Zuwendung im Kanton Bern steuerpflichtig, berechnet sich die Steuer zum Satz des gesamten Vermögensanfalls.

e. Kanton Basel-Landschaft

Steuersubjekt
Steuerpflichtig ist derjenige, welcher aufgrund eines steuerpflichtigen Vorgangs Vermögen erwirbt (Erben, Vermächtnisnehmer, Beschenkte, Berechtigte, Begünstigte).
Der Wohnsitz und die Heimatberechtigung des Erwerbers haben keinen Einfluss auf die Steuerpflicht.

Steuerzugehörigkeit
Das bewegliche Vermögen unterliegt der Erbschaftssteuer ohne Rücksicht darauf, wo sich die erworbenen Sachen befinden, sofern der Erblasser zur Zeit des Todes Wohnsitz oder Aufenthalt im Kanton hatte.
Vermögensanfälle vom im Kanton gelegenen Grundstücken unterliegen der Erbschaftssteuer unabhängig davon, wo der Anfall stattgefunden hat.
Der Schenkungssteuer unterliegt jeder schenkungsweise Erwerb von Grundstücken, die im Gebiete des Kantons gelegen sind.

G. Erbschafts- und Schenkungssteuern

Der Erwerb beweglichen Vermögens unterliegt der Schenkungssteuer, sofern der Schenker zur Zeit der Schenkung Wohnsitz oder Aufenthalt gemäss Art. 23-26 ZGB im Kanton hatte.

Steuerbefreite Vermögensübergänge
Ehegatten, Eltern und direkte Nachkommen[18] sowie der eingetragene Partner des Erblassers oder Schenkers sind von der Erbschafts- und Schenkungssteuer befreit.

Steuersätze und Steuerfreibeträge

Beziehung zum Erblasser	*Steuersatz + Freibetrag*
a. Stief- und Pflegekinder[13]	7.5%, Freibetrag CHF 50'000
b. Voll- und halbbürtige Geschwister Grosseltern und Urgrosseltern, Schwiegereltern und Schwiegerkinder, Stiefeltern und Stiefgrosskinder sowie für Personen, welche im Zeitpunkt der Entstehung der Steuerpflicht mit der zuwendenden Person ununterbrochen seit mindestens fünf Jahren in häuslicher Gemeinschaft und an gemeinsamen Wohnsitz gelebt haben	15%, Freibetrag CHF 30'000
c. Tanten und Onkel, Nichten und Neffen, Grosstanten und Grossonkel, Grossnichten und Grossneffen, Cousinen und Cousins	22.5%, Freibetrag CHF 20'000
d. Alle übrigen Empfänger	30%, Freibetrag CHF 10'000

Bei Personen, die nur für einen Teil der Zuwendung im Kanton steuerpflichtig sind, wird der Freibetrag anteilsmässig gewährt.
Bei mehreren Zuwendungen vom gleichen Erblasser oder Schenker an die gleiche Person innerhalt eines Zeitraumes von zehn Jahren wird der Freibetrag insgesamt nur einmal vollständig gewährt.

---

[18] Den direkten Nachkommen sind Stief- und Pflegekinder gleichgestellt, wenn diese vor Erreichen des 25. Altersjahres während mind. 10 Jahren mit der zuwendenden Person in häuslicher Gemeinschaft gelebt haben.

f. Kanton Basel-Stadt

Steuersubjekt
Steuerpflichtig ist der Empfänger des übergehenden Vermögens (Erben, Vermächtnisnehmer, Beschenkte, Berechtigte, Begünstigte).

Steuerzugehörigkeit
Die Steuerpflicht besteht, wenn:
a. der Erblasser den letzten Wohnsitz im Kanton hatte oder der Erbgang im Kanton eröffnet worden ist;
b. der Schenker im Zeitpunkt der Zuwendung den Wohnsitz im Kanton hat;
c. im Kanton gelegene Grundstücke oder Rechte an solchen übergehen.
Im internationalen Verhältnis besteht die Steuerpflicht ferner, wenn im Kanton gelegenes bewegliches Vermögen übergeht, das nach Staatsvertrag dem Betriebsstätte- oder dem Belegenheitsstaat zur Besteuerung zugewiesen ist.

Steuerbefreite Vermögensübergänge
Der Ehegatte, die Nachkommen, die Adoptivnachkommen und die Pflegekinder der verstorbenen oder der schenkenden Person sind von der Erbschafts- respektive Schenkungssteuerpflicht befreit.

Berücksichtigung früherer Zuwendungen
Mehrere Zuwendungen desselben Zuwendenden an denselben Zuwendungsempfänger werden sowohl bezüglich der Ermittlung des Steuersatzes als auch hinsichtlich der Gewährung von Freibeträgen zeitlich unbegrenzt zusammengerechnet. Für frühere Zuwendungen bezahlte Steuern werden angerechnet.

Steuerfreibeträge
Von den der Erbschaftssteuer unterliegenden Vermögensübergängen werden CHF 2'000 abgezogen.
Steuerfrei sind unter Vorbehalt von §132 Abs. 1 StG BS Gelegenheitsgeschenke im üblichen Masse, Beiträge an den notwendigen Lebensunterhalt oder für die laufende Ausbildung, Hausrat, Zuwendungen als Heiratsgut bis zum Betrag von CHF 40'000, Zuwendungen unter Lebenden bis zum Betrag von CHF 10'000, Zuwendungen zur Abwehr von Konkurs, Pfändung oder Pfandverwertung.

Steuersätze

Grundtarif – Einfache Steuer	
Beziehung zum Erblasser	Steuersatz
a. Eltern und Adoptiveltern	4%
b. Grosseltern, Geschwister, Halbgeschwister, Schwiegerkinder, Stiefnachkommen, Schwieger- und Stiefeltern	6%
c. Neffen und Nichten	8%
d. Onkel und Tanten, Schwäger und Schwägerinnen	10%
e. Alle weiteren gesetzlich erbberechtigten Verwandten sowie die nicht blutsverwandten Neffen und Nichten	14%
f. Alle anderen Personen	18%
g. Personen welche zum Zeitpunkt der Entstehung des Steueranspruchs mit der zuwendenden Person seit mindestens 5 Jahren in gemeinsamem Haushalt mit gleichem steuerrechtlichen Wohnsitz gelebt haben	6%

Auf der einfachen Steuer wird ein **Zuschlag** erhoben.

Steuerbarer Betrag	Zuschlag
Bis zu CHF 100'000	25%
Bis zu CHF 200'000	50%
Bis zu CHF 500'000	75%
Bis zu CHF 1'000'000	100%
Bis zu CHF 2'000'000	125%
Bis zu CHF 3'000'000	150%
Über CHF 3'000'000	175%

Beim Übergang von einer Zuschlagsstufe zur nächsten darf der Mehrbetrag der Erbschafts- und Schenkungssteuer nicht höher sein als der Mehrbetrag des Vermögensanfalls.
Ist ein Empfänger oder eine Empfängerin nur für einen Teil des Vermögensübergangs im Kanton steuerpflichtig, sind für die Festsetzung des steuerfreien Betrags die gesamten Zuwendungen massgebend.
Bei Zuwendungen von Grundstücken wird die bezahlte Handänderungssteuer an die geschuldete Schenkungssteuer bis zu deren Höhe angerechnet.

g. Kanton Freiburg

Steuersubjekt
Die Steuer und die Zusatzabgabe schuldet, wer:
a. eine Zuwendung unter Lebenden erhält;
b. eine Zuwendung aus Erbschaft oder Vermächtnis erhält;
c. eine Zuwendung aus Vor- oder Nacherbschaft erhält;
d. ein beschränktes dingliches Recht oder ein persönliches Recht erhält;
e. als begünstigte Drittperson in den Genuss von Versicherungsleistungen kommt.

Steuerzugehörigkeit
Die Steuer wird erhoben, wenn:
a. der Erblasser den letzten steuerrechtlichen Wohnsitz im Kanton hatte oder der Erbgang im Kanton eröffnet worden ist;
b. der Schenker im Zeitpunkt der Zuwendung steuerrechtlichen Wohnsitz oder Sitz im Kanton hat;
c. im Kanton gelegene Grundstücke oder Rechte daran unter Lebenden oder durch Erbgang übertragen werden.
Nach dem oben erwähnten Prinzip wird auch die Gemeinde-Zusatzabgabe geschuldet.

Steuerbefreite natürliche Personen
a. der Ehegatte und der eingetragene Partner
b. Verwandte in gerader Linie

Steuerfreibeträge
Von den Zuwendungen kann jeder Empfänger CHF 5'000 abziehen.
Erhält jemand von der gleichen Person mehrfach Zuwendungen unter Lebenden oder von Todes wegen, so wird der Abzug innert 5 Jahren insgesamt nur einmal gewährt.

Steuerberechnung
Zusätzlich wird eine Gemeindezusatzabgabe erhoben, welche maximal 70% der Kantonssteuer beträgt.

G. Erbschafts- und Schenkungssteuern

Steuersätze

Beziehung zum Erblasser	Steuersatz
Begünstigte des zweiten Stammes	
a. Geschwister	5.25%
Neffen und Nichten	8.25%
Grossneffen und Grossnichten	10.50%
Nachkommen von Grossneffen und Grossnichten	12.75%
Begünstigte des dritten Stammes	Steuersatz
b. Onkel und Tanten	8.25%
Cousins und Cousinen	12.75%
Nachkommen von Cousins und Cousinen	17.25%
Übrige verwandte oder nicht verwandte Begünstigte	Steuersatz
c. Stiefkinder oder Kinder des eingetragenen Partners, Pflegekinder und ihre Nachkommen	7.75%
Personen, die seit mindestens zehn Jahren in Wohngemeinschaft mit gleichem steuerrechtlichen Wohnsitz gelebt haben	8.25%
Andere Verwandte oder nicht verwandte Begünstigte	22.00%

h. Kanton Genf

Erbschaften

Steuersubjekt
Jeder, der von Todes wegen Vermögen erwirbt oder sonst am Nachlass berechtigt ist, namentlich Erben und Vermächtnisnehmer.

Steuerzugehörigkeit
Eröffnung des Erbgangs im Kanton, die sich nach Art. 538 ZGB regelmässig nach dem Wohnsitz des Erblassers richtet.
Die Steuer ist von denjenigen geschuldet, die infolge eines Todes oder einer Verschollenenerklärung Eigentum erwerben oder davon profitieren. Wohnsitz und Staatsangehörigkeit des Begünstigten haben keinen Einfluss auf die Steuerzugehörigkeit.

Steuerbefreite natürliche Personen
Solange der Verstorbene für die letzten drei definitiven Veranlagungen vor seinem Tod nicht nach dem Aufwand besteuert wurde, sind steuerbefreit:
a. Der überlebende Ehegatte und der eingetragene Partner;

b. Nachkommen inkl. Adoptivkinder;
c. Eltern und Grosseltern.

Steuerberechnung
Im Falle von Mehrfachübertragungen aus dem Vermögen des gleichen Erblassers an den gleichen Begünstigten berechnet sich die Steuer aus der Gesamtheit der Übertragungen. Im Falle von mehreren Schenkungen durch den Erblasser an die gleiche Person werden diese zusammengezählt.

Steuerfreibeträge
Bei Erbschaften:
a. Minderjährige Kinder: CHF 10'000;
b. Übrige Verwandte in direkter Linie: CHF 5'000;
c. Geschwister und übrige: CHF 500;
d. Angestellte und Bedienstete: CHF 1'000 oder CHF 5'000, wenn der Arbeitsvertrag mindestens 10 Jahre dauerte.

Schenkungen

Steuersubjekt
Alle Schenkungen unter Lebenden unterstehen der Schenkungssteuer und müssen vom Beschenkten innert 10 Tagen deklariert werden.

Steuerbefreite natürliche Personen
Die steuerbefreiten Personen der Schenkungssteuer decken sich mit denjenigen bei der Erbschaftssteuer (siehe oben).

Steuerberechnung
Bei einer Mehrzahl von Übertragungen aus dem Vermögen des gleichen Schenkers an den gleichen Beschenkten wird der Steuersatz auf der Gesamtheit der Zuwendungen berechnet.
Wenn der Schenker einem Beschenkten mehrere Zuwendungen macht, werden diese zusammengezählt. Die Steuerfreibeträge werden nur ein einziges Mal gewährt.

Steuerfreibeträge
Bei Schenkungen:
a. Ehegatten und Nachkommen in direkter Linie falls der Beschenkte möglicherweise Erbe des Schenkers ist: CHF 10'000;

b. Ehegatten und Nachkommen in direkter Linie falls der Beschenkte nicht Erbe des Schenkers ist: CHF 5'000;
c. Übrige: CHF 5'000.

Steuersätze

Erbschaften und Schenkungen

Nur wenn der Erblasser in den letzten drei definitiven Veranlagungen vor seinem Tod/vor der Schenkung nach Aufwand besteuert wurde:	
Beziehung zum Erblasser/Schenker / steuerbarer Betrag	Steuersatz
a. Kinder, Vater, Mutter und Ehegatten	
CHF 5'001 – 10'000 *	2.0%
CHF 10'001 – 50'000	3.0%
CHF 50'001–100'000	3.5%
CHF 100'001 – 200'000	4.0%
CHF 200'001 – 300'000	4.5%
CHF 300'001 – 500'000	5.0%
über CHF 500'000	6.0%

* Schenkungen zugunsten von Beschenkten dieser Kategorie, welche im Zeitpunkt der Schenkung noch keine gesetzlichen Erben sind, werden für den Betrag von CHF 5'001 bis 10'000 in jedem Fall zu einem Steuersatz von 3% besteuert.

Die obigen Steuersätze erhöhen sich um einen **Zuschlag**:

Beziehung zum Erblasser	Zuschlag
b. Enkelkinder und Grosseltern	20%
c. Übrige Nachkommen und Vorfahren	30%

Erbschaften

Bei den übrigen Erben wird nicht darauf abgestellt, ob der Erblasser nach Aufwand besteuert wurde.

G. Erbschafts- und Schenkungssteuern

Beziehung zum Erblasser / steuerbarer Betrag	Steuersatz
a. Bruder und Schwester	
CHF 501 – 2'000	12.60%
CHF 2'001 – 5'000	15.75%
CHF 5'001 – 100'000 *	17.85%
CHF 100'001 – 200'000	21.00%
über CHF 200'000 **	23.10%
b. Onkel, Tante, Grossonkel, Grosstante, Neffe, Nichte, Grossneffe, Grossnichte	
CHF 501 – 2'000	16.80%
CHF 2'001 – 5'000	19.95%
CHF 5'001 – 100'000	22.05%
CHF 100'001 – 200'000	25.20%
über CHF 200'000	27.30%
c. Andere Erbberechtigte	
CHF 501 – 2'000	42.00%
CHF 2'001 – 5'000	46.20%
CHF 5'001 – 100'000	50.40%
über CHF 100'000	54.60%

Schenkungen

Bei den übrigen Beschenkten wird nicht darauf abgestellt, ob der Schenker nach Aufwand besteuert wurde.

Beziehung zum Schenker / steuerbarer Betrag	Steuersatz
a. Bruder und Schwester	
CHF 5'001 – 100'000	18.90%
CHF 100'001 – 200'000	21.00%
CHF 200'001 – 300'000	23.10%
über CHF 300'000	25.20%
b. Onkel, Tante, Grossonkel, Grosstante, Neffe, Nichte, Grossneffe, Grossnichte	
CHF 5'001 – 100'000	22.05%
CHF 100'001 – 200'000	25.20%
CHF 200'001 – 300'000	27.30%
über CHF 300'000	29.40%
c. Andere Begünstigte	
CHF 5'001 – 100'000	50.40%
über CHF 100'000	54.60%

i. Kanton Glarus

Steuersubjekt
Steuerpflichtig ist der Empfänger der Zuwendung (Erben, Vermächtnisnehmer, Beschenkter, Begünstigter oder sonstiger Berechtigter).

Steuerzugehörigkeit
Die Steuerpflicht besteht, wenn:
a. der Erblasser seinen letzten Wohnsitz im Kanton hatte;
b. der Schenker im Zeitpunkt der Zuwendung seinen Wohnsitz im Kanton hat;
c. im Kanton gelegene Grundstücke oder Rechte an solchen übergehen.
Im internationalen Verhältnis besteht die Steuerpflicht ausserdem, wenn im Kanton steuerbares bewegliches Vermögen übergeht.

Steuerbefreite Vermögensübergänge
Zuwendungen an den Ehegatten, an direkte Nachkommen sowie an Adoptivkinder des Erblassers oder Schenkers sind steuerfrei.
Verzichten Kinder zugunsten des überlebenden Elternteils auf ihren Erbanteil am Nachlass des verstorbenen Elternteils, so bleibt diese Zuwendung ebenfalls steuerfrei. Der Verzicht ist spätestens mit dem amtlichen Inventar zu erklären.

Steuerfreibeträge
Von Vermögensanfällen können in Abzug gebracht werden:
a. CHF 100'000 für jedes Stief- und Pflegekind;
b. CHF 50'000 für jeden Elternteil;
c. CHF 10'000 für jeden übrigen Empfänger.
Bei mehreren Zuwendungen vom gleichen Erblasser oder Schenker an den gleichen Empfänger wird der steuerfreie Betrag insgesamt nur einmal abgezogen.
Für Empfänger, die nur für einen Teil der Zuwendung im Kanton steuerpflichtig sind, wird der steuerfreie Betrag anteilig gewährt.
Übliche Gelegenheitsgeschenke bis zum Betrag von CHF 5'000 sind steuerfrei.

Steuersätze

Beziehung zum Erblasser (Klasse)	*Steuersatz*
1. Eltern, Adoptiveltern und Grosseltern	2.5%
2. Vollbürtige Geschwister sowie Lebenspartner im ehe-ähnlichen Verhältnis, welche nachweislich mindestens 5 Jahre vor der steuerbaren Zuwendung im gemeinsamen Haushalt gelebt haben	4.0%

G. Erbschafts- und Schenkungssteuern

Beziehung zum Erblasser (Klasse)	Steuersatz
3. Halbbürtige Geschwister	5.0%
4. Stief- und Pflegekinder, Stiefeltern, Pflegeeltern, Schwiegersöhne, Schwiegertöchter, Schwiegereltern und Verschwägerte	6.0%
5. Onkel, Tanten, Neffen und Nichten	7.0%
6. Stiefneffen und -nichten, Stiefonkel und -tanten	8.0%
7. Geschwisterkinder, Grossneffen und Grossnichten	9.0%
8. Übrige Erbberechtigte und Nichtverwandte	10.0%

Auf die oben berechneten Steuerbeträge werden **Zuschläge** auf den einzelnen Empfänger berechnet, erhoben:

Vermögensanfall	Zuschlag
mehr als CHF 200'000	50%
mehr als CHF 400'000	100%
mehr als CHF 2'000'000	150%

Für Nacherben ist das Verwandtschaftsverhältnis zum ersten Erblasser massgebend.

Ermässigungen werden unter bestimmten Umständen gemäss Art. 127 Abs. 4-7 StG gewährt.

j. Kanton Graubünden

Steuersubjekt / Steuerzugehörigkeit
Steuerpflichtig ist der Empfänger der Zuwendung (Erben, Vermächtnisnehmer, Beschenkte, Berechtigte, Begünstigte), wenn

a. der Erblasser zur Zeit seines Todes im Kanton steuerrechtlichen Wohnsitz oder Aufenthalt hatte,
b. der Erbgang im Kanton eröffnet wurde,
c. die zuwendende Person zur Zeit der Ausrichtung der Zuwendung im Kanton steuerrechtlichen Wohnsitz oder Aufenthalt hatte,
d. im Kanton gelegenes unbewegliches Vermögen oder dingliche Rechte daran zum Nachlass gehören beziehungsweise übertragen werden,
e. im Kanton gelegenes bewegliches Vermögen übergeht, das nach Staatsvertrag dem Betriebsstätte- oder dem Belegenheitsstaat zur Besteuerung zugewiesen wird.

G. Erbschafts- und Schenkungssteuern

Steuerbefreite Vermögensübergänge
Der überlebende Ehegatte, die Nachkommen und der Konkubinatspartner sind von der Steuer befreit. Stief- und Pflegekinder sind den Nachkommen gleichgestellt.

Steuerfreibeträge / Berücksichtigung früherer Zuwendungen
Für die Steuerberechnung werden abgezogen[19]:
a. von den Zuwendungen an bedürftige Personen CHF 14'500
b. von den Zuwendungen an einen Elternteil CHF 103'000
c. von jeder anderen Zuwendung CHF 7'300
Bei mehreren Zuwendungen an den gleichen Empfänger durch die gleiche Person kann der steuerfreie Betrag innerhalb eines Zeitraumes von fünf Jahren nur einmal geltend gemacht werden.

Steuersätze
Die Steuer beträgt 10%.

Kommunale Erbanfall- und Schenkungssteuern
Gemäss Gesetz über die Gemeinde- und Kirchensteuern (GKStG) kann die Gemeinde eine Erbanfall- und Schenkungssteuer erheben.
Ehegatten und direkte Nachkommen sind von der Besteuerung auszunehmen. Stief- und Pflegekinder sind den direkten Nachkommen gleichzustellen. Die Stellung eingetragener Partnerinnen oder Partner entspricht derjenigen von Ehegatten.
Zur Steuererhebung berechtigt ist die Gemeinde am Wohnsitz oder dauernden Aufenthalt des Erblassers beziehungsweise Schenkgebers. Für Grundstücke liegt die Steuerhoheit bei der Gemeinde am Ort der gelegenen Sache. Für Preise und Ehrenabgaben des Kantons liegt die Steuerhoheit bei der Wohnsitzgemeinde des Empfängers. Hat dieser seinen Wohnsitz ausserhalb des Kantons, ist die Stadt Chur zur Steuererhebung berechtigt.

Die Steuersätze dürfen folgende Maximalsätze nicht übersteigen:
a. 5% für den elterlichen Stamm
b. 5% für den Konkubinatspartner
c. 25% für die übrigen Begünstigten.

---

[19] Keine Indexierung für die Steuerperiode 2019.

k. Kanton Jura

Steuersubjekt
Steuerpflichtig ist, wer aufgrund eines steuerpflichtigen Erwerbsvorgangs Vermögen erwirbt (Erben, Vermächtnisnehmer, Beschenkte, Berechtigte, Begünstigte).

Steuerzugehörigkeit
Sofern der Erblasser zum Zeitpunkt der Vermögensübertragung seinen Wohnsitz im Kanton hatte, ist der Zuwendungsempfänger steuerpflichtig mit sämtlichen weltweit beweglichen Sachen, die er vom Erblasser erhalten hat.

Berücksichtigung früherer Zuwendungen
Für die Bestimmung des Steuersatzes und hinsichtlich der Gewährung von Freibeträgen werden Schenkungen, die in den letzten fünf Jahren vor dem Tod des Erblassers stattgefunden haben, zusammengerechnet. Übersteigt der zusammengerechnete Betrag CHF 10'000 wird der Totalbetrag besteuert.

Steuerfreibeträge
Zuwendungen unter CHF 10'000 werden nicht besteuert.

Steuerbefreite Personen
Von der Erbschafts-und Schenkungssteuer für unbewegliches Vermögen sind befreit:
a. Der überlebende Ehegatte
b. Die Nachkommen des Zuwendenden*
* Die Nachkommen des Verstorbenen sowie des Spenders, können gemäss Art. 54 StG von einem privilegierten Steuersatz profitieren. Der Steuersatz beträgt für sie 3.5%.

Steuersätze

Beziehung zum Erblasser	Steuersatz
a. Eltern und Grosseltern, gemeinsame Kinder, Kinder des Ex-Ehegatten, Kinder des Partners aus eingetragener Partnerschaft, sowie deren Nachkommen	7%

Beziehung zum Erblasser	Steuersatz
b. Geschwister, Ehepartner der Eltern und Grosseltern, Konkubinatspartner mit gemeinsamen Haushalt während mehr als 10 Jahren, sowie deren Nachkommen und Ex-Konkubinatspartner mit welchem der Erblasser während mehr als 10 Jahren zusammengelebt hat	14%
c. Onkel und Tante, Neffen und Nichten, Cousins und Cousinen, Schwager und Schwägerin	21%
d. Übrige Personen	35%

l. Kanton Luzern

Steuersubjekt
Die Erbschaftssteuer ist vom Nachlasse zu beziehen und den Erben oder Bedachten bei der Teilung in Anrechnung zu bringen.

Steuerzugehörigkeit
Die Erbschaftssteuern werden berechnet:
a. von den im Kanton befindlichen liegenden sowie dem gesamten fahrenden Vermögen des Erblassers, wenn derselbe im Kanton seinen Wohnsitz hatte;
b. von dem im Kanton befindlichen liegenden Vermögen, wenn der Erblasser auswärts wohnte;
c. von dem im Kanton zur Verteilung gelangenden Vermögen eines kantonsangehörigen Erblassers, der amtlich tot erklärt wurde.

Zudem ist eine Erbschaftssteuer auf Ansprüchen aus Versicherungen, die in den letzten fünf Jahren vor, mit oder nach dem Tod des Erblassers fällig werden, soweit sie nicht der Einkommenssteuer unterliegen, zu entrichten.

Der Erbschaftssteuer unterliegen auch Fideikommisse, Familienstiftungen und ähnliche Einrichtungen. Von allen daherigen Berechtigungen wird die Erbschaftssteuer jedesmal bezahlt, wenn die Berechtigung von einem Berechtigten auf einen andern übergeht. Das Mass der Besteuerung richtet sich nach dem zwischen dem früheren und dem neuen Berechtigten bestehenden Verwandtschaftsverhältnisse.

Steuerbefreite Vermögensübergänge
Von der Entrichtung der Erbschaftssteuer sind befreit:
a. Vermächtnisse, *Schenkungen*, Nutzniessungen und Leibrenten von Dienstherrschaften zugunsten ihrer Dienstboten und von Arbeitgebern zugunsten ihrer Arbeitnehmer, soweit sie den Kapitalwert von CHF 2'000 nicht über-

steigen. Der diese Summe übersteigende Betrag ist mit 6% erbschaftssteuerpflichtig;

b. Erbteile, Vermächtnisse und *Schenkungen* an den Ehegatten, an den eingetragenen Partner und Lebenspartner[20];

c. Nachkommen sind steuerbefreit, soweit die massgebende Gemeinde die Nachkommen-Erbschaftssteuer nicht eingeführt hat.

Berücksichtigung früherer Zuwendungen
Schenkungen und Vorempfänge, welche in den letzten fünf Jahren vor dem Tode des Erblassers stattgefunden haben, ebenso Leistungen, welche der Erblasser durch Erbverzichtsvertrag (Erbauskauf) einem Erben hat zukommen lassen, werden bei Festsetzung des erbschaftssteuerpflichtigen Vermögens mitberechnet.

Steuerfreibeträge
Erbteile, die den Betrag von CHF 100'000 nicht übersteigen, sind steuerfrei für Nachkommen. Als Nachkommen gelten Kinder, Adoptivkinder, Stiefkinder und Pflegekinder (sofern das Pflegeverhältnis mindestens 2 Jahre bestanden hat) und die unehelichen Nachkommen ohne gesetzliches Erbrecht.
Erbteile, Vermächtnisse und *Schenkungen*, welche den Betrag von CHF 1'000 nicht übersteigen, sofern der Bedachte nicht ein Vermögen von über CHF 10'000 oder einen Erwerb von über CHF 4'000 versteuert.

Steuersätze

Beziehung zum Erblasser	Steuersatz
a. Eltern, Geschwister, Nichten, Neffen, Lebenspartner	6%
b. Grosseltern, Cousins, Cousinen	15%
c. Entfernte oder nicht verwandte Personen	20%

Diese Bestimmungen gelten auch für uneheliche Blutsverwandte, sofern dieselben erbberechtigt sind.

Wenn einzelne Erben mehr als CHF 10'000 erhalten, wird folgender **Zuschlag** (zum Steuerbetrag) erhoben:

---

[20] Steuergesetzrevision: Lebenspartner werden mit Ehegatten gleichgestellt, Die Änderung trat am 1. Januar 2018 in Kraft.

G. Erbschafts- und Schenkungssteuern

Steuerbarer Betrag	Zuschlag
CHF 10'001 – CHF 20'000	10%
CHF 20'001 – CHF 30'000	20%
CHF 30'001 – CHF 40'000	30%
CHF 40'001 – CHF 50'000	40%
CHF 50'001 – 100'000	50%
CHF 100'001 – 200'000	60%
CHF 200'001 – 300'000	70%
CHF 300'001 – 400'000	80%
CHF 400'001 – 500'000	90%
CHF 500'001 und mehr	100%

Gemeinden ohne Nachkommen-Erbschaftssteuer			
Adligenswil	Aesch	Altishofen	Ballwil
Buchrain	Büron	Buttisholz	Dierikon
Ebikon	Eich	Emmen	Eschenbach
Geuensee	Gisikon	Greppen	Grosswangen
Hildisrieden	Hitzkirch	Hochdorf	Honau
Horw	Inwil	Kriens	Meierskappel
Nebikon	Neuenkirch	Nottwil	Oberkirch
Rain	Reiden	Römerswil	Root
Rothenburg	Schenkon	Schlierbach	Sempach
Sursee	Triengen	Udligenswil	Vitznau
Weggis	Willisau		

Gemeinden mit Nachkommen-Erbschaftssteuer ohne Progression			
Beromünster	Dagmersellen	Meggen	Ruswil

Der Steuersatz beträgt jeweils 1%.

Gemeinden mit Nachkommen-Erbschaftssteuer mit Progression
Alle übrigen Gemeinden erheben die Nachkommenserbschaftssteuer mit einem Satz von 1% (plus Progression).

Schenkungen und Vorempfänge
Der Kanton Luzern kennt grundsätzlich keine Schenkungssteuer. Allerdings unterliegen Schenkungen und Vorempfänge, welche in den letzten fünf Jahren vor dem Tode des Erblassers stattgefunden haben, ebenso Leistungen, welche der

Erblasser durch Erbverzichtvertrag einem Erben hat zukommen lassen, werden bei Festsetzung des erbschaftssteuerpflichtigen Vermögen mitberechnet.

m. Kanton Neuenburg

Steuersubjekt
Steuerpflichtig ist der Empfänger der Zuwendung (Erben, Vermächtnisnehmer, Beschenkte, Berechtigte, Begünstigte).

Steuerzugehörigkeit
Die Erbschaftssteuerpflicht besteht, wenn der Erblasser seinen letzten Wohnsitz im Kanton hatte oder der Erbgang im Kanton eröffnet wurde.

Steuerbefreite natürliche Personen
Der überlebende Ehegatte und der registrierte Partner, falls die Partnerschaft während mehr als zwei Jahren angedauert hatte.

Steuerberechnung
Vermögensanfälle unter CHF 10'000 werden nicht besteuert.

Steuerfreibeträge
a. Auf Zuwendungen an die Kinder und Eltern: CHF 50'000;
b. Falls ein erbberechtigtes Kind vorverstorben ist, gilt der Steuerfreibetrag von CHF 50'000 auch für dessen Erben;
c. Für übrige Empfänger von Zuwendungen unter Lebenden oder aus Erbschaft: CHF 10'000;
Die Steuerbefreiung nach Buchstaben c) und d) ist nicht gültig, wenn der empfangene Betrag CHF 10'000 übersteigt.

Steuersätze

Beziehung zum Erblasser	Steuersatz
a. Nachkommen, Eltern und Grosseltern	3%
b. Geschwister	15%
c. Neffen und Nichten	18%
d. Onkel und Tanten	20%
e. Unehelicher Lebenspartner, sofern er mit dem Erblasser seit mindestens fünf Jahren zusammengelebt hatte	20%
f. Grossneffen und Grossnichten	21%

G. Erbschafts- und Schenkungssteuern

Beziehung zum Erblasser	Steuersatz
g. Cousins und Cousinen	23%
h. Nachkommen der Grossneffen und Grossnichten	24%
i. Nachkommen der Cousins und Cousinen	26%
j. Die im zweiten Verwandtschaftsgrad Verschwägerten	31%
k. Alle Übrigen	45%

n. Kanton Nidwalden

Steuersubjekt
Steuerpflichtig ist der Empfänger der Zuwendung (Erben, Vermächtnisnehmer, Beschenkte, Berechtigte, Begünstigte).

Steuerzugehörigkeit
Die Steuerpflicht besteht, wenn:
a. der Erblasser seinen Wohnsitz im Kanton hatte oder der Erbgang im Kanton eröffnet wurde;
b. der Schenker im Zeitpunkt der Zuwendung seinen Wohnsitz im Kanton hatte;
c. im Kanton gelegene Grundstücke oder Rechte an solchen übergehen.

Steuerbefreite Vermögensübergänge
Steuerbefreit sind folgende Zuwendungen:
a. Zuwendungen an Ehegatten, Kinder, Grosskinder, Urgrosskinder, Stief- und Pflegekinder sowie Schwiegerkinder;
b. Zuwendungen an Eltern, Stief- und Pflegeeltern sowie Schwiegereltern;
c. Zuwendungen an Personen, die am gleichen Wohnsitz im Zeitpunkt der Zuwendung beziehungsweise des Todestages während mindestens fünf Jahren in dauernder Wohngemeinschaft gelebt haben.

Steuerfreibeträge
Von den steuerbaren Vermögensübergängen werden bei der Steuerberechnung pro Empfänger CHF 20'000 je Steuerperiode abgezogen.

Steuersätze

Beziehung zum Erblasser	Steuersatz
a. Geschwister und deren Nachkommen, Grosseltern und Urgrosseltern	5%

Beziehung zum Erblasser	Steuersatz
b. Onkel, Tanten und deren Nachkommen	10%
c. In allen anderen Fällen	15%

o. Kanton Obwalden

Mit kantonaler Volksabstimmung vom 27. November 2016 wurde die Erbschafts- und Schenkungssteuer mittels Nachtrags des Steuergesetzes komplett aufgehoben und trat per 1. Januar 2017 in Kraft.

p. Kanton St. Gallen

Steuersubjekt
Steuerpflichtig ist der Empfänger der Zuwendung (Erben, Vermächtnisnehmer, Beschenkter, Begünstigter oder sonstiger Berechtigter).

Steuerzugehörigkeit
Die Steuerpflicht besteht, wenn:
a. der Erblasser seinen letzten Wohnsitz im Kanton hatte oder der Erbgang im Kanton eröffnet wurde;
b. der Schenker im Zeitpunkt der Zuwendung seinen Wohnsitz im Kanton hat;
c. im Kanton gelegene Grundstücke oder Rechte an solchen übergehen.
Im internationalen Verhältnis besteht die Steuerpflicht ausserdem, wenn im Kanton steuerbares bewegliches Vermögen übergeht.

Steuerbefreite Vermögensübergänge
Zuwendungen an den Ehegatten, die Nachkommen sowie die Stief- und Pflegekinder sind steuerfrei.

Berücksichtigung früherer Zuwendungen
Bei mehreren Zuwendungen vom gleichen Erblasser oder Schenker an den gleichen Empfänger wird der steuerfreie Betrag insgesamt nur einmal abgezogen.
Für Empfänger, die nur für einen Teil der Zuwendung im Kanton steuerpflichtig sind, wird der steuerfreie Betrag anteilig gewährt.
Übliche Gelegenheitsgeschenke bis zum Betrag von CHF 5'000 sind steuerbefreit.

Steuerfreibeträge
a. Für jeden Elternteil, Stief- und Pflegeelternteil sowie die Nachkommen von Stief- und Pflegekindern: CHF 25'000;
b. Für die übrigen Empfänger: CHF 10'000.

Steuersätze

Beziehung zum Erblasser	Steuersatz
a. Eltern, Stief- und Pflegeeltern sowie Nachkommen von Stief- und Pflegekindern	10%
b. Geschwister, Schwiegereltern, Schwiegersohn, Schwiegertochter und Grosseltern	20%
c. Übrige Empfänger	30%

Für Nacherben ist das Verwandtschaftsverhältnis zum ersten Erblasser massgebend.

q. Kanton Schaffhausen

Steuersubjekt
Steuerpflichtig sind die Erben, Vermächtnisnehmer oder Beschenkten.

Steuerzugehörigkeit
Die Steuerpflicht besteht, wenn der Erblasser bei seinem Tod oder Schenker im Zeitpunkt des Vermögensüberganges den Wohnsitz im Kanton hatte oder wenn im Kanton gelegene Grundstücke oder Rechte an solchen zugewendet werden.
Das Bundesrecht und Staatsverträge über das Verbot der Doppelbesteuerung bleiben vorbehalten.

Vermögensübergänge
a. Ehegatten und eingetragene Partner;
b. Nachkommen; Adoptiv- und Stiefkinder;
c. Pflegekinder nach mind. zweijährigem ununterbrochenem Pflegeverhältnis.

Berücksichtigung früherer Zuwendungen
Macht der Erblasser oder Schenker dem gleichen Empfänger mehrere Zuwendungen, so wird auf den Gesamtbetrag der Zuwendung abgestellt.

G. Erbschafts- und Schenkungssteuern

Steuerfreibeträge
a. Für Eltern, Adoptiv- und Stiefeltern: CHF 30'000;
b. Für übrige Empfänger: CHF 10'000.

Bei mehrmaligen Zuwendungen an eine Person durch den gleichen Erblasser oder Schenker wird der Steuerfreibetrag nur einmal gewährt. Er ist auf die erste oder die ersten Zuwendungen anzurechnen.

Steuersätze

Einfache Steuer	
Steuerbarer Betrag	Steuersatz
für die ersten CHF 10'000	2%
für die weiteren CHF 10'000	3%
für die weiteren CHF 20'000	4%
für die weiteren CHF 40'000	5%
für die weiteren CHF 60'000	6%
für die weiteren CHF 90'000	7%
für die weiteren CHF 130'000	8%
für die weiteren CHF 160'000	9%
für die weiteren CHF 180'000	10%
für Beträge über CHF 700'000 beträgt die Steuer einheitlich	8%

Von der obigen Steuer schulden:

Beziehung zum Erblasser/Schenker	Steuerbetrag
a. Eltern, Adoptiv- und Stiefeltern	Einfacher Betrag
b. Grosseltern, voll- und halbbürtige Geschwister	Zweifacher Betrag
c. Andere Verwandte des elterlichen Stammes	Dreifacher Betrag
d. Verwandte des grosselterlichen Stammes	Vierfacher Betrag
e. Alle übrigen Empfänger	Fünffacher Betrag

Nach Art. 12 Abs. 3 ErbStG gilt für die Berechnung der Steuerschuld der Grundsatz "Schwägerschaft wird der Verwandtschaft gleichgestellt".

Für die Berechnung des Zuschlages ist der gesamte Vermögensanfall oder die gesamte Zuwendung massgebend, die der Steuerpflichtige erhält, auch wenn ein Teil nicht im Kanton steuerpflichtig ist.

r. Kanton Solothurn

Nachlasstaxe

Steuersubjekt
Abgabepflichtig sind die Erben, nicht aber die Vermächtnisnehmer.

Steuerzugehörigkeit
Die Abgabepflicht besteht, wenn
a. der Erblasser seinen letzten Wohnsitz im Kanton hatte oder der Erbgang im Kanton eröffnet wurde;
b. solothurnische Grundstücke oder Rechte an solchen zum Rücklass gehören.

Steuerberechnung
Der Nachlasstaxe unterliegen der reine Rücklass und Kapitalleistungen aus Versicherungen, die zufolge Todes fällig werden und nicht als Einkommen steuerbar sind.

Steuersätze

Steuerbarer Betrag	Steuersatz
für die ersten CHF 500'000	8‰
für die nächsten CHF 500'000	10‰
für die nächsten CHF 500'000	13‰
für die nächsten CHF 500'000	17‰
Ab CHF 2'000'000 beträgt die Nachlasstaxe	12‰

Erbschafts- und Schenkungssteuer

Steuersubjekt
Steuerpflichtig ist der Empfänger des Erbanfalles oder der Zuwendung.
Bei Nacherbeneinsetzung sind Vor- und Nacherbe steuerpflichtig.

Steuerzugehörigkeit
Die Steuerpflicht besteht, wenn
a. der Erblasser seinen letzten Wohnsitz oder der Schenker seinen Wohnsitz im Kanton hatte oder hat oder der Erbgang im Kanton eröffnet wurde;
b. solothurnische Grundstücke oder Rechte an solchen übergehen.

G. Erbschafts- und Schenkungssteuern

Steuerbefreite Vermögensübergänge
a. Ehegatten und die eingetragene Partnerin oder der eingetragene Partner;
b. Nachkommen sowie die Adoptivkinder und ihre Nachkommen sowie die Eltern und Adoptiveltern
c. Stiftungen, deren Destinatäre ausschliesslich Nachkommen, Adoptivkinder und deren Nachkommen sind.
d. Gemeinwesen, Anstalten und juristische Personen mit Sitz in der Schweiz

Der Schenkungssteuer unterliegen nicht:
a. Leistungen in Erfüllung der sittlichen Pflicht
b. Zuwendungen an bedürftige Personen
c. Zuwendungen an Unternehmensstiftungen von Beteiligten

Steuerberechnung
Der Erbschaftssteuer unterliegen alle Vermögensübergänge (Erbanfälle und Zuwendungen) kraft gesetzlichen Erbrechts oder aufgrund einer Verfügung von Todes wegen, insbesondere zufolge Erbeneinsetzung, Vermächtnis, Erbvertrag, Schenkung und Errichtung einer Stiftung auf den Todesfall, Nacherbeneinsetzung und richterlicher Verschollenenerklärung.

Der Schenkungssteuer unterliegen alle Zuwendungen unter Lebenden, mit denen der Empfänger aus dem Vermögen eines andern ohne entsprechende Gegenleistung bereichert wird.

Der Erbschafts- und Schenkungssteuer unterliegen auch Ansprüche aus Versicherungen, die zufolge Todes übergehen oder die zu Lebzeiten des Schenkers fällig werden, soweit sie nicht als Einkommen steuerbar sind.
Ist ein Empfänger nur für einen Teil des Vermögensüberganges im Kanton steuerpflichtig, wird der Steuersatz für den gesamten Übergang verwendet.

Berücksichtigung früherer Zuwendungen
Für die Berechnung der Schenkungssteuer gilt je Zuwendung ein Steuerfreibetrag von CHF 14'100.

Steuerfreibeträge
Macht ein Schenker während des Kalenderjahres mehrere Zuwendungen an den gleichen Empfänger, so wird dieser Abzug nur einmal gewährt.

G. Erbschafts- und Schenkungssteuern

Steuersätze

Beziehung zum Erblasser/Schenker (Klasse)	Steuersatz bis CHF 28'197	Steuersatz für nächste CHF 42'297	Steuersatz für nächste CHF 84'593	Steuersatz ab CHF 155'087
1. Stiefeltern und -kinder, Pflegeeltern und -kinder (wenn Pflegeverhältnis mind. 2 Jahre), Nachkommen von Stief- und Pflegekindern	2%	5.0%	6%	5.0%
2. *Geschwister* und Halbgeschwister	4%	10.0%	12%	10.0%
3. Grosseltern und Schwiegereltern	6%	15.0%	18%	15.0%
4. Onkel, Tanten, Neffen/Nichten	9%	22.5%	27%	22.5%
5. Alle weiteren Steuerpflichtigen	12%	30.0%	36%	30.0%

Nacherben entrichten die Steuer nach dem Verwandtschaftsverhältnis zum ersten Erblasser.

Sonderfälle
Für die Bestimmung der Klasse werden Verschwägerte gleich behandelt wie ihr Ehegatte oder wie ihr eingetragener Partner, sofern sich dadurch eine mildere Steuer ergibt.

s. Kanton Schwyz

Es wird weder eine Erbschafts- noch eine Schenkungssteuer erhoben.

t. Kanton Thurgau

Steuersubjekt
Steuerpflichtig ist der Empfänger des übergehenden Vermögens (Erben, Vermächtnisnehmer, Beschenkter, Begünstigter oder sonstiger Berechtigter).
Bei einer Nacherbeneinsetzung sind sowohl der Vor- als auch der Nacherbe steuerpflichtig.

Steuerzugehörigkeit
Die Steuerpflicht besteht, wenn
a. der Erblasser seinen letzten Wohnsitz im Kanton hatte oder der Erbgang im Kanton eröffnet wurde;
b. der Schenker im Zeitpunkt der Zuwendung seinen Wohnsitz im Kanton hat;
c. im Kanton gelegene Grundstücke oder Rechte an solchen übergehen.
Im internationalen Verhältnis besteht die Steuerpflicht ferner, wenn im Kanton gelegenes bewegliches Vermögen übergeht, das nach Staatsvertrag dem Betriebsstätte- oder dem Belegenheitsstaat zur Besteuerung zugewiesen wird.
Bei interkantonalen und internationalen Beziehungen bleiben Bundesrecht und Staatsverträge vorbehalten.

Steuerbefreite Vermögensübergänge
Der überlebende Ehegatte, bei eingetragener Partnerschaft die überlebende Partnerin oder der überlebende Partner sowie die Nachkommen des Erblassers oder Schenkers sind nicht steuerpflichtig
Den Nachkommen gleichgestellt sind Stiefkinder sowie Pflegekinder, die mindestens 7 Jahre in einem nach Massgabe des Bundesrechts begründeten Familienpflegeverhältnisse zum Erblasser des Bundesrechts begründeten Familienpflegeverhältnis zum Erblasser oder Schenker gestanden haben. Deren Nachkommen unterliegen der Steuerpflicht. Der Regierungsrat regelt die Ausführungsbestimmungen.

Steuerfreibeträge
Von den steuerbaren Vermögensübergängen sind abzuziehen:
a. für jeden Elternteil CHF 20'000;
b. für dauernd pflege- und unterstützungsbedürftige Personen CHF 100'000.
Der steuerfreie Betrag wird insgesamt nur einmal abgezogen.
Übliche Gelegenheitsgeschenke, Vermögensübergänge aufgrund gesetzlichen Erbrechtes oder einer Verfügung von Todes wegen bis zum Betrag von CHF 5'000 sind steuerbefreit.

G. Erbschafts- und Schenkungssteuern

Steuersätze

Beziehung zum Erblasser	Steuersatz
a. Eltern	2%
b. Grosseltern, Geschwister, Schwiegerkinder sowie Pflegekinder, die mindestens 2 Jahre in einem Pflegeverhältnis zum Erblasser oder Schenker gestanden haben und nicht nach §7 Abs. 1bis von der Steuer befreit sind	4%
c. Onkel, Tanten und Nachkommen von Geschwistern	6%
d. Übrige erbberechtigte Personen und Nichtverwandte	8%

Für Nacherben ist das Verwandtschaftsverhältnis zum ersten Erblasser massgebend.

Auf der einfachen Steuer wird ein **Zuschlag** erhoben.

Vermögensanfall	Zuschlag
bis zu CHF 500'000	0.5% je CHF 1'000 steuerbarer Vermögensanfall
über CHF 500'000	einheitlich 250%

Bei mehreren Vermögensübergängen vom gleichen Erblasser oder Schenker an denselben Empfänger richtet sich der Steuersatz nach dem Gesamtbetrag.

u. Kanton Tessin

Steuersubjekt
Steuerpflichtig ist der Empfänger einer steuerbaren Zuwendung (Erben, Vermächtnisnehmer, Beschenkte, Berechtigte, Begünstigte).

Steuerzugehörigkeit
Eine Steuerpflicht des Zuwendungsempfängers besteht bei einem Erwerb von Todes wegen, wenn der Erblasser seinen letzten Wohnsitz oder Aufenthalt im Kanton Tessin hat oder wenn der Nachlass im Kanton eröffnet wurde, oder der Schenker im Zeitpunkt der Zuwendung seinen Wohnsitz im Kanton hat.

Der Schenkungssteuer unterliegen auch Zuwendungen von beweglichem Vermögen eines Schenkers mit Domizil im Ausland an Beschenkte mit Domizil oder steuerlichem Aufenthalt im Kanton.

Steuerbefreite Vermögensübergänge
Der Ehegatte des Erblassers sowie die Verwandten des Zuwendenden in gerader Linie (auch Adoptivkinder), sind von der Erbschafts- bzw. Schenkungssteuer befreit.

Steuerfreibeträge bei der Schenkungssteuer
Die Steuerfreibeträge gelten für Gelegenheitsgeschenke bis CHF 10'000 pro Jahr und Beschenkter.

Steuerfreibeträge bei der Erbschaftssteuer
Steuerbefreit sind Spareinlagen, Lohn- und Depositenkontos des Erblassers bis zu CHF 50'000.

Steuersätze für die Erbschafts- und Schenkungssteuer

Steuerbarer Betrag (Kategorie)	*Effektiver Steuersatz für max. Betrag*
bis CHF 10'000	5.95%
CHF 10'100 – CHF 30'000	6.80%
CHF 30'100 – CHF 50'000	7.65%
CHF 50'100 – CHF 75'000	8.50%
CHF 75'100 – CHF 100'000	9.35%
CHF 100'100 – CHF 150'000	10.20%
CHF 150'100 – CHF 225'000	11.05%
CHF 225'100 – CHF 300'000	12.33%
CHF 300'100 – CHF 425'000	14.03%
CHF 425'100 – CHF 675'000	15.73%
ab CHF 675'100	17.85%

Multiplikatoren		
Beziehung zum Erblasser (Klasse)	Multiplikator	Maximaler Steuersatz
1. Geschwister und Stiefkinder	x 1.0	15.5%
2. Neffen, Nichten, Kinder von Stiefkindern, Onkel, Tanten und Stiefeltern	x 1.3	18.5%
3. Grossneffen und -nichten, Grossonkel und -tanten, Cousins und Cousinen ersten Grades, Schwager und Schwägerinnen, Schwiegerkinder, Schwiegereltern und Halb- sowie Stiefbrüder	x 1.8	27.0%
4. Alle Personen, die nicht einer der vorgenannten Steuerklassen zugerechnet sind. Grundsätzlich auch Stiftungen.	x 3.0	41.0%

Bei der Bestimmung des Steuersatzes werden Zuwendungen innerhalb der letzten zehn Jahre vor Eröffnung des Erbgangs zusammengerechnet.

v. Kanton Uri

Steuersubjekt
Steuerpflichtig ist die Person, welche das übergehende Vermögen empfängt (Erben, Vermächtnisnehmer, Beschenkte, Berechtigte, Begünstigte).

Steuerzugehörigkeit
Die Steuerpflicht besteht, wenn:
a. der Erblasser seinen letzten Wohnsitz im Kanton hatte oder der Erbgang im Kanton eröffnet worden ist;
b. der Schenker im Zeitpunkt der Zuwendungen seinen Wohnsitz im Kanton hat;
c. im Kanton gelegene Grundstücke oder Rechte an solchen übergehen.

Im internationalen Verhältnis besteht die Steuerpflicht ferner, wenn im Kanton gelegenes bewegliches Vermögen übergeht, das nach Doppelbesteuerungsabkommen dem Betriebsstätte- oder dem Belegenheitsstaat zur Besteuerung zugewiesen wird.

Im interkantonalen Verhältnis bleiben die Bestimmungen des Bundesrechts über das Doppelbesteuerungsverbot vorbehalten.

Steuerbefreite Vermögensübergänge:
Der Ehegatte, die eingetragene Partnerin oder der eingetragene Partner und Verwandte in auf- und absteigender Linie, eingeschlossen Adoptiv- und Stiefkinder sind von der Steuer befreit.
Zudem sind Zuwendungen an Personen, die im Zeitpunkt der Zuwendung oder des Todestages zusammen mit minderjährigen Kindern oder seit mindestens fünf Jahren in einem gemeinsamen Haushalt mit gleichem steuerrechtlichem Wohnsitz mit dem Erblasser oder Schenker in einem eheähnlichen Verhältnis gelebt haben, steuerbefreit.

Steuerfreibeträge
Vermögensübergänge die CHF 15'000 nicht übersteigen werden nicht besteuert.

Steuersätze

Beziehung zum Erblasser	Steuersatz
a. Geschwister und Stiefgeschwister	8%
b. Onkel, Tanten und Nachkommen von Geschwistern	12%
c. übrige erbberechtigte Personen und Nichtverwandte	24%

Nacherben entrichten die Steuer nach dem Verwandtschaftsverhältnis zum ersten Erblasser.

w. Kanton Waadt

Steuersubjekt
Steuerschuldner sind die Erben. Vermächtnisnehmer sind nicht Subjekt der Erbschaftssteuer, dennoch können die Erben im Innenverhältnis die Vermächtnisnehmer bezüglich der auf das jeweilige Vermächtnis entrichteten Steuer in Regress nehmen. Ausserdem sind die versicherungsrechtlichen Begünstigten und von Todes wegen errichtete Stiftungen steuerpflichtig.

Steuerzugehörigkeit
Die Differenzierung erfolgt zunächst anhand des Zuwendungsobjekts und erst sekundär nach dem Wohnsitz des Erblassers. Sofern bewegliche Sachen zugewendet werden, besteht, wenn der Erbgang im Kanton eröffnet wurde eine Steuerpflicht unabhängig von der Belegenheit der Sachen.

G. Erbschafts- und Schenkungssteuern

Berücksichtigung früherer Zuwendungen
Schenkungen, die der Erbschaftssteuerpflichtige bereits zu Lebzeiten des Erblassers erhielt, werden zur Bestimmung des massgeblichen Steuersatzes auf seinen Erbanfall addiert. Hierfür besteht keine zeitliche Begrenzung.

Steuerbefreiung
Der Ehegatte sowie die eingetragene Partnerin oder der eingetragene Partner sind steuerbefreit. Die Nachkommen des Erblassers haben Freibeträge, welche mit zunehmender Höhe des Vermögensanfalls abnehmen.

Beziehung zum Erblasser	Freibetrag
Erben der ersten Parentele	CHF 250'000 [21]
Jeder, der kein Nachkomme oder Ehegatte des Erblassers ist	CHF 10'000

Steuersätze (maximal, ausschliesslich Gemeindesteuer) [22]

Beziehung zum Erblasser		Vermögensanfall	Steuersatz
a.	Nachkommen	über CHF 1'302'000	3.5%
b.	Verwandte aufsteigender Linie und Kinder des überlebenden Ehegatten aus einer früheren Ehe	über CHF 1'061'000	7.5%
c.	Geschwister und Schwiegerkinder	über CHF 489'000	12.5%
d.	Onkel, Tanten, Neffen und Nichten	über CHF 314'000	16.5%
e.	Grossonkel, Grosstanten, Kinder der Neffen und Nichten, Vetter und Cousinen zweiten Grades	über CHF 123'000	20%
f.	Alle Übrigen	über CHF 110'000	25%

---

[21] Wenn der zugewiesene Betrag CHF 250'000 übersteigt, wird der steuerfreie Betrag je um 1/250 pro CHF 1'000 reduziert. Bei der Schenkungssteuer besteht ein Freibetrag von CHF 50'000 pro Kind und Jahr, für andere Erben von CHF 10'000.

[22] Die Gemeinden legen für die zusätzlich zu erhebenden Gemeindesteuer einen Prozentsatz von der Kantonalen Steuer fest (0-100%). Für eine Gemeinde, welche 100% erhebt, ist ein Maximalsteuersatz von 7% massgebend.

Für Ausländer, die im Kanton ihren letzten Wohnsitz hatten gilt eine Sonderregelung. Sofern der Erblasser nie einer Erwerbstätigkeit in der Schweiz nachging, vermindert sich die Steuer auf die Hälfte.

x. Kanton Wallis

Steuersubjekt
Die Steuer ist vom Empfänger der steuerbaren Zuwendung geschuldet (Erben, Vermächtnisnehmer, Beschenkte, Berechtigte, Begünstigte).

Steuerzugehörigkeit
Für bewegliches Vermögen ist die Steuerpflicht begründet, sofern der letzte Wohnsitz des Erblassers im Kanton war oder der Schenker im Zeitpunkt des Vermögensüberganges seinen Wohnsitz im Kanton hatte. Für unbewegliches Vermögen ist die Steuerpflicht begründet, wenn es im Kanton gelegen ist.

Steuerbefreite natürliche Personen
Die Steuer wird nicht erhoben auf Erbschaften, Schenkungen und anderen Leistungen zugunsten Blutsverwandter in gerader Linie, Ehegatten in ungetrennter Ehe und Adoptivkinder.

Steuerfreibeträge
Erbanteile, deren Reinbeträge CHF 10'000 nicht übersteigen und Schenkungen, deren jährlicher Gesamtwert CHF 2'000 nicht überschreitet.

Steuersätze

Beziehung zum Erblasser	Steuersatz
a. Elterlicher Stamm (z.B. Onkel, Tante)	10%
b. Grosselterlicher Stamm	15%
c. Urgrosselterlicher Stamm	20%
d. Alle Übrigen	25%

y. Kanton Zug

Steuersubjekt
Steuerpflichtig ist der Empfänger des übergehenden Vermögens (Erben, Vermächtnisnehmer, Beschenkte, Berechtigte, Begünstigte).
Bei einer Nacherbeneinsetzung sind sowohl die Vor- als auch die Nacherbenden steuerpflichtig.

G. Erbschafts- und Schenkungssteuern

Steuerzugehörigkeit
Die Steuerpflicht besteht, wenn
a. der Erblasser seinen letzten Wohnsitz im Kanton hatte oder der Erbgang im Kanton eröffnet wurde;
b. der Schenker im Zeitpunkt der Zuwendung seinen Wohnsitz im Kanton hat;
c. im Kanton gelegene Grundstücke oder Rechte an solchen übergehen.
Im internationalen Verhältnis besteht die Steuerpflicht ferner, wenn im Kanton gelegenes bewegliches Vermögen übergeht, das nach Staatsvertrag dem Betriebsstätte- oder dem Belegenheitsstaat zur Besteuerung zugewiesen wird.
Bei interkantonalen und internationalen Beziehungen bleiben die Bestimmungen des Bundesrechtes und der Staatsverträge vorbehalten.

Steuerbefreite Vermögensübergänge
Von der Steuerpflicht sind der andere Eheteil, die Lebenspartnerin oder der Lebenspartner, die direkten Nachkommen und die Stiefkinder sowie die Eltern und Stiefeltern der Erblasserin oder des Erblassers befreit.

Berücksichtigung früherer Zuwendungen
Bei mehrmaligen Zuwendungen an eine Person durch den nämlichen Erblasser bzw. Schenker wird für die Steuerberechnung auf den Gesamtbetrag abgestellt.

Steuerfreibeträge
a. Zuwendungen an dauernd erwerbsunfähige Personen bis zum Betrag von CHF 60'000, sofern deren steuerbares Einkommen einschliesslich der Einkünfte aus dem Vermögensübergang den Betrag von CHF 12'000 nicht übersteigt;
b. Zuwendungen an Pflegekinder, Patenkinder und Dienstpersonal bis zum Betrag von CHF 10'000;
c. übliche Gelegenheitsgeschenke und einmalige Zuwendungen von Todes wegen, sofern sie den Wert von CHF 5'000 nicht übersteigen;
Die steuerfreien Beträge werden insgesamt nur einmal gewährt unter Anrechnung auf die erste oder die ersten Zuwendungen.

G. Erbschafts- und Schenkungssteuern

Steuersätze

Steuerbarer Betrag	Steuersatz
für die ersten CHF 40'000	10.0%
für die weiteren CHF 40'000	11.0%
für die weiteren CHF 60'000	12.0%
für die weiteren CHF 60'000	13.0%
für die weiteren CHF 200'000	15.0%
für die weiteren CHF 200'000	17.5%
für den Vermögensanfall über CHF 600'000	20.0%

Von der ermittelten Steuer entrichten	
1. Schwiegersohn und -tochter sowie Schwiegereltern	20%
2. Geschwister, Stiefgeschwister	40%
3. Grosseltern, Onkel und Tante, Kinder und Stiefkinder von Geschwistern, Stiefgrosskinder	60%
4. Grosskinder von Geschwistern, Kinder von Onkel und Tante	80%
5. übrige Destinatäre	100%

Nacherbende entrichten die Steuer nach dem Verwandtschaftsverhältnis zum ersten Erblasser. Zuwendungen an Stiftungen werden nach Massgabe des Verwandtschaftsgrades des Destinatärs zum Stifter besteuert.

Ist eine Empfängerin oder ein Empfänger nur für einen Teil des Vermögensüberganges im Kanton steuerpflichtig, bestimmt sich die Steuer nach dem Steuersatz für die gesamte Zuwendung.

z. Kanton Zürich

Steuersubjekt

Steuerpflichtig ist der Empfänger des übergehenden Vermögens (Erben, Vermächtnisnehmer, Beschenkter, Berechtigter, Begünstigter).

Steuerzugehörigkeit

Die Steuerpflicht besteht, wenn
a. der Erblasser seinen letzten Wohnsitz im Kanton hatte oder der Erbgang im Kanton eröffnet worden ist;
b. der Schenker im Zeitpunkt der Zuwendung seinen Wohnsitz im Kanton hat;
c. im Kanton gelegene Grundstücke oder Rechte an solchen übergehen.

G. Erbschafts- und Schenkungssteuern

Im internationalen Verhältnis besteht die Steuerpflicht ferner, wenn im Kanton gelegenes bewegliches Vermögen übergeht, das nach Staatsvertrag dem Betriebsstätte- oder dem Belegenheitsstaat zur Besteuerung zugewiesen wird.

Steuerbefreite Vermögensübergänge
Der Ehegatte, der eingetragene Partner und die Nachkommen des Erblassers oder Schenkers sind von der Steuerpflicht befreit.

Steuerfreie Beträge

Beziehung zum Erblasser/Schenker	*Steuerfreier Betrag*
a. Eltern	CHF 200'000
b. Bruder, Schwester oder Grosseltern	CHF 15'000
c. Verlobter/Verlobte	CHF 15'000
d. Stiefkinder, Kind des eingetragenen Partners, Patenkinder oder Pflegekinder sowie Hausangestellte mit mehr als zehn Dienstjahren, sofern kein Abzug im Sinne von § 21 lit. a – c ESchG erfolgt	CHF 15'000
e. Lebenspartnerin oder Lebenspartner, die oder der während mindestens fünf Jahren mit dem Erblasser/Schenker im gleichen Haushalt zusammengelebt hat, sofern kein weiterer Abzug im Sinne von lit. a – d geltend gemacht wird	CHF 50'000
f. Alle erwerbsunfähigen oder beschränkt erwerbsfähigen unterstützungsbedürftigen Personen	CHF 30'000

Mehrere Vermögensübergänge an den gleichen Empfänger durch den nämlichen Erblasser oder Schenker werden zusammengerechnet, und es wird der Steuerfreibetrag insgesamt nur einmal gewährt unter Anrechnung auf die erste oder die ersten Zuwendungen.

Nicht besteuert werden Gelegenheitsgeschenke, die den Wert von CHF 5'000 nicht übersteigen.

Steuersätze

Einfache Steuer	
Steuerbarer Betrag	*Steuersatz*
die ersten CHF 30'000	2%
für die folgenden CHF 60'000	3%
für die folgenden CHF 90'000	4%
für die folgenden CHF 180'000	5%
für die folgenden CHF 480'000	6%
für die folgenden CHF 660'000	7%

Für steuerpflichtige Beträge über CHF 1'500'000 beträgt die einfache Steuer 6% des Gesamtbetrages.

Von der berechneten Steuer gemäss obiger Tabelle schulden:

Beziehung zum Erblasser/Schenker	Steuerbetrag
a. Eltern	Einfacher Betrag
b. Grosseltern und Stiefkinder	Doppelter Betrag
c. Geschwister	Dreifacher Betrag
d. Stiefeltern	Vierfacher Betrag
e. Onkel, Tanten und Nachkommen von Geschwistern	Fünffacher Betrag
f. Übrige erbberechtigte Personen und Nichtverwandte	Sechsfacher Betrag

Nacherben entrichten die Steuer nach dem Verwandtschaftsverhältnis zum ersten Erblasser.

Bei mehreren Vermögensübergängen an den gleichen Empfänger durch den nämlichen Erblasser oder Schenker richtet sich der Steuersatz nach dem Gesamtbetrag.

Es wird kein kantonaler oder kommunaler Multiplikator angewandt.

G. Erbschafts- und Schenkungssteuern

3. Gegenrechtsvereinbarungen

a. Übersicht[23]

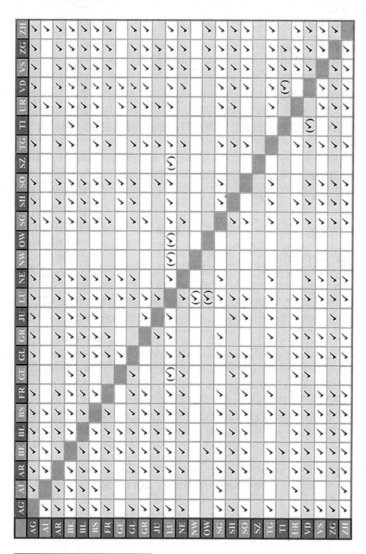

---

[23] (✓) = Gegenrecht gestützt auf jeweiliges kantonales Recht (= wie Gegenrechtsvereinbarung). Kt. OW erhebt seit 01.01.2017 keine Erbschaftssteuer. Kt. SZ erhebt keine Erbschaftssteuer.

b. Beispiel 1: Zürich – Waadt

672.621 Gegenrechtsvereinbarung zwischen den Kantonen Zürich und Waadt über die Befreiung von der Erbschafts- und Schenkungssteuer
(vom 26. Mai/14. Juli 1982)

1. Die Regierungen der Kantone Zürich und Waadt vereinbaren, Zuwendungen von der Erbschafts- und Schenkungssteuer zu befreien, die gemacht werden zugunsten
   a) der Kantone und Gemeinden sowie ihrer öffentlich-rechtlichen Anstalten und Institutionen, sofern sie kein Handels- oder Industrieunternehmen betreiben;
   b) juristischer Personen des privaten Rechts, die uneigennützig gemeinnützigen Zwecken, der Erziehung, der Ausbildung oder anderen öffentlichen Zwecken dienen, in dem Masse, wie diese im Sitzkanton von der Erbschafts- und Schenkungssteuerpflicht befreit werden; die Steuerbefreiung wird nur insoweit gewährt, als sie durch den besteuernden Kanton einer ähnlichen juristischen Person mit Sitz in seinem Kanton auch gewährt würde.
2. Die vorliegende Vereinbarung ist anwendbar
   a) im Kanton Zürich auf die vom Kanton erhobene Erbschafts- und Schenkungssteuer;
   b) im Kanton Waadt auf die vom Kanton und von den Gemeinden erhobene Erbschafts- und Schenkungssteuer.
3. Für die Auslegung dieser Gegenrechtsvereinbarung ist der deutsche und der französische Wortlaut gleichermassen verbindlich.
4. Diese Vereinbarung tritt in Kraft, nachdem ihr die Regierungen beider Kantone zugestimmt haben. Sie ist anwendbar auf die nach diesem Zeitpunkt eröffneten Erbgänge und vollzogenen Schenkungen.
5. Mit dem Inkrafttreten dieser Vereinbarung treten die Gegenrechtserklärungen des Staatsrates des Kantons Waadt vom 24. April 1926 und des Regierungsrates des Kantons Zürich vom 29. September 1927 ausser Kraft.
6. Die beiden Regierungen sind berechtigt, jederzeit unter Beachtung einer Kündigungsfrist von einem Jahr von der vorliegenden Vereinbarung zurückzutreten.

670.97.7 Arrêté accordant la réciprocité en matière d'impôt sur les successions et donations au Canton de Zurich
du 14 juillet 1982 (état: 01.04.2004)

LE CONSEIL D'ÉTAT DU CANTON DE VAUD

Vu l'article 20, alinéa 3, de la loi du 27 février 1963 concernant le droit de mutation sur les transferts immobiliers et l'impôt sur les successions et donations
Vu le préavis du Département des finances
Arrête

Art. 1
1) La convention de réciprocité entre le Conseil d'Etat du Canton de Zurich et le Conseil d'Etat du Canton de Vaud au sujet des exonérations de l'impôt sur les successions et donations du mai 1982 et du 14 juillet 1982, et dont le texte suit, entre immédiatement en vigueur.
1. Le Conseil d'Etat du Canton de Zurich et celui du Canton de Vaud s'engagent à exonérer de l'impôt sur les succession set donations les libéralités faites en faveur:
   a. du canton et des communes, ainsi que de leurs établissements et des institutions de droit public de caractère non commercial ou industriel;
   b. les personnes morales de droit privé qui se vouent de manière désintéressée à la bienfaisance, à l'éducation, à l'instruction ou à d'autres buts d'utilité publique, dans la mesure où celles-ci sont exonérées dans leur canton de domicile; l'exonération ne peut être supérieure à celle qui serait accordée par le canton compétent à une institution similaire qui aurait son siège sur son territoire.
2. La présente convention s'applique:
   a. pour le Canton de Zurich, à l'impôt sur les successions et donations, perçu par le canton;
   b. pour le Canton de Vaud, à l'impôt sur les successions et donations, perçu par le canton et les communes.
3. Pour l'interprétation de la présente convention de réciprocité, les textes allemand et français ont la même valeur.
4. la présente convention entrera en vigueur dès qu'elle aura été approuvée par l'organe exécutif de l'un et l'autre canton. Elle sera applicable aux successions qui seront ouvertes et aux donations qui seront effectuées dès cette date.

5. Dès l'entrée en vigueur de la présente convention, les déclarations de réciprocité du Conseil d'Etat du Canton de Vaud du 24 avril 1926 et du Conseil d'Etat du Canton de Zurich du 29 septembre 1927 n'auront plus d'effet.
6. La présente convention peut être dénoncée en tout temps, par l'un ou l'autre des contractants, moyennant un délai d'avertissement d'une année.

Art. 2
1) Le Département des finances est chargé de l'exécution du présent arrêté.

c. Beispiel 2: Bern – Genf

669.534 Regierungsratsbeschluss betreffend die Gegenrechtsvereinbarung zwischen dem Freistaat und Kanton Genf und dem Kanton Bern über die ganze oder teilweise Steuerbefreiung gewisser unentgeltlicher Zuwendungen von der Erbschafts- und Schenkungssteuer
(vom 19. Januar 1977)

Der Regierungsrat des Kantons Bern,
gestützt auf Artikel 42 Absatz 3 des Gesetzes über die Erbschafts- und Schenkungssteuer,
auf Antrag der Finanzdirektion,
beschliesst:
1. Der Kanton Bern tritt der im Anhang wiedergegebenen Vereinbarung bei.
2. Dieser Beschluss ist in die Gesetzessammlung aufzunehmen.

Bern, 19. Januar 1977   Im Namen des Regierungsrates
                            Der Präsident: *Martignoni*
                            Der Staatsschreiber: *Josi*

Anhang
Gegenrechtsvereinbarung zwischen dem Freistaat und Kanton Genf und dem Kanton Bern über die ganze oder teilweise Steuerbefreiung gewisser Unentgeltlicher Zuwendungen von der Erbschafts- und der Schenkungssteuer

1. Der Staatsrat des Freistaates und Kantons Genf und der Regierungsrat des Kantons Bern sind übereingekommen, sich auf dem Gebiet der Steuerbefreiung von der Erbschafts- und Schenkungssteuer Gegenrecht zuzusichern.

G. Erbschafts- und Schenkungssteuern

2. Die vollständige, gegenseitige Befreiung von der Erbschafts- und Schenkungssteuer ist vorgesehen zugunsten des Kantons, der Gemeinden und ihrer Einrichtungen und der Institutionen des öffentlichen Rechts, die kein nach kaufmännischer Art geführtes Gewerbe darstellen.
Institutionen des privaten Rechts, die auf uneigennützige Art wohltätig oder gemeinnützig sind, kommen in den Genuss der ganzen oder teilweisen Steuerbefreiung nur in dem Umfange, wie sie im Sitzkanton selbst befreit werden; die Steuerbefreiung kann nicht weiter gehen, als der Sitzkanton selbst eine gleichartige Institution befreien würde. Wenn demnach eine Steuerermässigung zugestanden wird, kann der besteuernde Kanton den gleichen Steuerbetrag erheben, wie dieser vom Sitzkanton selbst erhoben werden müsste. Die vorliegenden Bestimmungen sind nicht anwendbar, wenn der Erblasser die Bezahlung der Steuer anstelle des Empfängers der Zuwendung ausdrücklich den gesetzlichen oder eingesetzten Erben auferlegt hat.
3. Die beiden Kantone verpflichte sich gegenseitig, alle Unterlagen zur Verfügung zu stellen, die zur Beurteilung und Anwendung der vorliegenden Vereinbarung notwendig sind, insbesondere die Statuten, Auskünfte über die Tätigkeit und Buchabschlüsse der begünstigten Organisation.
4. Die vorliegende Vereinbarung tritt nach beidseitiger Genehmigung der zuständigen Organe der beiden Kantone in Kraft.
5. Die vorliegende Vereinbarung kann beiderseits jederzeit unter Einhaltung einer sechsmonatigen Frist aufgekündet werden.

Bern, 17. November 1976

Im Namen des Staatsrates des
Freistaates und Kanton Genf:
Der Staatsschreiber: *Galland*
Der Präsident: *Babel*

Bern, 19. Januar 1977

Im Namen des Regierungsrates
des Kantons Bern:
Der Staatsschreiber: *Josi*
Der Präsident: *Martignoni*

669.534 Arrêté du Conseil-exécutif concernant la convention de réciprocité entre la République et canton de Genève et le canton de Berne sur l'exonération totale ou partielle de certaines libéralités de l'impôt sur les successions et les donations
(date 19 janvier 1977)

Le Conseil-exécutif du canton de Berne,
Vu l'article 42, 3ᵉ alinéa, de la loi sur la taxe des successions et donations,
Sur proposition de la Direction des finances,
Arrête:
1. Le canton de Berne adhère à la convention figurant en appendice.
2. Cet arrêté sera inséré dans le Bulletin des lois.

Berne, 19 janvier 1977   Au nom du Conseil-exécutif,
                          Le président: *Martignoni*
                          Le chancelier: *Josi*

Annexe
Convention entre le Conseil d'Etat de la République et Canton de Genève et le Conseil-exécutif du canton de Berne concernant l'exonération totale ou partielle de certaines libéralités de l'impôt sur les successions et es donations

1. Le Conseil d'Etat de la République et canton de Genève et le Conseil-exécutif du canton de Berne conviennent de s'accorder la réciprocité en matière d'exonération des impôts sur les successions et sur les donations.
2. L'exonération réciproque de tout impôt sur les successions et sur les donations est prévue en faveur du canton, des communes, de leurs établissements et des institutions de droit public de caractère non commercial et industriel. Les institutions de droit privé qui poursuivent d'une manière désintéressée un but d'utilité publique ou de bienfaisance bénéficient de l'exonération réciproque, partielle ou totale, dans la mesure où elles sont exonérées dans leur canton de domicile; l'exonération ne peut être toutefois supérieure à celle qui serait accordée par le canton qui impose à une institution similaire qui aurait son siège sur son territoire. D'autre part, lorsqu'une réduction est accordée, le canton qui impose a la faculté de prélever des droits d'un montant équivalent à celui qui serait exigé par le canton de domicile si l'imposition avait lieu dans ce dernier canton. Les présentes dispositions ne sont pas applicables

lorsque le défunt a mis expressément le paiement des impôts de succession non pas à la charge du bénéficiaire de la libéralité mais à celle des héritiers légaux ou institués.
3. Les deux cantons s'engagent à se fournier réciproquement tous les éléments d'information nécessaires à l'application de la présente convention, noamment quant aux statuts, à l'activité et à la comptabilité des institutions bénéficiaires d'une libéralité.
4. La présente convention entrera en vigueur dès qu'elle aura été approuvée par l'organc exécutif de l'un et de l'autre cantons.
5. La présente convention peut être dénoncée en tout temps par l'une ou l'autre des parties, moyennant observation d'un délai d'avertissement de six mois.

Genève, 17 novembre 1976   Au nom du Conseil d'Etat de la
                               République et canton de Genève,
                               Le chancelier: *Galland*
                               Le président: *Babel*

Berne, 19 janvier 1977   Au nom du Conseil-exécutif du
                               canton de Berne,
                               le chancelier: *Josi*
                               le président: *Martignoni*

H. Vereinfachung der Nachbesteuerung in Erbfällen und straflose Selbstanzeige

Bundesgesetz über die Vereinfachung der Nachbesteuerung in Erbfällen und die Einführung der straflosen Selbstanzeige (BBl. 2008, 2321)

vom 20. März 2008

Die Bundesversammlung der Schweizerischen Eidgenossenschaft, nach Einsicht in die Botschaft des Bundesrates vom 18. Oktober 2006[24,] beschliesst:
I
Die nachstehenden Erlasse werden wie folgt geändert:

1. Bundesgesetz vom 14. Dezember 1990[25] über die direkte Bundessteuer

Art. 151   Sachüberschrift
Ordentliche Nachsteuer

Art. 153a   Vereinfachte Nachbesteuerung von Erben
[1] Alle Erben haben unabhängig voneinander Anspruch auf eine vereinfachte Nachbesteuerung der vom Erblasser hinterzogenen Bestandteile von Vermögen und Einkommen, wenn:
  a. die Hinterziehung keiner Steuerbehörde bekannt ist;
  b. sie die Verwaltung bei der Feststellung der hinterzogenen Vermögens- und Einkommenselemente vorbehaltlos unterstützen; und
  c. sie sich ernstlich um die Bezahlung der geschuldeten Nachsteuer bemühen.

[2] Die Nachsteuer wird für die letzten drei vor dem Todesjahr abgelaufenen Steuerperioden nach den Vorschriften über die ordentliche Veranlagung berechnet und samt Verzugszins nachgefordert.

[3] Die vereinfachte Nachbesteuerung ist ausgeschlossen, wenn die Erbschaft amtlich oder konkursamtlich liquidiert wird.

[4] Auch der Willensvollstrecker oder der Erbschaftsverwalter kann um eine vereinfachte Nachbesteuerung ersuchen.

---

[24] BBl 2006 8795.
[25] SR 642.11.

H. Vereinfachung der Nachbesteuerung in Erbfällen und straflose Selbstanzeige

Art. 175 Abs. 3 und 4
³ Zeigt die steuerpflichtige Person erstmals eine Steuerhinterziehung selbst an, so wird von einer Strafverfolgung abgesehen (straflose Selbstanzeige), wenn:
    a. die Hinterziehung keiner Steuerbehörde bekannt ist;
    b. sie die Verwaltung bei der Festsetzung der Nachsteuer vorbehaltlos unterstützt; und
    c. sie sich ernstlich um die Bezahlung der geschuldeten Nachsteuer bemüht.

⁴ Bei jeder weiteren Selbstanzeige wird die Busse unter den Voraussetzungen nach Absatz 3 auf einen Fünftel der hinterzogenen Steuer ermässigt.

Art. 177 Abs. 3
³ Zeigt sich eine Person nach Absatz 1 erstmals selbst an und sind die Voraussetzungen nach Artikel 175 Absatz 3 Buchstaben a und b erfüllt, so wird von einer Strafverfolgung abgesehen und die Solidarhaftung entfällt.

Art. 178 Abs. 1 und 4
¹ Wer Nachlasswerte, zu deren Bekanntgabe er im Inventarverfahren verpflichtet ist, verheimlicht oder beiseite schafft in der Absicht, sie der Inventaraufnahme zu entziehen, wer zu einer solchen Handlung anstiftet oder dazu Hilfe leistet, wird mit Busse bestraft.

⁴ Zeigt sich eine Person nach Absatz 1 erstmals selbst an, so wird von einer Strafverfolgung wegen Verheimlichung oder Beiseiteschaffung von Nachlasswerten im Inventarverfahren und wegen allfälliger anderer in diesem Zusammenhang begangener Straftaten abgesehen (straflose Selbstanzeige), wenn:
    a. die Widerhandlung keiner Steuerbehörde bekannt ist; und
    b. die Person die Verwaltung bei der Berichtigung des Inventars vorbehaltlos unterstützt.

Art. 181   Sachüberschrift
Allgemeines

Art. 181a   Selbstanzeige
¹ Zeigt eine steuerpflichtige juristische Person erstmals eine in ihrem Geschäftsbetrieb begangene Steuerhinterziehung selbst an, so wird von einer Strafverfolgung abgesehen (straflose Selbstanzeige), wenn:
    a. die Hinterziehung keiner Steuerbehörde bekannt ist;
    b. sie die Verwaltung bei der Festsetzung der Nachsteuer vorbehaltlos unterstützt; und

H. Vereinfachung der Nachbesteuerung in Erbfällen und straflose Selbstanzeige

    c. sie sich ernstlich um die Bezahlung der geschuldeten Nachsteuer bemüht.

² Die straflose Selbstanzeige kann auch eingereicht werden:
    a. nach einer Änderung der Firma oder einer Verlegung des Sitzes innerhalb der Schweiz;
    b. nach einer Umwandlung nach den Artikeln 53–68 des Fusionsgesetzes vom 3. Oktober 2003[26] (FusG) durch die neue juristische Person für die vor der Umwandlung begangenen Steuerhinterziehungen;
    c. nach einer Absorption (Art. 3 Abs. 1 Bst. a FusG) oder Abspaltung (Art. 29 Bst. b FusG) durch die weiterbestehende juristische Person für die vor der Absorption oder Abspaltung begangenen Steuerhinterziehungen.

³ Die straflose Selbstanzeige muss von den Organen oder Vertretern der juristischen Person eingereicht werden. Von einer Strafverfolgung gegen diese Organe oder Vertreter wird abgesehen und ihre Solidarhaftung entfällt.

⁴ Zeigt ein ausgeschiedenes Organmitglied oder ein ausgeschiedener Vertreter der juristischen Person diese wegen Steuerhinterziehung erstmals an und ist die Steuerhinterziehung keiner Steuerbehörde bekannt, so wird von einer Strafverfolgung der juristischen Person, sämtlicher aktueller und ausgeschiedener Mitglieder der Organe und sämtlicher aktueller und ausgeschiedener Vertreter abgesehen. Ihre Solidarhaftung entfällt.

⁵ Bei jeder weiteren Selbstanzeige wird die Busse unter den Voraussetzungen nach Absatz 1 auf einen Fünftel der hinterzogenen Steuer ermässigt.

⁶ Nach Beendigung der Steuerpflicht einer juristischen Person in der Schweiz kann keine Selbstanzeige mehr eingereicht werden.

Art. 186 Abs. 3

³ Liegt eine Selbstanzeige nach Artikel 175 Absatz 3 oder Artikel 181a Absatz 1 vor, so wird von einer Strafverfolgung wegen allen anderen Straftaten abgesehen, die zum Zweck dieser Steuerhinterziehung begangen wurden. Diese Bestimmung ist auch in den Fällen nach den Artikeln 177 Absatz 3 und 181a Absätze 3 und 4 anwendbar.

Art. 187 Abs. 2

² Liegt eine Selbstanzeige nach Artikel 175 Absatz 3 oder Artikel 181a Absatz 1 vor, so wird von einer Strafverfolgung wegen Veruntreuung von Quellensteuern und anderen Straftaten, die zum Zweck der Veruntreuung von Quellensteuern be-

---

[26]   SR 221.301.

gangen wurden, abgesehen. Diese Bestimmung ist auch in den Fällen nach den Artikeln 177 Absatz 3 und 181a Absätze 3 und 4 anwendbar.

Art. 220a   Übergangsbestimmung zur Änderung vom 20. März 2008
Auf Erbgängen, die vor Inkrafttreten der Änderung vom 20. März 2008 eröffnet wurden, sind die Bestimmungen über die Nachsteuern nach bisherigem Recht anwendbar.

2. Bundesgesetz vom 14. Dezember 1990[27] über die Harmonisierung der direkten Steuern der Kantone und Gemeinden

Art. 53   Sachüberschrift
Ordentliche Nachsteuer

Art. 53a   Vereinfachte Nachbesteuerung von Erben
[1] Alle Erben haben unabhängig voneinander Anspruch auf eine vereinfachte Nachbesteuerung der vom Erblasser hinterzogenen Bestandteile von Vermögen und Einkommen, wenn:
    a.   die Hinterziehung keiner Steuerbehörde bekannt ist;
    b.   sie die Verwaltung bei der Feststellung der hinterzogenen Vermögens- und Einkommenselemente vorbehaltlos unterstützen; und
    c.   sie sich ernstlich um die Bezahlung der geschuldeten Nachsteuer bemühen.
[2] Die Nachsteuer wird für die letzten drei vor dem Todesjahr abgelaufenen Steuerperioden nach den Vorschriften über die ordentliche Veranlagung berechnet und samt Verzugszins nachgefordert.
[3] Die vereinfachte Nachbesteuerung ist ausgeschlossen, wenn die Erbschaft amtlich oder konkursamtlich liquidiert wird.
[4] Auch der Willensvollstrecker oder der Erbschaftsverwalter kann um eine vereinfachte Nachbesteuerung ersuchen.

Art. 56 Abs. 1, 1bis, 1ter, 3bis, 4 und 5
[1] Wer als Steuerpflichtiger vorsätzlich oder fahrlässig bewirkt, dass eine Veranlagung zu Unrecht unterbleibt oder dass eine rechtskräftige Veranlagung unvollständig ist, wer als zum Steuerabzug an der Quelle Verpflichteter vorsätzlich oder fahrlässig einen Steuerabzug nicht oder nicht vollständig vornimmt, wer vorsätzlich oder fahrlässig eine unrechtmässige Rückerstattung oder einen unge-

---
[27]   SR 642.14.

rechtfertigten Erlass erwirkt, wird mit einer Busse entsprechend seinem Verschulden bestraft, die einen Drittel bis das Dreifache, in der Regel das Einfache der hinterzogenen Steuer beträgt.

^{2bis} Zeigt die steuerpflichtige Person erstmals eine Steuerhinterziehung selbst an, so wird von einer Strafverfolgung abgesehen (straflose Selbstanzeige), wenn:
    a.   die Hinterziehung keiner Steuerbehörde bekannt ist;
    b.   sie die Steuerbehörden bei der Feststellung der hinterzogenen Vermögens- und Einkommenselemente vorbehaltlos unterstützt; und
    c.   sie sich ernstlich um die Bezahlung der geschuldeten Nachsteuer bemüht.

^{1ter} Bei jeder weiteren Selbstanzeige wird die Busse unter den Voraussetzungen nach Absatz 1bis auf einen Fünftel der hinterzogenen Steuer ermässigt.

^{3bis} Zeigt sich eine Person nach Absatz 3 erstmals selbst an und sind die Voraussetzungen nach Absatz 1bis Buchstaben a und b erfüllt, so wird von einer Strafverfolgung abgesehen und die Solidarhaftung entfällt.

^{4} Wer Nachlasswerte, zu deren Bekanntgabe er im Inventarverfahren verpflichtet ist, verheimlicht oder beiseite schafft, in der Absicht, sie der Inventaraufnahme zu entziehen, sowie wer hierzu anstiftet, Hilfe leistet oder eine solche Tat begünstigt, wird ohne Rücksicht auf die Strafbarkeit des Steuerpflichtigen mit einer Busse bis zu 10'000 Franken, in schweren Fällen oder bei Rückfall bis zu 50'000 Franken bestraft. Der Versuch einer Verheimlichung oder Beiseiteschaffung von Nachlasswerten ist ebenfalls strafbar. Die Strafe kann milder sein als bei vollendeter Begehung.

^{5} Zeigt sich eine Person nach Absatz 4 erstmals selbst an, so wird von einer Strafverfolgung wegen Verheimlichung oder Beiseiteschaffung von Nachlasswerten im Inventarverfahren und wegen allfälliger anderer in diesem Zusammenhang begangener Straftaten abgesehen (straflose Selbstanzeige), wenn:
    a.   die Widerhandlung keiner Steuerbehörde bekannt ist; und
    b.   die Person die Verwaltung bei der Berichtigung des Inventars vorbehaltlos unterstützt.

Art. 57a   Selbstanzeige juristischer Personen

^{1} Zeigt eine steuerpflichtige juristische Person erstmals eine in ihrem Geschäftsbetrieb begangene Steuerhinterziehung selbst an, so wird von einer Strafverfolgung abgesehen (straflose Selbstanzeige), wenn:
    a.   die Hinterziehung keiner Steuerbehörde bekannt ist;
    b.   sie die Verwaltung bei der Festsetzung der Nachsteuer vorbehaltlos unterstützt; und

H. Vereinfachung der Nachbesteuerung in Erbfällen und straflose Selbstanzeige

    c. sie sich ernstlich um die Bezahlung der geschuldeten Nachsteuer bemüht.

² Die straflose Selbstanzeige kann auch eingereicht werden:
    a. nach einer Änderung der Firma oder einer Verlegung des Sitzes innerhalb der Schweiz;
    b. nach einer Umwandlung nach den Artikeln 53–68 des Fusionsgesetzes vom 3. Oktober 2003[28] (FusG) durch die neue juristische Person für die vor der Umwandlung begangenen Steuerhinterziehungen;
    c. nach einer Absorption (Art. 3 Abs. 1 Bst. a FusG) oder Abspaltung (Art. 29 Bst. b FusG) durch die weiterbestehende juristische Person für die vor der Absorption oder Abspaltung begangenen Steuerhinterziehungen.

³ Die straflose Selbstanzeige muss von den Organen oder Vertretern der juristischen Person eingereicht werden. Von einer Strafverfolgung gegen diese Organe oder Vertreter wird abgesehen und ihre Solidarhaftung entfällt.

⁴ Zeigt ein ausgeschiedenes Organmitglied oder ein ausgeschiedener Vertreter der juristischen Person diese wegen Steuerhinterziehung erstmals an und ist die Steuerhinterziehung keiner Steuerbehörde bekannt, so wird von einer Strafverfolgung der juristischen Person, sämtlicher aktueller und ausgeschiedener Mitglieder der Organe und sämtlicher aktueller und ausgeschiedener Vertreter abgesehen. Ihre Solidarhaftung entfällt.

⁵ Bei jeder weiteren Selbstanzeige wird die Busse unter den Voraussetzungen nach Absatz 1 auf einen Fünftel der hinterzogenen Steuer ermässigt.

⁶ Nach Beendigung der Steuerpflicht einer juristischen Person in der Schweiz kann keine Selbstanzeige mehr eingereicht werden.

Art. 59 Abs. 2bis und 2ter

^{2bis} Liegt eine Selbstanzeige nach Artikel 56 Absatz 1bis oder Artikel 57a Absatz 1 wegen Steuerhinterziehung vor, so wird von einer Strafverfolgung wegen allen anderen Straftaten abgesehen, die zum Zweck der Steuerhinterziehung begangen wurden. Diese Bestimmung ist auch in den Fällen nach den Artikeln 56 Absatz 3bis und 57a Absätze 3 und 4 anwendbar.

^{2ter} Liegt eine straflose Selbstanzeige wegen Veruntreuung der Quellensteuer vor, so wird auch von einer Strafverfolgung wegen allen anderen Straftaten abgesehen, die zum Zweck der Veruntreuung der Quellensteuer begangen wurden.

---

[28] SR 221.301.

H. Vereinfachung der Nachbesteuerung in Erbfällen und straflose Selbstanzeige

Diese Bestimmung ist auch in den Fällen nach den Artikeln 56 Absatz 3bis und 57a Absätze 3 und 4 anwendbar.

Art. 72h[29]   Anpassung der kantonalen Gesetzgebung an die Änderung vom 20. März 2008
¹ Die Kantone passen ihre Gesetzgebung den Änderungen der Artikel 53a, 56 Absätze 1, 1bis, 1ter, 3bis, 4 und 5 sowie 57a und 59 Absätze 2bis und 2ter auf den Zeitpunkt des Inkrafttretens an.
² Nach dem Inkrafttreten der Änderung vom 20. März 2008 finden die in Absatz 1 genannten Bestimmungen direkt Anwendung, wenn ihnen das kantonale Recht widerspricht.

Art. 78d   Übergangsbestimmung zur Änderung vom 20. März 2008
Auf Erbgänge, die vor Inkrafttreten der Änderung vom 20. März 2008 eröffnet wurden, sind die Bestimmungen über die Nachsteuern nach bisherigem Recht anwendbar.

II
¹ Dieses Gesetz untersteht dem fakultativen Referendum.
² Der Bundesrat bestimmt das Inkrafttreten.

Ständerat, 20. März 2008
Der Präsident: Christoffel Brändli
Der Sekretär: Christoph Lanz

Nationalrat, 20. März 2008
Der Präsident: André Bugnon
Der Protokollführer: Pierre-Hervé Freléchoz

---

[29] Mit Inkrafttreten des Unternehmenssteuerreformgesetzes II vom 23. März 2007 (BBl 2007 2321) wird Art. 72*h* zu Art. 72*i*.

H. Vereinfachung der Nachbesteuerung in Erbfällen und straflose Selbstanzeige

Ablauf der Referendumsfrist und Inkraftsetzung
[1] Die Referendumsfrist für dieses Gesetz ist am 10. Juli 2008 unbenützt abgelaufen.[30]
[2] Es wird auf den 1. Januar 2010 in Kraft gesetzt.[31]

3. September 2008

Im Namen des Schweizerischen Bundesrates:
Der Bundespräsident: Pascal Couchepin
Die Bundeskanzlerin: Corina Casanova

> Zu beachten ist, dass die **Ehegattenbesteuerung** im Rahmen der Gesetzgebung nicht hinreichend berücksichtigt wurde. Insbesondere stellt sich die Frage, ob der überlebende Ehegatte die vereinfachte Nachbesteuerung im Erbfall in Anspruch nehmen kann.
>
> Gemäss *Urteil des Bundesgerichts vom 30. September 2015* (2C_116/2015) kann der überlebende Ehegatte die vereinfachte Nachbesteuerung im Erbfall *nur für die vom verstorbenen Ehegatten hinterzogenen Bestandteile* von Vermögen und Einkommen in Anspruch nehmen, nicht jedoch für die von ihm selbst hinterzogenen Bestandteile. Damit widerspricht das Bundesgericht dem klaren gesetzgeberischen Willen, welcher im Wortprotokoll des Parlaments dokumentiert wurde (Ständerat Herbstsession 2007, Zwölfte Sitzung 04.10.07 08h00 06.085, AB 2007 S 945). Entsprechende Vorsicht ist demnach geboten bei der Offenlegung von nicht versteuerten Werten durch den überlebenden Ehegatten.
>
> Wird die Steuerhinterziehung erst nach dem Ableben des zweitversterbenden Ehegatten angezeigt, kann die vereinfachte Nachbesteuerung für beide Ehegatten in Anspruch genommen werden, einerseits für die vom Zweitverstorbenen hinterzogenen Bestandteile des Einkommens und Vermögens, andererseits für die vom Erstverstorbenen (bereits früher) hinterzogenen Bestandteile von dessen Einkommen und Vermögen. Zu beachten gilt, dass die Nachsteuer individuell für die letzten drei Steuerperioden vor dem Todesjahr des jeweiligen Erblassers erhoben wird. Die Nachsteuerperiode des Erst- und des Zweitversterbenden fällt somit auseinander.

---

[30] BBl 2008 2321.
[31] Der Beschluss über das Inkrafttreten erfolgte mit Präsidialentscheid vom 29. August 2008.

I. Verzugs- und Vergütungszinsen

Verzugszins: Diesen Zins belastet das Steueramt dem Steuerpflichtigen für nicht innerhalb der Zahlungsfrist bezahlte definitive Steuerrechnungen.

Übersetzung:
Intérêts moratoires: intérêts dus par le contribuable à l'Administration fiscale lorsqu'il ne s'est pas exonéré dans le délai de paiement de sa facture d'impôt définitive.

Ausgleichszins: Diesen Zins belastet oder vergütet das Steueramt dem Steuerpflichtigen für den Zeitraum zwischen der Fälligkeit der Steuern und dem Eingang der Zahlung des Steuerpflichtigen, und ebenso für jene Beträge, um welche die definitive Steuerrechnung höher ausfällt als die provisorische.

Übersetzung:
Intérêts compensatoires: intérêts en faveur de l'Etat ou du contribuable calculés sur la différence entre le montant d'impôt arrêté selon la taxation et celui facturé au titre des tranches. Ces intérêts courent du terme général d'échéance au décompte final.

Vergütungszins: Diesen Zins schreibt das Steueramt dem Steuerpflichtigen gut, wenn dieser seine Steuern bereits vor der Fälligkeit bezahlt oder wenn er auf Grund der provisorischen Rechnung zu viel bezahlt hat.

Übersetzung:
Intérêts rémunératoires: intérêts en faveur du contribuable calculés sur la différence entre le montant d'impôt arrêté selon la taxation et celui facturé au titre des tranches.

Rückerstattungszins: Diesen Zins schreibt das Steueramt dem Steuerpflichtigen gut auf zu viel bezogenen Steuern, die auf eine nachträglich herabgesetzte definitive oder provisorische Veranlagung zurückzuführen sind.

Übersetzung:
Intérêts rémunératoires sur trop perçu: montant en faveur du contribuable sur un trop perçu par l'Etat suite à une taxation définitive ou provisoire diminuée postérieurement.

I. Verzugs- und Vergütungszinsen

Direkte Bundessteuer		
Jahr	Verzugszins/ Rückerstattungszins	Vergütungszins für Vorauszahlungen
2008	4.00 %	1.50 %
2009	4.00 %	1.50 %
2010	3.50 %	1.00 %
2011	3.50 %	1.00 %
2012	3.00 %	1.00 %
2013	3.00 %	0.25 %
2014	3.00 %	0.25 %
2015	3.00 %	0.25 %
2016	3.00 %	0.25 %
2017	3.00 %	0.00 %
2018	3.00 %	0.00 %
2019	3.00 %	0.00 %

I. Verzugs- und Vergütungszinsen

Aargau			
Jahr	Verzugszins	Vergütungszins für Vorauszahlungen und Überzahlungen	Ausgleichszins (ab 2014)
2008	6.00 %	2.00 %	-
2009	6.00 %	2.00 %	-
2010	5.50 %	1.50 %	-
2011	5.00 %	1.00 %	-
2012	5.00 %	1.00 %	-
2013	5.00 %	1.00 %	-
2014	5.00 %	0.50 %	0.50 %
2015	5.00 %	0.50 %	0.50 %
2016	5.10 %	0.10 %	0.10 %
2017	5.10 %	0.10 %	0.10 %
2018	5.10 %	0.10 %	0.10 %
2019	5.10 %	0.10 %	0.10 %

Appenzell Innerrhoden		
Jahr	Verzugszins	Ausgleichszins
2008	4.50 %	1.00 %
2009	4.50 %	1.00 %
2010	4.50 %	1.00 %
2011	4.50 %	1.00 %
2012	4.50 %	1.00 %
2013	4.50 %	1.00 %
2014	4.50 %	1.00 %
2015	4.50 %	1.00 %
2016	4.50 %	1.00 %
2017	4.50 %	1.00 %
2018	4.50 %	1.00 %
2019	4.50 %	1.00 %

I. Verzugs- und Vergütungszinsen

Appenzell-Ausserrhoden		
Jahr	Verzugszins	Ausgleichszins[32]
2008	5.00 %	1.50 %
2009	5.00 %	1.50 %
2010	5.00 %	1.50 %
2011	5.00 %	1.50 %
2012	5.00 %	1.50 %
2013	5.00 %	1.50 %
2014	5.00 %	1.00 %
2015	5.00 %	1.00 %
2016	5.00 %	1.00 %
2017	5.00 %	0.50 %
2018	5.00 %	0.50 %
2019	5.00 %	0.50 %

Bern			
Jahr	Verzugszins	Vergütungszins	Vergütungszins für Vorauszahlungen und Überzahlungen
2008		4.00 %	--
2009		3.50 %	--
2010		3.25 %	--
2011		3.00 %	1.00 %
2012		3.00 %	1.00 %
2013		3.00 %	0.25 %
2014		3.00 %	0.25 %
2015		3.00 %	0.25 %
2016		3.00 %	0.25 %
2017		3.00 %	0.00 %
2018	0.50 %	3.00 %	0.00 %
2019	0.50 %	3.00 %	0.00 %

---

[32] Positiver Ausgleichszins = zu Gunsten des Steuerzahlers auf allen Zahlungen bis zur definitiven Schlussrechnung, die dieser aufgrund einer vorläufigen Rechnung geleistet hat.
Negativer Ausgleichszins = zu Lasten des Steuerzahlers auf dem veranlagten Steuerbetrag ab dem Verfalltag (30. Juni des Steuerjahres bei ganzjähriger Steuerperiode).

I. Verzugs- und Vergütungszinsen

Basel-Landschaft

Jahr	Verzugszins	Vergütungszins für Vorauszahlungen und Überzahlungen
2008	5.00 %	1.50 %
2009	5.00 %	1.00 %
2010	5.00 %	0.60 %
2011	5.00 %	0.60 %
2012	5.00 %	0.50 %
2013	5.00 %	0.50 %
2014	5.00 %	0.50 %
2015	6.00 %	0.20 %
2016	6.00 %	0.20 %
2017	6.00 %	0.20 %
2018	6.00 %	0.20 %
2019	6.00 %	0.20 %

Basel-Stadt

Jahr	Verzugszins	Vergütungszins für Vorauszahlungen und Überzahlungen
2008	4.00 %	1.50 %
2009	4.50 %	2.00 %
2010	4.50 %	1.50 %
2011	4.00 %	1.00 %
2012	4.00 %	0.50 %
2013	4.00 %	0.50 %
2014	4.00 %	0.50 %
2015	4.00 %	0.50 %
2016	4.00 %	0.25 %
2017	4.00 %	0.25 %
2018	3.50 %	0.10 %
2019	3.50 %	0.10 %

I. Verzugs- und Vergütungszinsen

Freiburg			
Jahr	Verzugszins	Vergütungszins	Zins auf freiwilligen Zahlungen
2008	4.00 %	4.00 %	1.50 %
2009	4.00 %	4.00 %	1.50 %
2010	3.50 %	3.50 %	1.00 %
2011	3.50 %	3.50 %	1.00 %
2012	3.00 %	3.00 %	0.20 %
2013	3.00 %	3.00 %	0.20 %
2014	3.00 %	3.00 %	0.20 %
2015	3.00 %	3.00 %	0.20 %
2016	3.00 %	3.00 %	0.20 %
2017	3.00 %	3.00 %	0.10 %
2018	3.00 %	3.00 %	0.05 %
2019	3.00 %	3.00 %	0.00 %

Genf			
Jahr	Verzugszins	Vergütungszins	Zins auf freiwilligen Zahlungen
2008	3.20 %	2.50 %	3.20 %
2009	1.50 %	1.50 %	1.50 %
2010	1.50 %	1.50 %	1.50 %
2011	1.50 %	1.50 %	1.50 %
2012	2.00 %	2.00 %	2.00 %
2013	3.00 %	0.50 %	0.50 %
2014	3.00 %	0.50 %	0.50 %
2015	3.00 %	0.50 %	0.50 %
2016	3.00 %	0.50 %	0.50 %
2017	2.60 %	0.10 %	0.10 %
2018	2.60 %	0.10 %	0.10 %
2019	2.60 %	0.10 %	0.10 %

I. Verzugs- und Vergütungszinsen

Glarus[33]

Jahr	Verzugszins	Ausgleichszins zu Gunsten oder zu Lasten
2008	5.00 %	2.00 %
2009	5.00 %	2.00 %
2010	5.00 %	2.00 %
2011	4.50 %	1.50 %
2012	4.50 %	1.50 %
2013	4.50 %	2.00 %
2014	4.50 %	2.00 %
2015	4.50 %	2.00 %
2016	4.50 %	1.00 %
2017	4.50 %	1.00 %
2018	4.50 %	1.00 %
2019	4.50 %	1.00 %

Graubünden

Jahr	Verzugszins	Vergütungszins für Überzahlungen
2008	5.00 %	2.00 %
2009	4.00 %	1.50 %
2010	4.00 %	1.00 %
2011	4.00 %	1.00 %
2012	4.00 %	1.00 %
2013	4.00 %	0.50 %
2014	4.00 %	0.50 %
2015	4.00 %	0.50 %
2016	4.00 %	0.20 %
2017	4.00 %	0.20 %
2018	4.00 %	0.00 %
2019	4.00 %	0.00 %

---

[33] Steuervorauszahlungen werden im Kanton Glarus nicht verzinst. Auf Steuervorauszahlungen wird aber ein Skonto von 0.25% gewährt. Stand Verordnung 1. Januar 2016.

I. Verzugs- und Vergütungszinsen

Jura			
Jahr	Verzugszins	Vergütungszins	Zins auf freiwilligen Zahlungen
2008	5.00 %	2.75 %	1.00 %
2009	5.00 %	1.25 %	0.50 %
2010	5.00 %	1.25 %	0.50 %
2011	5.00 %	1.00 %	0.25 %
2012	5.00 %	0.25 %	0.15 %
2013	5.00 %	0.25 %	0.15 %
2014	5.00 %	0.25 %	0.10 %
2015	5.00 %	0.20 %	0.10 %
2016	5.00 %	0.20 %	0.10 %
2017	5.00 %	0.10 %	0.10 %
2018	5.00 %	0.10 %	0.10 %
2019	5.00 %	0.10 %	0.10 %

Luzern		
Jahr	Verzugszins	Vergütungszins für Vorauszahlungen und Überzahlungen
2008	5.00 %	2.00 %
2009	5.00 %	1.50 %
2010	5.00 %	1.00 %
2011	5.00 %	1.00 %
2012	5.00 %	0.75 %
2013	5.00 %	0.50 %
2014	5.00 %	0.50 %
2015	5.00 %	0.30 %
2016	5.00%	0.30 %
2017	5.00 %	0.00 %
2018	6.00 %	0.00 %
2019	6.00 %	0.00 %

I. Verzugs- und Vergütungszinsen

Neuenburg				
Jahr	Verzugszins		Vergütungszins	
	ohne Finanzie-rungshilfe	mit Finanzie-rungshilfe	zulasten des Steuer-pflichtigen	zugunsten des Steuer-pflichtigen
2008	10.00 %	4.50 %	4.50 %	1.50 %
2009	10.00 %	4.50 %	3.50 %	1.50 %
2010	10.00 %	4.50 %	3.50 %	1.50 %
2011	10.00 %	4.50 %	3.50 %	1.50 %
2012	10.00 %	4.50 %	3.50 %	1.50 %
2013	10.00 %	4.50 %	3.50 %	1.50 %
2014	10.00 %	4.50 %	3.50 %	1.50 %
2015	3.00 %	3.00 %	3.00 %	1.00 %
2016	3.00 %	3.00 %	3.00 %	1.00 %
2017	3.00 %	4.00 %	3.50 %	0.00 %
2018	3.00 %	4.00 %	3.50 %	0.00 %
2019	8.00 %	4.00 %	3.50 %	0.00 %

Nidwalden		
Jahr	Verzugszins	Vergütungszins für Vorauszahlungen und Überzahlungen
2008	5.00 %	2.50 %
2009	5.00 %	2.50 %
2010	5.00 %	2.50 %
2011	5.00 %	2.50 %
2012	5.00 %	2.50 %
2013	5.00 %	1.50 %
2014	5.00 %	1.50 %
2015	5.00 %	1.50 %
2016	4.00 %	0.50 %
2017	4.00 %	0.50 %
2018	4.00 %	0.10 %
2019	4.00 %	0.10 %

I. Verzugs- und Vergütungszinsen

Obwalden		
Jahr	Verzugszins	Vergütungszins für Vorauszahlungen und Überzahlungen
2008	5.00 %	2.00 %
2009	5.00 %	2.00 %
2010	5.00 %	2.00 %
2011	5.00 %	2.00 %
2012	5.00 %	2.00 %
2013	5.00 %	2.00 %
2014	5.00 %	2.00 %
2015	5.00 %	2.00 %
2016	5.00 %	0.50 %
2017	5.00 %	0.25 %[34]
2018	5.00 %	0.25 %
2019	5.00 %	0.25 %

St. Gallen		
Jahr	Verzugszins	Vergütungszins für Vorauszahlungen und Überzahlungen
2008	4.00 %	2.00 %
2009	4.00 %	1.00 %
2010	4.00 %	1.00 %
2011	4.00 %	1.00 %
2012	4.00 %	1.00 %
2013	4.00 %	1.00 %
2014	4.00 %	1.00 %
2015	4.00 %	1.00 %
2016	4.00 %	0.50 %
2017	4.00 %	0.25 %
2018	4.00 %	0.25 %
2019	4.00 %	0.25 %

---

[34] Die aktuellen Zinssätze ab Steuerjahr 2017 betragen zugunsten der Steuerpflichtigen 0.25% (positiver Ausgleichszins) bzw. zu Lasten der Steuerpflichtigen 1.25% (negativer Ausgleichszins).

I. Verzugs- und Vergütungszinsen

Schaffhausen

Jahr	Verzugszins	Vergütungszins für Vorauszahlungen und Überzahlungen
2008	5.00 %	2.00 %
2009	5.00 %	2.00 %
2010	5.00 %	2.00 %
2011	5.00 %	2.00 %
2012	5.00 %	0.50 %
2013	5.00 %	0.50 %
2014	5.00 %	0.50 %
2015	5.00 %	0.50 %
2016	5.00 %	0.50 %
2017	5.00 %	0.10 %
2018	5.00 %	0.10 %
2019	5.00 %	0.10 %

Solothurn

Jahr	Verzugszins/ Rückerstattungszins	Vergütungszins für Vorauszahlungen und Überzahlungen
2008	4.00 %	4.00 %
2009	4.00 %	4.00 %
2010	3.50 %	3.50 %
2011	3.50 %	3.50 %
2012	3.00 %	3.00 %
2013	3.00 %	3.00 %
2014	3.00 %	0.25 %
2015	3.00 %	0.25 %
2016	3.00 %	0.25 %
2017	3.00 %	0.00 %
2018	3.00 %	0.00 %
2019	3.00 %	0.00 %

I. Verzugs- und Vergütungszinsen

Schwyz		
Jahr	Verzugszins	Vergütungszins für Vorauszahlungen und Überzahlungen
2008	4.00 %	2.00 %
2009	4.00 %	1.50 %
2010	3.50 %	1.00 %
2011	3.50 %	1.00 %
2012	3.50 %	1.00 %
2013	3.50 %	1.00 %
2014	3.50 %	1.00 %
2015	3.50 %	1.00 %
2016	3.50 %	1.00 %
2017	3.50 %	0.50 %
2018	3.50 %	0.50 %
2019	3.50 %	0.50 %

Thurgau		
Jahr	Verzugszins	Vergütungszins für Vorauszahlungen und Überzahlungen
2008	4.00 %	2.00 %
2009	3.50 %	1.50 %
2010	3.00 %	1.00 %
2011	3.00 %	1.00 %
2012	3.00 %	1.00 %
2013	3.00 %	0.50 %
2014	3.00 %	0.50 %
2015	3.00 %	0.50 %
2016	3.00 %	0.50 %
2017	3.00 %	0.20 %
2018	3.00 %	0.20 %
2019	3.00 %	0.20 %

I. Verzugs- und Vergütungszinsen

Tessin			
Jahr	Verzugszins[35]	Vergütungszins für zuviel erhobene Steuern[36]	Vergütungszins für Vorauszahlung, die nicht oder nur teilweise geschuldet ist[37]
2008	3.00 %	3.00 %	2.00 %
2009	3.00 %	3.00 %	1.50 %
2010	3.00 %	3.00 %	1.00 %
2011	2.50 %	2.50 %	1.00 %
2012	2.50 %	2.50 %	1.00 %
2013	2.50 %	1.50 %	0.25 %
2014	2.50 %	1.50 %	0.25 %
2015	2.50 %	1.50 %	0.25 %
2016	2.50 %	0.50 %	0.25 %
2017	2.50 %	0.25 %	0.10 %
2018	2.50 %	0.25 %	0.10 %
2019	2.50 % (prov.)	0.25 % (prov.)	0.10 % (prov.)

---

[35] Interesse di ritardo.
[36] Interesse rimunerativo sul rimborso delle somme riscosse in eccedenza.
[37] Interesse rimunerativo sui pagamenti anticipati dal contribuente e sulle restituzioni di un'imposta non dovuta o dovuta solo in parte.

I. Verzugs- und Vergütungszinsen

Uri		
Jahr	Verzugszins	Vergütungszins für Vorauszahlungen und Überzahlungen
2008	5.00 %	2.50 %
2009	5.00 %	2.50 %
2010	4.50 %	2.00 %
2011	4.50 %	2.00 %
2012	4.50 %	2.00 %
2013	4.50 %	2.00 %
2014	4.50 %	1.00 %
2015	4.50 %	1.00 %
2016	4.00 %	0.50 %
2017	4.00 %	0.50 %
2018	4.00 %	0.50 %
2019	4.00 %	0.50 %

Waadt			
Jahr	Verzugszins	Vergütungszins[38]	Zins auf freiwilligen Zahlungen
2008	4.00 %	1.50 %	1.50 %
2009	4.00 %	1.50 %	1.50 %
2010	3.50 %	1.00 %	1.00 %
2011	3.50 %	1.00 %	1.00 %
2012	3.00 %	1.00 %	1.00 %
2013	3.00 %	0.50 %	0.50 %
2014	3.00 %	0.50 %	0.50 %
2015	3.00 %	0.50 %	0.50 %
2016	3.00 %	0.25 %	0.25 %
2017	3.50 %	0.125 %	0.125 %
2018	3.50 %	0.125 %	0.125 %
2019	3.50 %	0.125 %	0.125 %

---

[38] Zugunsten / zulasten des Steuerpflichtigen.

I. Verzugs- und Vergütungszinsen

Wallis		
Jahr	Verzugszins	Vergütungszins
2008	4.00 %	1.00 %
2009	4.00 %	1.00 %
2010	4.00 %	0.50 %
2011	4.00 %	0.50 %
2012	3.50 %	0.50 %
2013	3.50 %	0.50 %
2014	3.50 %	0.50 %
2015	3.50 %	0.50 %
2016	3.50 %	0.50 %
2017	3.50 %	0.00 %
2018	3.50 %	0.00 %
2019	3.50 %	0.00 %

Zug		
Jahr	Verzugszins	Vergütungszins für Vorauszahlungen und Überzahlungen
2008	2.00 %	2.00 %
2009	2.00 %	2.00 %
2010	2.00 %	2.00 %
2011	2.00 %	2.00 %
2012	2.00 %	2.00 %
2013	2.00 %	2.00 %
2014	2.00 %	2.00 %
2015	1.00 %	1.00 %
2016	0.00 %	0.00 %
2017	0.00 %	0.00 %
2018	0.00 %	0.00 %
2019	0.00 %	0.00 %

I. Verzugs- und Vergütungszinsen

Zürich

Jahr	Verzugszins	Vergütungszins für Vorauszahlungen und Überzahlungen	Ausgleichszins auf Nachsteuern
2008	4.50 %	2.00 %	2.00 %
2009	4.50 %	2.00 %	2.00 %
2010	4.50 %	2.00 %	2.00 %
2011	4.50 %	2.00 %	2.00 %
2012	4.50 %	1.50 %	1.50 %
2013	4.50 %	1.50 %	1.50 %
2014	4.50 %	1.50 %	1.50 %
2015	4.50 %	1.50 %	1.50 %
2016	4.50 %	0.50 %	0.50 %
2017	4.50 %	0.50 %	0.50 %
2018	4.50 %	0.50 %	0.50 %
2019	4.50 %	0.50 %[39]	0.50 %

---

[39] Geleistete Zahlungen werden vor dem 30. September mit einem **Vergütungszins** von **0.5 %** verzinst. Dieser Ansatz gilt auch für den **Ausgleichszins**: Diesen belastet das Steueramt für den Zeitraum vom 30. September bis zum Eintreffen der definitiven Schlussrechnung, soweit die definitiv ermittelte Steuer höher ist als die provisorisch bezahlte. Einzig bei Steuerpflichtigen, denen bis am 30. Juni der Steuerperiode keine erste, provisorische Steuerrechnung zugestellt wurde, beginnt der Zinslauf erst mit dem 1. Januar des der Steuerperiode folgenden Jahres.

J. Doppelbesteuerungsabkommen zur Erbschaftssteuer

1. Belgien

Zwischen der Schweiz und Belgien besteht kein Doppelbesteuerungsabkommen betreffend Erbschafts- und/oder Schenkungssteuern.

2. Deutschland

0.672.913.61
Abkommen zwischen der Schweizerischen Eidgenossenschaft und der Bundesrepublik Deutschland zur Vermeidung der Doppelbesteuerung auf dem Gebiete der Nachlass- und Erbschaftssteuern

Abgeschlossen am 30. November 1978
von der Bundesversammlung genehmigt am 27. September 1979 [40]
Ratifikationsurkunden ausgetauscht am 29. August 1980
In Kraft getreten am 28. September 1980
(Stand: 28. September 1980)

Die Schweizerische Eidgenossenschaft und die Bundesrepublik Deutschland,
von dem Wunsch geleitet, ein Abkommen zur Vermeidung der Doppelbesteuerung auf dem Gebiet der Nachlass- und Erbschaftssteuern abzuschliessen,
haben folgendes vereinbart:

Art. 1
Dieses Abkommen gilt für Nachlässe von Erblassern, die im Zeitpunkt ihres Todes einen Wohnsitz in einem Vertragsstaat oder in beiden Vertragsstaaten hatten.

Art. 2
¹ Dieses Abkommen gilt, ohne Rücksicht auf die Art der Erhebung, für Nachlass- und Erbschaftssteuern, die für Rechnung eines der beiden Vertragsstaaten, der Länder, Kantone, Bezirke, Kreise, Gemeinden oder Gemeindeverbände (auch in Form von Zuschlägen) erhoben werden.

---

[40] AS 1980 1416.

² Als Nachlass- und Erbschaftssteuern gelten alle Steuern, die von Todes wegen als Nachlasssteuern, Erbanfallsteuern, Abgaben vom Vermögensübergang oder Steuern von Schenkungen auf den Todesfall erhoben werden.

³ Zu den bestehenden Steuern, für die das Abkommen gilt, gehören
- a. in der Bundesrepublik Deutschland:
  die Erbschaftssteuer;
- b in der Schweiz:
  die von den Kantonen, Bezirken, Kreisen und Gemeinden erhobenen Erbschaftssteuern (Erbanfall- und Nachlasssteuern).

⁴ Das Abkommen gilt auch für alle Nachlass- und Erbschaftssteuern, die nach der Unterzeichnung dieses Abkommens neben den bestehenden Steuern oder an deren Stelle erhoben werden.

Art. 3

¹ Im Sinne dieses Abkommens
- a. bedeutet der Ausdruck "Bundesrepublik Deutschland", im geographischen Sinne verwendet, das Gebiet des Geltungsbereichs des Grundgesetzes für die Bundesrepublik Deutschland sowie das an die Hoheitsgewässer der Bundesrepublik angrenzende und steuerrechtlich als Inland bezeichnete Gebiet, in dem die Bundesrepublik Deutschland in Übereinstimmung mit dem Völkerrecht ihre Rechte hinsichtlich des Meeresgrundes und des Meeresuntergrundes sowie ihrer Naturschätze ausüben darf;
- b. bedeutet der Ausdruck "Schweiz" die Schweizerische Eidgenossenschaft;
- c. bedeuten die Ausdrücke "ein Vertragsstaat" und "der andere Vertragsstaat", je nach dem Zusammenhang, die Bundesrepublik Deutschland oder die Schweiz;
- d. bedeutet der Ausdruck "Staatsangehörige"
  - aa. in bezug auf die Bundesrepublik Deutschland:
    Deutsche im Sinne des Artikels 116 Absatz 1 des Grundgesetzes für die Bundesrepublik Deutschland und juristische Personen, Personengesellschaften und andere Personenvereinigungen, die nach dem in der Bundesrepublik Deutschland geltenden Recht errichtet worden sind;
  - bb. in bezug auf die Schweiz: natürliche Personen, die die schweizerische Staatsangehörigkeit besitzen, und juristische Personen, Personengesellschaften und andere Personenvereinigungen, die nach dem in der Schweiz geltenden Recht errichtet worden sind;

e. bedeutet der Ausdruck "zuständige Behörde"
   aa. in der Bundesrepublik Deutschland:
   der Bundesminister der Finanzen;
   bb. in der Schweiz:
   der Direktor der Eidgenössischen Steuerverwaltung oder sein bevollmächtigter Vertreter.

² Bei der Anwendung des Abkommens durch einen Vertragsstaat hat, wenn der Zusammenhang nichts anderes erfordert, jeder im Abkommen nicht definierte Ausdruck die Bedeutung, die ihm nach dem Recht dieses Staates über die Steuern zukommt, für die das Abkommen gilt.

Art. 4
¹ Einen Wohnsitz im Sinne dieses Abkommens hatte der Erblasser
   a. in der Bundesrepublik Deutschland, wenn er Inländer im Sinne des Erbschaftsteuerrechts der Bundesrepublik Deutschland war;
   b. in der Schweiz, wenn er dort im Sinne des schweizerischen Erbschaftssteuerrechts Wohnsitz oder ständigen Aufenthalt hatte oder wenn dort der Erbgang zu eröffnen ist.

² Hatte nach Absatz 1 ein Erblasser in beiden Vertragsstaaten einen Wohnsitz, so gilt folgendes:
   a. Der Wohnsitz des Erblassers gilt als in dem Staat gelegen, in dem er über eine ständige Wohnstätte verfügte. Verfügte er in beiden Staaten über eine ständige Wohnstätte, so gilt sein Wohnsitz als in dem Staat gelegen, zu dem er die engeren persönlichen und wirtschaftlichen Beziehungen hatte (Mittelpunkt der Lebensinteressen).
   b. Kann nicht bestimmt werden, in welchem Staat der Erblasser den Mittelpunkt seiner Lebensinteressen hatte, oder verfügte er in keinem der Staaten über eine ständige Wohnstätte, so gilt sein Wohnsitz als in dem Staat gelegen, in dem er seinen gewöhnlichen Aufenthalt hatte.
   c. Hatte der Erblasser seinen gewöhnlichen Aufenthalt in beiden Staaten oder in keinem der Staaten, so gilt sein Wohnsitz als in dem Staat gelegen, dessen Staatsangehöriger er war.
   d. War der Erblasser Staatsangehöriger beider Staaten oder keines der Staaten, so regeln die zuständigen Behörden der Vertragsstaaten die Frage in gegenseitigem Einvernehmen.

³ Hatte ein Erblasser nach den Absätzen 1 und 2 seinen Wohnsitz in der Schweiz, verfügte er aber im Zeitpunkt seines Todes seit mindestens fünf Jahren in der Bundesrepublik Deutschland über eine ständige Wohnstätte, so kann das Nachlassvermögen ungeachtet der Artikel 5-8 Absatz 1 nach dem Recht der Bun-

desrepublik Deutschland besteuert werden. Die nach dem Abkommen in der Schweiz zulässige Besteuerung bleibt unberührt. Artikel 10 Absatz 1 ist entsprechend anzuwenden.

⁴ Hatte ein Erblasser im Zeitpunkt seines Todes seinen Wohnsitz in der Schweiz und hatte er vorher über eine ständige Wohnstätte in der Bundesrepublik Deutschland verfügt, so kann das Nachlassvermögen ungeachtet der Artikel 5-8 Absatz 1 nach dem Recht der Bundesrepublik Deutschland besteuert werden, wenn der Erblasser in den letzten zehn Jahren vor der Aufgabe seiner letzten Wohnstätte in der Bundesrepublik Deutschland mindestens fünf Jahre über eine solche Wohnstätte verfügt hatte und sein Tod in dem Jahr, in dem er zuletzt über eine solche Wohnstätte verfügt hatte, oder in den folgenden fünf Jahren eingetreten ist.
Dies gilt nicht, wenn der Erblasser
    a. in der Schweiz einen Wohnsitz begründet hatte
        aa. wegen Aufnahme einer echten unselbständigen Tätigkeit in der Schweiz für einen Arbeitgeber, an dem er über das Arbeitsverhältnis hinaus weder unmittelbar noch mittelbar durch Beteiligung oder in anderer Weise wirtschaftlich interessiert war, oder
        bb. wegen Eheschliessung mit einem schweizerischen Staatsangehörigen
        oder
    b. in dem Zeitpunkt, in dem er zuletzt über eine ständige Wohnstätte in der Bundesrepublik Deutschland verfügt hatte, schweizerischer Staatsangehöriger war.
Die nach dem Abkommen in der Schweiz zulässige Besteuerung bleibt unberührt. Artikel 10 Absatz 1 ist entsprechend anzuwenden.

⁵ Als ständige Wohnstätte im Sinne dieses Artikels gelten nicht eine Wohnung oder Räumlichkeiten, die Erholungs-, Kur-, Studien- oder Sportzwecken dienen und nachweislich nur gelegentlich verwendet werden.

Art. 5
¹ Unbewegliches Vermögen, das ein Erblasser, der im Zeitpunkt des Todes seinen Wohnsitz in einem Vertragsstaat hatte, im anderen Vertragsstaat besass, kann im anderen Staat besteuert werden.

² Der Ausdruck "unbewegliches Vermögen" hat die Bedeutung, die ihm nach dem Recht des Vertragsstaats zukommt, in dem das Vermögen liegt. Der Ausdruck umfasst in jedem Fall das Zubehör zum unbeweglichen Vermögen, das lebende und tote Inventar land- und forstwirtschaftlicher Betriebe, die Rechte, für die die Vorschriften des Privatrechts über Grundstücke gelten, Nutzungsrechte an

unbeweglichen Vermögen sowie Rechte auf veränderliche oder feste Vergütungen für die Ausbeutung oder das Recht auf Ausbeutung von Mineralvorkommen, Quellen und anderen Bodenschätzen; Schiffe und Luftfahrzeuge gelten nicht als unbewegliches Vermögen.

³ Die Absätze 1 und 2 gelten auch für unbewegliches Vermögen eines Unternehmens und für unbewegliches Vermögen, das der Ausübung eines freien Berufs oder einer sonstigen selbständigen Tätigkeit ähnlicher Art dient.

Art. 6

¹ Vermögen (ausgenommen das nach den Artikeln 5 und 7 zu behandelnde Vermögen), das Betriebsvermögen einer Betriebstätte eines Unternehmens ist, die ein Erblasser, der im Zeitpunkt des Todes seinen Wohnsitz in einem Vertragsstaat hatte, im anderen Vertragsstaat hatte, kann im anderen Staat besteuert werden.

² Der Ausdruck "Betriebstätte" bedeutet eine feste Geschäftseinrichtung, in der die Tätigkeit eines Unternehmens ganz oder teilweise ausgeübt wird.

³ Der Ausdruck "Betriebsstätte" umfasst insbesondere:
    a. einen Ort der Leitung,
    b. eine Zweigniederlassung,
    c. eine Geschäftsstelle,
    d. eine Fabrikationsstätte,
    e. eine Werkstätte und
    f. ein Bergwerk, ein Öl- oder Gasvorkommen, einen Steinbruch oder eine andere Stätte der Ausbeutung von Bodenschätzen.

⁴ Eine Bauausführung oder Montage ist nur dann eine Betriebsstätte, wenn ihre Dauer zwölf Monate überschreitet.

⁵ Ungeachtet der vorstehenden Bestimmungen dieses Artikels gelten nicht als Betriebsstätten:
    a. Einrichtungen, die ausschliesslich zur Lagerung, Ausstellung oder Auslieferung von Gütern oder Waren des Unternehmens benutzt werden;
    b. Bestände von Gütern oder Waren des Unternehmens, die ausschliesslich zur Lagerung, Ausstellung oder Auslieferung unterhalten werden;
    c. Bestände von Gütern oder Waren des Unternehmens, die ausschliesslich zu dem Zweck unterhalten werden, durch ein anderes Unternehmen bearbeitet oder verarbeitet zu werden;
    d. Eine feste Geschäftseinrichtung, die ausschliesslich zu dem Zweck unterhalten wird, für das Unternehmen Güter oder Waren einzukaufen oder Informationen zu beschaffen;

e. Eine feste Geschäftseinrichtung, die ausschliesslich zu dem Zweck unterhalten wird, für das Unternehmen andere Tätigkeiten auszuüben, die vorbereitender Art sind oder eine Hilfstätigkeit darstellen;
f. Eine feste Geschäftseinrichtung, die ausschliesslich zu dem Zweck unterhalten wird, mehrere der unter den Buchstaben a-e genannten Tätigkeiten auszuüben, vorausgesetzt, dass die sich daraus ergebende Gesamttätigkeit der festen Geschäftseinrichtung vorbereitender Art ist oder eine Hilfstätigkeit darstellt.

[6] Ist eine Person – mit Ausnahme eines unabhängigen Vertreters im Sinne des Absatzes 7 – für ein Unternehmen tätig und besitzt sie in einem Vertragsstaat die Vollmacht, im Namen des Unternehmens Verträge abzuschliessen, und übt sie die Vollmacht dort gewöhnlich aus, so wird das Unternehmen ungeachtet der Absätze 2 und 3 so behandelt, als habe es in diesem Staat für alle von der Person für das Unternehmen ausgeübten Tätigkeiten eine Betriebsstätte, es sei denn, diese Tätigkeiten beschränkten sich auf die in Absatz 5 genannten Tätigkeiten, die, würden sie durch eine feste Geschäftseinrichtung ausgeübt, diese Einrichtung nach dem genannten Absatz nicht zu einer Betriebsstätte machen.

[7] Ein Unternehmen eines Vertragsstaats wird nicht schon deshalb so behandelt, als habe es eine Betriebsstätte in dem anderen Vertragsstaat, weil es dort seine Tätigkeit durch einen Makler, Kommissionär oder einen anderen unabhängigen Vertreter ausübt, sofern diese Personen im Rahmen ihrer ordentlichen Geschäftstätigkeit handeln.

[8] Vermögen (ausgenommen das nach Artikel 5 zu behandelnde Vermögen), das zu einer der Ausübung eines freien Berufs oder einer sonstigen selbständigen Tätigkeit ähnlicher Art dienenden festen Einrichtung gehört, die ein Erblasser, der im Zeitpunkt des Todes seinen Wohnsitz in einem Vertragsstaat hatte, im anderen Vertragsstaat hatte, kann im anderen Staat besteuert werden.

[9] Dieser Artikel gilt auch für Beteiligungen an Personengesellschaften. Er erstreckt sich auch auf Darlehensforderungen, die dem Gesellschafter gegenüber der Gesellschaft zustehen, und auf Wirtschaftsgüter, die der Gesellschaft von dem Gesellschafter überlassen worden sind, sofern diese Gegenstände nach dem Recht des Vertragsstaats, in dem sich die Betriebsstätte befindet, dem Betriebsvermögen der Betriebsstätte zugerechnet werden.

Art. 7

Seeschiffe und Luftfahrzeuge im internationalen Verkehr und der Binnenschifffahrt dienende Schiffe, die von einem Unternehmen betrieben werden, das einem Erblasser gehörte, der im Zeitpunkt des Todes seinen Wohnsitz in einem Vertragsstaat hatte, und bewegliches Vermögen, das dem Betrieb dieser Schiffe oder Luftfahrzeuge dient, können im anderen Vertragsstaat besteuert werden, wenn sich der Ort der tatsächlichen Geschäftsleitung des Unternehmens im anderen Staat befindet.

Art. 8
[1] Das nicht nach den Artikeln 5-7 zu behandelnde Vermögen kann nur in dem Vertragsstaat besteuert werden, in dem der Erblasser im Zeitpunkt des Todes seinen Wohnsitz hatte.

[2] Ungeachtet der Artikel 5-7 und Absatz 1 dieses Artikels kann das Nach-lassvermögen nach dem Recht der Bundesrepublik Deutschland besteuert werden, wenn der Erwerber im Zeitpunkt des Todes des Erblassers in der Bundesrepublik Deutschland über eine ständige Wohnstätte verfügte oder dort seinen gewöhnlichen Aufenthalt hatte. Die nach dem Abkommen in der Schweiz zulässige Besteuerung bleibt unberührt. Die Artikel 4 Absatz 5 und 10 Absatz 1 sind entsprechend anzuwenden. Die vorstehenden Bestimmungen gelten nicht, wenn im Zeitpunkt des Todes des Erblassers dieser und der Erwerber schweizerische Staatsangehörige waren.

Art. 9
[1] Schulden, die mit einem bestimmten Vermögensgegenstand in wirtschaftlichem Zusammenhang stehen, werden vom Wert dieses Vermögens abgezogen.

[2] Die anderen Schulden werden vom Wert des Vermögens abgezogen, das nur in dem Vertragsstaat besteuert werden kann, in dem der Erblasser seinen Wohnsitz hatte. Diese Schulden werden bei der Anwendung des Artikels 4 Absätze 3 und 4 und des Artikels 8 Absatz 2 auch in der Bundesrepublik Deutschland abgezogen, wenn der Erblasser bzw. der Erwerber Inländer im Sinne des Erbschaftssteuerrechts der Bundesrepublik Deutschland waren. War der Erblasser nicht Inländer und besteuert die Bundesrepublik Deutschland nach Artikel 4 Absatz 4 Vermögen, das nach Artikel 8 Absatz 1 nur in der Schweiz besteuert werden kann, so wird vom Wert dieses Vermögens der Teil der nach diesem Absatz von der Schweiz zu berücksichtigenden Schulden abgezogen, der dem Verhältnis dieses Vermögens nach Berücksichtigung eines Schuldenausgleichs nach Absatz 3 zum gesamten Rohvermögen nach Abzug der unter Absatz 1 fallenden Schulden entspricht.

[3] Übersteigt eine Schuld den Wert des Vermögens, von dem sie in einem Vertragsstaat nach den Absätzen 1 und 2 abzuziehen ist, so wird der übersteigende Betrag vom Wert des übrigen Vermögens, das in diesem Staat besteuert werden kann, abgezogen.

⁴ Verbleibt nach den Abzügen, die auf Grund der vorstehenden Absätze vorzunehmen sind, ein Schuldenrest, so wird dieser vom Wert des Vermögens, das im anderen Vertragsstaat besteuert werden kann, abgezogen.

⁵ Die vorstehenden Bestimmungen über den Schuldenabzug gelten sinngemäss auch für den Abzug der Vermächtnisse.

Art. 10

¹ Hatte der Erblasser im Zeitpunkt des Todes seinen Wohnsitz in der Bundesrepublik Deutschland, so wird die Doppelbesteuerung wie folgt vermieden:

   a. Die Bundesrepublik Deutschland nimmt in der Schweiz gelegenes unbewegliches Vermögen im Sinne des Artikels 5 Absatz 2 von der Besteuerung aus, wenn der Erblasser im Zeitpunkt seines Todes schweizerischer Staatsangehöriger war. Sie kann aber bei der Festsetzung der Steuer für das Vermögen, für das sie das Besteuerungsrecht behält, den Steuersatz anwenden, der anzuwenden wäre, wenn das unbewegliche Vermögen nicht von der Besteuerung ausgenommen wäre.

   b. Soweit Buchstabe a nicht anzuwenden ist, rechnet die Bundesrepublik Deutschland nach Massgabe der Vorschriften des deutschen Rechts über die Anrechnung ausländischer Steuern auf die nach ihrem Recht festgesetzte Steuer die Steuer an, die in der Schweiz für das Vermögen gezahlt wird, das nach dem Abkommen in der Schweiz besteuert werden kann. Der anzurechnende Betrag darf jedoch den Teil der vor der Anrechnung ermittelten Steuer nicht übersteigen, der auf das Vermögen entfällt, das in der Schweiz besteuert werden kann.

² Hatte der Erblasser im Zeitpunkt des Todes seinen Wohnsitz in der Schweiz, so wird die Doppelbesteuerung wir folgt vermieden:
Die Schweiz nimmt das Vermögen, das nach den Artikeln 5, 6 und 7 in der Bundesrepublik Deutschland besteuert werden kann, von der Besteuerung aus. Sie kann aber bei der Festsetzung der Steuer für das Vermögen, für das sie das Besteuerungsrecht behält, den Steuersatz anwenden, der anzuwenden wäre, wenn das betreffende Vermögen nicht von der Besteuerung ausgenommen wäre.

Art. 11

¹ Die Staatsangehörigen eines Vertragsstaats dürfen im anderen Vertragsstaat weder einer Besteuerung noch einer damit zusammenhängenden Verpflichtung unterworfen werden, die anders oder belastender sind als die Besteuerung und die damit zusammenhängenden Verpflichtungen, denen die Staatsangehörigen des anderen Staates unter gleichen Verhältnissen unterworfen sind oder unterworfen werden können.

J. Doppelbesteuerungsabkommen zur Erbschaftssteuer

² Die Besteuerung einer Betriebstätte, die ein Unternehmen eines Vertragsstaats im anderen Vertragsstaat hat, darf im anderen Staat nicht ungünstiger sein als die Besteuerung von Unternehmen des anderen Staates, die die gleiche Tätigkeit ausüben. Diese Bestimmung ist nicht so auszulegen, als verpflichte sie einen Vertragsstaat, den im anderen Vertragsstaat ansässigen Personen Steuerfreibeträge, -vergünstigungen und -ermässigungen auf Grund des Personenbestandes oder der Familienlasten zu gewähren, die er den in seinem Gebiet ansässigen Personen gewährt.

³ Die Unternehmen eines Vertragsstaats, deren Kapital ganz oder teilweise, unmittelbar oder mittelbar, einer im anderen Vertragsstaat ansässigen Person oder mehreren solchen Personen gehört oder ihrer Kontrolle unterliegt, dürfen im erstgenannten Vertragsstaat weder einer Besteuerung noch einer damit zusammenhängenden Verpflichtung unterworfen werden, die anders oder belastender sind als die Besteuerung und die damit zusammenhängenden Verpflichtungen, denen andere ähnliche Unternehmen des erstgenannten Staates unterworfen sind oder unterworfen werden können.

⁴ In diesem Artikel bedeutet der Ausdruck "Besteuerung" Steuern jeder Art und Bezeichnung.

Art. 12

¹ Ist eine Person der Auffassung, dass Massnahmen eines Vertragsstaats oder beider Vertragsstaaten für sie zu einer Besteuerung führen oder führen werden, die diesem Abkommen nicht entspricht, so kann sie unbeschadet der nach dem innerstaatlichen Recht dieser Staaten vorgesehenen Rechtsmittel ihren Fall der zuständigen Behörde eines der beiden Staaten unterbreiten.

² Hält die zuständige Behörde die Einwendung für begründet und ist sie selbst nicht in der Lage, eine befriedigende Lösung herbeizuführen, wo wird sie sich bemühen, den Fall durch Verständigung mit der zuständigen Behörde des anderen Vertragsstaats so zu regeln, dass eine dem Abkommen nicht entsprechende Besteuerung vermieden wird.

³ Die zuständigen Behörden der Vertragsstaaten werden sich bemühen, Schwierigkeiten oder Zweifel, die bei der Auslegung oder Anwendung des Abkommens entstehen, in gegenseitigem Einvernehmen zu beseitigen. Sie können auch gemeinsam darüber beraten, wie eine Doppelbesteuerung in Fällen vermieden werden kann, die im Abkommen nicht behandelt sind. Dies gilt auch für die Besteuerung von Schenkungen und Zweckzuwendungen unter Lebenden.

⁴ Die zuständigen Behörden der Vertragsstaaten können zur Herbeiführung einer Einigung im Sinne der vorstehenden Absätze unmittelbar miteinander verkehren. Erscheint ein mündlicher Meinungsaustausch für die Herbeiführung der

Einigung zweckmässig, so kann ein solcher Meinungsaustausch in einer Kommission durchgeführt werden, die aus Vertretern der zuständigen Behörden der Vertragsstaaten besteht.

Art. 13
¹ Die zuständigen Behörden der Vertragsstaaten können auf Verlangen diejenigen (gemäss den Steuergesetzgebungen der beiden Staaten im Rahmen der normalen Verwaltungspraxis erhältlichen) Auskünfte austauschen, die notwendig sind für eine richtige Durchführung dieses Abkommens. Jede auf diese Weise ausgetauschte Auskunft soll geheimgehalten und niemandem zugänglich gemacht werden, der sich nicht mit der Veranlagung, der Erhebung, der Rechtsprechung oder der Strafverfolgung hinsichtlich der unter dieses Abkommen fallenden Steuern befasst. Auskünfte, die irgendein Handels- oder Bank-, gewerbliches oder Berufsgeheimnis oder ein Geschäftsverfahren offenbaren würden, dürfen nicht ausgetauscht werden.
² Die Bestimmungen dieses Artikels dürfen auf keinen Fall dahin ausgelegt werden, dass sie einem der Vertragsstaaten die Verpflichtung auferlegen, Verwaltungsmassnahmen durchzuführen, die von seinen eigenen Vorschriften oder von seiner Verwaltungspraxis abweichen oder die seiner Souveränität, seiner Sicherheit, seinen allgemeinen Interessen oder dem Ordre public widersprechen, oder Angaben zu vermitteln, die nicht auf Grund seiner eigenen und auf Grund der Gesetzgebung des ersuchenden Staates beschafft werden können.

Art. 14
Dieses Abkommen berührt nicht die steuerlichen Vorrechte, die den Mitgliedern einer diplomatischen Mission oder konsularischen Vertretung oder ihren Familienangehörigen nach den allgemeinen Regeln des Völkerrechts oder auf Grund besonderer Vereinbarungen zustehen. Soweit eine Nachlass- oder Erbschaftssteuer wegen dieser Vorrechte im Empfangsstaat nicht erhoben werden kann, steht das Besteuerungsrecht dem Entsendestaat zu.

Art. 15
Mit dem Inkrafttreten dieses Abkommens tritt das Abkommen vom 15. Juli 1931[41] zwischen dem Deutschen Reich und der Schweizerischen Eidgenossenschaft zur Vermeidung der Doppelbesteuerung auf dem Gebiete der direkten Steuern und der Erbschaftssteuern in der zur Zeit gültigen Fassung ausser Kraft. Es

---

[41] BS 12 601; AS 1959 322 Ziff. I, II 331 793 Ziff. I, II, IV; SR 0.672.913.62 Art. 30 Ziff. 1.

findet nicht mehr Anwendung auf Nachlässe, auf die dieses Abkommen nach Artikel 17 Absatz 2 anzuwenden ist.

Art. 16
Dieses Abkommen gilt auch für das Land Berlin, sofern nicht die Regierung der Bundesrepublik Deutschland dem Schweizerischen Bundesrat innerhalb von drei Monaten nach Inkrafttreten des Abkommens eine gegenteilige Erklärung abgibt.

Art. 17
[1] Dieses Abkommen bedarf der Ratifikation; die Ratifikationsurkunden werden so bald wie möglich in Bern ausgetauscht.
[2] Das Abkommen tritt am 30. Tag nach dem Tag in Kraft, an dem die Ratifikationsurkunden ausgetauscht werden. Seine Bestimmungen finden auf Nachlässe von Personen Anwendung, die an oder nach diesem Tag sterben.

Art. 18
Dieses Abkommen bleibt in Kraft, solange es nicht von einem der Vertragsstaaten gekündigt worden ist. Jeder Vertragsstaat kann das Abkommen auf diplomatischem Weg unter Einhaltung einer Frist von mindestens sechs Monaten zum Ende eines Kalenderjahres, frühestens zum Ende des Jahres 1983, kündigen. In diesem Fall findet das Abkommen nicht mehr auf Nachlässe von Personen Anwendung, die nach Ablauf des Kalenderjahres verstorben sind, zu dessen Ende das Abkommen gekündigt worden ist.

Geschehen zu Bonn am 30. November 1978 in zwei Urschriften in deutscher Sprache.

Für die	Für die
Schweizerische Eidgenossenschaft:	Bundesrepublik Deutschland:
M. Gelzer	Günther van Well
	Rolf Böhme

3. Frankreich

Frankreich hat das Abkommen am 17. Juni 2014 per Ende 2014 gekündigt. Seit dem 1. Januar 2015 wenden die Schweiz und Frankreich je das interne Erbschaftssteuerrecht an.

Zum Text des Abkommens zwischen der Schweizerischen Eidgenossenschaft und der Französischen Republik zur Vermeidung der Doppelbesteuerung auf dem Gebiete der Erbschaftssteuern (SR 0.672.934.92), welches bis 31. Dezember 2014 galt, vgl. das KENDRIS Jahrbuch 2013/2014, S. 218 ff.

4. Italien

Zwischen der Schweiz und Italien besteht kein Doppelbesteuerungsabkommen betreffend Erbschafts- und/oder Schenkungssteuern.

5. Liechtenstein

Zwischen der Schweiz und dem Fürstentum Liechtenstein besteht kein Doppelbesteuerungsabkommen betreffend Erbschafts- und/oder Schenkungssteuern.

6. Niederlande

0.672.963.62
Abkommen zwischen der Schweizerischen Eidgenossenschaft und dem Königreich der Niederlande zur Vermeidung der Doppelbesteuerung auf dem Gebiete der Erbschaftssteuern

Abgeschlossen am 12. November 1951
Von der Bundesversammlung genehmigt am 18. Dezember 1951[42]
Ratifikationsurkunden ausgetauscht am 9. Januar 1952
In Kraft getreten am 9. Januar 1952
(Stand: 9. Januar 1952)
Der Schweizerische Bundesrat einerseits und Ihre Majestät die Königin der Niederlande anderseits
Haben, vom Wunsche geleitet, die Doppelbesteuerung auf dem Gebiete der Erbschaftssteuern nach Möglichkeit zu vermeiden,
beschlossen, zu diesem Zwecke ein Abkommen zu treffen
und zu ihren Bevollmächtigten ernannt:
(Es folgen die Namen der Bevollmächtigten)
Die nach Beibringung ihrer in guter und gehöriger Form befundenen Vollmachten folgendes vereinbart haben.

---

[42] AS 1952 177.

J. Doppelbesteuerungsabkommen zur Erbschaftssteuer

Art. 1

¹ Dieses Abkommen soll Schutz vor der Doppelbesteuerung gewähren, die sich beim Ableben eines Angehörigen eines der beiden Staaten, der seinen letzten Wohnsitz in der Schweiz oder in den Neiderlanden gehabt hat, aus der gleichzeitigen Erhebung schweizerischen und niederländischer Erbschaftssteuern ergeben könnte.

² Als Erbschaftssteuern im Sinne dies Abkommen gelten solche Steuern, die auf Grund der schweizerischen oder der niederländischen Gesetzgebung von Todes wegen von den Hinterlassenschaften im ganzen oder von einem Teil derselben oder von den Erbteilen erhoben werden.

³ Das Abkommen bezieht sich namentlich:
   a. auf Seiten der Schweiz:
       auf die von den Kantonen, Bezirken, Kreisen und Gemeinden erhobenen Erbanfall- und Nachlasssteuern;
   b. auf Seiten des Königreichs der Niederlande:
       auf die Erbschaftsteuer (recht van successie) und auf die von Todes wegen erhobene Handänderungsabgabe (recht van overgang).

⁴ Das Abkommen bezieht sich auch auf künftige Steuern gleicher oder ähnlicher Art, die neben oder an die Stelle der im vorhergehenden Absatz erwähnten treten. Es gilt ferner für die Steuern, die in Form von Zuschlägen (centimes additionnels) erhoben werden.

⁵ Soweit das Königreich der Niederlande in Frage steht, findet das Abkommen nur auf das in Europa gelegene Staatsgebiet Anwendung; vorbehalten bleibt die Bestimmung des Artikels 6.

Art. 2

¹ Unbewegliches Vermögen (einschliesslich der Zugehör sowie des einem land- oder forstwirtschaftlichen Betrieb dienenden lebenden und toten Inventars) ist den Erbschaftssteuern nur in dem Staat unterworfen, in dem sich dieses Vermögen befindet. Artikel 3 Absätze 2 und 4 sowie Absatz 2 des Schlussprotokolls zu Artikel 3 des am heutigen Tage zwischen den beiden Hohen Vertragschliessenden Parteien abgeschlossenen Abkommens zur Vermeidung der Doppelbesteuerung auf dem Gebiete der Steuern vom Einkommen und vom Vermögen[43] finden entsprechenden Anwendung.

² Das in Betrieben von Handel, Industrie und Gewerbe jeder Art angelegte bewegliche Vermögen unterliegt den Erbschaftssteuern nur in dem Staat, in dem das Unternehmen eine Betriebsstätte hat. Artikel 4 des am heutigen Tage zwi-

---

[43]   SR 0.672.963.61.

J. Doppelbesteuerungsabkommen zur Erbschaftssteuer

schen den beiden Hohen Vertragschliessende Parteien abgeschlossenen Abkommen zur Vermeidung der Doppelbesteuerung auf dem Gebiete der Steuern vom Einkommen und Vom Vermögen sowie die zugehörigen Bestimmungen im Schlussprotokoll finden entsprechende Anwendung.

³ Das in ständigen Einrichtungen angelegte, der Ausübung eines freien Berufes in deinem der beiden Saaten dienende bewegliche Vermögen unterliegt den Erbschaftsteuer nur in dem Staat, in dem sich diese Einrichtungen befinden.

Art. 3

¹ Das nicht nach Artikel 2 zu behandelnde Nachlassvermögen, einschliesslich der grundpfändlich sichergestellten Forderungen jeder Art, unterliegt den Erbschaftssteuer nur in dem Staat, in dem der Erblasser seinen letzten Wohnsitz gehabt hat.

² Für den Begriff des Wohnsitzes sind massgebend die Bestimmungen des Artikels 2 Absätze 2 und 3 des am heutigen Tage zwischen den beiden Hohen Vertragschliessenden Parteien abgeschlossenen Abkommen zur Vermeidung der Doppelbesteuerung auf dem Gebiete der Steuern vom Einkommen und vom Vermögen.[44]

Art. 4

¹ Dieses Abkommen berührt nicht das Recht auf den Genuss etwaiger weitergehender Befreiungen, die nach den allgemeinen Regeln des Völkerrechts den diplomatischen und konsularischen Beamten zukommen. Soweit auf Grund solcher weitergehender Befreiungen das einem solchen Beamten oder einem Mitglied seiner Familie anfallende Vermögen oder das von einer der genannten Personen bei ihrem Tod hinterlassene Vermögen im Empfangsstaate nicht zu den Erbschaftssteuern herangezogen wird, bleibt die Besteuerung dem Absendestaat vorbehalten, wie wenn die in Rede stehende Personen hier Wohnsitz gehabt hätten.

² Die Angehörigen (natürliche und juristische Personen) eines der beiden Staaten sollen vom andern Staate nicht zu anderen oder höheren Steuern und Abgaben verhalten werden als seine eigenen Angehörigen, die sich in gleichartigen Verhältnissen befinden.

³ Die Bestimmungen dieses Abkommens schränken die Vergünstigungen, die den Steuerpflichtigen nach der Gesetzgebung jeder der beiden Staaten zukommen, nicht ein.

---

[44] SR 0.672.963.61.

J. Doppelbesteuerungsabkommen zur Erbschaftssteuer

Art. 5

¹ Zur Beseitigung der Doppelbesteuerung auf dem Gebiete der in Artikel 1 erwähnten Steuern in Fällen, die in diesem Abkommen nicht geregelt sind, sowie auch in Fällen von Schwierigkeiten oder Zweifeln bei der Auslegung oder Anwendung dieses Abkommens, können sich die obersten Verwaltungsbehörden der beiden Staaten verständigen.

² Im übrigen finden Artikel 11 Absatz 1 und Schlussprotokoll zu Artikel 11 des am heutigen Tage zwischen den beiden Hohen Vertragschliessenden Parteien abgeschlossenen Abkommens zur Vermeidung der Doppelbesteuerung auf dem Gebiete der Steuern vom Einkommen und vom Vermögen[45] entsprechende Anwendung.

Art. 6

Auf die Erweiterung des territorialen Geltungsbereiches dieses Abkommens findet Artikel 12 des am heutigen Tage zwischen den beiden Hohen Vertragschliessenden Parteien abgeschlossenen Abkommen zur Vermeidung der Doppelbesteuerung auf dem Gebiete der Steuern vom Einkommen und vom Vermögen[46] entsprechende Anwendung.

Art. 7

¹ Das Abkommen findet Anwendung auf alle Fälle, in denen der Tod des Erblassers nach dem Inkrafttreten des Abkommens eingetreten ist.

² Das Abkommen verliert mit dem Ablauf des Kalenderjahres, auf den es rechtsgültig gekündigt worden ist, seine Verbindlichkeit für alle Fälle, in denen der Erblasser später verstorben ist.

Art. 8

¹ Dieses Abkommen soll ratifiziert und die Ratifikationsurkunden sollen so bald als möglich in Bern ausgetauscht werden.

² Das Abkommen tritt am Tage des Austausches der Ratifikationsurkunden in Kraft; es kann von jeder der beiden Hohen Vertragschliessenden Parteien mit mindestens sechsmonatiger Frist auf das Ende eines Kalenderjahres gekündigt werden.

Zu Urkund dessen haben die vorgenannten Bevollmächtigen dieses Abkommen unterzeichnet und mit ihrem Siegel versehen.

---

[45] SR 0.672.963.61.
[46] SR 0.672.693.61.

Gefertigt in Den Haag, im Doppel, in französischer und niederländischer Urschrift, welche gleicherweise authentisch sind, am 12. November 1951.
D. Secrétan   Stikker

Schlussprotokoll

Bei der Unterzeichnung der heute zwischen der Schweizerischen Eidgenossenschaft und dem Königreich der Niederlande abgeschlossenen Abkommens zur Vermeidung der Doppelbesteuerung auf dem Gebiete der Erbschaftssteuern haben die unterzeichneten Bevollmächtigen die folgende übereinstimmenden Erklärungen abgegeben, die einen integrierenden Bestandteil des Abkommens bilden.

Zu Artikel 1
Die obersten Verwaltungsbehörden der beiden Staaten werden sich auf Ende jedes Jahres die in der Steuergesetzgebung eingetretenen Änderungen mitteilen. Sie werden sich ins Einvernehmen setzen, um allfällige Zweifel über die Frage, auf welche Steuern das Abkommen Anwendung zu finden haben, zu klären.

Zu Artikel 2 und 3
[1] Dieses Abkommen beschränkt sich nicht auf die Befugnis der Schweiz, die Erbschaftssteuern auf den ihr zur ausschliesslichen Besteuerung zugewiesenen Teilen eins Nachlasses nach dem Satze zu berechnen, der Anwendung fände, wenn der ganze Nachlass oder Erbteil in diesem Staate steuerbar wäre.
[2] Hatte der Erblasser seinen letzten Wohnsitz in den Niederlanden, so ist dieser Staat befugt, die Steuer ohne Rücksicht darauf, ob das Nachlassvermögen auf seinem Gebiet oder in der Schweiz liegt, auf dem gesamten Nachlass zu berechnen; er bringt aber von der so errechneten Steuer den niedrigeren der beiden folgenden Beträge in Abzug:
   a. die Summe der von der Schweiz erhobenen Steuern und Abgaben auf Vermögensteilen, welche nach diesem Abkommen in der Schweiz steuerbar sind; oder
   b. den Bruchteil der von den Niederlanden errechneten Steuern und Abgaben, der dem Verhältnis der in der Schweiz steuerbaren Teilen des Reinvermögens zum gesamten steuerbaren Reinvermögen des Erblassers entspricht.

Zu Artikel 3

¹ Trotz den Bestimmungen des Artikels 3 Absatz 2 dieses Abkommens kann der Staat, dem der Erblasser zur Zeit seines Todes angehört hat, die Erbschaftssteuer erheben, wie wenn der Erblasser seinen letzten Wohnsitz auch in diesem Staat gehabt hätte, unter der Voraussetzung, dass der Erblasser hier wirklich im Laufe der letzten 10 Jahre vor seinem Ableben Wohnsitz gehabt und dass er im Zeitpunkt der Aufgabe dieses Wohnsitzes die Staatsangehörigkeit dieses Staates besessen hat; in diesem Falle wird der Teil der Steuer, den dieser Staat nicht erhoben hätte, wenn der Erblasser ihm im Zeitpunkt der Aufgabe seines dortigen Wohnsitzes oder im Zeitpunkt seines Todes nicht angehört hätte, um die im andern Staat auf Grund des Wohnsitzes erhobene Steuer gekürzt.

² Die Bestimmung des Absatzes 1 findet keine Anwendung auf Personen, die im Zeitpunkt ihres Ablebens beiden Staaten angehört hatten.

Gefertigt in Den Haag, im Doppel, in französischer und niederländischer Urschrift, welche gleicherweise authentisch sind, am 12. November 1951.
D. Secrétan   Stikker

7. Österreich

0.672.916.32
Abkommen zwischen der Schweizerischen Eidgenossenschaft und der Republik Österreich zur Vermeidung der Doppelbesteuerung auf dem Gebiete der Nachlass- und Erbschaftssteuern

Abgeschlossen am 30. Januar 1974
Von der Bundesversammlung genehmigt am 16. September 1974[47]
Ratifikationsurkunden ausgetauscht am 4. Dezember 1974

In Kraft getreten am 4. Dezember 1974
(Stand: 4. Dezember 1974)

Die Schweizerische Eidgenossenschaft und die Republik Österreich
von dem Wunsche geleitet, ein Abkommen zur Vermeidung der Doppelbesteuerung auf dem Gebiete der Nachlass- und Erbschaftssteuern abzuschliessen, haben folgendes vereinbart:

---

[47]   AS 1974 2083.

J. Doppelbesteuerungsabkommen zur Erbschaftssteuer

Art. 1
Dieses Abkommen gilt für Nachlässe von Erblassern, die im Zeitpunkt ihres Todes einen Wohnsitz in einem Vertragsstaat oder in beiden Vertragsstaaten hatten.

Art. 2
[1] Dieses Abkommen gilt, ohne Rücksicht auf die Art der Erhebung, für Nachlass- und Erbschaftssteuern, die für Rechnung eines der beiden Vertragsstaaten, der Länder, Kantone, Bezirke, Kreise, Gemeinden oder Gemeindeverbände (auch in Form von Zuschlägen) erhoben werden.

[2] Als Nachlass- und Erbschaftssteuern gelten alle Steuern, die von Todes wegen als Nachlasssteuern, Erbanfallsteuern, Abgaben vom Vermögensübergang oder Steuern von Schenkungen auf den Todesfall erhoben werden.

[3] Zu den zur Zeit bestehenden Steuern, für die das Abkommen gilt, gehören insbesondere
    a. in Österreich: die Erbschafts- und Schenkungssteuer, soweit ihr die Erwerbe von Todes wegen unterliegen;
    b. in der Schweiz: die von den Kantonen, Bezirken, Kreisen und Gemeinden erhobenen Nachlass- und Erbanfallsteuern.

[4] Das Abkommen gilt auch für alle Nachlass- und Erbschaftssteuern, die künftig neben den zur Zeit bestehenden Steuern oder an deren Stelle erhoben werden.

Art. 3
[1] Ob ein Erblasser im Zeitpunkt seines Todes einen Wohnsitz in einem Vertragsstaat hatte, bestimmt sich bei Anwendung dieses Abkommens nach dem Recht dieses Staates.

[2] Hatte nach Absatz 1 ein Erblasser in beiden Vertragsstaaten einen Wohnsitz, so gilt folgendes:
    a. Der Wohnsitz des Erblassers gilt als in dem Vertragsstaat gelegen, in dem er über eine ständige Wohnstätte verfügte. Verfügte er in beiden Vertragsstaaten über eine ständige Wohnstätte, so gilt sein Wohnsitz als in dem Vertragsstaat gelegen, zu dem er die engeren persönlichen und wirtschaftlichen Beziehungen hatte (Mittelpunkt der Lebensinteressen).
    b. Kann nicht bestimmt werden, in welchem Vertragsstaat der Erblasser den Mittelpunkt der Lebensinteressen hatte, oder verfügte er in keinem der Vertragsstaaten über eine ständige Wohnstätte, so gilt sein Wohnsitz als in dem Vertragsstaat gelegen, in dem er seinen gewöhnlichen Aufenthalt hatte.

c. Hatte der Erblasser seinen gewöhnlichen Aufenthalt in beiden Vertragsstaaten oder in keinem der Vertragsstaaten, so gilt sein Wohnsitz als in dem Vertragsstaat gelegen, dessen Staatsangehörigkeit er besass.
d. Besass der Erblasser die Staatsangehörigkeit beider Vertragsstaaten oder keines Vertragsstaates, so verständigen sich die zuständigen Behörden der Vertragsstaaten gemäss Artikel 10.

Art. 4
[1] Unbewegliches Vermögen darf in dem Vertragsstaat besteuert werden, in dem dieses Vermögen liegt.
[2] Der Ausdruck "unbewegliches Vermögen" bestimmt sich nach dem Recht des Vertragsstaates, in dem das Vermögen liegt. Der Ausdruck umfasst in jedem Fall das Zubehör zum unbeweglichen Vermögen, das lebende und tote Inventar land- und forstwirtschaftlicher Betriebe, die Rechte, auf die die Vorschriften des Privatrechts über Grundstücke Anwendung finden, die Nutzungsrechte an unbeweglichem Vermögen sowie die Rechte auf veränderliche oder feste Vergütungen für die Ausbeutung oder das Recht auf Ausbeutung von Mineralvorkommen, Quellen und anderen Bodenschätzen; Schiffe und Luftfahrzeuge gelten nicht als unbewegliches Vermögen.
[3] Die Absätze 1 und 2 gelten auch für unbewegliches Vermögen eines Unternehmens und für unbewegliches Vermögen, das der Ausübung eines freien Berufes oder einer sonstigen selbständigen Tätigkeit ähnlicher Art dient.

Art. 5
[1] Vermögen, das Betriebsvermögen einer Betriebsstätte eines Unternehmens darstellt – ausgenommen das nach den Artikeln 4 und 6 zu behandelnde Vermögen –, darf in dem Vertragsstaat besteuert werden, in dem sich die Betriebsstätte befindet. Dies gilt auch für eine Beteiligung an einer Personengesellschaft.
[2] Der Ausdruck "Betriebsstätte" bedeutet eine feste Geschäftseinrichtung, in der die Tätigkeit des Unternehmens ganz oder teilweise ausgeübt wird.
[3] Der Ausdruck "Betriebsstätte" umfasst insbesondere:
    a. einen Ort der Leitung,
    b. eine Zweigniederlassung,
    c. eine Geschäftsstelle,
    d. eine Fabrikationsstätte,
    e. eine Werkstätte,
    f. ein Bergwerk, einen Steinbruch oder eine andere Stätte der Ausbeutung von Bodenschätzen,

g. eine Bauausführung oder Montage, deren Dauer zwölf Monate überschreitet.

⁴ Als Betriebsstätten gelten nicht:
  a. Einrichtungen, die ausschliesslich zur Lagerung, Ausstellung oder Auslieferung von Gütern oder Waren des Unternehmens benutzt werden;
  b. Bestände von Gütern oder Waren des Unternehmens, die ausschliesslich zur Lagerung, Ausstellung oder Auslieferung unterhalten werden;
  c. Bestände von Gütern oder Waren des Unternehmens, die ausschliesslich zu dem Zweck unterhalten werden, durch ein anderes Unternehmen bearbeitet oder verarbeitet zu werden;
  d. eine feste Geschäftseinrichtung, die ausschliesslich zu dem Zweck unterhalten wird, für das Unternehmen Güter oder Waren einzukaufen oder Informationen zu beschaffen;
  e. eine feste Geschäftseinrichtung, die ausschliesslich zu dem Zweck unterhalten wird, für das Unternehmen zu werben, Informationen zu erteilen, wissenschaftliche Forschung zu betreiben oder ähnliche Tätigkeiten auszuüben, die vorbereitender Art sind oder eine Hilfstätigkeit darstellen.

⁵ Ist eine Person – mit Ausnahme eines unabhängigen Vertreters im Sinne des Absatzes 6 – in einem Vertragsstaat für ein Unternehmen des anderen Vertragsstaates tätig, so gilt eine in dem erstgenannten Staat gelegene Betriebsstätte als gegeben, wenn die Person eine Vollmacht besitzt, im Namen des Unternehmens Verträge abzuschliessen, und die Vollmacht in diesem Staat gewöhnlich ausübt, es sei denn, dass sich ihre Tätigkeit auf den Einkauf von Gütern oder Waren für das Unternehmen beschränkt.

⁶ Ein Unternehmen eines Vertragsstaates wird nicht schon deshalb so behandelt, als habe es eine Betriebsstätte in dem anderen Vertragsstaat, weil es dort seine Tätigkeit durch einen Makler, Kommissionär oder einen anderen unabhängigen Vertreter ausübt, sofern diese Personen im Rahmen ihrer ordentlichen Geschäftstätigkeit handeln.

⁷ Vermögen, das zu einer der Ausübung eines freien Berufes oder einer sonstigen selbständigen Tätigkeit ähnlicher Art dienenden festen Einrichtung gehört – ausgenommen das nach Artikel 4 zu behandelnde Vermögen –, darf in dem Vertragsstaat besteuert werden, in dem sich die feste Einrichtung befindet.

Art. 6

Seeschiffe und Luftfahrzeuge im internationalen Verkehr und Schiffe, die der Binnenschiffahrt dienen, sowie bewegliches Vermögen, das dem Betrieb dieser Schiffe und Luftfahrzeuge dient, dürfen in dem Vertragsstaat besteuert werden, in dem sich der Ort der tatsächlichen Geschäftsleitung des Unternehmens befindet.

Art. 7
Das nicht nach den Artikeln 4, 5 und 6 zu behandelnde Vermögen darf nur in dem Vertragsstaat besteuert werden, in dem der Erblasser im Zeitpunkt des Todes seinen Wohnsitz hatte.

Art. 8
Nachlassschulden werden im Verhältnis der in jedem Vertragsstaat der Steuer unterliegenden Teile der rohen Nachlassaktiven zum gesamten vom Erblasser hinterlassenen Rohvermögen in Abzug gebracht.

Art. 9
Der Vertragsstaat, in dem der Erblasser im Zeitpunkt des Todes seinen Wohnsitz hatte, nimmt das Vermögen, das nach diesem Abkommen im anderen Vertragsstaat besteuert werden darf, von der Besteuerung aus; dieser Staat darf aber bei der Festsetzung der Steuer für das Vermögen, für das er das Besteuerungsrecht behält, den Steuersatz anwenden, der anzuwenden wäre, wenn das betreffende Vermögen nicht von der Besteuerung ausgenommen wäre.

Art. 10
[1] Ist eine Person der Auffassung, dass die Massnahmen eines Vertragsstaates oder beider Vertragsstaaten für sie zu einer Besteuerung geführt haben oder führen werden, die diesem Abkommen nicht entspricht, so kann sie unbeschadet der nach innerstaatlichem Recht dieser Staaten vorgesehenen Rechtsmittel ihren Fall der zuständigen Behörde eines der beiden Staaten unterbreiten.
[2] Hält diese zuständige Behörde die Einwendung für begründet und ist sie selbst nicht in der Lage, eine befriedigende Lösung herbeizuführen, so wird sie sich bemühen, den Fall durch Verständigung mit der zuständigen Behörde des anderen Vertragsstaates so zu regeln, dass eine dem Abkommen nicht entsprechende Besteuerung vermieden wird.
[3] Die zuständigen Behörden der Vertragsstaaten werden sich bemühen, Schwierigkeiten oder Zweifel, die bei der Auslegung oder Anwendung des Abkommens entstehen, in gegenseitigem Einvernehmen zu beseitigen. Sie können auch gemeinsam darüber beraten, wie eine Doppelbesteuerung in Fällen, die in dem Abkommen nicht behandelt sind, vermieden werden kann.
[4] Die zuständigen Behörden der Vertragsstaaten können zur Herbeiführung einer Einigung im Sinne der vorstehenden Absätze unmittelbar miteinander ver-

kehren und die dazu notwendigen Auskünfte austauschen. Erscheint ein mündlicher Meinungsaustausch für die Herbeiführung der Einigung zweckmässig, so kann ein solcher Meinungsaustausch in einer Kommission durchgeführt werden, die aus Vertretern der zuständigen Behörden der Vertragsstaaten besteht.
⁵ Der Ausdruck "zuständige Behörde" bedeutet
   a. in Österreich: der Bundesminister für Finanzen;
   b. in der Schweiz: der Direktor der Eidgenössischen Steuerverwaltung oder sein bevollmächtigter Vertreter.

Art. 11
¹ Dieses Abkommen berührt nicht die steuerlichen Vorrechte, die den Angehörigen einer diplomatischen oder konsularischen Vertretung oder ihnen nahestehenden Personen nach den allgemeinen Regeln des Völkerrechts oder auf Grund besonderer Vereinbarungen gewährt werden.
² Soweit Vermögen wegen der einen Person nach den allgemeinen Regeln des Völkerrechts oder auf Grund besonderer zwischenstaatlicher Verträge zustehenden diplomatischen oder konsularischen Vorrechte im Empfangsstaat nicht besteuert werden, steht das Besteuerungsrecht dem Entsendestaat zu.

Art. 12
Mit dem Inkrafttreten dieses Abkommens tritt das Abkommen zwischen der Schweizerischen Eidgenossenschaft und der Republik Österreich zur Vermeidung der Doppelbesteuerung auf dem Gebiete der Steuern vom Einkommen und vom Vermögen sowie der Erbschaftssteuern vom 12. November 1953[48] ausser Kraft, soweit es durch das Abkommen zwischen der Schweizerischen Eidgenossenschaft und der Republik Österreich zur Vermeidung der Doppelbesteuerung auf dem Gebiete der Steuern vom Einkommen und vom Vermögen vom 30. Januar 1974[49] nicht bereits ausser Kraft getreten ist. Seine nach Satz 1 aufgehobenen Bestimmungen finden aber auf Nachlässe von Personen Anwendung, die vor dem 1. Januar 1975 verstorben sind.

Art. 13
¹ Dieses Abkommen bedarf der Ratifikation. Die Ratifikationsurkunden sollen so bald wie möglich in Bern ausgetauscht werden.
² Dieses Abkommen tritt mit dem Austausch der Ratifikationsurkunden in Kraft und seine Bestimmungen finden auf Nachlässe von Personen Anwendung, die nach dem 31. Dezember 1974 sterben.

---

[48]   AS 1954 1083; SR 0.672.916.31 Art. 291.
[49]   SR 0.672.916.31.

Art. 14
Dieses Abkommen bleibt in Kraft, solange es nicht von einem der Vertragsstaaten gekündigt wird. Jeder Vertragsstaat kann das Abkommen auf diplomatischem Weg schriftlich unter Einhaltung einer Frist von mindestens sechs Monaten zum Ende eines Kalenderjahres kündigen. In diesem Fall findet das Abkommen nicht mehr auf Nachlässe von Personen Anwendung, die nach Ablauf des Kalenderjahres verstorben sind, zu dessen Ende das Abkommen gekündigt worden ist.

Zu Urkund dessen haben die hiezu gehörig Bevollmächtigten dieses Abkommen unterzeichnet und mit Siegeln versehen.

Geschehen zu Wien, am 30. Januar 1974, in zweifacher Urschrift.

Für die	Für die
Schweizerische Eidgenossenschaft:	Republik Österreich:
O. Rossetti	A. Twaroch

8. Schweden

0.672.971.42
Abkommen zwischen der Schweizerischen Eidgenossenschaft und dem Königreich Schweden zur Vermeidung der Doppelbesteuerung auf dem Gebiete der Nachlass- und Erbschaftssteuern

Abgeschlossen am 7. Februar 1979
von der Bundesversammlung genehmigt am 17. September 1985[50]
Ratifikationsurkunden ausgetauscht am 11. November 1985
In Kraft getreten am 11. November 1985
(Stand: 11. November 1985)

Die Schweizerische Eidgenossenschaft und das Königreich Schweden,
von dem Wunsche geleitet, ein Abkommen zur Vermeidung der Doppelbesteuerung auf dem Gebiete der Nachlass- und Erbschaftssteuern abzuschliessen, haben folgendes vereinbart:

---

[50] AS 1985 1786.

Abschnitt I Geltungsbereich des Abkommens

Art. 1   Unter das Abkommen fallende Nachlässe
Dieses Abkommen gilt für Nachlässe von Erblassern, die im Zeitpunkt ihres Todes einen Wohnsitz in einem Vertragsstaat oder in beiden Vertragsstaaten hatten.

Art. 2   Unter das Abkommen fallende Steuern
¹ Dieses Abkommen gilt, ohne Rücksicht auf die Art der Erhebung, für Nachlass- und Erbschaftssteuern, die für Rechnung eines der beiden Vertragsstaaten, seiner politischen Unterabteilungen oder seiner lokalen Körperschaften (auch in Form von Zuschlägen) erhoben werden.

² Als Nachlass- und Erbschaftssteuern gelten alle Steuern, die von Todes wegen als Nachlasssteuern, Erbanfallsteuern, Abgaben vom Vermögensübergang oder Steuern von Schenkungen auf den Todesfall erhoben werden.

³ Zu den bestehenden Steuern, für die das Abkommen gilt, gehören insbesondere
  a.   in Schweden: die Erbschaftssteuer;
  b.   in der Schweiz: die von den Kantonen, Bezirken, Kreisen und Gemeinden erhobenen Nachlass- und Erbanfallsteuern.

⁴ Das Abkommen gilt auch für alle Nachlass- und Erbschaftssteuern, die nach der Unterzeichnung dieses Abkommens neben den bestehenden Steuern oder an deren Stelle erhoben werden. Die zuständigen Behörden der Vertragsstaaten teilen einander die in ihren Steuergesetzen eingetretenen wesentlichen Änderungen mit.

Abschnitt II: Begriffsbestimmungen

Art. 3   Allgemeine Begriffsbestimmungen
¹ Im Sinne dieses Abkommens:
  a.   bedeuten die Ausdrücke "ein Vertragsstaat" und "der andere Vertragsstaat", je nach dem Zusammenhang, Schweden oder die Schweiz;
  b.   bedeutet der Ausdruck "zuständige Behörde"
       1.   in Schweden: der Budgetminister oder sein bevollmächtigter Vertreter;
       2.   in der Schweiz: der Direktor der Eidgenössischen Steuerverwaltung oder sein bevollmächtigter Vertreter.

² Bei Anwendung des Abkommens durch einen Vertragsstaat hat, wenn der Zusammenhang nichts anderes erfordert, jeder im Abkommen nicht definierte

Ausdruck die Bedeutung, die ihm nach dem Recht dieses Staates über die Steuern zukommt, für die das Abkommen gilt.

Art. 4   Steuerlicher Wohnsitz

[1] Ob ein Erblasser im Zeitpunkt seines Todes einen Wohnsitz in einem Vertragsstaat hatte, bestimmt sich bei Anwendung dieses Abkommens nach dem Recht dieses Staates.

[2] Hatte nach Absatz 1 ein Erblasser in beiden Vertragsstaaten einen Wohnsitz, so gilt folgendes:
 a. Der Wohnsitz des Erblassers gilt als in dem Staat gelegen, in dem er über eine ständige Wohnstätte verfügte. Verfügte er in beiden Staaten über eine ständige Wohnstätte, so gilt sein Wohnsitz als in dem Staat gelegen, zu dem er die engeren persönlichen und wirtschaftlichen Beziehungen hatte (Mittelpunkt der Lebensinteressen).
 b. Kann nicht bestimmt werden, in welchem Staat der Erblasser den Mittelpunkt seiner Lebensinteressen hatte, oder verfügte er in keinem der Staaten über eine ständige Wohnstätte, so gilt sein Wohnsitz als in dem Staat gelegen, in dem er seinen gewöhnlichen Aufenthalt hatte.
 c. Hatte der Erblasser seinen gewöhnlichen Aufenthalt in beiden Staaten oder in keinem der Staaten, so gilt sein Wohnsitz als in dem Staat gelegen, dessen Staatsangehöriger er war.
 d. War der Erblasser Staatsangehöriger beider Staaten oder keines der Staaten, so regeln die zuständigen Behörden der Vertragsstaaten die Frage in gegenseitigem Einvernehmen.

Abschnitt III: Besteuerungsregeln

Art. 5   Unbewegliches Vermögen

[1] Unbewegliches Vermögen, das einem Erblasser, der im Zeitpunkt des Todes seinen Wohnsitz in einem Vertragsstaat hatte, gehörte und das im anderen Vertragsstaat liegt, kann im anderen Staat besteuert werden.

[2] Der Ausdruck "unbewegliches Vermögen" hat die Bedeutung, die ihm nach dem Recht des Vertragsstaates zukommt, in dem das Vermögen liegt. Der Ausdruck umfasst in jedem Fall die Zugehör zum unbeweglichen Vermögen, das lebende und tote Inventar land- und forstwirtschaftlicher Betriebe, die Rechte, für die die Vorschriften des Privatrechts über Grundstücke gelten, die Nutzungsrechte an unbeweglichem Vermögen sowie die Rechte auf veränderliche oder feste Vergütungen für die Ausbeutung oder das Recht auf Ausbeutung von Mine-

ralvorkommen, Quellen und anderen Bodenschätzen; Schiffe und Luftfahrzeuge gelten nicht als unbewegliches Vermögen.

³ Die Absätze 1 und 2 gelten auch für unbewegliches Vermögen eines Unternehmens und für unbewegliches Vermögen, das der Ausübung eines freien Berufes oder einer sonstigen selbständigen Tätigkeit ähnlicher Art dient.

Art. 6   Vermögen einer Betriebsstätte und Vermögen einer der Ausübung eines freien Berufes dienenden festen Einrichtung

¹ Vermögen (ausgenommen das nach den Artikeln 5 und 7 zu behandelnde Vermögen), das Betriebsvermögen einer Betriebsstätte eines Unternehmens ist, die ein Erblasser, der im Zeitpunkt des Todes seinen Wohnsitz in einem Vertragsstaat hatte, im anderen Vertragsstaat hatte, kann im anderen Staat besteuert werden.

² Der Ausdruck "Betriebsstätte" bedeutet eine feste Geschäftseinrichtung, in der die Tätigkeit des Unternehmens ganz oder teilweise ausgeübt wird.

³ Der Ausdruck "Betriebsstätte" umfasst insbesondere:
   a. einen Ort der Leitung,
   b. eine Zweigniederlassung,
   c. eine Geschäftsstelle,
   d. eine Fabrikationsstätte,
   e. eine Werkstätte,
   f. ein Bergwerk, einen Steinbruch oder eine andere Stätte der Ausbeutung von Bodenschätzen,
   g. eine Bauausführung oder Montage, deren Dauer zwölf Monate überschreitet.

⁴ Als Betriebsstätten gelten nicht:
   a. Einrichtungen, die ausschliesslich zur Lagerung, Ausstellung oder Auslieferung von Gütern oder Waren des Unternehmens benutzt werden;
   b. Bestände von Gütern oder Waren des Unternehmens, die ausschliesslich zur Lagerung, Ausstellung oder Auslieferung unterhalten werden;
   c. Bestände von Gütern oder Waren des Unternehmens, die ausschliesslich zu dem Zweck unterhalten werden, durch ein anderes Unternehmen bearbeitet oder verarbeitet zu werden;
   d. eine feste Geschäftseinrichtung, die ausschliesslich zu dem Zweck unterhalten wird, für das Unternehmen Güter oder Waren einzukaufen oder Informationen zu beschaffen;
   e. eine feste Geschäftseinrichtung, die ausschliesslich zu dem Zweck unterhalten wird, für das Unternehmen zu werben, Informationen zu erteilen, wissenschaftliche Forschung zu betreiben oder ähnliche Tätig-

keiten auszuüben, die vorbereitender Art sind oder eine Hilfstätigkeit darstellen.

⁵ Ist eine Person – mit Ausnahme eines unabhängigen Vertreters im Sinne des Absatzes 6 – in einem Vertragsstaat für ein Unternehmen des anderen Vertragsstaates tätig, so gilt eine im erstgenannten Staat gelegene Betriebsstätte als gegeben, wenn die Person eine Vollmacht besitzt, im Namen des Unternehmens Verträge abzuschliessen, und die Vollmacht in diesem Staat gewöhnlich ausübt, es sei denn, dass sich ihre Tätigkeit auf den Einkauf von Gütern oder Waren für das Unternehmen beschränkt.

⁶ Ein Unternehmen eines Vertragsstaates wird nicht schon deshalb so behandelt, als habe es eine Betriebsstätte im anderen Vertragsstaat, weil es dort seine Tätigkeit durch einen Makler, Kommissionär oder einen anderen unabhängigen Vertreter ausübt, sofern diese Personen im Rahmen ihrer ordentlichen Geschäftstätigkeit handeln.

⁷ Vermögen (ausgenommen das nach Artikel 5 zu behandelnde Vermögen), das zu einer festen Einrichtung gehört, die einem Erblasser, der im Zeitpunkt des Todes seinen Wohnsitz in einem Vertragsstaat hatte, für die Ausübung eines freien Berufes oder einer sonstigen selbständigen Tätigkeit ähnlicher Art im anderen Vertragsstaat zur Verfügung stand, kann im anderen Staat besteuert werden.

Art. 7   Schiffe und Luftfahrzeuge
Schiffe und Luftfahrzeuge, die im internationalen Verkehr von einem Unternehmen betrieben werden, das einem Erblasser gehörte, der im Zeitpunkt des Todes seinen Wohnsitz in einem Vertragsstaat hatte, und bewegliches Vermögen, das dem Betrieb dieser Schiffe und Luftfahrzeuge dient, können im anderen Vertragsstaat besteuert werden, wenn sich der Ort der tatsächlichen Geschäftsleitung des Unternehmens im anderen Staat befindet.

Art. 8   Nicht ausdrücklich erwähntes Vermögen
Das nicht nach den Artikeln 5, 6 und 7 zu behandelnde Vermögen kann ohne Rücksicht darauf, wo es sich befindet, nur in dem Vertragsstaat besteuert werden, in dem der Erblasser im Zeitpunkt des Todes seinen Wohnsitz hatte.

Art. 9   Schuldenabzug
¹ Schulden, die durch das in Artikel 5 genannte Vermögen besonders gesichert sind, werden vom Wert dieses Vermögens abgezogen. Schulden, die zwar nicht durch das in Artikel 5 genannte Vermögen besonders gesichert sind, die aber im Zusammenhang mit dem Erwerb, der Änderung, der Instandsetzung oder der In-

standhaltung solchen Vermögens entstanden sind, werden vom Wert dieses Vermögens abgezogen.

² Vorbehaltlich des Absatzes 1 werden Schulden, die mit einer Betriebsstätte eines Unternehmens oder mit einer der Ausübung eines freien Berufes oder einer sonstigen selbständigen Tätigkeit ähnlicher Art dienenden festen Einrichtung zusammenhängen, und Schulden, die mit einem Betrieb der Schiffahrt oder Luftfahrt zusammenhängen, vom Wert des in Artikel 6 beziehungsweise des in Artikel 7 genannten Vermögens abgezogen.

³ Die anderen Schulden werden vom Wert des Vermögens abgezogen, für das Artikel 8 gilt.

⁴ Übersteigt eine Schuld den Wert des Vermögens, von dem sie in einem Vertragsstaat nach den Absätzen 1, 2 und 3 abzuziehen ist, so wird der übersteigende Betrag vom Wert des übrigen Vermögens, das in diesem Staat besteuert werden kann, abgezogen.

⁵ Verbleibt nach den Abzügen, die auf Grund der vorstehenden Absätze vorzunehmen sind, ein Schuldenrest, so wird dieser vom Wert des Vermögens, das im anderen Vertragsstaat besteuert werden kann, abgezogen.

Abschnitt IV: Methoden zur Vermeidung der Doppelbesteuerung

Art. 10
¹ Hatte der Erblasser im Zeitpunkt des Todes seinen Wohnsitz in Schweden, so rechnet Schweden, vorbehaltlich des Absatzes 2, auf die nach seinem Recht festgesetzte Steuer den Betrag an, der den Steuern entspricht, die in der Schweiz für das Vermögen gezahlt werden, das nach diesem Abkommen in der Schweiz besteuert werden kann. Der anzurechnende Betrag darf jedoch den Teil der vor der Anrechnung ermittelten Steuer nicht übersteigen, der auf das Vermögen entfällt, das in der Schweiz besteuert werden kann.

² War der Erblasser, der im Zeitpunkt des Todes seinen Wohnsitz in Schweden hatte, schweizerischer Staatsangehöriger ohne gleichzeitig schwedischer Staatsangehöriger zu sein, so nimmt Schweden unbewegliches Vermögen im Sinne des Artikels 5, das nach dem Abkommen in der Schweiz besteuert werden kann, von der Besteuerung aus.

³ War ein Erblasser, der im Zeitpunkt des Todes nach Artikel 4 seinen Wohnsitz in der Schweiz hatte, schwedischer Staatsangehöriger ohne gleichzeitig schweizerischer Staatsangehöriger zu sein und hatte er innerhalb der letzten fünf Jahre vor seinem Tod einen Wohnsitz in Schweden, so kann Schweden das Nachlassvermögen ungeachtet anderer Bestimmungen des Abkommens nach schwedischem Recht besteuern. Die nach dem Abkommen in der Schweiz zulässige Be-

steuerung bleibt unberührt. Schweden rechnet auf den Teil der nach seinem Recht festgesetzten Steuer, der auf das nach Artikel 8 zu behandelnde Vermögen entfällt, den Betrag an, der den Steuern entspricht, die in der Schweiz für das gleiche Vermögen gezahlt werden.

⁴ Hatte der Erblasser im Zeitpunkt des Todes seinen Wohnsitz in der Schweiz, so nimmt die Schweiz Vermögen, das nach dem Abkommen in Schweden besteuert werden kann, von der Besteuerung aus.

⁵ Ist Vermögen nach dem Abkommen von der Besteuerung ausgenommen, so kann es bei der Festsetzung der Steuer für das andere Vermögen oder zur Bemessung des Satzes dieser Steuer gleichwohl in Rechnung gestellt werden.

Abschnitt V: Besondere Bestimmungen

Art. 11   Gleichbehandlung

¹ Die Staatsangehörigen eines Vertragsstaates dürfen im anderen Vertragsstaat weder einer Besteuerung noch einer damit zusammenhängenden Verpflichtung unterworfen werden, die anders oder belastender sind als die Besteuerung und die damit zusammenhängenden Verpflichtungen, denen die Staatsangehörigen des anderen Staates unter gleichen Verhältnissen unterworfen sind oder unterworfen werden können.

² Der Ausdruck "Staatsangehörige" bedeutet:
  a. alle natürlichen Personen, die die Staatsangehörigkeit eines Vertragsstaats besitzen;
  b. alle juristischen Personen, Personengesellschaften und andere Personenvereinigungen, die nach dem in einem Vertragsstaat geltenden Recht errichtet worden sind.

³ Die Besteuerung einer Betriebsstätte, die ein Unternehmen eines Vertragsstaats im anderen Vertragsstaat hat, darf im anderen Staat nicht ungünstiger sein als die Besteuerung von Unternehmen des anderen Staates, die die gleiche Tätigkeit ausüben.
Diese Bestimmung ist nicht so auszulegen, als verpflichte sie einen Vertragsstaat, den im anderen Vertragsstaat ansässigen Personen Steuerfreibeträge, -vergünstigungen und -ermässigungen auf Grund des Personenstandes oder der Familienlasten zu gewähren, die er den in seinem Gebiet ansässigen Personen gewährt.

⁴ Die Unternehmen eines Vertragsstaats, deren Kapital ganz oder teilweise, unmittelbar oder mittelbar, einer im anderen Vertragsstaat ansässigen Person oder mehreren solchen Personen gehört oder ihrer Kontrolle unterliegt, dürfen im erstgenannten Staat weder einer Besteuerung noch einer damit zusammenhängenden Verpflichtung unterworfen werden, die anders oder belastender sind als die Be-

steuerung und die damit zusammenhängenden Verpflichtungen, denen andere ähnliche Unternehmen des erstgenannten Staates unterworfen sind oder unterworfen werden können.

[5] In diesem Artikel bedeutet der Ausdruck "Besteuerung" Steuern jeder Art und Bezeichnung.

Art. 12   Verständigungsverfahren

[1] Ist eine Person der Auffassung, dass die Massnahmen eines Vertragsstaats oder beider Vertragsstaaten für sie zu einer Besteuerung geführt haben oder führen werden, die diesem Abkommen nicht entspricht, so kann sie unbeschadet der nach innerstaatlichem Recht dieser Staaten vorgesehenen Rechtsmittel ihren Fall der zuständigen Behörde eines der beiden Staaten unterbreiten.

[2] Hält diese zuständige Behörde die Einwendung für begründet, und ist sie selbst nicht in der Lage, eine befriedigende Lösung herbeizuführen, so wird sie sich bemühen, den Fall durch Verständigung mit der zuständigen Behörde des anderen Vertragsstaats so zu regeln, dass eine dem Abkommen nicht entsprechende Besteuerung vermieden wird.

[3] Die zuständigen Behörden der Vertragsstaaten werden sich bemühen, Schwierigkeiten oder Zweifel, die bei der Auslegung oder Anwendung des Abkommens entstehen, in gegenseitigem Einvernehmen zu beseitigen. Sie können auch gemeinsam darüber beraten, wie eine Doppelbesteuerung in Fällen, die im Abkommen nicht behandelt sind, vermieden werden kann.

[4] Werden Schenkungen oder Vorempfänge sowohl in Schweden als auch in der Schweiz einer Schenkungs-, Nachlass- oder Erbschaftssteuer unterworfen, so werden die zuständigen Behörden der Vertragsstaaten sich bemühen, in gegenseitigem Einvernehmen die Doppelbesteuerung nach den im Abkommen enthaltenen Grundsätzen zu beseitigen. Diese Bestimmung gilt ungeachtet der Artikel 1 und 2 auch für Personen, die in keinem Vertragsstaat einen Wohnsitz haben und für Steuern von Schenkungen unter Lebenden.

[5] Die zuständigen Behörden der Vertragsstaaten können zur Herbeiführung einer Einigung im Sinne der vorstehenden Absätze unmittelbar miteinander verkehren. Erscheint ein mündlicher Meinungsaustausch für die Herbeiführung der Einigung zweckmässig, so kann ein solcher Meinungsaustausch in einer Kommission durchgeführt werden, die aus Vertretern der zuständigen Behörden der Vertragsstaaten besteht.

Art. 13 Diplomatische Vertreter und Konsularbeamte
¹ Dieses Abkommen berührt nicht die steuerlichen Vorrechte, die den diplomatischen Vertretern und Konsularbeamten nach den allgemeinen Regeln des Völkerrechts oder auf Grund besonderer Vereinbarungen zustehen.
² Soweit Vermögen wegen der einer Person nach den allgemeinen Regeln des Völkerrechts oder auf Grund besonderer zwischenstaatlicher Verträge zustehenden diplomatischen oder konsularischen Vorrechte im Empfangsstaat nicht besteuert werden, steht das Besteuerungsrecht dem Entsendestaat zu.

Abschnitt VI: Schlussbestimmungen

Art. 14 Inkrafttreten
¹ Dieses Abkommen soll ratifiziert und die Ratifikationsurkunden sollen so bald wie möglich in Bern ausgetauscht werden. Das Abkommen tritt an dem Tag in Kraft, an dem die Ratifikationsurkunden ausgetauscht werden, und seine Bestimmungen finden auf Nachlässe von Personen Anwendung, die an oder nach diesem Tag sterben.
² Mit dem Inkrafttreten dieses Abkommens tritt das Abkommen zwischen der Schweizerischen Eidgenossenschaft und dem Königreich Schweden zur Vermeidung der Doppelbesteuerung auf dem Gebiete der Erbschaftssteuern vom 16. Oktober 1948[51] ausser Kraft. Seine Bestimmungen finden nicht mehr Anwendung auf Steuern, auf die dieses Abkommen nach Absatz 1 anzuwenden ist.

Art. 15 Ausserkrafttreten
Dieses Abkommen bleibt in Kraft, solange es nicht von einem der Vertragsstaaten gekündigt worden ist. Jeder Vertragsstaat kann das Abkommen auf diplomatischem Weg unter Einhaltung einer Frist von mindestens sechs Monaten zum Ende eines Kalenderjahres kündigen. In diesem Fall findet das Abkommen nicht mehr auf Nachlässe von Personen Anwendung, die nach Ablauf des Kalenderjahres verstorben sind, zu dessen Ende das Abkommen gekündigt worden ist.

Zu Urkund dessen haben die hiezu gehörig Bevollmächtigten dieses Abkommen unterzeichnet und mit Siegeln versehen.

Geschehen zu Stockholm, im Doppel, am 7. Februar 1979 in deutscher und in schwedischer Urschrift, die gleicherweise authentisch sind.

---

[51] AS 1949 435.

9. Spanien

Zwischen der Schweiz und Spanien besteht kein Doppelbesteuerungsabkommen betreffend Erbschafts- und/oder Schenkungssteuern.

10. United Kingdom (England and Wales)

0.672.936.73
Abkommen zwischen der Schweizerischen Eidgenossenschaft und dem Vereinigten Königreich von Grossbritannien und Nordirland zur Vermeidung der Doppelbesteuerung auf dem Gebiete der Nachlass- und Erbschaftsteuern

Abgeschlossen am 17. Dezember 1993
von der Bundesversammlung genehmigt am 21. September 1994[52]
Ratifikationsurkunden ausgetauscht am 3. Februar 1995
In Kraft getreten am 6. März 1995
(Stand: 6. März 1995)

Der Schweizerische Bundesrat und die Regierung des Vereinigten Königreichs von Grossbritannien und Nordirland,
vom Wunsche geleitet, ein Abkommen zur Vermeidung der Doppelbesteuerung auf dem Gebiete der Nachlass- und Erbschaftssteuern abzuschliessen;
haben folgendes vereinbart:

Art. 1   Unter das Abkommen fallende Nachlässe und Erbschaften
Dieses Abkommen gilt für:
a. Nachlässe und Erbschaften, wenn der Erblasser im Zeitpunkt seines Todes einen Wohnsitz in einem Vertragsstaat oder in beiden Vertragsstaaten hatte; und
b. Vermögen, das Bestandteil einer Verfügung ("settlement") ist, die von einer Person vorgenommen wurde, welche im Zeitpunkt der Vornahme der Verfügung einen Wohnsitz in einem Vertragsstaat oder in beiden Vertragsstaaten hatte.

Art. 2   Unter das Abkommen fallende Steuern
¹ Die bestehenden Steuern, für die dieses Abkommen gilt, sind:

---

[52]   AS 1995 3151.

a. im Vereinigten Königreich, die Erbschaftsteuer, soweit diese auf den Nachlass eines Erblassers Anwendung findet (im folgenden als "Steuer des Vereinigten Königreichs" bezeichnet);
b. in der Schweiz, die kantonalen und kommunalen Steuern auf Nachlässen und Erbanfällen (im folgenden als "schweizerische Steuer" bezeichnet).

² Das Abkommen gilt auch für alle Steuern gleicher oder im wesentlichen ähnlicher Art, die nach der Unterzeichnung des Abkommens von einem Vertragsstaat oder einer seiner politischen Unterabteilungen oder lokalen Körperschaften neben den bestehenden Steuern oder an deren Stelle erhoben werden. Die zuständigen Behörden teilen einander die in ihren Gesetzen über die Nachlass- und Erbschaftsteuern eingetretenen wesentlichen Änderungen mit.

Art. 3   Allgemeine Begriffsbestimmungen

¹ Im Sinne dieses Abkommens, wenn der Zusammenhang nichts anderes erfordert:
a. bedeutet der Ausdruck "Vereinigtes Königreich" Grossbritannien und Nordirland;
b. bedeutet der Ausdruck "Schweiz" die Schweizerische Eidgenossenschaft;
c. bedeuten die Ausdrücke "ein Vertragsstaat" und "der andere Vertragsstaat", je nach Zusammenhang, das Vereinigte Königreich oder die Schweiz;
d. bedeutet der Ausdruck "Steuer" je nach Zusammenhang, die Steuer des Vereinigten Königreichs oder die schweizerische Steuer;
e. bedeutet der Ausdruck "Unternehmen" eine gewerbliche oder kaufmännische Unternehmung; oder
f. bedeutet der Ausdruck "internationaler Verkehr" jede Beförderung mit einem Schiff oder Luftfahrzeug, das von einem Unternehmen mit tatsächlicher Geschäftsleitung in einem Vertragsstaat betrieben wird, es sei denn, das Schiff oder Luftfahrzeug wird ausschliesslich zwischen Orten im anderen Vertragsstaat betrieben;
g. bedeutet der Ausdruck "Staatsangehöriger":
   (i) in bezug auf das Vereinigte Königreich jeden britischen Bürger oder jeden britischen Staatsangehörigen, der nicht das Bürgerrecht eines anderen Staates oder Gebietes im Commonwealth besitzt, sofern er berechtigt ist, sich im Vereinigten Königreich aufzuhalten und die juristischen Personen, Personengesellschaften, Verei-

nigungen oder anderen Rechtsträger, die nach dem im Vereinigten Königreich geltenden Recht errichtet worden sind;
  (ii) in bezug auf die Schweiz Schweizer Bürger und juristische Personen, Personengesellschaften, Vereinigungen oder andere Rechtsträger, die nach dem in der Schweiz geltenden Recht errichtet worden sind;
 h. bedeutet der Ausdruck "zuständige Behörde" im Vereinigten Königreich die "Commissioners of Inland Revenue" oder ihre bevollmächtigten Vertreter und in der Schweiz den Direktor der Eidgenössischen Steuerverwaltung oder seinen bevollmächtigten Vertreter.

² Bei der Anwendung des Abkommens durch einen Vertragsstaat hat, wenn der Zusammenhang nichts anderes erfordert, jeder im Abkommen nicht definierte Ausdruck die Bedeutung, die ihm nach dem Recht dieses Staates über die Steuern zukommt, für die das Abkommen gilt.

Art. 4   Steuerlicher Wohnsitz
¹ Im Sinne dieses Abkommens hatte ein Erblasser einen Wohnsitz
 a. im Vereinigten Königreich, wenn er nach dem Recht des Vereinigten Königreichs dort Wohnsitz hatte oder aufgrund einer Steuer, die unter das Abkommen fällt, als dort ansässig behandelt wird;
 b. in der Schweiz, wenn er nach schweizerischem Recht in der Schweiz Wohnsitz oder Aufenthalt hatte oder wenn er schweizerischer Staatsangehöriger war und das schweizerische Zivilrecht verlangt, dass sein Erbgang nach schweizerischem Recht geregelt wird.
Der Wohnsitz eines Erblassers gilt jedoch nicht als in einem der Staaten gelegen, wenn dieser Staat nur Steuern auf in diesem Staat gelegenem Vermögen erhebt.

² Hatte nach Absatz 1 dieses Artikels ein Erblasser in beiden Staaten einen Wohnsitz, so gilt, vorbehaltlich des zum Abkommen gehörenden Protokolls, folgendes:
 a. Der Wohnsitz des Erblassers gilt als in dem Staat gelegen, in dem er über eine ständige Wohnstätte verfügte; verfügte er in beiden Staaten über eine ständige Wohnstätte, so gilt sein Wohnsitz in dem Staat gelegen, zu dem er die engeren persönlichen und wirtschaftlichen Beziehungen hatte (Mittelpunkt der Lebensinteressen);
 b. kann nicht bestimmt werden, in welchem Staat der Erblasser den Mittelpunkt seiner Lebensinteressen hatte, oder verfügte er in keinem der Staaten über eine ständige Wohnstätte, so gilt sein Wohnsitz in dem Staat gelegen, in dem er seinen gewöhnlichen Aufenthalt hatte;

c. hatte der Erblasser seinen gewöhnlichen Aufenthalt in beiden Staaten oder in keinem der Staaten, so gilt sein Wohnsitz als in dem Staat gelegen, dessen Staatsangehöriger er war;
d. war der Erblasser Staatsangehöriger beider Staaten oder keines der Staaten, so regeln die zuständigen Behörden der Vertragsstaaten die Frage in gegenseitigem Einvernehmen.

Art. 5   Unbewegliches Vermögen

¹ Unbewegliches Vermögen, das Teil des Nachlasses einer Person mit Wohnsitz in einem Vertragsstaat ist und das im anderen Vertragsstaat liegt, kann im anderen Staat besteuert werden.

² Der Ausdruck "unbewegliches Vermögen" hat die Bedeutung, die ihm nach dem Recht des Vertragsstaates zukommt, in dem das Vermögen liegt, wobei hypothekarisch oder in ähnlicher Weise gesicherte Forderungen nicht als unbewegliches Vermögen gelten. Der Ausdruck umfasst in jedem Fall die Zugehör zum unbeweglichen Vermögen, das lebende und tote Inventar land- und forstwirtschaftlicher Betriebe, die Rechte, für die die Vorschriften des Privatrechts über Grundstücke gelten, einen Anspruch auf den Verkaufserlös von Land, das zwecks Verkauf treuhänderisch (in einem Trust) gehalten wird, Nutzungsrechte an unbeweglichem Vermögen, Rechte auf veränderlichen oder festen Vergütungen für die Ausbeutung oder das Recht auf Ausbeutung von Mineralvorkommen, Quellen und anderen Bodenschätzen; Schiffe und Luftfahrzeuge gelten nicht als unbewegliches Vermögen.

³ Die Absätze 1 und 2 dieses Artikels gelten auch für unbewegliches Vermögen eines Unternehmens und für unbewegliches Vermögen, das der Ausübung eines freien Berufs oder einer sonstigen selbständigen Tätigkeit dient.

Art. 6   Bewegliches Vermögen einer Betriebstätte oder festen Einrichtung

¹ Vorbehaltlich der in den Artikeln 5, 7 und 8 Absatz 2 erwähnten Vermögenswerte kann bewegliches Vermögen eines Unternehmens, das Teil des Nachlasses einer Person mit Wohnsitz in einem Vertragsstaat ist und das Betriebsvermögen einer im anderen Vertragsstaat gelegenen Betriebstätte darstellt, im anderen Staat besteuert werden.

² Im Sinne dieses Abkommen bedeutet der Ausdruck "Betriebstätte" eine feste Geschäftseinrichtung, durch die die Tätigkeit eines Unternehmens ganz oder teilweise ausgeübt wird.

³ Der Ausdruck "Betriebstätte" umfasst insbesondere:
   a.   einen Ort der Leitung,

b. eine Zweigniederlassung,
c. eine Geschäftsstelle,
d. eine Fabrikationsstätte,
e eine Werkstätte,
f. ein Bergwerk, ein Öl- oder Gasvorkommen, einen Steinbruch oder eine andere Stätte der Ausbeutung von Bodenschätzen.

⁴ Eine Bauausführung oder Montage ist nur dann eine Betriebstätte, wenn ihre Dauer zwölf Monate überschreitet.

⁵ Ungeachtet der vorstehenden Bestimmungen dieses Artikels gelten nicht als Betriebstätten:
  a. Einrichtungen, die ausschliesslich zur Lagerung, Ausstellung oder Auslieferung von Gütern oder Waren des Unternehmens benutzt werden;
  b. Bestände von Gütern oder Waren des Unternehmens, die ausschliesslich zur Lagerung, Ausstellung oder Auslieferung unterhalten werden;
  c. Bestände von Gütern oder Waren des Unternehmens, die ausschliesslich zu dem Zweck unterhalten werden, durch ein anderes Unternehmen bearbeitet oder verarbeitet zu werden;
  d. eine feste Geschäftseinrichtung, die ausschliesslich zu dem Zweck unterhalten wird, für das Unternehmen Güter oder Waren einzukaufen oder Informationen zu beschaffen;
  e. eine feste Geschäftseinrichtung, die ausschliesslich zu dem Zweck unterhalten wird, für das Unternehmen andere Tätigkeiten auszuüben, die vorbereitender Art sind oder eine Hilfstätigkeit darstellen; oder
  f. eine feste Geschäftseinrichtung, die ausschliesslich zu dem Zweck unterhalten wird, mehrere der unter den Buchstaben a bis e genannten Tätigkeiten auszuüben, vorausgesetzt, dass die sich daraus ergebende Gesamttätigkeit der festen Geschäftseinrichtung vorbereitender Art ist oder eine Hilfstätigkeit darstellt.

⁶ Vorbehaltlich der in den Artikeln 5, 7 und 8 Absatz 2 erwähnten Vermögenswerte kann bewegliches Vermögen, das Teil des Nachlasses einer Person mit Wohnsitz in einem Vertragsstaat ist und der Ausübung eines freien Berufes oder einer sonstigen selbständigen Tätigkeit dient und das zu einer im anderen Vertragsstaat gelegenen festen Einrichtung gehört, im anderen Staat besteuert werden.

⁷ Die Absätze 1 und 6 dieses Artikels gelten auch für eine Beteiligung an einer Personengesellschaft, wenn die Personengesellschaft ein Unternehmen betreibt oder der Ausübung eines freien Berufes oder einer sonstigen selbständigen Tätigkeit dient.

Art. 7   Seeschiffe und Luftfahrzeuge
Seeschiffe und Luftfahrzeuge im internationalen Verkehr, die einem Unternehmen gehören, das Teil des Nachlasses einer Person mit Wohnsitz in einem Vertragsstaat ist, sowie bewegliches Vermögen, das dem Betrieb dieser Schiffe und Luftfahrzeuge dient, können im anderen Vertragsstaat besteuert werden, sofern sich der Ort der tatsächlichen Geschäftsleitung des Unternehmens dort befindet.

Art. 8   Anderes Vermögen
[1] Vorbehaltlich der folgenden Bestimmungen dieses Abkommens:
   a. kann das in einem der Vertragsstaaten liegende Vermögen, das in den Artikeln 5, 6 und 7 nicht behandelt wurde und Teil des Nachlasses einer Person ist,
      (i) die nach Artikel 4 Absatz 1 ihren Wohnsitz ausschliesslich in einem der Vertragsstaaten hatte, vorbehaltlich Absatz 2 dieses Artikels nur in diesem letztgenannten Vertragsstaat besteuert werden;
      (ii) die nach Artikel 4 Absatz 1 ihren Wohnsitz in beiden Vertragsstaaten hatte, vorbehaltlich Absatz 3 dieses Artikels nur in dem Vertragsstaat besteuert werden, in dem das Vermögen liegt;
   b. kann das in keinem der Vertragsstaaten liegende Vermögen, das in den Artikeln 5, 6 und 7 nicht behandelt wurde und Teil des Nachlasses einer Person ist,
      (i) die nach Artikel 4 Absatz 1 ihren Wohnsitz ausschliesslich in einem der Vertragsstaaten hatte, nur in diesem Vertragsstaat besteuert werden;
      (ii) die nach Artikel 4 Absatz 1 ihren Wohnsitz in beiden Vertragsstaaten hatte, vorbehaltlich Absatz 4 dieses Artikels nur in dem Vertragsstaat besteuert werden, in dem der Erblasser im Zeitpunkt des Todes nach Artikel 4 Absatz 2 seinen Wohnsitz hatte.

[2] Aktien einer im Vereinigten Königreich errichteten Gesellschaft, die Teil des Nachlasses einer Person sind, die im Zeitpunkt des Todes ihren Wohnsitz nach Artikel 4 Absatz 1 ausschliesslich in der Schweiz hatte, können auch im Vereinigten Königreich besteuert werden.

[3] Vermögen, das in der Schweiz liegt und das nach Absatz 1 a) (ii) dieses Artikels nur in der Schweiz besteuert werden könnte, kann auch im Vereinigten Königreich besteuert werden, wenn der Erblasser
   a. zur Zeit des Todes seinen Wohnsitz nach Artikel 4 Absatz 2 im Vereinigten Königreich hatte, oder

b. nach jenen Bestimmungen zur Zeit des Todes seinen Wohnsitz in der Schweiz hatte, aber
  (i) zu irgendeinem Zeitpunkt in den letzten fünf Jahren vor seinem Tod einen Wohnsitz im Vereinigten Königreich hatte und
  (ii) zur Zeit des Todes Staatsangehöriger des Vereinigten Königreichs war, ohne gleichzeitig Staatsangehöriger der Schweiz zu sein.

[4] Vermögen, das in keinem der Vertragsstaaten liegt und das nach Absatz 1 b) (ii) dieses Artikels nur in der Schweiz besteuert werden könnte, kann auch im Vereinigten Königreich besteuert werden, wenn der Erblasser
  a. zu irgendeinem Zeitpunkt in den letzten fünf Jahren vor seinem Tod einen Wohnsitz im Vereinigten Königreich hatte und
  b. zur Zeit des Todes Staatsangehöriger des Vereinigten Königreichs war, ohne gleichzeitig Staatsangehöriger der Schweiz zu sein.

Art. 9   Vermeidung der Doppelbesteuerung

[1] Erhebt das Vereinigte Königreich unter diesem Abkommen aufgrund eines Vorganges eine Steuer auf Vermögen, das
  a. nach den Artikeln 5, 6 oder 7 in der Schweiz besteuert werden kann, oder
  b. nach Artikel 8 Absätze 2, 3 oder 4 im Vereinigten Königreich besteuert werden kann,

so rechnet das Vereinigte Königreich auf den Teil seiner (ohne Rücksicht auf diese Bestimmung ermittelten) Steuer, der auf dieses Vermögen entfällt, einen Betrag (höchstens aber die auf dieses Vermögen entfallende Steuer) an, der der in der Schweiz aufgrund des gleichen Vorganges erhobenen und auf dieses Vermögen entfallenden Steuer entspricht.

[2] Hatte der Erblasser zur Zeit seines Todes einen Wohnsitz in der Schweiz, so nimmt die Schweiz, vorbehaltlich des Absatzes 3 dieses Artikels, das Vermögen, das aufgrund des gleichen Vorganges und in Übereinstimmung mit den Artikeln 5, 6 oder 7 im Vereinigten Königreich besteuert werden kann, von der Besteuerung aus.

[3] Ist Vermögen nach diesem Abkommen von der Besteuerung ausgenommen, so kann es bei der Festsetzung der Steuer für anderes Vermögen oder zur Bemessung des Satzes dieser Steuer gleichwohl in Rechnung gestellt werden.

[4] Für die Anwendung dieses Artikels gilt eine Steuer als in einem Vertragsstaat erhoben, wenn sie nach der Gesetzgebung dieses Staates geschuldet und ordnungsgemäss gezahlt worden ist.

Art. 10 Verschiedenes
¹ Hatte der Erblasser zur Zeit des Todes einen Wohnsitz in einem Vertragsstaat, und
    a.   wird nach der Gesetzgebung dieses Staates ein Recht oder Anspruch als Vermögen angesehen, das nicht unter die Artikel 5, 6 oder 7 fällt,
    b.   wird aber nach der Gesetzgebung des anderen Vertragsstaats dieses Recht oder dieser Anspruch als unter diese Artikel fallendes Vermögen angesehen, so bestimmt sich die Natur des Rechts oder Anspruchs nach der Gesetzgebung des anderen Staates.

² Vermögen, das von einem Erblasser, der einen Wohnsitz in der Schweiz hatte oder ein schweizerischer Staatsangehöriger war, auf den Ehegatten übergeht und das im Vereinigten Königreich besteuert werden kann, wird für den Fall,
    a.   dass der Ehegatte nicht einen Wohnsitz im Vereinigten Königreich hatte, aber der Vermögensübergang von der Besteuerung völlig befreit gewesen wäre, wenn der Ehegatte einen solchen Wohnsitz gehabt hätte, und
    b.   dass nach der Gesetzgebung des Vereinigten Königreichs ohne Anwendung des Abkommens keine höhere Befreiung für Vermögensübergänge zwischen Ehegatten zusteht,
von der Steuer im Vereinigten Königreich im Ausmass von 50 vom Hundert des übergegangenen Wertes befreit, der als Wert berechnet wird, auf dem keine Steuer zu zahlen ist und von dem alle Freibeträge, ausgenommen diejenigen für Vermögensübergänge zwischen Ehegatten, abgezogen worden sind.

Art. 11 Gleichbehandlung
¹ Staatsangehörige eines Vertragsstaats dürfen im anderen Vertragsstaat keiner Besteuerung oder damit zusammenhängenden Verpflichtung unterworfen werden, die anders oder belastender ist als die Besteuerung und die damit zusammenhängenden Verpflichtungen, denen Staatsangehörige des anderen Staates unter gleichen Verhältnissen unterworfen sind oder unterworfen werden können.
² Die Besteuerung einer Betriebstätte, die ein Unternehmen eines Vertragsstaats im anderen Vertragsstaat hat, darf im anderen Staat nicht ungünstiger sein als die Besteuerung von Unternehmen des anderen Staates, die die gleiche Tätigkeit ausüben.
³ Dieser Artikel ist nicht so auszulegen, als verpflichte er einen Vertragsstaat, den in diesem Staat nicht ansässigen Personen die persönlichen Abzüge und Entlastungen zu gewähren, die er den dort ansässigen Personen gewährt.
⁴ Unternehmen eines Vertragsstaats, deren Kapital ganz oder teilweise unmittelbar oder mittelbar einer im anderen Vertragsstaat ansässigen Person oder meh-

reren solchen Personen gehört oder ihrer Kontrolle unterliegt, dürfen im erstgenannten Staat keiner Besteuerung oder damit zusammenhängenden Verpflichtung unterworfen werden, die anders oder belastender ist als die Besteuerung und die damit zusammenhängenden Verpflichtungen, denen andere ähnliche Unternehmen des erstgenannten Staates unterworfen sind oder unterworfen werden können.
[5] In diesem Artikel bedeutet der Ausdruck "Besteuerung" Steuern, die unter dieses Abkommen fallen.

Art. 12 Verständigungsverfahren
[1] Ist eine Person der Auffassung, dass Massnahmen eines Vertragsstaats oder beider Vertragsstaaten für sie zu einer Besteuerung führen oder führen werden, die diesem Abkommen nicht entspricht, so kann sie unbeschadet der nach dem innerstaatlichen Recht dieser Staaten vorgesehenen Rechtsmittel ihren Fall der zuständigen Behörde eines der beiden Vertragsstaaten unterbreiten.
[2] Hält die zuständige Behörde die Einwendung für begründet und ist sie selbst nicht in der Lage, eine befriedigende Lösung herbeizuführen, so wird sie sich bemühen, den Fall durch Verständigung mit der zuständigen Behörde des anderen Vertragsstaats so zu regeln, dass eine dem Abkommen nicht entsprechende Besteuerung vermieden wird.
[3] Die zuständigen Behörden der Vertragsstaaten werden sich bemühen, Schwierigkeiten oder Zweifel, die bei der Auslegung oder Anwendung des Abkommens entstehen, in gegenseitigem Einvernehmen zu beseitigen. Sie können auch gemeinsam darüber beraten, welche Massnahmen zur Verhinderung der ungerechtfertigten Inanspruchnahme des Abkommens zu erwägen sind.
[4] Die zuständigen Behörden der Vertragsstaaten können zur Herbeiführung einer Einigung im Sinne der vorstehenden Absätze unmittelbar verkehren.

Art. 13 Informationsaustausch
[1] Die zuständigen Behörden der Vertragsstaaten werden unter sich diejenigen (gemäss den Steuergesetzgebungen der Vertragsstaaten im Rahmen der normalen Vertragspraxis erhältlichen) Auskünfte austauschen, die notwendig sind für die Durchführung dieses Abkommens mit Bezug auf die Gegenstand des Abkommens bildenden Steuern. Jede auf diese Weise ausgetauschte Auskunft soll geheim gehalten und niemandem zugänglich gemacht werden, der sich nicht mit der Veranlagung, Festsetzung oder dem Bezug der Gegenstand des Abkommens bildenden Steuern befasst. Auskünfte, die irgendein Handels-, Geschäfts- oder Bank-, gewerbliches oder Berufsgeheimnis oder ein Geschäftsverfahren offenbaren würden, dürfen nicht ausgetauscht werden.

² Die Bestimmungen dieses Artikels dürfen auf keinen Fall dahin ausgelegt werden, dass sie einem der Vertragsstaaten die Verpflichtung auferlegen, Verwaltungsmassnahmen durchzuführen, die von seinen Vorschriften oder von seiner Verwaltungspraxis abweichen, oder die seiner Souveränität, Sicherheit oder dem Ordre public widersprechen, oder Angaben zu vermitteln, die nicht aufgrund seiner eigenen oder aufgrund der Gesetzgebung des ersuchenden Staats beschafft werden können.

Art. 14   Diplomaten und Konsularbeamte
Dieses Abkommen berührt nicht die steuerlichen Vorrechte, die den Diplomaten und Konsularbeamten nach den allgemeinen Regeln des Völkerrechts oder aufgrund besonderer Übereinkünfte zustehen.

Art. 15   Inkrafttreten
¹ Dieses Abkommen bedarf der Ratifikation nach Massgabe des in jedem Vertragsstaat vorgesehenen Verfahrens; die Ratifikationsurkunden sollen so bald wie möglich in London ausgetauscht werden.
² Dieses Abkommen tritt unmittelbar nach Ablauf einer Frist von dreissig Tagen nach dem Austausch der Ratifikationsurkunden in Kraft und seine Bestimmungen finden Anwendung:
    a.   im Vereinigten Königreich auf Vermögen, für das nach diesem Zeitpunkt eine Steuerpflicht entsteht;
    b.   in der Schweiz auf Erbfälle von Personen, die nach diesem Zeitpunkt sterben.
³ Vorbehaltlich des Absatzes 4 dieses Artikels findet mit Inkrafttreten dieses Abkommens das am 12. Juni 1956[53] in London unterzeichnete Abkommen zwischen dem Vereinigten Königreich von Grossbritannien und Nordirland und der Schweizerischen Eidgenossenschaft zur Milderung der Doppelbesteuerung auf dem Gebiete der Erbschaftssteuern (im folgenden als "Abkommen von 1956" bezeichnet) nicht mehr Anwendung.
⁴ Das Abkommen von 1956 findet weiterhin Anwendung:
    a.   im Vereinigten Königreich auf Vermögen, für das am oder vor dem Tag des Inkrafttretens dieses Abkommens eine Steuerpflicht entstanden ist;
    b.   in der Schweiz auf Erbfälle von Personen, die am oder vor dem Tag des Inkrafttretens dieses Abkommens verstorben sind.

---

[53]   SR 0.672.936.72.

Art. 16   Kündigung
¹ Dieses Abkommen bleibt in Kraft, solange es nicht von einem Vertragsstaat gekündigt wird. Jeder Vertragsstaat kann dieses Abkommen auf diplomatischem Weg unter Einhaltung einer Frist von mindestens sechs Monaten kündigen. In diesem Fall findet das Abkommen auf das Ende der angezeigten Frist nicht mehr Anwendung, doch gilt es weiterhin für Vermögen, für das nach dem Recht eines der Vertragsstaaten eine Steuerforderung vor Ablauf dieser Frist entstanden ist.

² Die Kündigung dieses Abkommens bewirkt kein Wiederinkrafttreten von Verträgen oder Vereinbarungen, die durch dieses Abkommen oder durch früher zwischen den beiden Vertragsstaaten abgeschlossene Verträge aufgehoben worden sind.

Zu Urkund dessen haben die von ihren Regierungen hierzu gehörig bevollmächtigten Unterzeichneten dieses Abkommen unterschrieben.

Geschehen zu Bern, am 17. Dezember 1993 im Doppel in französischer und englischer Sprache, wobei jeder Wortlaut gleicherweise verbindlich ist.

Für den Schweizerischen Bundesrat:	Für die Regierung des Vereinigten Königreichs Von Grossbritannien und Nordirland:
Flavio Cotti	David Beattle

Protokoll
Anlässlich der Unterzeichnung des Abkommens zur Vermeidung der Doppelbesteuerung auf dem Gebiete der Nachlass- und Erbschaftssteuern, das am heutigen Tag zwischen der Schweizerischen Eidgenossenschaft und dem Vereinigten Königreich von Grossbritannien und Nordirland abgeschlossen wurde, haben die Vertragsstaaten vereinbart:

1. zu Art. 4:
Eine natürliche Person, die die Staatsangehörigkeit eines der Vertragsstaaten besass, ohne gleichzeitig die Staatsangehörigkeit des anderen Vertragsstaates zu besitzen und die unmittelbar bevor sie in den anderen Staat gezogen ist, in dem Staat ansässig war, dessen Staatsangehörigkeit sie besass, hat im Sinne dieses Abkommens keinen Wohnsitz im anderen Staat, wenn
    a.   sie sich vorübergehend und nur aus beruflichen Gründen in diesem anderen Staat aufgehalten hat oder der Ehegatte oder ein anderer Ange-

höriger einer sich in diesem anderen Staat aus diesen Gründen vorübergehend aufhaltenden Person war, und
b. diese natürliche Person den Wohnsitz im Staat, dessen Staatsangehörige sie war, beibehalten hat, und
c. diese natürliche Person keine Absicht hatte, sich im anderen Vertragsstaat dauernd niederzulassen.

2. zu Art. 4 Absatz 1b)
Der Verweis auf das schweizerische Zivilrecht betrifft das 6. Kapitel des Bundesgesetzes über das Internationale Privatrecht vom 18. Dezember 1987.[54]

3. Zu Art. 8
Der Belegenheitsort von Vermögen, mit dem sich dieser Artikel befasst, bestimmt sich nach dem am Tage des Inkrafttretens dieses Abkommens anwendbaren Recht des Vereinigten Königreichs.

Geschehen zu Bern, am 17. Dezember 1993 im Doppel in französischer und englischer Sprache, wobei jeder Wortlaut gleicherweise verbindlich ist.

Für den Schweizerischen Bundesrat:	Für die Regierung des Vereinigten Königreichs von Grossbritannien und Nordirland:
Flavio Cotti	David Beattle

11. United States

0.672.933.62
Abkommen zwischen der Schweizerischen Eidgenossenschaft und den Vereinigten Staaten von Amerika zur Vermeidung der Doppelbesteuerung auf dem Gebiete der Nachlass- und Erbanfallsteuern

Abgeschlossen am 9. Juli 1951
Von der Bundesversammlung genehmigt am 24. September 1951[55]
Ratifikationsurkunden ausgetauscht am 17. September 1952

In Kraft getreten am 17. September 1952
(Stand: 17. September 1952)

---

[54] SR 291.
[55] AS 1952 643.

Der Schweizerische Bundesrat und der Präsident der Vereinigten Staaten von Amerika,
vom Wunsche geleitet, ein Abkommen zur Vermeidung der Doppelbesteuerung auf dem Gebiete der Nachlass- und Erbanfallsteuern abzuschliessen, haben zu diesem Zwecke zu ihren Bevollmächtigten ernannt:
(Es folgen die Namen der Bevollmächtigten)
die, nachdem sie sich ihre Vollmachten mitgeteilt und diese in guter und gehöriger Form befunden, folgendes vereinbart haben:

Art. I
¹ Dieses Abkommen bezieht sich auf die folgenden von Todes wegen erhobenen Steuern:
    a.   Auf Seiten der Vereinigten Staaten von Amerika: Die Nachlasssteuer des Bundes, und
    b.   Auf Seiten der Schweizerischen Eidgenossenschaft: Die Nachlass- und Erbanfallsteuern der Kantone und ihrer politischen Unterabteilungen.

² Das vorliegende Abkommen soll auch auf jede andere ihrem Wesen nach ähnliche Nachlass- oder Erbanfallsteuer Anwendung finden, die nach seiner Unterzeichnung von den Vereinigten Staaten oder von den schweizerischen Kantonen oder ihrer politischen Unterabteilungen erhoben wird.

Art. II
¹ In diesem Abkommen bedeutet:
    a.   Der Ausdruck "Vereinigte Staaten" die Vereinigten Staaten von Amerika; in geographischem Sinne verwendet, umfasst er die Gliedstaaten, die Territorien Alaska und Hawaii sowie den Distrikt Columbia;
    b.   Der Ausdruck "Schweiz" die Schweizerische Eidgenossenschaft;
    c.   Der Ausdruck "Steuer" je nach dem Zusammenhang die Bundesnachlasssteuer der Vereinigten Staaten oder die in der Schweiz erhobenen Erbanfall- oder Nachlasssteuern;
    d.   Der Ausdruck "zuständige Behörde" auf Seiten der Vereinigten Staaten den Commissioner of Internal Revenue im Rahmen der ihm vom Sekretär des Schatzamtes erteilten Vollmachten und auf Seiten der Schweiz den Direktor der eidgenössischen Steuerverwaltung im Rahmen der ihm vom eidgenössischen Finanzdepartement[56] erteilten Vollmachten.

² Bei Anwendung der Bestimmungen dieses Abkommens wird jeder Vertragsstaat, sofern sich aus dem Zusammenhang nicht etwas anderes ergibt, jedem nicht

---

[56] Bezeichnung gemäss Art. 1 des nicht veröffentlichten BRB vom 23. April 1980 über die Anpassung von bundesrechtlichen Erlassen an die neuen Bezeichnungen der Departemente und Ämter.

anders umschriebenen Begriff den Sinn beilegen, der ihm unter der eigenen Gesetzgebung zukommt.

³ Es ist Sache jedes Vertragsstaates, bei Anwendung, dieses Abkommens darüber zu befinden, ob der Erblasser zur Zeit seines Todes in seinem Gebiete Wohnsitz hatte oder seine Staatsangehörigkeit besass.

Art. III

Bei der Erhebung ihrer Steuer im Falle eines Erblassers, der zur Zeit seines Todes weder Bürger der Vereinigten Staaten war, noch dort Wohnsitz hatte, sondern Schweizerbürger oder in der Schweiz wohnhaft war, werden die Vereinigten Staaten die besondere Steuerbefreiung zugestehen, die nach ihrem Gesetze gewährt würde, wenn der Erblasser in den Vereinigten Staaten Wohnsitz gehabt hätte; diese Befreiung wird mindestens mit demjenigen Teilbetrag gewährt, der dem Verhältnis entspricht, in dem der Wert des gesamten der Steuer unterworfenen beweglichen und unbeweglichen Vermögens zum Wert des gesamten beweglichen und unbeweglichen Vermögens steht, das von den Vereinigten Staaten besteuert worden wäre, wenn der Erblasser dort Wohnsitz gehabt hätte. Wird im Falle des Nachlasses eines Erblassers, der zur Zeit seines Todes ein Bürger der Vereinigten Staaten war oder dort Wohnsitz hatte, in der Schweiz eine Steuer auf Grund des Umstandes erhoben, dass bewegliches Nachlassvermögen innerhalb des örtlichen Zuständigkeitsbereiches der Steuerbehörde liegt (und nicht auf Grund des Umstandes, dass der Erblasser seinen Wohnsitz innerhalb dieses Zuständigkeitsbereiches hatte oder Schweizerbürger war), so wird die Steuerbehörde in der Schweiz die besondere Steuerbefreiung zugestehen, die nach dem für sie massgebenden Recht gewährt würde, wenn der Erblasser innerhalb ihres örtlichen Zuständigkeitsbereiches Wohnsitz gehabt hätte; diese Befreiung wird mindestens mit demjenigen Teilbetrag gewährt, der dem Verhältnis entspricht, in dem der Wert des gesamten der Steuer unterworfenen beweglichen und unbeweglichen Vermögens zum Werte des gesamten beweglichen und unbeweglichen Vermögens steht, das von der schweizerischen Steuerbehörde besteuert worden wäre, wenn der Erblasser seinen Wohnsitz innerhalb ihres örtlichen Zuständigkeitsbereiches gehabt hätte.

Art. IV

¹ Entscheidet die Steuerbehörde in den Vereinigten Staaten, dass der Erblasser zur Zeit seines Todes ein Bürger der Vereinigten Staaten war oder dort Wohnsitz hatte, und entscheidet die Steuerbehörde in der Schweiz, dass der Erblasser zur Zeit seines Todes Schweizerbürger oder in der Schweiz wohnhaft war, so soll jeder der beiden Vertragsstaaten an seine (ohne Anwendung dieses Artikels be-

rechnete) Steuer die im andern Vertragsstaat auferlegte Steuer insoweit anrechnen, als sie auf die nachfolgend genannten Nachlassteile, die in beiden Staaten der Besteuerung unterworfen sind, entfällt; indessen soll der Betrag der Gutschrift nicht höher sein als der Teil der vom zur Anrechnung verhaltenen Staate auferlegten Steuer, die auf solche Nachlassteile entfällt:
    a. Beteiligungen in Form von Aktien oder Kapitalanleihen (mit Einschluss der Aktien und Kapitalanteile, die sich im Besitze von Treuhändern (nominees) befinden, sofern das Nutzungsrecht (beneficial ownership) aus Urkunden (scrip certificates) oder auf andere Weise ersichtlich ist) an Gesellschaften, die nach dem Rechte des andern Vertragsstaates oder einer seiner politischen Unterabteilungen errichtet oder organisiert worden sind;
    b. Guthaben (mit Einschluss von Obligationen, Schuldscheinen, Wechselforderungen und Versicherungsansprüchen), sofern der Zahlungsschuldner im anderen Staate wohnhaft ist oder eine nach dem Rechte dieses andern Staates oder einer seiner politischen Unterabteilungen errichtete oder organisierte Gesellschaft ist;
    c. Bewegliche körperliche Sachen (mit Einschluss von Banknoten oder Papiergeld und von anderen am Ausgabeort als gesetzliche Zahlungsmittel geltenden Geldsorten), die im Zeitpunkt des Todes des Erblassers tatsächlich im anderen Staate liegen, und
    d. Sonstige Vermögenswerte, welche die zuständigen Behörden der beiden Vertragsstaaten übereinstimmend als in diesem anderen Staate gelegen betrachten.

[2] Bei Anwendung dieses Artikels soll der Betrag der Steuer jedes der beiden Vertragsstaaten, der auf einen bestimmten Vermögenswert entfällt, erst festgesetzt werden, nachdem jede gemäss dem Rechte des betreffenden Staates zulässige Herabsetzung oder Steueranrechnung, ausser der in diesem Artikel umschriebenen Anrechnung, berücksichtigt worden ist.

[3] Die in diesem Artikel vorgesehene Steueranrechnung wird nur unter der Bedingung zugestanden, dass die Steuer, deren Anrechnung gewährt werden soll, vollständig entrichtet worden ist; die zuständige Behörde des Vertragsstaates, in welchem diese Steuer erhoben wird, wird der zuständigen Behörde des Vertragsstaates, in welchem die Steueranrechnung zugestanden werden soll, die zur Ausführung der Bestimmungen dieses Artikels notwendigen Angaben, die auf die Steueranrechnung Bezug haben, amtlich bescheinigen.

Art. V
¹ Begehren um Steueranrechnung oder Steuerrückerstattung, die sich auf die Bestimmungen dieses Abkommens. stützen, sind binnen 5 Jahren vom Tode des Erblassers an zu stellen.
² Zurückzuerstattende oder anzurechnende Steuerbeträge werden nicht verzinst.

Art. VI
Legt der Nachlassverwalter oder ein an einem Nachlass Berechtigter dar, dass die Massnahmen der Steuerbehörden eines der beiden Vertragsstaaten die Wirkung einer den Bestimmungen dieses Abkommens widersprechenden Doppelbesteuerung haben oder haben werden, so kann er den Fall dem Vertragsstaate unterbreiten, dem der Erblasser zur Zeit seines Todes angehörte oder dessen Bürger der am Nachlass Berechtigte ist; gehörte der Erblasser zur Zeit seines Todes keinem der beiden Vertragsstaaten an oder ist der am Nachlass Berechtigte nicht Bürger eines der Vertragsstaaten, so kann der Fall demjenigen Vertragsstaate unterbreitet werden, in dem der Erblasser zur Zeit seines Todes Wohnsitz hatte oder in dem der am Nachlass Berechtigte wohnt. Die zuständige Behörde des Staates, dem der Fall unterbreitet wird, wird anstreben, sich mit der zuständigen Behörde des andern Vertragsstaates über eine angemessene Vermeidung der in Frage stehenden Doppelbesteuerung zu verständigen.

Art. VII
¹ Die zuständigen Behörden der beiden Vertragsstaaten können die Ausführungsbestimmungen erlassen, die für die Durchführung dieses Abkommens in ihrem Staatsgebiet erforderlich sind.
² Zum Zwecke der Ausführung dieses Abkommens können die zuständigen Behörden der beiden Vertragsstaaten unmittelbar miteinander verkehren. Jede auf diese Weise vermittelte Auskunft soll vertraulich behandelt und niemandem zugänglich gemacht werden, der sich nicht mit der Veranlagung oder dem Bezug der unter dieses Abkommen fallenden Steuern befasst.
³ Zur Beseitigung von Schwierigkeiten oder Zweifeln bei der Auslegung oder Anwendung dieses Abkommens oder bezüglich der Beziehungen des Abkommens zu Abkommen der Vertragsstaaten mit dritten Staaten können sich die zuständigen Behörden der Vertragsstaaten gegenseitig verständigen.

Art. VIII
¹ Dieses Abkommen soll ratifiziert und die Ratifikationsurkunden sollen baldmöglichst in Bern ausgetauscht werden.

J. Doppelbesteuerungsabkommen zur Erbschaftssteuer

² Dieses Abkommen tritt am Tage des Austausches der Ratifikationsurkunden in Kraft und findet Anwendung auf Erbfälle von Personen, die an oder nach diesem Tage sterben. Es soll von diesem Tage an zunächst für einen Zeitraum von fünf Jahren und nach deren Ablauf unbeschränkt in Kraft bleiben, kann aber am Ende der Fünfjahresperiode oder jederzeit hernach von jedem der beiden Vertragsstaaten unter Einhaltung einer Frist von mindestens sechs Monaten gekündigt werden. Erfolgt eine solche Kündigung, so findet das Abkommen auf Erbfälle von Personen, die am oder nach dem auf den Ablauf der sechsmonatigen Kündigungsfrist folgenden ersten Januar versterben, keine Anwendung mehr.

Gefertigt in Washington, im Doppel, in deutscher und englischer Urschrift, wobei beide Urschriften gleicherweise authentisch sind, am 9. Juli 1951.

Für den Schweizerischen Bundesrat:	Für den Präsidenten der Vereinigten Staaten von Amerika:
Charles Bruggmann	Dean Acheson

K. Einkommens-, Vermögens- und Erbschaftssteuern (International)

1. FATCA (USA)

Mit dem "Foreign Account Tax Compliance Act" (FATCA) wollen die USA erreichen, dass sämtliche im Ausland gehaltenen Konten von Personen, die in den USA steuerpflichtig sind, besteuert werden können. FATCA ist eine unilaterale US-Regelung, die weltweit für alle Länder gilt. Sie verlangt von ausländischen Finanzinstitutionen, dass sie den US-Steuerbehörden Informationen über US-Konten weitergeben oder eine Quellensteuer erheben. Das Abkommen zwischen der Schweiz und den Vereinigten Staaten[57] ist am 2. Juni 2014 in Kraft getreten.[58] Das entsprechende Umsetzungsgesetz[59] hat der Bundesrat auf den 30. Juni 2014 in Kraft gesetzt.

Für ausländische Finanzinstitute ist die Umsetzung von FATCA mit administrativem und finanziellem Aufwand verbunden. Dieser Aufwand wird durch das FATCA-Abkommen reduziert, weil das Abkommen für die schweizerischen Finanzinstitute administrative Erleichterungen vorsieht. Die Umsetzung erfolgt in der Schweiz nach dem so genannten Modell 2. Demnach melden schweizerische Finanzinstitute die Kontodaten mit Zustimmung der betroffenen US-Kunden direkt an die US-Steuerbehörde. Daten über nicht kooperationswillige Kunden müssen die USA auf dem ordentlichen Amtshilfeweg anfordern.

Der Bundesrat hat dem Staatssekretariat für Internationale Finanzfragen (SIF) ein Mandat für Verhandlungen mit den USA erteilt: Verhandelt werden soll der Wechsel zu Modell 1. Danach werden die Informationen über die betroffenen US Kunden via Eidgenössische Steuerverwaltung an die US-Steuerbehörden geliefert. Wann ein entsprechendes Abkommen vorliegen wird, ist zum gegenwärtigen Zeitpunkt noch ungewiss.

---

[57] Abkommen zwischen der Schweiz und den Vereinigten Staaten von Amerika über die Zusammenarbeit für eine erleichterte Umsetzung von FATCA vom 14. Februar 2013, von der Bundesversammlung genehmigt am 27. September 2013 (AS 2014, 1741).
[58] SR 0.672.933.63.
[59] Bundesgesetz über die Umsetzung des FATCA-Abkommens zwischen der Schweiz und den Vereinigten Staaten (FATCA-Gesetz) vom 27. September 2013 (AS 2014, 1575).

2. Informationsaustausch (OECD)

a. Amtshilfe in Steuersachen

Alle Doppelbesteuerungsabkommen, die seit dem Entscheid des Bundesrats vom 13. März 2009 über die neue Amtshilfepolitik von der Schweiz neu ausgehandelt wurden, entsprechen dem OECD-Standard für Amtshilfe in Steuersachen (Art. 26 OECD Musterabkommen zur Vermeidung der Doppelbesteuerung). Die Schweiz gewährt danach Amtshilfe auf begründete Anfrage in Einzelfällen.

b. Stand der Doppelbesteuerungsabkommen

Derzeit hat die Schweiz mit über 100 Staaten ein Doppelbesteuerungsabkommen abgeschlossen (Stand 27.08.2019).

Link: https://www.sif.admin.ch/sif/de/home/bilateral/steuerabkommen/doppelbesteuerungsabkommen.html

In den folgenden Kapiteln werden weitere Hinweise gegeben.

c. Automatischer Informationsaustausch (AIA)

Übersicht

Mit der Einführung des neuen globalen Standards für den automatischen Informationsaustausch (AIA) soll die grenzüberschreitende Steuerhinterziehung verhindert werden. Der globale Standard sieht vor, dass Staaten, die den AIA untereinander vereinbart haben, gegenseitig Informationen über Finanzkonten austauschen. Die Schweiz hat sich zusammen mit über 100 Staaten, darunter alle wichtigen Finanzzentren, zur Übernahme dieses Standards bekannt.

Eine Liste mit den AIA Partnerstaaten der Schweiz finden Sie hier: https://www.sif.admin.ch/sif/de/home/multilateral/steuer_informationsaust/automatischer-informationsaustausch/automatischer-informationsaustausch1.html

Das AIA-Abkommen der Schweiz mit der EU gilt für alle 28 EU-Mitgliedstaaten und ist auch für die Åland-Inseln, die Azoren, Französisch-Guayana, Gibraltar,

Guadeloupe, die Kanarischen Inseln, Madeira, Martinique, Mayotte, Réunion und Saint Martin anwendbar.

Für den Vollzug des AIA ist die Eidgenössische Steuerverwaltung (ESTV) zuständig. Weitere Informationen sind auf der Webseite der ESTV veröffentlicht.[60]

Die folgenden Staaten unternahmen einen entsprechenden Informationsaustausch im Jahr 2017 für Finanzdaten aus dem Jahr 2016 vor:
Anguilla, Argentina, Belgium, Bermuda, BVI, Bulgaria, Cayman Islands, Colombia, Croatia, Cyprus, Czech Republic, Denmark, Estonia, Faroe Islands, Finland, France, Germany, Gibraltar, Greece, Guernsey, Hungary, Iceland, India, Ireland, Isle of Man, Italy, Jersey, Korea, Latvia, Liechtenstein, Lithuania, Luxembourg, Malta, Mexico, Montserrat, Netherlands, Norway, Poland, Portugal, Romania, San Marino, Seychelles, Slovak Republic, Slovenia, South Africa, Spain, Sweden, Turks and Caicos Islands, United Kingdom.

Weitere Staaten unternahmen diesen Informationsaustausch im Jahr 2018 für Finanzdaten aus dem Jahr 2017:
Andorra, Antigua and Barbuda, Aruba, Australia, Austria, Azerbaijan, The Bahamas, Bahrein, Barbados, Belize, Brazil, Brunei Darussalam, Canada, Chile, China, Cook Islands, Costa Rica, Curaçao, Dominica, , Greenland, Grenada, Hong Kong (China), Indonesia, Israel, Japan, Lebanon, Macau (China), Malaysia, Marshall Islands, Mauritius, Monaco, Nauru, New Zealand, Niue, Pakistan, Panama, Qatar, Russia, Samoa, Saudi-Arabia, Singapore, Sint Maarten, St Kitts and Nevis, St Lucia, St Vincent and the Grenadines, Switzerland, Trinidad and Tobago, Turkey, UAE, Uruguay and Vanuatu.

Folgende Staaten werden 2019/2020 einen Informationsaustausch vornehmen:
Ghana (2019), Kuwait (2019), Albania (2020), Kazakhstan (2020), Ecuador (2020), Maldives (2020), Nigeria (2020), Oman (2020) and Peru (2020).

Schliesslich gibt es Staaten, die noch kein Datum für ihren ersten Informationsaustausch festgesetzt haben:
Armenia, Benin, Bosnia and Herzegovina, Botswana, Burkina Faso, Cape Verde, Cambodia, Cameroon, Chad, Côte d'Ivoire, Djibouti, Dominican Republic, Egypt, El Salvador, Eswatini, Former Yugoslav Republic of Macedonia, Gabon,

---

[60] https://www.estv.admin.ch/estv/de/home/internationales-steuerrecht/fach-informationen/aia.html.

Georgia, Guatemala, Guyana, Haiti, Jamaica, Kenya, Lesotho, Liberia, Madagascar, Mauritania, Moldova, Mongolia, Montenegro, Morocco, Niger, Papua New Guinea, Paraguay, Philippines, Rwanda, Senegal, Serbia, Tanzania, Thailand, Togo, Tunisia, Uganda, Ukraine

Funktionsweise
Wie der automatische Informationsaustausch in der Schweiz funktioniert wird anhand der folgenden zwei Grafiken veranschaulicht.

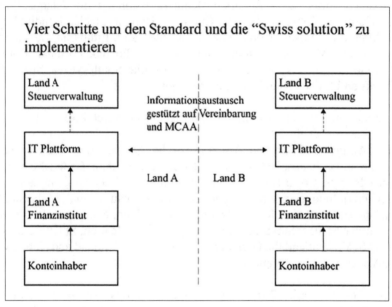

o

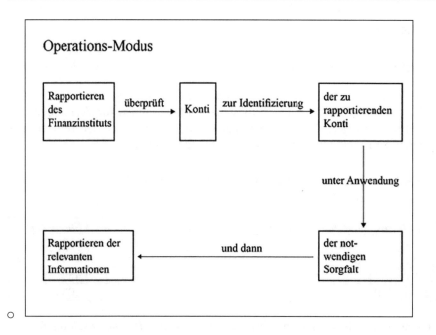

K. Einkommens-, Vermögens- und Erbschaftssteuern (International)

3. Belgien

a. DBA Belgien-Schweiz

Anpassung des DBA Belgien-Schweiz betreffend Ausweitung der Amtshilfeklausel: Seit 19. Juli 2017 ist das Doppelbesteuerungsabkommen zur Vermeidung der Doppelbesteuerung von Einkommen und Vermögen zwischen der Schweiz und Belgien in Kraft und wird ab 1. Januar 2018 angewendet.

b. Einkommenssteuer 2019 (Einschätzungsjahr 2020)
(Verheirateten Tarif)

Steuerbares Einkommen (EUR)	*Steuersatz*
Bis 13'250	25%
13'251 – 23'390	40%
23'391 – 40'480	45%
Über 40'480	50%

Auf den obigen Steuersätzen wird auch ein *Gemeindesteuerzuschlag* (durchschnittlich 7%) erhoben.
Falls eine *gemeinsame Steuererklärungspflicht* für Ehegatten und Konkubinatspaare besteht, werden die obigen Steuersätze jeweils pro separates Einkommen jedes Partners angewandt.
Es besteht ein *Steuerfreibetrag* von bis zu EUR 7'730 je nach steuerbarem Einkommen.
Gewisse Einkommensarten werden zu einem *separaten Steuersatz* besteuert (bspw. Kapitalgewinne auf unbeweglichem Vermögen, Gewinne aus spekulativen Transaktionen, Pensionszahlungen).
Es wird eine einheitliche *Quellensteuer* auf Zinsen, Dividenden und Lizenzen erhoben. Der Quellensteuersatz beträgt für 2019 30%. Je nach Art des Einkommens wird ein ermässigter Quellensteuersatz erhoben.

c. Vermögenssteuer 2019

Belgien erhebt keine Vermögenssteuern für *natürliche Personen*.

d. Erbschaftssteuer 2019

Die Erbschaftssteuer wird aufgrund des *Verhältnisses zwischen Erblasser und Erben* bestimmt, sowie auf dem Erbanteil am hinterlassenen Vermögen.
Die *Steuersätze* gelten je nachdem ob der Erblasser in der Region Hauptstadt Brüssel, Flämisch oder Walloon ansässig war. Die Kriterien hinsichtlich Konkubinatspartner sind je nach Region unterschiedlich.

d1. Region Hauptstadt Brüssel

Steuersätze

Ehegatte, Konkubinatspartner, Verwandte in direkter auf- oder absteigender Linie	
Steuerbarer Nettobetrag (EUR)	*Steuersatz*
bis 50'000	3%
50'001 - 100'000	8%
100'001 – 175'000	9%
175'001 – 250'000	18%
250'001 – 500'000	24%
Über 500'000	30%
Geschwister	
Steuerbarer Nettobetrag (EUR)	*Steuersatz*
bis 12'500	20%
12'501 – 25'000	25%
25'001 – 50'000	30%
50'001 – 100'000	40%
100'001 – 175'000	55%
175'001 – 250'000	60%
Über 250'000	65%
Tanten, Onkel, Neffen und Nichten	
Steuerbarer Nettobetrag (EUR)	*Steuersatz*
bis 50'000	35%
50'001 – 100'000	50%
100'001 – 175'000	60%
Über 175'000	70%

K. Einkommens-, Vermögens- und Erbschaftssteuern (International)

Übrige Erben	
Steuerbarer Nettobetrag (EUR)	Steuersatz
bis 50'000	40%
50'001 – 75'000	55%
75'001 – 175'000	65%
Über 175'000	80%

Steuerfreier Betrag von EUR 15'000 für:
a. Ehegatten und Konkubinatspartner;
b. Verwandte in direkter auf- oder absteigender Linie;
c. für Kinder unter 21 Jahren erhöht sich der steuerfreie Betrag um EUR 2'500 pro Jahr unter 21 Jahren. Der Steuerfreibetrag für den überlebenden Ehegatten und Konkubinatspartner erhöht sich um die Hälfte des Freibetrages für Kinder.
d. Erbschaften an übrige Erben sind bis zum Betrag von EUR 1'250 vollständig steuerbefreit.

d2. Region Walloon

Steuersätze

Ehegatte, Konkubinatspartner, Verwandte in direkter auf- oder absteigender Linie	
Steuerbarer Nettobetrag (EUR)	Steuersatz
bis 12'500	3%
12'501 – 25'000	4%
25'001 – 50'000	5%
50'001 – 100'000	7%
100'001 – 150'000	10%
150'001 – 200'000	14%
200'001 – 250'000	18%
250'001 – 500'000	24%
Über 500'000	30%

Steuerbarer Nettobetrag (EUR)	Steuersatz für Geschwister	Steuersatz für Onkel, Tanten, Neffen, Nichten	Steuersatz für übrige Personen
Bis 12'500	20%	25%	30%
12'501 – 25'000	25%	30%	35%

K. Einkommens-, Vermögens- und Erbschaftssteuern (International)

Steuerbarer Nettobetrag (EUR)	Steuersatz für Geschwister	Steuersatz für Onkel, Tanten, Neffen, Nichten	Steuersatz für übrige Personen
25'001 – 75'000	35%	40%	60%
75'001 – 175'000	50%	55%	80%
Über 175'000	65%	70%	80%

Steuerfreier Betrag von EUR 12'500 für:
a. Ehegatten und Konkubinatspartner;
b. Verwandte in direkter auf- oder absteigender Linie;
c. für Kinder unter 21 Jahren erhöht sich der steuerfreie Betrag um EUR 2'500 für jedes Jahr unter 21 Jahren, der Steuerfreibetrag für den überlebenden Ehegatten und Konkubinatspartner erhöht sich um die Hälfte des Freibetrages für Kinder;
d. Steuerfreier Betrag von EUR 25'000 (Grundfreibetrag plus zusätzlicher Steuerfreibetrag von EUR 12'500) falls die Erbschaft EUR 125'000 nicht übersteigt.
e. Übrige Empfänger, von Erbschaften von weniger als EUR 620 sind steuerbefreit.
f. Unter gewissen Umständen erhalten Geschwister ebenfalls einen Steuerfreibetrag.
g. Bei Vermögenszugängen die aus einem ausserordentlichen Gewaltakt herführen wird ein Steuerfreibetrag von EUR 250'000 gewährt.

d3. Flämische Region

Falls der Erblasser in der Flämischen Region ansässig war, ist die Erbschaftssteuer für die Erben der ersten Kategorie (Ehegatte, Konkubinatspartner, Verwandte in direkter auf- oder absteigender Linie) aufzuteilen auf *einen unbeweglichen und einen beweglichen Teil*. Diese beiden Teile werden separat zum folgenden progressiven Tarif besteuert:

Steuersätze

Ehegatte, Konkubinatspartner, Verwandte in direkter auf- oder absteigender Linie	
Steuerbarer Nettobetrag (EUR)	Steuersatz
bis 50'000	3%
50'001 – 250'000	9%
Über 250'000	27%

Die getrennte Besteuerung von beweglichem und unbeweglichem Vermögen für die Berechnung der *Todesfallleistungen* reduziert die effektive Steuerbelastung in den meisten Fällen um ca. 50% (im Vergleich zu den beiden anderen Regionen, jedoch kann trotzdem nicht von einer Steuerbefreiung gesprochen werden).
Für die übrigen Erbempfänger werden die beweglichen und unbeweglichen Vermögenswerte für die Bestimmung der Steuerbelastung zusammengerechnet.

Steuerbarer Nettobetrag (EUR)	*Steuersatz für Geschwister*	*Steuersatz für Onkel, Tante, Neffen, Nichten, Cousins, Cousinen*
Bis 75'000	35%	40%
75'001 – 175'000	50%	55%
Über 175'000	65%	70%

Ein *Steuerabschlag* für die Erben der ersten Kategorie wird bis zu dem Ausmass gewährt, als der steuerbare Anteil am Erbe ca. EUR 50'000 nicht übersteigt.
Für Geschwister wird eine *Steuerreduktion* gewährt, falls der steuerbare Anteil am Erbe ca. EUR 75'000 nicht übersteigt. Für alle übrigen Personen wird die Steuerreduktion nur gewährt, wenn der Gesamtbetrag ihres Nettoanteils an der Erbschaft ca. EUR 75'000 nicht übersteigt.

e. Schenkungssteuern

Schenkungssteuern (als Grunderwerbssteuer) werden in Belgien nur erhoben, wenn die *Schenkung registriert* wird. Diese ist obligatorisch im Falle von:
a.   Schenkungen eines beweglichen und unbeweglichen Vermögenswertes, unabhängig von dessen Belegenheit, auf der Basis einer notariellen Urkunde (Schriftstück);
b.   Schenkungen von in Belgien gelegenem unbeweglichem Vermögen, unabhängig davon, ob schriftlich oder formlos.
Folglich unterliegen Schenkungen von beweglichem Vermögen, welches formlos d.h. ohne Schriftstück, übergeht, sowie von ausserhalb Belgiens gelegenem unbeweglichem Vermögen nicht der Schenkungssteuer. Sofern der Schenkende innert 3 Jahren nach der Schenkung verstirbt, qualifiziert letztere als Vermächtnis und unterliegt der *Erbschaftssteuer*.

e1. Unbewegliches Vermögen

Die Erbschaftssteuersätze sind in der Region Hauptstadt Brüssel und Region Walloon auch für steuerbare Schenkungen anwendbar auf unbeweglichem Vermögen, das sich in Belgien befindet. Für die Region Flandern werden Schenkungen von in Belgien befindliches unbewegliches Vermögen wie folgt besteuert:

Steuerbarer Bruttobetrag (EUR)	*Ehegatte, Konkubinatspartner, Verwandte in direkter auf- oder absteigender Linie*
Bis 12'500	3%
12'501 – 25'000	4%
25'001 – 50'000	5%
50'001 – 100'000	7%
100'001 – 150'000	10%
150'001 – 200'000	14%
200'001 – 250'000	18%
250'001 – 500'000	24%
Über 500'000	30%

Die obigen Steuersätze gelten auch für Ex-Ehegatten, Stiefkinder und Kinder von Konkubinatspartnern.

Die Schenkungssteuersätze unter *Geschwistern* variieren zwischen 20% und 50%, unter *Onkel, Tanten, Nichten und Neffen* zwischen 25% und 55% und in allen anderen Fällen zwischen 30% und 80%.

e2. Bewegliches Vermögen

Schenkungen von beweglichem Vermögen werden in der *Region Hauptstadt Brüssel und Region Flandern* wie folgt besteuert:
a. 3% unter Ehegatten, Konkubinatspartner, Verwandte in auf- oder absteigender Linie;
b. 7% für bewegliches Vermögen in allen anderen Fällen.

In der *Region Walloon* werden Schenkungen von beweglichem Vermögen wie folgt besteuert:
a. 3.3% unter Ehegatten, Konkubinatspartner, Verwandte in auf- oder absteigender Linie;
b. 5.5% unter Geschwistern, Onkel, Tanten, Nichten und Neffen
c. 7.7% in allen anderen Fällen

4. Deutschland

a. Einkommenssteuer 2019
(Grundtarif)

Zu versteuerndes Jahreseinkommen (EUR)	Grenzsteuersatz	Steuerbetrag (EUR)
Bis 9'168	0%	0
9'169 – 14'254	14.00 – 23.97%	0 – 973
14'255 – 55'960	23.97 – 42.00%	973 – 14'722
55'961 – 265'326	42.00%	14'722 – 102'656
Über 265'326	45.00%	102'656

Der Grundtarif gilt für *ledige Personen*. Bei verheirateten, nicht dauernd getrennt lebenden, Personen kommt eine Zusammenveranlagung in Betracht. Die Besteuerung im Rahmen der Zusammenveranlagung erfolgt nach dem sog. Splittingtarif. Die Beträge des zu versteuernden Jahreseinkommens sind für diesen Fall zu verdoppeln.

b. Vermögenssteuer 2019

Deutschland erhebt, bis zu einer eventuellen Neuregelung durch den Gesetzgeber, *keine Vermögenssteuer*.

c. Erbschafts- und Schenkungssteuer 2019

Die Erbschafts- respektive Schenkungssteuerpflicht auf dem *gesamten Vermögensanfall* tritt u.a. in den Fällen ein, wenn der Erblasser zur Zeit seines Todes, der Schenker zur Zeit der Ausführung der Schenkung oder der Erwerber zur Zeit der Entstehung der Steuer ein Inländer ist.
Es ist zu beachten, dass als *Inländer* u.a. deutsche Staatsangehörige gelten, die sich nicht länger als fünf Jahre dauernd im Ausland aufgehalten haben, ohne im Inland einen Wohnsitz zu haben.

Steuerklassen

Beziehung zum Erblasser	Steuerklasse
Ehegatten, Lebenspartner i.S.d. LPartG, Kinder und Stiefkinder, Abkömmlinge der Kinder und Stiefkinder, Eltern und Voreltern (bei Erbschaft)	I
Eltern und Voreltern sofern nicht Steuerklasse I, Geschwister, Abkömmlinge ersten Grades von Geschwistern, Stiefeltern und Schwiegerkinder, Schwiegereltern, geschiedener Ehegatte, Lebenspartner einer aufgehobenen Lebenspartnerschaft (i.S.d. LPartG)	II
Übrige Erwerber und Zweckzuwendungen	III

Steuersätze für die Erbschaftssteuer

Wert des steuerpflichtigen Erwerbs (§10 ErbStG) bis einschliesslich Euro	Prozentsatz in der Steuerklasse		
	I	II	III
75'000	7	15	30
300'000	11	20	30
600'000	15	25	30
6'000'000	19	30	30
13'000'000	23	35	50
26'000'000	27	40	50
Über 26'000'000	30	43	50

Freibeträge

	Beziehung zum Erblasser	Abzug (EUR)
a.	Ehegatten und Lebenspartner (i.S.d. LPartG)	500'000
b.	Kinder und Kinder verstorbener Kinder der Steuerklasse I	400'000
c.	Kinder der Kinder der Steuerklasse I	200'000
d.	Übrige Personen der Steuerklasse I	100'000
e.	Personen der Steuerklasse II	20'000
f.	Übrige Personen der Steuerklasse III	20'000

Für die Anwendung der erwähnten Abzüge und Steuertarife werden alle Zuwendungen desselben Schenkers innerhalb der letzten *10 Jahre zusammengerechnet.*

Die auf die Schenkungen während dieses Zeitraums gezahlte Steuer wird auf die Steuer, welche auf den kumulierten Schenkungsbetrag entfällt, angerechnet. Beim Tod des Schenkers innerhalb der 10 Jahres-Frist wird analog verfahren.

Das Bundesverfassungsgericht hat mit Urteil 1 BvL 21/12 vom 17. Dezember 2014 unter anderem entschieden, dass die *Verschonung beim Übergang betrieblichen Vermögens* in §§ 13a und 13b ErbStG angesichts des Ausmasses und der eröffneten Gestaltungsmöglichkeiten mit Art. 3 Abs. 1 GG unvereinbar sei. Der Gesetzgeber hatte bis 30. Juni 2016 Zeit, eine neue Regelung in Kraft zu setzen.
Sowohl Bundestag als auch Bundesrat haben der Anpassung des Erbschaft- und Schenkungsteuergesetz an die Rechtsprechung des Bundesverfassungsgerichtes am 29.09.2016 bzw. 14.10.2016 zugestimmt. Somit ist die Erbschaftsteuerreform rückwirkend zum 01.07.2016 in Kraft getreten.

Weiterhin stehen bei der Übertragung von Betriebsvermögen zwei Verschonungsmodelle zur Verfügung. So besteht neben der gesetzlichen Regelverschonung, bei der 85% des Wertes des Betriebsvermögens steuerfrei bleibt, die Optionsverschonungsverschonung, welche 100% des Wertes des Betriebsvermögens freistellt. Beide Regelungen sind jedoch an Behaltensfristen und Lohnsummenregelungen für zukünftige Lohnsummen gebunden. Die Verschonung soll somit mit dem Erhalt von Arbeitsplätzen verbunden werden. Hinsichtlich der Verschonungsregelungen für die Übertragungen von Betriebsvermögen wurden restriktiverer Normen aufgenommen. So wird zunächst die Vermögensstruktur des Betriebsvermögens hinsichtlich des vorhandenen Verwaltungsvermögens untersucht. Im Verhältnis Verwaltungsvermögen zum Unternehmenswert wird die generelle Möglichkeit der Verschonung überprüft. Weitere Überprüfungen erfolgen bei den Finanzmitteln und dem sog. jungen Verwaltungsvermögen.

Für die Übertragungen von Großvermögen ab Übertragungswerten von mehr als 26 Mio. EUR wurde ein Abschmelzmodell gesetzlich normiert.

5. Frankreich

a. DBA Frankreich-Schweiz

Erbschaftssteuerabkommen: Per 17.06.2014 hat Frankreich das Abkommen gekündigt, es trat per 31.12.2014 ausser Kraft. Zu Einzelheiten siehe vorne, K.3.

b. Einkommenssteuer 2018 – Deklarationsjahr 2019
(Verheirateten Tarif)

Familienstand	Anteile (C)
Alleinstehende, geschiedene oder verwitwete Personen ohne Kinder	1.0
Alleinstehende oder geschiedene Personen mit 1 Kind über 18 Jahren	1.5
Verheiratete Personen ohne Kinder	2.0
Alleinstehende oder geschiedene Personen mit 1 Kind	2.0
Verheiratete oder verwitwete Personen mit 1 Kind	2.5
Alleinstehende oder geschiedene Personen mit 2 Kinder	2.5
Verheiratete oder verwitwete Personen mit 2 Kinder	3.0
Alleinstehende oder geschiedene Personen mit 3 Kinder	3.5
Verheiratete oder verwitwete Personen mit 3 Kinder	4.0
Alleinstehende oder geschiedene Personen mit 4 Kinder	4.5
Verheiratete oder verwitwete Personen mit 4 Kinder	5.0
Alleinstehende oder geschiedene Personen mit 5 Kinder	5.5
Verheiratete oder verwitwete Personen mit 5 Kinder	6.0
Alleinstehende oder geschiedene Personen mit 6 Kinder	6.5

Einkünfte 2018

Steuerbares Netto-Einkommen (I) Pro Anzahl Anteile (C) (EUR)	Steuersatz	Bruttosteuer
Bis 9'964	0%	0
9'965 – 27'519	14%	$(I \times 0{,}14) - (1'394.96 \times C)$
27'520 – 73'779	30%	$(I \times 0{,}30) - (5'798.00 \times C)$
73'780 – 156'244	41%	$(I \times 0{,}41) - (13'913.69 \times C)$
Über 156'244	45%	$(I \times 0{,}45) - (20'163.45 \times C)$

Kapitalgewinne aus beweglichem Vermögen unterliegen seit dem Jahr 2018 grundsätzlich einer Pauschalsteuer von 30% (Flat Tax). Diese setzt sich aus 12.8% Einkommenssteuer und Sozialabgaben zusammen, deren Steuersatz 17.2% für Kapitalerträge (Dividenden, Zinsen, Kapitalgewinne aus Liegenschaftsveräusserungen etc.) und für Vermögenserträge (Vermögenseinkommen, bestimmte Einkünfte aus Kapitalvermögen, Veräusserungsgewinne aus Wertpapieren) beträgt. Alternativ kann eine Besteuerung zum allgemeinen progressiven Einkommenssteuertarif beantragt werden, wobei sodann eine Teilbesteuerung von Dividenden

in Höhe von 60% erfolgt. Unter gewissen Umständen werden *Steuerfreibeträge* gewährt.
Kapitalgewinne aus unbeweglichem Vermögen, welche durch *Privatpersonen* realisiert werden, die ihr Steuerdomizil in Frankreich haben, unterliegen einer proportionalen Steuer von 19% und zusätzlich Sozialabgaben von 17.2%.
Ausnahme: Grundstückgewinne, welche bei der Veräusserung der Hauptwohnung erzielt werden, sind von der Besteuerung ausgenommen.
Die *Haltedauer* führt bei der Besteuerung von Grundstückgewinnen zu folgenden Abzügen:
- 6 % für jedes Jahr des Haltens zwischen vom 6. bis zum 21. Jahr
- 4% für das 22. Jahr des Haltens

Dies führt nach 22 Jahren zu einer vollständigen Entlastung.
Nichtansässige unterstehen ebenfalls den *Sozialabgaben* auf französischen Vermögenseinkommen und Grundstückgewinnen.

c. Vermögenssteuer 2019

Per 1.1.2018 wird anstelle der früheren „Impôt de solidarité sur la fortune [ISF] die Vermögenssteuer auf unbeweglichen Vermögenswerten „impôt sur la fortune immobilière [IFI] erhoben. Vermögenselemente, welche der Erwerbstätigkeit dienen sind von der Vermögenssteuer ausgenommen.

c1. Vermögenssteuertarif 2019

Der Vermögenssteuertarif 2019 wird wie folgt festgelegt, wobei zu präzisieren ist, dass nur diejenigen Steuerpflichtigen dem IFI unterliegen, welche am 1. Januar der Steuerperiode über ein Nettovermögen von mehr als EUR 1'300'000 aufweisen. Die Steuer wird auf dem Nettovermögen über EUR 800'000 berechnet:

Steuerbares Vermögen (EUR)	*Steuer*
< 800'000	0.00%
Zwischen 800'001 und 1'300'000	0.50%
Zwischen 1'300'001 und 2'570'000	0.70%
Zwischen 2'570'001 und 5'000'000	1.00%
Zwischen 5'000'001 und 10'000'000	1.25%
> 10'000'000	1.50%

Steuerfreibetrag auf Bemessung der Vermögenssteuer nach der "1ste Euro"-Methode:

Steuerbares Vermögen (EUR)	Steuerfreibetrag
≥ 1'300'000 und < 1'400'000	17'500 – (1.25% x steuerbares Vermögen)

Beispiel: Ein Steuerpflichtiger hält am 1. Januar 2019 ein steuerbares Netto-Vermögen von 1'300'000. Die Vermögenssteuer beträgt ohne Ermässigung EUR 2'500 [(EUR 1.30 Mio. x 0.5%) - 4'000]. Bei Berücksichtigung des Steuerfreibetrages wird die Vermögenssteuer um EUR 1'250 reduziert (EUR 17'500 – (1.25% x 1'300'000)), was zu einer Vermögenssteuerbelastung von EUR 1'250 führt. Zusätzlich wird eine Liegenschaftensteuer und Eigenheimsteuer erhoben.

c2. Begrenzung der Vermögenssteuer

Um zu verhindern, dass die Vermögenssteuer konfiskatorisch wirkt, hat der Gesetzgeber einen Begrenzungsmechanismus installiert, welcher verhindern soll, dass der Gesamtbetrag der IFI (impôt sur la fortune immobilière) und Einkommensteuer mehr als 75% des Einkommens im Vorjahr ausmacht. Nur Steuerpflichtige mit Steuerdomizil in Frankreich können diese Begrenzung in Anspruch nehmen.

d. Erbschafts- und Schenkungssteuer

Steuerfreie Beträge

Beziehung zum Erblasser/Schenker		Steuerfreibetrag (EUR)
a.	Ehegatten und Partner der PACS (bei Schenkungen)	80'724
b.	Unterstützungsbedürftige Personen	159'325
c.	Eltern, Grosseltern und Nachkommen in direkter Linie. Für Grosskinder bei einer Schenkung	100'000[61] 31'865
d.	Geschwister	15'932
e.	Neffen und Nichten	7'967
f.	Übrige Empfänger	1'594

---

[61] Der Freibetrag von EUR 100'000 wird bei Erbschaften und Schenkungen welche bis zum 17. August 2012 ergangen sind gewährt.

Steuersätze

Die Erbschafts- und Schenkungssteuertarife werden aufgrund der Beziehung zwischen dem Erblasser/Schenker und dem Erben/Beschenkten berechnet:

Zwischen Ehegatten und Partner der PACS	
Bei Erbschaft: steuerbefreit	
Bei Schenkung:	
Steuerbarer Betrag (in EUR)	Steuersatz
Bis 8'072	5%
8'073 – 15'932	10%
15'933 – 31'865	15%
31'866 – 552'324	20%
552'325 – 902'838	30%
902'839 – 1'805'677	40%
Über 1'805'677	45%
Kinder und Verwandte in direkter Linie	
Steuerbarer Betrag (in EUR)	Steuersatz
Bis 8'072	5%
8'073 – 12'109	10%
12'110 – 15'932	15%
15'933 – 552'324	20%
552'325 – 902'838	30%
902'839 – 1'805'677	40%
Über 1'805'677	45%
Zwischen Geschwistern	
Steuerbarer Betrag (in EUR)	Steuersatz
Bis 24'430	35%
Über 24'430	45%

Übrige Verwandte bis zum vierten Grad: 55%
Für alle übrigen Erben/Beschenkten: 60%

Im Falle von *mehreren, zeitlich aufeinander folgenden Schenkungen* sind die Zuwendungen, welche innerhalb der letzten 15 Jahre erfolgt sind, für die Bestimmung des Steuerfreibetrages mit zu berücksichtigen.

Sofern lediglich *nacktes Eigentum* geschenkt wird, reduziert sich die Steuer um 50%, wenn der Schenker jünger als 70-Jährig ist.

6. Italien

a. Einkommenssteuer 2019 („IRPEF")

Steuerbares Einkommen (EUR)	Steuersatz
Bis 15'000	23%
15'001 – 28'000	27%
28'001 – 55'000	38%
55'001 – 75'000	41%
Über 75'000	43%

Geplante Gesetzesreform:

Steuerbares Einkommen (EUR)	Steuersatz
Bis 8'000	0%
8'001 – 15'000	27.5%
15'001 – 28'000	31.5%
Über 28'000	42 oder 43%

Zuschläge
a. Regionale Zuschläge für Einkommenssteuer zwischen 1.23% bis 3.33%, falls das Budgetziel der Region nicht eingehalten wird kann der Zuschlag um bis zu 0.3% erhöht werden.
b. In gewissen Regionen (bspw. Lombardei oder Lazio) wird der Zuschlag auf einer progressiven Basis berechnet und es kommen unterschiedliche Steuersätze zur Anwendung.
c. Zuschläge auf Gemeindeebene variieren zwischen 0% bis 0.9%. Gewisse Gemeinden gewährten vollständige Befreiung.

b. Vermögenssteuer 2019

Die Vermögenssteuer beträgt 0.2% und wird erhoben auf dem Wert der Finanzanlagen erhoben, welcher durch den italienischen Finanzintermediär, bei welchem die Finanzanlagen angelegt sind, periodisch gemeldet wird. Kontokorrentkonti unterliegen dagegen nur einer geringfügigen Steuer.
Finanzanlagen im Ausland welche durch italienische Steuerpflichtige gehalten werden unterliegen der Vermögenssteuer von 0.2%. Die Steuer wird je nach Art der Finanzanlagen erhoben. Grundsätzlich wird die Steuer auf dem Handelswert von börsenkotierten Anlagen erhoben. Für übrige Vermögenswerte wird der No-

K. Einkommens-, Vermögens- und Erbschaftssteuern (International)

minalwert herangezogen. Kontokorrentkonti welche in der EU- oder EWR-Staat gehalten werden unterliegen nur einer geringfügigen Steuer sofern der Informationsaustausch gewährt wird.

Liegenschaften welche in Italien belegen sind unterliegen einer Liegenschaftssteuer (*Imposta municipale propria „IMU"*). Die IMU bemisst sich auf Grundlage des Katasterwertes welcher neu bewertet und mit einem gewissen Faktor multipliziert wird. Der Steuersatz beträgt 0.76% wobei jedoch jede Gemeinde eine Erhöhung oder Verminderung von bis zu 0.3% vornehmen kann. Die anwendbaren Steuersätze variieren folglich zwischen 0.46% bis 1.06%. Eine ad hoc Befreiung wird für das selbstbewohnte Eigenheim (*abitazione principale*) angewendet.

Liegenschafte welche ausserhalb von Italien belegen sind unterliegen einer wieteren Liegenschaftssteuer (*Imposta sul Valore degli Immobili Esteri „IVIE"*). Die IVIE bemisst sich auf dem Kaufpreis, falls dieser nicht bekannt ist wird der Marktwert der Liegenschaft herangezogen. Der Steuersatz beträgt 0.76% (0.4% falls es sich um selbstbewohntes Eigenheim *(abitazione principale)* handelt). Für Liegenschaften die in der Europäischen Union (EU) oder EWR-Staaten (welche einen angemessen Informationsaustausch gewähren) belegen sind wird die IVIE auf Grundlage des Katasterwertes berechnet, falls dieser nicht bekannt ist wird auf die Regel von Liegenschaften ausserhalb der EU oder EWR-Raum zurückgegriffen. Italien gewährt Steueranrechnungen an die IVIE in Bezug auf vergleichbare Steuern welche im Belegenheitsstaat erhoben wurden.

c. Erbschafts- und Schenkungssteuer 2019

	Beziehung zum Erblasser	*Steuersatz*
a.	Ehegatten (wie auch eingetragene Partner) und direkt Verwandte (ab- oder aufsteigende Linie)	4%, ab steuerbarer Zuwendung > EUR 1 Mio.
b.	Geschwister	6%, ab steuerbarer Zuwendung > EUR 100'000
c.	Andere Verwandte (Verwandte bis vierten Grades, Personen mit direkter Verwandtschaft und mittelbarer Verwandtschaft bis Drittengrades)	6%
d.	Alle übrigen	8%

K. Einkommens-, Vermögens- und Erbschaftssteuern (International)

Übergänge von *unbeweglichem Vermögen* aus Italien zum Todeszeitpunkt oder als Schenkung sind auch für die Grundpfand- und Katastersteuern zu einem gesamtheitlichen Tarif von 3% steuerbar. Bei Besitz einer einzigen Liegenschaft respektive bei der erstbesessenen Liegenschaft wird eine Pauschalsteuer von jeweils EUR 200 (je Steuerart) erhoben.

7. Liechtenstein

a. DBA Liechtenstein-Schweiz

Seit 22. Dezember 2016 ist das Doppelbesteuerungsabkommen zur Vermeidung der Doppelbesteuerung von Einkommen und Vermögen zwischen der Schweiz und Liechtenstein in Kraft und wird seit 1. Januar 2017 angewendet.

b. Einkommenssteuer 2019

Die Landessteuer bemisst sich nach dem steuerpflichtigen Erwerb.
a) für alle Steuerpflichtigen, vorbehaltlich Bst. b und c Art. 19 SteG:

Steuerpflichtige Erwerbe in CHF (x)	Steuertarif
Bis 15'000 (Grundfreibetrag)	0
15'001 – 20'000	$0.01 * x - 150$
20'001 – 40'000	$0.03 * x - 550$
40'001 – 70'000	$0.04 * x - 950$
70'001 – 100'000	$0.05 * x - 1'650$
100'001 – 130'000	$0.06 * x - 2'650$
130'001 – 160'000	$0.065 * x - 3'300$
160'001 – 200'000	$0.07 * x - 4'100$
Über 200'000	$0.08 * x - 6'100$

b) für Alleinerziehende im Sinne des Familienzulagengesetzes:

Steuerpflichtige Erwerbe in CHF (x)	Steuertarif
Bis 22'500 (Grundfreibetrag)	0
22'501 – 30'000	$0.01 * x - 225$
30'001 – 60'000	$0.03 * x - 825$
60'001 – 105'000	$0.04 * x - 1'425$
105'001 – 150'000	$0.05 * x - 2'475$
150'001 – 195'000	$0.06 * x - 3'975$
195'001 – 240'000	$0.065 * x - 4'950$

K. Einkommens-, Vermögens- und Erbschaftssteuern (International)

Steuerpflichtige Erwerbe in CHF (x)	Steuertarif
240'001 – 300'000	0.07 * x – 6'150
Über 300'000	0.08 * x – 9'150

c) für gemeinsam zu veranlagende Ehegatten:

Steuerpflichtige Erwerbe in CHF (x)	Steuertarif
Bis 30'000 (gemeinsamer Grundfreibetrag)	0
30'001 – 40'000	0.01 * x – 300
40'001 – 80'000	0.03 * x – 1'100
80'001 – 140'000	0.04 * x – 1'900
140'001 – 200'000	0.05 * x – 3'300
200'001 – 260'000	0.06 * x – 5'300
260'001 – 320'000	0.065 * x – 6'600
320'001 – 400'000	0.07 * x – 8'200
Über 400'000	0.08 * x – 12'200

Zur Vermögens- und Erwerbssteuer des Landes einschliesslich der Widmungssteuer wird grundsätzlich als *Gemeindesteuer* ein Zuschlag erhoben, der 150% nicht unterschreiten und 250% nicht übersteigen darf. Dieser Zuschlag wird jährlich von jeder Gemeinde festgelegt (Art. 75 SteG).

c. Vermögenssteuer 2019

Gemäss Art. 19 des liechtensteinischen Steuergesetzes bemisst sich die Landessteuer nach dem steuerpflichtigen Erwerb einschliesslich des in einen Erwerb umgerechneten Vermögens (sog. Sollertrag). Der Sollertrag wird jährlich durch das Finanzgesetz bestimmt und ist derzeit mit 4% festgelegt.

d. Nachlass-, Erbanfall- und Schenkungssteuer 2019

Die Nachlass-, Erbanfall- und Schenkungssteuern wurden per 1. Januar 2011 *abgeschafft*. Allerdings müssen Schenkungen, Erbschaften oder Vermächtnisse sowie Zuwendungen aus Stiftungen bzw. stiftungsähnlichen Anstalten oder besonderen Vermögenswidmungen von über CHF 10'000 deklariert werden (Art. 96 Abs. 3 SteG i.V.m. Art. 43 SteV).

K. Einkommens-, Vermögens- und Erbschaftssteuern (International)

8. Niederlande

a. Einkommenssteuer 2019

a1. Box 1

Beschreibung

Box 1 beinhaltet nebst anderen Einkommensarten die Einkünfte und Abzüge in Bezug auf:
(i) Selbständige Erwerbstätigkeit
(ii) Aktuelle und bisherige Anstellungsverhältnisse
(iii) Andere Aktivitäten
(iv) Periodische Zahlungen und Renten
(v) Wohneigentum, inklusive Hypothekarzins-Abzug

Innerhalb der Kategorie (i) *Selbständige Erwerbstätigkeit* wird sämtliches Einkommen aus selbständiger Erwerbstätigkeit erfasst. Dies beinhaltet jedoch nicht die Gewinne einer Unternehmung, welche der niederländischen Gewinnsteuer unterliegen.

Einkommen aus anderen Aktivitäten (iii) beinhaltet Einkommen welches nicht aus beruflichem/geschäftlichem oder aus aktuellem respektive bisherigem Anstellungsverhältnissen stammt (übrige Kategorie). Einkünfte welche unter die Anwendung von Box 1, abzüglich Sozialabzüge und Steuerfreibeträge, fallen, werden zu einem progressiven Steuersatz besteuert.

Steuersätze 2019 gemäss progressivem Steuersatz nach Box 1, für Steuerpflichtige unter Alter 68

Steuerbares Einkommen (EUR)	Steuersatz
Bis 20'385	36.65% (27.65% + 9.0%)
20'385 – 34'300	38.10% (27.65% + 10.45%)
34'301 – 68'507	38.10%
Über 68'507	51.75%

Die Steuersätze für die ersten zwei Einkommenskategorien beinhalten je 9.0% resp. 10.45% Einkommenssteuer, die verbleibenden 27.65% sind nationale *Sozialversicherungsbeiträge*.
Für *Personen älter als* 68, betragen die ersten zwei Einkommensstufen ebenfalls 8.90% und 12.25% wobei die Sozialversicherungsbeiträge 9.75% betragen, resultierend in einem Steuersatz von 18.75% (9.0% + 9.75%) und 22.2% (10.45% +

9.75%). Für Personen die im Jahr 2019 das Alter 67 erreichen sind die reduzierten Steuersätze der Box 1 und 2 teilweise anwendbar. Der Total Steuersatz für die dritte und vierte Einkommensstufe für Personen mit Alter 67 und älter bestimmen sich nach obiger Tabelle.

Die nationalen Sozialversicherungsbeiträge müssen von den *Arbeitnehmersozialversicherungsbeiträgen* unterschieden werden. Letztere versichern Zusatzleistungen für Arbeitnehmer und werden vom Lohn abgezogen.

a2. Box 2

Unter Box 2 fallen *Dividendeneinkünfte aus wesentlichen Beteiligungen* in Niederländischen und ausländischen Gesellschaften. Wesentlich sind Beteiligungen welche mindestens 5% am Grundkapital oder mindestens 5% einer bestimmten Aktienart einer Gesellschaft ausmachen (inklusive Optionen und Gewinnbeteiligungsrechte). Es wird nicht unterschieden ob bei Verheirateten diese Aktien durch nur einen oder beide Ehegatten/Partner zusammen mindestens 5% gehalten werden. Als wesentliche Beteiligung wird auch qualifiziert, wenn ein in gerader Linie Verwandter selbst eine wesentliche Beteiligung an derselben Gesellschaft hält.

Allfällige *andere Einkünfte aus der qualifizierten Beteiligung* (bspw. Mieteinnahmen) werden unter Box 1 besteuert.

Der *Steuersatz* 2019 nach Box 2 beträgt 25%.

a3. Box 3

Box 3 bezieht sich auf das fiktive *Einkommen aus dem Portfolio und Bankguthaben*. Da in der Box 3 das fiktive Einkommen besteuert wird, fallen die effektiven Einkommen und Kapitalgewinne nicht unter die Niederländische Einkommenssteuer. Mit Wirkung ab 1. Januar 2017 hat die Regierung die Berechnung der Nettorendite gesetzlich neu festgelegt. Diese basiert auf realen Marktdaten und die Art der Investitionen des Steuerpflichtigen. Die Neuregelung enthält folgende Fiktion für 2019:
- Steuerpflichtige mit Vermögenswerten bis und mit EUR 71'650 halten ihre Anlagen überwiegend in Sparkonten, während
- Steuerpflichtige mit Vermögenswerten über EUR 989'736 investieren einen Teil Ihres Vermögens in übrigen Investitionen wie Aktien, Obligationen und Immobilien.
- Für Steuerpflichtige mit Vermögenswerten zwischen EUR 71'650 und EUR 989'736 wird ein Anlagemix angenommen: 21% in Sparkonto und 79% in übrige Investitionen.

Die fiktiven Einkünfte aus diesen Vermögenswerten sind für 2019 wie folgt zu bestimmen:

Steuerbasis (nach Abzug eines Steuerfreibetrages von EUR 25'000)	Anwendbare Nettorendite 2018	Resultierender effektiver Steuersatz
EUR 0 – EUR 71'650	1.935%	0.5805%
EUR 71'651 – EUR 989'736	4.451%	1.335%
Über EUR 989'736	5.6%	1.68%

Der anwendbare Steuersatz beträgt 30%. Die Box 3 Einkünfte betreffen auch nicht-ansässige Steuerpflichte, welche in den Niederlanden unbewegliches Vermögen besitzen.

Verlustverrechnung
Verluste aus einer Box können *grundsätzlich nicht mit Einkünften aus anderen Boxen verrechnet* werden. Als Ausnahme können Verluste mit Quelle aus Einkünften der Box 1 (bspw. aus Verlust einer selbständigen Erwerbstätigkeit) mit positiven Einkünften mit Quelle aus Box 1 verrechnet werden (bspw. Einkünfte aus anderen Aktivitäten). Ein Verlustüberschuss aus Box 1 kann auf die steuerbaren Einkünfte aus derselben Box entweder mit dem der drei vorangehenden oder der neun folgenden Steuerjahren verrechnet werden. Verlustüberschüsse aus Box 2 können mit Einkünften aus Box 2 aus dem vorangehenden oder der sechs folgenden Steuerjahren verrechnet werden. (Verluste aus Verkauf Aktienmehrheitsbeteiligung zu tieferem Preis als ursprünglicher Erwerbspreis). Einkünfte welche unter Box 3 besteuert werden können nicht in einem Verlust resultieren.

Ausgenommene Einkünfte
Falls und soweit Einkünfte *nicht den oben aufgeführten drei Boxen zugewiesen* werden können, sind diese entweder von der Einkommenssteuer befreit oder werden nicht als steuerbares Einkommen qualifiziert (aus Sicht der Einkommenssteuer).

b. Vermögenssteuer 2019
Die Niederlande kennt *keine Vermögenssteuer*, ausser der Besteuerung aus der Box 3.

K. Einkommens-, Vermögens- und Erbschaftssteuern (International)

c. Erbschafts- und Schenkungssteuer 2019

Der Erwerb von Vermögenswerten als Schenkung oder Erbschaft an in den Niederlanden ansässige und nicht-ansässige (resident + non-resident) löst die Erbschafts- und Schenkungssteuer aus, vorausgesetzt die zuwendende Person ist im Zeitpunkt der Schenkung oder des Todesfalls *in den Niederlanden ansässig*. Für Niederländische Staatsangehörige bleibt die Steuerpflicht für die Erbschafts- und Schenkungssteuer in den Niederlanden nach Wegzug ins Ausland während 10 Jahren erhalten. Hingegen bleiben ausländische Staatsangehörige, welche in den Niederlanden ansässig waren und die Niederlande verlassen, während einem Jahr seit Ausreise steuerpflichtig.
Steuerpflichtig ist jeweils der Begünstigte der Zuwendung.
Die Erbschafts- und Schenkungssteuern werden zum gleichen progressiven Steuersatz erhoben. Die *Progression* ist abhängig von dem Verhältnis zwischen dem Erblasser/Schenker und dem Erben/Beschenkte und der Höhe der Erbschaft oder Schenkung.

Steuersätze

Steuerbarer Betrag (EUR)	Steuersatz Stufe I	Steuersatz Stufe IA	Steuersatz Stufe II
Bis 124'727	10%	18%	30%
Über 124'727	20%	36%	40%

Stufe I:
a. Qualifikation als Partner gemäss dem Erbschafts- und Schenkungssteuergesetz; in der Regel: Ehepartner und eingetragene Partner
b. Verwandte des 1. Grades
Stufe IA: Begünstigte des 2. Grades und übrige Nachkommenschaft
Stufe II: Alle übrigen Personen

Steuerfreibetrag - Erbschaftssteuer

Beziehung zum Erblasser	Steuerfreibetrag (EUR)
Partner	650'913
Kinder	20'616
Kinder mit Erkrankungen oder Behinderung	61'840
Grosskinder	20'616
Eltern	48'821
Übrige Empfänge	2'173

Steuerfreibetrag – Schenkungssteuer

Beziehung zum Erblasser	Steuerfreibetrag (EUR)
Kinder *	5'428
Übrige Empfänger	2'173

* Dieser Steuerfreibetrag kann unter Umständen und einmalig auf entweder (i) EUR 26'040 erhöht werden, falls das Kind zwischen 18 und 40 Jahre alt ist, oder auf (ii) EUR 54'246, falls das Kind die Zuwendung zur Finanzierung des Studiums oder (iii) EUR 102'010 der Schenkung werden zum Erwerb von Wohneigentum oder Unterhalt von bereits bestehenden Wohneigentum verwendet.

9. Österreich

a. Einkommenssteuer 2019

Steuerbares Einkommen (EUR)	Grenzsteuersatz
Die ersten 11'000	0%
11'001 – 18'000	25%
18'001 – 31'000	35%
31'001 – 60'000	42%
60'001 – 90'000	48%
90'001 – 1'000'000	50%
über 1'000'000	55%

Der maximale Steuersatz von 55% ist auf die Steuerjahre 2016 bis 2020 begrenzt

b. Vermögenssteuer 2019

Es gibt keine Vermögenssteuer in Österreich.

c. Erbschafts- und Schenkungssteuer/Schenkungsmeldegesetz 2019

Die Erbschafts- und Schenkungssteuer wurde in Österreich per 31. Juli 2008 abgeschafft.
Seit 1. August 2008 sind Schenkungen und Zweckzuwendungen unter Lebenden der Finanzverwaltung zu melden, sofern die maßgeblichen *Meldegrenzen* überschritten werden. Die Meldepflicht ist umfassend und erfasst beispielsweise die Schenkung von Wertpapieren, Bargeld, Unternehmensanteilen und beweglichen

körperlichen und unkörperlichen Vermögensgegenständen (z.B. Auto, Schmuck, Rechte).
Die Meldepflicht besteht, wenn der Geschenkgeber und/oder der Geschenknehmer einen *Wohnsitz* (z.B. Wohnung, Ferienhaus) in Österreich haben oder sich im Kalenderjahr länger als 6 Monate in Österreich aufhalten (gewöhnlicher Aufenthalt). Unternehmen sind meldeverpflichtet, wenn sich der Sitz oder die *Geschäftsleitung* in Österreich befindet.

Die wichtigsten Befreiungen von der Meldepflicht bestehen für:
a. Schenkungen zwischen (denselben) nahen Angehörigen bis zu einer Wertgrenze von EUR 50'000 pro Jahr;
b. Schenkungen zwischen Nichtangehörigen bis zu einer Wertgrenze von EUR 15'000 innerhalb von fünf Jahren;
c. Schenkung von in- und ausländischen Liegenschaften. (Inländische Liegenschaftsschenkungen unterliegen jedoch der Grunderwerbsteuer). Seit 1. Januar 2016 wird die Grunderwerbsteuer bei unentgeltlichen Erwerben (wenn die Gegenleistung nicht mehr als 30% des Grundstückwertes beträgt) von Grundstücken anhand eines Stufentarifs berechnet. Die Grunderwerbsteuer beträgt für die ersten EUR 250'000 0.5%, für die nächsten EUR 150'000 2% und darüber hinaus 3.5%.
d. Übliche Gelegenheitsgeschenke (Geschenke zu Weihnachten, Geburtstag, Hochzeit, Sponsion etc.), soweit der Wert EUR 1.000 nicht übersteigt. Ohne Wertgrenze von der Meldepflicht befreit ist Hausrat einschliesslich Wäsche und Kleidungsstücke.

Erfolgen innerhalb der Ein- bzw. Fünfjahresfrist *mehrere Schenkungen*, sind diese wertmässig zusammenzuzählen. Ab erstmaligem Überschreiten der Wertgrenze (EUR 50'000 bzw. EUR 15'000) sind sämtliche Schenkungen des betreffenden Meldezeitraumes nachträglich zu melden.

Eine Meldung hat *binnen drei Monaten* ab dem Erwerb bzw. bei Zusammenrechnung mehrerer Erwerbe, ab dem Zeitpunkt, mit dem die Betragsgrenze erstmals überschritten wird, elektronisch beim Finanzamt zu erfolgen. Die Pflicht zur Meldung betrifft alle am Übertragungsakt involvierten Personen, d.h. neben dem Geschenknehmer bzw. Geschenkgeber auch Rechtsanwälte und Notare, die beim Erwerb oder bei der Errichtung der Vertragsurkunde über den Erwerb mitgewirkt haben, oder mit der Erstattung der Anzeige beauftragt waren. Sobald ein Verpflichteter Anzeige erstattet hat, entfällt die Anzeigepflicht der anderen Parteien.

Bei vorsätzlicher Unterlassung der Meldung können *Geldstrafen* im Ausmaß von bis zu 10% des Wertes des übertragenen Vermögens verhängt werden. Strafbar sind alle zur Meldung verpflichteten Personen. Bei unterlassener Meldung ist eine strafbefreiende Selbstanzeige noch binnen einen Jahres ab dem Ende der Anzeigepflicht möglich. In der Selbstanzeige ist die unterlassene Meldung nachzuholen.

d. Privatstiftungen

Unentgeltliche Zuwendungen an österreichische Privatstiftungen sowie an ausländische vergleichbare Stiftungen und Vermögensmassen bzw. die Gründung einer Stiftung auf den Todesfall unterliegen einer *Stiftungseingangssteuer* in Höhe von 2,5% vom Wert des zugewendeten Vermögens. Widmungen inländischer Immobilien an Stiftungen unterliegen generell der Grunderwerbsteuer. Der Steuersatz beträgt im Widmungsfall in Summe maximal 6% (3.5% GrESt und 2.5% Stiftungseingangssteueräquivalent). Bei unentgeltlichen Zuwendungen (Gegenleistung ≤ 30% des Grundstückswertes) wird die Grunderwerbsteuer anhand eines Stufentarifs ermittelt und beträgt zwischen 0,5% und 3,5% (Gesamtsteuerbelastung daher weiterhin bis zu 6% vom Grundstückswert). Bemessungsgrundlage für die Grunderwerbsteuer ist grundsätzlich die Gegenleistung, mindestens aber der Grundstückswert.

Bei Vermögensübertragungen an *ausländische Stiftungen* und Vermögensmassen, die nicht mit einer österreichischen Stiftung vergleichbar sind bzw. in einem Land ansässig sind, mit denen keine umfassende Amts- und Vollstreckungshilfe besteht, erhöht sich die Stiftungseingangssteuer auf 25%. Ebenso erhöht sich die Stiftungseingangssteuer auf 25%, wenn nicht sämtliche Dokumente in der jeweils aktuellen Fassung, die die innere Organisation der Stiftung, die Vermögensverwaltung oder Vermögensverwendung betreffen, spätestens im Zeitpunkt der Fälligkeit der Stiftungseingangssteuer, dem zuständigen Finanzamt offengelegt werden.

Für *liechtensteinische Stiftungen* und Privatvermögensstrukturen gelten spezielle (im Steuerabkommen Liechtenstein – Österreich geregelte) Eingangssteuersätze. *Zuwendungen aus einer österreichischen Stiftung* an Personen mit steuerlicher Ansässigkeit in Österreich unterliegen der 27.5%igen Kapitalertragssteuer, wobei die Zuwendung die Bemessungsgrundlage für die auf Ebene der Stiftung erhobene 25%ige Zwischensteuer auf Kapitaleinkünfte kürzt. Zuwendungen aus ausländischen Stiftungen oder aus sonstigen einer österreichischen Stiftung vergleichbaren Vermögensmassen werden entweder mit dem Sondersteuersatz iHv 27.5% oder nach Tarif besteuert (Option auf Veranlagung nach Tarif, wenn Gesamtsteuerbelastung < 27.5%).

Substanzauszahlungen – darunter versteht man die Zuwendung von Vermögen, das einer österreichischen oder einer vergleichbaren ausländischen Stiftung nach dem 31. Juli 2008 gestiftet wurde – sind unter bestimmten Voraussetzungen steuerneutral, d.h. unterliegen keiner 27.5%igen Kapitalertrags- bzw. Sondereinkommensteuer.

10. Schweden

a. Einkommenssteuer 2019

a1. Bundessteuern

Einkommen aus Erwerb, Renten, Vergütungen und Geschäftstätigkeit.

Steuerbares Einkommen für Steuerpflichtige unter Alter 65 (SEK)	Steuersatz
Bis 490'700	0%
490'000 – 689'300	20%
Über 689'300	25%

Steuerbares Einkommen für Steuerpflichtige über Alter 65 (SEK)	Steuersatz
Bis 494'300	0%
494'300 – 694'900	20%
Über 694'900	25%

Kapitalerträge werden zum Satz von 30% besteuert.

a2. Gemeindesteuern

Durchschnittlicher Steuersatz: 32.19%.
Daraus ergibt sich ein durchschnittlicher Grenzsteuersatz von 57.19%.
Auf Kapitalerträgen wird keine Gemeindesteuer erhoben.

K. Einkommens-, Vermögens- und Erbschaftssteuern (International)

b. Vermögenssteuer 2019

Schweden erhebt keine Vermögenssteuer.

c. Erbschaftssteuer 2019

Schweden erhebt keine Erbschaftssteuern.

11. Spanien[62]

a. Einkommenssteuer 2019

Basis-Einkommenssteuertarife für Erwerbseinkommen, Einkünfte aus unbeweglichem Vermögen, geschäfts- und gewerbliches Einkommen und Kapitalgewinne welche nicht in untenstehendem Tarif für Einkünfte aus Sparkapital enthalten sind:

Steuerbares Einkommen (EUR)	Steuersatz 2018
Bis 12'450	19.00%
12'450 – 20'200	24.00%
20'200 – 35'200	30.00%
35'200 – 60'000	37.00%
Over 60'000	45.00%

Die obigen Steuertarife können je nach Region unterschiedlich sein.
Einkommenssteuertarife für Sparkapital (savings) wie Einkünfte aus beweglichem Vermögen wie z.B. Dividenden, Zinsen etc. und Kapitalgewinne aus Veräusserung von Anlagevermögen (welche mehr als ein Jahr vor Veräusserung erworben wurden):

Steuerbares Einkommen (EUR)	Steuersatz 2019
Bis 6'000	19.00%
6'000 – 50'000	21.00%
Über 50'000	23.00%

---

[62] Unter Vorbehalt von Änderungen aufgrund der Neubildung der Regierung.

b. Vermögenssteuer 2019

Die Vermögenssteuer wurde per 1. Januar 2008 abgeschafft und mit Beschluss des Finanzministeriums vom 17. September 2011 wieder eingeführt. Die Vermögensbesteuerung wird in 2019 fortgeführt.
Die Vermögenssteuer wird auf den Nettovermögenswerten des Steuerpflichtigen erhoben, es sind die Vermögensverhältnisse per 31. Dezember des Steuerjahres massgebend.

Die Vermögenssteuer bei den *in Spanien ansässigen Steuerpflichtigen* auf ihren weltweiten Liegenschaften und Anrechten an Liegenschaften erhoben. Zudem wird die Vermögenssteuer *bei nichtansässigen Steuerpflichtigen* erhoben auf Eigentum und Anrechten an Liegenschaften in Spanien. Die Beurteilung der Ansässigkeit bemisst sich nach den Regeln der Einkommenssteuer.

Die *Steuersätze* werden durch die spanischen Regionen (Autonome Gemeinden) festgelegt. Falls die lokale Behörde keine eigenen Steuersätze festlegt, gelten folgende Steuersätze:

Steuerbares Vermögen (EUR)	Steuer auf dem tieferen Betrag (EUR)	Steuersatz auf dem übersteigenden Betrag
0 – 167'129.45	0.00	0.2%
167'129.45 – 334'252.88	334.26	0.3%
334'252.88 – 668'499.75	835.63	0.5%
668'499.75 – 1'336'999.51	2'506.86	0.9%
1'336'999.51 – 2'673'999.01	8'523.36	1.3%
2'673'999.01 – 5'347'998.03	25'904.35	1.7%
5'347'998.03 – 10'695'996.06	71'362.33	2.1%
Über 10'695'996.06	183'670.29	2.5%

Die Vermögenssteuer wird nach Abzug eines minimalen *Grundfreibetrages* von EUR 700'000, je nach lokaler Behörde, berechnet. Die Höhe der Steuerfreibeträge wird durch die spanischen Regionen bestimmt. Zudem sind weitere Steuerbefreiungen anwendbar, u.a. bei Aktienbeteiligungen (unter gewissen Umständen kommt eine 100%-ige Befreiung der steuerlichen Grundlage für Beteiligungen an Familienunternehmen und Aktienbeteiligungen welche alleine durch dieselbe Familie gehalten werden).

Falls der Steuerpflichtige nicht über ein minimales Einkommen verfügt, kann die *Vermögenssteuerbelastung reduziert* werden (jedoch werden mindestens 20% der geschuldeten Vermögenssteuer erhoben).

Aufgrund des Entscheids des Gerichtshofs der Europäischen Union vom 3. September 2014, sind *Ansässige der EU und EWG* ab Steuerperiode 2015 berechtigt die Steuervorteile derjenigen spanischen Region zu beanspruchen in welcher die Mehrheit ihrer Liegenschaften und Anrechten an Liegenschaften belegen sind.

c. Erbschafts- und Schenkungssteuer 2019

Jede der *17 Regionen* ist befugt eigene Bestimmungen über die Erhebung der Erbschaftssteuer zu erlassen (beispielsweise Steuerfreibeträge, Steuersätze und Aufschläge). In gewissen Regionen werden Zuwendungen aus Erbschaften vollständig von der Steuer befreit.

Nachfolgend werden die generellen Bestimmungen über die Erhebung der Erbschaftssteuer aufgezeigt.

Steuerfreibeträge für die Erbschaftssteuer:

Verhältnis zum Erblasser		*Steuerfreibetrag (EUR)*
1. Gruppe	Direkte Nachkommen (eigene und rechtlich adoptierte Kinder, Grosskinder) unter 21 Jahren	15'956.87 plus 3'990.72 für jedes Jahr welches der Nachkomme unter 21 Jahre alt ist, bis zu einem Maximum von 47'858.59
2. Gruppe	Direkte Nachkommen gemäss Gruppe 1, jedoch über 21 oder älter, Eltern, Grosseltern und Ehegatten	15'956.87
3. Gruppe	Geschwister, Onkel, Tanten, Neffen, Nichten, Schwiegereltern, Schwiegergrosseltern	7'993.46
4. Gruppe	Cousinen und Cousins, übrige Erben	Kein Steuerfreibetrag

K. Einkommens-, Vermögens- und Erbschaftssteuern (International)

Steuersätze

Steuerbarer Betrag (EUR)	Steuer auf dem tieferen Betrag (EUR)	Steuersatz auf dem übersteigenden Betrag
Bis 7'993.46	0.00	7.65%
7'993.46 – 15'980.91	611.50	8.50%
15'980.91 – 23'968.36	1'290.43	9.35%
23'968.36 – 31'955.81	2'037.26	10.20%
31'955.81 – 39'943.26	2'851.98	11.05%
39'943.26 – 47'930.72	3'734.59	11.90%
47'930.72 – 55'918.17	4'685.10	12.75%
55'918.17 – 63'905.62	5'703.50	13.60%
63'905.62 – 71'893.07	6'789.79	14.45%
71'893.07 – 79'880.52	7'943.98	15.30%
79'880.52 – 119'757.67	9'166.06	16.15%
119'757.67 – 159'634.83	15'606.22	18.70%
159'634.83 – 239'389.13	23'063.25	21.25%
239'389.13 – 398'777.54	40'011.04	25.50%
398'777.54 – 797'555.08	80'655.08	29.75%
Über 797'555.08	199'291.40	34.00%

Zusatzsteuer basierend auf dem Nettovermögen

Die definitive Steuerbelastung des Empfängers wird wie folgt berechnet: Die fixe Zusatzsteuer auf der Basissteuer gemäss obiger Aufstellung ist je nach dem Nettovermögen des Empfängers vor Erhalt der Erbschaft oder der Zuwendung und dessen Verhältnis zum Erblasser oder Schenker anwendbar.

Die anwendbaren Steuersätze für die Zusatzsteuer betragen wie folgt:

Bestehendes Nettovermögen des Erben (EUR)	Zusatzsteuer Gruppe 1 und 2 (Multiplikator)	Zusatzsteuer Gruppe 3 (Multiplikator)	Zusatzsteuer Gruppe 4 (Multiplikator)
Bis 402'678.11	0%	58.82%	100%
402'678.12 – 2'007'380.43	5%	66.76%	110%
2'007'380.43 – 4'020'770.98	10%	74.71%	120%
Über 4'020'770.98	20%	90.59%	140%

Die Steuersätze für diese Zusatzsteuer können *pro Region unterschiedlich* sein. In einigen Regionen werden die Erbschaften an Personen der Gruppen 1 und 2 gänzlich oder teilweise steuerbefreit.

EuGH erklärt Erbschaftssteuer für europawidrig
Der Europäische Gerichtshof (EuGH) hat mit Urteil vom 3. September 2014 die Ungleichbehandlung von ansässigen und nicht-ansässigen Steuerpflichtigen in der spanischen Erbschafts- und Schenkungssteuer für europawidrig erklärt. Aufgrund der sog. erga omnes Wirkung hat dieses Urteil des EuGH auch Auswirkungen auf Steuerpflichtige, die in der Schweiz leben. Das spanische Erbschafts- und Schenkungssteuergesetz wurde aufgrund des EuGH-Urteils entsprechend angepasst, nicht aber für Drittstaaten (wie die Schweiz). In zwei Urteilen des Obersten Gerichtshofs von Spanien (242/2018 vom 19.02.2018 und 492/2018 vom 22.03. 2018), welche Drittstaaten betroffen haben, ordnete das Gericht nun die Rückzahlung von Erbschaftssteuern an. Ob in der Schweiz ansässige Steuerpflichtige von diesen Urteilen profitieren können, ist im Einzelfall abzuklären, wobei insbesondere auch die Verjährung zu beachten ist.

12. United Kingdom

a. Einkommenssteuer 2019/2020

Regeln betreffend Begründung der Steuerpflicht / Ansässigkeit
Es bestehen zwei Bestimmungen welche die Regeln der Begründung der Steuerpflicht festlegen: Der *Aufenthalt (*residence, mit seinem Gegenpart non-resident) sowie der *Wohnsitz* (domicile, mit seinem Gegenpart non-domiciled). Eine natürliche Person qualifiziert entweder als resident and domiciled, resident and non-domiciled, non-resident but domiciled, non-resident and non-domiciled oder als non-domiciled but deemed domiciled.

Das *domicile* wird nach dem Begriff des Gewohnheitsrechts (common-law) festgelegt, wonach jede Person ihr Ursprungsdomizil dort begründet, wo ihr Vater geboren ist. Nachträglich kann eine Person an einem Ort ihrer Wahl ein Domizil begründen, sofern sie dort physisch anwesend ist und zum Zeitpunkt ihrer Wahl des Domizils sich dort mit der Absicht des dauernden Verbleibens aufhält. Ein längerer Aufenthalt in einem anderen Land als dasjenige des Domizils führt nicht zum Verlust des Ursprungsdomizils oder des gewählten Domizils einer Person, in dem Masse, als sie beabsichtigt in das Ursprungsdomizil resp. gewählte Domizil zurückzukehren.

Seit 6. April 2013 sind verschiedene *Tests* zur Feststellung der Wohnsitzverhältnisse anwendbar, anhand der Anzahl der Aufenthaltstage im Vereinigten Königreich, beinhalten. Diese Tests finden auf Zuzüger/"arrivers" (wer in den letzten drei Jahren nicht UK-resident war) als auch auf Wegzüger/"leavers" (wer in einem oder mehreren der letzten drei Jahre UK-resident war) und diejenigen welche Vollzeit im Ausland erwerbstätig sind/"full time workers abroad" Anwendung, wobei jede Kategorie ihre eigenen Regeln erhält.

In allen Fällen gelten als im Vereinigten Königreich diejenigen Personen als *Aufenthalter* (resident), welche:
1. während 183 Tage oder mehr im Vereinigten Königreich ansässig sind
2. ihren Wohnsitz ausschliesslich oder überwiegend im Vereinigten Königreich haben
3. eine Vollzeitbeschäftigung ausüben.

Eine Natürliche Person welche als resident and domiciled qualifiziert unterliegt folgenden Steuersätzen:

Steuerbares Einkommen (GBP)	*Steuersatz Dividenden*	*Steuersatz Kapitaleinkünfte und übrige Einkünfte*
0 – 34'500	7.5%	20%
34'500 – 150'000	32.5%	40%
Über 150'000	38.1%	45%

Schottland darf seit Steuerperiode 2017/2018 eigene Steuersätze festlegen.

Es wird ein fixer Steuersatz sowie ein Abzug von GBP 2'000 bei der Besteuerung von *Dividenden* angewendet.

Von natürlichen Personen erzielte *Kapitalgewinn*e, die unter die erste Progressionsstufe von GBP 34'500 fallen, werden zum Satz von 10% besteuert. Ein Steuersatz von 20% ist anwendbar auf den höheren Progressionsstufen und für Trustees.

Freibetrag 2019/2020 (*personal allowance*) für Einkommenssteuer: GBP 12'500.
Freibetrag für Kapitalgewinne: GBP 12'000 (natürliche Personen), GBP 6'000 (Treunehmer / trustees).

b. Vermögenssteuer 2019/2020

Das Vereinigte Königreich erhebt *keine Vermögenssteuer*.

c. Erbschaftssteuer 2019/2020

Erben von Personen, welche im Zeitpunkt des Ablebens Wohnsitz und Domizil im Vereinigten Königreich haben, zahlen Erbschaftssteuern auf dem übertragenen *weltweiten Vermögen*.

Dasselbe gilt für den Nachlass von Steuerpflichtigen, welche in den letzten 20 Jahren mehr als 17 Jahre Wohnsitz aber kein Domizil im Vereinigten Königreich hatten (*deemed domiciled*).

Zuwendungen an Ehegatten sind von der Steuer befreit. Sofern der beschenkte Ehegatte, respektive Erbe im Zeitpunkt der Zuwendung kein Domizil im Vereinigten Königreich hat, sind lediglich die ersten GBP 55'000 der Zuwendung steuerbefreit.

Steuersatz:

Steuerbarer Betrag	*Steuersatz*
Bis GBP 325'000	Keine Besteuerung
Über GBP 325'000	"chargeable transfers": 40% "chargeable lifetime transfers": 20%

Die Erbschaftssteuer wird aufgrund einer *7-jährigen Basis* berechnet, dabei werden die Vermögensübergänge (unter Lebenden oder bei Tod) der letzten 7 Jahre für Zwecke der Steuerberechnung addiert.
Schenkungen, welche während der letzten 7 Jahre vor dem Versterben des Schenkenden erfolgt sind, unterliegen der Erbschaftssteuer. Dabei unterliegt die Steuer einer progressiven Reduktion von 20% nach dem 3. Jahr bis hin zu 100% nach dem 7. Jahr.

K. Einkommens-, Vermögens- und Erbschaftssteuern (International)

13. United States

a. DBA United States-Schweiz

Das Protokoll zur Änderung des Doppelbesteuerungsabkommens auf dem Gebiet der Steuern vom Einkommen (DBA), welches am 23. September 2009 unterzeichnet worden ist, wurde am 17. Juli 2019 vom US-Senat, nach fast zehn Jahren genehmigt. Die schweizerische Bundesversammlung stimmte bereits am 18. Juni 2010 zu. Am 20. September 2019 haben die Schweiz und die Vereinigten Staaten von Amerika die Ratifikationsurkunden zum Änderungsprotokoll des DBAs ausgetauscht, welches somit gleichentags in Kraft getreten ist.

Das Kernelement des Änderungsprotokolls liegt beim Informationsaustausch. Die Informationsersuchen können ab Inkrafttreten des Protokolls (20. September 2019) gestellt werden und müssen sich auf Sachverhalte beziehen, welche ab dem 23. September 2009, Datum der Unterzeichnung des Änderungsprotokolls, eingetreten sind.

Neu wird nicht mehr zwischen Steuerhinterziehung und Steuerbetrug unterschieden, weder bei Einzel- noch Gruppenersuchen, was dem internationalen Standard entspricht.

Des Weiteren sind Dividenden an Einrichtungen der Selbstvorsorge – in der Schweiz die Säule 3a - ab 1. Januar 2020 von Quellensteuern befreit. Bisher waren nur Dividenden an Einrichtungen der 2. Säule quellensteuerbefreit.

b. Einkommenssteuer 2019

Steuerbares Einkommen (USD)	*Steuersatz*
Verheiratete, gemeinsame Steuererklärung	
Bis 19'400	10.0%
19'401 – 78'950	12.0%
78'951 – 168'400	22.0%
168'401 – 321'450	24.0%
321'451 – 408'200	32.0%
408'201 – 612'350	35.0%
Über 612'350	37.0%

Haushaltsvorsteher	
Bis 13'850	10.0%
13'851 – 52'850	12.0%
52'851 – 84'200	22.0%
84'201 – 160'700	24.0%
160'701 – 204'100	32.0%
204'101 – 510'300	35.0%
Über 510'300	37%
Alleinstehende	
Bis 13'850	10.0%
9'701 – 39'475	12.0%
39'476 – 84'200	22.0%
84'201 – 160'725	24.0%
160'726 – 204'100	32.0%
204'101 – 510'300	35.0%
Über 510'300	37.0%
Verheiratete, getrennte Steuererklärungen	
Bis 9'700	10.0%
9'701 – 39'475	12.0%
39'476 – 84'200	22.0%
84'201 – 160'725	24.0%
160'726 – 204'100	32.0%
204'101 – 306'175	35.0%
Über 306'175	37.0%
Nachlass und Trusts	
Bis 2'600	10.0%
2'601 – 9'300	24.0%
9'301 – 12'750	35.0%
Über 12'750	37.0%

Einkommensbesteuerung in den meisten Staaten und gewissen Städten oder Örtlichkeiten zusätzlich zur Bundessteuer.

c. **Vermögenssteuer 2019**

United States kennen keine Vermögenssteuer auf Bundesebene. Einige Staaten erheben jedoch eine limitierte Vermögenssteuer.

d. Nachlasssteuer und Schenkungssteuer 2019

Nachlass- und Schenkungssteuerpflichtig ist der Erblasser/Schenker. Auf Schenkungen und Nachlässen sind die ersten USD 11.4 Millionen (ab 2019) respektive USD 11.18 Millionen (2018) steuerfrei. Diesen Betrag übersteigende Zuwendungen werden wie folgt besteuert:

Steuersätze

Steuerbarer Nachlass > USD 11.4 Mio.	Steuer auf dem tieferen Betrag (USD)	Steuersatz auf dem übersteigenden Betrag
Bis 10'000	0	18%
10'001 – 20'000	1'800	20%
20'001 – 40'000	3'800	22%
40'001 – 60'000	8'200	24%
60'001 – 80'000	13'000	26%
80'001 – 100'000	18'200	28%
100'001 – 150'000	23'800	30%
150'001 – 250'000	38'800	32%
250'001 – 500'000	70'800	34%
500'001 – 750'000	155'800	37%
750'001 – 1'000'000	248'300	39%
Über 1'000'000	345'800	40%

Zusätzlich zu diesem *Freibetrag* werden je Steuerjahr USD 15'000 pro Erblasser/Schenker und Empfänger der Erbschaft/Schenkung als Steuerfreibetrag gewährt.

Spezielle Vorschriften gelten für Schenkungen an Ehegatten ohne US-Staatsbürgerschaft, Schenkungen an Trusts und für generationsübergreifende Schenkungen.

e. Steuerreform

Am 22. Dezember 2017 wurde die grösste Steuerreform in den USA seit über 30 Jahren in Kraft gesetzt. Unter folgemdem Link werden die Neuerungen zusammengefasst: https://www.ict.gov/publications. Html?func=startdown&id= 5172.

L. Gesetzestexte Schweiz

Textänderungen gegenüber dem Jahrbuch 2018/2019 sind grau unterlegt.

1. Gesetzliche Erbfolge (Art. 457–466 ZGB)

Schweizerisches Zivilgesetzbuch vom 7. Dezember 1912 (ZGB) [63]
3. Teil: Das Erbrecht
1. Abteilung: Die Erben
13. Titel: Die gesetzlichen Erben
A. Verwandte Erben

Art. 457 I. Nachkommen (01.04.1973)
¹ Die nächsten Erben eines Erblassers sind seine Nachkommen.
² Die Kinder erben zu gleichen Teilen.
³ An die Stelle vorverstorbener Kinder treten ihre Nachkommen, und zwar in allen Graden nach Stämmen.

Art. 458 II. Elterlicher Stamm
¹ Hinterlässt der Erblasser keine Nachkommen, so gelangt die Erbschaft an den Stamm der Eltern.
² Vater und Mutter erben nach Hälften.
³ An die Stelle von Vater oder Mutter, die vorverstorben sind, treten ihre Nachkommen, und zwar in allen Graden nach Stämmen.
⁴ Fehlt es an Nachkommen auf einer Seite, so fällt die ganze Erbschaft an die Erben der andern Seite.

Art. 459 III. Grosselterlicher Stamm
¹ Hinterlässt der Erblasser weder Nachkommen noch Erben des elterlichen Stammes, so gelangt die Erbschaft an den Stamm der Grosseltern.
² Überleben die Grosseltern der väterlichen und die der mütterlichen Seite den Erblasser, so erben sie auf jeder Seite zu gleichen Teilen.
³ An die Stelle eines vorverstorbenen Grossvaters oder einer vorverstorbenen Grossmutter treten ihre Nachkommen, und zwar in allen Graden nach Stämmen.

---

[63] Vgl. die Homepage der Bundesverwaltung: www.admin.ch/opc/de/classified-compilation/1907 0042/index.html; Stand: 01.01.2019.

⁴ Ist der Grossvater oder die Grossmutter auf der väterlichen oder der mütterlichen Seite vorverstorben, und fehlt es auch an Nachkommen des Vorverstorbenen, so fällt die ganze Hälfte an die vorhandenen Erben der gleichen Seite.
⁵ Fehlt es an Erben der väterlichen oder der mütterlichen Seite, so fällt die ganze Erbschaft an die Erben der andern Seite.

Art. 460   IV. Umfang der Erbberechtigung   (01.01.1988)
Mit dem Stamm der Grosseltern hört die Erbberechtigung der Verwandten auf.

Art. 461   (01.01.1978)
(aufgehoben)

B. Überlebende Ehegatten und überlebende eingetragene Partnerinnen und Partner

Art. 462   (01.01.2007)
Überlebende Ehegatten und überlebende eingetragene Partnerinnen und Partner erhalten:
1. wenn er mit Nachkommen zu teilen hat, die Hälfte der Erbschaft;
2. wenn er mit Erben des elterlichen Stammes zu teilen hat, drei Viertel der Erbschaft;
3. wenn auch keine Erben des elterlichen Stammes vorhanden sind, die ganze Erbschaft.

Art. 463-464   (01.01.1988)
(aufgehoben)

C. ...

Art. 465   (01.04.1973)
(aufgehoben)

D. Gemeinwesen

Art. 466 (01.01.1988)
Hinterlässt der Erblasser keine Erben, so fällt die Erbschaft an den Kanton, in dem der Erblasser den letzten Wohnsitz gehabt hat, oder an die Gemeinde, die von der Gesetzgebung dieses Kantons als berechtigt bezeichnet wird.

2. Verfügungsbeschränkungen (Art. 470–476 ZGB)

Schweizerisches Zivilgesetzbuch vom 7. Dezember 1912 (ZGB)[64]
3. Teil: Das Erbrecht
14. Titel: Die Verfügungen von Todes wegen
2. Abschnitt: Die Verfügungsfreiheit
A. Verfügbarer Teil

Art. 470   I. Umfang der Verfügungsbefugnis   (01.01.2007)[65]
¹ Wer Nachkommen, Eltern, den Ehegatten, eine eingetragene Partnerin oder einen eingetragenen Partner hinterlässt, kann bis zu deren Pflichtteil über sein Vermögen von Todes wegen verfügen.
² Wer keine der genannten Erben hinterlässt, kann über sein ganzes Vermögen von Todes wegen verfügen.

Art. 471   II. Pflichtteil   (01.01.2007)[66]
Der Pflichtteil beträgt:
  1. für einen Nachkommen drei Viertel des gesetzlichen Erbanspruches;
  2. für jedes der Eltern die Hälfte;
  3. für den überlebenden Ehegatten, die eingetragene Partnerin oder den eingetragenen Partner die Hälfte.

Art. 472   (01.01.1988)[67]
(aufgehoben)

---

[64] Vgl. die Homepage der Bundesverwaltung: www.admin.ch/opc/de/classified-compilation/1907 0042/index.html; Stand: 01.01.2019.

[65] Nach dem Entwurf des Bundesrats vom 29. August 2018 zur Revision des Erbrechts (BBl. 2018, 5905; www.ad-min.ch/opc/de/federal-gazette/2018/5905.pdf) soll Art. 470 Abs. 1 ZGB neu wie folgt lauten:
„¹Wer Nachkommen, den Ehegatten, die eingetragene Partnerin oder den eingetragenen Partner hinterlässt, kann bis zu deren Pflichtteil über sein Vermögen von Todes wegen verfügen".

[66] Nach dem Entwurf des Bundesrats vom 29. August 2018 zur Revision des Erbrechts (Fn. 65) soll Art. 471 ZGB neu wie folgt lauten: „Der Pflichtteil beträgt die Hälfte des gesetzlichen Erbanspruchs".

[67] Nach dem Entwurf des Bundesrats vom 29. August 2018 zur Revision des Erbrechts (Fn. 65) soll Art. 472 Abs. 1 und 2 ZGB neu wie folgt lauten:
„¹Der überlebende Ehegatte verliert seinen Pflichtteilsanspruch, wenn beim Tod des Erblassers ein Scheidungsverfahren hängig ist und dieses: 1. auf gemeinsames Begehren eingeleitet wurde; oder 2. auf Klage hin eingeleitet wurde und beide Ehegatten mit der Scheidung einverstanden gewesen sind oder seit mindestens zwei Jahren getrennt gelebt haben.

Art. 473 IV. Begünstigung des Ehegatten (01.03.2002)[68]
[1] Der Erblasser kann dem überlebenden Ehegatten durch Verfügung von Todes wegen gegenüber den gemeinsamen Nachkommen die Nutzniessung an dem ganzen ihnen zufallenden Teil der Erbschaft zuwenden.
[2] Diese Nutzniessung tritt an die Stelle des dem Ehegatten neben diesen Nachkommen zustehenden gesetzlichen Erbrechts. Neben dieser Nutzniessung beträgt der verfügbare Teil einen Viertel des Nachlasses.
[3] Im Falle der Wiederverheiratung entfällt die Nutzniessung auf jenem Teil der Erbschaft, der im Zeitpunkt des Erbganges nach den ordentlichen Bestimmungen über den Pflichtteil der Nachkommen nicht hätte mit der Nutzniessung belastet werden können.

Art. 474 V. Berechnung des verfügbaren Teils[69]
1. Schuldenabzug
[1] Der verfügbare Teil berechnet sich nach dem Stande des Vermögens zur Zeit des Todes des Erblassers.
[2] Bei der Berechnung sind die Schulden des Erblassers, die Auslagen für das Begräbnis, für die Siegelung und Inventaraufnahme sowie die Ansprüche der Hausgenossen auf Unterhalt während eines Monats von der Erbschaft abzuziehen.

---

[68] ²Diese Bestimmung gilt bei Verfahren zur Auflösung einer eingetragenen Partnerschaft sinngemäss".
Nach dem Entwurf des Bundesrats vom 29. August 2018 zur Revision des Erbrechts (Fn. 65) soll Art. 473 Abs. 1-3 ZGB neu wie folgt lauten:
„¹Unabhängig von einer allfälligen Verfügung über den verfügbaren Teil kann der Erblasser dem überlebenden Ehegatten, der überlebenden eingetragenen Partnerin oder dem überlebenden eingetragenen Partner durch Verfügung von Todes wegen gegenüber den gemeinsamen Nachkommen die Nutzniessung am ganzen ihnen zufallenden Teil der Erbschaft zuwenden.
²Diese Nutzniessung tritt an die Stelle des dem Ehegatten, der eingetragenen Partnerin oder dem eingetragenen Partner neben diesen Nachkommen zustehenden gesetzlichen Erbrechts. Neben dieser Nutzniessung beträgt der verfügbare Teil die Hälfte des Nachlasses.
³Heiratet der überlebende Ehegatte wieder oder begründet er eine eingetragene Partnerschaft, so entfällt die Nutzniessung auf jenem Teil der Erbschaft, der im Zeitpunkt des Erbgangs nach den ordentli-chen Bestimmungen über den Pflichtteil der Nachkommen nicht hätte mit der Nutzniessung belastet werden können. Diese Bestimmung gilt sinngemäss, wenn die überlebende eingetragene Partnerin oder der überlebende eingetragene Partner eine neue eingetragene Partnerschaft begründet oder heiratet".

[69] Nach dem Entwurf des Bundesrats vom 29. August 2018 zur Revision des Erbrechts (Fn. 65) soll Art. 474 Abs. 2 ZGB neu wie folgt lauten:
„²Bei der Berechnung sind die Schulden des Erblassers, die Auslagen für das Begräbnis, für die Siegelung und Inventaraufnahme, die Ansprüche der Hausgenossen auf Unterhalt während eines Monats sowie der Unterstützungsanspruch des Lebenspartners von der Erbschaft abzuziehen".

Art. 475   2. Zuwendungen unter Lebenden
Die Zuwendungen unter Lebenden werden insoweit zum Vermögen hinzugerechnet, als sie der Herabsetzungsklage unterstellt sind.

Art. 476   3. Versicherungsansprüche[70]
Ist ein auf den Tod des Erblassers gestellter Versicherungsanspruch mit Verfügung unter Lebenden oder von Todes wegen zugunsten eines Dritten begründet oder bei Lebzeiten des Erblassers unentgeltlich auf einen Dritten übertragen worden, so wird der Rückkaufswert des Versicherungsanspruches im Zeitpunkt des Todes des Erblassers zu dessen Vermögen gerechnet.

Der Ständerat hat in seiner Sitzung vom 12. September 2019[71] die in den Fussnoten 65 ff. geschilderten Anträge des Bundesrates weitgehend genehmigt (Reduzierung der Pflichtteile), allerdings die Rente für Lebenspartner (Art. 474 Abs. 2 und Art. 606a-606d E-ZGB) gestrichen. Die Vorlage wird 2020 vom Nationalrat behandelt und tritt frühestens 2021 in Kraft.

---

[70]   Nach dem Entwurf des Bundesrats vom 29. August 2018 zur Revision des Erbrechts (Fn. 65) soll Art. 476 Abs. 1 und 2 ZGB neu wie folgt lauten:
„¹Ist ein auf den Tod des Erblassers gestellter Versicherungsanspruch, einschliesslich eines solchen Anspruchs aus der gebundenen Selbstvorsorge, mit Verfügung unter Lebenden oder von Todes wegen zugunsten eines Dritten begründet oder bei Lebzeiten des Erblassers unentgeltlich auf einen Dritten übertragen worden, so wird der Rückkaufswert des Versicherungsanspruchs im Zeitpunkt des Todes des Erblassers zu dessen Vermögen hinzugerechnet.
²Ebenfalls zum Vermögen des Erblassers hinzugerechnet werden Ansprüche von Begünstigten aus der gebundenen Selbstvorsorge des Erblassers bei einer Bankstiftung".

[71]   Zum Beschluss des Ständerats vgl. https://www.parlament.ch/centers/eparl/curia/2018/20180069/S11%20D.pdf.

3. Internationales Erbrecht (Art. 86-96 IPRG)

Bundesgesetz vom 18. Dezember 1987 über das Internationale Privatrecht (IPRG)[72]
6. Kapitel: Erbrecht

Art. 86   I. Zuständigkeit / 1. Grundsatz
¹ Für das Nachlassverfahren und die erbrechtlichen Streitigkeiten sind die schweizerischen Gerichte oder Behörden am letzten Wohnsitz des Erblassers zuständig.
² Vorbehalten ist die Zuständigkeit des Staates, der für Grundstücke auf seinem Gebiet die ausschliessliche Zuständigkeit vorsieht.

Art. 87   2. Heimatzuständigkeit
¹ War der Erblasser Schweizer Bürger mit letztem Wohnsitz im Ausland, so sind die schweizerischen Gerichte oder Behörden am Heimatort zuständig, soweit sich die ausländische Behörde mit seinem Nachlass nicht befasst.
² Sie sind stets zuständig wenn ein Schweizer Bürger mit letztem Wohnsitz im Ausland sein in der Schweiz gelegenes Vermögen oder seinen gesamten Nachlass durch letztwillige Verfügung oder Erbvertrag der schweizerischen Zuständigkeit oder dem schweizerischen Recht unterstellt hat. Artikel 86 Absatz 2 ist vorbehalten.

Art. 88   3. Zuständigkeit am Ort der gelegenen Sache
¹ War der Erblasser Ausländer mit letztem Wohnsitz im Ausland, so sind die schweizerischen Gerichte oder Behörden am Ort der gelegenen Sache für den in der Schweiz gelegenen Nachlass zuständig, soweit sich die ausländischen Behörden damit nicht befassen.
² Befindet sich Vermögen an mehreren Orten, so sind die zuerst angerufenen schweizerischen Gerichte oder Behörden zuständig.

Art. 89   4. Sichernde Massnahmen
Hinterlässt der Erblasser mit letztem Wohnsitz im Ausland Vermögen in der Schweiz, so ordnen die schweizerischen Behörden am Ort der gelegenen Sache die zum einstweiligen Schutz der Vermögenswerte notwendigen Massnahmen an.

---

[72] Vgl. die Homepage der Bundesverwaltung: http://www.admin.ch/opc/de/classified-compilation/9870312/index.html; Stand: 01.01.2019.

Art. 90   II. Anwendbares Recht / 1. Letzter Wohnsitz in der Schweiz
¹ Der Nachlass einer Person mit letztem Wohnsitz in der Schweiz untersteht schweizerischem Recht.
² Ein Ausländer kann jedoch durch letztwillige Verfügung oder Erbvertrag den Nachlass einem seiner Heimatrechte unterstellen. Diese Unterstellung fällt dahin, wenn er im Zeitpunkt des Todes diesem Staat nicht mehr angehört hat oder wenn er Schweizer Bürger geworden ist.

Art. 91   2. Letzter Wohnsitz im Ausland
¹ Der Nachlass einer Person mit letztem Wohnsitz im Ausland untersteht dem Recht, auf welches das Kollisionsrecht des Wohnsitzstaates verweist.
² Soweit nach Artikel 87 die schweizerischen Gerichte oder Behörden am Heimatort zuständig sind, untersteht der Nachlass eines Schweizers mit letztem Wohnsitz im Ausland schweizerischem Recht, es sei denn, der Erblasser habe in der letztwilligen Verfügung oder im Erbvertrag ausdrücklich das Recht an seinem letzten Wohnsitz vorbehalten.

Art. 92   3. Umfang des Erbstatuts und Nachlassabwicklung
¹ Das auf den Nachlass anwendbare Recht bestimmt, was zum Nachlass gehört, wer in welchem Umfang daran berechtigt ist, wer die Schulden des Nachlasses trägt, welche Rechtsbehelfe und Massnahmen zulässig sind und unter welchen Voraussetzungen sie angerufen werden können.
² Die Durchführung der einzelnen Massnahmen richtet sich nach dem Recht am Ort der zuständigen Behörde. Diesem Recht unterstehen namentlich die sichernden Massnahmen und die Nachlassabwicklung mit Einschluss der Willensvollstreckung.

Art. 93   4. Form
¹ Für die Form der letztwilligen Verfügung gilt das Haager Übereinkommen vom 5. Oktober 1961 über das auf die Form letztwilliger Verfügungen anwendbare Recht.
² Dieses Übereinkommen gilt sinngemäss auch für die Form anderer Verfügungen von Todes wegen.

Art. 94   5. Verfügungsfähigkeit
Eine Person kann von Todes wegen verfügen, wenn sie im Zeitpunkt der Verfügung nach dem Recht am Wohnsitz oder am gewöhnlichen Aufenthalt oder nach dem Recht eines ihrer Heimatstaaten verfügungsfähig ist.

Art. 95   6. Erbverträge und gegenseitige Verfügungen von Todes wegen
[1] Der Erbvertrag untersteht dem Recht am Wohnsitz des Erblassers zur Zeit des Vertragsabschlusses.
[2] Unterstellt ein Erblasser im Vertrag den ganzen Nachlass seinem Heimatrecht, so tritt dieses an die Stelle des Wohnsitzrechts.
[3] Gegenseitige Verfügungen von Todes wegen müssen dem Wohnsitzrecht jedes Verfügenden oder dem von ihnen gewählten gemeinsamen Heimatrecht entsprechen.
[4] Vorbehalten bleiben die Bestimmungen dieses Gesetzes über die Form und die Verfügungsfähigkeit (Art. 93 und 94).

Art. 96   III. Ausländische Entscheidungen, Massnahmen, Urkunden und Rechte
[1] Ausländische Entscheidungen, Massnahmen und Urkunden, die den Nachlass betreffen, sowie Rechte aus einem im Ausland eröffneten Nachlass werden in der Schweiz anerkannt:
  a. wenn sie im Staat des letzten Wohnsitzes des Erblassers oder im Staat, dessen Recht er gewählt hat, getroffen, ausgestellt oder festgestellt worden sind oder wenn sie in einem dieser Staaten anerkannt werden, oder
  b. wenn sie Grundstücke betreffen und in dem Staat, in dem sie liegen, getroffen, ausgestellt oder festgestellt worden sind oder wenn sie dort anerkannt werden.
[2] Beansprucht ein Staat für die in seinem Gebiet liegenden Grundstücke des Erblassers die ausschliessliche Zuständigkeit, so werden nur dessen Entscheidungen, Massnahmen und Urkunden anerkannt.
[3] Sichernde Massnahmen des Staates, in dem Vermögen des Erblassers liegt, werden in der Schweiz anerkannt.

Das Bundesamt für Justiz arbeitet mit einer Expertenkommission an einer Revision von Art. 86-96 IPRG (Anpassung an die EU-Erbrechtsverordnung). Ein Entwurf des Bundesrates wird nocht 2019 erwartet und etwa folgende Änderungen bringen:
- *Anpassungen von Art. 51 und Art. 58 IPRG (Güterrecht)*
- *Art. 87: ergänzter Abs. 1 (Inaktivität im Ausland als zusätzliche Voraussetzung für das Tätigwerden von Gerichten und Behörden in der Schweiz);*
- *Art. 88: ergänzter Abs. 1 (Inaktivität im Ausland als zusätzliche Voraussetzung für das Tätigwerden von Gerichten und Behörden in der Schweiz);*

- Art. 88a: neuer Artikel mit dem Randtitel „3a. Vorbehalt einer ausländischen Zuständigkeit"
- Art. 88a: neuer Abs. 1 (Vorbehalt von Art. 9, welche auch auf das Nachlassverfahren angewendet wird)
- Art. 88a: neuer Abs. 2 (Wahl der ausländischen Zuständigkeit, auch für Doppelbürger)
- Art. 89 (neuer Vorbehalt einer Zuständigkeit nach Art. 86-88)
- Art. 90: neuer Randtitel „1. Grundsatz";
- Art. 90: neuer Abs. 2 (Inhalt des früheren Art. 91 Abs. 1);
- Art. 90: neuer Abs. 3 (Inhalt des früheren Art. 91 Abs. 2);
- Art. 91: neuer Randtitel: „2. Rechtswahl";
- Art. 91: neuer Abs. 1 (Alle Personen, neu auch Doppelbürger, können eines ihrer Heimatrechte wählen; die Staatsangehörigkeit muss im Zeitpunkt der Rechtswahl oder des Todes vorhanden sein);
- Art. 91: neuer Abs. 2 (Anpassung an umfangreichere Möglichkeiten der Wahl der Heimatzuständigkeit);
- Art. 91: neuer Abs. 3 (Teilrechtswahl);
- Art. 92: geänderter Abs. 2 (nur noch verfahrensrechtliche Fragen des Willensvollstreckers und Erbschaftsverwalters unterstehen dem Eröffnungsstatut sowie seine Berechtigung am Nachlass und die Verfügungsmacht);
- Art. 94: neuer Randtitel „5. Letztwillige Verfügungen";
- Art. 94: neuer Abs. 1 (gesetzliches Errichtungsstatut);
- Art. 94: neuer Abs. 2 (Einfluss der Rechtswahl auf das Errichtungsstatut);
- Art. 94: neuer Abs. 3 (Wahl des Heimatrechts auf des Errichtungsstatut);
- Art. 95: neuer Randtitel „6. Erbverträge";
- Art. 95: neuer Abs. 1 (gesetzliches Errichtungsstatut);
- Art. 95: neuer Abs. 2 (Einfluss der Rechtswahl auf Errichtungsstatut);
- Art. 95: neuer Abs. 3 (Definition des Erbvertrags)
- Art. 95: neuer Abs. 4 (Wahl des Heimatrechts auf das Errichtungsstatut);
- Art. 95a: neuer Artikel mit dem Randtitel „7. Andere vertragliche Verfügungen von Todes wegen"
- Art. 95a (analoge Anwendung von Art. 95 auf andere vertragliche Verfügungen)
- Art. 96 neue lit. c (Dokumente, welche im Heimatstaat ausgestellt werden);
- Art. 96 neue lit. d (Dokumente, welche am letzten gewöhnlichen Aufenthaltsort des Erblassers ausgestellt werden)
- Art. 199a und 199b (Übergangsbestimmungen).

Bilaterale Staatsverträge:
Staatsvertrag mit dem Grossherzog von **Baden (Deutschland)** vom 6. Dezember 1856 betreffend die gegenseitigen Bedingungen über die Freizügigkeit und weitere nachbarliche Verhältnisse (BS 11, 611), Art. 3-6 (erbrechtliche Verhältnisse), aufgehoben per 28. Februar 1979 (AS 1978, 1858), einseitige Anwendung der Schweiz von Art. 6 auf Testamente, welche vor dem 28. Februar 1979 errichtet wurden.[73]

Handelsübereinkunft vom 14. Oktober 1925 zwischen der Schweiz und **Estland** (SR 0.946.297.725), Art. 10 (Sicherungsmassnahmen).

Niederlassungs- und Rechtsschutzabkommen vom 1. Dezember 1927 zwischen der Schweiz und **Griechenland** (SR 0.142.113.721), Art. 10 (Heimatrecht, Zuständigkeit für sichernde Massnahmen).[74]

Niederlassungsabkommen vom 25. April 1934 zwischen der Schweizerischen Eidgenossenschaft und dem Kaiserreich Persien **(Iran)** (SR 0.142.114.362), Art. 8 Abs. 3 und 4 (Heimatrecht).[75]

Niederlassungs- und Konsularvertrag vom 22. Juli 1868 zwischen der Schweiz und **Italien** (SR 0.142.114.541), Art. 3 (Gleichbehandlung), Art. 17 Abs. 3 und 4 (Heimatrecht); Protokoll vom 1. Mai 1869 (SR 0.142.114.541.1), Art. IV (Heimatzuständigkeit).[76]

Niederlassungs- und Handelsvertrag vom 21. Juni 1911 zwischen der Schweiz und **Japan** (SR 0.142.114.631), Art. 5 (Sicherungsmassnahmen).

Handelsübereinkunft vom 4. Dezember 1924 zwischen der Schweiz und **Lettland** (SR 0.946.297.726), Art. 10 (Sicherungsmassnahmen).[77]

Vertrag vom 7. Dezember 1875 zwischen der Schweiz und der **österreichisch**-ungarischen Monarchie zur Regelung der Niederlassungsverhältnisse, Befreiung vom Militärdienst und den Militärsteuern, gleichmässige Besteuerung der beiderseitigen Staatsangehörigen, gegenseitige unentgeltliche Verpflegung in Krankheits- und Unglücksfällen und gegenseitige kostenfreie Mitteilung von amtlichen Auszügen aus den Geburts-, Trauungs- und Sterberegistern: Todesscheine (SR 0.142.111.631), Art. 8 (Todesschein).

---

[73] Vgl. dazu HANS RAINER KÜNZLE, Zürcher Kommentar zum IPRG, Band I, Zürich 2018 (zit. ZK-KÜNZLE), Vorbem. zu Art. 86-96 IPRG N 80.
[74] Vgl. dazu ZK-KÜNZLE (Fn. 73), Vorbem. zu Art. 86-96 IPRG N 81 f.
[75] Vgl. dazu ZK-KÜNZLE (Fn. 73), Vorbem. zu Art. 86-96 IPRG N 83.
[76] Vgl. dazu ZK-KÜNZLE (Fn. 73), Vorbem. zu Art. 86-96 IPRG N 64-79.
[77] Vgl. dazu ZK-KÜNZLE (Fn. 73), Vorbem. zu Art. 86-96 IPRG N 43.

L. Gesetzestexte Schweiz

Konsular-Übereinkunft vom 27. August 1883 zwischen der Schweiz und **Portugal** (SR 0.191.116.541), Art. VII Abs. 2 (Errichtung letztwilliger Verfügungen), Art. VIII (Zuständigkeit für sichernde Massnahmen).[78]
Konsular-Vertrag vom 14. Februar 1880 zwischen der Schweiz und **Rumänien** (SR 0.191.116.631), Art. VIII (Sicherungsmassnahmen).
Freundschafts-, Handels- und Niederlassungsvertrag vom 6. September 1855 zwischen der Schweizerischen Eidgenossenschaft und Ihrer Majestät der Königin des **Vereinigten Königreichs von Grossbritannien und Irland** (SR 0.142.113.671), Art. IV (Gleichbehandlung, vorsorgliche Massnahmen).[79]
Vertrag vom 25. November 1850 zwischen der Schweizerischen Eidgenossenschaft und den **Vereinigten Staaten von Nordamerika** (SR 0.142.113.361), Art. V und VI (Anknüpfungspunkte Belegenheit [Immobilien] und Wohnsitz [Mobilien]).[80]

Multilaterale Staatsverträge:
Haager Übereinkommen vom 5. Oktober 1961 über das auf die Form letztwilliger Verfügungen anzuwendende Recht (SR 0.211.312.1; in Kraft seit 17.10.1971; zu den Vertragsstaaten vgl. hinten, L. 16).[81]
Haager Übereinkommen vom 1. August 1989 über das auf die Rechtsnachfolge von Todes wegen anwendbare Recht (von der Schweiz signiert, aber nicht ratifiziert; noch nicht in Kraft getreten; zu den Vertragsstaaten vgl. hinten, L. 16).[82]

Zu Staatsverträgen betreffend **Erbverfahrensrecht** (Vollstreckungsabkommen) vgl. www.successio.ch, Rubrik "successio online", Gesetze, Bund, Erbverfahrensrecht.

---

[78] Vgl. dazu ZK-KÜNZLE (Fn. 73), Vorbem. zu Art. 86-96 IPRG N 84.
[79] Vgl. dazu ZK-KÜNZLE (Fn. 73), Vorbem. zu Art. 86-96 IPRG N 85.
[80] Vgl. dazu ZK-KÜNZLE (Fn. 73), Vorbem. zu Art. 86-96 IPRG N 46-63.
[81] Vgl. dazu ZK-KÜNZLE (Fn. 73), Art. 93 IPRG N 1 ff.
[82] Vgl. dazu ZK-KÜNZLE (Fn. 73), Vorbem. zu Art. 86-96 IPRG N 33.

M. Gesetzestexte Belgien

1. Gesetzliche Erbfolge (Art. 731–755 CC bel.)

Zivilgesetzbuch vom 21. März 1804[83]
3. Buch: Die verschiedenen Arten des Eigentumserwerbs

1. Titel: Erbschaften
2. Kapitel: Die verschiedenen Klassen der Erbfolge
1. Abschnitt: Allgemeine Bestimmungen

Art. 731
Die Erbschaften fallen den Kindern und Nachkommen des Erblassers, seinem nicht geschiedenen und nicht von Tisch und Bett getrennten Ehegatten, seinen Vorfahren und Seitenverwandten sowie, in den Grenzen der ihnen zukommenden Rechte, den registrierten Partnern, in der Reihenfolge und nach den Regeln an, welche im folgenden festgelegt sind.

Art. 732
Das Gesetz berücksichtigt für die Erbfolge weder die Natur noch die Herkunft des Vermögens, unter Vorbehalt der im Gesetz vorgesehenen Ausnahmen.

Code Civil du 21 mars 1804 (CC bel.)[84]
Livre III: Des différentes manières dont on acquiert la propriété
Titre I: Des successions
Chapitre II: Des divers ordres de succession
Section I: Dispositions générales

Art. 731 (18.05.2007)
Les successions sont déférées aux enfants et descendants du défunt, à son conjoint non divorcé ni séparé de corps, à ses ascendants, à ses parents collatéraux, et, dans les limites des droits qui lui sont conférés, à son cohabitant légal dans l'ordre et suivant les règles ci-après déterminés.

Art. 732 (18.05.2007)
La loi ne considère ni la nature ni l'origine des biens pour en régler la succession, sauf les exceptions prévues par la loi.

---

[83] Zur offiz. Übersetzung vgl. Moniteur Belge vom 09.10.2009, S. 67187 ff.
[84] Vgl. die Homepage der belgischen Justiz: www.droitbelge.be/codes.asp#civ; Stand: 19.06.2019.

Art. 733

¹ Jede den Vorfahren oder den Seitenverwandten anfallende Erbschaft wird in zwei gleiche Teile aufgeteilt: eine Hälfte für die Verwandten der väterlichen, die andere für die Verwandten der mütterlichen Linie. Diese hälftige Teilung findet keine Anwendung im Falle von Art. 754 Abs. 1.

² Die halbbürtigen Verwandten mütterlicher- oder väterlicherseits werden durch die vollbürtigen Verwandten nicht ausgeschlossen; aber sie erhalten nur in ihrer Linie einen Anteil, unter Vorbehalt der in Art. 752 enthaltenen Bestimmungen. Vollbürtige Verwandte erhalten in beiden Linien einen Anteil.

³ Eine Anwachsung von einer Linie zur anderen erfolgt nur, wenn sich in einer der beiden Linien weder ein Vorfahre noch ein Seitenverwandter befindet.

Art. 734

Neben dieser ersten Teilung auf die väterliche und mütterliche Linie gibt es keine weitere Verteilung zwischen den Linien; aber die in jeder Linie angefallene Hälfte gehört dem oder den Erben, welche dem Grade nach die nächsten sind, unter Vorbehalt der im folgenden geregelten Substitution.

Art. 733 (01.09.2018)

¹ Toute succession échue à des ascendants ou à des collatéraux, se divise en deux parts égales: l'une pour les parents de la ligne paternelle, l'autre pour les parents de la ligne maternelle. Ce partage par parts égales n'a pas lieu dans le cas de l'article 754/1.

² Les parents utérins ou consanguins ne sont pas exclus par les germains; mais ils ne prennent part que dans leur ligne, sauf ce qui sera dit à l'article 752. Les germains prennent part dans les deux lignes.

³ Il ne se fait aucune dévolution d'une ligne à l'autre, que lorsqu'il ne se trouve aucun ascendant ni collatéral de l'une des deux lignes.

Art. 734 (21.01.2013)

Cette première division opérée entre les lignes paternelle et maternelle, il ne se fait plus de division entre les diverses branches; mais la moitié dévolue à chaque ligne appartient à l'héritier ou aux héritiers les plus proches en degrés, sauf le cas de la substitution, ainsi qu'il sera dit ci après.

Art. 735
Die Nähe der Verwandtschaft wird durch die Anzahl der Generationen bestimmt; jede Generation bildet ein Grad

Art. 736
[1] Die Linie wird aus einer Reihe von Graden gebildet; als gerade Linie bezeichnet man die Folge von Graden zwischen Personen, die voneinander abstammen; als Seitenlinie bezeichnet man die Folge von Graden zwischen Personen, die nicht voneinander, aber von einem gemeinsamen Vorfahren abstammen.
[2] Bei der geraden Linie unterscheidet man zwischen einer absteigenden und einer aufsteigenden geraden Linie.
[3] Die erste verbindet den Vorfahren mit seinen Nachkommen, die zweite verbindet den Nachkommen mit seinen Vorfahren.

Art. 737
In der geraden Linie zählt man so viele Grade wie es Generationen zwischen den Personen gibt; so ist der Sohn im Verhältnis zu seinem Vater im ersten Grade verwandt; der Enkel im zweiten; und umgekehrt der Vater und Grossvater zu ihren Söhnen und Enkeln.

Art. 735
La proximité de parenté s'établit par le nombre de générations; chaque génération s'appelle un degré.

Art. 736
[1] La suite des degrés forme la ligne: on appelle ligne directe la suite des degrés entre personnes qui descendent l'une de l'autre; ligne collatérale, la suite des degrés entre personnes qui ne descendent pas les unes des autres, mais qui descendent d'un auteur commun.

[2] On distingue la ligne directe, en ligne directe descendante et ligne directe ascendante.

[3] La première est celle qui lie le chef avec ceux qui descendent de lui; la deuxième est celle qui lie une personne avec ceux dont elle descend.

Art. 737
En ligne directe, on compte autant de degrés qu'il y a de générations entre les personnes; ainsi le fils est, à l'égard du père, au premier degré; le petit-fils au second; et réciproquement du père et de l'aïeul à l'égard des fils et petit-fils.

Art. 738
¹ In der Seitenlinie zählt man die Grade nach den Generationen, von einem Verwandten bis zum gemeinsamen Vorfahren, ohne diesen mitzuzählen, und von diesem bis zum andern Verwandten.
² So sind zwei Brüder im zweiten Grade verwandt; Onkel und Neffe sind im dritten Grade; Cousins ersten Grades im vierten Grade; und so weiter.

2. Abschnitt: Von der Substitution

Art. 739
¹ Die Substitution erlaubt es den Nachkommen eines Erbberechtigten, dessen Platz in der Erbfolge einzunehmen und nach seinem Grad berufen zu werden.
² Die Substitution erfolgt nach den nachfolgend erwähnten Regeln, im Falle des Vorversterbens, des gleichzeitigen Versterben, des Erbverzichts und der Erbunwürdigkeit eines Erbberechtigten.

Art. 740
In der absteigenden geraden Linie findet die Substitution unbegrenzt statt.
(Absatz 2 aufgehoben).

Art. 738
¹ En ligne collatérale, les degrés se comptent par les générations, depuis l'un des parents jusque et non compris l'auteur commun, et depuis celui-ci jusqu'à l'autre parent.

² Ainsi, deux frères sont au deuxième degré; l'oncle et le neveu sont au troisième degré; les cousins germains au quatrième; ainsi de suite.

Section II: De la substitution

Art. 739 (21.01.2013)
¹ La substitution permet aux descendants d'un successible de prendre sa place dans la succession, et d'y être appelé à son degré.

² La substitution a lieu, selon les règles mentionnées ci-après, en cas de prédécès, de décès simultané, de renonciation et d'indignité d'un successible.

Art. 740 (21.01.2013)
La substitution a lieu à l'infini dans la ligne directe descendante.

(Alinéa 2 abrogé).

Art. 741
¹ Die Substitution findet nicht zugunsten von Vorfahren statt; in jeder der beiden Linien schliesst der jeweils nähere Verwandte den jeweils entfernteren aus.
² Die Substitution findet auch nicht zugunsten von Nachkommen eines Ehegatten oder registrierten Partners statt.

Art. 742
In der Seitenlinie findet Substitution statt zugunsten der Nachkommen der Brüder und Schwestern, Onkel und Tanten des Verstorbenen.

Art. 743
¹ Die Substitution findet auch dann statt, wenn keiner der Erbberechtigten desselben Grades den Erbfall erlebt, sei es dass sie vorverstorben oder gleichzeitig verstorben sind, sei es dass sie auf das Erbe verzichtet haben oder erbunwürdig sind. Sie findet statt, ob die Nachkommen nun gleichen oder ungleichen Grades sind.
² In allen Fällen der Substitution erfolgt die Aufteilung nach Stämmen. Wenn ein Stamm mehrere Zweige hervorbringt, erfolgt die Aufteilung in jedem Zweig ebenfalls nach Stämmen, die Mitglieder desselben Zweigs teilen unter sich nach Köpfen.

Art. 741 (21.01.2013)
¹ La substitution n'a pas lieu en faveur des ascendants; le plus proche, dans chacune des deux lignes, exclut toujours le plus éloigné.
² La substitution n'a pas lieu non plus en faveur des descendants du conjoint ou du cohabitant légal.

Art. 742 (21.01.2013)
En ligne collatérale, la substitution a lieu en faveur des descendants de frères et soeurs, oncles et tantes du défunt.

Art. 743 (21.01.2013)
¹ La substitution a lieu même lorsqu'aucun des successibles au même degré ne vient à la succession, soit parce qu'ils sont décédés avant ou au même moment que le défunt, soit parce qu'ils ont renoncé ou qu'ils sont indignes. Elle a lieu, encore que les descendants se situent à des degrés égaux ou inégaux.
² Dans tous les cas de substitution, le partage s'opère par souche. Si une même souche a produit plusieurs branches, la subdivision se fait aussi par souche dans chaque branche, et les membres de la même branche partagent entre eux par tête.

Art. 744
(Absatz 1 aufgehoben).
² Man kann an die Stelle desjenigen treten, dessen Erbschaft man ausgeschlagen hat.
(Absatz 3 aufgehoben).

3. Abschnitt: Erbfolge der Nachkommen

Art. 745
¹ Die Kinder oder deren Nachkommen beerben ihre Eltern, Grosseltern oder übrigen Vorfahren ohne Unterschied des Geschlechts oder der Herkunft, auch wenn sie nicht dieselben Eltern haben und welches auch die Art ihrer Abstammung sei.
² Sie erben zu gleichen Teilen und nach Köpfen, wenn sie alle im ersten Grade verwandt sind und aus eigenem Recht berufen sind; sie erben nach Stämmen, wenn alle oder ein Teil von ihnen aufgrund einer Substitution erben.

4. Abschnitt: Erbfolge des überlebenden Ehegatten

Art. 745bis
§ 1.
¹ Hinterlässt der Erblasser Nachkommen, Adoptivkinder oder Nachkommen von diesen beiden, erhält der überlebende Ehegatte die Nutzniessung am gesamten Nachlass.

Art. 744 (21.01.2013)
(Alinéa 1 abrogé).
² On peut représenter celui à la succession duquel on a renoncé.

(Alinéa 3 abrogé).

Section III: Des successions déférées aux descendants

Art. 745 (21.01.2013)
¹ Les enfants ou leurs descendants succèdent à leur père et mère, aïeuls, aïeules ou autre ascendants, sans distinction de sexe ni de primogéniture, et encore qu'ils n'aient pas les mêmes parents et quel que soit le mode d'établissement de leur filiation.
² Ils succèdent par égales portions et par tête, quand ils sont tous au premier degré et appelés de leur chef: ils succèdent par souche, lorsqu'ils viennent tous ou en partie par substitution.

Section IV: Des Successions déférées au conjoint survivant *(14.05.1981)*

Art. 745bis (01.09.2018)
§ 1er
¹ Lorsque le défunt laisse des descendants, des enfants adoptifs ou des descendants de ceux-ci, le conjoint survivant recueille l'usufruit de toute la succession.

² Hinterlässt der Erblasser Vorfahren, Geschwister oder Nachkommen von diesen, erhält der überlebende Ehegatte:

1° das volle Eigentum am Anteil des Vorverstorbenen am Gesamtgut und am ausschliesslich zwischen den Ehegatten ungeteilten Vermögen, und

2° die Nutzniessung an den anderen Gütern des Eigenguts des Verstorbenen.

³ Hinterlässt der Erblasser andere Erben oder keine Erben, erhält der überlebende Ehegatte das volle Eigentum am ganzen Nachlass.

§ 2

Der überlebende Ehegatte erhält zudem die Nutzniessung an dem gemäss Art. 353-16 Abs. 1 und 2 und Art. 747 dem gesetzlichen Rückfallsrecht unterliegenden Vermögen, soweit im Schenkungsvertrag oder im Testament nichts anderes bestimmt wurde.

§ 3

Der überlebende Ehegatte erhält alleine, unter Ausschluss aller anderen Erben, das Mietrecht an derjenigen Liegenschaft, in welcher sich der gemeinsame Wohnsitz im Zeitpunkt der Eröffnung des Erbgangs befand.

² Lorsque le défunt laisse des ascendants ou des frères, soeurs ou descendants de ceux-ci, le conjoint survivant recueille:

1° la pleine propriété de la part du prémourant dans le patrimoine commun et dans le patrimoine en indivision exclusivement entre les époux, et

2° l'usufruit des autres biens du patrimoine propre du défunt.

³ Lorsque le défunt laisse d'autres successibles ou ne laisse aucun successible, le conjoint survivant recueille la pleine propriété de toute la succession.

§ 2

Le conjoint survivant a en outre l'usufruit des biens soumis au droit de retour légal, prévu aux articles 353-16, alinéa 1er, 2°, et 747, à moins qu'il n'en ait été décidé autrement dans l'acte de donation ou dans le testament.

§ 3

Le conjoint survivant recueille seul, à l'exclusion de tous les autres héritiers, le droit au bail relatif à l'immeuble affecté à la résidence commune au moment de l'ouverture de la succession du défunt.

*Art. 745*ter

Ungeachtet einer gegenteiligen Vereinbarung kann jeder Erwerber nackten Eigentums fordern, dass für das ganze der Nutzniessung unterliegende Vermögen ein Inventar des Hausrats und ein Verzeichnis der Liegenschaften aufgenommen werde, dass Geldbeträge angelegt werden und dass auf den Inhaber lautende Wertpapiere nach Wahl des überlebenden Ehegatten in Namenpapiere umgewandelt oder in einem gemeinsamen Bankdepot hinterlegt werden.

*Art. 745*quater
§ 1
[1] Gehört das nackte Eigentum den Nachkommen des vorverstorbenen Ehegatten, dessen Adoptivkindern oder den Nachkommen von diesen beiden, kann vom überlebenden Ehegatten oder einem der nackten Eigentümer die vollständige oder teilweise Umwandlung der Nutzniessung verlangt werden, entweder in das volle Eigentum des mit der Nutzniessung belasteten Vermögens oder in eine Geldleistung oder in eine indexierte und sichergestellte Rente.

[2] (aufgehoben)

*Art. 745*ter *(14.05.1981)*

Nonobstant toute stipulation contraire, quiconque recueille la nue-propriété peut exiger qu'il soit dressé pour tous les biens sujets à l'usufruit un inventaire des meubles et un état des immeubles, qu'il soit fait emploi des sommes et que les titres au porteur soient, au choix de l'époux survivant, convertis en inscriptions nominatives ou déposés en banque à un compte commun.

Art. 745quater (01.09.2018)
§ 1er
[1] Lorsque la nue-propriété appartient aux descendants de l'époux prédécédé, à ses enfants adoptifs ou aux descendants de ceux-ci, la conversion totale ou partielle de l'usufruit peut être demandée par le conjoint survivant ou un des nus-propriétaires, soit en la pleine propriété de biens grevés de l'usufruit, soit en une somme, soit en une rente indexée et garantie.

[2] (abrogé)

§ 1er/1

¹ Ungeachtet von Abs. 4, kann die Umwandlung, welche von einem Nachkommen oder einem adoptierten Kind oder dessen Nachkommen verlangt wird, der nicht gleichzeitig ein Nachkomme oder adoptiertes Kind oder dessen Nachkomme des überlebenden Ehegatten ist, nicht verweigert werden, wenn sie in den Fristen von Art. 745sexies § 2/1 gestellt wird.

² Gleiches gilt für die Umwandlung, welche vom überlebenden Ehegatten verlangt wird, wenn das nackte Eigentum ganz oder teilweise Nachkommen oder adoptierten Kindern im Sinne von Abs. 1 gehört.

³ Soweit alle nackten Eigentümer und der überlebende Ehegatte es nicht anders vereinbaren, wird die Nutzniessung nach Abs. 1 und 2 in einen ungeteilten Nachlassteil zu vollem Eigentum umgewandelt. Dieser Anteil wird anhand der Umrechnungstabelle von Art. 745sexies § 3 und aufgrund des Alters des Nutzniessers im Zeitpunkt der Antragstellung bestimmt. Die Art. 745quinqies § 3 und 745sexies § 3 Abs. 4-6 werden analog angewendet.

§ 1er/1

¹ Sans préjudice du paragraphe 4, la conversion demandée par un descendant ou par un enfant adopté, ou par un descendant de celui-ci, qui n'est pas simultanément un descendant ou un enfant adopté, ou un descendant de celui-ci, du conjoint survivant, ne peut être refusée si cette demande est formulée dans les délais prévus à l'article 745sexies, § 2/1.

² Il en va de même pour la conversion qui est demandée par le conjoint survivant lorsque la nue-propriété appartient, en tout ou en partie, à des descendants et à des enfants adoptés, tels que définis à l'alinéa 1er.

³ Sauf si tous les nus-propriétaires et le conjoint survivant en conviennent autrement, l'usufruit visé aux alinéas 1er et 2 est converti en une part indivise de la succession en pleine propriété. Cette part est déterminée sur la base des tables de conversion visées à l'article 745sexies, § 3, et de l'âge de l'usufruitier à la date de la demande. Les articles 745quinquies, § 3, et 745sexies, § 3, alinéas 4 à 6, s'appliquent par analogie.

⁴ Wenn jedoch aufgrund des Gesundheitszustandes des Nutzniessers, die voraussichtliche Lebensdauer markant kürzer ist als die nach der statistischen Tabelle berechnete, kann der Richter, auf Antrag eines nackten Eigentümers oder des überlebenden Ehegatten, die Umrechnungstabellen ausser Acht lassen und andere Umwandlungsbedingungen festlegen.

§ 2
¹ Wenn das nackte Eigentum anderen als den in § 1 genannten Erben gehört, kann der überlebende Ehegatte diese Umwandlung innerhalb von 5 Jahren seit der Eröffnung des Erbgangs beantragen.
² In diesem Fall kann er aber auch jederzeit verlangen, dass ihm das nackte Eigentum an den in § 4 erwähnten Gütern gegen Geld übertragen wird.
³ Das Familiengericht kann die Umwandlung der Nutzniessung und die Übertragung des vollen Eigentums ablehnen, wenn dies die Interessen eines Unternehmens oder einer Berufstätigkeit schwerwiegend beeinträchtigen würde.

⁴ Toutefois, lorsque, en raison de l'état de santé de l'usufruitier, sa durée de vie probable est manifestement inférieure à celle des tables statistiques, le juge peut, sur la demande d'un nu-propriétaire ou du conjoint survivant, écarter les tables de conversion et fixer d'autres conditions de conversion.

§ 2
¹ Lorsque la nue-propriété appartient à d'autres que ceux visés au § 1er, le conjoint survivant peut exiger cette conversion dans un délai de cinq ans à dater de l'ouverture de la succession.

² Il peut, dans le même cas, exiger à tout moment que lui soit cédée, contre espèces, la nue-propriété des biens visés au § 4.

³ Le tribunal de la famille peut refuser la conversion de l'usufruit et l'attribution de la pleine propriété, si elles sont de nature à nuire gravement aux intérêts d'une entreprise ou d'une activité professionnelle.

⁴ Das Gericht kann, wenn es dies aufgrund der besonderen Umstände des Einzelfalles für angemessen hält, einen Antrag auf Umwandlung genehmigen, selbst wenn dieser nicht von einem in § 1 erwähnten nackten Eigentümer oder wenn er vom überlebenden Ehegatten erst nach Ablauf der Fünfjahresfrist gestellt wird.

§ 3
Die Umwandlung der Nutzniessung am Vermögen, welches dem gesetzlichen Rückfallsrecht unterliegt, kann nur vom Inhaber dieses Rechtes verlangt werden.

§ 4
Die Nutzniessung, die im Zeitpunkt der Eröffnung des Erbgangs an der Hauptwohnung der Familie und dem darin befindlichen Hausrat besteht, kann nur mit Zustimmung des überlebenden Ehegatten umgewandelt werden.

Art. 745^{quinquies}
§ 1
¹ Das Recht, die Umwandlung der Nutzniessung oder die Übertragung des vollen Eigentums an den in Art 745quater § 4 erwähnten Gütern zu verlangen, wird auf jede Nutzniessung des überlebenden Ehegatten angewendet, ob diese nun durch Gesetz, Testament, Ehevertrag oder Erbvertrag begründet wurde.

⁴ Le tribunal pourra, s'il l'estime équitable en raison de circonstances propres à la cause, agréer une demande de conversion présentée par un nu-propriétaire, autre que ceux visés dans le § 1er ou, après le délai de cinq ans, par le conjoint survivant.

§ 3
La conversion de l'usufruit des biens soumis au droit de retour légal ne peut être demandée que par le titulaire de ce droit.

§ 4
L'usufruit qui s'exerce sur l'immeuble affecté au jour de l'ouverture de la succession au logement principal de la famille et sur les meubles meublants qui le garnissent, ne peut être converti que de l'accord du conjoint survivant.

Art. 745^{quinquies} *(18.05.2007)*
§ 1er
¹ Le droit de demander la conversion de l'usufruit ou l'attribution de la pleine propriété des biens visés à l'article 745quater, § 4, s'applique à tout usufruit du conjoint survivant, qu'il soit légal ou testamentaire ou qu'il résulte d'un contrat de mariage ou d'une institution contractuelle.

² Dieses Recht ist persönlich und nicht übertragbar. Es kann von den Gläubigern des Berechtigten nicht ausgeübt werden.

§ 2

¹ Der Erstversterbende kann den Nachkommen aus einer früheren Beziehung das Umwandlungsrecht nicht entziehen.

² Das Recht auf Umwandlung der Nutzniessung oder auf Übertragung des vollen Eigentums an den in Art 745quater § 4 erwähnten Gütern kann dem überlebenden Ehegatten nicht entzogen werden.

§ 3

Treffen der überlebende Ehegatte und Nachkommen aus einer früheren Ehe zusammen und wird von einer der Parteien die Umwandlung beantragt, dann wird der überlebende Ehegatte als mindestens zwanzig Jahre älter als der älteste Nachkomme aus einer früheren Beziehung angesehen.

Art. 745^{sexies}

§ 1

¹ Sind alle nackten Eigentümer und der überlebende Ehegatte volljährig und handlungsfähig, können sie sich in jedem Fall verständigen und einvernehmlich festlegen, wie die Umwandlung der Nutzniessung oder die Übertragung des nackten Eigentums an den in Art 745quater § 4 erwähnten Gütern durchzuführen ist.

² Ce droit est personnel et incessible. Il ne peut être exercé par les créanciers du titulaire.

§ 2

¹ Les descendants d'une précédente relation du prémourant ne peuvent être privés par celui-ci du droit de demander la conversion.

² Le conjoint survivant ne peut être privé du droit de demander la conversion de l'usufruit des biens visés à l'article 745quater, § 4, ou leur attribution en pleine propriété.

§ 3

En cas de concours du conjoint survivant avec des descen-dants d'un précédent mariage, lorsque la conversion est demandée par l'une des parties, le conjoint survivant est censé avoir au moins vingt ans de plus que l'aîné des descendants d'une précédente relation.

Art. 745^{sexies} *(01.09.2018)*

§ 1er

¹ Lorsque tous les nus-propriétaires et le conjoint survivant sont majeurs et capables, ils peuvent en tout état de cause procéder d'un commun accord et comme ils en auront convenu, aux opérations de conversion ou à la cession de la nue-propriété des biens visés à l'article 745quater, § 4.

² Ist einer von ihnen minderjährig oder nicht voll handlungsfähig, muss entsprechend den Bestimmungen von Art. 1206 Zivilprozessordnung vorgegangen werden.

§ 2

¹ Mangels Einigung entscheidet das Familiengericht auf Antrag; alle Berechtigten werden durch das Gericht aufgefordert, sich am Verfahren zu beteiligen.

² Wenn das Gericht den Antrag ganz oder teilweise gutheisst, bestimmt es die Modalitäten der Umwandlung oder den Geldbetrag, der für die Übertragung des nackten Eigentums an den in Art 745quater § 4 erwähnten Gütern zu zahlen ist. Gegebenenfalls ordnet es den Verkauf des vollen Eigentums am gesamten oder teilweisen mit der Nutzniessung belasteten Vermögen oder seine Aufteilung an, selbst wenn es sich nicht um ungeteilte Rechte handelt, es kann aber auch vorziehen, die Parteien für die Durchführung der Umwandlung gemäss dem in Art. 1207 bis 1225 Zivilprozessordnung vorgesehenen Verfahren an einen Notar zu verweisen.

² S'il existe parmi eux un mineur ou un autre incapable, il est procédé conformément aux dispositions de l'article 1206 du Code judiciaire.

§ 2

¹ A défaut d'accord, le tribunal de la famille est saisi par requête; tous les ayants droit sont appelés à la cause par pli judiciaire.

² Lorsqu'il fait droit à la demande en tout ou en partie, le tribunal fixe les modalités de la conversion ou le montant du prix à payer pour la cession de la nue-propriété des biens visés à l'article 745quater, § 4. Il ordonne, s'il échet, la vente de la pleine propriété de tout ou partie des biens grevés d'usufruit ou leur partage, même s'il n'y a pas d'indivision quant à ce droit, à moins qu'il ne préfère renvoyer les parties devant un notaire pour procéder aux opérations de conversion suivant la procédure prévue par les articles 1207 à 1225 du Code judiciaire.

§ 2/1

¹ Die Umwandlung nach Art. 745 quater § 1/1, kann jedoch nur im Rahmen des Liquidations-Teilungsverfahrens beantragt werden, spätestens bei der Mitteilung der Ergebnisse nach Art. 1218 § 1 Abs. 2 Zivilprozessordnung. Wenn der Antrag nicht innert dieser Frist gestellt wurde, kann die Umwandlung dennoch später verlangt werden, aber das Gericht hat den gleichen Ermessensspielraum wie beim Umwandlungsantrag nach Art. 745 quater § 1. Gleiches gilt, wenn der Umwandlungsantrag nach der gütlichen Erbteilung gestellt wurde, unter vollständiger oder teilweiser Aufrechterhaltung der Nutzniessung für den überlebenden Ehegatten.

§ 3

¹ Der Justizminister erstellt für die Umrechnung der Nutzniessung zwei Umrechnungstabellen: eine für die Männer und eine für die Frauen.

² Diese Umrechnungstabellen drücken den Wert der Nutzniessung in Prozent des normalen Marktwerts der Güter aus, welche der Nutzniessung unterliegen:

§ 2/1

¹ La conversion visée à l'article 745quater, § 1/1, ne peut toutefois être demandée que dans le cadre de la procédure de liquidation-partage, au plus tard lors de la communication des revendications visée à l'article 1218, § 1er, alinéa 2, du Code judiciaire. Si la demande n'a pas été faite dans ce délai, la conversion peut encore être demandée ultérieurement, mais le tribunal conserve le même pouvoir d'appréciation que lors d'une demande de conversion fondée sur l'article 745quater, § 1er. Il en va de même si la conversion de l'usufruit est demandée après le partage amiable de la succession, avec maintien intégral ou partiel de l'usufruit pour le survivant.

§ 3

¹ Le ministre de la Justice établit pour la conversion de l'usufruit deux tables de conversion: l'une pour les hommes et l'autre pour les femmes.

² Ces tables de conversion expriment la valeur de l'usufruit en un pourcentage de la valeur vénale normale des biens grevés de l'usufruit en tenant compte:

- der durchschnittliche Zinssatz in den letzten Zwei Jahren für lineare Anleihen, welche eine Laufzeit haben, welche der Lebensdauer des Nutzniessungsberechtigten entspricht. Der Maximalzinssatz wird angewendet, wenn die Lebenserwartung über dieser Laufzeit liegt. Dieser Zinssatz wird nach Abzug der Quellensteuer angewendet. Der bei der Erstellung dieser Tabellen zu berücksichtigende Zinssatz darf nicht weniger als 1% betragen. Die Frist von zwei Jahren läuft ab dem 1. Mai des zweiten Jahres vor dem 30. April, an welchem die Umrechnungstabellen veröffentlicht werden;

- die prospektiven Mortabilitätstabellen, welche das Bundesplanungsbüro jährlich veröffentlicht.

[3] Sofern die Parteien nichts anderes vereinbart haben, wird der Wert der Nutzniessung aufgrund der Umrechnungstabellen berechnet, des Marktwertes der Güter und des Alters des Nutzniessungsberechtigten am Tag der Antragserhebung gemäss § 2.

- du taux d'intérêt moyen sur les deux dernières années des obligations linéaires de maturité égale à l'espérance de vie de l'usufruitier. Le taux d'intérêt correspondant à la maturité la plus élevée s'applique lorsque l'espérance de vie est supérieure à cette maturité. Ce taux d'intérêt est appliqué après déduction du précompte mobilier. Le taux d'intérêt à prendre en compte lors de l'établissement des tables de conversion ne peut toutefois être inférieur à 1 % par an. La période de deux ans court du 1er mai de la deuxième année précédant la publication des tables de conversion au 30 avril de l'année de publication de ces tables;

- des tables de mortalités prospectives belges publiées annuellement par le Bureau fédéral du Plan.

[3] Sauf si les parties en ont convenu autrement, la valeur de l'usufruit est calculée sur la base des tables de conversion, de la valeur vénale des biens et de l'âge de l'usufruitier au jour de l'introduction de la requête visée au § 2.

⁴ Der Wert der Nutzniessung gemäss den Umrechnungstabellen entspricht der Differenz zwischen dem Wert des vollen Eigentums und dem Wert des nackten Eigentums. Der Wert des nackten Eigentums entspricht einem Bruchteil, dessen Zähler dem Wert des vollen Eigentums enstpricht; der Nenner ist gleich eins zuzüglich des Zinssatzes, und diese Summe wird auf eine Leistung erhöht, welche der Lebensdauer des Nutzniessungsberechtigten enspricht. Zwei Nachkommastellen sind für die Lebenserwartung in Jahren vorbehalten, für den Zinssatz in Prozent ausgedrückt, und für den Wert der Nutzniessung ausgedrückt in Prozent des Wertes des vollen Eigentums.

⁵ Der Nutzniessungsberechtigte behält die Nutzniessung der Güter bis ihm der kapitalisierte Wert seiner Nutzniessung ausbezahlt wird.

⁴ La valeur de l'usufruit fournie par les tables de conversion est égale à la différence entre la valeur de la pleine propriété et la valeur de la nue-propriété. La valeur de la nue-propriété est égale à une fraction dont le numérateur est égal à la valeur de la pleine propriété; le dénominateur est égal à l'unité, majorée du taux d'intérêt, cette somme étant élevée à une puissance égale à l'espérance de vie de l'usufruitier. Deux décimales sont retenues pour l'espérance de vie exprimée en années, pour le taux d'intérêt exprimé en pourcentage, et pour la valeur de l'usufruit exprimée en pourcentage de valeur de la pleine propriété.

⁵ L'usufruitier conserve l'usufruit des biens jusqu'au moment où la valeur capitalisée de son usufruit lui est effectivement payée.

⁶ Bis zu diesem Zeitpunkt produziert diese Summe keinen Zins zugunsten des Nutzniessungsberechtigten, es sei denn, der Nutzniessungsberechtigte entscheidet sich, auf die Genuss an der Sache zu verzichten, nachdem der kapitalisierte Wert der Nutzniessung endgültig bestimmt wurde. In diesem Fall wird dem Nutzniessungsberechtigten der Zins in gesetzlicher Höhe geschuldet, ab dem Zeitpunkt, in welchem er dem nackten Eigentümer durch eingeschriebenen Brief oder durch den Gerichtsvollzieher zugestellte Urkunde erklärt hat, dass er auf den Genuss an den Gütern verzichte und er ihn in Verzug setzt, den Zins zu bezahlen.

⁷ Wenn jedoch aufgrund des Gesundheitszustands des Nutzniessungsberechtigten seine wahrscheinliche Lebensdauer deutlich niedriger ist als derjenige in den statistischen Tabellen, kann der Richter die Umwandlung ablehnen, die Umrechnungstabellen nicht anwenden oder zusätzliche Bedingungen für die Umrechnung fixieren.

⁶ Jusqu'à ce moment cette somme ne produit pas d'intérêt au profit de l'usufruitier, sauf si, après que la valeur capitalisée de son usufruit a été définitivement fixée, l'usufruitier décide de renoncer à la jouissance du bien. Dans ce cas, il sera dû à l'usufruitier un intérêt au taux légal dès l'instant où il aura confirmé au nu-propriétaire, par envoi recommandé ou par exploit d'huissier qu'il abandonnait la jouissance du bien, et qu'il le mettait en demeure de lui payer cet intérêt.

⁷ Toutefois, lorsque, en raison de l'état de santé de l'usufruitier, sa durée de vie probable est manifestement inférieure à celle des tables statistiques, le juge peut soit refuser la conversion, soit écarter les tables de conversion et fixer d'autres conditions de conversion.

⁸ Der Justizminister erstellt per 1. Juli jeden Jahres die Umrechnungstabellen gemäss Abs. 1. Er berücksichtigt dabei die in Abs. 2 und 3 erwähnten Parameter und die ihm übermittelten Vorschläge der königlichen Vereinigung der belgischen Notare, nachdem sie Kenntnis genommen haben von den Ergebnissen der Arbeit des Bundesamtes für Planung und des Insituts der Aktuare in Belgien.

⁹ Die Umrechnungstabellen werden jährlich im Belgischen Staatsblatt veröffentlicht. Diese Tabellen erwähnen neben dem Alter des Nutzniessungsberechtigten dessen Lebenserwartung sowie den Zinssatz und den entsprechenden Wert der Nutzniessung.

§ 4

...

Art. 745[septies]

§ 1

Der überlebende Ehegatte kann von der Erbfolge vollständig oder teilweise ausgeschlossen werden oder dieses Recht kann ihm ganz oder teilweise aberkannt werden, wenn er die elterliche Gewalt über die Kinder aus seiner Ehe mit dem Verstorbenen ganz oder teilweise verloren hat.

⁸ Le ministre de la Justice établit, au 1er juillet de chaque année, les tables de conversion visées à l'alinéa 1er. Il tient compte, à cette occasion, des paramètres mentionnés aux alinéas 2 et 3 et des propositions que lui transmet la Fédération royale du notariat belge après avoir pris connaissance des résultats des travaux du Bureau fédéral du Plan et de l'Institut des actuaires en Belgique.

⁹ Les tables de conversion sont publiées chaque année au Moniteur belge. Ces tables indiquent, en regard de l'âge de l'usufruitier, son espérance de vie ainsi que le taux d'intérêt et la valeur de l'usufruit correspondants.

§ 4

...

Art. 745[septies] *(01.08.2001)*

§ 1er

Le conjoint survivant peut être exclu ou déchu en tout ou en partie de ses droits successoraux s'il est déchu en tout ou en partie de l'autorité parentale à l'égard des enfants issus de son mariage avec le défunt.

§ 2
¹ Die Klage muss von den Nachkommen innerhalb eines Jahres nach Eröffnung des Erbgangs oder nach Verlust der elterlichen Gewalt erhoben werden.
² Das Urteil entfaltet seine Wirkung ab dem Zeitpunkt der Klageerhebung.

§ 3
¹ Wenn die Umwandlung der Nutzniessung an einem Vermögen in volles Eigentum oder in einen Geldbetrag oder die Übertragung des nackten Eigentums an den in Art. 745quater § 4 erwähnten Gütern stattgefunden hat, geben der Ausschluss oder die Entziehung Anlass zu Schadensersatz.
² Dieser wird vom Gericht festgesetzt und entspricht dem Wert der Nutzniessung, wobei der voraussichtlichen Lebensdauer des Nutzniessers im Zeitpunkt der Klageeinreichung Rechnung zu tragen ist.
³ Wenn die Umwandlung in eine lebenslängliche Rente erfolgte, wirkt der Entscheid auf den gleichen Zeitpunkt zurück.

§ 2
¹ L'action est introduite par les descendants dans l'année qui suit, soit l'ouverture de la succession, soit la déchéance de l'autorité parentale.
² Le jugement produit ses effets à la date de l'introduction de la demande.

§ 3
¹ S'il y a eu conversion de l'usufruit en la pleine propriété d'un bien ou en une somme ou cession de la nue-propriété des biens visés à l'article 745quater, § 4, l'exclusion ou la déchéance donnent lieu à indemnité.

² Celle-ci est fixée par le tribunal et correspond à la valeur de l'usufruit, compte tenu de la durée de vie probable de l'usufruitier à la date de l'introduction de la demande.

³ Si la conversion a eu lieu en rente viagère, le jugement rétroagit à la même date.

4bis. Abschnitt: Erbfolge des überlebenden registrierten Partners

Art. 745[octies]

§ 1

[1] Mit wem immer er die Erbschaft teilt, erhält der überlebende registrierte Partner die Nutzniessung an der Liegenschaft, welche während der Lebensgemeinschaft als gemeinsamer Familienwohnsitz diente sowie an den sich darin befindlichen Möbeln.

[2] Der überlebende registrierte Partner erhält alleine, unter Ausschluss aller übrigen Erben, das Mietrecht an der gemeinsamen Familienwohnung im Zeitpunkt der Eröffnung des Erbgangs des vorverstorbenen registrierten Partners und er erhält die Nutzniessung an den sich darin befindlichen Möbeln.

[3] Die vorstehenden Bestimmungen kommen nicht zur Anwendung, wenn der überlebende registrierte Partner ein Nachkomme des vorverstorbenen registrierten Partners ist.

§ 2

Unbesehen von entgegenstehenden Bestimmungen kann jede Person, welche das nackte Eigentum erwirbt, ein Inventar der sich darin befindlichen Möbel sowie einen Status über den gemeinsamen Wohnsitz verlangen.

Section IVbis: Des successions déférées au cohabitant légal survivant *(18.05.2007)*

Art. 745[octies] *(18.05.2007)*

§ 1er

[1] Quels que soient les héritiers avec lesquels il vient à la succession, le cohabitant légal survivant recueille l'usufruit de l'immeuble affecté durant la vie commune à la résidence commune de la famille ainsi que des meubles qui le garnissent.

[2] Le cohabitant légal survivant recueille seul, à l'exclusion de tous les autres héritiers, le droit au bail relatif à l'immeuble affecté à la résidence commune de la famille au moment de l'ouverture de la succession du cohabitant légal prédécédé et recueille l'usufruit des meubles qui le garnissent.

[3] Les dispositions qui précèdent ne s'appliquent pas lorsque le cohabitant légal survivant est le descendant du cohabitant légal prédécédé.

§ 2

Nonobstant toute clause contraire, toute personne attributaire de la nue-propriété peut exiger que soient dressés un inventaire des meubles meublants ainsi qu'un état de la résidence commune.

§ 3
Die Bestimmungen betreffend die Nutzniessung des überlebenden Ehegatten in den Art. 745quater bis 745septies werden analog auf die Nutzniessung des überlebenden registrierten Partners angewendet.

5. Abschnitt: Erbfolge der Vorfahren

Art. 746
¹ Hat der Erblasser weder Nachkommen hinterlassen noch Geschwister oder deren Nachkommen, so wird die Erbschaft je zur Hälfte zwischen den Vorfahren der väterlichen Linie und den Vorfahren der mütterlichen Linie geteilt.
² Der nach Graden nächste Vorfahre erhält die seiner Linie zustehende Hälfte, unter Ausschluss aller anderen.
³ Vorfahren im gleichen Grade erben nach Köpfen.

Art. 747
¹ Die Vorfahren erben, unter Ausschluss aller anderen, diejenigen Sachen, die sie ihren ohne Nachkommen verstorbenen Kindern oder Nachkommen geschenkt haben, wenn die geschenkten Gegenstände sich noch in natura im Nachlass befinden.

§ 3
Les règles relatives à l'usufruit du conjoint survivant qui sont énoncées aux articles 745quater à 745septies s'appliquent par analogie à l'usufruit du cohabitant légal survivant.

Section V: Des successions déférées aux ascendants
(14.05.1981)

Art. 746
¹ Si le défunt n'a laissé ni postérité, ni frère, ni soeur, ni descendants d'eux, la succession se divise par moitié entre les ascendants de la ligne paternelle et les ascendants de la ligne maternelle.

² L'ascendant qui se trouve au degré le plus proche, recueille la moitié affectée à sa ligne, à l'exclusion de tous autres.

³ Les ascendants au même degré succèdent par tête.

Art. 747
¹ Les ascendants succèdent, à l'exclusion de tous autres, aux choses par eux données à leurs enfants ou descendants décédés sans postérité, lorsque les objets donnés se retrouvent en nature dans la succession.

² Wenn die Gegenstände veräussert wurden, erhalten die Vorfahren den allenfalls noch ausstehenden Kaufpreis. Sie erben auch eine allfällige Rückforderungsklage des Beschenkten.

Art. 748
¹ Haben Vater und Mutter einen Verstorbenen ohne Nachkommen überlebt und hat dieser Geschwister oder Nachkommen von diesen hinterlassen, wird die Erbschaft in zwei gleiche Teile aufgeteilt, wovon die eine Hälfte ausschliesslich an den Vater und die Mutter geht, die sie unter sich gleichmässig aufteilen.
² Die andere Hälfte gehört den Geschwistern oder deren Nachkommen gemäss den Vorschriften des 6. Abschnitts dieses Kapitels.

Art. 749
Wenn der ohne Nachkommen Verstorbene Geschwister oder Nachkommen von diesen hinterlässt, und wenn Vater oder Mutter vorverstorben sind, vereinigt sich der Anteil, welcher diesen gemäss dem vorstehenden Artikel zustehen würde, mit der Hälfte, welche den Geschwistern oder Ersatzerben gemäss den Vorschriften des 6. Abschnitts dieses Kapitels zusteht.

² Si les objets ont été aliénés, les ascendants recueillent le prix qui peut en être dû. Ils succèdent aussi à l'action en reprise que pouvait avoir le donataire.

Art. 748
¹ Lorsque le père et mère d'une personne morte sans postérité lui ont survécu, si elle a laissé des frères, soeurs, ou des descendants d'eux, la succession se divise en deux portions égales, dont moitié seulement est déférée au père et à la mère, qui la partagent entre eux également.

² L'autre moitié appartient aux frères, soeurs ou descendants d'eux, ainsi qu'il sera expliqué dans la section VI du présent chapitre.

Art. 749 (21.01.2013)
Dans le cas où la personne morte sans postérité laisse des frères, soeurs, ou des descendants d'eux, si le père ou la mère est prédécédé, la portion qui lui aurait été dévolue conformément au précédent article, se réunit à la moitié déférée aux frères, soeurs, ou à ceux qui se substituent à eux, ainsi qu'il sera expliqué à la section VI du présent chapitre.

6. Abschnitt: Erbfolge der Seitenverwandten

Art. 750
¹ Sind die Eltern eines Erblassers ohne Nachkommen vor diesem verstorben, erben dessen Geschwister oder deren Nachkommen unter Ausschluss der Vorfahren und anderer Seitenverwandter.
² Sie treten das Erbe entweder aus eigenem Recht an oder als Ersatzerben gemäss den Vorschriften des 2. Abschnitts dieses Kapitels.

Art. 751
Wenn die Eltern den ohne Nachkommen verstorbenen Erblasser überlebt haben, erhalten dessen Geschwister oder deren Ersatzerben nur die Hälfte der Erbschaft. Hat nur der Vater oder nur die Mutter den Erblasser überlebt, so erhalten die Geschwister drei Viertel.

Section VI: Des successions collatérales *(14.05.1981)*

Art. 750 (21.01.2013)
¹ En cas de prédécès des père et mère d'une personne morte sans postérité, ses frères, soeurs ou leurs descendants sont appelés à la succession, à l'exclusion des ascendants et des autres collatéraux.
² Ils succèdent, ou de leur chef, ou par substitution, ainsi qu'il a été réglé dans la section II du présent chapitre.

Art. 751 (21.01.2013)
Si les père et mère de la personne morte sans postérité lui ont survécu, ses frères, soeurs ou ceux qui se substituent à eux ne sont appelés qu'à la moitié de la succession. Si le père ou la mère seulement a survécu, ils sont appelés à recueillir les trois quarts.

Art. 752
Die den Geschwistern nach dem vorhergehenden Artikel zufallende Hälfte oder drei Viertel werden unter ihnen zu gleichen Teilen aufgeteilt, wenn sie alle dieselben Eltern haben; wenn sie verschiedene Eltern haben, wird hälftig aufgeteilt zwischen der väterlichen und der mütterlichen Linie des Erblassers; die vollbürtigen Geschwister erhalten in beiden Linien einen Anteil; die Halbgeschwister nur von der Linie der Mutter oder nur von der Linie des Vaters: sind nur Geschwister von einer Seite vorhanden, so erben sie das Ganze unter Ausschluss aller übrigen Verwandten der anderen Linie.

Art. 753
[1] Sind weder Geschwister noch Nachkommen von ihnen noch Vorfahren in der einen oder anderen Linie vorhanden, so geht die Erbschaft zur Hälfte an die überlebenden Vorfahren, zur anderen Hälfte an die nächsten Verwandten der anderen Linie.
[2] Treffen Seitenverwandte gleichen Grades zusammen, so teilen sie nach Köpfen, es sei denn, dass sie aufgrund einer Substitution erben, wie es im 2. Abschnitt dieses Kapitels geregelt ist.

Art. 752 (31.03.1987)
Le partage de la moitié ou des trois quarts dévolus aux frères ou soeurs, aux termes de l'article précédent, s'opère entre eux par égales portions, s'ils ont tous les mêmes père et mère; s'ils ont des père et mère différents, la division se fait par moitié entre les deux lignes paternelle et maternelle du défunt; les germains prennent part dans les deux lignes, et les utérins et consanguins chacun dans leur ligne seulement: s'il n'y a de frères ou soeurs que d'un côté, ils succèdent à la totalité, à l'exclusion de tous autres parents de l'autre ligne.

Art. 753 (21.01.2013)
[1] A défaut de frères ou soeurs ou de descendants d'eux, et à défaut d'ascendants dans l'une ou l'autre ligne, la succession est déférée pour moitié aux ascendants survivants; et pour l'autre moitié, aux parents les plus proches de l'autre ligne.

[2] S'il y a concours de parents collatéraux au même degré, ils partagent par tête, à moins qu'ils ne soient appelés par substitution, ainsi qu'il est réglé à la section II du présent chapitre.

Art. 754
Im Fall des vorhergehenden Artikels hat der überlebende Elternteil die Nutzniessung an einem Drittel desjenigen Vermögens, welches er nicht zu Eigentum erbt.

Art. 754/1
¹ Andere Seitenverwandte als Brüder und Schwestern des Verstorbenen oder deren Nachkommen erben nicht, wenn der Erblasser einen überlebenden Ehegatten hinterlässt.
² Die hälftige Teilung des Nachlasses nach Art. 753 findet nicht statt, wenn der Erblasser einen überlebenden Ehegatten hinterlässt.

Art. 755
¹ Verwandte über den vierten Grad hinaus erben nicht, es sei denn als Ersatzerben.

² Sind in einer Linie keine erbberechtigten Verwandten vorhanden, so erben die Verwandten der anderen Linie das Ganze.

Art. 754
Dans le cas de l'article précédent, le père ou la mère survivent à l'usufruit du tiers des biens auxquels il ne succède pas en propriété.

Art. 754/1 (01.09.2018)
¹ Les collatéraux autres que les frères ou soeurs du défunt ou leurs descendants n'héritent pas lorsque le défunt laisse un conjoint survivant.

² Le partage de la succession par moitié, visé à l'article 753, n'a pas lieu lorsque le défunt laisse un conjoint survivant.

Art. 755 (21.01.2013)
¹ Les parents au-delà du quatrième degré ne succèdent pas, à moins qu'ils ne soient appelés par substitution.
² A défaut de parents au degré successible dans une ligne, les parents de l'autre ligne succèdent pour le tout.

2. Verfügungsbeschränkungen (Art. 913–919 CC bel.)

Zivilgesetzbuch vom 21. März 1804[85]
3. Buch: Die verschiedenen Arten des Eigentumserwerbs
2. Titel: Von Schenkungen unter Lebenden und von Testamenten
3. Kapitel: Die verfügbare Quote und die Herabsetzung
1. Abschnitt: Die verfügbare Quote

Art. 913
§ 1
Unentgeltliche Zuwendungen unter Lebenden oder durch Testament dürfen die Hälfte der Masse nach Art. 922 nicht übersteigen, wenn der Verfügende bei seinem Tod eines oder mehrere Kinder hinterlässt.
§ 2
Im vorhergehenden Artikel sind mit dem Begriff Kinder die Nachkommen gleich welchen Grades gemeint; sie werden jedoch nur soweit gezählt, als sie im Nachlass des Verfügenden anstelle eines Kindes als Ersatz eintreten.

Code Civil du 21 mars 1804 (CC bel.)[86]
Livre III: Des différentes manières dont on acquiert la propriété
Titre II: Des donations entre vifs et des testaments
Chapitre III: De la portion de biens disponible et de la réduction
Section I: De la portion de biens disponible

Art. 913 (01.09.2018)
§ 1er
Les libéralités, soit par actes entre vifs, soit par testament, ne pourront excéder la moitié de la mass visée à l'article 922, si lé disposant laisse à son décès un ou plusieurs enfants.

§ 2
Sont compris dans le paragraphe précédent, sous le nom d'enfants, les descendants en quelque degré que ce soit; néanmoins ils ne sont comptés que pour l'enfant auquel ils se substituent dans la succession du disposant.

---

[85] Zur offiziellen Übersetzung vgl. Moniteur Belge vom 09.10.2009, S. 67201 ff.
[86] Vgl. die Homepage der belgischen Justiz: www.droitbelge.be/codes.asp#civ; Stand: 19.06.2019.

Art. 914
§ 1
Der Teil des Nachlasses, der den Kindern nach Art. 913 vorbehalten ist, ist nur dann mit einer Nutzniessung zugunsten des überlebenden Ehegatten belastet, wenn er ein Nutzniessungsrecht auf dem gesamten Nachlass hat, und nach Massgabe von Art. 858ter.

§ 2
In allen anderen Fällen darf der Pflichtteil der Kinder durch die Nutzniessung nur in der folgenden Weise belastet werden:

1° Wenn die Nutzniessung des überlebenden Ehegatten auf einen Bruchteil des Nachlasses beschränkt ist, wird sie zunächst auf die verfügbare Quote angerechnet, nachdem die unentgeltlichen Zuwendungen nach Art. 922/1 § 3 abgezogen wurden. Reicht dieser Saldo nicht aus, um die dem überlebenden Ehegatten eingeräumte Nutzniessung zu gewähren, belastet die ihm zustehende Nutzniessung den Pflichtteil der Kinder zu jeweils gleichen Teilen;

Art. 914 (01.09.2018)
§ 1er
La portion de la succession qui est réservée aux enfants conformément à l'article 913, n'est grevée d'usufruit au profit du conjoint survivant que lorsque celui-ci a droit à l'usufruit de toute la succession, et dans la mesure déterminée à l'article 858ter.

§ 2
Dans tous les autres cas, la réserve des enfants n'est grevée de cet usufruit que dans les limites ci-après:

1° lorsque les droits du conjoint survivant ont été limités à l'usufruit d'une fraction de la succession, cet usufruit grève d'abord le solde de la quotité disponible après imputation sur celle-ci des libéralités comme il est dit à l'article 922/1, § 3. Si ce solde ne suffit pas pour remplir le conjoint survivant des droits en usufruit qui lui ont été accordés, le solde d'usufruit qui lui revient est mis à charge de la part réservataire attribuée aux enfants, chacun pour une part égale;

2° Wenn das Recht des überlebenden Ehegatten auf den nach Art. 915bis § 1 bestimmten Teil beschränkt ist, wird die Nutzniessung zunächst auf die verfügbare Quote angerechnet, nachdem die Schenkungen gemäss Art. 922/1 § 3 abgezogen wurden. Reicht dieser Saldo nicht aus, um die dem überlebenden eingeräumte Nutzniessung Ehegatten zu gwähren, kann er in der von Art. 923 festgelegten Reihenfolge verlangen, dass die unentgeltlichen Zuwendungen herabgesetzt werden. Diese Herabsetzung erfolgt gemäss Art. 920;

3° Wenn die Nutzniessung des überlebenden Ehegatten auf bestimmte Nachlassgüter beschränkt ist, und diese Nachlassgüter in der Erbteilung den Kindern zugeteilt wurden, können diese eine Entschädigung für die Last der Nutzniessung verlangen und zwar im Umfang, in welchem es ihrem Pflichtteil betrifft.

In dem in Abs. 1 2° genannten Fall, kann der überlebende Ehegatte nicht den Pflichtteil der Kinder mit seiner Nutzniessung belasten, wenn er keine Herabsetzung erhält, sei es durch Art. 915bis § 2/1, sei es weil er die Herabsetzungsklage nicht anstrengte.

2° lorsque les droits du conjoint survivant ont été limités à la portion déterminée par l'article 915bis, § 1er, cet usufruit grève d'abord le solde de la quotité disponible, après imputation sur celle-ci des libéralités comme il est dit à l'article 922/1, § 3. Si ce solde ne suffit pas pour remplir le conjoint survivant de ses droits en usufruit, il peut exiger la réduction des libéralités imputées sur la quotité disponible, dans l'ordre déterminé par l'article 923. Cette réduction se fait conformément à ce qui est dit à l'article 920;

3° lorsque les droits du conjoint survivant ont été limités à l'usufruit de certains biens de la succession, et que ces biens sont, par le partage, attribués aux enfants, ceux-ci peuvent exiger une compensation pour la charge de cet usufruit, dans la mesure où il grève leur droit à une part réservataire de la succession.

Dans le cas visé à l'alinéa 1er, 2°, le conjoint survivant ne peut mettre à charge de la réserve des enfants l'usufruit dont il ne peut obtenir la réduction, soit par application de l'article 915bis, § 2/1, soit parce qu'il a renoncé à l'action en réduction.

Die in Abs. 3° genannte Entschädigung wird von den Begünstigten der Vermächtnisse im Rahmen der verfügbaren Quote gemäss Art. 922/1 § 3 und von den Kindern selbst getragen und zwar im Umfang ihres Anteils am Nachlass, neben dem Pflichtteil, ein Teil oder die ganze verfügbare Quote. Sie alle tragen die Last dieses Ausgleichs zu gleichen Teilen gemessen an ihren Nachlassanteilen, ausgenommen die Pflichtteile der Kinder.

Die gesamte Entschädigung entspricht dem kapitalisierten Wert der Nutzniessung des überlebenden Ehegatten, bestimmt nach Art. 745sexies § 3.

§ 3

Wenn der registrierte Partner ein Recht auf Nutzniessung an bestimmten Nachlassgegenständen hat, und diese im Rahmen der Erbteilung den Kindern zugeteilt wurden, können diese eine Entschädigung für die Last der Nutzniessung verlangen und zwar im Umfang, in welchem es ihren Pflichtteil betrifft.

La compensation visée à l'alinéa 1er, 3°, est à charge tant des bénéficiaires de legs imputables sur la quotité disponible comme il est dit à l'article 922/1, § 3, que des enfants eux-mêmes dans la mesure où ils recueillent dans les biens de la succession, outre leur part réservataire, une portion ou la totalité du solde de la quotité disponible. Ils supportent tous la charge de cette compensation proportionnellement à la valeur des biens qu'ils recueillent, hormis la part réservataire des enfants.

La compensation globale est égale à la valeur capitalisée de l'usufruit du conjoint survivant, déterminée comme il est dit à l'article 745sexies, § 3.

§ 3

Lorsque le cohabitant légal survivant a droit à l'usufruit de certains biens de la succession, et que ces biens sont, par le partage, attribués aux enfants, ceux-ci peuvent exiger une compensation pour la charge de cet usufruit, dans la mesure où il grève leur droit à une part réservataire de la succession.

Diese Entschädigung wird von den Begünstigten der Vermächtnisse im Rahmen der verfügbaren Quote gemäss Art. 922/1 § 3 und von den Kindern selbst getragen und zwar im Umfang ihres Anteils am Nachlass, neben dem Pflichtteil, ein Teil oder die ganze verfügbare Quote. Sie alle tragen die Last dieses Ausgleichs zu gleichen Teilen gemessen an ihren Nachlassanteilen, ausgenommen die Pflichtteile der Kinder.

Die gesamte Entschädigung entspricht dem kapitalisierten Wert der Nutzniessung des überlebenden registrierten Partners, bestimmt nach Art. 745sexies § 3.

Art. 915
(aufgehoben)

Art. 915bis
§ 1
Ungeachtet einer gegenteiligen Verfügung erhält der überlebende Ehegatte die Nutzniessung an der Hälfte der Masse nach Art. 922.

Cette compensation est à charge tant des bénéficiaires de legs imputables sur la quotité disponible comme il est dit à l'article 922/1, § 3, que des enfants eux-mêmes dans la mesure où ils recueillent dans les biens de la succession, outre leur part réservataire, une portion ou la totalité du solde de la quotité disponible. Ils supportent tous la charge de cette compensation proportionnellement à la valeur des biens qu'ils recueillent, hormis la part réservataire des enfants.

La compensation globale est égale à la valeur capitalisée de l'usufruit du cohabitant légal survivant, déterminée comme il est dit à l'article 745sexies, § 3.

Art. 915 (01.09.2018)
(abrogé)

Art. 915bis (01.06.2003)
§ 1er
Nonobstant toute disposition contraire, le conjoint survivant a droit à l'usufruit de la moitié des biens de la masse visée à l'article 922.

§ 2
¹ Unentgeltliche Zuwendungen durch Rechtsgeschäft unter Lebenden oder durch Testament dürfen nicht dazu führen, dass dem überlebenden Ehegatten die Nutzniessung oder das Mietrecht an der Liegenschaft, die im Zeitpunkt der Eröffnung des Erbgangs den Hauptwohnsitz der Familie bildete, und an dem sich darin befindlichen Hausrat entzogen wird.

² Im Falle der faktischen Trennung der Ehegatten bezieht sich diese Nutzniessung oder dieses Mietrecht auf die Liegenschaft, in der die Ehegatten ihren letzten gemeinsamen Wohnsitz hatten und auf den sich darin befindlichen Hausrat, unter der Voraussetzung, dass der überlebende Ehegatte dort seinen Wohnsitz weiter behalten hat oder gegen seinen Willen gehindert worden ist, dies zu tun, und dass die Einräumung der Nutzniessung oder des Mietrechts der Billigkeit entspricht.

³ Diese Nutzniessung wird auf das angerechnet, was der überlebende Ehegatte aufgrund von § 1 erhält, ohne aber darauf beschränkt zu sein.

§ 2
¹ Les libéralités par acte entre vifs ou par testament ne peuvent avoir pour effet de priver le conjoint survivant de l'usufruit ou du droit au bail de l'immeuble affecté au jour de l'ouverture de la succession au logement principal de la famille et des meubles meublants qui le garnissent.

² En cas de séparation de fait des époux, cet usufruit ou ce droit au bail porte sur l'immeuble où les époux avaient établi leur dernière résidence conjugale et sur les meubles meublants qui le garnissent, à condition que le conjoint survivant y ait maintenu sa résidence ou ait été contre sa volonté empêché de le faire et que l'attribution de cet usufruit ou ce droit au bail soit conforme à l'équité.

³ Cet usufruit est imputé sur celui que le conjoint survivant obtient en vertu du § 1er, sans toutefois y être limité.

§ 2/1
In jedem Fall darf der überlebende Ehegatte die Reduktion von Schenkungen nicht verlangen, zu denen der Erblasser zustimmte, als er noch nicht mit dem überlebenden Ehegatten verheiratet war, obwohl diese zur Masse von Art. 922 gchörcn. Er kann auch noch von Herabsetzungen von Schenkungen profitieren, welche die Kinder verlangt haben.

§ 3
[1] Die in § 1 und § 2 vorgesehenen Rechte können dem überlebenden Ehegatten in einem Testament entzogen werden, wenn die Ehegatten am Tag des Versterbens seit mehr als sechs Monaten getrennt waren, und der Erblasser vor seinem Tod in einem gerichtlichen Antrag, sei es als Kläger oder Beklagter, der Erblasser oder der überlebende Ehegatte einen von seinem Ehegatten getrennten Aufenthaltsort beantragt hat oder eine Scheidungsklage nach Art. 229 eingereicht hat und sofern die Ehegatten seit diesem Antrag nicht wieder zusammengelebt haben.

[2] In dem von Abs. 1 geregelten Fall ist die Bestimmung eines Universalerben eine widerlegbare Vermutung des Willens, den überlebenden Ehegatten seine Rechte zu entziehen.

§ 2/1
En toute hypothèse, le conjoint survivant ne peut solliciter la réduction des donations consenties par le défunt à une époque où le conjoint n'avait pas cette qualité, nonobstant la comptabilisation de celles-ci dans la masse visée à l'article 922. Il ne peut pas non plus profiter de la réduction de telles donations demandée par les descendants du défunt.

§ 3
[1] Le conjoint survivant peut être privé par testament des droits prévus aux § 1er et § 2 lorsqu'au jour du décès les époux étaient séparés depuis plus de six mois et que, par un acte judiciaire, soit en demandant soit en défendant, le défunt ou le conjoint survivant a soit réclamé une résidence séparée de celle de son conjoint, soit introduit une demande de divorce sur la base de l'article 229, et pour autant que depuis cet acte les époux n'aient plus repris la vie commune.

[2] Dans le cas visé à l'alinéa 1er, la désignation d'un légataire universel constitue une présomption réfragable de la volonté de priver le conjoint survivant de ces droits.

³ Die Absätze 1 und 2 finden keine Anwendung, wenn die Ehegatten die in Art. 1287 Abs. 3 Zivilprozessordnung vorgesehene Vereinbarung geschlossen haben. Diese Vereinbarung gilt ab Einreichung des Scheidungsantrags, es sei denn, die Parteien haben vereinbart, dass sie ihre Wirkung mit der Unterzeichnung hat.

§ 4
...
§ 5
In dem in Art. 1388 Abs. 2 erwähnten Fall kann von den Bestimmungen dieses Artikels abgewichen werden.

Art. 916
Beim Fehlen eines überlebenden Ehegatten und von Nachkommen dürfen die unentgeltichen Zuwendungen unter Lebenden oder durch Testament das ganze Vermögen umfassen.

Art. 917
(aufgehoben)

³ Les alinéas 1er et 2 ne sont pas applicables lorsque les époux ont établi la convention prévue à l'article 1287, alinéa 3, du Code judiciaire. Cette convention produit ses effets à partir du dépôt de la requête en divorce, sauf si les parties ont décidé dans la convention qu'elle produit ses effets au jour de la signature.

§ 4
...
§ 5
Il peut être dérogé aux dispositions du présent article dans le cas visé à l'article 1388, alinéa 2

Art. 916 (01.09.2018)
A défaut de conjoint survivant et de descendants, les libéralités par actes entre vifs ou testamentaires pourront épuiser la totalité des biens.

Art. 917 (01.09.2018)
(abrogé)

Art. 918
§ 1
¹ Die Herabsetzung gegenüber Schenkungen kann nicht verlangt werden von Pflichtteilserben, welche bezüglich dieser Schenkung auf die Geltendmachung der Herabsetzung verzichtet haben, sei es durch eine entsprechende Erklärung in der Schenkungsurkunde oder später. Die Art. 1100/2-1100/6 sind auf den erwähnten Verzicht analog anwendbar und unbeschadet der einseitigen Natur der Verzichtserklärung.
² Die Erben, welche auf eine Herabsetzungsklage verzichtet haben, können nicht von Herabsetzungen profitieren, welche andere verlangt haben.

§ 2
¹ Trotz des Verzichts auf die Herabsetzungsklage im Sinne von § 1, wird der Wert des Vermögens, das Gegenstand der Schenkung war, in der Masse nach Art. 922 erfasst.
² Der Verzicht auf die Geltendmachung der Herabsetzungsklage darf nicht dazu führen, dass die übrigen Schenkungen stärker reduziert werden, als dies ohne einen solchen Verzicht der Fall gewesen wäre.

§ 3
Der Verzicht auf die Herabsetzungsklage hat, wenn überhaupt, keine Auswirkung auf die Meldepflicht der Schenkung.

Art. 918   (14.05.1981)
§ 1er
¹ La réduction des donations ne pourra pas être demandée par les héritiers réservataires qui auront renoncé à l'action en réduction à l'encontre de la donation concernée par une déclaration unilatérale dans l'acte de donation ou postérieure à celui-ci. Les articles 1100/2 à 1100/6 sont applicables à ladite renonciation, par analogie et sans préjudice du caractère unilatéral de la renonciation.

² Les héritiers ayant renoncé à l'action en réduction ne pourront profiter de la réduction qui serait demandée par d'autres.

§ 2
¹ Nonobstant la renonciation à l'action en réduction visée au paragraphe 1er, la valeur des biens ayant fait l'objet de la donation est comprise dans la masse visée à l'article 922.
² La renonciation à l'action en réduction ne peut avoir pour conséquence de faire subir aux autres libéralités une réduction plus importante que celle qu'elles auraient subie en l'absence d'une telle renonciation.

§ 3
La renonciation à l'action en réduction est, le cas échéant, sans effet sur le caractère rapportable de la donation.

§ 4

...

Art. 919
[1] Die verfügbare Quote kann ganz oder teilweise, seit es durch Rechtsgeschäft unter Lebenden oder durch Testament, den Kindern oder anderen Erben des Schenkers gegeben werden, ohne dass der Beschenkte oder Vermächtnisnehmer im Nachlass der Ausgleichung unterliegt, vorausgesetzt dass die Verfügung auf bestimmte Art von der Ausgleichung befreit hat.

[2] ....

§ 4

...

Art. 919
[1] La quotité disponible pourra être donnée en tout ou en partie, soit par acte entre vifs, soit par testament, aux enfants ou autres successibles du donateur, sans être sujette au rapport par le donataire ou le légataire venant à la succession, pourvu que la disposition ait été faite, de manière certaine, à titre de préciput ou hors part.

[2] ...

3. Internationales Erbrecht (Art. 77-84 CDIP)

Gesetz vom 16. Juli 2004 betreffend das Gesetzbuch zum Internationalen Privatrecht[162] **7. Kapitel: Erbrecht**	**Lois du 16 juillet 2004 portant le Code de droit international privé (CDIP)[163]** **Chapitre VII: Successions**
Art. 77 Internationale Zuständigkeit in Erbschaftssachen	*Art. 77 Compétence internationale en matière de succession (03.08.2017)*
§ 1 Die belgischen Rechtsprechungsorgane sind für alle Anträge in Erbsachen zuständig gemäss der Verordnung (EU) Nr. 650/2012 des Europäischen Parlaments und des Rates vom 4. Juli 2012 über die Zuständigkeit, das anzuwendende Recht, die Anerkennung und Vollstreckung von Entscheidungen und die Annahme und Vollstreckung öffentlicher Urkunden in Europäischen Nachlasszeugnisses.	§ 1er La compétence des juridictions belges pour connaître de toute demande en matière successorale est déterminée par le règlement (UE) n° 650/2012 du Parlement européen et du Conseil du 4 juillet 2012 relatif à la compétence, la loi applicable, la reconnaissance et l'exécution des décisions et l'acceptation et l'exécution des actes authentiques en matière de successions et à la création d'un certificat successoral européen.

---

[162] Zur offiziellen Übersetzung vgl. Moniteur Belge vom 10.11.2005, S. 48286 ff.
[163] Vgl. die Homepage der belgischen Justiz: www.ejustice.just.fgov.be/cgi_loi/change_lg.pl?language=fr&la=F&cn=2004071631 &table_name=loi; Stand: 04.04.2019.

§ 2
In Abänderung der allgemeinen Bestimmungen dieses Gesetzes werden alle Anträge in Erbsachen, welche nicht im Anwendungsbereich dieser Verordnung stehen, von den Zuständigkeitsregeln der Art. 4-19 der Verordnung gemäss § 1 geregelt.

§ 2
Par dérogation aux dispositions générales de la présente loi, toute demande en matière successorale que ce règlement exclut de son domaine d'application est régie par les règles de compétence prévues aux articles 4 à 19 du règlement visé au paragraphe 1er.

*Art. 78   Auf den Nachlass
            anwendbares Recht*

*Art. 78   Droit applicable à
            la succession
            (03.08.2017)*

§ 1
Das anwendbare Recht in Erbsachen bestimmt sich nach der Verordnung (EU) Nr. 650/2012 des Europäischen Parlaments und des Rates vom 4. Juli 2012 über die Zuständigkeit, das anzuwendende Recht, die Anerkennung und Vollstreckung von Entscheidungen und die Annahme und Vollstreckung öffentlicher Urkunden in Erbsachen sowie zur Einführung eines Europäischen Nachlasszeugnisses.

§ 1er
Le droit applicable en matière successorale est déterminé par le règlement (UE) n° 650/2012 du Parlement européen et du Conseil du 4 juillet 2012 relatif à la compétence, la loi applicable, la reconnaissance et l'exécution des décisions et l'acceptation et l'exécution des actes authentiques en matière de successions et à la création d'un certificat successoral européen.

§ 2
Auf alle Erbsachen, auf welche die Verordnung nicht anwendbar ist, werden dessen Art. 20 bis 38 angewendet.

§ 2
Toute matière successorale que ce règlement exclut de son domaine d'application est régie par le droit applicable en vertu de ses articles 20 à 38.

§ 3
Die Anwendung der Bestimmungen des (Haager) Übereinkommens vom 5. Oktober 1961 über das auf die Form letztwilliger Verfügungen anzuwendende Recht erstreckt sich auch auf letztwillige Verfügungen, die weder der Verordnung noch diesem Übereinkommen unterstehen.

Art. 79
Aufgehoben.

Art. 80
Aufgehoben.

Art. 81
Aufgehoben.

Art. 82
Aufgehoben.

Art. 83
Aufgehoben.

Art. 84
Aufgehoben.

Bilaterale Staatsverträge:
Vertrag zwischen Belgien und **Brasilien** zur Regelung der Intervention des Konsuls in Erbsachen, abgeschlossen durch den Austausch von Noten in Petrópolis und Rio de Janeiro am 4. und 9. Juli 1897.

§ 3
L'application des dispositions de la Convention sur les conflits de lois en matière de forme des dispositions testamentaires, conclue à La Haye le 5 octobre 1961, est étendue aux dispositions à cause de mort qui ne sont couvertes ni par le règlement ni par la Convention.

Art. 79   *(17.08.2015)*
Abrogé par L 2017-07-06/24.

Art. 80   *(17.08.2015)*
Abrogé par L 2017-07-06/24.

Art. 81   *(17.08.2015)*
Abrogé par L 2017-07-06/24.

Art. 82   *(17.08.2015)*
Abrogé par L 2017-07-06/24.

Art. 83   *(17.08.2015)*
Abrogé par L 2017-07-06/24.

Art. 84   *(17.08.2015)*
Abrogé par L 2017-07-06/24.

Traités bilatéraux:
Accord entre la Belgique et le **Brésil** réglant l'intervention des consuls en matière de succession, conclu par échange de notes, datées à Petrópolis et à Rio de Janeiro les 4 juillet et 9 juillet 1897 (Moniteur belge 27/08/1899; in Kraft seit 01/09/1897).

Bemerkung:
Alle Bestimmungen mit erbkollisionsrechtlichem Inhalt in Staatsverträgen mit Verordnungsstaaten der EuErbVO werden durch die EuErbVO ersetzt.

Multilaterale Staatsverträge:
Haager Übereinkommen vom 5. Oktober 1961 über das auf die Form letztwilliger Verfügungen anzuwendende Recht (zu den Vertragsstaaten vgl. hinten, L.16).
Basler Übereinkommen vom 16. Mai 1972 über die Schaffung eines Systems zur Registrierung von Testamenten (zu den Vertragsstaaten vgl. hinten, L.16).
Washingtoner Übereinkommen vom 26. Oktober 1973 über ein einheitliches Recht der Form eines internationalen Testaments (zu den Vertragsstaaten vgl. hinten, L.16).

Erbsachen sowie zur Einführung eines **Verordnung (EU)** Nr. 650/ 2012 des Europäischen Parlaments und des Rates vom 4. Juli 2012 über die Zuständigkeit, das anzuwendende Recht, die Anerkennung und Vollstreckung von Entscheidungen und die Annahme und Vollstreckung öffentlicher Urkunden in Europäischen Nachlasszeugnisses (EuErbVO; zum Text vgl. hinten, X.1.a.).

Traités multilatéraux:
Convention de la Haye du 5 octobre 1961 sur les conflits de lois en matière de forme des dispositions testamentaires (in Kraft seit 19.12.1971).

Convention de Bâle du 16 mai 1972 relative à l'établissement d'un système d'inscription des testaments (in Kraft seit 09.05.1977).

Convention de Washington du 26 octobre 1973 portant loi uniforme d'un testament international (in Kraft seit 21.10.1983).

Règlement (UE) n° 650/2012 du Parlement européen et du Conseil du 4 juillet 2012 relatif à la compétence, la loi applicable, la reconnaissance et l'exécution des décisions, et l'acceptation et l'exécution des actes authentiques en matière de successions et à la création d'un certificat successoral européen (in Kraft seit 15.8.2015).

N. Gesetzestexte Deutschland

1. Gesetzliche Erbfolge (§§ 1922–1941 BGB)

Bürgerliches Gesetzbuch vom 18. August 1896 (BGB)[164]
5. Buch: Erbrecht
1. Abschnitt: Erbfolge (02.01.2002)

§ 1922 Gesamtrechtsnachfolge
¹ Mit dem Tode einer Person (Erbfall) geht deren Vermögen (Erbschaft) als Ganzes auf eine oder mehrere andere Personen (Erben) über.
² Auf den Anteil eines Miterben (Erbteil) finden die sich auf die Erbschaft beziehenden Vorschriften Anwendung.

§ 1923 Erbfähigkeit
¹ Erbe kann nur werden, wer zur Zeit des Erbfalls lebt.
² Wer zur Zeit des Erbfalls noch nicht lebte, aber bereits gezeugt war, gilt als vor dem Erbfall geboren.

§ 1924 Gesetzliche Erben erster Ordnung
¹ Gesetzliche Erben der ersten Ordnung sind die Abkömmlinge des Erblassers.
² Ein zur Zeit des Erbfalls lebender Abkömmling schließt die durch ihn mit dem Erblasser verwandten Abkömmlinge von der Erbfolge aus.
³ An die Stelle eines zur Zeit des Erbfalls nicht mehr lebenden Abkömmlings treten die durch ihn mit dem Erblasser verwandten Abkömmlinge (Erbfolge nach Stämmen).
⁴ Kinder erben zu gleichen Teilen.

§ 1925 Gesetzliche Erben zweiter Ordnung
¹ Gesetzliche Erben der zweiten Ordnung sind die Eltern des Erblassers und deren Abkömmlinge.
² Leben zur Zeit des Erbfalls die Eltern, so erben sie allein und zu gleichen Teilen.
³ Lebt zur Zeit des Erbfalls der Vater oder die Mutter nicht mehr, so treten an die Stelle des Verstorbenen dessen Abkömmlinge nach den für die Beerbung in

---

[164] Vgl. die Homepage des Bundesministeriums für Justiz (in Zusammenarbeit mit Juris): www.bundesrecht.juris.de/bgb/index.html; Stand: 01.10.2019.

der ersten Ordnung geltenden Vorschriften. Sind Abkömmlinge nicht vorhanden, so erbt der überlebende Teil allein.

⁴ In den Fällen des § 1756 sind das angenommene Kind und die Abkömmlinge der leiblichen Eltern oder des anderen Elternteils des Kindes im Verhältnis zueinander nicht Erben der zweiten Ordnung.

§ 1926   Gesetzliche Erben dritter Ordnung
¹ Gesetzliche Erben der dritten Ordnung sind die Großeltern des Erblassers und deren Abkömmlinge.

² Leben zur Zeit des Erbfalls die Großeltern, so erben sie allein und zu gleichen Teilen.

³ Lebt zur Zeit des Erbfalls von einem Großelternpaar der Großvater oder die Großmutter nicht mehr, so treten an die Stelle des Verstorbenen dessen Abkömmlinge. Sind Abkömmlinge nicht vorhanden, so fällt der Anteil des Verstorbenen dem anderen Teil des Großelternpaars und, wenn dieser nicht mehr lebt, dessen Abkömmlingen zu.

⁴ Lebt zur Zeit des Erbfalls ein Großelternpaar nicht mehr und sind Abkömmlinge der Verstorbenen nicht vorhanden, so erben die anderen Großeltern oder ihre Abkömmlinge allein.

⁵ Soweit Abkömmlinge an die Stelle ihrer Eltern oder ihrer Voreltern treten, finden die für die Beerbung in der ersten Ordnung geltenden Vorschriften Anwendung.

§ 1927   Mehrere Erbteile bei mehrfacher Verwandtschaft
Wer in der ersten, der zweiten oder der dritten Ordnung verschiedenen Stämmen angehört, erhält den in jedem dieser Stämme ihm zufallenden Anteil. Jeder Anteil gilt als besonderer Erbteil.

§ 1928   Gesetzliche Erben vierter Ordnung
¹ Gesetzliche Erben der vierten Ordnung sind die Urgroßeltern des Erblassers und deren Abkömmlinge.

² Leben zur Zeit des Erbfalls Urgroßeltern, so erben sie allein; mehrere erben zu gleichen Teilen, ohne Unterschied, ob sie derselben Linie oder verschiedenen Linien angehören.

³ Leben zur Zeit des Erbfalls Urgroßeltern nicht mehr, so erbt von ihren Abkömmlingen derjenige, welcher mit dem Erblasser dem Grade nach am nächsten verwandt ist; mehrere gleich nahe Verwandte erben zu gleichen Teilen.

§ 1929   Fernere Ordnungen
¹ Gesetzliche Erben der fünften Ordnung und der ferneren Ordnungen sind die entfernteren Voreltern des Erblassers und deren Abkömmlinge.
² Die Vorschrift des § 1928 Abs. 2, 3 findet entsprechende Anwendung.

§ 1930   Rangfolge der Ordnungen
Ein Verwandter ist nicht zur Erbfolge berufen, solange ein Verwandter einer vorhergehenden Ordnung vorhanden ist.

§ 1931   Gesetzliches Erbrecht des Ehegatten
¹ Der überlebende Ehegatte des Erblassers ist neben Verwandten der ersten Ordnung zu einem Viertel, neben Verwandten der zweiten Ordnung oder neben Großeltern zur Hälfte der Erbschaft als gesetzlicher Erbe berufen. Treffen mit Großeltern Abkömmlinge von Großeltern zusammen, so erhält der Ehegatte auch von der anderen Hälfte den Anteil, der nach § 1926 den Abkömmlingen zufallen würde.
² Sind weder Verwandte der ersten oder der zweiten Ordnung noch Großeltern vorhanden, so erhält der überlebende Ehegatte die ganze Erbschaft.
³ Die Vorschrift des § 1371 bleibt unberührt.
⁴ Bestand beim Erbfall Gütertrennung und sind als gesetzliche Erben neben dem überlebenden Ehegatten ein oder zwei Kinder des Erblassers berufen, so erben der überlebende Ehegatte und jedes Kind zu gleichen Teilen; § 1924 Abs. 3 gilt auch in diesem Falle.

§ 1932   Voraus des Ehegatten
¹ Ist der überlebende Ehegatte neben Verwandten der zweiten Ordnung oder neben Großeltern gesetzlicher Erbe, so gebühren ihm außer dem Erbteil die zum ehelichen Haushalt gehörenden Gegenstände, soweit sie nicht Zubehör eines Grundstücks sind, und die Hochzeitsgeschenke als Voraus. Ist der überlebende Ehegatte neben Verwandten der ersten Ordnung gesetzlicher Erbe, so gebühren ihm diese Gegenstände, soweit er sie zur Führung eines angemessenen Haushalts benötigt.
² Auf den Voraus sind die für Vermächtnisse geltenden Vorschriften anzuwenden.

§ 1933   Ausschluss des Ehegattenerbrechts
Das Erbrecht des überlebenden Ehegatten sowie das Recht auf den Voraus ist ausgeschlossen, wenn zur Zeit des Todes des Erblassers die Voraussetzungen für die Scheidung der Ehe gegeben waren und der Erblasser die Scheidung bean-

tragt oder ihr zugestimmt hatte. Das Gleiche gilt, wenn der Erblasser berechtigt war, die Aufhebung der Ehe zu beantragen, und den Antrag gestellt hatte. In diesen Fällen ist der Ehegatte nach Maßgabe der §§ 1569 bis 1586b unterhaltsberechtigt.

§ 1934 Erbrecht des verwandten Ehegatten
Gehört der überlebende Ehegatte zu den erbberechtigten Verwandten, so erbt er zugleich als Verwandter. Der Erbteil, der ihm auf Grund der Verwandtschaft zufällt, gilt als besonderer Erbteil.

§ 1935 Folgen der Erbteilserhöhung
Fällt ein gesetzlicher Erbe vor oder nach dem Erbfall weg und erhöht sich infolgedessen der Erbteil eines anderen gesetzlichen Erben, so gilt der Teil, um welchen sich der Erbteil erhöht, in Ansehung der Vermächtnisse und Auflagen, mit denen dieser Erbe oder der wegfallende Erbe beschwert ist, sowie in Ansehung der Ausgleichungspflicht als besonderer Erbteil.

§ 1936 Gesetzliches Erbrecht des Staates (01.01.2010)
Ist zur Zeit des Erbfalls kein Verwandter, Ehegatte oder Lebenspartner des Erblassers vorhanden, erbt das Land, in dem der Erblasser zur Zeit des Erbfalls seinen letzten Wohnsitz oder, wenn ein solcher nicht feststellbar ist, seinen gewöhnlichen Aufenthalt hatte. Im Übrigen erbt der Bund.

§ 1937 Erbeinsetzung durch letztwillige Verfügung
Der Erblasser kann durch einseitige Verfügung von Todes wegen (Testament, letztwillige Verfügung) den Erben bestimmen.

§ 1938 Enterbung ohne Erbeinsetzung
Der Erblasser kann durch Testament einen Verwandten, den Ehegatten oder den Lebenspartner von der gesetzlichen Erbfolge ausschließen, ohne einen Erben einzusetzen.

§ 1939 Vermächtnis
Der Erblasser kann durch Testament einem anderen, ohne ihn als Erben einzusetzen, einen Vermögensvorteil zuwenden (Vermächtnis).

§ 1940 Auflage
Der Erblasser kann durch Testament den Erben oder einen Vermächtnisnehmer zu einer Leistung verpflichten, ohne einem anderen ein Recht auf die Leistung zuzuwenden (Auflage).

§ 1941 Erbvertrag (17.08.2015)
[1] Der Erblasser kann durch Vertrag einen Erben einsetzen, Vermächtnisse und Auflagen anordnen sowie das anzuwendende Erbrecht wählen (Erbvertrag).
[2] Als Erbe (Vertragserbe) oder als Vermächtnisnehmer kann sowohl der andere Vertragschließende als ein Dritter bedacht werden.

2. Verfügungsbeschränkungen (§§ 2303–2338a BGB)

Bürgerliches Gesetzbuch vom 18. August 1896 (BGB)[165]
5. Buch: Erbrecht
5. Abschnitt: Pflichtteil *(01.01.2002)*

§ 2303   Pflichtteilsberechtigte; Höhe des Pflichtteils
¹ Ist ein Abkömmling des Erblassers durch Verfügung von Todes wegen von der Erbfolge ausgeschlossen, so kann er von dem Erben den Pflichtteil verlangen. Der Pflichtteil besteht in der Hälfte des Wertes des gesetzlichen Erbteils.
² Das gleiche Recht steht den Eltern und dem Ehegatten des Erblassers zu, wenn sie durch Verfügung von Todes wegen von der Erbfolge ausgeschlossen sind. Die Vorschrift des § 1371 bleibt unberührt.

§ 2304   Auslegungsregel
Die Zuwendung des Pflichtteils ist im Zweifel nicht als Erbeinsetzung anzusehen.

§ 2305   Zusatzpflichtteil (01.01.2010)
Ist einem Pflichtteilsberechtigten ein Erbteil hinterlassen, der geringer ist als die Hälfte des gesetzlichen Erbteils, so kann der Pflichtteilsberechtigte von den Miterben als Pflichtteil den Wert des an der Hälfte fehlenden Teils verlangen. Bei der Berechnung des Wertes bleiben Beschränkungen und Beschwerungen der in § 2306 bezeichneten Art außer Betracht.

§ 2306   Beschränkungen und Beschwerungen   (01.01.2010)
¹ Ist ein als Erbe berufener Pflichtteilsberechtigter durch die Einsetzung eines Nacherben, die Ernennung eines Testamentsvollstreckers oder eine Teilungsanordnung beschränkt oder ist er mit einem Vermächtnis oder einer Auflage beschwert, so kann er den Pflichtteil verlangen, wenn er den Erbteil ausschlägt; die Ausschlagungsfrist beginnt erst, wenn der Pflichtteilsberechtigte von der Beschränkung oder der Beschwerung Kenntnis erlangt.
² Einer Beschränkung der Erbeinsetzung steht es gleich, wenn der Pflichtteilsberechtigte als Nacherbe eingesetzt ist.

---

[165]   Vgl. die Homepage des Bundesministeriums für Justiz (in Zusammenarbeit mit Juris): bundesrecht.juris.de/bgb/index.html; Stand: 01.10.2019.

§ 2307 Zuwendung eines Vermächtnisses
¹ Ist ein Pflichtteilsberechtigter mit einem Vermächtnis bedacht, so kann er den Pflichtteil verlangen, wenn er das Vermächtnis ausschlägt. Schlägt er nicht aus, so steht ihm ein Recht auf den Pflichtteil nicht zu, soweit der Wert des Vermächtnisses reicht; bei der Berechnung des Wertes bleiben Beschränkungen und Beschwerungen der in § 2306 bezeichneten Art außer Betracht.
² Der mit dem Vermächtnis beschwerte Erbe kann den Pflichtteilsberechtigten unter Bestimmung einer angemessenen Frist zur Erklärung über die Annahme des Vermächtnisses auffordern. Mit dem Ablauf der Frist gilt das Vermächtnis als ausgeschlagen, wenn nicht vorher die Annahme erklärt wird.

§ 2308 Anfechtung der Ausschlagung
¹ Hat ein Pflichtteilsberechtigter, der als Erbe oder als Vermächtnisnehmer in der in § 2306 bezeichneten Art beschränkt oder beschwert ist, die Erbschaft oder das Vermächtnis ausgeschlagen, so kann er die Ausschlagung anfechten, wenn die Beschränkung oder die Beschwerung zur Zeit der Ausschlagung weggefallen und der Wegfall ihm nicht bekannt war.
² Auf die Anfechtung der Ausschlagung eines Vermächtnisses finden die für die Anfechtung der Ausschlagung einer Erbschaft geltenden Vorschriften entsprechende Anwendung. Die Anfechtung erfolgt durch Erklärung gegenüber dem Beschwerten.

§ 2309 Pflichtteilsrecht der Eltern und entfernteren Abkömmlinge
Entferntere Abkömmlinge und die Eltern des Erblassers sind insoweit nicht pflichtteilsberechtigt, als ein Abkömmling, der sie im Falle der gesetzlichen Erbfolge ausschließen würde, den Pflichtteil verlangen kann oder das ihm Hinterlassene annimmt.

§ 2310 Feststellung des Erbteils für die Berechnung des Pflichtteils
Bei der Feststellung des für die Berechnung des Pflichtteils maßgebenden Erbteils werden diejenigen mitgezählt, welche durch letztwillige Verfügung von der Erbfolge ausgeschlossen sind oder die Erbschaft ausgeschlagen haben oder für erbunwürdig erklärt sind. Wer durch Erbverzicht von der gesetzlichen Erbfolge ausgeschlossen ist, wird nicht mitgezählt.

§ 2311 Wert des Nachlasses
¹ Der Berechnung des Pflichtteils wird der Bestand und der Wert des Nachlasses zur Zeit des Erbfalls zugrunde gelegt. Bei der Berechnung des Pflichtteils

eines Abkömmlings und der Eltern des Erblassers bleibt der dem überlebenden Ehegatten gebührende Voraus außer Ansatz.

² Der Wert ist, soweit erforderlich, durch Schätzung zu ermitteln. Eine vom Erblasser getroffene Wertbestimmung ist nicht maßgebend.

§ 2312   Wert eines Landguts

¹ Hat der Erblasser angeordnet oder ist nach § 2049 anzunehmen, dass einer von mehreren Erben das Recht haben soll, ein zum Nachlass gehörendes Landgut zu dem Ertragswert zu übernehmen, so ist, wenn von dem Recht Gebrauch gemacht wird, der Ertragswert auch für die Berechnung des Pflichtteils maßgebend. Hat der Erblasser einen anderen Übernahmepreis bestimmt, so ist dieser maßgebend, wenn er den Ertragswert erreicht und den Schätzungswert nicht übersteigt.

² Hinterlässt der Erblasser nur einen Erben, so kann er anordnen, dass der Berechnung des Pflichtteils der Ertragswert oder ein nach Absatz 1 Satz 2 bestimmter Wert zugrunde gelegt werden soll.

³ Diese Vorschriften finden nur Anwendung, wenn der Erbe, der das Landgut erwirbt, zu den in § 2303 bezeichneten pflichtteilsberechtigten Personen gehört.

§ 2313   Ansatz bedingter, ungewisser oder unsicherer Rechte;
          Feststellungspflicht des Erben

¹ Bei der Feststellung des Wertes des Nachlasses bleiben Rechte und Verbindlichkeiten, die von einer aufschiebenden Bedingung abhängig sind, außer Ansatz. Rechte und Verbindlichkeiten, die von einer auflösenden Bedingung abhängig sind, kommen als unbedingte in Ansatz. Tritt die Bedingung ein, so hat die der veränderten Rechtslage entsprechende Ausgleichung zu erfolgen.

² Für ungewisse oder unsichere Rechte sowie für zweifelhafte Verbindlichkeiten gilt das Gleiche wie für Rechte und Verbindlichkeiten, die von einer aufschiebenden Bedingung abhängig sind. Der Erbe ist dem Pflichtteilsberechtigten gegenüber verpflichtet, für die Feststellung eines ungewissen und für die Verfolgung eines unsicheren Rechts zu sorgen, soweit es einer ordnungsmäßigen Verwaltung entspricht.

§ 2314   Auskunftspflicht des Erben

¹ Ist der Pflichtteilsberechtigte nicht Erbe, so hat ihm der Erbe auf Verlangen über den Bestand des Nachlasses Auskunft zu erteilen. Der Pflichtteilsberechtigte kann verlangen, dass er bei der Aufnahme des ihm nach § 260 vorzulegenden Verzeichnisses der Nachlassgegenstände zugezogen und dass der Wert der Nachlassgegenstände ermittelt wird. Er kann auch verlangen, dass das Verzeichnis

durch die zuständige Behörde oder durch einen zuständigen Beamten oder Notar aufgenommen wird.
² Die Kosten fallen dem Nachlass zur Last.

§ 2315   Anrechnung von Zuwendungen auf den Pflichtteil
¹ Der Pflichtteilsberechtigte hat sich auf den Pflichtteil anrechnen zu lassen, was ihm von dem Erblasser durch Rechtsgeschäft unter Lebenden mit der Bestimmung zugewendet worden ist, dass es auf den Pflichtteil angerechnet werden soll.
² Der Wert der Zuwendung wird bei der Bestimmung des Pflichtteils dem Nachlass hinzugerechnet. Der Wert bestimmt sich nach der Zeit, zu welcher die Zuwendung erfolgt ist.
³ Ist der Pflichtteilsberechtigte ein Abkömmling des Erblassers, so findet die Vorschrift des § 2051 Abs. 1 entsprechende Anwendung.

§ 2316   Ausgleichungspflicht
¹ Der Pflichtteil eines Abkömmlings bestimmt sich, wenn mehrere Abkömmlinge vorhanden sind und unter ihnen im Falle der gesetzlichen Erbfolge eine Zuwendung des Erblassers oder Leistungen der in § 2057a bezeichneten Art zur Ausgleichung zu bringen sein würden, nach demjenigen, was auf den gesetzlichen Erbteil unter Berücksichtigung der Ausgleichungspflichten bei der Teilung entfallen würde. Ein Abkömmling, der durch Erbverzicht von der gesetzlichen Erbfolge ausgeschlossen ist, bleibt bei der Berechnung außer Betracht.
² Ist der Pflichtteilsberechtigte Erbe und beträgt der Pflichtteil nach Absatz 1 mehr als der Wert des hinterlassenen Erbteils, so kann der Pflichtteilsberechtigte von den Miterben den Mehrbetrag als Pflichtteil verlangen, auch wenn der hinterlassene Erbteil die Hälfte des gesetzlichen Erbteils erreicht oder übersteigt.
³ Eine Zuwendung der in § 2050 Abs. 1 bezeichneten Art kann der Erblasser nicht zum Nachteil eines Pflichtteilsberechtigten von der Berücksichtigung ausschließen.
⁴ Ist eine nach Absatz 1 zu berücksichtigende Zuwendung zugleich nach § 2315 auf den Pflichtteil anzurechnen, so kommt sie auf diesen nur mit der Hälfte des Wertes zur Anrechnung.

§ 2317   Entstehung und Übertragbarkeit des Pflichtteilsanspruchs
¹ Der Anspruch auf den Pflichtteil entsteht mit dem Erbfall.
² Der Anspruch ist vererblich und übertragbar.

§ 2318 Pflichtteilslast bei Vermächtnissen und Auflagen
[1] Der Erbe kann die Erfüllung eines ihm auferlegten Vermächtnisses soweit verweigern, dass die Pflichtteilslast von ihm und dem Vermächtnisnehmer verhältnismäßig getragen wird. Das Gleiche gilt von einer Auflage.
[2] Einem pflichtteilsberechtigten Vermächtnisnehmer gegenüber ist die Kürzung nur soweit zulässig, dass ihm der Pflichtteil verbleibt.
[3] Ist der Erbe selbst pflichtteilsberechtigt, so kann er wegen der Pflichtteilslast das Vermächtnis und die Auflage soweit kürzen, dass ihm sein eigener Pflichtteil verbleibt.

§ 2319 Pflichtteilsberechtigter Miterbe
Ist einer von mehreren Erben selbst pflichtteilsberechtigt, so kann er nach der Teilung die Befriedigung eines anderen Pflichtteilsberechtigten soweit verweigern, dass ihm sein eigener Pflichtteil verbleibt. Für den Ausfall haften die übrigen Erben.

§ 2320 Pflichtteilslast des an die Stelle des Pflichtteilsberechtigten getretenen Erben
[1] Wer anstelle des Pflichtteilsberechtigten gesetzlicher Erbe wird, hat im Verhältnis zu Miterben die Pflichtteilslast und, wenn der Pflichtteilsberechtigte ein ihm zugewendetes Vermächtnis annimmt, das Vermächtnis in Höhe des erlangten Vorteils zu tragen.
[2] Das Gleiche gilt im Zweifel von demjenigen, welchem der Erblasser den Erbteil des Pflichtteilsberechtigten durch Verfügung von Todes wegen zugewendet hat.

§ 2321 Pflichtteilslast bei Vermächtnisausschlagung
Schlägt der Pflichtteilsberechtigte ein ihm zugewendetes Vermächtnis aus, so hat im Verhältnis der Erben und der Vermächtnisnehmer zueinander derjenige, welchem die Ausschlagung zustatten kommt, die Pflichtteilslast in Höhe des erlangten Vorteils zu tragen.

§ 2322 Kürzung von Vermächtnissen und Auflagen
Ist eine von dem Pflichtteilsberechtigten ausgeschlagene Erbschaft oder ein von ihm ausgeschlagenes Vermächtnis mit einem Vermächtnis oder einer Auflage beschwert, so kann derjenige, welchem die Ausschlagung zustatten kommt, das Vermächtnis oder die Auflage soweit kürzen, dass ihm der zur Deckung der Pflichtteilslast erforderliche Betrag verbleibt.

§ 2323 Nicht pflichtteilsbelasteter Erbe
Der Erbe kann die Erfüllung eines Vermächtnisses oder einer Auflage auf Grund des § 2318 Abs. 1 insoweit nicht verweigern, als er die Pflichtteilslast nach den §§ 2320 bis 2322 nicht zu tragen hat.

§ 2324 Abweichende Anordnungen des Erblassers hinsichtlich der Pflichtteilslast
Der Erblasser kann durch Verfügung von Todes wegen die Pflichtteilslast im Verhältnis der Erben zueinander einzelnen Erben auferlegen und von den Vorschriften des § 2318 Abs. 1 und der §§ 2320 bis 2323 abweichende Anordnungen treffen.

§ 2325 Pflichtteilsergänzungsanspruch bei Schenkungen (01.01.2010)
[1] Hat der Erblasser einem Dritten eine Schenkung gemacht, so kann der Pflichtteilsberechtigte als Ergänzung des Pflichtteils den Betrag verlangen, um den sich der Pflichtteil erhöht, wenn der verschenkte Gegenstand dem Nachlass hinzugerechnet wird.
[2] Eine verbrauchbare Sache kommt mit dem Werte in Ansatz, den sie zur Zeit der Schenkung hatte. Ein anderer Gegenstand kommt mit dem Werte in Ansatz, den er zur Zeit des Erbfalls hat; hatte er zur Zeit der Schenkung einen geringeren Wert, so wird nur dieser in Ansatz gebracht.
[3] Die Schenkung wird innerhalb des ersten Jahres vor dem Erbfall in vollem Umfang, innerhalb jedes weiteren Jahres vor dem Erbfall um ein Zehntel weniger berücksichtigt. Sind zehn Jahre seit der Leistung des verschenkten Gegenstands verstrichen, bleibt die Schenkung unberücksichtigt. Ist die Schenkung an den Ehegatten erfolgt, so beginnt die Frist nicht vor der Auflösung der Ehe.

§ 2326 Ergänzung über die Hälfte des gesetzlichen Erbteils
Der Pflichtteilsberechtigte kann die Ergänzung des Pflichtteils auch dann verlangen, wenn ihm die Hälfte des gesetzlichen Erbteils hinterlassen ist. Ist dem Pflichtteilsberechtigten mehr als die Hälfte hinterlassen, so ist der Anspruch ausgeschlossen, soweit der Wert des mehr Hinterlassenen reicht.

§ 2327 Beschenkter Pflichtteilsberechtigter
[1] Hat der Pflichtteilsberechtigte selbst ein Geschenk von dem Erblasser erhalten, so ist das Geschenk in gleicher Weise wie das dem Dritten gemachte Geschenk dem Nachlass hinzuzurechnen und zugleich dem Pflichtteilsberechtigten auf die Ergänzung anzurechnen. Ein nach § 2315 anzurechnendes Geschenk ist auf den Gesamtbetrag des Pflichtteils und der Ergänzung anzurechnen.

² Ist der Pflichtteilsberechtigte ein Abkömmling des Erblassers, so findet die Vorschrift des § 2051 Abs. 1 entsprechende Anwendung.

§ 2328 Selbst pflichtteilsberechtigter Erbe
Ist der Erbe selbst pflichtteilsberechtigt, so kann er die Ergänzung des Pflichtteils soweit verweigern, dass ihm sein eigener Pflichtteil mit Einschluss dessen verbleibt, was ihm zur Ergänzung des Pflichtteils gebühren würde.

§ 2329 Anspruch gegen den Beschenkten
¹ Soweit der Erbe zur Ergänzung des Pflichtteils nicht verpflichtet ist, kann der Pflichtteilsberechtigte von dem Beschenkten die Herausgabe des Geschenks zum Zwecke der Befriedigung wegen des fehlenden Betrags nach den Vorschriften über die Herausgabe einer ungerechtfertigten Bereicherung fordern. Ist der Pflichtteilsberechtigte der alleinige Erbe, so steht ihm das gleiche Recht zu.
² Der Beschenkte kann die Herausgabe durch Zahlung des fehlenden Betrags abwenden.
³ Unter mehreren Beschenkten haftet der früher Beschenkte nur insoweit, als der später Beschenkte nicht verpflichtet ist.

§ 2330 Anstandsschenkungen
Die Vorschriften der §§ 2325 bis 2329 finden keine Anwendung auf Schenkungen, durch die einer sittlichen Pflicht oder einer auf den Anstand zu nehmenden Rücksicht entsprochen wird.

§ 2331 Zuwendungen aus dem Gesamtgut
¹ Eine Zuwendung, die aus dem Gesamtgut der Gütergemeinschaft erfolgt, gilt als von jedem der Ehegatten zur Hälfte gemacht. Die Zuwendung gilt jedoch, wenn sie an einen Abkömmling, der nur von einem der Ehegatten abstammt, oder an eine Person, von der nur einer der Ehegatten abstammt, erfolgt, oder wenn einer der Ehegatten wegen der Zuwendung zu dem Gesamtgut Ersatz zu leisten hat, als von diesem Ehegatten gemacht.
² Diese Vorschriften sind auf eine Zuwendung aus dem Gesamtgut der fortgesetzten Gütergemeinschaft entsprechend anzuwenden.

§ 2331a Stundung (01.01.2010)
¹ Der Erbe kann Stundung des Pflichtteils verlangen, wenn die sofortige Erfüllung des gesamten Anspruchs für den Erben wegen der Art der Nachlassgegenstände eine unbillige Härte wäre, insbesondere wenn sie ihn zur Aufgabe des Familienheims oder zur Veräußerung eines Wirtschaftsguts zwingen würde, das

für den Erben und seine Familie die wirtschaftliche Lebensgrundlage bildet. Die Interessen des Pflichtteilsberechtigten sind angemessen zu berücksichtigen.
² Für die Entscheidung über eine Stundung ist, wenn der Anspruch nicht bestritten wird, das Nachlassgericht zuständig. § 1382 Abs. 2 bis 6 gilt entsprechend; an die Stelle des Familiengerichts tritt das Nachlassgericht.

§ 2332   Verjährung   (01.01.2010)
¹ Die Verjährungsfrist des dem Pflichtteilsberechtigten nach § 2329 gegen den Beschenkten zustehenden Anspruchs beginnt mit dem Erbfall.
² Die Verjährung des Pflichtteilsanspruchs und des Anspruchs nach § 2329 wird nicht dadurch gehemmt, dass die Ansprüche erst nach der Ausschlagung der Erbschaft oder eines Vermächtnisses geltend gemacht werden können.

§ 2333   Entziehung des Pflichtteils   (01.01.2010)
¹ Der Erblasser kann einem Abkömmling den Pflichtteil entziehen, wenn der Abkömmling:
1. dem Erblasser, dem Ehegatten des Erblassers, einem anderen Abkömmling oder einer dem Erblasser ähnlich nahestehenden Person nach dem Leben trachtet;
2. sich eines Verbrechens oder eines schweren vorsätzlichen Vergehens gegen eine der in Nummer 1 bezeichneten Personen schuldig macht;
3. die ihm dem Erblasser gegenüber gesetzlich obliegende Unterhaltspflicht böswillig verletzt oder
4. wegen einer vorsätzlichen Straftat zu einer Freiheitsstrafe von mindestens einem Jahr ohne Bewährung rechtskräftig verurteilt wird und die Teilhabe des Abkömmlings am Nachlass deshalb für den Erblasser unzumutbar ist. Gleiches gilt, wenn die Unterbringung des Abkömmlings in einem psychiatrischen Krankenhaus oder in einer Erziehungsanstalt wegen einer ähnlich schwerwiegenden vorsätzlichen Tat rechtskräftig angeordnet wird.

² Absatz (1) gilt entsprechend für die Entziehung des Eltern- und Ehegattenpflichtteils.

§ 2334   (01.01.2010)
(aufgehoben)

§ 2335   (01.01.2010)
(aufgehoben)

§ 2336   Form, Beweislast, Unwirksamwerden   (01.01.2010)
¹ Die Entziehung des Pflichtteils erfolgt durch letztwillige Verfügung.
² Der Grund der Entziehung muss zur Zeit der Errichtung bestehen und in der Verfügung angegeben werden. Für eine Erziehung nach § 2333 Absatz 1 Nr. 4 muss zur Zeit der Errichtung die Tat begangen sein und der Grund der Unzumutbarkeit vorliegen; beides muss in der Verfügung angegeben sein.
³ Der Beweis des Grundes liegt demjenigen ob, welcher die Entziehung geltend macht.
⁴ (aufgehoben)

§ 2337   Verzeihung
Das Recht zur Entziehung des Pflichtteils erlischt durch Verzeihung. Eine Verfügung, durch die der Erblasser die Entziehung angeordnet hat, wird durch die Verzeihung unwirksam.

§ 2338   Pflichtteilsbeschränkung
¹ Hat sich ein Abkömmling in solchem Maße der Verschwendung ergeben oder ist er in solchem Maße überschuldet, dass sein späterer Erwerb erheblich gefährdet wird, so kann der Erblasser das Pflichtteilsrecht des Abkömmlings durch die Anordnung beschränken, dass nach dem Tode des Abkömmlings dessen gesetzliche Erben das ihm Hinterlassene oder den ihm gebührenden Pflichtteil als Nacherben oder als Nachvermächtnisnehmer nach dem Verhältnis ihrer gesetzlichen Erbteile erhalten sollen. Der Erblasser kann auch für die Lebenszeit des Abkömmlings die Verwaltung einem Testamentsvollstrecker übertragen; der Abkömmling hat in einem solchen Falle Anspruch auf den jährlichen Reinertrag.
² Auf Anordnungen dieser Art findet die Vorschrift des § 2336 Abs. 1 bis 3 entsprechende Anwendung. Die Anordnungen sind unwirksam, wenn zur Zeit des Erbfalls der Abkömmling sich dauernd von dem verschwenderischen Leben abgewendet hat oder die den Grund der Anordnung bildende Überschuldung nicht mehr besteht.

3. Internationales Erbrecht (BGBEG, FamFG und IntErbRVG)

Einführungsgesetz zum Bürgerlichen Gesetzbuch vom 18. August 1896 (BGBEG)[154]
Erster Teil: Allgemeine Vorschriften
Zweites Kapitel: Internationales Privatrecht
Vierter Abschnitt: Erbrecht *(01.10.1994)*

Art. 25 Rechtsnachfolge von Todes wegen (17.08.2015)
Soweit die Rechtsnachfolge von Todes wegen nicht in den Anwendungsbereich der Verordnung (EU) Nr. 650/2012 fällt, gelten die Vorschriften des Kapitels III dieser Verordnung entsprechend.

Art. 26 Form von Verfügungen von Todes wegen (17.08.2015)
¹ In Ausführung des Artikels 3 des Haager Übereinkommens vom 5. Oktober 1961 über das auf die Form letztwilliger Verfügungen anzuwendende Recht (BGBl. 1965 II S. 1144, 1145) ist eine letztwillige Verfügung, auch wenn sie von mehreren Personen in derselben Urkunde errichtet wird oder durch sie eine frühere letztwillige Verfügung widerrufen wird, hinsichtlich ihrer Form gültig, wenn sie den Formerfordernissen des Rechts entspricht, das auf die Rechtsnachfolge von Todes wegen anzuwenden ist oder im Zeitpunkt der Verfügung anzuwenden wäre. Die weiteren Vorschriften des Haager Übereinkommens bleiben unberührt.
² Für die Form anderer Verfügungen von Todes wegen ist Artikel 27 der Verordnung (EU) Nr. 650/2012 maßgeblich.

---

[154] Vgl. die Homepage des Bundesministeriums für Justiz (in Zusammenarbeit mit Juris): www.bundesrecht.juris.de/bgbeg/index.html; Stand: 01.10.2019.

Gesetz vom 17. Dezember 2008 über das Verfahren in Familiensachen und in den Angelegenheiten der freiwilligen Gerichtsbarkeit (FamFG)[155]
Buch 1: Allgemeiner Teil
Abschnitt 9: Verfahren mit Auslandbezug
Unterabschnitt 2: Internationale Zuständigkeiten *(01.09.2009)*

§ 105 Andere Verfahren
In anderen Verfahren nach diesem Gesetz sind die deutschen Gerichte zuständig, wenn ein deutsches Gericht örtlich zuständig ist.

Buch 4: Verfahren in Nachlass- und Teilungssachen
Abschnitt 1: Begriffsbestimmung; örtliche Zuständigkeit *(01.09.2009)*

§ 343 Örtliche Zuständigkeit (17.08.2015)
¹ Örtlich zuständig ist das Gericht, in dessen Bezirk der Erblasser im Zeitpunkt seines Todes seinen gewöhnlichen Aufenthalt hatte.
² Hatte der Erblasser im Zeitpunkt seines Todes keinen gewöhnlichen Aufenthalt im Inland, ist das Gericht zuständig, in dessen Bezirk der Erblasser seinen letzten gewöhnlichen Aufenthalt im Inland hatte.
³ Ist eine Zuständigkeit nach den Absätzen 1 und 2 nicht gegeben, ist das Amtsgericht Schöneberg in Berlin zuständig, wenn der Erblasser Deutscher ist oder sich Nachlassgegenstände im Inland befinden. Das Amtsgericht Schöneberg in Berlin kann die Sache aus wichtigem Grund an ein anderes Nachlassgericht verweisen.

Internationales Erbrechtsverfahrensgesetz vom 29. Juni 2015 (IntErbRVG)[156]

§ 1 Anwendungsbereich
¹ Dieses Gesetz regelt die Durchführung der Verordnung (EU) Nr. 650/2012 des Europäischen Parlaments und des Rates vom 4. Juli 2012 über die Zuständigkeit, das anzuwendende Recht, die Anerkennung und Vollstreckung von Ent-

---

[155] Vgl. die Homepage des Bundesministeriums für Justiz (in Zusammenarbeit mit Juris): www.bundesrecht.juris.de/famfg/index.html; Stand: 01.10.2019.
[156] Vgl. die Homepage des Bundesministeriums für Justiz (in Zusammenarbeit mit Juris): www.gesetze-im-internet.de/interbrvg/BJNR104210015.html (Stand: 01.10.2019).

scheidungen und die Annahme und Vollstreckung öffentlicher Urkunden in Erbsachen sowie zur Einführung eines Europäischen Nachlasszeugnisses.
² Mitgliedstaaten im Sinne dieses Gesetzes sind die Mitgliedstaaten der Europäischen Union mit Ausnahme Dänemarks, Irlands und des Vereinigten Königreichs. ....

Bilaterale Staatsverträge:
Niederlassungsabkommen vom 17. Februar 1929 zwischen dem Deutschen Reich und dem Kaiserreich Persien (heute: **Iran**) (RGBl 1930 II 1002), Art. 8.

Handels- und Schiffahrtsvertrag vom 12. Mai 1930 zwischen dem Deutschen Reich und dem **Irischen** Freistaat (RGBl 1931 II 692), Art. 2, 3, 22 und 23.

Handels- und Schiffahrtsvertrag vom 20. Juli 1927 zwischen dem Deutschen Reich und **Japan** (RGBl 1927 II 1088), Art. I und XXIII.

Freundschafts-, Handels- und Schiffahrtsvertrag vom 23. Juli 1892 zwischen dem Deutschen Reich und dem Freistaate **Kolumbien** (RGBl 1894, 471), Art. 21.

Konsularvertrag zwischen dem Deutschen Reich und der Union der Sozialistischen **Sowjetrepubliken** vom 12. Oktober 1925 (RGBl 1926 II 60), Anlage zu Art. 22 (Nachlassabkommen) §§ 13-15, 17 und 19.

Konsularvertrag zwischen der Bundesrepublik Deutschland und der Union der Sozialistischen **Sowjetrepubliken** vom 25. April 1958 (BGBl 1959 II 233), Art.19-20 und 24-29; dieser Vertrag gilt heute für die Russische Förderation (BGBl 1992 II 1016) und für folgende GUS-Staaten: Armenien (BGBl 1993 II 119), Aserbeidschan (BGBl 1996 II 2472), Belarus (BGBl 1994 II 2533), Georgien (BGBl 1992 II 1128), Kasachstan (BGBl 1992 II 1120), Kirgistan (BGBl 1992 II 1015), Moldavien (BGBl 1996 II 768), Tadschikistand (BGBl 1995 II 255), Ukraine (BGBl 1993 II 1189), Usbekistand (BGBl 1993 II 2038).

Niederlassungsabkommen vom 12. Januar 1927 zwischen dem Deutschen Reich und der **Türkischen** Republik (RGBl II 76, 454), Art. 3 und 8.

Konsularvertrag vom 28. Mai 1929 zwischen dem Deutschen Reich und der **Türkischen** Republik (RGBl.1930 II, S. 748), Art. 16 und 20, Anlage zu Art. 20 (Nachlassabkommen).

Konsularvertrag vom 30. Juli 1956 zwischen der Bundesrepublik Deutschland und dem **Vereinigten Königreich** von Großbritannien und Nord-Irland (BGBl 1957 II 284), Art. 21-28.

Freundschafts-, Handels- und Konsularvertrag vom 8. Dezember 1923 zwischen Deutschland und den **Vereinigten Staaten** von Amerika (RGBl 1925 II

795), Art. XXIV; mit den Änderungen vom 20. November 1954 (BGBl 1956 II 487), Art. IX, XXVIII.

Bemerkung: Alle Bestimmungen mit erbkollisionsrechtlichem Inhalt in Verträgen mit den Mitgliedstaaten der EuErbVO werden durch die EuErbVO ersetzt.

Multilaterale Staatsverträge:
Haager Übereinkommen vom 5. Oktober 1961 über das auf die Form letztwilliger Verfügungen anzuwendende Recht (in Kraft seit 1.1.1966; zu den Vertragsstaaten vgl. hinten, L. 16).

Verordnung (EU) Nr. 650/2012 des Europäischen Parlaments und des Rates vom 4. Juli 2012 über die Zuständigkeit, das anzuwendende Recht, die Anerkennung und Vollstreckung von Entscheidungen und die Annahme und Vollstreckung öffentlicher Urkunden in Erbsachen sowie zur Einführung eines Europäischen Nachlasszeugnisses (in Kraft seit 17.08.2015; zum Text vgl. hinten, X.1.a.).

O. Gesetzestexte Frankreich

1. Gesetzliche Erbfolge (Art. 731–767 CC fr.)

Zivilgesetzbuch vom 21. März 1804 3. Buch: Die verschiedenen Arten des Eigentumserwerbs 1. Titel: Erbschaften 3. Kapitel: Erben	Code Civil du 21 mars 1804 (CC fr.)[173] Livre III: Des différentes manières dont on acquiert la propriété Titre Ier: Des successions Chapitre III: Des héritiers
Art. 731 Die Erbschaft geht von Gesetzes wegen auf die Verwandten und den überlebenden Ehegatten über und zwar nach den im Folgenden definierten Regeln.	*Art. 731 (01.07.2002)* La succession est dévolue par la loi aux parents et au conjoint successibles du défunt dans les conditions définies ci-après.
Art. 732 Ein Ehegatte erbt nur dann, wenn er den anderen überlebt und nicht von ihm geschieden ist.	*Art. 732 (01.01.2007)* Est conjoint successible le conjoint survivant non divorcé.
1. Abschnitt: Rechte der Verwandten beim Fehlen eines erbberechtigten Ehegatten	**Section 1: Des droits des parents en l'absence de conjoint successible**
Art. 733 ¹ Das Gesetz unterscheidet nicht nach der Entstehungsart des Verwandtschaftsverhältnisses, um die erbberechtigten Verwandten zu bestimmen.	*Art. 733 (01.07.2006)* ¹ La loi ne distingue pas selon les modes d'établissement de la filiation pour déterminer les parents appelés à succéder.

---

[173] Vgl. die Homepage der Regierung: www.legifrance.gouv.fr; Stand: 01.10. 2019.

² Das Erbrecht der Adoptivkinder wird bei den Bestimmungen über die Adoption geregelt.

1. Absatz: Erbenklassen

Art. 734
Beim Fehlen eines erbberechtigten Ehegatten erben die Verwandten wie folgt:
1. Die Kinder und ihre Nachkommen;
2. Vater und Mutter; die Geschwister und deren Nachkommen;
3. Die weiteren Vorfahren neben Vater und Mutter;
4. Die weiteren Seitenverwandten neben den Geschwistern und deren Nachkommen.
Jede dieser vier Kategorien stellt eine Klasse von Erben dar, welche die jeweils nachfolgenden ausschliesst.

Art. 735
Die Kinder oder ihre Nachkommen folgen ihren Eltern oder anderen Vorfahren und zwar ohne Unterscheidung nach Geschlecht oder Abstammung, selbst wenn es sich um Nachkommen aus verschiedenen Verbindungen handelt.

² Les droits résultant de la filiation adoptive sont réglés au titre de l'adoption.

Paragraphe 1: Des ordres d'héritiers

Art. 734 (01.07.2002)
En l'absence de conjoint successible, les parents sont appelés à succéder ainsi qu'il suit:
1° Les enfants et leurs descendants;
2° Les père et mère; les frères et soeurs et les descendants de ces derniers;
3° Les ascendants autres que les père et mère;
4° Les collatéraux autres que les frères et soeurs et les descendants de ces derniers.
Chacune de ces quatre catégories constitue un ordre d'héritiers qui exclut les suivants.

Art. 735 (01.07.2002)
Les enfants ou leurs descendants succèdent à leurs père et mère ou autres ascendants, sans distinction de sexe, ni de primogéniture, même s'ils sont issus d'unions différentes.

Art. 736
Wenn der Erblasser weder Nachkommen noch Geschwister oder deren Nachkommen hinterlässt, beerben ihn seine Mutter und sein Vater je zur Hälfte.

Art. 737
Wenn die Eltern vorverstorben sind und der Erblasser keine Nachkommen hinterlässt, beerben ihn die Geschwister bzw. deren Nachkommen unter Ausschluss der übrigen Verwandten.

Art. 738
¹ Wenn die Eltern den Erblasser überleben und dieser keine Nachkommen hat, wohl aber Geschwister oder deren Nachkommen, dann geht der Nachlass zu je einem Viertel an jeden Elternteil und die verbleibende Hälfte geht an die Geschwister bzw. deren Nachkommen.
² Wenn nur ein Elternteil den Erblasser überlebt, geht der Nachlass zu einem Viertel an den überlebenden Elternteil und zu drei Vierteln an die Geschwister bzw. deren Nachkommen.

Art. 736 (01.07.2002)
Lorsque le défunt ne laisse ni postérité, ni frère, ni soeur, ni descendants de ces derniers, ses père et mère lui succèdent, chacun pour moitié.

Art. 737 (01.07.2002)
Lorsque les père et mère sont décédés avant le défunt et que celui-ci ne laisse pas de postérité, les frères et soeurs du défunt ou leurs descendants lui succèdent, à l'exclusion des autres parents, ascendants ou collatéraux.

Art. 738 (01.07.2002)
¹ Lorsque les père et mère survivent au défunt et que celui-ci n'a pas de postérité, mais des frères et soeurs ou des descendants de ces derniers, la succession est dévolue, pour un quart, à chacun des père et mère et, pour la moitié restante, aux frères et soeurs ou à leurs descendants.
² Lorsqu'un seul des père et mère survit, la succession est dévolue pour un quart à celui-ci et pour trois quarts aux frères et soeurs ou à leurs descendants.

Art. 738-1
Wenn nur ein Elternteil den Erblasser überlebt und dieser weder Nachkommen noch Geschwister oder deren Nachkommen hat, wohl aber andere Vorfahren des verstorbenen Elternteils, geht der Nachlass zur Hälfte an den überlebenden Elterntcil und zur Hälfte an die Vorfahren des vorverstorbenen Elternteils.

Art. 738-2
¹ Wenn die Eltern oder ein Elternteil den Erblasser überlebt und dieser keine Nachkommen hat, können sie – in Konkurrenz zur Quote gemäss Art. 738 Abs. 1 – das Recht auf Rückgabe von Vermögen, das der Erblasser von ihnen durch Schenkung erhalten hat.

² Der Wert des Vermögensanteils, welches dem Rücknahmerecht unterliegt, ist vorweg auf den Erbanteil der Eltern anzurechnen.

³ Wenn das Rücknahmerecht nicht in natura ausgeübt werden kann, ist es dem Wert nach zu gewähren, in den Grenzen der Nachlassaktiven.

Art. 739
Beim Fehlen von Erben der ersten beiden Klassen geht der Nachlass an die neben den Eltern vorhandenen Vorfahren.

Art. 738-1 (01.01.2007)
Lorsque seul le père ou la mère survit et que le défunt n'a ni postérité ni frère ni soeur ni descendant de ces derniers, mais laisse un ou des ascendants de l'autre branche que celle de son père ou de sa mère survivant, la succession est dévolue pour moitié au père ou à la mère et pour moitié aux ascendants de l'autre branche.

Art. 738-2 (01.01.2007)
¹ Lorsque les père et mère ou l'un d'eux survivent au défunt et que celui-ci n'a pas de postérité, ils peuvent dans tous les cas exercer un droit de retour, à concurrence des quote-parts fixées au premier alinéa de l'article 738, sur les biens que le défunt avait reçus d'eux par donation.

² La valeur de la portion des biens soumise au droit de retour s'impute en priorité sur les droits successoraux des père et mère.

³ Lorsque le droit de retour ne peut s'exercer en nature, il s'exécute en valeur, dans la limite de l'actif successoral.

Art. 739 (01.07.2002)
A défaut d'héritier des deux premiers ordres, la succession est dévolue aux ascendants autres que les père et mère.

Art. 740
Bei Fehlen von Erben der ersten drei Klassen geht der Nachlass an die neben den Geschwistern vorhandenen Seitenverwandten bzw. deren Nachkommen.

2. Absatz: Grade

Art. 741
Die Nähe der Verwandtschaft bestimmt sich nach der Anzahl Generationen; jede Generation bildet einen Grad.

Art. 742
¹ Die Reihe von Graden bildet die Linie; als direkte Linie bezeichnet man die Folge von Graden zwischen Personen, die voneinander abstammen; als Seitenlinie die Folge von Graden zwischen Personen, die nicht voneinander abstammen, die aber einen gemeinsamen Vorfahren haben.
² Man unterscheidet die direkte Linie von Nachkommen und die direkte Linie von Vorfahren.

Art. 740 (01.07.2002)
A défaut d'héritier des trois premiers ordres, la succession est dévolue aux parents collatéraux du défunt autres que les frères et soeurs et les descendants de ces derniers.

Paragraphe 2: Des degrés

Art. 741 (01.07.2002)
La proximité de parenté s'établit par le nombre de générations; chaque génération s'appelle un degré.

Art. 742 (01.07.2002)
¹ La suite des degrés forme la ligne; on appelle ligne directe la suite des degrés entre personnes qui descendent l'une de l'autre; ligne collatérale, la suite des degrés entre personnes qui ne descendent pas les unes des autres, mais qui descendent d'un auteur commun.

² On distingue la ligne directe descendante et la ligne directe ascendante.

Art. 743
¹ In der direkten Linie zählt man so viele Grade wie es Generationen zwischen den Personen gibt: so ist das Kind zu seinem Vater und zu seiner Mutter im ersten Grad verwandt, der Enkel oder die Enkelin im zweiten; und umgekehrt der Vater und die Mutter gegenüber dem Kind und die Grosseltern gegenüber dem Enkel oder der Enkelin; und so weiter.
² In der Seitenlinie zählt man die Grade nach Generationen, und zwar von einem Verwandten bis zum gemeinsamen Vorfahren, ohne diesen mitzuzählen, und von diesem bis zum anderen Verwandten.
³ Auf diese Weise sind Brüder und Schwestern im zweiten Grad verwandt; der Onkel und die Tante mit dem Neffen und der Nichte im dritten Grad; die Cousins und Cousinen ersten Grades sind im vierten Grad verwandt; und so weiter.

Art. 744
¹ In jeder Klasse schliesst der nach Graden näher Verwandte den entfernteren Verwandten von der Erbfolge aus.
² Bei gleichem Grade erhalten die Erben den Nachlass zu gleichen Teilen und nach Köpfen.
³ Das Ganze unter Vorbehalt dessen, was nachfolgend zur Aufteilung nach Stämmen (sc. Anwachsung) und zur Repräsentation (sc. Eintritt) gesagt wird.

Art. 743 (01.01.2010)
¹ En ligne directe, on compte autant de degrés qu'il y a de générations entre les personnes: ainsi, l'enfant est, à l'égard du père et de sa mère, au premier degré, le petit-fils ou la petite-fille au second; et réciproquement du père et de la mère à l'égard de l'enfant et des aïeuls à l'égard du petits-fils ou de la petite-fille; ainsi de suite.

² En ligne collatérale, les degrés se comptent par génération, depuis l'un des parents jusques et non compris l'auteur commun, et depuis celui-ci jusqu'à l'autre parent.

³ Ainsi, les frères et soeurs sont au deuxième degré; l'oncle et la tante et le neveu ou la nièce sont au troisième degré; les cousins germains et cousines germaines au quatrième; ainsi de suite.

Art. 744 (01.07.2002)
¹ Dans chaque ordre, l'héritier le plus proche exclut l'héritier plus éloigné en degré.

² A égalité de degré, les héritiers succèdent par égale portion et par tête.

³ Le tout sauf ce qui sera dit ci-après de la division par branches et de la représentation.

Art. 745
Die in der Erbordnung von Artikel 734 Ziff. 4 erwähnten Seitenverwandten beerben sich nicht über den sechsten Grad hinaus.

3. Absatz: Die Unterscheidung nach Stämmen, väterlicher- und mütterlicherseits

Art. 746
Die Verwandtschaft teilt sich in zwei Stämme, je nachdem ob sie vom Vater oder von der Mutter ausgeht.

Art. 747
Wenn ein Nachlass unter den Vorfahren aufgeteilt wird, erhalten die Erben mütterlicher- und väterlicherseits je die Hälfte.

Art. 748
[1] In jedem Stamm erhält derjenige Vorfahre das Erbe, unter Ausschluss der übrigen, welcher den nächsten Grad aufweist.
[2] Die Vorfahren gleichen Grades teilen sich das Erbe nach Köpfen.
[3] Beim Fehlen von Vorfahren in einem Stamm, erhalten die Vorfahren des anderen Stammes die ganze Erbschaft.

Art. 745 (18.02.2015)
Les parents collatéraux relevant de l'ordre d'héritiers mentionné au 4° de l'article 734 ne succèdent pas au-delà du sixième degré.

Paragraphe 3: De la division par branches, paternelle et maternelle

Art. 746 (01.07.2002)
La parenté se divise en deux branches, selon qu'elle procède du père ou de la mère.

Art. 747 (01.07.2002)
Lorsque la succession est dévolue à des ascendants, elle se divise par moitié entre ceux de la branche paternelle et ceux de la branche maternelle.

Art. 748 (01.07.2002)
[1] Dans chaque branche succède, à l'exclusion de tout autre, l'ascendant qui se trouve au degré le plus proche.
[2] Les ascendants au même degré succèdent par tête.
[3] A défaut d'ascendant dans une branche, les ascendants de l'autre branche recueillent toute la succession.

Art. 749
Wenn der Nachlass an andere Seitenverwandte als die Geschwister oder ihre Nachkommen verteilt wird, geht er je zur Hälfte an den Stamm des Vaters und der Mutter.

Art. 750
[1] In jedem Stamm erbt derjenige Seitenverwandte, unter Ausschluss aller übrigen, welcher nach Graden dem Erblasser am nächsten ist.
[2] Seitenverwandte desselben Grades erben nach Köpfen.
[3] Wenn Seitenverwandte in einem Stamm fehlen, erben die Seitenverwandten des anderen Stammes die ganze Erbschaft.

4. Absatz: Von der Repräsentation

Art. 751
Die Repräsentation (sc. Eintritt in die Erbfolge) ist eine juristische Fiktion, welche bewirkt, dass die Vertreter (sc. Eintretenden) an die Stelle des Vertretenen (sc. ursprünglichen Erben) treten.

Art. 752
[1] In der absteigenden geraden Linie findet die Repräsentation unbegrenzt statt.

Art. 749 (01.01.2002)
Lorsque la succession est dévolue à des collatéraux autres que les frères et soeurs ou leurs descendants, elle se divise par moitié entre ceux de la branche paternelle et ceux de la branche maternelle.

Art. 750 (01.07.2002)
[1] Dans chaque branche succède, à l'exclusion de tout autre, le collatéral qui se trouve au degré le plus proche.
[2] Les collatéraux au même degré succèdent par tête.
[3] A défaut de collatéral dans une branche, les collatéraux de l'autre branche recueillent toute la succession.

Paragraphe 4: De la représentation

Art. 751 (01.01.2007)
La représentation est une fiction juridique qui a pour effet d'appeler à la succession les représentants aux droits du représenté.

Art. 752 (01.01.2002)
[1] La représentation a lieu à l'infini dans la ligne directe descendante.

² Sie ist in allen Fällen zulässig, sei es dass Kinder des Erblassers mit Nachkommen eines vorverstorbenen Kindes zusammentreffen, oder dass alle Kinder des Erblassers vorverstorben sind, und die Nachkommen der erwähnten Kinder unter sich in gleichem oder ungleichem Grade zueinander finden.

Art. 752-1
Die Repräsentation findet nicht zugunsten von Vorfahren statt; in jeder der beiden Linien schliesst der jeweils nähere Verwandte den jeweils entfernteren aus.

Art. 752-2
In der Seitenlinie ist die Repräsentation zulässig zugunsten von Kindern und Nachkommen der Geschwister, sei es, dass sie gemeinsam mit Onkel und Tanten erben, sei es, dass alle Geschwister des Erblassers vorverstorben sind und der Nachlass an die Nachkommen in gleichen oder ungleichen Graden geht.

Art. 753
¹ In allen Fällen, in welchen eine Repräsentation stattfindet, erfolgt Teilung nach Stämmen, wie wenn der Vertretene die Erbschaft angetreten hätte; soweit anwendbar wird das Erbe innerhalb des Stammes aufgeteilt.

² Elle est admise dans tous les cas, soit que les enfants du défunt concourent avec les descendants d'un enfant prédécédé, soit que tous les enfants du défunt étant morts avant lui, les descendants desdits enfants se trouvent entre eux en degrés égaux ou inégaux.

Art. 752-1 (01.07.2002)
La représentation n'a pas lieu en faveur des ascendants; le plus proche, dans chacune des deux lignes, exclut toujours le plus éloigné.

Art. 752-2 (01.07.2002)
En ligne collatérale, la représentation est admise en faveur des enfants et descendants de frères ou soeurs du défunt, soit qu'ils viennent à sa succession concurremment avec des oncles ou tantes, soit que tous les frères et soeurs du défunt étant prédécédés, la succession se trouve dévolue à leurs descendants en degrés égaux ou inégaux.

Art. 753 (01.07.2002)
¹ Dans tous les cas où la représentation est admise, le partage s'opère par souche, comme si le représenté venait à la succession; s'il y a lieu, il s'opère par subdivision de souche.

² Innerhalb eines Stammes oder eines Unterstammes erfolgt die Teilung nach Köpfen.

Art. 754
¹ Man repräsentiert die Vorverstorbenen, man repräsentiert die Verzichtenden nur bei einer in direkter Linie oder in der Seitenlinie anfallenden Erbschaft.
² Die Kinder des Verzichtenden, welche vor der Eröffnung des Erbgangs empfangen wurden, von welchem der Verzichtende ausgeschlossen war, haben im Nachlass des letzteren das Vermögen auszugleichen, welches sie an seiner Stelle geerbt haben, wenn sie in Konkurrenz mit anderen Kindern kommen, welche nach der Eröffnung des Erbgangs empfangen wurden. Die Ausgleichung erfolgt nach den Bestimmungen des 2. Abschnitts des 8. Kapitels des vorliegenden Titels.
³ Ohne anders lautenden Willen des Verfügenden sind im Fall der Repräsentation eines Verzichtenden, die ihm erbrachten Schenkungen gegebenenfalls auf den Pflichtteil anzurechnen, der ihm zugestanden hätte, wenn er nicht verzichtet hätte.
⁴ Man kann denjenigen repräsentieren, auf dessen Erbschaft man verzichtet hat.

² A l'intérieur d'une souche ou d'une subdivision de souche, le partage se fait par tête.

Art. 754 (01.01.2007)
¹ On représente les prédécédés, on ne représente les renonçants que dans les successions dévolues en ligne directe ou collatérale.

² Les enfants du renonçant conçus avant l'ouverture de la succession dont le renonçant a été exclu rapportent à la succession de ce dernier les biens dont ils ont hérité en son lieu et place, s'ils viennent en concours avec d'autres enfants conçus après l'ouverture de la succession. Le rapport se fait selon les dispositions énoncées à la section 2 du chapitre VIII du présent titre.

³ Sauf volonté contraire du disposant, en cas de représentation d'un renonçant, les donations faites à ce dernier s'imputent, le cas échéant, sur la part de réserve qui aurait dû lui revenir s'il n'avait pas renoncé.

⁴ On peut représenter celui à la succession duquel on a renoncé

Art. 755
¹ Die Repräsentation ist zulässig zugunsten von Kindern und Nachkommen des Erbunwürdigen, soweit dieser bei der Eröffnung des Erbgangs noch lebt.
² Die Bestimmungen des Art. 754 Abs. 2 sind auf die Kinder des Erbunwürdigen zu seinen Lebzeiten anwendbar.

2. Abschnitt: Die Rechte des erbberechtigten Ehegatten

1. Absatz: Von der Natur der Rechte, ihrem Betrag und ihrer Ausübung

Art. 756
Der erbberechtigte Ehegatte erbt entweder alleine oder neben den Eltern des Erblassers.

Art. 757
Wenn der vorverstorbene Ehegatte Kinder oder Nachkommen hinterlässt, erhält der überlebende Ehegatte, nach seiner Wahl, die Nutzniessung am gesamten Vermögen oder einen Viertel zu Eigentum, wenn nur gemeinsame Kinder vorhanden sind, und einen Viertel zu Eigentum, wenn nicht gemeinsame Kinder vorhanden sind.

Art. 755 (01.01.2007)
¹ La représentation est admise en faveur des enfants et descendants de l'indigne, encore que celui-ci soit vivant à l'ouverture de la succession.
² Les dispositions prévues au deuxième alinéa de l'article 754 sont applicables aux enfants de l'indigne de son vivant.

Section 2: Des droits du conjoint successible

Paragraphe 1: De la nature des droits, de leur montant et de leur exercice

Art. 756 (01.07.2002)
Le conjoint successible est appelé à la succession, soit seul, soit en concours avec les parents du défunt.

Art. 757 (01.07.2002)
Si l'époux prédécédé laisse des enfants ou descendants, le conjoint survivant recueille, à son choix, l'usufruit de la totalité des biens existants ou la propriété du quart des biens lorsque tous les enfants sont issus des deux époux et la propriété du quart en présence d'un ou plusieurs enfants qui ne sont pas issus des deux époux.

Art. 757-1

¹ Wenn keine Kinder oder Nachkommen vorhanden sind, wohl aber Eltern, erhält der überlebende Ehegatte die Hälfte des Vermögens. Die andere Hälfte wird aufgeteilt und ein Viertel geht an den Vater und ein Viertel an die Mutter.

² Wenn der Vater oder die Mutter vorverstorben sind, geht deren Anteil an den überlebenden Ehegatten.

Art. 757-2

Beim Fehlen von Kindern und Nachkommen sowie von Eltern geht der ganze Nachlass an den überlebenden Ehegatten.

Art. 757-3

Wenn die Eltern vorverstorben sind, geht, entgegen Art. 757-2, dasjenige Vermögen, welches der Erblasser von seinen Vorfahren durch Schenkung oder Erbschaft erhalten hat und das sich in Natura noch im Nachlass befindet, beim Fehlen von Nachkommen zur Hälfte an die Geschwister des Erblassers oder deren Nachkommen, welche Nachkommen der vorverstorbenen Vorfahren sind, welche das Vermögen ursprünglich übertragen haben.

Art. 757-1 (01.07.2002)

¹ Si, à défaut d'enfants ou de descendants, le défunt laisse ses père et mère, le conjoint survivant recueille la moitié des biens. L'autre moitié est dévolue pour un quart au père et pour un quart à la mère.

² Quand le père ou la mère est prédécédé, la part qui lui serait revenue échoit au conjoint survivant.

Art. 757-2 (01.07.2002)

En l'absence d'enfants ou de descendants du défunt et de ses père et mère, le conjoint survivant recueille toute la succession.

Art. 757-3 (01.01.2007)

Par dérogation à l'article 757-2, en cas de prédécès des père et mère, les biens que le défunt avait reçus de ses ascendants par succession ou donation et qui se retrouvent en nature dans la succession sont, en l'absence de descendants, dévolus pour moitié aux frères et soeurs du défunt ou à leurs descendants, eux-mêmes descendants du ou des parents prédécédés à l'origine de la transmission.

Art. 758

¹ Wenn der überlebende Ehegatte das ganze Vermögen oder drei Viertel davon erhält, erhalten die neben den Eltern vorhandenen Vorfahren, die bedürftig sind, eine Unterhaltsforderung gegen den Nachlass des Vorverstorbenen.

² Diese Forderung ist innert eines Jahres seit dem Tod geltend zu machen oder seit dem Zeitpunkt, in welchem die Erben aufhören, den Vorfahren Leistungen zu gewähren, welche sie ihnen zuvor erbracht hatten. Die Frist verlängert sich im Falle der Nichtteilung bis die Teilung vollzogen ist.

³ Die Pension wird vorweg vom Nachlass bezogen. Sie ist von allen Erben zu tragen und, wenn der Nachlass nicht über die notwendigen Mittel verfügt, durch alle besonderen Vermächtnisnehmer proportional zu ihren Zuwendungen.

⁴ Jedenfalls wenn der Erblasser ausdrücklich angeordnet hat, dass bestimmte Zuwendungen bevorzugt behandelt werden sollen, wird Art. 927 angewendet.

Art. 758-1

Wenn der überlebende Ehegatte die Wahl zwischen Eigentum und Nutzniessung hat, bleiben seine Rechte unveräusserlich, bis er sein Wahlrecht ausgeübt hat.

Art. 758 (14.05.2009)

¹ Lorsque le conjoint survivant recueille la totalité ou les trois quarts des biens, les ascendants du défunt, autres que les père et mère, qui sont dans le besoin bénéficient d'une créance d'aliments contre la succession du prédécédé.

² Le délai pour la réclamer est d'un an à partir du décès ou du moment à partir duquel les héritiers cessent d'acquitter les prestations qu'ils fournissaient auparavant aux ascendants. Le délai se prolonge, en cas d'indivision, jusqu'à l'achèvement du partage.

³ La pension est prélevée sur la succession. Elle est supportée par tous les héritiers et, en cas d'insuffisance, par tous les légataires particuliers, proportionnellement à leur émolument.

⁴ Toutefois, si le défunt a expressément déclaré que tel legs sera acquitté de préférence aux autres, il sera fait application de l'article 927.

Art. 758-1 (01.07.2002)

Lorsque le conjoint a le choix de la propriété ou de l'usufruit, ses droits sont incessibles tant qu'il n'a pas exercé son option.

Art. 758-2
Die Wahl des überlebenden Ehegatten zwischen Nutzniessung und Eigentum kann auf beliebige Art nachgewiesen werden.

Art. 758-3
Jeder Erbe kann den überlebenden Ehegatten schriftlich auffordern, sein Wahlrecht auszuüben. Wenn sicher dieser innert 3 Monaten nicht schriftlich äussert, wird davon ausgegangen, dass er die Nutzniessung gewählt habe.

Art. 758-4
Es wird angenommen, dass der überlebende Ehegatte die Nutzniessung gewählt habe, wenn er vor dem Ausüben des Wahlrechts verstorben ist.

Art. 758-5
[1] Die Berechnung des Anteils des überlebenden Ehegatten gemäss Art. 757 und 757-1 erfolgt anhand der Summe des ganzen Vermögens, welche beim Ableben seines Ehegatten vorhanden war, welcher noch dasjenige fiktiv hinzugezählt wird, über das er verfügt hat, sei es unter Lebenden oder durch Testament, zugunsten der Erbberechtigten, ohne Befreiung von der Ausgleichung.

Art. 758-2 (01.07.2002)
L'option du conjoint entre l'usufruit et la propriété se prouve par tout moyen.

Art. 758-3 (01.07.2002)
Tout héritier peut inviter par écrit le conjoint à exercer son option. Faute d'avoir pris parti par écrit dans les trois mois, le conjoint est réputé avoir opté pour l'usufruit.

Art. 758-4 (01.07.2002)
Le conjoint est réputé avoir opté pour l'usufruit s'il décède sans avoir pris parti.

Art. 758-5 (01.07.2002)
[1] Le calcul du droit en toute propriété du conjoint prévu aux articles 757 et 757-1 sera opéré sur une masse faite de tous les biens existant au décès de son époux auxquels seront réunis fictivement ceux dont il aurait disposé, soit par acte entre vifs, soit par acte testamentaire, au profit de successibles, sans dispense de rapport.

² Der überlebende Ehegatte kann sein Wahlrecht nur ausüben bezüglich des Vermögens, über den der Erblasser nicht verfügt hat, weder unter Lebenden noch durch Testament, und ohne die Pflichtteile zu präjudizieren, noch die Rückforderungsrechte.

Art. 758-6

Die Zuwendungen, die der überlebende Ehegatte vom Erblasser erhalten hat, sind auf sein Erbe anzurechnen. Wenn die derart erhaltenen Zuwendungen niedriger sind als die in Art. 757 und 757-1 definierten Rechte, kann der überlebende Ehegatte die Ergänzung fordern, ohne je einen Anteil am Vermögen erhalten zu haben, das über der in Art. 1094-1 definierten Quote liegt.

2. Absatz: Von der Umwandlung der Nutzniessung

Art. 759

Jede Nutzniessung, welche dem überlebenden Ehegatten am Vermögen des Erblassers zusteht, ob sie von Gesetzes wegen, durch Testament oder Schenkung künftigen Vermögens zustande kommt, gibt die Möglichkeit der Umwandlung in eine lebenslängliche Rente und zwar auf Verlangen der Erben mit nacktem Eigentum oder des erbberechtigten Ehegatten selbst.

² Le conjoint ne pourra exercer son droit que sur les biens dont le prédécédé n'aura disposé ni par acte entre vifs, ni par acte testamentaire, et sans préjudicier aux droits de réserve ni aux droits de retour.

Art. 758-6 (01.01.2007)

Les libéralités reçues du défunt par le conjoint survivant s'imputent sur les droits de celui-ci dans la succession. Lorsque les libéralités ainsi reçues sont inférieures aux droits définis aux articles 757 et 757-1, le conjoint survivant peut en réclamer le complément, sans jamais recevoir une portion des biens supérieure à la quotité définie à l'article 1094-1.

Paragraphe 2: De la conversion de l'usufruit

Art. 759 (01.07.2002)

Tout usufruit appartenant au conjoint sur les biens du prédécédé, qu'il résulte de la loi, d'un testament ou d'une donation de biens à venir, donne ouverture à une faculté de conversion en rente viagère, à la demande de l'un des héritiers nus-propriétaires ou du conjoint successible lui-même.

Art. 759-1
Auf die Möglichkeit der Umwandlung kann nicht verzichtet werden. Der Erblasser kann den Miterben diese Möglichkeit nicht letztwillig entziehen.

Art. 760
¹ Wenn sich die Parteien nicht einigen können, wird das Umwandlungsbegehren dem Richter vorgelegt. Es kann bis zur endgültigen Teilung vorgebracht werden.
² Wenn er das Umwandlungsbegehren gutheisst, bestimmt der Richter den Betrag der Rente, die Sicherheiten, welche die schuldenden Miterben stellen müssen, sowie die Art der Indexierung, welche notwendig ist, um die Gleichwertigkeit der Rente im Vergleich zur Nutzniessung zu erhalten.
³ Jedenfalls kann der Richter nicht gegen den Willen des überlebenden Ehegatten die Umwandlung der Nutzniessung anordnen bezüglich der Wohnung, welche als Hauptwohnsitz benützt wird, ebenso bezüglich des darin befindlichen Mobiliars.

Art. 761
Durch Vereinbarung zwischen dem Ehegatten und den Erben kann die Nutzniessung des Ehegatten in ein Kapital umgewandelt werden.

Art. 759-1 (01.07.2002)
La faculté de conversion n'est pas susceptible de renonciation. Les cohéritiers ne peuvent en être privés par la volonté du prédécédé.

Art. 760 (01.07.2002)
¹ A défaut d'accord entre les parties, la demande de conversion est soumise au juge. Elle peut être introduite jusqu'au partage définitif.
² S'il fait droit à la demande de conversion, le juge détermine le montant de la rente, les sûretés que devront fournir les cohéritiers débiteurs, ainsi que le type d'indexation propre à maintenir l'équivalence initiale de la rente à l'usufruit.

³ Toutefois, le juge ne peut ordonner contre la volonté du conjoint la conversion de l'usufruit portant sur le logement qu'il occupe à titre de résidence principale, ainsi que sur le mobilier le garnissant.

Art. 761 (01.07.2002)
Par accord entre les héritiers et le conjoint, il peut être procédé à la conversion de l'usufruit du conjoint en un capital.

Art. 762
Die Umwandlung der Nutzniessung gehört zur Erbteilung. Sie entfaltet keine Rückwirkung, es sei denn, dies sei von den Parteien so vereinbart worden.

3. Absatz: Vom vorübergehenden und lebenslänglichen Wohnrecht

Art. 763
¹ Wenn im Todeszeitpunkt der erbberechtigte Ehegatte eine Wohnung effektiv als Hauptwohnung benützt, welche den Ehegatten gehört oder völlig vom Nachlass abhängt, so hat er das volle Recht diese Wohnung ein Jahr lang gratis zu bewohnen, ebenso das darin befindliche Mobiliar zu benützen, welches dem Nachlass gehört.
² Wenn seine Wohnung durch einen Mietvertrag abgesichert war oder die Wohnung ungeteilt dem Erblasser gehörte, wird ihm die Miete oder die Entschädigung für die Benützung vom Nachlass während des Jahres zurückerstattet und zwar nach Massgabe der Fälligkeit dieser Zahlungen.
³ Die im vorliegenden Artikel vorgesehenen Rechte werden als solche des Eherechts und nicht des Erbrechts angesehen.
⁴ Dieser Artikel gehört zum ordre public.

Art. 762 (01.07.2002)
La conversion de l'usufruit est comprise dans les opérations de partage. Elle ne produit pas d'effet rétroactif, sauf stipulation contraire des parties.

Paragraphe 3: Du droit au logement temporaire et du droit viager au logement

Art. 763 (01.01.2007)
¹ Si, à l'époque du décès, le conjoint successible occupe effectivement, à titre d'habitation principale, un logement appartenant aux époux ou dépendant totalement de la succession, il a de plein droit, pendant une année, la jouissance gratuite de ce logement, ainsi que du mobilier, compris dans la succession, qui le garnit.
² Si son habitation était assurée au moyen d'un bail à loyer ou d'un logement appartenant pour partie indivise au défunt, les loyers ou l'indemnité d'occupation lui en seront remboursés par la succession pendant l'année, au fur et à mesure de leur acquittement.

³ Les droits prévus au présent article sont réputés effets directs du mariage et non droits successoraux.
⁴ Le présent article est d'ordre public.

Art. 764

¹ Ohne gegenteiligen Willen des Erblassers, den er gemäss Art. 971 zum Ausdruck gebracht hat, hat der erbberechtigte Ehegatte, der beim Ableben tatsächlich eine Wohnung als Hauptwohnung benützt hat, welche den Ehegatten gehörte oder völlig vom Nachlass abhängig war, bis zu seinem Ableben ein Wohnrecht und ein Nutzungsrecht am darin befindlichen Mobiliar, das zum Nachlass gehört.

² Der Entzug des Wohnrechts und des Nutzungsrechts durch den Erblasser gemäss Abs. 1 ist ohne Auswirkung auf die Nutzniessung, welche dem Ehegatten gemäss Gesetz zusteht oder aufgrund einer Zuwendung, welche ihren eigenen Regeln folgt.

³ Diese Wohn- und Nutzungsrechte sind im Rahmen der Art. 627, 631, 634 und 635 auszuüben.

⁴ Der Ehegatte, die Erben oder einer von beiden können verlangen, dass ein Inventar aufgenommen wird über den Hausrat und den Zustand der Liegenschaft, welche dem Nutzungsrecht und Wohnrecht unterliegen.

Art. 764 (01.07.2002)

¹ Sauf volonté contraire du défunt exprimée dans les conditions de l'article 971, le conjoint successible qui occupait effectivement, à l'époque du décès, à titre d'habitation principale, un logement appartenant aux époux ou dépendant totalement de la succession, a sur ce logement, jusqu'à son décès, un droit d'habitation et un droit d'usage sur le mobilier, compris dans la succession, le garnissant.

² La privation de ces droits d'habitation et d'usage exprimée par le défunt dans les conditions mentionnées au premier alinéa est sans incidence sur les droits d'usufruit que le conjoint recueille en vertu de la loi ou d'une libéralité, qui continuent à obéir à leurs règles propres.

³ Ces droits d'habitation et d'usage s'exercent dans les conditions prévues aux articles 627, 631, 634 et 635.

⁴ Le conjoint, les autres héritiers ou l'un d'eux peuvent exiger qu'il soit dressé un inventaire des meubles et un état de l'immeuble soumis aux droits d'usage et d'habitation.

⁵ Entgegen Art. 631 und 634 und unter der Voraussetzung, dass die Wohnung, welche mit dem Wohnrecht belastet ist, nicht mehr den Bedürfnissen des Ehegatten entspricht, kann der Ehegatte oder sein Vertreter diese vermieten, allerdings weder kommerziell noch landwirtschaftlich, und den Erlös für die neue Unterbringung verwenden.

Art. 765
¹ Der Wert der Wohn- und Nutzungsrechte ist auf den Erbteil des Ehegatten anzurechnen.

² Wenn der Wert der Wohn- und Nutzungsrechte kleiner als sein Erbteil ist, kann der Ehegatte den Rest aus dem vorhandenen Vermögen nehmen.

³ Wenn der Wert der Wohn- und Nutzungsrechte höher als sein Erbteil ist, muss der Ehegatte dem Nachlass den Überschuss nicht zurückerstatten.

Art. 765-1
Der Ehegatte kann innerhalb eines Jahres nach dem Tod des Erblassers erklären, ob er die Wohn- und Nutzungsrechte in Anspruch nehmen will.

⁵ Par dérogation aux articles 631 et 634, lorsque la situation du conjoint fait que le logement grevé du droit d'habitation n'est plus adapté à ses besoins, le conjoint ou son représentant peut le louer à usage autre que commercial ou agricole afin de dégager les ressources nécessaires à de nouvelles conditions d'hébergement.

Art. 765 (01.07.2002)
¹ La valeur des droits d'habitation et d'usage s'impute sur la valeur des droits successoraux recueillis par le conjoint.

² Si la valeur des droits d'habitation et d'usage est inférieure à celle de ses droits successoraux, le conjoint peut prendre le complément sur les biens existants.

³ Si la valeur des droits d'habitation et d'usage est supérieure à celle de ses droits successoraux, le conjoint n'est pas tenu de récompenser la succession à raison de l'excédent.

Art. 765-1 (01.07.2002)
Le conjoint dispose d'un an à partir du décès pour manifester sa volonté de bénéficier de ces droits d'habitation et d'usage.

Art. 765-2
Wenn die Wohnung Gegenstand eines Mietvertrags war, profitiert der erbberechtigte Ehegatte, der im Todeszeitpunkt die Wohnung effektiv als Hauptwohnsitz benützte, vom Nutzungsrecht an den darin befindlichen Möbeln, welche dem Nachlass gehören.

Art. 766
[1] Der erbberechtigte Ehegatte und die Erben können durch Vereinbarung die Wohn- und Nutzungsrechte in eine lebenslängliche Rente oder ein Kapital umwandeln.
[2] Wenn sich unter den erbberechtigten Parteien des Vertrags ein Minderjähriger oder ein nicht voll handlungsfähiger Erwachsener befindet, muss der Vertrag vom Vormundschaftsrichter genehmigt werden.

Art. 765-2 (01.07.2002)
Lorsque le logement faisait l'objet d'un bail à loyer, le conjoint successible qui, à l'époque du décès, occupait effectivement les lieux à titre d'habitation principale bénéficie du droit d'usage sur le mobilier, compris dans la succession, le garnissant.

Art. 766 (01.07.2002)
[1] Le conjoint successible et les héritiers peuvent, par convention, convertir les droits d'habitation et d'usage en une rente viagère ou en capital.
[2] S'il est parmi les successibles parties à la convention un mineur ou un majeur protégé, la convention doit être autorisée par le juge des tutelles.

4. Absatz: Das Recht auf Unterhalt

Art. 767
[1] Der Nachlass des vorverstorbenen Ehegatten schuldet dem erbberechtigten Ehegatten Unterhalt, wenn dieser bedürftig ist. Die Frist dazu beträgt ein Jahr seit dem Tod oder seit dem Zeitpunkt, in welchem die Erben aufhören, dem Ehegatten Leistungen zu gewähren, welche sie ihm zuvor erbracht hatten. Die Frist verlängert sich im Falle der Nichtteilung bis die Teilung vollzogen ist.

[2] Die Unterhaltszahlungen werden aus dem Nachlass entnommen. Sie wird von allen Erben getragen und, im Falle von ungenügenden Mitteln, auch von allen besonderen Vermächtnisnehmern und zwar proportional zu ihren Zuwendungen.

[3] Jedenfalls wenn der Erblasser ausdrücklich verfügt hat, dass diese Vermächtnisse bevorzugt behandelt werden, kommt Art. 927 zur Anwendung.

Paragraphe 4: Du droit à pension

Art. 767 (14.05.2009)
[1] La succession de l'époux prédécédé doit une pension au conjoint successible qui est dans le besoin. Le délai pour la réclamer est d'un an à partir du décès ou du moment où les héritiers cessent d'acquitter les prestations qu'ils fournissaient auparavant au conjoint. Le délai se prolonge, en cas d'indivision, jusqu'à l'achèvement du partage.

[2] La pension alimentaire est prélevée sur la succession. Elle est supportée par tous les héritiers et, en cas d'insuffisance, par tous les légataires particuliers, proportionnellement à leur émolument.

[3] Toutefois, si le défunt a expressément déclaré que tel legs sera acquitté de préférence aux autres, il sera fait application de l'article 927.

2. Verfügungsbeschränkungen (Art. 912–920 CC fr.)

Zivilgesetzbuch vom 21. März 1804
3. Buch: Von den verschiedenen Arten des Eigentumserwerbs
2. Titel: Von den Zuwendungen
3. Kap: Vom Pflichtteil, von der verfügbaren Quote und von der Herabsetzung
1. Abschnitt: Von den Pflichtteilen und der verfügbaren Quote

Art. 912
¹ Der Pflichtteil ist derjenige Teil des Vermögens und der Erbrechte, für welchen das Gesetz den Pflichtteilserben die freie Verfügbarkeit sichert, sofern diese die Erbschaft erleben und nicht ausschlagen.
² Der verfügbare Teil ist derjenige Teil des Vermögens und der Erbrechte, welcher durch das Recht nicht vorbehalten ist und über welchen der Erblasser frei verfügen kann.

Code Civil du 21 mars 1804 (CC fr.)[175]
Livre III: Des différentes manières dont on acquiert la propriété
Titre II: Des libéralités
Chapitre III: De la réserve héréditaire, de la quotité disponible et de la réduction
Section 1: De la réserve héréditaire et de la quotité disponible

Art. 912 (01.01.2007)
¹ La réserve héréditaire est la part des biens et droits successoraux dont la loi assure la dévolution libre de charges à certains héritiers dits réservataires, s'ils sont appelés à la succession et s'ils l'acceptent.
² La quotité disponible est la part des biens et droits successoraux qui n'est pas réservée par la loi et dont le défunt a pu disposer librement par des libéralités.

---

[175] Vgl. die Homepage der Regierung: www.legifrance.gouv.fr; Stand: 01.10. 2019.

Art. 913

¹ Die Zuwendungen, sei es durch Verfügung unter Lebenden oder durch Testament, dürfen die Hälfte des Vermögens des Verfügenden nicht übersteigen, wenn er bei seinem Tod nur ein Kind hinterlässt; einen Drittel, wenn er zwei Kinder hinterlässt; einen Viertel, wenn er drei oder mehr Kinder hinterlässt.

² Das Kind, welches die Erbschaft ausschlägt, wird in der Zahl der Kinder, welche der Erblasser hinterlässt, nur dann eingeschlossen, wenn es repräsentiert wird oder wenn es zur Ausgleichung einer Zuwendung gemäss Art. 845 verpflichtet ist.

Art. 913-1

Im Art. 913 sind unter der Bezeichnung Kinder auch die Nachkommen in irgend einem Grade eingeschlossen, allerdings nur, wenn sie an die Stelle eines Kindes im Nachlass des Verfügenden eintreten.

Art. 913 (01.01.2007)

¹ Les libéralités, soit par actes entre vifs, soit par testament, ne pourront excéder la moitié des biens du disposant, s'il ne laisse à son décès qu'un enfant; le tiers, s'il laisse deux enfants; le quart, s'il en laisse trois ou un plus grand nombre.

² L'enfant qui renonce à la succession n'est compris dans le nombre d'enfants laissés par le défunt que s'il est représenté ou s'il est tenu au rapport d'une libéralité en application des dispositions de l'article 845.

Art. 913-1 (01.01.2007)

Sont compris dans l'article 913, sous le nom d'enfants, les descendants en quelque degré que ce soit, encore qu'ils ne doivent être comptés que pour l'enfant dont ils tiennent la place dans la succession du disposant.

Art. 914-1[174]

Die Zuwendungen, durch Verfügung unter Lebenden oder durch Testament, dürfen drei Viertel des Vermögens nicht übersteigen, wenn keine Nachkommen vorhanden sind, der Erblasser aber einen überlebenden und nicht geschiedenen Ehegatten hinterlässt.

Art. 916

Beim Fehlen von Nachkommen und einem überlebenden, nicht geschiedenen Ehegatten, kann der Erblasser über sein gesamtes Vermögen durch Verfügungen unter Lebenden oder durch Testament verfügen.

Art. 917

Wenn die Verfügung unter Lebenden oder durch Testament eine Nutzniessung oder eine lebenslängliche Rente ist, deren Wert die verfügbare Quote übersteigt, können die pflichtteilsberechtigten Erben wählen zwischen dem Durchführen dieser Verfügung und der Aufgabe des Eigentums an der verfügbaren Quote.

Art. 914-1 (01.01.2007)[176]

Les libéralités, par actes entre vifs ou par testament, ne pourront excéder les trois quarts des biens si, à défaut de descendant, le défunt laisse un conjoint survivant, non divorcé.

Art. 916 (01.01.2007)

A défaut de descendant et de conjoint survivant non divorcé, les libéralités par actes entre vifs ou testamentaires pourront épuiser la totalité des biens.

Art. 917 (01.01.2007)

Si la disposition par acte entre vifs ou par testament est d'un usufruit ou d'une rente viagère dont la valeur excède la quotité disponible, les héritiers au profit desquels la loi fait une réserve, auront l'option, ou d'exécuter cette disposition, ou de faire l'abandon de la propriété de la quotité disponible.

---

[174] NOTA: Art. 29 Gesetz 2006-728 vom 23. Juni 2006: Ein materieller Fehler ist bei der Redaktion von Art. 29 unterlaufen. Man muss Art. 914-1 statt 914-4 lesen.

[176] NOTA: loi 2006-728 2006-06-23 art. 29: Une erreur matérielle s'est glissée lors de la rédaction de l'article 29 26°. Il faut lire article 914-1 au lieu 914-4.

Art. 918
Der Wert des vollen Eigentums des veräusserten Vermögens, sei es als lebenslängliche Rente, als Eigentum oder unter Vorbehalt der Nutzniessung zugunsten eines Erben in direkter Linie, wird auf die verfügbare Quote angerechnet. Ein möglicher Überschuss wird herabgesetzt. Die Anrechnung und Herabsetzung können nur von denjenigen der anderen Erbberechtigten in direkter Linie verlangt werden, welche diesen Verfügungen nicht zugestimmt haben.

Art. 919
¹ Die verfügbare Quote kann ganz oder zum Teil, sei es durch Verfügung unter Lebenden oder durch Testament, an die Kinder oder andere Erbberechtigte des Schenkers vergeben werden, ohne dass der Beschenkte oder Vermächtnisnehmer auszugleichen hätte, vorausgesetzt dass die entsprechende Verfügung ausdrücklich und ausserhalb des Erbteils gemacht wurde.
² Die Erklärung, dass die Schenkung ausserhalb des Erbteils erfolge, kann entweder im Rahmen der Verfügung gemacht werden oder dann später, in der Form von Verfügungen unter Lebenden oder von Testamenten.

Art. 918 (01.01.2007)
La valeur en pleine propriété des biens aliénés, soit à charge de rente viagère, soit à fonds perdus, ou avec réserve d'usufruit à l'un des successibles en ligne directe, est imputée sur la quotité disponible. L'éventuel excédent est sujet à réduction. Cette imputation et cette réduction ne peuvent être demandées que par ceux des autres successibles en ligne directe qui n'ont pas consenti à ces aliénations.

Art. 919 (01.01.2007)
¹ La quotité disponible pourra être donnée en tout ou en partie soit par acte entre vifs, soit par testament, aux enfants ou autres successibles du donateur, sans être sujette au rapport par le donataire ou le légataire venant à la succession, pourvu qu'en ce qui touche les dons la disposition ait été faite expressément et hors part successorale.

² La déclaration que la donation est hors part successorale pourra être faite, soit par l'acte qui contiendra la disposition, soit postérieurement, dans la forme des dispositions entre vifs ou testamentaires.

Art. 919-1

¹ Die als Erbvorbezug gemachte Schenkung an einen pflichtteilsgeschützten Erben ist auf den Pflichtteil anzurechnen, wenn dieser das Erbe annimmt, und, in zweiter Linie, auf die verfügbare Quote, wenn dies in der Schenkung nicht anders vereinbart worden ist. Der Überschuss unterliegt der Herabsetzung.

² Die als Erbvorbezug gemachte Schenkung an einen pflichtteilsgeschützten Erben, der das Erbe ausschlägt, wird wie eine ausserhalb des Erbes erfolgte Schenkung behandelt. Wenn er allerdings der Ausgleichung nach Art. 845 unterliegt, wird der verzichtende Erbe behandelt, wie wenn er im Umfang der Zuwendung die Anrechnung akzeptieren würde und, gegebenenfalls, die Herabsetzung der Zuwendung, die ihm gewährt wurde.

Art. 919-2

Die Zuwendung ausserhalb des Erbteils wird an der verfügbaren Quote angerechnet. Der Überschuss unterliegt der Herabsetzung.

Art. 919-1 (01.01.2007)

¹ La donation faite en avancement de part successorale à un héritier réservataire qui accepte la succession s'impute sur sa part de réserve et, subsidiairement, sur la quotité disponible, s'il n'en a pas été autrement convenu dans l'acte de donation. L'excédent est sujet à réduction.

² La donation faite en avancement de part successorale à un héritier réservataire qui renonce à la succession est traitée comme une donation faite hors part successorale. Toutefois, lorsqu'il est astreint au rapport en application des dispositions de l'article 845, l'héritier qui renonce est traité comme un héritier acceptant pour la réunion fictive l'imputation et, le cas échéant, la réduction de la libéralité qui lui a été consentie.

Art. 919-2 (01.01.2007)

La libéralité faite hors part successorale s'impute sur la quotité disponible. L'excédent est sujet à réduction.

Art. 920
Die direkten oder indirekten Zuwendungen, welche den Pflichtteil von einem oder mehreren Erben verletzen, werden bei der Eröffnung des Erbgangs auf die verfügbare Quote herabgesetzt.

Art. 920
Die direkten oder indirekten Zuwendungen, welche den Pflichtteil von einem oder mehreren Erben verletzen, werden bei der Eröffnung des Erbgangs auf die verfügbare Quote herabgesetzt.

3. Internationales Erbrecht (Art. 3, 720 CC fr., Art. 44 f. CPC)

Zivilgesetzbuch vom 21. März 1804 1. Titel: Von der Publikation, den Wirkungen und der Anwedung der Gesetze im allgemeinen	Code Civil du 21 mars 1804 (CC fr.)[183] Titre préliminaire: De la publication, des effets et de l'application des lois en général

Art. 3
² Grundstücke unterstehen, auch wenn sie Ausländern gehören, dem französischen Recht.
³ Die Gesetze betreffend den Stand und die Fähigkeiten von Personen gelten für Franzosen, auch wenn sich diese im Ausland aufhalten.

Art. 3
² Les immeubles, même ceux possédés par des étrangers, sont régis par la loi française.
³ Les lois concernant l'état et la capacité des personnes régissent les Français, même résidant en pays étranger.

3. Buch: Die verschiedenen Arten des Eigentumserwerbs
1. Titel: Erbschaften
1. Kapitel: Eröffnung von Erbschaften, Universaltitel und Besitznahme

Livre III: Des différentes manières dont on acquiert la propriété
Titre Ier: Des successions
Chapitre Ier: De l'ouverture des successions, du titre universel et de la saisine

Art. 720
Der Erbgang wird mit dem Ableben des Erblassers eröffnet und zwar an dessen letztem Wohnsitz.

Art. 720 (01.07.2002)
Les successions s'ouvrent par la mort, au dernier domicile du défunt.

---

[183] Vgl. die Homepage der Regierung: www.legifrance.gouv.fr; Stand: 01.10. 2019.

Zivilprozessordnung **1. Buch: Allgemeine Bestimmungen für alle Gerichte** **3. Titel: Die Zuständigkeit** **2. Kapitel: Die örtliche Zuständigkeit**	**Code de procédure civile (CPC)**[184] **Livre I: Dispositions communes à tous les jurisdictions** **Titre III: La compétence** **Chapitre II: La compétence territoriale**
Art. 44 Bezüglich Grundstücken ist die ausschliessliche Zuständigkeit am Ort gegeben, wo diese gelegen sind.	*Art. 44* En matière réelle immobilière, la juridiction du lieu où est situé l'immeuble est seule compétente.
Art. 45 In Erbschaftssachen ist die Zuständigkeit von der Eröffnung bis einschliesslich zur Erbteilung gegeben für: - Klagen zwischen Erben; - Klagen der Erbengläubiger; - Klagen betreffend den Vollzug von letztwilligen Verfügungen.	*Art. 45* En matière de succession, sont portées devant la juridiction dans le ressort de laquelle est ouverte la succession jusqu'au partage inclusivement: - les demandes entre héritiers; - les demandes formées par les créanciers du défunt ; - les demandes relatives à l'exécution des dispositions à cause de mort.

---

[184] Vgl. die Homepage der Regierung: www.legifrance.gouv.fr; Stand: 01.10. 2019.

Bilaterale Staatsverträge:

Verträge vom 18. März 1962 von Evian (Frankreich/**Algerien**).

Protokoll vom 26. Februar 1889 bezüglich der Intervention des Konsuls in Erbsachen iherer Staatsangehörigen (Frankreich/**Argentinien**).

Vertrag vom 8. November 1949 (Frankreich/**Kambodscha**).

Erklärung vom 1. April 1886 bezüglich die Zahlung von Löhnen der dänischen und französischen Matrosen und ihrer Nachlässe (Frankreich/**Dänemerk**).

Vereinbarung vom 15. November 1970 betreffend Vererbung (Frankreich/**Grossbritannien**).

Erklärung vom 12. November 1924 über die Abschaffung des Rechts auf die Ausfuhr und den Transfer ausserhalbs **Russlands** von Erbschaften und anderen Gütern, welche Franzosen gehören.

Erklärung vom 20. November 1891 betreffend die Zahlung der Löhne an französische und russische Matrosen und die Hingabe ihrer Nachlässe (Frankreich/**Russland**).

Abkommen vom 1. April 1874 betreffend Erbschaften in einem der beiden Staaten durch Staatsangehörige des anderen Staates (Frankreich/**Russland**).

Traités bilatéraux:

Conclusion du 18 mars 1962 des pouparlers d'Evian (France/**Algérie**).

Protocole du 26 février 1889 relatif à l'intervention des consuls dans le règlement des successions de leurs nationaux (France/**Argentine**).

Traité du 8 novembre 1949 (France/**Cambodge**).

Déclaration du 1 avril 1886 relative au paiement des salaires dus aux marins danois et français et au traitement de leurs successions (France/**Danemark**).

Arrangement du 15 novembre 1907 relatif aux droits de succession (France/**Grande-Bretagne**).

Déclaration du 12 novembre 1824 relative à l'abolition du droit de détraction sur l'exportation et le transfert hors de la **Russie** des héritages et autres biens appartenant à des Français.

Déclaration du 20 novembre 1891 relative au paiement des salaires dûs aux marins français et russes et à la remise de leurs successions (France/**Russie**).

Convention du 1 avril 1874 relative aux successions laissées dans l'un des deux États par les nationaux de l'autre État (France/**Russie**).

Erklärung vom 29. Mai 1843 über die Anbringung von Siegeln und sonstigen Massnahmen durch die Konsuln der bieden Länder beim Ableben ihrer Staatsangehörigen (Frankreich/**Russland**).

Protokoll vom 2. Oktober 1877 zur Verlängerung des Protokolls vom 12. Oktober 1865 betreffend die gesetzliche Erbfolge (Frankreich/**Uruguay**).

Déclaration du 29 mai 1843 relative à l'apposition des scellés et autres mesures à prendre par les consuls des deux pays au décès de leurs nationaux (France/**Russie**).

Protocole du 2 octobre 1877 portant prorogation du protocole du 12 octobre 1865 relatif aux successions des intestats (France/**Uruguay**).

Bemerkung:
Alle Bestimmungen mit erbkollisionsrechtlichem Inhalt in Staatsverträgen mit Verordnungsstaaten der EuErbVO werden durch die Eu-Erb-VO ersetzt.

Multilaterale Staatsverträge:
Haager Übereinkommen vom 5. Oktober 1961 über das auf die Form letztwilliger Verfügungen anzuwendende Recht (zu den Vetragsstaaten vgl. hinten, L.16).

Basler Übereinkommen vom 16. Mai 1972 über die Schaffung eines Systems zur Registrierung von Testamenten (zu den Vertragsstaaten vgl. hinten, L.16).

Washingtoner Übereinkommen vom 26. Oktober 1973 über ein einheitliches Recht der Form eines internationalen Testaments (zu den Vertragsstaaten vgl. hinten, L.16).

Traités multilatéraux:
Convention de la Haye du 5 octobre 1961 sur les conflits de lois en matière de forme des dispositions testamentaires (Loi n°66-1040 du 30 décembre 1966; in Kraft seit 19.11.1967).

Convention de Bâle du 16 mai 1972 relative à l'établissement d'un système d'inscription des testaments (Décret n°76-424 du 6 mai 1976; in Kraft seit 20.03.1976).

Convention de Washington du 26 octobre 1973 portant loi uniforme d'un testament international (Décret n°94-990 du 8 novembre 1994; in Kraft seit 01.12.1994).

Verordnung (EU) Nr. 650/2012 des Europäischen Parlaments und des Rates vom 4. Juli 2012 über die Zuständigkeit, das anzuwendende Recht, die Anerkennung und Vollstreckung von Entscheidungen und die Annahme und Vollstreckung öffentlicher Urkunden in Erbsachen sowie zur Einführung eines Europäischen Nachlasszeugnisses (EU-ErbVO; zum Text vgl. hinten, X.1.a.).

Règlement (UE) n ° 650/2012 du Parlement européen et du Conseil du 4 juillet 2012 relatif à la compétence, la loi applicable, la reconnaissance et l'exécution des décisions, et l'acceptation et l'exécution des actes authentiques en matière de successions et à la création d'un certificat successoral européen (in Kraft seit 17.08.2015).

P. Gesetzestexte Italien

1. Gesetzliche Erbfolge (Art. 565–586 CC it.)

Zivilgesetzbuch vom 16. März 1942[185] 2. Buch: Erbschaften 2. Titel: Gesetzliche Erbfolge	Codice Civile del 16 marzo 1942 (CC it.) [186] Libro II: Delle successioni Titolo II: Delle successioni legittime
Art. 565 Kategorien von Erbberechtigten Bei der gesetzlichen Erbfolge fällt die Erbschaft an den Ehegatten, die Nachkommen, die Vorfahren, die Seitenverwandten, die anderen Ver-wandten und den Staat, in der Rei-henfolge und nach den in diesem Titel festgelegten Regeln.	*Art. 565 Categorie dei successi-bili*[187] (07.02.2014) Nella successione legittima l'eredita' si devolve al coniuge, ai discendenti, agli ascendenti, ai collaterali, agli altri parenti e allo Stato, nell'ordine e secondo le regole stabilite nel presente titolo.

---

[185] Übersetzt in Anlehnung an Bauer Max W./Eccher Bernhard/König Bernhard/ Kreuzer Josef/Zanon Heinz, Italienisches Zivilgesetzbuch – zweisprachige Ausgabe, 5. A., Bozen 2010, S. 313 ff.
[186] Vgl. die Homepage des italienischen Parlaments: www.normattiva.it; Stand: 01.10.2019.
[187] Con sentenza 04.07.79 n. 55, la Corte Costituzionale ha dichiarato incostituzionale il presente articolo nella parte in cui viene esclusa dalla categoria dei chiamati alla successione legittima, in assenza di altri successibili, e prima dello Stato, i fratelli e le sorelle naturali riconosciuti o dichiarati.
Con sentenza 12.04.90 n. 184, la Corte Costituzionale ha dichiarato incostituzionale il presente articolo nella parte in cui in mancanza di altri successibili all'infuori dello Stato, non prevede la successione legittima tra fratelli e sorelle naturali, dei quali sia accertato il rispettivo status di filiazione nei confronti del genitore comune.

1. Abschnitt: Erbfolge der Verwandten

Art. 566   Erbfolge der Kinder

Die Kinder beerben den Vater und die Mutter zu gleichen Teilen.

Art. 567   Erbfolge adoptierten Kinder
[1] Die adoptierten Kinder sind den Kindern gleichgestellt.
[2] Die adoptierten Kinder sind bei den Verwandten des Adoptierenden von der Erbfolge ausgeschlossen.

Art. 568   Erbfolge der Eltern

Wer verstirbt ohne Nachkommen, Brüder oder Schwestern oder deren Nachkommen zu hinterlassen, wird vom Vater und der Mutter zu gleichen Teilen oder vom über-lebenden Elternteil beerbt.

Art. 569   Erbfolge der Vorfahren
[1] Wer verstirbt ohne Nachkommen, Eltern, noch Brüder oder Schwestern oder deren Nachkommen zu hinterlassen, wird zur einen Hälfte von den Vorfahren der väterlichen Linie und zur andern Hälfte von den Vorfahren der mütterlichen Linie beerbt.

Capo I: Della successione dei parenti

Art. 566   Successione dei figli (07.02.2014)

Al padre ed alla madre succedono i figli, in parti uguali.

Art. 567   Successione dei figli adottivi   (07.02.2014)
[1] Ai figli sono equiparati gli adottivi.
[2] I figli adottivi sono estranei alla successione dei parenti dell'adottante.

Art. 568   Successione dei genitori

A colui che muore senza lasciare prole, né fratelli o sorelle o loro discendenti, succedono il padre e la madre in eguali porzioni, o il genitore che sopravvive.

Art. 569   Successione degli ascendenti
[1] A colui che muore senza lasciare prole, né genitori, né fratelli o sorelle o loro discendenti, succedono per una metà gli ascendenti della linea paterna e per l'altra metà gli ascendenti della linea materna.

² Sind die Vorfahren jedoch nicht im gleichen Grade mit dem Erblasser verwandt, fällt die ganze Erbschaft unabhängig von der Linie an den nach Graden nächsten Verwandten.

Art. 570 Erbfolge der Brüder und Schwestern
¹ Wer verstirbt ohne Nachkommen, Eltern oder andere Vorfahren zu hinterlassen, wird von den Brüdern und Schwestern zu gleichen Teilen beerbt.
² Die halbbürtigen Brüder und Schwestern erhalten jedoch die Hälfte des Anteils, den die vollbürtigen erhalten.

Art. 571 Zusammentreffen von Eltern oder Vorfahren mit Brüdern und Schwestern
¹ Treffen vollbürtige Brüder und Schwestern des Verstorbenen mit seinen Eltern oder mit nur einem Elternteil zusammen, beerben ihn alle nach Köpfen, wobei jedoch in keinem Fall der Anteil, den die Eltern oder ein Elternteil erhalten, weniger als die Hälfte beträgt.
² Sind halbbürtige Brüder und Schwestern vorhanden, erhält jeder von ihnen die Hälfte des Anteils, den vollbürtige Geschwister oder Eltern erhalten, wobei letzteren in jedem Fall die Hälfte zusteht.

² Se però gli ascendenti non sono di eguale grado, l'eredità è devoluta al più vicino senza distinzione di linea.

Art. 570 Successione dei fratelli e delle sorelle
¹ A colui che muore senza lasciare prole, né genitori, né altri ascendenti, succedono i fratelli e le sorelle in parti uguali.
² I fratelli e le sorelle unilaterali conseguono però la metà della quota che conseguono i germani.

Art. 571 Concorso di genitori o ascendenti con fratelli e sorelle (20.09.1975)
¹ Se coi genitori o con uno soltanto di essi concorrono fratelli e sorelle germani del defunto, tutti sono ammessi alla successione del medesimo per capi, purché in nessun caso la quota, in cui succedono i genitori o uno di essi, sia minore della metà.

² Se vi sono fratelli e sorelle unilaterali, ciascuno di essi consegue la metà della quota che consegue ciascuno dei germani o dei genitori, salva in ogni caso la quota della metà in favore di questi ultimi.

³ Können oder wollen beide Elternteile die Erbfolge nicht antreten und sind weitere Vorfahren vorhanden, fällt der Anteil, der einem Elternteil beim Fehlen des an-deren zugestanden wäre, in der von Artikel 569 bestimmten Weise an die Vorfahren.

Art. 572 Erbfolge anderer Verwandter
¹ Wenn jemand verstirbt ohne Nachkommen, Eltern, andere Vorfahren, Brüder oder Schwestern oder deren Nachkommen zu hinterlassen, wird die Erbfolge unabhängig von der Linie zugunsten des oder der nächsten Verwandten eröffnet.
² Es gibt keine Erbfolge zwischen Verwandten über den sechsten Grad hinaus.

Art. 573 Erbfolge der nichtehelichen Kinder

Die Bestimmungen über die Erbfolge der nichtehelichen Kinder sind unter Vorbehalt der Bestimmungen von Artikel 580 anzuwenden, wenn das Kindesverhältnis anerkannt oder gerichtlich festgestellt worden ist.

Art. 574
(aufgehoben)

³ Se entrambi i genitori non possono o non vogliono venire alla successione e vi sono ulteriori ascendenti, a questi ultimi si devolve, nel modo determinato dall'articolo 569, la quota che sarebbe spettata a uno dei genitori in mancanza dell' altro.

Art. 572 Successione di altri parenti
¹ Se alcuno muore senza lasciare prole, né genitori, né altri ascendenti, né fratelli o sorelle o loro discendenti, la successione si apre a favore del parente o dei parenti prossimi, senza distinzione di linea.

² La successione non ha luogo tra i parenti oltre il sesto grado.

Art. 573 Successione dei figli nati fuori del matrimonio (07.02.2014)
Le disposizioni relative alla successione dei figli nati fuori del matrimonio si applicano quando la filiazione è stata riconosciuta o giudizialmente dichiarata, salvo quanto è disposto dall'articolo 580.

Art. 574 Concorso di figli naturali e legittimi (20.09.1975)
(abrogato)

P. Gesetzestexte Italien

Art. 575
(aufgehoben)

Art. 576
(aufgehoben)

Art. 577 Erbfolge des nichtehelichen Kindes nach den unmittelbaren ehelichen Vorfahren seines Elternteils
Das nichteheliche Kind beerbt den unmittelbaren ehelichen Vorfahren seines Elternteils, der die Erbschaft nicht annehmen kann oder will, wenn der Vorfahre weder den Ehegatten, noch Nachkommen oder Vorfahren, noch Brüder oder Schwestern oder deren Nachkommen, noch andere eheliche Verwandte bis zum dritten Grade hinterlässt.

Art. 578
(aufgehoben)

Art. 579
(aufgehoben)

Art. 575 Concorso di figli naturali con ascendenti e coniuge del genitore (20.09.1975)
(abrogato)

Art. 576 Successione dei soli figli naturali (20.09.1975)
(abrogato)

Art. 577 Successione del figlio naturale all'ascendente legittimo immediato del suo genitore (20.09.1975)
Il figlio naturale succede all'ascendente legittimo immediato del suo genitore che non può o non vuole accettare l'eredità, se l'ascendente non lascia ne coniuge, né discendenti o ascendenti, né fratelli o sorelle o loro discendenti, né altri parenti legittimi entro il terzo grado.
(La Corte costituzionale con sentenza 14 aprile 1969, n. 79, ha dichiarato l'illegittimità costituzionale del Art. 577).

Art. 578 Successione dei genitori al figlio naturale (07.02.2014)
(abrogato)

Art. 579 Concorso del coniuge e dei genitori (07.02.2014)
(abrogato)

Art. 580 Rechte der nicht anerkennungsfähigen nichtehelichen Kinder
[1] Den nichtehelichen Kindern, die gemäss Artikel 279 ein Recht auf Unterhalt, Ausbildung und Erziehung haben, steht eine lebenslängliche Rente im Umfang des Ertrags des Erbanteils zu, auf den sie Anspruch hätten, wenn das Kindesverhältnis festgestellt oder anerkannt worden wäre.
[2] Die nichtehelichen Kinder können beantragen, den kapitalisierten Betrag der ihnen gemäss dem vorhergehenden Absatz zustehenden Rente in Geld oder, nach Wahl der gesetzlichen Erben, in Erbschaftsgütern zu erhalten.

2. Abschnitt: Erbfolge des Ehegatten

Art. 581 Zusammentreffen des Ehegatten mit den Kindern
Wenn Kinder mit dem Ehegatten zusammentreffen, hat dieser ein Recht auf die Hälfte der Erbschaft, wenn er mit einem einzigen Kind zusammentrifft, und in den anderen Fällen auf einen Drittel.

Art. 580 Diritti dei figli nati fuori del matrimonio non riconoscibili (07.02.2014)
[1] Ai figli nati fuori del matrimonio aventi diritto al mantenimento, all'istruzione e alla educazione, a norma dell'articolo 279, spetta un assegno vitalizio pari all'ammontare della rendita della quota di eredità alla quale avrebbero diritto, se la filiazione fosse stata dichiarata o riconosciuta.
[2] I figli nati fuori del matrimonio hanno diritto di ottenere su loro richiesta la capitalizzazione dell'assegno loro spettante a norma del comma precedente, in denaro, ovvero, a scelta degli eredi legittimi, in beni ereditari.

Capo II: Della successione del coniuge

Art. 581 Concorso del coniuge con i figli (07.02.2014)
Quando con il coniuge concorrono figli, il coniuge ha diritto alla metà dell'eredità, se alla successione concorre un solo figlio, e ad un terzo negli altri casi.

Art. 582 Zusammentreffen des Ehegatten mit Vorfahren, Brüdern und Schwestern

Dem Ehegatten fallen zwei Drittel der Erbschaft an, wenn er mit Vorfahren oder mit Brüdern und Schwestern zusammentrifft, auch wenn diese halbbürtig sind, oder wenn er mit den einen und mit den anderen zusammentrifft. Im letzteren Fall fällt der verbleibende Teil den Vorfahren, den Brüdern und Schwestern gemäss den Bestimmungen des Artikel 571 an, wobei in jedem Fall das Recht der Vorfahren auf einen Viertel der Erbschaft zu wahren ist.

Art. 583 Erbfolge des allein verbliebenen Ehegatten

Beim Fehlen von Kindern, von Vorfahren, Brüdern oder Schwestern fällt dem Ehegatten die ganze Erbschaft an.

Art. 584 Erbfolge des Scheinehegatten

[1] Wurde die Ehe nach dem Tod von einem der Ehegatten für nichtig erklärt, steht dem überlebenden gutgläubigen Ehegatten der in den vorhergehenden Bestimmungen festgelegte Anteil zu. Überdies ist die Bestimmung von Artikel 540 Abssatz 2 anzuwenden.

Art. 582 Concorso del coniuge con ascendenti, fratelli e sorelle (07.02.2014)

Al coniuge sono devoluti i due terzi dell'eredità se egli concorre con ascendenti o con fratelli e sorelle anche se unilaterali, ovvero con gli uni e con gli altri. In questo ultimo caso la parte residua è devoluta agli ascendenti, ai fratelli e alle sorelle, secondo le disposizioni dell'articolo 571, salvo in ogni caso agli ascendenti il diritto a un quarto della eredità.

Art. 583 Successione del solo coniuge (07.02.2014)

In mancanza di figli, di ascendenti, di fratelli o sorelle, al coniuge si devolve tutta l'eredità.

Art. 584 Successione del coniuge putativo (20.09.1975)

[1] Quando il matrimonio è stato dichiarato nullo dopo la morte di uno dei coniugi, al coniuge superstite di buona fede spetta la quota attribuita al coniuge dalle disposizioni che precedono. Si applica altresì la disposizione del secondo comma dell'articolo 540.

² Er ist jedoch von der Erbfolge ausgeschlossen, wenn die Person, um deren Erbschaft es geht, im Zeitpunkt des Todes in einer (anderen) gültigen Ehe gebunden ist.

Art. 585 Erbfolge des getrennten Ehegatten
¹ Der Ehegatte, dem nicht mit rechtskräftigem Urteil die Trennung angelastet worden ist, hat dieselben Erbrechte wie der nichtgetrennte Ehegatte.
² Wenn dem Ehegatten die Trennung mit rechtskräftigem Urteil angelastet worden ist, sind die Bestimmungen von Art. 548 Abs. 2 anzuwenden.

3. Abschnitt: Erbfolge des Staates

Art. 586 Erwerb der Güter durch den Staat
¹ Bei Fehlen anderer Erbberechtigter fällt die Erbschaft dem Staat an. Der Erwerb erfolgt von Gesetzes wegen, ohne Annahme und ohne dass eine Ausschlagung erfolgen könnte.
² Der Staat haftet für Erbschaftsschulden und Vermächtnisse nur mit dem Wert der erworbenen Güter.

² Egli è però escluso dalla successione, quando la persona della cui eredità si tratta è legata da valido matrimonio al momento della morte.

Art. 585 Successione del coniuge separato (20.09.1975)
¹ Il coniuge cui non è stata addebitata la separazione con sentenza passata in giudicato ha gli stessi diritti successori del coniuge non separato.
² Nel caso in cui al coniuge sia stata addebitata la separazione con sentenza passata in giudicato, si applicano le disposizioni del secondo comma dell'articolo 548.

Capo III: Della successione dello Stato

Art. 586 Acquisto dei beni da parte dello stato
¹ In mancanza di altri successibili, l'eredità è devoluta allo Stato. L'acquisto si opera di diritto senza bisogno di accettazione e non può farsi luogo a rinunzia.
² Lo Stato non risponde dei debiti ereditari e dei legati oltre il valore dei beni acquistati.

2. Verfügungsbeschränkungen (Art. 536–552 CC it.)

Zivilgesetzbuch vom 16. März 1942[188] **2. Buch: Erbschaften** **10. Abschnitt: Pflichtteilsberechtigte** **1. Teil: Den Pflichtteilsberechtigten vorbehaltene Rechte**	**Codice Civile del 16 marzo 1942 (CC it.)**[189] **Libro II: Delle successioni** **Capo X: Dei legittimari** **Sezione 1: Dei diritti riservati ai legittimari**
Art. 536 Pflichtteilsberechtigte	*Art. 536 Legittimari (07.02.2014)*
[1] Die Personen, zu deren Gunsten das Gesetz einen Anteil der Erbschaft oder andere Rechte an der Erbschaft vorbehalten, sind: der Ehegatte, die Kinder, die Vorfahren. [2] Den Kindern sind die Adoptierten gleichgestellt. [3] Das Gesetz behält den Nachkommen der Kinder, die an deren Stelle erben, dieselben Rechte wie den Kindern vor.	[1] Le persone a favore delle quali la legge riserva una quota di eredità o altri diritti nella successione sono: il coniuge, i figli, gli ascendenti. [2] Ai figli sono equiparati gli adottivi. [3] A favore dei discendenti dei figli, i quali vengono alla successione in luogo di questi, la legge riserva gli stessi diritti che sono riservati ai figli.

---

[188] Übersetzt in Anlehnung an Bauer Max W./Eccher Bernhard/König Bernhard/ Kreuzer Josef/Zanon Heinz, Italienisches Zivilgesetzbuch – zweisprachige Ausgabe, 5. A., Bozen 2010, S. 312 ff.
[189] Vgl. die Homepage des italienischen Parlaments: www.normattiva.it; Stand: 01. 10.2019.

Art. 537 Pflichtteil der Kinder

¹ Wenn ein Elternteil ein einziges Kind hinterlässt, steht diesem, unter Vorbehalt von Artikel 542, ein Pflichtteil im Umfang der Hälfte des Vermögens zu.
² Wenn mehrere Kinder vorhanden sind, beträgt ihr Pflichtteil zwei Drittel, der unter allen Kindern zu gleichen Teilen aufzuteilen ist.
³ ... (aufgehoben).

Art. 538 Pflichtteil der Vorfahren

¹ Wenn der Verstorbene weder Kinder noch Vorfahren hinterlässt, beträgt ihr Pflichtteil, unter Vorbehalt von Artikel 544, ein Drittel des Vermögens.
² Wenn mehrere Vorfahren vorhanden sind, wird der Pflichtteil unter ihnen nach den in Artikel 569 vorgesehenen Grundsätzen aufgeteilt.

Art. 539
(aufgehoben)

Art. 540 Pflichtteil des Ehegatten

¹ Der Pflichtteil des Ehegatten beträgt, unter Vorbehalt von Artikel 542, für den Fall des Zusammentreffens mit Kindern die Hälfte des Vermögens des anderen Ehegatten.

Art. 537 Riserva a favore dei figli (07.02.2014)

¹ Salvo quanto disposto dall'articolo 542, se il genitore lascia un figlio solo, a questi è riservata la metà del patrimonio.
² Se i figli sono più, è loro riservata la quota dei due terzi, da dividersi in parti uguali tra tutti i figli.
³ ... (abrogato).

Art. 538 Riserva a favore degli ascendenti (07.02.2014)

¹ Se chi muore non lascia figli, ma ascendenti, a favore di questi è riservato un terzo del patrimonio, salvo quanto disposto dall'articolo 544.
² In caso di pluralità di ascendenti, la riserva è ripartita tra i medesimi secondo i criteri previsti dall'articolo 569.

Art. 539 Riserva a favore dei figli naturali (19.05.1975)
(abrogato)

Art. 540 Riserva a favore del coniuge (20.09.1975)

¹ A favore del coniuge è riservata la metà del patrimonio dell'altro coniuge, salve le disposizioni dell'articolo 542 per il caso di concorso con i figli.

² Auch beim Zusammentreffen mit anderen Erbberechtigten sind dem Ehegatten das Wohnrecht an der Familienwohnung und das Nutzungsrecht an dem darin befindlichen Hausrat vorbehalten, wenn diese im Eigentum des Verstorbenen oder im gemeinsamen Eigentum standen. Diese Rechte lasten auf der verfügbaren Quote und, falls diese nicht ausreicht, im Übrigen auf dem Pflichtteil des Ehegatten und allenfalls auf demjenigen der Kinder.

Art. 541
(aufgehoben)

Art. 542 Zusammentreffen des Ehegatten mit Kindern
¹ Hinterlässt der Verstorbene ausser dem Ehegatten ein einziges Kind, hat letzteres einen Pflichtteil von einem Drittel des Vermögens und der Ehegatte von einem weiteren Drittel.
² Sind mehr als ein Kind vorhanden, haben diese einen Pflichtteil im Umfang der Hälfte und der Ehegatte von einem Viertel des Vermögens des Verstorbenen. Die Aufteilung unter allen Kindern erfolgt zu gleichen Teilen.
³ ... (aufgehoben)

Art. 543
(aufgehoben)

² Al coniuge, anche quando concorra con altri chiamati, sono riservati i diritti di abitazione sulla casa adibita a residenza familiare e di uso sui mobili che la corredano, se di proprietà del defunto o comuni. Tali diritti gravano sulla porzione disponibile e, qualora questa non sia sufficiente, per il rimanente sulla quota di riserva del coniuge ed eventualmente sulla quota riservata ai figli.

Art. 541 Concorso di figli legittimi e naturali (20.09.1975)
(abrogato)

Art. 542 Concorso di coniuge e figli (07.02.2014)
¹ Se chi muore lascia, oltre al coniuge, un solo figlio, a quest'ultimo è riservato un terzo del patrimonio ed un altro terzo spetta al coniuge.

² Quando i figli, sono più di uno, ad essi è complessivamente riservata la metà del patrimonio e al coniuge spetta un quarto del patrimonio del defunto. La divisione tra tutti i figli è effettuata in parti uguali.
³ ... (abrogato)

Art. 543 Concorso di coniuge e figli naturali (20.09.1975)
(abrogato)

Art. 544 Zusammentreffen von Vorfahren mit dem Ehegatten
¹ Wenn der Verstorbene weder Kinder hinterlässt, wohl aber Vorfahren und den Ehegatten, hat der letztere einen Pflichtteil im Umfang der Hälfte und die Vorfahren von einem Viertel des Vermögens.

² Wenn mehrere Vorfahren vorhanden sind, wird der ihnen gemäss dem vorhergehenden Absatz zustehende Pflichtteil nach den in Artikel 569 vorgesehenen Grundsätzen aufgeteilt.

Art. 545
(aufgehoben)

Art. 546
(aufgehoben)

Art. 547
(aufgehoben)

Art. 548 Pflichtteil des getrennten Ehegatten
¹ Der Ehegatte, dem nicht gemäss Artikel 151 Absatz 2 mit rechtskräftigem Urteil die Trennung angelastet worden ist, hat dieselben Erbrechte wie ein nichtgetrennter Ehegatte.

Art. 544 Concorso di ascendenti e coniuge (07.02.2014)
¹ Quando chi muore non lascia figli, ma ascendenti e il coniuge, a quest'ultimo è riservata la metà del patrimonio, ed agli ascendenti un quarto.

² In caso di pluralità di ascendenti, la quota di riserva ad essi attribuita ai sensi del precedente comma è ripartita tra i medesimi secondo i criteri previsti dall'articolo 569.

Art. 545 Concorso di ascendenti legittimi e figli naturali (20.09.1975)
(abrogato)

Art. 546 Concorso di ascendenti legittimi, figli naturali e coniuge (20.09.1975)
(abrogato)

Art. 547 Soddisfacimento delle ragioni del coniuge (20.09.1975)
(abrogato)

Art. 548 Riserva a favore del coniuge separato (20.09.1975)
¹ Il coniuge cui non è stata addebitata la separazione con sentenza passata in giudicato, ai sensi del secondo comma dell'articolo 151, ha gli stessi diritti successori del coniuge non separato.

² Der Ehegatte, dem mit rechtskräftigem Urteil die Trennung angelastet worden ist, hat lediglich ein Recht auf eine lebenslängliche Rente, wenn er im Zeitpunkt der Eröffnung des Erbgangs vom verstorbenen Ehegatten eine Leibrente bezog. Die Rente wird aufgrund des Nachlassvermögens sowie der Eigenschaft und der Anzahl der gesetzlichen Erben berechnet und ist jedenfalls nicht höher als die bezogene Unterhaltsleistung. Diese Bestimmung ist auch anzuwenden, wenn beiden Ehegatten die Trennung angelastet worden ist.

Art. 549 Verbot von Lasten oder Bedingungen auf dem Pflichtteil

Der Erblasser kann, unter Vorbehalt der Bestimmungen des Titels 4 dieses Buches, dem Pflichtteil weder Lasten noch Bedingungen auferlegen.

² Il coniuge cui è stata addebitata la separazione con sentenza passata in giudicato ha diritto soltanto ad un assegno vitalizio se al momento dell'apertura della successione godeva degli alimenti a carico del coniuge deceduto. L'assegno è commisurato alle sostanze ereditarie e alla qualità e al numero degli eredi legittimi, e non è comunque di entità superiore a quella della prestazione alimentare goduta. La medesima disposizione si applica nel caso in cui la separazione sia stata addebitata ad entrambi i coniugi.

Art. 549 Divieto di pesi o condizioni sulla quota dei legittimari

Il testatore non può imporre pesi o condizioni sulla quota spettante ai legittimari, salva l'applicazione delle norme contenute nel titolo IV di questo libro.

Art. 550 Zuwendungen über die verfügbare Quote hinaus

[1] Wenn der Erblasser eine Nutzniessung oder eine lebenslängliche Rente verfügt, deren Ertrag über der verfügbaren Quote liegt, haben die Pflichtteilsberechtigten, denen das nackte Eigentum am verfügbaren Teil oder an einem Teil hiervon zugewiesen worden ist, die Wahl, entweder diese Verfügung zu vollziehen oder das nackte Eigentum am verfügbaren Teil aufzugeben. Erlangt im zweiten Fall der Vermächtnisnehmer den freigewordenen verfügbaren Teil, erwirbt er damit nicht die Eigenschaft eines Erben.

[2] Dieses Wahlrecht steht den Pflichtteilsberechtigten auch dann zu, wenn der Erblasser teilweise über die verfügbare Quote hinausgehend über das nackte Eigentum verfügt hat.

[3] Sind mehrere Pflichtteilsberechtigte vorhanden, ist zum Vollzug der letztwilligen Verfügung das Einverständnis aller notwendig.

[4] Diese Bestimmungen sind auch anzuwenden, wenn die Nutzniessung, die Rente oder das nackte Eigentum mittels Schenkung verfügt worden sind.

Art. 550 Lascito eccedente la porzione disponibile

[1] Quando il testatore dispone di un usufrutto o di una rendita vitalizia il cui reddito eccede quello della porzione disponibile, i legittimari, ai quali è stata assegnata la nuda proprietà della disponibile o di parte di essa, hanno la scelta o di eseguire tale disposizione o di abbandonare la nuda proprietà della porzione disponibile. Nel secondo caso il legatario, conseguendo la disponibile abbandonata, non acquista la qualità di erede.

[2] La stessa scelta spetta ai legittimari quando il testatore ha disposto della nuda proprietà di una parte eccedente la disponibile.

[3] Se i legittimari sono più, occorre l'accordo di tutti perché la disposizione testamentaria abbia esecuzione.

[4] Le stesse norme si applicano anche se dell'usufrutto, della rendita o della nuda proprietà è stato disposto con donazione.

Art. 551 Vermächtnis anstelle des Pflichtteils

¹ Wenn einem Pflichtteilsberechtigten anstelle des Pflichtteils ein Vermächtnis zugewendet wird, kann er das Vermächtnis ausschlagen und den Pflichtteil verlangen.

² Zieht er es vor, das Vermächtnis zu erwerben, so verliert er im Falle, dass der Wert des Vermächtnisses niedriger ist als der Pflichtteil, das Recht, eine Ergänzung zu verlangen und erwirbt nicht die Eigenschaft eines Erben. Diese Bestimmung ist nicht anzuwenden, wenn der Erblasser dem Pflichtteilsberechtigten ausdrücklich das Recht zuerkannt hat, die Ergänzung zu verlangen.

³ Das an die Stelle des Pflichtteils tretende Vermächtnis lastet auf dem nichtverfügbaren Teil. Übersteigt jedoch der Wert des Vermächtnisses den dem Pflichtteilsberechtigten zustehenden Pflichtteil, lastet das Übermass des Vermächtnisses auf der verfügbaren Quote.

Art. 551 Legato in sostituzione di legittima

¹ Se a un legittimario è lasciato un legato in sostituzione della legittima, egli può rinunziare al legato e chiedere la legittima.

² Se preferisce di conseguire il legato, perde il diritto di chiedere un supplemento, nel caso che il valore del legato sia inferiore a quello della legittima, e non acquista la qualità di erede. Questa disposizione non si applica quando il testatore ha espressamente attribuito al legittimario, la facoltà di chiedere il supplemento.

³ Il legato in sostituzione della legittima grava sulla porzione indisponibile. Se però il valore del legato eccede quello della legittima spettante al legittimario, per l'eccedenza il legato grava sulla disponibile.

Art. 552 Schenkungen und Vermächtnisse zu Lasten des Pflichtteils

Wenn der Pflichtteilsberechtigte die Erbschaft ausschlägt und kein Eintritt stattfindet, kann er im Umfang der verfügbaren Quote die Schenkungen behalten oder die ihm gemachten Vermächtnisse erwerben; liegt aber nicht eine ausdrückliche Befreiung von der Ausgleichung vor und ist es zur Vervollständigung des den Erben zustehenden Pflichtteils notwendig, die testamentarischen Verfügungen oder die Schenkungen zu kürzen, bleiben nur die vom Erblasser im Rahmen der verfügbaren Quote gemachten Verfügungen bestehen, die nicht der Kürzung unterliegen würden, wenn der Pflichtteilsberechtigte die Erbschaft angenommen hätte, und werden die dem letzteren gemachten Schenkungen und Vermächtnisse gekürzt.

Art. 552 Donazioni e legati in conto di legittima

Il legittimario che rinunzia all'eredità, quando non si ha rappresentazione, può sulla disponibile ritenere le donazioni o conseguire i legati a lui fatti; ma quando non vi è stata espressa dispensa dall'imputazione, se per integrare la legittima spettante agli eredi è necessario ridurre le disposizioni testamentarie o le donazioni, restano salve le assegnazioni, fatte dal testatore sulla disponibile, che non sarebbero soggette a riduzione se il legittimario accettasse l'eredità, e si riducono le donazioni e i legati fatti a quest'ultimo.

3. Internationales Erbrecht (Art. 46-50 LDIP)

Gesetz Nr. 218 vom 31. Mai 1995 betreffend die Reform des Systems des italienischen Privatrechts[190]

Art. 46   Erbfolge

¹ Die Erbfolge untersteht dem Heimatrecht des Erblassers im Zeitpunkt seines Ablebens.

² Der Erblasser kann durch eine ausdrückliche letztwillige Verfügung für seine gesamte Erbfolge das Recht des Staates wählen, in dem er seinen gewöhnlichen Aufenthalt hat. Diese Rechtswahl ist ungültig, wenn der Erblasser im Zeitpunkt seines Ablebens seinen gewöhnlichen Aufenthalt nicht mehr im gewählten Staat hat. Im Falle der Erbfolge eines italienischen Staasangehörigen darf die Rechtswahl die nach italienischem Recht geltenden Pflichtteilsrechte von Erben nicht beeinträchtigen, die im Zeitpunkt des Ablebens des Erblassers ihren gewöhnlichen Aufenthalt in Italien haben.

Legge 31 maggio 1995 n. 218 Riforma del sistema italiano di diritto internazionale privato (LDIP)[191]

Art. 46   Successione per causa di morte

¹ La successione per causa di morte è regolata dalla legge nazionale del soggetto della cui eredità si tratta, al momento della morte.

² Il soggetto della cui eredità si tratta può sottoporre, con dichiarazione espressa in forma testamentaria, l'intera successione alla legge dello Stato in cui risiede. La scelta non ha effetto se al momento della morte il dichiarante non risiedeva più in tale Stato. Nell'ipotesi di successione di un cittadino italiano, la scelta non pregiudica i diritti che la legge italiana attribuisce ai legittimari residenti in Italia al momento della morte della persona della cui successione si tratta.

---

[190] Die Übersetzung erfolgt in Anlehnung an Ferdinand Kruis, Das italienische inernationale Privatrecht, München 2005, S. 309 f.
[191] Siehe die Homepage des italienischen Parlaments: www.normattiva.it; Stand: 01.10.2019.

³ Die Erbteilung untersteht dem auf den Nachlass anwendbaren Recht, es sei denn, die Beteiligten hätten übereinstimmend das Recht des Eröffnungsortes oder das Recht des Belegenheitsortes von einem oder mehreren Nachlassgegenständen gewählt.

Art. 47 Erbfolge
Die Fähigkeit, letztwillig zu verfügen, das Testament zu ändern oder es zu widerrufen, untersteht dem Heimatrecht des Verfügenden im Zeitpunkt der Errichtung, der Abänderung oder des Widerrufs.

Art. 48 Testamentsform

Ein Testament ist formgültig, wenn es den Formerfordernissen des Staates genügt, in welchem der Erblasser verfügt hat oder dem er im Zeitpunkt der Testamentserrichtung oder seines Todes angehörte oder in dem er seinen Wohnsitz oder gewöhnlichen Aufenthalt

Art. 49 Erbrecht des Gemeinwesens
Wenn das auf den Nachlass anwendbare Recht beim Fehlen von Erben das Erbrecht des Gemeinwesens nicht anordnet, gehen die in Italien befindlichen Nachlassgegenstände auf den italienischen Staat über.

³ La divisione ereditaria è regolata dalla legge applicabile alla successione, salvo che i condividenti, d'accordo fra loro, abbiano designato la legge del luogo d'apertura della successione o del luogo ove si trovano uno o più beni ereditari.

Art. 47 Capacità di testare
La capacità di disporre per testamento, di modificarlo o di revocarlo è regolata dalla legge nazionale del disponente al momento del testamento, della modifica o della revoca.

Art. 48 Forma del testamento
Il testamento è valido, quanto alla forma, se è considerato tale dalla legge dello Stato nel quale il testatore ha disposto, ovvero dalla legge dello Stato di cui il testatore, al momento del testamento o della morte, era cittadino o dalla legge dello Stato in cui aveva il domicilio o la residenza.

Art. 49 Sucessioe dello Stato
Quando la legge applicabile alla successione, in mancanza di successibili, non attribuisce la successione allo Stato, i beni ereditari esistenti in Italia sono devoluti allo Stato italiano.

Art. 50 Internationale Zuständigkeit in Erbschaftssachen

In Erbschaftsschen sind italienische Gerichte zuständig:

a) Wenn der Erblasser im Zeitpunkt seines Ablebens italienischer Staatsangehöriger war;

b) wenn der Nachlass in Italien eröffnet wurde;

c) wenn der wirtschaftlich bedeutendste Teil des Nachlasses in Italien gelegen ist;

d) wenn der Beklagte seinen Wohnsitz oder gewöhnlichen Aufenthalt in Italien hat oder sich auf die italienische Zuständigkeit eingelassen hat, es sei denn, die Klage betreffe im Ausland gelegene Grundstücke;

e) wenn die Klage in Italien gelegene Vermögensgegenstände betrifft.

Bilaterale Staatsverträge:

Erklärung vom 17. April 1877 zwischen dem König von Italien und der Königin von **Grossbritannien** und Irland, über die Art des Verfügens über Güter, welche verstorbene Seeleute zurücklassen.

Niederlassungs- und Konsularvertrag vom 22. Juli 1868 zwischen der **Schweiz** und Italien, Art. 17 (SR 0.142.114.541). *Zum Staatsvertrag Schweiz-Italien vgl. Hans Rainer Künzle, Zürcher Kommentar zum IPRG, 4. A., Zürich 2018, Vorbem zu Art. 86-96 IPRG N 64-79.*

Art. 50 Giurisdizione in materia successoria

In materia successoria la giurisdizione italiana sussiste:

a) se il defunto era cittadino italiano al momento della morte;

b) se la successione si è aperta in Italia;

c) se la parte dei beni ereditari di maggiore consistenza economica è situata in Italia;

d) se il convenuto è domiciliato o residente in Italia o ha accettato la giurisdizione italiana, salvo che la domanda sia relativa a beni immobili situati all'estero;

e) se la domanda concerne beni situati in Italia.

Trattati bilaterali:

Dichiarazione del 17 aprile 1877 fra il Regno d'Italia e la Regina del Regno Unito della **Gran Brettagna** ed Irlanda, sul modo di disporre dei beni lasciati da marinari defunti (G.U. No. 123/77, p. 2090).

Trattato di domicilio e consolare del 22 luglio 1868 tra la **Svizzera** e l'Italia (RS 0.142.114.541).

Konsularvertrag vom 9. September 1929 zwischen Italien und der **Türkei**, Art. XI, XV und XVI.

Handels- und Schiffahrtsvertrag vom 23. Dezember 1874 zwischen Italien und **Peru**, Art. 16.

Bemerkung:
Alle Bestimmungen mit erbkollisionsrechtlichem Inhalt in Staatsverträgen mit den Verordnungsstaaten der EuErbVO werden durch die EuErbVO ersetzt.

Multilaterale Staatsverträge:
Basler Übereinkommen vom 16. Mai 1972 über die Schaffung eines Systems zur Registrierung von Testamenten (zu den Vertragsstaaten vgl. hinten, L.16).
Haager Übereinkommen vom 2. Oktober 1973 über die Internationale Verwaltung von Erbschaften (zu den Vertragsstaaten vgl. hinten, L.16).
Washingtoner Übereinkommen vom 26. Oktober 1973 über ein einheitliches Recht der Form eines internationalen Testaments (zu den Vertragsstaaten vgl. hinten, L.16).

Convenzione consolare del 9 settembre 1929 tra il Regno d'Italia e la Repubblica **turca** (G.U. No. 265/30).

Trattato di commercio e di navigazione del 23 dicembre 1874 fra l'Italia ed il **Perù** (legge 29 dicembre 1878 no. 4673).

Trattati multilaterali:
Basel Convention of 16 May 1972 on the Establishment of a Scheme of Registration of Wills (Council of Europe, CETS No. 77; in Kraft seit 26.12.1981).
Hague Convention of 2 October 1973 concerning the International Administration of the Estates of Deceased Persons (von Italien am 06.02.1975 unterzeichnet, aber nicht ratifiziert).
Washington Convention of 26 October 1973 providing a Uniform Law on the Form of an International Will (in Kraft seit 16.11.1991).

| **Verordnung (EU)** Nr. 650/2012 des Europäischen Parlaments und des Rates vom 4. Juli 2012 über die Zuständigkeit, das anzuwendende Recht, die Anerkennung und Vollstreckung von Entscheidungen und die Annahme und Vollstreckung öffentlicher Urkunden in Erbsachen sowie zur Einführung eines Europäischen Nachlasszeugnisses (EU-ErbVO; zum Text vgl. hinten, X.1.a.). | **Regolamento (UE)** n . 650/2012 del Parlamento europeo e del Consiglio del 4 luglio 2012 relativo alla competenza, alla legge applicabile, al riconoscimento e all'esecuzione delle decisioni e all'accettazione e all'esecuzione degli atti pubblici in materia di successioni e alla creazione di un certificato successorio europeo (in Kraft seit 17.8.2015). |

Q. Gesetzestexte Liechtenstein

Vorbemerkung: Liechtenstein hat ursprünglich die Regelungen des österreichischen ABGB übernommen; die Regelungen sind deshalb weitgehend (wenn auch nicht völlig) identisch.

1. Gesetzliche Erbfolge (§§ 727–761 ABGB FL)

Allgemeines Bürgerliches Gesetzbuch vom 1. Juni 1811 (ABGB FL – LR 210.0)[199]
2. Teil: Von dem Sachenrechte
1. Abteilung des Sachenrechtes: Von den dinglichen Rechten
13. Hauptstück: Von der gesetzlichen Erbfolge

Fälle der gesetzlichen Erbfolge

§ 727
Wenn der Verstorbene keine gültige Erklärung des letzten Willens hinterlassen, wenn er in derselben nicht über sein ganzes Vermögen verfügt, wenn er die Personen, denen er kraft des Gesetzes einen Erbteil zu hinterlassen schuldig war, nicht gehörig bedacht hat oder wenn die eingesetzten Erben die Erbschaft nicht annehmen können oder wollen, so findet die gesetzliche Erbfolge ganz oder zum Teile statt.

§ 728
In Ermanglung einer gültigen Erklärung des letzten Willens fällt die ganze Verlassenschaft des Verstorbenen den gesetzlichen Erben zu. Ist aber eine gültige Erklärung des letzten Willens vorhanden, so kommt ihnen derjenige Erbteil zu, welcher in derselben niemandem zugedacht ist.

§ 729 Vorschrift für den Fall des verkürzten Pflichtteiles
Ist eine Person, welcher der Erblasser kraft der Gesetze einen Erbteil zu hinterlassen schuldig war, durch eine letzte Willenserklärung verkürzt worden, so kann sie sich auf die Vorschrift des Gesetzes berufen, und den nach Massgabe des folgenden Hauptstückes ihr gebührenden Erbteil gerichtlich fordern.

---

[199] Vgl. die Homepage des Rechtsdiensts der Regierung: www.gesetze.li; Stand: 01.01.2019.

Gesetzliche Erben (LGBl. 2012 Nr. 265)

§ 730 (LGBl. 2011 Nr. 366 und 2012 Nr. 65)
[1] Gesetzliche Erben sind der Ehegatte oder der eingetragene Partner und diejenigen Personen, die mit dem Erblasser in nächster Linie verwandt sind.
[2] (aufgehoben).

I. Gesetzliches Erbrecht der Verwandten *(LGBl. 2012 Nr. 265)*

§ 731 (LGBl. 1976 Nr. 75)
[1] Zur ersten Linie gehören diejenigen, welche sich unter dem Erblasser, als ihrem Stamme, vereinigen, nämlich: seine Kinder und ihre Nachkömmlinge.
[2] Zur zweiten Linie gehören des Erblassers Vater und Mutter samt denjenigen, die sich mit ihm unter Vater und Mutter vereinigen, nämlich: seine Geschwister und ihr Nachkömmlinge.
[3] Zur dritten Linie gehören die Grosseltern samt den Geschwistern der Eltern und ihren Nachkömmlingen.
[4] Von der vierten Linie sind nur des Erblassers erste Urgrosseltern zur Erbfolge berufen.

1. Linie: Die Kinder

§ 732 (LGBl. 1993 Nr. 54)
Wenn der Erblasser Kinder des ersten Grades hat, so fällt ihnen die ganze Erbschaft zu, sie mögen männlichen oder weiblichen Geschlechtes, sie mögen bei Lebzeiten des Erblassers oder nach seinem Tode geboren sein. Mehrere Kinder teilen die Erbschaft nach ihrer Zahl in gleiche Teile. Enkel von noch lebenden Kindern, und Urenkel von noch lebenden Enkeln haben kein Recht zur Erbfolge.

§ 733
Ist ein Kind des Erblassers vor ihm gestorben, und sind von demselben ein oder mehrere Enkel vorhanden, so fällt der Anteil, welcher dem verstorbenen Kinde gebührt hätte, diesem nachgelassenen Enkel ganz, oder den mehreren Enkeln zu gleichen Teilen zu. Ist von diesen Enkeln ebenfalls einer gestorben und hat Urenkel nachgelassen, so wird auf die nämliche Art der Anteil des verstorbenen Enkels unter die Urenkel gleich geteilt. Sind von einem Erblasser noch entferntere Nachkömmlinge vorhanden, so wird die Teilung verhältnismässig nach der eben gegebenen Vorschrift vorgenommen.

§ 734
Auf diese Art wird eine Erbschaft nicht nur dann geteilt, wenn Enkel von verstorbenen Kindern mit noch lebenden Kindern oder entferntere Nachkömmlinge mit nähern Nachkömmlingen des Erblassers zusammen treffen, sondern auch dann, wenn die Erbschaft bloss zwischen Enkeln von verschiedenen Kindern oder zwischen Urenkeln von verschiedenen Enkeln zu teilen ist. Es können also die von jedem Kinde nachgelassenen Enkel, und die von jedem Enkel nachgelassenen Urenkel, ihrer seien viele oder wenige, nie mehr und nie weniger erhalten, als das verstorbene Kind oder der verstorbene Enkel erhalten hätten, wenn sie am Leben geblieben wären.

2. Linie: Die Eltern und ihre Nachkömmlinge

§ 735
Ist niemand vorhanden, der von dem Erblasser selbst abstammt, so fällt die Erbschaft auf diejenigen, die mit ihm durch die zweite Linie verwandt sind, nämlich: auf seine Eltern und ihre Nachkömmlinge. Leben noch beide Eltern, so gebührt ihnen die ganze Erbschaft zu gleichen Teilen. Ist eines dieser Eltern verstorben, so treten dessen nachgelassene Kinder oder Nachkömmlinge in sein Recht ein, und es wird die Hälfte, die dem Verstorbenen gebührt hätte, unter sie nach jenen Grundsätzen geteilt, welche in den §§ 732 bis 734 wegen Teilung der Erbschaft zwischen Kindern und entfernten Nachkömmlingen des Erblassers festgesetzt worden sind.

§ 736
Wenn beide Eltern des Erblassers verstorben sind, so wird jene Hälfte der Erbschaft, welche dem Vater zugefallen wäre, unter seine hinterlassenen Kinder und derselben Nachkömmlinge; die andere Hälfte aber, welche der Mutter gebührt hätte, unter ihre Kinder und derselben Nachkömmlinge nach den §§ 732 bis 734 geteilt. Sind von diesen Eltern keine andere als von ihnen gemeinschaftlich erzeugte Kinder oder derselben Nachkömmlinge vorhanden, so teilen sie die beiden Hälften unter sich gleich. Sind aber ausser diesen noch Kinder vorhanden, die von dem Vater oder von der Mutter, oder von einem und der andern in einer andern Ehe erzeugt worden sind, so erhalten die von dem Vater und der Mutter gemeinschaftlich erzeugten Kinder oder ihr Nachkömmlinge sowohl an der väterlichen, als an der mütterlichen Hälfte ihren gebührenden, mit den einseitigen Geschwistern gleichen Anteil.

§ 737
Wenn eines der verstorbenen Eltern des Erblassers weder Kinder noch Nachkömmlinge hinterlassen hat, so fällt die ganze Erbschaft dem andern noch lebenden Elternteile zu. Ist dieser Teil auch nicht mehr am Leben, so wird die ganze Erbschaft unter seinen Kindern und Nachkömmlingen nach den bereits angeführten Grundsätzen verteilt.

3. Linie: Die Grosseltern und ihre Nachkommenschaft

§ 738
Sind die Eltern des Erblassers ohne Nachkömmlinge verstorben, so kommt die Erbschaft auf die dritte Linie, nämlich: auf des Erblassers Grosseltern und ihre Nachkommenschaft. Die Erbschaft wird dann in zwei gleiche Teile geteilt. Eine Hälfte gehört den Eltern des Vaters und ihren Nachkömmlingen, die andere den Eltern der Mutter und ihren Nachkömmlingen.

§ 739
Jede dieser Hälften wird unter den Grosseltern der einen und der andern Seite, wenn sie beide noch leben, gleich geteilt. Ist eines der Grosseltern oder sind beide von der einen oder andern Seite gestorben, so wird die dieser Seite zugefallenen Hälfte zwischen den Kindern und Nachkömmlingen dieser Grosseltern nach jenen Grundsätzen geteilt, nach welchen in der zweiten Linie die ganze Erbschaft zwischen den Kindern und Nachkömmlingen der Eltern des Erblassers geteilt werden muss (§§ 735 bis 737).

§ 740
Sind von der väterlichen oder von der mütterlichen Seite beide Grosseltern verstorben, und weder von dem Grossvater noch von der Grossmutter dieser Seite Nachkömmlinge vorhanden, dann fällt den von der andern Seite noch lebenden Grosseltern oder nach derselben Tode ihren hinterlassenen Kindern und Nachkömmlingen die ganze Erbschaft zu.

4. Linie: Die Urgrosseltern *(LGBl. 1976 Nr. 75)*

§ 741 *(LGBl. 1976 Nr. 75)*
[1] Nach gänzlicher Erlöschung der dritten Linie sind die Urgrosseltern des Erblassers zur gesetzlichen Erbfolge berufen. Auf die Grosseltern des Vaters des Erblassers entfällt die eine Hälfte der Erbschaft, auf die Grosseltern der Mutter die andere Hälfte. In jede Hälfte der Erbschaft teilen sich die beiden Grosselternpaare

zu gleichen Teilen. Ist ein Teil eines Grosselternpaares nicht vorhanden, so fällt das auf diesen Teil entfallende Achtel der Erbschaft an den überlebenden Teil dieses Grosselternpaares. Fehlt ein Grosselternpaar, so ist zu seinem Viertel das andere Grosselternpaar desselben Elternteiles des Erblassers berufen.

² Fehlen die Grosselternpaare des einen Elternteiles des Erblassers, so sind zu der auf sie entfallenden Nachlasshälfte die Grosselternpaare des anderen Elternteiles in demselben Ausmass wie zu der ihnen unmittelbar zufallenden Nachlasshälfte berufen.

§ 742-749   (LGBl. 1976 Nr. 75)
(aufgehoben)

§ 750
Wen jemand mit dem Erblasser von mehr als einer Seite verwandt ist, genießt er von jeder Seite dasjenige Erbrecht, welches ihm, als einem Verwandten von dieser Seite insbesondere betrachtet, gebühret (§ 736).

§ 751   Ausschließung der entfernteren Verwandten   (LGBl. 1976 Nr. 75 und 1993 Nr. 54)
Auf diese vier Linien der Verwandtschaft wird das Recht der Erbfolge in Ansehung eines frei vererblichen Vermögens eingeschränkt.

§ 752-§ 756   (LGBl. 1993 Nr. 54)
(aufgehoben)

II. Gesetzliches Erbrecht eines Ehegatten oder eingetragenen Partners
(LGBl. 2012 Nr.265)

§ 757   (LGBl. 2012 Nr. 265 und Nr. 366)
¹ Der Ehegatte oder eingetragene Partner des Erblassers ist neben Kindern des Erblassers und deren Nachkommen zur Hälfte des Nachlasses, neben Eltern des Erblassers und deren Nachkommen oder neben Grosseltern zu zwei Dritteln des Nachlasses gesetzlicher Erbe. Sind neben Grosseltern Nachkommen verstorbener Grosseltern vorhanden, so erhält überdies der Ehegatte oder der eingetragene Parnter von dem restlichen Drittel des Nachlasses den Teil, der den Nachkommen der verstorbenen Grosseltern zufallen würde. Gleiches gilt für jene Erbteile, die den Nachkommen verstorbener Geschwister zufallen würden. In den übrigen Fällen erhält der Ehegatte oder eingetragene Partner den ganzen Nachlass.

² In den Erbteil des Ehegatten ist alles einzurechnen, was dieser durch Ehepakt oder Erbvertrag aus dem Vermögen des Erblassers erhält. Für den eingetragenen Partner gilt dies im Hinblick auf einen Erbvertrag.

§ 758   (LGBl. 2011 Nr. 366)
Sofern der Ehegatte oder eingetragene Partner nicht rechtmässig enterbt worden ist, gebühren ihm als gesetzliches Vorausvermächtnis das Recht, in der gemeinschaftlichen Wohnung weiterzuwohnen, und die zum gemeinschaftlichen Haushalt gehörenden beweglichen Sachen, soweit sie zu dessen Fortführung entsprechend den bisherigen Lebensverhältnissen erforderlich sind.

§ 759   (LGBl. 1999 Nr. 30, 1993 Nr. 54 und 2011 Nr. 366)
¹ Das gesetzliche Erbrecht des Ehegatten erlischt, wenn die Ehe vom Gericht für ungültig erklärt, geschieden oder getrennt wurde.
² Gehen die früheren Ehegatten wiederum die Ehe miteinander ein oder verliert das Trennungsurteil des Gerichtes seine Wirksamkeit, so lebt das gesetzliche Erbrecht des Ehegatten wieder auf.
³ Diese Bestimmung gilt sinngemäss für die eingetragene Partnerschaft.

§ 760 Erblose Verlassenschaft (LGBl. 1976 Nr. 75)[200]
Wenn kein zur Erbfolge Berechtigter vorhanden ist oder wenn niemand die Erbschaft erwirbt, fällt die Verlassenschaft als ein erbloses Gut dem Lande anheim.

§ 761 Abweichungen von der allgemeinen Erbfolgeordnung[201]
Die Abweichungen von der in diesem Hauptstücke bestimmten gesetzlichen Erbfolge in Rücksicht auf Bauerngüter und die Verlassenschaft geistlicher Personen sind in den politischen Gesetzen erhalten.

---

[200]   Zu § 760 siehe auch Hofdekret vom 12. Oktober 1835, JGS. Nr. 90, LR 210.119.
[201]   Zu § 761 siehe auch Fürstliche Verordnung vom 6. April 1846 betreffend die Einführung der §§ 531 bis 824 ABGB, Erbrechtspatent Nr. 3.877, LR 210.002.

2. Verfügungsbeschränkungen (§§ 762–796 ABGB FL)

Allgemeines Bürgerliches Gesetzbuch 1. Juni 1811 (ABGB FL – LR 210.0)[202]
2. Teil: Von dem Sachenrechte
1. Abteilung des Sachenrechtes: Von den dinglichen Rechten
14. Hauptstück: Von dem Pflichtteile und der Anrechnung in den Pflicht- oder Erbteil (LGBl. 1993 Nr. 54)

Welchen Personen ein Pflichtteil gebühre
(LGBl. 2012 Nr. 265)

§ 762 (LGBl. 2012 Nr. 265)
Die Personen, die der Erblasser in der letzten Anordnung bedenken muss, sind seine Kinder, in Ermangelung solcher seine Eltern, und der Ehegatte oder der eingetragene Partner.

§ 763[203] *(LBGl. 2014 Nr. 199)*
Unter dem Namen Kinder werden nach der allgemeinen Regel (§ 42) auch Enkel und Urenkel und unter dem Namen Eltern alle Grosseltern begriffen. Zwischen Kindern, deren Eltern miteinander verheiratet sind, und Kindern, deren Eltern nicht miteinander verheiratet sind, findet kein Unterschied statt, sobald für diese Personen das Recht und die Ordnung der gesetzlichen Erbfolge eintreten würde.

§ 764 (LGBl. 2012 Nr. 265)
Der Erbteil, welchen diese Personen zu fordern berechtigt sind, heißt: Pflichtteil; sie selbst werden in dieser Rücksicht Pflichtteilsberechtigter genannt.

In welchem Betrage (LGBl. 1993 Nr. 54)

§ 765 (LGBl. 2011 Nr. 366 und 2012 Nr. 265)
¹ Als Pflichtteil gebührt jedem Kind, dem Ehegatten oder eingetragenen Partner die Hälfte dessen, was ihm nach der gesetzlichen Erbfolge zugefallen wäre.

---

[202] Vgl. die Homepage des Rechtsdiensts der Regierung: www.gesetze.li; Stand: 01.01.2019.
[203] Zu § 763 siehe auch Hofdekret vom 10. Mai 1833, JGS. Nr. 2610, LR 210.114, und Fürstliche Verordnung vom 6. April 1846 betreffend die Einführung der §§ 531 bis 824 ABGB, Erbrechtspatent Nr. 3.877, LR 210.002.

² Der Ehegatte oder eingetragene Partner hat Anspruch auf den doppelten Pflichtteil, wenn er massgeblich zum Aufbau des Vermögens des Erblassers beigetragen hat und der während der Ehe oder der eingetragenen Partnerschaft erwirtschaftete Vermögenszuwachs den Grossteil der Erbschaft ausmacht.

§ 766   *(LGBl. 2012 Nr. 265)*
In der aufsteigenden Linie gebührt jedem Pflichtteilsberechtigten als Pflichtteil ein Drittheil dessen, was er nach der gesetzlichen Erbfolge erhalten haben würde.

§ 767   und unter was für Beschränkungen
         (LGBl. 1993 Nr. 54 und 2012 Nr. 265)
¹ Wer auf das Erbrecht Verzicht geleistet hat, wer nach den in dem achten Hauptstücke enthaltenen Vorschriften von dem Erbrechte ausgeschlossen wird oder von dem Erblasser rechtmässig enterbet worden ist, hat auf einen Pflichtteil keinen Anspruch, und wird bei der Ausmessung desselben so betrachtet, als wenn er gar nicht vorhanden wäre.
² Eine Pflichtteilsminderung nach § 773a erhöht den Pflichtteil der übrigen Pflichtteilsberechtigten nicht.

Erfordernisse einer rechtmässigen Enterbung *(LGBl. 1993 Nr. 54)*

§ 768   *(LGBl. 1993 Nr. 54)*
Ein Kind kann enterbt werden:
1. wenn es den Erblasser im Notstand hilflos gelassen hat;
2. wenn es wegen einer oder mehrerer mit Vorsatz begangener strafbarer Handlungen zu einer lebenslangen oder 20jährigen Freiheitsstrafe verurteilt worden ist;
3. wenn es beharrlich eine gegen die öffentliche Sittlichkeit verstossende Lebensart führt.

§ 769   *(LGBl. 2011 Nr. 366)*
Aus den gleichen Gründen können auch der Ehegatte, der eingetragene Partner und die Eltern enterbt werden; der Ehegatte oder eingetragene Partner ausserdem dann, wenn er seine Beistandspflicht, die Eltern, wenn sie die Pflege und Erziehung des Erblassers gröblich vernachlässigt haben.

§ 770   (LGBl. 2012 Nr. 265)
Überhaupt kann einem Pflichtteilsberechtigten auch solcher Handlungen wegen, die einen Erben nach den §§ 540 bis 542 des Erbrechtes unwürdig machen, durch die letzte Willenserklärung der Pflichtteil entzogen werden.

§ 771
Die Enterbungsursache muss immer, sie mag von dem Erblasser ausgedrückt sein oder nicht, von dem Erben erwiesen werden, und in den Worten, und dem Sinne des Gesetzes gegründet sein.

§ 772
Die Enterbung wird nur durch einen ausdrücklichen in der gesetzlichen Form erklärten Widerruf aufgehoben.

§ 773   (LGBl. 2012 Nr. 265)
Wenn bei einem sehr verschuldeten oder verschwenderischen Pflichtteilsberechtigten das wahrscheinliche Besorgnis obwaltet, dass der ihm gebührende Pflichtteil ganz, oder grössten Teils seinen Kindern entgehen würde, so kann ihm der Pflichtteil von dem Erblasser, jedoch nur dergestalt entzogen werden, dass solcher den Kindern des Pflichtteilsberechtigten zugewendet werde.

§ 773a   Pflichtteilsminderung (LGBl. 1993 Nr. 54 und 2007 Nr. 38)
¹ Standen der Erblasser und der Pflichtteilsberechtigte zu keiner Zeit in einem Naheverhältnis, wie es in der Familie zwischen solchen Verwandten gewöhnlich besteht, so kann der Erblasser den Pflichtteil auf die Hälfte mindern.
² Die §§ 771 und 772 gelten sinngemäss für die Pflichtteilsminderung.
³ Das Recht auf Pflichtteilsminderung steht nicht zu, wenn der Erblasser die Ausübung des Rechts auf persönlichen Verkehr mit dem Pflichtteilsberechtigten grundlos abgelehnt hat.

§ 774   Wie der Pflichtteil zu hinterlassen   (LGBl. 2012 Nr. 265)
Der Pflichtteil kann in Gestalt eines Erbteiles oder Vermächtnisses, auch ohne ausdrückliche Benennung des Pflichtteiles hinterlassen werden. Er muss aber dem Notherben ganz frei bleiben. Jede denselben einschränkende Bedingung oder Belastung ist ungültig. Wird dem Pflichtteilsberechtigten ein grösserer Erbteil zugedacht, so kann sie nur auf den Teil, welcher den Pflichtteil übersteigt, bezogen werden.

Rechtsmittel des Notherben:

§ 775   a) bei einer widerrechtlichen Enterbung oder Verkürzung in dem Pflichtteile   (LGBl. 2012 Nr. 265)
Ein Pflichtteilsberechtigter, welcher ohne die in den §§ 768 bis 773 vorgeschriebenen Bedingungen enterbt worden, kann den ihm gebührenden vollen Pflichtteil und, wenn er in dem reinen Betrage des Pflichtteiles verkürzt worden ist, die Ergänzung desselben fordern.

b) bei einer gänzlichen Übergehung

§ 776
Wenn aus mehreren Kindern, deren Dasein dem Erblasser bekannt war, eines ganz mit Stillschweigen übergangen wird, so kann es ebenfalls nur den Pflichtteil fordern.

§ 777   (LGBl. 2012 Nr. 265)
Wenn aber aus den Umständen erwiesen werden kann, dass die Übergehung eines aus mehreren Kindern nur daher rühre, weil dem Erblasser das Dasein desselben unbekannt war, so ist der Übergangene nicht schuldig, sich mit dem Pflichtteile zu begnügen, sondern er kann den Erbteil, welcher für den am mindesten begünstigten Pflichtteilsberechtigten ausfällt, wofern aber der einzige noch übrige Notherbe eingesetzt wird, oder alle übrige zu gleichen Teilen berufen sind, einen gleichen Erbteil verlangen.

§ 778   (LGBl. 2012 Nr. 265)
Hat der Erblasser einen einzigen Pflichtteilsberechtigten, und er übergeht ihn aus oben gedachtem Irrtume mit Stillschweigen oder erhält ein kinderloser Erblasser erst nach Erklärung seines letzten Willens einen Pflichtteilsberechtigten, für den keine Vorsehung getroffen ist, so werden nur die zu öffentlichen Anstalten, zur Belohnung geleisteter Dienste oder zu frommen Absichten bestimmten Vermächtnisse in einem, den vierten Teil der reinen Verlassenschaft nicht übersteigenden, Betrage verhältnismässig entrichtet, alle übrigen Anordnungen des letzten Willens aber gänzlich entkräftet. Sie erlangen jedoch, wenn der Pflichtteilsberechtigte vor dem Erblasser verstorben ist, wieder ihre Kraft.

§ 779   (LGBl. 1993 Nr. 54 und 2012 Nr. 265)
¹ Wenn ein Kind vor dem Erblasser stirbt und Abstämmlinge hinterlässt, so treten diese mit Stillschweigen übergangenen Abstämmlinge in Ansehung des Erbrechtes an die Stelle des Kindes.
² Die Nachkommen eines vorverstorbenen Pflichtteilsberechtigten, dessen Pflichtteil gemindert worden ist, können nur den geminderten Pflichtteil fordern.

§ 780   (LGBl. 1976 Nr. 75)
Die Abstämmlinge eines enterbten Kindes sind bloss befugt, den Pflichtteil zu verlangen, dies aber auch, wenn der Enterbte den Erblasser überlebt hat.

§ 781   (LGBl. 2011 Nr. 366)
Werden der Ehegatte, der eingetragene Partner oder die Eltern mit Stillschweigen übergangen, so können sie nur den Pflichtteil fordern.

§ 782   (LGBl. 2012 Nr. 265)
Wenn der Erbe beweisen kann, dass ein mit Stillschweigen übergangener Pflichtteilsberechtigter sich einer der in den §§ 768 bis 770 angeführten Enterbungsursachen schuldig gemacht hat, so wird die Übergehung als eine stillschweigende rechtliche Enterbung angesehen.

§ 783   Wer zur Entrichtung des Erb- oder Pflichtteils beizutragen habe
(LGBl. 2011 Nr. 366 und 2012 Nr. 265)
In allen Fällen, wo einem Pflichtteilsberechtigten der gebührende Erb- oder Pflichtteil gar nicht oder nicht vollständig ausgemessen worden ist, müssen sowohl die eingesetzten Erben als auch die Legatare, nicht jedoch der Ehegatte oder eingetragene Partner mit dem gesetzlichen Vorausvermächtnis, verhältnismässig zur vollständigen Entrichtung beitragen.

§ 783a   Stundung und Ratenzahlung des Pflichtteilsanspruchs
(LGBl. 2012 Nr. 265)
¹ Der Erbe kann Stundung des Pflichtteils oder die Zahlung des Pflichtteils in Raten verlangen, wenn die sofortige Erfüllung des gesamten Pflichtteilsanspruchs für den Erben wegen der Art der Nachlassgegenstände eine unbillige Härte wäre, insbesondere wenn sie ihn zur Aufgabe des Familienheims oder zur Veräusserung eines Wirtschaftsguts zwingen würde, das für den Erben und seine Familie die wirtschaftliche Lebensgrundlage bildet. Die Interessen des Pflichtteilsberechtigten sind angemessen zu berücksichtigen.

² Für den Fall der Stundung oder Ratenzahlung ist die Pflichtteilsforderung zu verzinsen. Darüber hinaus kann der Pflichtteilsberechtigte Sicherheitsleistung verlangen. Über Höhe und Fälligkeit der Zinsen sowie über Art und Umfang der Sicherheitsleistung entscheidet das Gericht nach Billigkeit.

³ Eine rechtskräftige Entscheidung nach Abs. 1 und 2 kann vom Gericht auf Antrag aufgehoben oder abgeändert werden, wenn sich die Verhältnisse nach der Entscheidung wesentlich geändert haben.

⁴ Zur Entscheidung über die Anträge nach Abs. 1 bis 3 ist das Verlassenschaftsgericht zuständig. Ist über den Pflichtteilsanspruch ein Rechtsstreit anhängig, sind die Anträge nach Abs. 1 und 2 in diesem Verfahren zu stellen.

Art der Ausmessung und Berechnung des Pflichtteiles

§ 784²⁰⁴ (LGBl. 1976 Nr. 75 und 2012 Nr. 265)
Um den Pflichtteil richtig ausmessen zu können, werden alle zur Verlassenschaft gehörigen beweglichen und unbeweglichen Sachen, alle Rechte und Forderungen, welche der Erblasser auf seine Nachfolger frei zu vererben befugt war, selbst alles, was ein Erbe oder Legatar in die Masse schuldig ist, genau beschrieben und geschätzt. Den Pflichtteilsberechtigten steht frei, der Schätzung beizuwohnen und ihre Erinnerungen dabei zu machen. Auf eine Feilbietung der Verlassenschaftsstücke zur Erhebung des wahren Wertes kann von ihnen nicht gedrungen werden. Schulden und andere Lasten, welche schon bei Lebzeiten des Erblassers auf dem Vermögen hafteten, werden von der Masse abgerechnet.

§ 785 (LGBl. 1993 Nr. 54 und 2011 Nr. 366)
¹ Auf Verlangen eines pflichtteilsberechtigten Kindes, eines pflichtteilsberechtigten Ehegatten oder eines pflichtteilsberechtigten eingetragenen Partners sind bei der Berechnung des Nachlasses Schenkungen des Erblassers in Anschlag zu bringen. Der Gegenstand der Schenkung ist dem Nachlass mit dem Wert hinzuzurechnen, der für die Anrechnung nach § 794 maßgebend ist.

² Das Recht nach Abs. 1 steht einem Kind nur hinsichtlich solcher Schenkungen zu, die der Erblasser zu einer Zeit gemacht hat, zu der er ein pflichtteilsberechtigtes Kind gehabt hat, dem Ehegatten nur hinsichtlich solcher Schenkungen, die während seiner Ehe mit dem Erblasser gemacht worden sind und dem eingetragenen Partner nur hinsichtlich solcher Schenkungen, die während der eingetragenen Partnerschaft gemacht worden sind.

---

[204] Zu § 784 siehe auch Fürstliche Verordnung vom 6. April 1846 betreffend die Einführung der §§ 531 bis 824 ABGB, Erbrechtspatent Nr. 3.877, LR 210.002.

³ In jedem Fall bleiben Schenkungen unberücksichtigt, die der Erblasser aus Einkünften ohne Schmälerung seines Stammvermögens, zu gemeinnützigen Zwecken, in Entsprechung einer sittlichen Pflicht oder aus Rücksichten des Anstandes gemacht hat. Gleiches gilt für Schenkungen, die früher als zwei Jahre vor dem Tod des Erblassers an nicht pflichtteilsberechtigte Personen gemacht worden sind.

§ 786   (LGBl. 2012 Nr. 265)
Der Pflichtteil wird ohne Rücksicht auf Vermächtnisse und andere aus dem letzten Willen entspringenden Lasten berechnet. Bis zur wirklichen Zuteilung ist die Verlassenschaft, in Ansehung des Gewinnes und der Nachteile, als ein zwischen den Erben und Pflichtteilsberechtigten verhältnismässig gemeinschaftliches Gut zu betrachten.

Anrechnung zum Pflichtteile

§ 787   (LGBl. 2012 Nr. 265)
¹ Alles, was die Pflichtteilsberechtigten durch Legate oder andere Verfügungen des Erblassers wirklich aus der Verlassenschaft erhalten, wird bei Bestimmung ihres Pflichtteiles in Rechnung gebracht.
² Wenn bei Bestimmung des Pflichtteiles Schenkungen in Anschlag zu bringen sind, muss sich jeder Pflichtteilsberechtigte auf die dadurch bewirkte Erhöhung seines Pflichtteiles die nach § 785 zum Nachlasse hinzuzurechnenden Geschenke anrechnen lassen, die er selbst vom Erblasser erhalten hat.

§ 788   (LGBl. 2012 Nr. 265)
Was der Erblasser bei Lebzeiten einem Kind zur Ausstattung oder unmittelbar zum Antritte eines Amtes oder eines Gewerbes gegeben oder zur Bezahlung der Schulden eines volljährigen Kindes verwendet hat, wird in den Pflichtteil eingerechnet.

§ 789   (LGBl. 2011 Nr. 366)
Überhaupt sind in den Pflichtteil die als Vorschuss darauf geleisteten Zuwendungen des Erblassers unter Lebenden einzurechnen, in den Pflichtteil des Ehegatten oder eingetragenen Partners ausserdem alles, was er als gesetzliches Vorausvermächtnis (§ 758) erhält.

oder zum Erbteile bei der gesetzlichen Erbfolge

§ 790
Die Anrechnung bei der Erbfolge der Kinder aus einem letzten Willen geschieht nur dann, wenn sie von dem Erblasser ausdrücklich verordnet wird. Dagegen muss auch bei der gesetzlichen Erbfolge ein Kind sich dasjenige, was es von dem Erblasser bei dessen Lebenszeit zu den oben (§ 788) erwähnten Zwecken empfangen hat, anrechnen lassen. Einem Enkel wird nicht nur das, was er unmittelbar selbst, sondern auch, was seine Eltern, in deren Stelle er tritt, auf solche Art empfangen haben, in den Erbteil eingerechnet.

§ 791
Was Eltern ausser den erwähnten Fällen einem Kinde zugewendet haben, wird, wenn die Eltern nicht ausdrücklich die Erstattung sich ausbedungen haben, für eine Schenkung gehalten, und nicht angerechnet.

§ 792   (LGBl. 2012 Nr. 265)
Die Eltern könne einem Kinde die Anrechnung auch bei der gesetzlichen Erbfolge ausdrücklich erlassen. Wenn aber die nötige Erziehung der übrigen Kinder weder aus ihrem eigenen, noch aus dem Vermögen der Eltern bestritten werden könnte, so muss das Kind dasjenige, was es zu den im § 788 erwähnten Zwecken in voraus empfangen hat, sich in dem Masse anrechnen lassen, als es zur Erziehung für die Geschwister notwendig ist.

§ 793
Die Anrechnung des Empfangenen zum Erbteile geschieht dadurch, dass jedes Kind den nämlichen Betrag noch vor der Teilung erhält. Ist die Verlassenschaft dazu nicht hinreichend, so kann zwar das früher begünstigte Kind keinen Erbteil ansprechen, aber auch zu keiner Erstattung angehalten werden.

§ 794
Bei jeder Anrechnung wird, wenn das Empfangene nicht in barem Gelde, sondern in andern beweglichen oder unbeweglichen Sachen bestand, der Wert der letzten nach dem Zeitpunkte des Empfanges; der ersten dagegen nach dem Zeitpunkte des Erbanfalles bestimmt.

*§ 795   Anspruch des Notherben auf den notwendigen
           (LGBl. 2012 Nr. 265)*
Einem Pflichtteilsberechtigten, der von seinem Pflichtteile selbst gesetzmäßig ausgeschlossen wird, muss doch immer der notwendige Unterhalt ausgemessen werden.

*§ 796   und des Ehegatten oder eingetragenen Partners auf anständigen
           Unterhalt (LGBl. 2011 Nr. 366)*
Der Ehegatte oder eingetragene Partner hat, ausser in den Fällen der §§ 759 und 795, solange er nicht eine neue Ehe oder eine eingetragene Partnerschaft eingeht, an die Erben bis zum Werte der Verlassenschaft einen Anspruch auf einen den Verhältnissen entsprechenden anständigen Unterhalt. In diesen Anspruch ist alles einzurechnen, was die berechtigte Person nach dem Erblasser durch vertragliche oder letztwillige Zuwendung, als gesetzlichen Erbteil, als Pflichtteil, durch öffentlich-rechtliche oder privatrechtliche Leistung erhält; desgleichen ihr eigenes Vermögen oder Erträgnisse einer von ihr tatsächlich ausgeübten oder einer solchen Erwerbstätigkeit, die von ihr den Umständen nach erwartet werden kann.

3. Internationales Erbrecht (Art. 29 f. IPRG, §§ 54-56a JN)

Gesetz vom 19. September 1996 über das Internationale Privatrecht (IPRG – LR 290)[198]

IV. Erbrecht

Art. 29   Rechtsnachfolge von Todes wegen
(LGBl. 2008 Nr. 221 und 2012 Nr. 265)

¹ Die Rechtsnachfolge von Todes wegen ist nach dem Personalstatut des Erblassers im Zeitpunkt seines Todes zu beurteilen.

² Wird eine Verlassenschaftsabhandlung von einem liechtensteinischen Gericht durchgeführt, so ist die Rechtsnachfolge von Todes wegen vorbehaltlich Abs. 3 und 4 nach liechtensteinischem Recht zu beurteilen.

³ Der ausländische Erblasser kann durch letztwillige Verfügung oder Erbvertrag seine Rechtsnachfolge einem seiner Heimatrechte oder dem Recht des Staates seines letzten gewöhnlichen Aufenthaltes unterstellen.

⁴ Der inländische Erblasser mit Wohnsitz im Ausland kann durch letztwillige Verfügung oder Erbvertrag seine Rechtsnachfolge einem seiner Heimatrechte oder dem Recht des Staates seines letzten gewöhnlichen Aufenthaltes unterstellen.

⁵ Ob der verkürzte Pflichtteilsberechtigte Rechte gegenüber Dritten erheben kann, die vom Erblasser zu Lebzeiten Vermögen erhalten haben, ist nach dem Recht des Staates zu beurteilen, dem die Rechtsnachfolge von Todes wegen unterliegt. Die Erhebung solcher Rechte ist überdies nur zulässig, wenn dies auch nach dem für den Erwerbsvorgang massgeblichen Recht zulässig ist.[199]

Art. 30   Gültigkeit einer Verfügung von Todes wegen

¹ Die Testierfähigkeit und die sonstigen Erfordernisse für die Gültigkeit einer letztwilligen Verfügung, eines Erbvertrags oder eines Erbverzichtsvertrags sind gegeben, wenn die Gültigkeitserfordernisse eines der folgenden Rechte erfüllt sind:
  a) eines der Heimatrechte des Erblassers im Zeitpunkt der Rechtshandlung oder im Zeitpunkt seines Todes;
  b) des Rechts des Staates, in dem der Erblasser im Zeitpunkt der Rechtshandlung oder im Zeitpunkt seines Todes seinen gewöhnlichen Aufenthalt hatte;
  c) des liechtensteinischen Rechts, sofern die Verlassenschaftsabhandlung vor einem liechtensteinischen Gericht durchgeführt wird.

---

[198] Vgl. die Homepage des Rechtsdiensts der Regierung: www.gesetze.li; Stand: 01.01.2015.
[199] Art. 29 Abs. 5 eingefügt durch LGBl. 2008 Nr. 221.

² Für den Widerruf bzw. die Aufhebung dieser Rechtshandlungen gilt der Abs. 1 sinngemäss.

Gesetz vom 10. Dezember 1912 über die Ausübung der Gerichtsbarkeit und die Zuständigkeit der Gerichte in bürgerlichen Rechtssachen (Jurisdiktionsnorm, JN – LR 272.0)[200]
3. Teil: Von der Gerichtsbarkeit in Geschäften ausser Streitsachen Verlassenschaftsabhandlung

§ 54   (LGBl. 2010 Nr. 456)
¹ Die inländische Gerichtsbarkeit für die Abhandlung einer Verlassenschaft und für diese ersetzende Verfahren (Art. 153 ff. AussStrG) ist gegeben
1. über das im Inland gelegene unbewegliche Vermögen;
2. über das im Inland gelegene bewegliche Vermögen, wenn
   a. der Verstorbene zuletzt liechtensteinischer Staatsbürger war oder
   b. der Verstorbene seinen letzten gewöhnlichen Aufenthalt im Inland hatte oder
   c. die Durchsetzung aus dem Erbrecht, Pflichtteilsrecht oder einer letztwilligen Erklärung abgeleiteter Rechte im Ausland unmöglich ist;
3. über das im Ausland gelegene bewegliche Vermögen unter den Voraussetzungen von Art. 143 Abs. 2 AussStrG wenn der Verstorbene zuletzt liechtensteinischer Staatsbürger war und
   a. seinen letzten gewöhnlichen Aufenthalt im Inland hatte oder
   b. die Durchsetzung aus dem Erbrecht, Pflichtteilsrecht oder einer letztwilligen Erklärung abgeleiteter Rechte im Ausland unmöglich ist;
4. über das im Ausland gelegene bewegliche Vermögen eines Ausländers unter den Voraussetzungen von Art. 143 Abs. 2 AussStrG, wenn der Verstorbene zuletzt seinen Wohnsitz im Inland hatte und testamentarisch seine Rechtsfolge liechtensteinischem Erbrecht unterstellt hat.

² Die inländische Gerichtsbarkeit nach Abs. 1 erstreckt sich auch auf eine Substitutionshandlung.

---

[200]   Vgl. die Homepage des Rechtsdiensts der Regierung: www.gesetze.li; Stand: 01.08.2017.

§ 55   (LGBl. 2010 Nr. 456)
Die inländische Gerichtsbarkeit für das Ausfolgungsverfahren und jeweils damit zusammenhängende Sicherungsmassnahmen ist stets gegeben.

§ 56   (LGBl. 2010 Nr. 456)
Wird die Abhandlung von einem ausländischen Gericht durchgeführt, so beschränkt sich die Zuständigkeit des Landgerichtes auf die Sicherung des Nachlasses, der Ansprüche der Erben, Legatare und Gläubiger, die sich in Liechtenstein aufhalten, und der Verlassenschaftsgebühren.

§ 56a   (LGBl. 1997 Nr. 131)
Ist das Landgericht zuständig, so handelt es vorbehaltlich der unbeweglichen Sachen, die im Ausland liegen, die gesamte Verlassenschaft ab, auf welche das Landgericht Zugriff hat.

§ 56b   (LGBl. 2014 Nr. 274)
aufgehoben.

Bilaterale Staatsverträge:
-

Multilaterle Staatsverträge:
-

R. Gesetzestexte Niederlande

1. Gesetzliche Erbfolge (Art. 4:9–41 BW)

Bürgerliches Gesetzbuch **4. Buch: Erbrecht** **2. Titel: Erbfolge infolge Todes**	**Burgerlijk Wetboek (BW)**[218] **Boek 4: Erfrecht** *01.01.2003)* **Titel 2: Erfopvolging bij versterf**
Art. 9 Um als Erbe infolge Todes (sc. gesetzlicher Erbe) zu gelten, muss man beim Eintritt des Erbfalls am Leben sein.	*Art. 9* Ten einde als erfgenaam bij versterf te kunnen optreden, moet men bestaan op het ogenblik dat de nalatenschap openvalt.
Art. 10 [1] Das Gesetz betrachtet die Personen in der nachstehenden Reihenfolge als Erben eines Nachlasses kraft eigenen Rechts: a. den nicht von Tisch und Bett getrennten Ehegatten[216] des Erblassers, zusammen mit dessen Kindern; b. die Eltern des Erblassers, zusammen mit dessen Geschwistern; c. die Grosseltern des Erblassers; d. die Urgrosseltern des Erblassers.	*Art. 10* [1] De wet roept tot een nalatenschap als erfgenamen uit eigen hoofde achtereenvolgens: a. de niet van tafel en bed gescheiden echtgenoot van de erflater tezamen met diens kinderen; b. de ouders van de erflater tezamen met diens broers en zusters; c. de grootouders van de erflater; d. de overgrootouders van de erflater.

---

[216] Nach Art. 8 BW sind die eingetragenen Partner den Ehegatten gleichgestellt.
[218] Neufassung in Kraft seit 01.01.2003; vgl. die offizielle Homepage der niederländischen Regierung: wetten.overheid. nl/BWBR0002761/2017-09-01; Stand: 18.09.2018.

² Die Nachkommen eines Kindes, eines Bruders, einer Schwester, eines Grosseltern- oder eines Urgrosselternteils gelten als Nacherben.

³ Nur diejenigen Personen, die zum Erblasser in einer familienrechtlichen Beziehung standen, gehören zu den Blutsverwandten gemäss den vorhergehenden Absätzen.

Art. 11

¹ Diejenigen Personen, die zusammen und kraft eigenen Rechts Erben eines Nachlasses sind, erben zu gleichen Teilen.

² In Abweichung von Abs. 1 beträgt der Erbteil eines halbbürtigen Bruders oder einer halbbürtigen Schwester die Hälfte des Erbteils eines vollbürtigen Bruders, einer vollbürtigen Schwester oder eines Elternteils.

³ Wenn der Erbteil eines Elternteils in Anwendung von Abs. 1 und 2 weniger als einen Viertel beträgt, wird er auf einen Viertel erhöht und die Erbteile der übrigen Erben werden proportional herabgesetzt.

Art. 12

¹ Die Nacherbenstellung ergibt sich im Verhältnis zu Personen, die beim Eintritt des Erbfalls nicht mehr am Leben sind, die erbunwürdig sind, enterbt wurden oder die Erbschaft ausgeschlagen haben oder deren Erbrecht hinfällig geworden ist.

² De afstammelingen van een kind, broer, zuster, grootouder of overgrootouder worden bij plaatsvervulling geroepen.

³ Alleen zij die tot de erflater in familierechtelijke betrekking stonden, worden tot de in de vorige leden genoemde bloedverwanten gerekend.

Art. 11

¹ Degenen die tezamen uit eigen hoofde tot een nalatenschap worden geroepen, erven voor gelijke delen.

² In afwijking van lid 1 is het erfdeel van een halfbroer of halfzuster de helft van het erfdeel van een volle broer, een volle zuster of een ouder.

³ Wa eer het erfdeel van een ouder door toepassing van de leden 1 en 2 minder zou bedragen dan een kwart, wordt het verhoogd tot een kwart en worden de erfdelen van de overige erfgenamen naar evenredigheid verminderd.

Art. 12

¹ Plaatsvervulling geschiedt met betrekking tot personen die op het ogenblik van het openvallen van de nalatenschap niet meer bestaan, die onwaardig zijn, onterfd zijn of verwerpen of wier erfrecht is vervallen.

² Die Nacherben erhalten den Erbteil derjenigen Personen, an deren Stelle sie treten, und zwar nach Stämmen.
³ Personen, die weiter als im sechsten Grad vom Erblasser entfernt sind, erben nichts.

3. Titel: Das Erbrecht des nicht von Tisch und Bett getrennten Ehegatten und der Kinder infolge Todes sowie andere gesetzliche Rechte
1. Abteilung: Das Erbrecht des nicht von Tisch und Bett getrennten Ehegatten und der Kinder infolge Todes

Art. 13
¹ Der Nachlass eines Erblassers, der einen Ehegatten und ein oder mehrere Kinder als Erben hinterlässt, wird gemäss dem folgenden Absatz verteilt, sofern der Erblasser nicht letztwillig verfügt hat, dass diese Abteilung gar keine Anwendung findet.
² Der Ehegatte erhält von Gesetzes wegen die Vermögensgegenstände des Nachlasses. Die Bezahlung der Nachlassschulden geht auf seine Rechnung. Unter diesen Schulden werden hier auch die zu Lasten der Erbengemeinschaft gehenden Auslagen für die Bezahlung testamentarischer Auflagen verstanden.

² Zij die bij plaatsvervulling erven, worden staaksgewijze geroepen tot het erfdeel van degene wiens plaats zij vervullen.
³ Degenen die de erflater verder dan de zesde graad bestaan, erven niet.

Titel 3: Het erfrecht bij versterf van de niet van tafel en bed gescheiden echtgenoot en van de kinderen alsmede andere wettelijke rechten
Afdeling 1: Het erfrecht bij versterf van de niet van tafel en bed gescheiden echtgenoot en van de kinderen

Art. 13
¹ De nalatenschap van de erflater die een echtgenoot en een of meer kinderen als erfgenamen achterlaat, wordt, tenzij de erflater bij uiterste wilsbeschikking heeft bepaald dat deze afdeling geheel buiten toepassing blijft, overeenkomstig de volgende leden verdeeld.
² De echtgenoot verkrijgt van rechtswege de goederen van de nalatenschap. De voldoening van de schulden van de nalatenschap komt voor zijn rekening. Onder schulden van de nalatenschap zijn hier tevens begrepen de ten laste van de gezamenlijke erfgenamen komende uitgaven ter voldoening aan testamentaire lasten.

³ Jedes Kind erhält als Erbe von Gesetzes wegen eine Geldforderung gegenüber dem Ehegatten, entsprechend dem Wert seines Erbteils. Diese Forderung kann geltend gemacht werden:
  a. wenn über den Ehegatten der Konkurs ausgesprochen oder ihm gegenüber die Regeln über die Schuldensanierung bei natürlichen Personen für anwendbar erklärt worden sind;
  b. wenn der Ehegatte verstorben ist.
Die Forderung kann auch in den vom Erblasser in der letztwilligen Verfügung genannten Fällen geltend gemacht werden.

⁴ Wenn weder der Erblasser noch der Ehegatte und die Kinder zusammen etwas anderes bestimmt haben, erfährt der in Abs. 3 genannte Geldbetrag eine Erhöhung um einen Prozentsatz, welcher demjenigen des gesetzlichen Zinses entspricht, sofern dieser Satz höher als sechs Prozent ist, berechnet pro Jahr seit dem Tag, an welchem der Erbfall eingetreten ist; bei dieser Berechnung wird immer nur das Kapital berücksichtigt.

³ Ieder van de kinderen verkrijgt als erfgenaam van rechtswege een geldvordering ten laste van de echtgenoot, overeenkomend met de waarde van zijn erfdeel. Deze vordering is opeisbaar:
  a. indien de echtgenoot in staat van faillissement is verklaard of ten aanzien van hem de schuldsaneringsregeling natuurlijke personen van toepassing is verklaard;
  b. wanneer de echtgenoot is overleden.
De vordering is ook opeisbaar in door de erflater bij uiterste wilsbeschikking genoemde gevallen.

⁴ De in lid 3 bedoelde geldsom wordt, tenzij de erflater, dan wel de echtgenoot en het kind tezamen, anders hebben bepaald, vermeerderd met een percentage dat overeenkomt met dat van de wettelijke rente, voor zover dit percentage hoger is dan zes, berekend per jaar vanaf de dag waarop de nalatenschap is opengevallen, bij welke berekening telkens uitsluitend de hoofdsom in aanmerking wordt genomen.

⁵ Kann die Forderung gemäss Abs. 3 geltend gemacht werden, weil gegenüber dem Ehegatten die Regelung über die Schuldensanierung bei natürlichen Personen für anwendbar erklärt worden ist, ist die noch nicht beglichene Forderung mit der Beendigung des Schuldensanierungsverfahrens bei natürlichen Personen gemäss Art. 356 Abs. 2 Konkursgesetz nicht mehr vollziehbar. Art. 358 Abs. 1 Konkursgesetz findet bezüglich dieser Forderung keine Anwendung.

⁶ Im vorliegenden Titel wird unter dem Ehegatten ein nicht von Tisch und Bett getrennter Ehegatte verstanden.

Art. 14
¹ Wenn der Nachlass gemäss Art. 13 verteilt ist, ist der Ehegatte des Erblassers gegenüber den Gläubigern und Kindern zur Bezahlung der Nachlassschulden verpflichtet. Im Verhältnis zwischen dem Ehegatten und den Kindern gehen die Nachlassschulden auf Rechnung des Ehegatten.

⁵ Is de vordering, bedoeld in lid 3, opeisbaar geworden doordat ten aanzien van de echtgenoot de schuldsaneringsregeling natuurlijke personen van toepassing is verklaard, dan is de vordering, voor zover zij onvoldaan is gebleven, door beëindiging van de toepassing van de schuldsaneringsregeling natuurlijke personen op grond van artikel 356 lid 2 van de Faillissementswet wederom niet opeisbaar. Artikel 358 lid 1 van de Faillissementswet vindt ten aanzien van de vordering geen toepassing.

⁶ In deze titel wordt onder echtgenoot niet begrepen een van tafel en bed gescheiden echtgenoot.

Art. 14
¹ Indien de nalatenschap overeenkomstig artikel 13 is verdeeld, is de echtgenoot van de erflater tegenover de schuldeisers en tegenover de kinderen verplicht tot voldoening van de schulden der nalatenschaip. In de onderlinge verhouding van de echtgenoot en de kinderen komen de schulden der nalatenschap voor rekening van de echtgenoot.

² Für Schulden des Nachlasses wie auch für Schulden des Ehegatten, die gegenüber den Vermögensgegenständen einer Gemeinschaft geltend gemacht werden konnten, zu welcher der Ehegatte und der Erblasser gehörten, steht der Gläubiger mit seiner Forderung gegenüber den Vermögensgegenständen, die gemäss Art. 13 Abs. 2 dem Ehegatten gehören, rangmässig vor denjenigen Gläubigern, die ihre Ansprüche wegen anderer Schulden des Ehegatten stellen.

³ Für Schulden des Nachlasses dürfen die Vermögensgegenstände eines Kindes nicht zwangsverwertet werden, unter Ausschluss der in Art. 13 Abs. 3 angegebenen Geldforderung. Die Zwangsverwertung der Vermögensgegenstände ist möglich, wenn die Geldforderung des Kindes durch Bezahlung oder Übertragung von Vermögensgegenständen vermindert worden ist, wenn das Kind keine Vermögensgegenstände des Ehegatten bezeichnet, die genügend Ersatz bieten.

⁴ Die sich aus Abs. 1 Satz 2 ergebende Schuldentragungspflicht des Ehegatten gilt auch, wenn die Schulden des Nachlasses höher sind als die Aktiven, ungeachtet der Bestimmungen von Art. 184 Abs. 2.

² Voor schulden van de nalatenschap, alsmede voor schulden van de echtgenoot die konden worden verhaald op de goederen van een gemeenschap waarvan de echtgenoot en de erflater de deelgenoten waren, neemt de schuldeiser in zijn verhaal op de goederen die krachtens artikel 13 lid 2 aan de echtgenoot toebehoren, rang voor degenen die verhaal nemen voor andere schulden van de echtgenoot.

³ Voor schulden van de nalatenschap kunnen de goederen van een kind niet worden uitgewonnen, met uitzondering van de in artikel 13 lid 3 bedoelde geldvordering. Uitwinning van die goederen is wel mogelijk voor zover de geldvordering van het kind is verminderd door betaling of door overdracht van goederen, tenzij het kind goederen van de echtgenoot aanwijst die voldoende verhaal bieden.

⁴ De uit lid 1, tweede zin, voortvloeiende draagplicht van de echtgenoot geldt mede wanneer de schulden van de nalatenschap de baten overtreffen, onverminderd artikel 184 lid 2.

Art. 15
¹ Wenn die Erben bei der Feststellung der Höhe der in Art. 13 Abs. 3 angegebenen Geldforderung nicht zu einer Einigung gelangen, erfolgt diese Feststellung auf Antrag der zuerst beantragenden Partei durch den Kantonsrichter.[217] Die Art. 677 bis und mit Art. 679 Zivilrechtspflegegesetz finden entsprechende Anwendung.

² Wenn bei der Feststellung der in Art. 13 Abs. 3 angegebenen Geldforderung:
    a. bezüglich des Wertes der Vermögensgegenstände und der Nachlassschulden ein Fehler unterlaufen und ein Erbe dadurch um mehr als einen Viertel benachteiligt worden ist,
    b. der Saldo des Nachlasses auf andere Art nicht richtig berechnet worden ist, sowie
    c. wenn die Geldforderung nicht entsprechend dem Teil berechnet worden ist, auf welchen das Kind Anspruch erheben kann,

Art. 15 *(01.05.2004)*
¹ Voor zover de erfgenamen over de vaststelling van de omvang van de in artikel 13 lid 3 bedoelde geldvordering niet tot overeenstemming kunnen komen, wordt deze op verzoek van de meest gerede partij door de kantonrechter vastgesteld. De artikelen 677 tot en met 679 van het Wetboek van Burgerlijke Rechtsvordering zijn van overeenkomstige toepassing.

² Indien bij de vaststelling van de in artikel 13 lid 3 bedoelde geldvordering:
    a. omtrent de waarde van de goederen en de schulden van de nalatenschap is gedwaald en daardoor een erfgenaam voor meer dan een vierde is benadeeld,
    b. het saldo van de nalatenschap anderszins onjuist is berekend, dan wel
    c. de geldvordering niet is berekend overeenkomstig het deel waarop het kind aanspraak kon maken,

---

[217] In den Niederlanden gibt es 19 Gerichte erster Instanz (Rechtbanken), an welchen die "kantonrechter" tätig sind.

wird die Feststellung auf Antrag eines Kindes oder des Ehegatten dementsprechend durch den Kanntonsrichter geändert. Auf diese Feststellung finden die Bestimmungen der Art. 196 Abs. 2, 3 und 4, Art. 199 und Art. 200 von Buch 3 bezüglich der Verteilung entsprechende Anwendung.

³ Bei der Feststellung der Geldforderung finden die Art. 229 bis und mit Art. 233 entsprechende Anwendung.

⁴ Art. 187 und Art. 188 von Buch 3 finden bei der Feststellung entsprechende Anwendung.

Art. 16

¹ Der Ehegatte und jedes Kind können verlangen, dass ein Inventar erstellt wird. Das Inventar enthält eine Bewertung der Vermögensgegenstände und die Nachlassschulden.

² Kann der Ehegatte oder ein Kind sein Vermögen nicht uneingeschränkt verwalten, hat sein gesetzlicher Vertreter innert eines Jahres nach dem Ableben des Erblassers bei der Gerichtskanzlei am Wohnort des Ehegatten bzw. des Kindes zur Bestätigung der Stichhaltigkeit ein von ihm unterzeichnetes Inventar einzureichen. Der Kantonsrichter kann bestimmen, dass das Inventar als notarieller Akt aufgenommen wird.

wordt de vaststelling op verzoek van een kind of de echtgenoot dienovereenkomstig door de kantonrechter gewijzigd. Op de vaststelling is hetgeen omtrent verdeling is bepaald in de artikelen 196 leden 2, 3 en 4, 199 en 200 van Boek 3 van overeenkomstige toepassing.

³ Bij de vaststelling van de geldvordering zijn de artikelen 229 tot en met 233 van overeenkomstige toepassing.

⁴ De artikelen 187 en 188 van Boek 3 zijn op de vaststelling van overeenkomstige toepassing.

Art. 16 (01.05.2004)

¹ De echtgenoot en ieder kind kunnen verlangen dat een boedelbeschrijving wordt opgemaakt. De boedelbeschrijving bevat een waardering van de goederen en de schulden van de nalatenschap.

² Heeft de echtgenoot of een kind niet het vrije beheer over zijn vermogen, dan levert zijn wettelijk vertegenwoordiger binnen een jaar na het overlijden van de erflater een ter bevestiging van haar deugdelijkheid door hem ondertekende boedelbeschrijving in ter griffie van de rechtbank van de woonplaats van de echtgenoot onderscheidenlijk het kind. De kantonrechter kan bepalen dat de boedelbeschrijving bij notariële akte dient te geschieden.

³ Auf das Inventar und die Bewertung finden die Art. 673 bis und mit Art. 676 Zivilrechtspflegegesetz entsprechende Anwendung. Der Ehegatte und jedes Kind sind im Sinne dieser Bestimmungen Partei beim Inventar.

⁴ Der Ehegatte und jedes Kind haben ein gegenseitiges Recht auf Einsicht in eine Abschrift aller Schriftstücke und sonstigen Datenträger, die sie für die Feststellung ihrer Ansprüche benötigen. Entsprechende Informationen sind von ihnen auf entsprechendes Gesuch hin zu liefern. Sie sind gegenseitig zur Mitwirkung bei der Lieferung von Informationen durch Dritte verpflichtet.

Art. 17
¹ Der Ehegatte kann, unter dem Vorbehalt der Bestimmungen von Abs. 2 und 3, die in Art. 13 Abs. 3 angegebene Geldforderung und den in Abs. 4 des genannten Artikels angegebenen Erhöhungsbetrag jederzeit vollumfänglich oder teilweise bezahlen. Eine Zahlung wird in erster Linie vom Kapitalbetrag und dann von der Erhöhung in Abzug gebracht, soweit der Erblasser wie auch der Ehegatte und das Kind zusammen nichts anderes bestimmt haben.

³ Op de boedelbeschrijving en de waardering zijn de artikelen 673 tot en met 676 van het Wetboek van Burgerlijke Rechtsvordering van overeenkomstige toepassing. De echtgenoot en ieder kind zijn voor de toepassing van de in de vorige volzin genoemde bepalingen partij bij de boedelbeschrijving.

⁴ De echtgenoot en ieder kind hebben jegens elkaar recht op inzage in en afschrift van alle bescheiden en andere gegevensdragers, die zij voor de vaststelling van hun aanspraken behoeven. De daartoe strekkende inlichtingen worden door hen desverzocht verstrekt. Zij zijn jegens elkaar gehouden tot medewerking aan de verstrekking van inlichtingen door derden.

Art. 17
¹ De echtgenoot kan, behoudens het bepaalde in de leden 2 en 3, de in artikel 13 lid 3 bedoelde geldvordering en de in lid 4 van dat artikel bedoelde verhoging te allen tijde geheel of gedeeltelijk voldoen. Een betaling wordt in de eerste plaats in mindering gebracht op de hoofdsom, vervolgens op de verhoging, tenzij de erflater, dan wel de echtgenoot en het kind tezamen, anders hebben bepaald.

² Wenn ein Kind befugt ist, einen Antrag gemäss den Art. 19 bis und mit Art. 22 zu stellen, und leisten der Ehegatte oder dessen Erben keine Zahlung, so wird gemäss Art. 25 Abs. 3 vorgegangen.

³ Ist das in Abs. 2 angegebene Kind minderjährig oder volljährig, kann es jedoch sein Vermögen nicht uneingeschränkt verwalten, muss die Zahlung durch den Kantonsrichter bestätigt werden. Dieser entscheidet nach Massgabe von Art. 26 Abs. 1.

Art. 18
¹ Der Ehegatte kann innerhalb von drei Monaten seit dem Eintritt des Erbfalls durch eine Erklärung in der Form eines notariellen Aktes, gefolgt von einer fristgemäss durchgeführten Eintragung in das Erbschaftsregister, die Verteilung gemäss Art. 13 rückgängig machen. Im Namen des Ehegatten kann die Erklärung nur mit einer ausdrücklich zu diesem Zweck ausgestellten schriftlichen Vollmacht abgegeben werden.

² Indien een kind een bevoegdheid toekomt tot het doen van een verzoek als bedoeld in artikel 19, 20, 21 of 22, gaan de echtgenoot of diens erfgenamen niet over tot voldoening dan na te hebben gehandeld overeenkomstig artikel 25 lid 3.

³ Is het in lid 2 bedoelde kind minderjarig, of meerderjarig doch heeft dit niet het vrije beheer over zijn vermogen, dan behoeft de voldoening de goedkeuring van de kantonrechter. Deze beslist naar de maatstaf van artikel 26 lid 1.

Art. 18
¹ De echtgenoot kan binnen drie maanden vanaf de dag waarop de nalatenschap is opengevallen, door middel van een verklaring bij notariële akte, binnen die termijn gevolgd door inschrijving in het boedelregister, de verdeling overeenkomstig artikel 13 ongedaan maken. In naam van de echtgenoot kan de verklaring slechts krachtens uitdrukkelijke voor dit doel afgegeven schriftelijke volmacht worden afgelegd.

² Die Erklärung wirkt auf den Zeitpunkt des Eintritts des Erbfalls zurück. Die vor Ablauf der in Abs. 1 angegebenen Frist von Drittpersonen, einschliesslich Miterben, erworbenen Rechte bleiben gewahrt. Wenn der Ehegatte vor der Abgabe der Erklärung aufgrund von Art. 13 Abs. 2 Zahlungen geleistet hat, werden diese zwischen dem Ehegatten und den Kindern verrechnet.

³ Der Umstand, dass der Ehegatte unter Vormundschaft steht oder dass die Vermögensgegenstände, welche dieser aus dem Nachlass des Erblassers erhält, einer Verwaltung unterstehen, stellt kein Hindernis für die Wahrnehmung der in Abs. 1 angegebenen Befugnis dar. Die Befugnis wird in diesem Fall entsprechend den Regeln ausgeübt, die für die Vormundschaft beziehungsweise die vormundschaftliche Verwaltung gelten. Ist über den Ehegatten der Konkurs ausgesprochen oder sind ihm gegenüber die Regeln über die Schuldensanierung bei natürlichen Personen für anwendbar erklärt worden, oder ist ihm ein Zahlungsaufschub gewährt worden, so wird diese Befugnis durch den Konkursverwalter, den Sachwalter bzw. den Ehegatten unter Mitwirkung des Sachwalters ausgeübt.

² De verklaring werkt terug tot het tijdstip van het openvallen der nalatenschap. Voor het verstrijken van de in lid 1 genoemde termijn verkregen rechten van derden, mede-erfgenamen daaronder begrepen, worden geëerbiedigd. Indien de echtgenoot voor het afleggen van de verklaring op de voet van artikel 13 lid 2 betalingen heeft gedaan, worden deze tussen de echtgenoot en de kinderen verrekend.

³ De omstandigheid dat de echtgenoot onder curatele staat of dat de goederen die deze uit de nalatenschap van de erflater verkrijgt onder een bewind vallen, staat aan uitoefening van de in lid 1 bedoelde bevoegdheid niet in de weg. De bevoegdheid wordt alsdan uitgeoefend overeenkomstig de regels die voor de curatele onderscheidenlijk het desbetreffende bewind gelden. Is de echtgenoot in staat van faillissement verklaard, is ten aanzien van hem de schuldsaneringsregeling natuurlijke personen van toepassing verklaard dan wel aan hem surseance van betaling verleend, dan wordt deze bevoegdheid uitgeoefend door de curator, door de bewindvoerder, onderscheidenlijk door de echtgenoot met medewerking van de bewindvoerder.

[4] Wenn bezüglich des Erblassers Abteilung 2 oder 3 des Titels 18 von Buch 1 Anwendung findet, läuft die in Abs. 1 angegebene Frist von drei Monaten seit dem Tag, an welchem die Verfügung gemäss Art. 417 Abs. 1 bzw. Art. 427 Abs. 1 von Buch 1 in Rechtskraft erwachsen ist.

Art. 19
Wenn ein Kind gemäss Art. 13 Abs. 3 eine Geldforderung gegenüber dem länger lebenden Elternteil bezüglich des Nachlasses seines erstverstorbenen Elternteils erhalten hat und der länger lebende Elternteil seine Absicht kund tut, sich wiederum zu verheiraten, ist dieser verpflichtet, dem Kind auf dessen Antrag Vermögensgegenstände im maximalen Wert der Geldforderung, nebst der in Abs. 4 des genannten Artikels angegebenen Erhöhung, zu übergeben. Die Übertragung der Vermögensgegenstände erfolgt, sofern der betreffende Elternteil nicht darauf verzichtet, unter Vorbehalt der Nutzniessung.

[4] Indien ten aanzien van de erflater afdeling 2 of 3 van titel 18 van Boek 1 is toegepast, loopt de in lid 1 genoemde termijn van drie maanden vanaf de dag waarop de beschikking, bedoeld in artikel 417 lid 1 onderscheidenlijk artikel 427 lid 1 van Boek 1, in kracht van gewijsde is gegaan.

Art. 19
Indien een kind overeenkomstig artikel 13 lid 3 een geldvordering op zijn langstlevende ouder ter zake van de nalatenschap van zijn eerst overleden ouder heeft verkregen, en die ouder aangifte heeft gedaan van zijn voornemen opnieuw een huwelijk te willen aangaan, is deze verplicht aan het kind op diens verzoek goederen over te dragen met een waarde van ten hoogste die geldvordering, vermeerderd met de in lid 4 van dat artikel bedoelde verhoging. De overdracht vindt, tenzij de ouder daarvan afziet, plaats onder voorbehoud van het vruchtgebruik van de goederen.

Art. 20
Wenn ein Kind gemäss Art. 13 Abs. 3 eine Geldforderung gegenüber seinem länger lebenden Elternteil bezüglich des Nachlasses seines erstverstorbenen Elternteils erhalten hat und der länger lebende Elternteil bei dessen Tod verheiratet war, ist der Stiefelternteil verpflichtet, dem Kind, auf dessen Begehren hin, Vermögensgegenstände im maximalen Wert der Geldforderung, nebst der in Abs. 4 des genannten Artikels angegebenen Erhöhung, zu übergeben. Wird der Nachlass des länger lebenden Elternteils nicht gemäss Art. 13 verteilt, so lastet die im vorhergehenden Satz angegebene Verpflichtung auf den Erben des länger lebenden Elternteils.

Art. 21
Wenn ein Kind gemäss Art. 13 Abs. 3 eine Geldforderung gegenüber dem Stiefelternteil bezüglich des Nachlasses seines verstorbenen Elternteils erhalten hat, ist der Stiefelternteil verpflichtet, dem Kind auf dessen Antrag Vermögensgegenstände im maximalen Wert der Geldforderung, nebst der in Abs. 4 des genannten Artikels angegebenen Erhöhung, zu übergeben. Die Übertragung erfolgt, sofern der betreffende Elternteil nicht darauf verzichtet, unter dem Vorbehalt der Nutzniessung an den Vermögensgegenständen.

Art. 20
Indien een kind overeenkomstig artikel 13 lid 3 een geldvordering op zijn langstlevende ouder ter zake van de nalatenschap van zijn eerst overleden ouder heeft verkregen en de langstlevende ouder bij diens overlijden gehuwd was, is de stiefouder verplicht aan het kind op diens verzoek goederen over te dragen met een waarde van ten hoogste die geldvordering, vermeerderd met de in lid 4 van dat artikel bedoelde verhoging. Wordt de nalatenschap van de langstlevende ouder niet overeenkomstig artikel 13 verdeeld, dan rust de in de vorige zin bedoelde verplichting op de erfgenamen van de langstlevende ouder.

Art. 21
Indien een kind overeenkomstig artikel 13 lid 3 een geldvordering op zijn stiefouder ter zake van de nalatenschap van zijn overleden ouder heeft verkregen, is de stiefouder verplicht aan het kind op diens verzoek goederen over te dragen met een waarde van ten hoogste die geldvordering, vermeerderd met de in lid 4 van dat artikel bedoelde verhoging. De overdracht vindt, tenzij de stiefouder daarvan afziet, plaats onder voorbehoud van het vruchtgebruik van de goederen.

Art. 22
Wenn ein Kind gemäss Art. 13 Abs. 3 eine Geldforderung gegenüber seinem Stiefelternteil bezüglich des Nachlasses seines verstorbenen Elternteils erhalten hat und der Stiefelternteil verstorben ist, sind dessen Erben verpflichtet, dem Kind auf dessen Antrag Vermögensgegenstände im maximalen Wert der Geldforderung, nebst der in Abs. 4 des genannten Artikels angegebenen Erhöhung, zu übergeben.

Art. 23
[1] Auf die in Art. 19 und Art. 21 angegebene Nutzniessung finden die Bestimmungen von Titel 8 von Buch 3 Anwendung und zwar in dem Sinne, dass:
a. der Ehegatte von der jährlichen Abgabe gemäss Art. 205 Abs. 4, wie auch von der Leistung einer Sicherheit gemäss Art. 206 Abs. 1 befreit ist, und dass Art. 206 Abs. 2 keine Anwendung findet;
b. eine Ermächtigung gemäss Art. 212 Abs. 3 auch dann erteilt werden kann, wenn dies aufgrund der Unterhaltsbedürfnisse des Ehegatten oder die Erfüllung seiner Verpflichtungen gemäss Art. 13 Abs. 2 erforderlich ist.

Art. 22
Indien een kind overeenkomstig artikel 13 lid 3 een geldvordering op zijn stiefouder ter zake van de nalatenschap van zijn overleden ouder heeft verkregen, en de stiefouder is overleden, zijn diens erfgenamen verplicht aan het kind op diens verzoek goederen over te dragen met een waarde van ten hoogste die geldvordering, vermeerderd met de in lid 4 van dat artikel bedoelde verhoging.

Art. 23
[1] Op het in de artikelen 19 en 21 bedoelde vruchtgebruik zijn de bepalingen van titel 8 van Boek 3 van toepassing, met dien verstande dat:
a. de echtgenoot is vrijgesteld van de jaarlijkse opgave als bedoeld in artikel 205 lid 4, alsmede van het stellen van zekerheid als bedoeld in artikel 206 lid 1, en artikel 206 lid 2 niet van toepassing is;
b. een machtiging als bedoeld in artikel 212 lid 3 ook gegeven kan worden voor zover de verzorgingsbehoefte van de echtgenoot of de nakoming van zijn verplichtingen overeenkomstig artikel 13 lid 2 dit nodig maakt.

² Der Kantonsrichter kann dem Ehegatten, aus dem in Abs. 1 lit. b angegebenen Grund und auf dessen Antrag, die Befugnis zur vollständigen oder teilweisen Veräusserung und zum Verbrauch gemäss Art. 215 von Buch 3 erteilen. Die hauptberechtigte Person wird zum Prozess aufgeboten. Bei der Verfügung kann der Kantonsrichter nähere Bestimmungen erlassen.
³ In Abweichung von Art. 213 Abs. 1 Satz 1 von Buch 3 und von Art. 215 Abs. 1 von Buch 3 erhält die hauptberechtigte Person, wenn sie mit dem Ehegatten nicht etwas anderes vereinbart hat, im Zeitpunkt der Veräusserung eine Forderung gegenüber dem Ehegatten in der Höhe des Wertes des Vermögensgegenstands im betreffenden Zeitpunkt. Auf die Forderung finden die Abs. 3 und 4 von Art. 13 und Abs. 1 von Art. 15 entsprechende Anwendung und zwar in dem Sinne, dass die in Art. 13 Abs. 4 angegebene Erhöhung vom Zeitpunkt des Entstehens der Forderung an berechnet wird.
⁴ Bei der Bestellung der Nutzniessung oder später können der Ehegatte und die hauptberechtigte Person nähere Bestimmungen festlegen, ebenso der Kantonsrichter auf Antrag einer dieser Personen.
⁵ Der Ehegatte ist nicht berechtigt, die Nutzniessung zu übertragen oder zu belasten.

² De kantonrechter kan op de in lid 1 onder b bedoelde grond, op verzoek van de echtgenoot aan deze de bevoegdheid tot gehele of gedeeltelijke vervreemding en vertering als bedoeld in artikel 215 van Boek 3 toekennen. De hoofdgerechtigde wordt in het geding geroepen. Bij de beschikking kan de kantonrechter nadere regelingen treffen.

³ In afwijking van de eerste zin van artikel 213 lid 1 van Boek 3 en van artikel 215 lid 1 van Boek 3 verkrijgt de hoofdgerechtigde, tenzij hij met de echtgenoot anders overeenkomt, op het tijdstip van vervreemding een vordering op de echtgenoot ter grootte van de waarde die het goed op dat tijdstip had. Op de vordering zijn de leden 3 en 4 van artikel 13 en lid 1 van artikel 15 van overeenkomstige toepassing, met dien verstande dat de in artikel 13 lid 4 bedoelde vermeerdering wordt berekend vanaf het tijdstip van het ontstaan van de vordering.

⁴ Bij de vestiging van het vruchtgebruik of daarna kunnen nadere regelingen worden getroffen door de echtgenoot en de hoofdgerechtigde, dan wel door de kantonrechter op verzoek van een van hen.

⁵ De echtgenoot is niet bevoegd het vruchtgebruik over te dragen of te bezwaren.

⁶ Die Nutzniessung kann nicht geltend gemacht werden gegenüber Gläubigern, die einen Anspruch auf die der Nutzniessung unterworfenen Vermögensgegenstände geltend machen bezüglich Schulden des Nachlasses oder Schulden des Ehegatten, für welche auf die Vermögensgegenstände einer Gemeinschaft gegriffen werden konnte, zu welcher der Ehegatte und der Erblasser gehört haben. Im Fall einer derartigen Zwangsverwertung findet Art. 282 von Buch 3 keine Anwendung.

Art. 24
¹ Die Verpflichtung zur Übertragung gemäss Art. 19 bis und mit Art. 22 betrifft Vermögensgegenstände, die zum Nachlass des Erblassers oder der durch seinen Tod aufgelösten ehelichen Gemeinschaft gehört haben. In Abweichung vom ersten Satz bezieht sich die in Art. 21 und Art. 22 angegebene Verpflichtung zur Übergabe nicht auf Vermögensgegenstände, die von der Seite des Stiefelternteils in die eheliche Gemeinschaft mit dem Erblasser gelangt sind.

⁶ Het vruchtgebruik kan niet worden ingeroepen tegen schuldeisers die zich op de daaraan onderworpen goederen verhalen ter zake van schulden van de nalatenschap of schulden van de echtgenoot die konden worden verhaald op de goederen van een gemeenschap waarvan de echtgenoot en de erflater de deelgenoten waren. In geval van zodanige uitwinning is artikel 282 van Boek 3 niet van toepassing.

Art. 24
¹ De in de artikelen 19, 20, 21 en 22 bedoelde verplichting tot overdracht betreft goederen die deel hebben uitgemaakt van de nalatenschap van de erflater of van de door diens overlijden ontbonden huwelijksgemeenschap. In afwijking van de eerste zin heeft de in de artikelen 21 en 22 bedoelde verplichting tot overdracht geen betrekking op goederen die van de zijde van de stiefouder in de huwelijksgemeenschap met de erflater zijn gevallen.

² Die in Art. 19 bis und mit Art. 22 angegebene Verpflichtung zur Übertragung betrifft auch Vermögensgegenstände, die an die Stelle von Vermögensgegenständen gemäss Abs. 1 Satz 1 getreten sind. Wenn ein Vermögensgegenstand mit Mitteln beschafft worden ist, die zu weniger als der Hälfte aus dem in Abs. 1 angegebenen Nachlass oder der aufgelösten ehelichen Gemeinschaft stammen, besteht die im ersten Satz angegebene Übertragungspflicht nicht. Ist ein Vermögensgegenstand mit Hilfe von Darlehen beschafft worden, fallen diese Mittel im Sinne des zweiten Satzes ausser Betracht.

³ Von einem Vermögensgegenstand, der zum Vermögen derjenigen Person gehört, die zur Übertragung verpflichtet ist, oder zum Vermögen der ehelichen Gemeinschaft, in welcher diese Person verheiratet ist, wird angenommen, dass er zu dem in Abs. 1 Satz 1 angegebenen Nachlass oder zur aufgelösten ehelichen Gemeinschaft gehört hat oder an die Stelle eines solchen Vermögensgegenstandes getreten ist.

² De in de artikelen 19, 20, 21 en 22 bedoelde verplichting tot overdracht betreft mede goederen die in de plaats zijn gekomen voor goederen als bedoeld in lid 1, eerste zin. Indien een goed is verkregen met middelen die voor minder dan de helft afkomstig zijn uit de in lid 1 bedoelde nalatenschap of ontbonden huwelijksgemeenschap, valt het niet onder de in de eerste zin bedoelde verplichting. Is een goed mede met middelen uit een lening verkregen, dan blijven deze middelen voor de toepassing van de tweede zin buiten beschouwing.

³ Een goed dat behoort tot het vermogen van degene die tot overdracht is verplicht of tot de huwelijksgemeenschap waarin deze is gehuwd, wordt vermoed deel te hebben uitgemaakt van de in lid 1, eerste zin, bedoelde nalatenschap of ontbonden huwelijksgemeenschap of voor zodanig goed in de plaats te zijn gekomen.

Art. 25

¹ Der für den Zeitpunkt der Übertragung zu bestimmende Wert der Vermögensgegenstände, wird in erster Linie vom Kapitalbetrag und alsdann vom Erhöhungsbetrag abgezogen, welcher dem Kind geschuldet ist, sofern vom Erblasser nicht etwas anderes bestimmt oder von den Parteien bei der Übertragung nicht etwas anderes vereinbart worden ist. Der Wert der Vermögensgegenstände wird im Sinne von Art. 19 und Art. 21 festgestellt, ohne dass die Nutzniessung berücksichtigt wird.

² Ein Kind, das beabsichtigt, einen in Art. 19 bis und mit Art. 22 angegebenen Antrag zu stellen, hat den andern Kindern, die auch einen solchen Antrag stellen können, zeitlich so von seiner Absicht Kenntnis zu geben, dass sich diese rechtzeitig entscheiden können, ob sie ebenfalls einen Antrag stellen.

³ Wer zur Übertragung von Vermögensgegenständen verpflichtet werden kann, kann einem Kind eine angemessene Frist setzen, innerhalb welcher ein Antrag gemäss Art. 19 bis und mit Art. 22 gestellt werden muss. Tut diese Person das, hat sie auch den andern Kindern, die einen solchen Antrag stellen können, davon Kenntnis zu geben.

Art. 25

¹ De waarde van de over te dragen goederen, vast te stellen naar het tijdstip van de overdracht, wordt in de eerste plaats in mindering gebracht op de aan het kind verschuldigde hoofdsom en vervolgens op de verhoging, tenzij door de erflater of bij de overdracht anders is bepaald. Voor de toepassing van de artikelen 19 en 21 wordt de waarde van de goederen vastgesteld zonder daarbij het vruchtgebruik in aanmerking te nemen.

² Een kind dat voornemens is een in de artikelen 19, 20, 21 en 22 bedoeld verzoek te doen, is gehouden de andere kinderen die een dergelijk verzoek kunnen doen, op een zodanig tijdstip van zijn voornemen in kennis te stellen dat zij tijdig kunnen beslissen eveneens een verzoek te doen.

³ Degene die tot overdracht van goederen verplicht kan worden, kan een kind een redelijke termijn stellen waarbinnen een verzoek als bedoeld in de artikelen 19, 20, 21 en 22 kan worden gedaan. Gaat hij daartoe over, dan stelt hij ook de andere kinderen die een zodanig verzoek kunnen doen, daarvan in kennis.

⁴ Besteht zwischen einer Person, die zur Übertragung von Vermögensgegenständen verpflichtet ist, und dem Kind, oder zwischen zwei oder mehr Kindern keine Einigung bezüglich der Übertragung eines Vermögensgegenstands, so entscheidet, auf Antrag einer dieser Personen der Kantonsrichter, wobei er den Interessen einer jeden von ihnen nach Billigkeit Rechnung trägt.

⁵ Wenn ein Kind die in Art. 13 Abs. 3 angegebene Forderung auf eine andere Person überträgt, geht die in Art. 19 bis und mit Art. 22 angegebene Befugnis unter.

⁶ Der Erblasser kann die Verpflichtungen gemäss Art. 19 bis und mit Art. 22 in seiner letztwilligen Verfügung erweitern, einschränken oder aufheben.

⁴ Bestaat tussen degene die tot overdracht van goederen verplicht is en het kind, of tussen twee of meer kinderen geen overeenstemming over de overdracht van een goed, dan beslist op verzoek van een hunner de kantonrechter, rekening houdende naar billijkheid met de belangen van ieder van hen.

⁵ Voor zover een kind de in artikel 13 lid 3 bedoelde vordering aan een andere persoon overdraagt, gaat de in de artikelen 19, 20, 21 en 22 bedoelde bevoegdheid teniet.

⁶ Bij uiterste wilsbeschikking kan de erflater de verplichtingen, bedoeld in de artikelen 19 tot en met 22, uitbreiden, beperken of opheffen.

Art. 26
¹ Wenn ein minderjähriges Kind eine Befugnis gemäss den Bestimmungen von Art. 19 bis und mit Art. 22 besitzt, hat sein gesetzlicher Vertreter innerhalb von drei Monaten nach Erhalt der Befugnis dem Kantonsrichter schriftlich seine Absicht betreffend Wahrnehmung der Befugnis mitzuteilen. Wenn ein Kind keinen gesetzlichen Vertreter hat, läuft diese Frist vom Tag der Ernennung des Vertreters an. Der Kantonsrichter heisst den entsprechenden Antrag gut oder lehnt ihn ab, wobei er den Belangen des Kindes sowie der andern Kinder, denen die Befugnis ebenfalls zusteht, sowie derjenigen, gegen welche sich die Befugnis richtet, nach Billigkeit Rechnung trägt. Die Gutheissung kann er mit Bedingungen verknüpfen. Soweit erforderlich trifft der Kantonsrichter einen eigenen Entscheid.

Art. 26
¹ Indien een minderjarig kind een bevoegdheid heeft als in de artikelen 19, 20, 21 en 22 bedoeld, dient zijn wettelijke vertegenwoordiger binnen drie maanden na het verkrijgen van de bevoegdheid aan de kantonrechter schriftelijk zijn voornemen met betrekking tot de uitoefening van die bevoegdheid mede te delen. Heeft het kind geen wettelijke vertegenwoordiger, dan loopt deze termijn vanaf de dag van de benoeming. De kantonrechter verleent zijn goedkeuring aan het voornemen of onthoudt deze daaraan, rekening houdende naar billijkheid met de belangen van het kind, de andere kinderen aan wie de bevoegdheid eveneens toekomt en van degene jegens wie de bevoegdheid bestaat. Hij kan aan de goedkeuring voorwaarden verbinden. Zo nodig neemt de kantonrechter een eigen beslissing.

² Das Gleiche gilt, wenn das Kind volljährig ist, jedoch sein Vermögen nicht uneingeschränkt verwalten kann. Befindet sich die in Art. 13 Abs. 3 angegebene Geldforderung unter Verwaltung, wird eine Befugnis gemäss Abs. 1 erteilt und zwar entsprechend den Regeln, welche für diese Verwaltung gelten. Ist über das Kind der Konkurs ausgesprochen oder sind ihm gegenüber die Regeln über die Schuldensanierung bei natürlichen Personen für anwendbar erklärt oder ist ihm ein Zahlungsaufschub gewährt worden, wird diese Befugnis durch den Konkursverwalter, den Sachwalter bzw. das Kind unter Mitwirkung des Sachwalters ausgeübt.

³ Wenn mit der Zustimmung des Kantonsrichters auf einen Antrag gemäss Art. 19 bis und mit Art. 22 verzichtet worden ist, kann ein solcher Antrag später nicht mehr gestellt werden. Bei seiner Zustimmung kann der Kantonsrichter anderes anordnen.

² Hetzelfde geldt indien het kind meerderjarig is doch het vrije beheer over zijn vermogen niet heeft. Staat de in artikel 13 lid 3 bedoelde geldvordering onder een bewind, dan wordt een in lid 1 bedoelde bevoegdheid uitgeoefend overeenkomstig de regels die voor het desbetreffende bewind gelden. Is het kind in staat van faillissement verklaard, is ten aanzien van hem de schuldsaneringsregeling natuurlijke personen van toepassing verklaard dan wel aan hem surseance van betaling verleend, dan rust de verplichting op de curator, op de bewindvoerder, onderscheidenlijk op het kind met medewerking van de bewindvoerder.

³ Indien met goedkeuring van de kantonrechter is afgezien van het doen van een verzoek als genoemd in de artikelen 19, 20, 21 en 22, kan zodanig verzoek nadien niet alsnog worden gedaan. Bij zijn goedkeuring kan de kantonrechter anders bepalen.

Art. 27

Der Erblasser kann in seiner letztwilligen Verfügung bestimmen, dass ein Stiefkind bei einer Verteilung gemäss Art. 13 wie ein eigenes Kind behandelt wird. In diesem Fall gelangen die Bestimmungen dieser Abteilung zur Anwendung, unter dem Vorbehalt, dass der Erblasser nichts anderes bestimmt hat. Die Nachkommen des Stiefkindes nehmen Nacherbenstellung ein.

2. Abteilung: Andere gesetzliche Rechte

Art. 28

[1] Wenn die Wohnung, in welcher der Ehegatte des Erblassers im Zeitpunkt seines Ablebens wohnte, zum Nachlass oder zur aufgelösten ehelichen Gemeinschaft gehört oder sie dem Erblasser anders als mietweise zum Gebrauch zur Verfügung stand, ist der Ehegatte gegenüber den Erben zum weiteren Bewohnen berechtigt und zwar während der Dauer von sechs Monaten und zu den gleichen Bedingungen wie bisher. Der Ehegatte ist in gleicher Weise und für die gleiche Dauer zur Weiterbenutzung des Hausrats berechtigt, sofern dieser zum Nachlass oder zur aufgelösten ehelichen Gemeinschaft gehört oder dem Erblasser zur Benutzung zur Verfügung stand.

Art. 27

Bij uiterste wilsbeschikking kan de erflater bepalen dat een stiefkind in een verdeling als bedoeld in artikel 13 als eigen kind wordt betrokken. In dat geval is deze afdeling van toepassing, behoudens voor zover de erflater anders heeft bepaald. De afstammelingen van het stiefkind worden bij plaatsvervulling geroepen.

Afdeling 2. Andere wettelijke rechten

Art. 28

[1] Indien de woning die de echtgenoot van de erflater bij diens overlijden bewoont, tot de nalatenschap of de ontbonden huwelijksgemeenschap behoort of de erflater, anders dan krachtens huur, ten gebruike toekwam, is de echtgenoot jegens de erfgenamen bevoegd tot voortzetting van de bewoning gedurende een termijn van zes maanden onder gelijke voorwaarden als tevoren. De echtgenoot is op gelijke wijze en voor gelijke duur bevoegd tot voortzetting van het gebruik van de inboedel, voor zover die tot de nalatenschap of de ontbonden huwelijksgemeenschap behoort of de erflater ten gebruike toekwam.

² Gegenüber den Erben und dem Ehegatten des Erblassers haben diejenigen Personen, die bis zu dessen Tod mit dem Erblasser zusammen einen dauernden gemeinschaftlichen Haushalt geführt haben, die entsprechenden Befugnisse bezüglich der Benutzung der Wohnung und des Hausrats, die zum Nachlass oder zur aufgelösten ehelichen Gemeinschaft gehören.

Art. 29
¹ Sofern der Ehegatte des Erblassers aufgrund letztwilliger Verfügung an der zum Nachlass gehörenden Wohnung, die im Zeitpunkt des Todes vom Erblasser und seinem Ehegatten zusammen oder vom Ehegatten allein bewohnt wurde, oder an dem zum Nachlass gehörenden Hausrat der Wohnung nicht oder nicht allein berechtigte Person ist, sind die Erben verpflichtet, bei der Begründung einer Nutzniessung an der Wohnung und am Hausrat zugunsten des Ehegatten mitzuwirken, sofern letzterer dies von ihnen verlangt. Der erste Satz findet keine Anwendung, wenn der Kantonsrichter auf einen entsprechenden Antrag Art. 33 Abs. 2 lit. a für anwendbar erklärt hat.

² Jegens de erfgenamen en de echtgenoot van de erflater hebben degenen die tot diens overlijden met hem een duurzame gemeenschappelijke huishouding hadden, overeenkomstige bevoegdheden met betrekking tot het gebruik van de woning en de inboedel die tot de nalatenschap of de ontbonden huwelijksgemeenschap behoren.

Art. 29
¹ Voor zover de echtgenoot van de erflater tengevolge van uiterste wilsbeschikkingen van de erflater niet of niet enig rechthebbende is op de tot de nalatenschap van de erflater behorende woning, die ten tijde van het overlijden door de erflater en zijn echtgenoot tezamen of door de echtgenoot alleen bewoond werd, of op de tot de nalatenschap behorende inboedel daarvan, zijn de erfgenamen verplicht tot medewerking aan de vestiging van een vruchtgebruik op die woning en die inboedel ten behoeve van de echtgenoot, voor zover deze dit van hen verlangt. De eerste zin geldt niet voor zover de kantonrechter op een daartoe strekkend verzoek artikel 33 lid 2, onder a, heeft toegepast.

² Solange dem Ehegatten die Geltendmachung von Abs. 1 zusteht, sind die Erben nicht befugt, über die Vermögensgegenstände zu verfügen, sie zu vermieten oder zu verpachten; während dieser Zeit können die Vermögensgegenstände nur für die in Art. 7 Abs. 1 lit. a bis und mit f angegebenen Schulden zwangsverwertet werden.

³ Die Abs. 1 und 2 finden entsprechende Anwendung auf die Vermächtnisnehmer und diejenigen Begünstigten, welche Vermögensgegenstände durch testamentarische Auflage aus dem Nachlass erhalten haben.

Art. 30
¹ Die Erben sind verpflichtet, an der Begründung einer Nutzniessung an anderen Vermögensgegenständen des Nachlasses gemäss Art. 29 zu Gunsten des Ehegatten des Erblassers mitzuwirken, wenn der Ehegatte dies unter Berücksichtigung der Umstände für seinen Unterhalt – wozu auch die Erfüllung der gemäss Art. 35 Abs. 2 auf ihm lastenden Verpflichtungen gehört – benötigt und von ihnen die Mitwirkung verlangt hat.

² Zolang de echtgenoot een beroep op lid 1 toekomt, zijn de erfgenamen niet bevoegd tot beschikking over die goederen, noch tot verhuring of verpachting daarvan; gedurende dat tijdsbestek kunnen die goederen slechts worden uitgewonnen voor de in artikel 7 lid 1 onder a tot en met f genoemde schulden

³ De leden 1 en 2 zijn van overeenkomstige toepassing op de legatarissen en de door een testamentaire last bevoordeelden met betrekking tot de goederen die zij als zodanig uit de nalatenschap hebben verkregen.

Art. 30
¹ De erfgenamen zijn verplicht tot medewerking aan de vestiging van een vruchtgebruik op andere goederen van de nalatenschap dan bedoeld in artikel 29 ten behoeve van de echtgenoot van de erflater, voor zover de echtgenoot daaraan, de omstandigheden in aanmerking genomen, voor zijn verzorging – daaronder begrepen de nakoming van de overeenkomstig artikel 35 lid 2 op hem rustende verplichtingen – behoefte heeft en die medewerking van hen verlangt.

² Abs. 1 findet auch Anwendung auf Vermögensgegenstände, die als Ersatz für andere gelten. Im weiteren findet Abs. 1 auch Anwendung auf Geldforderungen gemäss Art. 13 Abs. 3, wenn der Erblasser in seiner letztwilligen Verfügung die Gründe für die Geltendmachung erweitert hat. Eine Nutzniessung an einer Geldforderung gemäss dem zweiten Satz erlischt in jedem Fall, wenn über den Ehegatten der Konkurs ausgesprochen oder ihm gegenüber die Regeln über die Schuldensanierung bei natürlichen Personen für anwendbar erklärt worden sind. Im letztgenannten Fall lebt mit der Beendigung der Schuldensanierung aufgrund der Bestimmungen von Art. 356 Abs. 2 Konkursgesetz die Nutzniessung an der Forderung wieder auf, sofern diese nicht beglichen worden ist. Art. 358 Abs. 1 Konkursgesetz findet betreffend der Forderung keine Anwendung.

² Lid 1 is mede van toepassing met betrekking tot hetgeen moet worden geacht in de plaats te zijn gekomen van goederen van de nalatenschap. Voorts is lid 1 mede van toepassing op een geldvordering als bedoeld in artikel 13 lid 3, indien de erflater bij uiterste wilsbeschikking de gronden voor opeisbaarheid heeft uitgebreid. Een vruchtgebruik op een geldvordering als bedoeld in de tweede zin eindigt in elk geval indien de echtgenoot in staat van faillissement is verklaard of ten aanzien van hem de schuldsaneringsregeling natuurlijke personen van toepassing is verklaard. In het laatstbedoelde geval herleeft door beëindiging van de toepassing van de schuldsaneringsregeling natuurlijke personen op grond van artikel 356 lid 2 van de Faillissementswet het vruchtgebruik op de vordering, voorzover deze onvoldaan is gebleven. Artikel 358 lid 1 van de Faillissementswet vindt ten aanzien van de vordering geen toepassing.

³ Die vorhergehenden Absätze finden entsprechende Anwendung auf die Vermächtnisnehmer und diejenigen Begünstigten, welche Vermögensgegenstände durch testamentarische Auflage aus dem Nachlass erhalten haben. Unter Vermögensgegenständen gemäss dem ersten Satz sind die aufgrund eines Vermächtnisses oder einer testamentarischen Auflage erhaltenen Geldbeträge und beschränkten Rechte an Vermögensgegenständen des Nachlasses zu verstehen.

⁴ Der Erblasser kann in seiner letztwilligen Verfügung Vermögensgegenstände bezeichnen, die vor oder nach andern Vermögensgegenständen mit einer Nutzniessung belastet werden sollen.

⁵ Sofern der Erblasser die im vorhergehenden Absatz gewährte Befugnis nicht wahrgenommen hat, kommen durch Vermächtnis und testamentarische Auflage erhaltene Vermögensgegenstände für eine Belastung mit einer Nutzniessung nur dann in Frage, wenn die übrigen Vermögensgegenstände des Nachlasses zum Unterhalt des Ehegatten nicht ausreichen. Soweit ein Vermächtnis als Beitrag zur Erfüllung einer natürlichen Verpflichtung des Erblassers zu betrachten ist, fällt sie erst nach den anderen Vermächtnissen für eine Belastung mit einer Nutzniessung in Betracht.

³ De voorgaande leden zijn van overeenkomstige toepassing op de legatarissen en de door een testamentaire last bevoordeelden met betrekking tot de goederen die zij als zodanig uit de nalatenschap hebben verkregen. Onder goederen als bedoeld in de eerste zin worden mede begrepen ingevolge een legaat of een testamentaire last verkregen geldsommen en beperkte rechten op goederen van de nalatenschap.

⁴ De erflater kan bij uiterste wilsbeschikking goederen aanwijzen die vóór of na andere voor bezwaring met het vruchtgebruik in aanmerking komen.

⁵ Voor zover de erflater de in het vorige lid toegekende bevoegdheid niet heeft uitgeoefend, komen gelegateerde en krachtens een testamentaire last verkregen goederen slechts voor bezwaring met vruchtgebruik in aanmerking, indien de overige goederen der nalatenschap tot verzorging van de echtgenoot onvoldoende zijn. Voor zover een making is te beschouwen als voldoening aan een natuurlijke verbintenis van de erflater, komt zij pas na de andere makingen voor bezwaring met vruchtgebruik in aanmerking.

⁶ Sofern der Ehegatte und diejenigen Personen, die bei der Begründung der Nutzniessung mitwirken müssen, sich nicht über die zu belastenden Vermögensgegenstände einigen können, ordnet der Kantonsrichter auf Antrag einer dieser Personen die Bestimmung der Vermögensgegenstände an oder bestimmt diese selbst, wobei er den Interessen aller Beteiligten nach Billigkeit Rechnung trägt.

⁷ Bei der Bestimmung der Unterhaltsbedürfnisse wird von dem, was dem Ehegatten zusteht, das abgezogen, was er aufgrund des Erbrechts an Vermögensgegenständen aus dem Nachlass erhalten hat, unter Ausschluss der Nutzniessung, die er aufgrund der Bestimmungen des vorhergehenden Artikels hat begründen können. Im weiteren kommt dasjenige in Abzug, was er aus einer Geldversicherung erhalten hat, die aufgrund des Todes des Erblassers zur Auszahlung gelangt.

⁶ Voor zover de echtgenoot en degenen die hun medewerking aan de vestiging van het vruchtgebruik moeten verlenen, niet tot overeenstemming kunnen komen over de goederen waarop dit zal komen te rusten, gelast op verzoek van een hunner de kantonrechter de aanwijzing van die goederen of wijst hij deze zelf aan, rekening houdende naar billijkheid met de belangen van ieder van hen.

⁷ Bij de bepaling van de behoefte aan verzorging wordt op hetgeen de echtgenoot toekomt, in mindering gebracht hetgeen hij krachtens erfrecht aan goederen uit de nalatenschap had kunnen verkrijgen met uitzondering van het vruchtgebruik dat hij ingevolge het vorige artikel had kunnen doen vestigen. Voorts komt daarop in mindering hetgeen hij had kunnen verkrijgen uit een sommenverzekering die door het overlijden van de erflater tot uitkering komt.

Art. 31
¹ Auf die Nutzniessung gemäss den Art. 29 und Art. 30 finden Art. 23 Abs. 1, 2, 4 und 5 entsprechende Anwendung. Die Nutzniessung kann nicht gegenüber Gläubigern geltend gemacht werden, die sich bezüglich Schulden gemäss Art. 7 Abs. 1 lit. a bis und mit f an die der Nutzniessung unterworfenen Vermögensgegenstände halten. Die Zwangsverwertung ist indessen nicht zulässig, wenn der Ehegatte Vermögensgegenstände des Nachlasses bezeichnet, die nicht mit einer Nutzniessung belastet sind und in ausreichendem Masse Entschädigung bieten.

² Der Anspruch auf Errichtung einer Nutzniessung fällt dahin, wenn der Ehegatte nicht innert einer angemessenen und von einer betroffenen Person gesetzten Frist, spätestens jedoch im Sinne von Art. 29 innerhalb von sechs Monaten und im Sinne von Art. 30 innerhalb eines Jahres nach dem Tod des Erblassers, eine entsprechende Erklärung abgegeben hat.

³ Der Anspruch gemäss Art. 29 und Art. 30 verjährt mit dem Ablauf von einem Jahr und drei Monaten nach dem Eintritt des Erbfalls.

Art. 31
¹ Op het vruchtgebruik ingevolge de artikelen 29 en 30 zijn de leden 1, 2, 4 en 5 van artikel 23 van overeenkomstige toepassing. Het vruchtgebruik kan niet worden ingeroepen tegen schuldeisers die zich op de daaraan onderworpen goederen verhalen ter zake van schulden als bedoeld in artikel 7 lid 1 onder a tot en met f. De uitwinning is echter niet toegelaten, indien de echtgenoot niet met vruchtgebruik belaste goederen der nalatenschap aanwijst die voldoende verhaal bieden.

² De mogelijkheid om aanspraak te maken op vestiging van het vruchtgebruik vervalt, indien de echtgenoot niet binnen een redelijke, hem door een belanghebbende gestelde termijn, en uiterlijk voor de toepassing van artikel 29 zes maanden en voor de toepassing van artikel 30 een jaar na het overlijden van de erflater heeft verklaard op de vestiging van het vruchtgebruik aanspraak te maken.

³ De rechtsvordering ingevolge de artikelen 29 en 30 verjaart door verloop van een jaar en drie maanden na het openvallen der nalatenschap.

⁴ Wenn der Erblasser in seiner letztwilligen Verfügung dem Ehegatten die Befugnis entzogen hat, sich bei der Übertragung eines Vermögensgegenstands gemäss Art. 19 und Art. 21 eine Nutzniessung vorzubehalten, fällt, in Abweichung von Abs. 2, die Möglichkeit, aufgrund von Art. 29 oder Art. 30 Anspruch auf Errichtung einer Nutzniessung an diesem Vermögensgegenstand zu erheben mit dem Ablauf von drei Monaten dahin, nachdem der Anspruch auf die Übertragung des Vermögensgegenstands geltend gemacht worden ist. In diesem Fall verjährt der Anspruch auf Errichtung der Nutzniessung mit dem Ablauf von einem Jahr und drei Monaten, nachdem der Anspruch auf Übertragung des Vermögensgegenstands geltend gemacht worden ist.

⁴ Heeft de erflater bij uiterste wilsbeschikking aan zijn echtgenoot de bevoegdheid ontzegd om zich bij de overdracht van een goed ingevolge de artikelen 19 en 21 een vruchtgebruik voor te behouden, dan vervalt, in afwijking van lid 2, de mogelijkheid om ingevolge artikel 29 of 30 aanspraak te maken op vestiging van het vruchtgebruik op dat goed door verloop van drie maanden nadat op overdracht van het goed aanspraak is gemaakt. In dat geval verjaart de rechtsvordering tot vestiging van het vruchtgebruik door verloop van een jaar en drie maanden nadat op overdracht van het goed aanspraak is gemaakt.

Art. 32
Der Ehegatte kann keinen Anspruch auf Begründung der Nutzniessung gemäss Art. 29 und Art. 30 geltend machen, wenn mehr als ein Jahr vor dem Eintritt des Erbfalls ein Verfahren betreffend Ehescheidung oder Trennung von Tisch und Bett des Erblassers und des Ehegatten eingeleitet worden war und die Ehescheidung oder Trennung von Tisch und Bett wegen des Todes des Erblassers nicht mehr zustande kommen konnte. Der erste Satz findet keine Anwendung wenn der Umstand, dass die Ehescheidung oder Trennung von Tisch und Bett nicht mehr zustande kommen konnte, nicht in überwiegendem Masse dem Ehegatten zugeschrieben werden kann.

Art. 33
[1] Der Kantonsrichter kann, auf Antrag einer hauptberechtigten Person, unter der Voraussetzung, dass dies einem bedeutenden Interesse dieser Personen dient und im Vergleich dazu den Interessen des Ehegatten kein ernsthafter Schaden zugefügt wird:
    a. der hauptberechtigten Person einen mit einer Nutzniessung belasteten Vermögensgegenstand aus dem Nachlass zuwiesen und zwar ohne Belastung der Nutzniessung;
    b. die Nutzniessung an einem oder mehreren Vermögensgegenständen aufheben;

Art. 32
De echtgenoot kan geen aanspraak maken op vestiging van het vruchtgebruik ingevolge de artikelen 29 en 30, wanneer een procedure tot echtscheiding of tot scheiding van tafel en bed van de erflater en de echtgenoot meer dan een jaar voor het openvallen van de nalatenschap was aangevangen en de echtscheiding of de scheiding van tafel en bed ten gevolge van het overlijden van de erflater niet meer tot stand heeft kunnen komen. De eerste zin blijft buiten toepassing indien de omstandigheid dat de echtscheiding of de scheiding van tafel en bed niet meer tot stand heeft kunnen komen, niet in overwegende mate de echtgenoot kan worden aangerekend.

Art. 33
[1] De kantonrechter kan op verzoek van een hoofdgerechtigde, mits daardoor een zwaarwegend belang van deze wordt gediend en in vergelijking hiermede het belang van de echtgenoot niet ernstig wordt geschaad:
    a. aan die hoofdgerechtigde een met vruchtgebruik belast goed uit de nalatenschap, al dan niet onder de last van het vruchtgebruik, toedelen;
    b. het vruchtgebruik van een of meer goederen beëindigen;

c. mit der Nutzniessung verbundene Befugnisse des Ehegatten beschränken oder ihm diese entziehen;
d. die Nutzniessung im Interesse der hauptberechtigten Person einer Verwaltung unterstellen.

[2] Der Kantonsrichter kann, ungeachtet der Bestimmungen von Abs. 1, sofern der Ehegatte die Nutzniessung in Anbetracht der Umstände für seinen Unterhalt, unter Einschluss der Erfüllung der ihm gemäss Art. 35 Abs. 2 obliegenden Verpflichtungen, nicht benötigt:

a. auf Antrag einer berechtigten Person die Verpflichtung zur Mitwirkung bei der Errichtung der Nutzniessung aufheben, oder
b. auf Antrag einer hauptberechtigten Person die Nutzniessung beendigen.

[3] Die andern berechtigten Personen werden zum Prozess aufgeboten. Der Kantonsrichter kann in seinem Entscheid nähere Regelungen treffen.

[4] Eine berechtigte Person kann sich jederzeit, zur Abwehr einer Forderung oder einer andern rechtlichen Massnahme im Rahmen der Verpflichtung zur Mitwirkung bei der Errichtung einer Nutzniessung, aus dem in Abs. 2 angegebenen Grund auf Rechte zur Aufhebung dieser Verpflichtung berufen.

c. aan het vruchtgebruik verbonden bevoegdheden van de echtgenoot beperken of hem deze ontzeggen;
d. het vruchtgebruik in het belang van de hoofdgerechtigde onder bewind stellen.

[2] De kantonrechter kan, onverminderd lid 1, voor zover de echtgenoot aan het vruchtgebruik, de omstandigheden in aanmerking genomen, voor zijn verzorging, daaronder begrepen de nakoming van de overeenkomstig artikel 35 lid 2 op hem rustende verplichtingen, geen behoefte heeft:

a. op verzoek van een rechthebbende de verplichting tot medewerking aan de vestiging van het vruchtgebruik opheffen, of
b. op verzoek van een hoofdgerechtigde het vruchtgebruik beëindigen.

[3] De andere rechthebbenden worden in het geding geroepen. Bij zijn beschikking kan de kantonrechter nadere regelingen treffen.

[4] Een rechthebbende kan te allen tijde, ter afwering van een vordering of andere rechtsmaatregel, gericht op de nakoming van een verplichting tot medewerking aan de vestiging van het vruchtgebruik, een beroep in rechte doen op de in lid 2 genoemde grond voor opheffing van die verplichting.

⁵ Der Kantonsrichter berücksichtigt bei der Anwendung von Abs. 2 in jedem Fall folgendes:
a. das Lebensalter des Ehegatten;
b. die Zusammensetzung des Haushaltes, zu dem der Ehegatte gehört;
c. die Möglichkeit des Ehegatten, selbst für den Unterhalt zu sorgen, sei dies mit Arbeit, Renten, eigenem Vermögen oder andern Mitteln oder Einrichtungen;
d. was bei den gegebenen Umständen als angebrachter Lebensstandard für den Ehegatten betrachtet werden kann.

Art. 34
¹ Sofern der Nachlass nicht ausreicht, um das zu bezahlen, was dem Ehegatten gemäss Art. 29 und Art. 30 zusteht, kann dieser die Herabsetzung der erfassbaren Schenkungen verlangen, unter entsprechender Anwendung von Art. 89 Abs. 2 und 3 sowie Art. 90 Abs. 1 und 3. Art. 66, Art. 68 und Art. 69 finden entsprechende Anwendung. Erhält der Ehegatte auch nach dieser Herabsetzung nicht das, was ihm zusteht, kann er auf das Anspruch erheben, was der Pflichtteilsberechtigte aufgrund der Herabsetzung erhalten hat.

⁵ De kantonrechter houdt bij de toepassing van lid 2 in ieder geval rekening met:
a. de leeftijd van de echtgenoot;
b. de samenstelling van de huishouding waartoe de echtgenoot behoort;
c. de mogelijkheden van de echtgenoot om zelf in de verzorging te voorzien door middel van arbeid, pensioen, eigen vermogen dan wel andere middelen of voorzieningen;
d. hetgeen in de gegeven omstandigheden als een passend verzorgingsniveau voor de echtgenoot kan worden beschouwd.

Art. 34
¹ Voor zover de nalatenschap niet toereikend is tot voldoening van hetgeen de echtgenoot ingevolge de artikelen 29 en 30 toekomt, kan hij overgaan tot inkorting van de daarvoor vatbare giften, met overeenkomstige toepassing van artikel 89, leden 2 en 3, en artikel 90, leden 1 en 3. De artikelen 66, 68 en 69 zijn van overeenkomstige toepassing. Verkrijgt de echtgenoot ook door deze inkorting niet hetgeen hem toekomt, dan kan hij zich verhalen op hetgeen een legitimaris door inkorting heeft verkregen.

² Wenn der Ehegatte die Befugnisse gemäss Abs. 1 wahrnimmt, erhält er die Nutzniessung des Geldbetrags, für den die Herabsetzung erfolgt ist oder bei dem er Ansprüche geltend gemacht hat. Auf die Nutzniessung finden Art. 23 Abs. 1, 2, 4 und 5 entsprechende Anwendung.

³ Soweit erforderlich kann sich die Nutzniessung des Ehegatten auf alle Vermögensgegenstände des Nachlasses und auf alle Geldbeträge beziehen, wofür die Schenkungen gemäss Abs. 1 herabgesetzt werden können.

⁴ Über Streitigkeiten bezüglich der Anwendung des vorliegenden Artikels und von Art. 35 bis und mit Art. 37 entscheidet auf Antrag der zuerst beantragenden Partei der Kantonsrichter.

Art. 35
¹ Ein Kind des Erblassers, unter Einschluss eines Kindes gemäss Art. 394 von Buch 1, kann Anspruch auf Zahlung eines Einmalbetrags erheben, sofern dies notwendig ist:
    a. für seinen Unterhalt und seine Erziehung bis zum Erreichen des Lebensalters von achtzehn Jahren, und im weiteren:
    b. für seinen Lebensunterhalt und seine Ausbildung bis zum Erreichen des Lebensalters von einundzwanzig Jahren.

² De echtgenoot verkrijgt door uitoefening van de bevoegdheden, bedoeld in lid 1, het vruchtgebruik van de geldsom waarvoor de inkorting is geschied of waarvoor hij verhaal heeft genomen. Op het vruchtgebruik zijn de leden 1, 2, 4 en 5 van artikel 23 van overeenkomstige toepassing.

³ Zo nodig kan het vruchtgebruik van de echtgenoot zich uitstrekken over alle goederen der nalatenschap en alle geldsommen waarvoor de in lid 1 bedoelde giften kunnen worden ingekort.

⁴ Geschillen over de toepassing van het onderhavige artikel en de artikelen 35 tot en met 37 worden op verzoek van de meest gerede partij beslist door de kantonrechter.

Art. 35
¹ Een kind van de erflater, een kind als bedoeld in artikel 394 van Boek 1 daaronder begrepen, kan aanspraak maken op een som ineens, voor zover deze nodig is voor:
    a. zijn verzorging en opvoeding tot het bereiken van de leeftijd van achttien jaren; en voorts voor:
    b. zijn levensonderhoud en studie tot het bereiken van de leeftijd van een en twintig jaren.

² Der Betrag für den Unterhalt und die Erziehung steht dem Kind nicht zu, wenn der Ehegatte oder ein Erbe des Erblassers von Gesetzes wegen oder aufgrund einer Vereinbarung verpflichtet ist, für diese Kosten aufzukommen. Der Betrag für den Lebensunterhalt und die Ausbildung steht dem Kind nicht zu, wenn der Ehegatte des Erblassers gemäss Art. 395a von Buch 1 verpflichtet ist, für diese Kosten aufzukommen.

³ Vom Einmalbetrag kommt in Abzug, was die berechtigte Person gemäss Erbrecht oder aufgrund einer Summenversicherung erhalten hat, die infolge des Todes des Erblassers zur Auszahlung gelangt.

Art. 36
¹ Ein Kind, Stiefkind, Pflegekind, Schwiegerkind oder Enkelkind des Erblassers, das in dessen Haushalt oder in dem von ihm ausgeübten Beruf oder von ihm geführten Gewerbe als volljährige Person gearbeitet hat, ohne einen der Arbeit entsprechenden Lohn zu erhalten, kann den Anspruch auf einen Einmalbetrag als angemessene Entschädigung geltend machen.

² Von diesem Betrag wird abgezogen, was die berechtigte Person vom Erblasser erhalten hat oder gemäss einer sonstigen Handlung oder Lebensversicherung des Erblassers erhält oder erhalten hat, sofern dies als eine Entschädigung für ihre Tätigkeit angesehen werden kann.

² De som ter zake van de verzorging en opvoeding komt het kind niet toe, voor zover de echtgenoot of een erfgenaam van de erflater krachtens wet of overeenkomst is gehouden om in de kosten daarvan te voorzien. De som ter zake van levensonderhoud en studie komt het kind niet toe, voor zover de echtgenoot van de erflater krachtens artikel 395a van Boek 1 verplicht is om in de kosten daarvan te voorzien.

³ Op de som ineens komt in mindering hetgeen de rechthebbende had kunnen verkrijgen krachtens erfrecht of krachtens een sommenverzekering die door het overlijden van de erflater tot uitkering komt.

Art. 36
¹ Een kind, stiefkind, pleegkind, behuwdkind of kleinkind van de erflater dat in diens huishouding of in het door hem uitgeoefende beroep of bedrijf gedurende zijn meerderjarigheid arbeid heeft verricht zonder een voor die arbeid passende beloning te ontvangen, kan aanspraak maken op een som ineens, strekkend tot een billijke vergoeding.

² Op de som komt in mindering hetgeen de rechthebbende van de erflater heeft ontvangen of krachtens making of sommenverzekering op het leven van de erflater verkrijgt of had kunnen verkrijgen, voor zover dat als een beloning voor zijn werkzaamheden kan worden beschouwd.

Art. 37
¹ Wer gemäss Art. 35 und Art. 36 Anspruch auf den Einmalbetrag hat, hat eine Forderung gegenüber den Miterben. Die Möglichkeit, den Anspruch auf den Einmalbetrag geltend zu machen, fällt dahin, wenn die berechtigte Person nicht innert einer angemessenen, von einer betroffenen Person gesetzten Frist, spätestens jedoch innerhalb von neun Monaten nach dem Tod des Erblassers, erklärt hat, sie wolle einen Einmalbetrag erhalten.

² Die Forderung kann frühestens sechs Monate nach dem Tod des Erblassers geltend gemacht werden.

³ Der Anspruch verjährt mit dem Ablauf eines Jahres nach dem Tod des Erblassers. Wenn der Erblasser einen Ehegatten hinterlässt, wird für diejenige Person, die gemäss Art. 36 den Anspruch auf Zahlung eines Einmalbetrags geltend gemacht hat, diese Frist bis zu einem Jahr nach dem Tod des Ehegatten verlängert.

⁴ Die Einmalbeträge belaufen sich gesamthaft auf höchstens die Hälfte des Nachlasswertes; soweit erforderlich werden sie anteilsmässige herabgesetzt. Unter dem Wert des Nachlasses wird in diesem Artikel der Wert der Vermögensgegenstände des Nachlasses verstanden, vermindert um die Art. 7 Abs. 1 lit. a bis und mit e angegebenen Schulden.

Art. 37
¹ Degene die krachtens de artikelen 35 en 36 aanspraak maakt op een som ineens, heeft een vordering op de gezamenlijke erfgenamen. De mogelijkheid om aanspraak te maken op een som ineens vervalt, indien de rechthebbende niet binnen een redelijke, hem door een belanghebbende gestelde termijn, en uiterlijk negen maanden na het overlijden van de erflater, heeft verklaard dat hij de som ineens wenst te ontvangen.

² De vordering is niet opeisbaar totdat zes maanden zijn verstreken na het overlijden van de erflater.

³ De rechtsvordering verjaart door verloop van een jaar na het overlijden van de erflater. Indien die erflater een echtgenoot achterlaat, wordt voor degene die krachtens artikel 36 aanspraak op een som ineens heeft gemaakt, deze termijn verlengd tot een jaar na het overlijden van die echtgenoot.

⁴ De sommen ineens bedragen gezamenlijk ten hoogste de helft van de waarde der nalatenschap; voor zoveel nodig ondergaan zij elk een evenredige vermindering. Onder de waarde der nalatenschap wordt in dit artikel verstaan de waarde van de goederen der nalatenschap, verminderd met de in artikel 7 lid 1 onder a tot en met e vermelde schulden.

⁵ Die Bezahlung der Einmalbeträge geht zu Lasten der verfügbaren Quote, und danach, sofern dies nicht ausreicht, zu Lasten der Vermächtnisse; Art. 87 Abs. 2 Satz 2 findet auf eine Herabsetzung entsprechende Anwendung.

Art. 38
¹ Auf Antrag eines Kindes oder Stiefkindes des Erblassers kann der Kantonsrichter, unter der Voraussetzung, dass dies einem bedeutenden Interesse des Kindes oder Stiefkindes dient und im Vergleich dazu den Interessen der berechtigten Person kein ernsthafter Schaden zugefügt wird, die berechtigte Person, gegen einen angemessenen Preis, zur Übertragung an das Kind oder Stiefkind wie auch an den Ehegatten, von den zum Nachlass oder zur aufgehobenen ehelichen Gemeinschaft gehörenden Vermögensgegenständen verpflichten, die einem durch den Erblasser ausgeübten Beruf oder einem von ihm geführten Gewerbe dienlich waren, welcher durch das Kind oder Stiefkind oder dessen Ehegatten fortgesetzt wird. Der Kantonsrichter kann in seinem Entscheid Einzelheiten genauer regeln.

⁵ De voldoening van de sommen ineens komt ten laste van het gedeelte der nalatenschap waarover niet bij uiterste wilsbeschikking is beschikt, en vervolgens, zo dit onvoldoende is, van de makingen; artikel 87 lid 2, tweede zin, is op een inkorting van overeenkomstige toepassing.

Art. 38
¹ Op verzoek van een kind of stiefkind van de erflater kan de kantonrechter, mits daardoor een zwaarwegend belang van het kind of stiefkind wordt gediend en in vergelijking hiermede het belang van de rechthebbende niet ernstig wordt geschaad, de rechthebbende verplichten tot overdracht tegen een redelijke prijs aan het kind of stiefkind, dan wel diens echtgenoot, van de tot de nalatenschap of de ontbonden huwelijksgemeenschap behorende goederen die dienstbaar waren aan een door de erflater uitgeoefend beroep of bedrijf dat door het kind of stiefkind dan wel diens echtgenoot wordt voortgezet. Bij zijn beschikking kan de kantonrechter nadere regelingen treffen.

² Der vorhergehende Absatz findet entsprechende Anwendung auf Aktien einer Aktiengesellschaft oder Anteile einer Gesellschaft mit beschränkter Haftung, in welcher der Erblasser Mitglied des Verwaltungsrats oder der Geschäftsleitung war, und in der er allein oder mit seinen andern Mitgliedern des Verwaltungsrates oder der Geschäftsleitung zusammen die Mehrheit der Aktien oder Anteile hielt, wenn das Kind oder Stiefkind, wie auch dessen Ehegatte im Zeitpunkt des Todes eine leitende Stellung in der Gesellschaft inne hatte oder danach die Stellung des Erblassers übernimmt.

³ Der vorhergehende Absatz findet nur dann Anwendung, wenn die Statutenbestimmungen einer Übertragung der Aktien oder Anteilen nicht entgegenstehen.

⁴ Das Recht, einen Antrag gemäss Abs. 1 und 2 zu stellen, fällt nach Ablauf eines Jahres nach dem Tod des Erblassers dahin.

⁵ Die Abs. 1 bis und mit 4 finden entsprechende Anwendung, wenn der Ehegatte des Erblassers einen durch den Erblasser ausgeübten Beruf oder ein von ihm geführtes Gewerbe fortsetzt, auch wenn dem Ehegatten aufgrund der Bestimmungen dieser Abteilung die Nutzniessung an den betreffenden Vermögensgegenstände zusteht oder er diese erhalten kann.

² Het vorige lid is van overeenkomstige toepassing ten aanzien van aandelen in een naamloze vennootschap of een besloten vennootschap met beperkte aansprakelijkheid waarvan de erflater bestuurder was en waarin deze alleen of met zijn medebestuurders de meerderheid der aandelen hield, indien het kind of stiefkind, dan wel diens echtgenoot ten tijde van het overlijden bestuurder van die vennootschap is of nadien die positie van de erflater voortzet.

³ Het vorige lid is slechts van toepassing voor zover de statutaire regels omtrent overdracht van aandelen zich daartegen niet verzetten.

⁴ Het recht om een verzoek als bedoeld in de leden 1 en 2 te doen, vervalt na verloop van een jaar na het overlijden van de erflater.

⁵ De leden 1 tot en met 4 zijn van overeenkomstige toepassing ingeval de echtgenoot van de erflater een door de erflater uitgeoefend beroep of bedrijf voortzet, ook indien de echtgenoot ingevolge deze afdeling het vruchtgebruik van de desbetreffende goederen heeft of kan verkrijgen.

Art. 39
Eine Person, der ein Recht gemäss Art. 29 bis und mit Art. 33, Art. 35, Art. 36 und Art. 38 zusteht, und die nicht Erbe ist, hat die gleichen Befugnisse wie ein Pflichtteilsberechtigter nach Art. 78.

Art. 40
Wenn auf den Erblasser Abteilung 2 oder 3 von Titel 18 von Buch 1 Anwendung findet, laufen die Fristen von Art. 28 Abs. 1, Art. 31 Abs. 2 und 3, Art. 37 Abs. 1 Satz 2, Abs. 2 Satz 1 und Abs. 3 Satz 1 sowie Art. 38 Abs. 4 seit dem Tag, an welchem die Verfügung gemäss Art. 417 Abs. 1 bzw. Art. 427 Abs. 1 von Buch 1 in Rechtskraft erwachsen ist.

Art. 41
Von den Bestimmungen der vorliegenden Abteilung kann nicht durch letztwillige Verfügung abgewichen werden.

Art. 39
Degene aan wie een in de artikelen 29 tot en met 33, 35, 36 en 38 bedoeld recht toekomt en niet erfgenaam is, heeft dezelfde bevoegdheden als in artikel 78 aan een legitimaris worden toegekend.

Art. 40
Indien ten aanzien van de erflater afdeling 2 of 3 van titel 18 van Boek 1 is toegepast, lopen de termijnen, genoemd in lid 1 van artikel 28, de leden 2 en 3 van artikel 31, de tweede zin van het eerste lid, de eerste zin van het tweede lid en de eerste zin van het derde lid van artikel 37, alsmede het vierde lid van artikel 38 vanaf de dag waarop de beschikking, bedoeld in artikel 417 lid 1 onderscheidenlijk artikel 427 lid 1 van Boek 1, in kracht van gewijsde is gegaan.

Art. 41
Bij uiterste wilsbeschikking kan van het in deze afdeling bepaalde niet worden afgeweken.

2. Verfügungsbeschränkungen (Art. 4:63–78 BW)

Bürgerliches Gesetzbuch 4. Buch: Erbrecht 4. Titel: Der letzte Wille 3. Abteilung: Pflichtteil 1. Paragraph: Allgemeine Bestimmungen	Burgerlijk Wetboek (BW)[219] Boek 4: Erfrecht *01.01.2003)* Titel 4: Uiterste willen Afdeling 3: Legitieme portie Paragraaf 1: Algemene bepalingen
Art. 63 ¹ Der Pflichtteil eines Pflichtteilsberechtigten ist der Teil des Nachlassvermögens, auf welchen dieser ohne Rücksicht auf Schenkungen und letztwillige Verfügungen des Erblassers Anspruch erheben kann. ² Pflichtteilsberechtigte sind die Nachkommen des Erblassers, die von Gesetzes wegen als Erben seines Nachlasses betrachtet werden, sei es kraft eigenen Rechtes oder dass sie an die Stelle von Personen treten, die beim Eintritt des Erbfalls nicht mehr am Leben oder erbunwürdig sind. ³ Ein Pflichtteilberechtigter, welcher die Erbschaft ausschlägt, verliert sein Recht auf den Pflichtteil, wenn er nicht bei der Abgabe der Erklärung gemäss Art. 191 gleichzeitig erklärt, dass er seinen Pflichtteil behalten möchte.	*Art. 63* ¹ De legitieme portie van een legitimaris is hetgedeelte van de waarde van het vermogen van de erflater, waarop de legitimaris in weerwil van giften en uiterste wilsbeschikkingen van de erflater aanspraak kan maken. ² Legitimarissen zijn de afstammelingen van de erflater die door de wet als erfgenamen tot zijn nalatenschap worden geroepen, hetzij uit eigen hoofde, hetzij bij plaatsvervulling met betrekking tot personen die op het ogenblik van het openvallen der nalatenschap niet meer bestaan of die onwaardig zijn. ³ De legitimaris die de nalatenschap verwerpt, verliest zijn recht op de legitieme portie, tenzij hij bij het afleggen van de verklaring bedoeld in artikel 191, tevens verklaart dat hij zijn legitieme portie wenst te ontvangen.

---

[219] Neufassung in Kraft seit 01.01.2003; vgl. die offizielle Homepage der niederländischen Regierung: wetten.overheid.nl/BWBR0002761/2017-09-01/; Stand: 18.09.2018.

Art. 64
¹ Der Pflichtteil eines Kindes des Erblassers beläuft sich auf die Hälfte des Wertes, welcher die Grundlage für die Pflichtteile bildet, geteilt durch die Anzahl der in Art. 10 Abs. 1 lit. a angegebenen und vom Erblasser hinterlassenen Personen.

² Nachkommen eines Kindes des Erblassers, das beim Eintritt des Erbfalls nicht am Leben ist, werden im Sinne des ersten Absatzes zusammen als ein vom Erblasser hinterlassenes Kind gezählt. Nachkommen eines Kindes des Erblassers, die Pflichtteilberechtigte sind, können je nur ihren eigenen Teil erhalten.

2. Paragraph: Der Umfang des Pflichtteils

Art. 65
Die Pflichtteile werden aufgrund des Wertes des Nachlassvermögens berechnet, welcher um den Wert der zu berücksichtigenden Schenkungen erhöht und um den Betrag der in Art. 7 Abs. 1 lit. a bis und mit c und f angegebenen Schulden vermindert wird. Ausser Betracht fallen Schenkungen, aus denen Schulden gemäss Art. 7 Abs. 1 lit. i entstanden sind.

Art. 64
¹ De legitieme portie van een kind van de erflater bedraagt de helft van de waarde waarover de legitieme porties worden berekend, gedeeld door het aantal in artikel 10 lid 1 onder a genoemde, door de erflater achtergelaten personen.

² Afstammelingen van een kind van de erflater dat op het ogenblik van het openvallen van de nalatenschap niet meer bestaat, worden voor de toepassing van het eerste lid tezamen als een door de erflater achtergelaten kind geteld. Afstammelingen van een kind van de erflater die legitimaris zijn, kunnen ieder slechts voor hun deel opkomen.

Paragraaf 2: De omvang van de legitieme portie

Art. 65
De legitieme porties worden berekend over de waarde van de goederen der nalatenschap, welke waarde wordt vermeerderd met de bij deze berekening in aanmerking te nemen giften en verminderd met de schulden, vermeld in artikel 7 lid 1 onder a tot en met c en f. Buiten beschouwing blijven giften waaruit schulden als bedoeld in artikel 7 lid 1 onder i zijn ontstaan.

Art. 66

¹ Im Sinne der vorliegenden Abteilung werden Schenkungen entsprechend dem Zeitpunkt der Leistung bewertet, unter dem Vorbehalt der Bestimmungen des nachstehenden Absatzes. Die Möglichkeit, dass der Erblasser die Schenkung widerrufen konnte, wird nicht berücksichtigt.

² Schenkungen, deren Nutzniessung sich der Erblasser für die Dauer seines Lebens vorbehalten hat, und andere Schenkungen, deren Nutzniessung bestimmungsgemäss erst nach seinem Tod wahrgenommen werden kann, werden zu dem Wert im Zeitpunkt unmittelbar nach seinem Tod eingeschätzt. Das Gleiche gilt für die Erbringung von Leistungen, welche der Erblasser im Zeitpunkt seines Ablebens noch nicht erbracht hat, und zwar in dem Sinne, dass diese Leistungen, wie auch die deswegen nachgelassenen Schulden, nicht berücksichtigt werden, wenn der Nachlass nicht ausreichend ist. Eine Schenkung, die aus der Bezeichnung einer begünstigten Person einer Summenversicherung besteht, wird zu ihrem Wert berücksichtigt, dies gemäss Art. 188 Abs. 2 und 3 von Buch 7.

Art. 66

¹ Voor de toepassing van deze afdeling worden giften gewaardeerd naar het tijdstip van de prestatie, behoudens het in de volgende leden bepaalde. Met een mogelijkheid dat de erflater de gift had kunnen herroepen wordt geen rekening gehouden.

² Giften waarbij de erflater zich het genot van het geschonkene gedurende zijn leven heeft voorbehouden, en andere giften van een voordeel bestemd om pas na zijn overlijden ten volle te worden genoten, worden geschat naar de waarde onmiddellijk na zijn overlijden. Hetzelfde geldt voor giften van prestaties die de erflater bij zijn overlijden nog niet had verricht, met dien verstande dat met deze giften, evenals met de uit dien hoofde nagelaten schulden, geen rekening wordt gehouden voor zover de nalatenschap niet toereikend is. Een gift die bestaat in de aanwijzing van een begunstigde bij sommenverzekering, wordt in aanmerking genomen tot haar waarde overeenkomstig artikel 188 leden 2 en 3 van Boek 7.

³ Schenkungen, die aus der Veräusserung eines Vermögensgegenstandes durch den Erblasser gegen Einräumung eines mit dem Leben des Erblassers verbundenen Rechts durch die Gegenpartei bestehen, werden als Schenkung dieses Vermögensgegenstandes bewertet, vermindert um den Wert der durch den Erblasser empfangenen oder ihm bei seinem Tod noch geschuldeten Leistungen, sofern diese nicht im Genuss dieses Vermögenswertes bestanden.

Art. 67
Bei der Berechnung der Pflichtteile werden die folgenden, durch den Erblasser gemachten Schenkungen berücksichtigt:
a. Schenkungen, die offensichtlich erfolgten und angenommen wurden in der Absicht, Pflichtteilsberechtigte zu benachteiligen;
b. Schenkungen, die der Erblasser zu seinen Lebzeiten jederzeit widerrufen konnte oder die er im Zeitpunkt der Schenkung für herabsetzbar erklärt hat;
c. Schenkungen eines Vorteils, bei dem bestimmt wurde, dass er erst nach seinem Tod wahrgenommen werden kann;

³ Giften, bestaande in de vervreemding van een goed door de erflater tegen verschaffing door de wederpartij van een aan het leven van de erflater gebonden recht, worden gewaardeerd als een gift van dat goed, verminderd met de waarde van de door de erflater ontvangen of hem bij zijn overlijden nog verschuldigde prestaties, voor zover deze niet bestonden in genot van dat goed.

Art. 67
Bij de berekening van de legitieme porties worden de volgende door de erflater gedane giften in aanmerking genomen:
a. giften die kennelijk gedaan en aanvaard zijn met het vooruitzicht dat daardoor legitimarissen worden benadeeld;

b. giften die de erflater gedurende zijn leven te allen tijde had kunnen herroepen of die hij bij de gift voor inkorting vatbaar heeft verklaard;

c. giften van een voordeel, bestemd om pas na zijn overlijden ten volle te worden genoten;

d. Schenkungen, die der Erblasser einem Nachkommen mit der Bestimmung gemacht hat, dass dieser oder ein Nachkomme des Betreffenden Pflichtteilsberechtigter des Erblassers ist;
e. andere Schenkungen, deren Leistung innerhalb von fünf Jahren vor seinem Tod erfolgt sind.

Art. 68

Schenkungen des Erblassers an seinen Ehegatten fallen im Sinne der vorliegenden Abteilung ausser Betracht sofern sich, aufgrund einer Gütergemeinschaft, unter welcher der Erblasser und der Ehegatte im Zeitpunkt der Schenkung verheiratet waren oder in der Folge einer zwischen ihnen zu jenem Zeitpunkt bestehenden Verrechnungsbedingung, keine Bereicherung auf Kosten des Vermögens des Schenkers ergeben hat.

d. giften, door de erflater aan een afstammeling gedaan, mits deze of een afstammeling van hem legitimaris van de erflater is;

e. andere giften, voor zover de prestatie binnen vijf jaren voor zijn overlijden is geschied.

Art. 68 (01.05.2004)

Giften van de erflater aan zijn echtgenoot worden voor de toepassing van deze afdeling buiten beschouwing gelaten voor zover zich, ten gevolge van een gemeenschap van goederen waarin de erflater en de echtgenoot ten tijde van de gift gehuwd waren of ten gevolge van een tussen hen op dat tijdstip geldend verrekenbeding, geen verrijking ten koste van het vermogen van de gever heeft voorgedaan.

Art. 69
[1] Im Sinne der vorliegenden Abteilung werden nicht als Schenkungen betrachtet:
a. Schenkungen an Personen, gegenüber denen der Erblasser moralisch verpflichtet war, zu seinen Lebzeiten oder nach seinem Tod an ihren Unterhalt beizutragen, sofern die Schenkungen als Ausfluss dieser Verpflichtung anzusehen sind und in Einklang mit dem Einkommen und Vermögen des Erblassers standen;
b. Übliche Geschenke, sofern sie nicht von übermässigem Umfang waren.
[2] Abs. 1 findet keine Anwendung auf Schenkungen gemäss Art. 7 Abs. 1 lit. i.

Art. 70
[1] Der Wert der Schenkungen des Erblassers an einen Pflichtteilsberechtigten kommt bei dessen Pflichtteil in Abzug.
[2] Im Sinne des vorhergehenden Absatzes werden Schenkungen an einen Nachkommen, der Pflichtteilsberechtigter gewesen wäre, wenn er den Erblasser überlebt hätte oder nicht erbunwürdig gewesen wäre, als Schenkungen an die von ihm abstammenden Pflichtteilsberechtigten verstanden, dies im gleichen Verhältnis nach Massgabe des Pflichtteils.

Art. 69
[1] Voor de toepassing van deze afdeling worden niet als giften beschouwd:
a. giften aan personen ten aanzien van wie de erflater moreel verplicht was bij te dragen in hun onderhoud tijdens zijn leven of na zijn dood, voor zover zij als uitvloeisel van die verplichting zijn aan te merken en in overeenstemming waren met het inkomen en het vermogen van de erflater;

b. gebruikelijke giften voor zover zij niet bovenmatig waren.

[2] Lid 1 is niet van toepassing op giften als bedoeld in artikel 7 lid 1 onder i.

Art. 70
[1] De waarde van giften, door de erflater aan een legitimaris gedaan, komt in mindering van diens legitieme portie.
[2] Voor de toepassing van het vorige lid worden giften aan een afstammeling die legitimaris zou zijn geweest indien hij de erflater had overleefd of niet onwaardig was geweest, aangemerkt als giften aan de van hem afstammende legitimarissen, naar evenredigheid van hun legitieme portie.

³ Einer Schenkung wird gleichgestellt, was ein Pflichtteilsberechtigter aus einer Summenversicherung erhält oder erhalten kann, welche der Erblasser in Erfüllung einer natürlichen Verbindlichkeit abgeschlossen hat, bei der es sich nicht um eine Pensionsversicherung handelt und die infolge des Todes des Erblassers ausbezahlt wird.

Art. 71
Der Wert all dessen, was ein Pflichtteilsberechtigter aufgrund des Erbrechts erhält, gelangt bei seinem Pflichtteil in Abzug.

Art. 72
¹ Der Wert all dessen, was ein Pflichtteilsberechtigter, der Erbe ist, erhalten kann, gelangt bei seinem Pflichtteil ebenfalls in Abzug, wenn er den Nachlass ausschlägt, sofern
   a. die Vermögensgegenstände nicht mit einer Bedingung, mit einer Auflage oder unter einer Verwaltung vererbt worden sind, oder
b. nicht zu Lasten der Pflichtteilsberechtigten Vermächtnisse gemacht worden sind, die zu etwas anderem als der Zahlung eines Geldbetrags oder der Übertragung von Vermögensgegenständen des Nachlasses verpflichten und die Ausschlagung innerhalb von drei Monaten nach dem Tod des Erblassers erfolgte.

³ Met een gift wordt gelijkgesteld hetgeen een legitimaris verkrijgt of kan verkrijgen uit een door de erflater ter nakoming van een natuurlijke verbintenis gesloten sommenverzekering die geen pensioenverzekering is en die door het overlijden van de erflater tot uitkering komt.

Art. 71
De waarde van al hetgeen een legitimaris krachtens erfrecht verkrijgt, komt in mindering van zijn legitieme portie.

Art. 72
¹ De waarde van hetgeen een legitimaris als erfgenaam kan verkrijgen, komt ook in mindering van zijn legitieme portie wanneer hij de nalatenschap verwerpt, tenzij
   a. de goederen onder een voorwaarde, een last of een bewind zijn nagelaten, of

b. ten laste van de legitimaris legaten zijn gemaakt die verplichten tot iets anders dan betaling van een geldsom of overdracht van goederen der nalatenschap, en de verwerping binnen drie maanden na het overlijden van de erflater geschiedt.

Art. 73
¹ Der Wert eines Vermächtnisses an einen Pflichtteilsberechtigten in der Form eines bestimmten Geldbetrags oder von Vermögensgegenständen des Nachlasses, die nicht aus einem Forderungsrecht bestehen, gelangt beim Pflichtteil der betreffenden Person ebenfalls in Abzug, wenn sie das Vermächtnis ausschlägt, sofern
    a. das Vermächtnis nicht unter einer Bedingung, mit einer Auflage oder unter Verwaltung erfolgt ist, oder
    b. nicht zu Lasten der Vermächtnisnehmer Untervermächtnisse gemacht worden sind, die zu etwas anderem als der Zahlung eines Geldbetrags verpflichten, oder
    c. das Vermächtnis nicht später als sechs Monate nach dem Tod des Erblassers, oder wenn der Vermächtnisnehmer Miterbe ist, erst nach der Teilung des Nachlasses fällig wird, oder
    d. das Vermächtnis nicht zu Lasten eines oder mehrerer Erben geht, deren Erbteile nicht dazu ausreichen, das Vermächtnis daraus auszurichten, und die Ausschlagung innerhalb von drei Monaten nach dem Tod des Erblassers erfolgt.

Art. 73
¹ De waarde van een legaat aan een legitimaris van een bepaalde geldsom of van niet in een vorderingsrecht bestaande goederen der nalatenschap komt ook in mindering van zijn legitieme portie wanneer hij het legaat verwerpt, tenzij

    a. het legaat onder een voorwaarde, een last of een bewind is gemaakt, of

    b. ten laste van de legitimaris sublegaten zijn gemaakt die verplichten tot iets anders dan betaling van een geldsom, of

    c. het legaat later dan zes maanden na het overlijden van de erflater, of indien de legitimaris mede-erfgenaam is, pas na de verdeling der nalatenschap opeisbaar wordt, of

    d. het legaat ten laste komt van een of meer erfgenamen wier erfdelen ontoereikend zijn om het legaat daaruit te voldoen, en de verwerping binnen drie maanden na het overlijden van de erflater geschiedt.

² Hat der Erblasser einem Vermächtnisnehmer die Befugnis gemäss Art. 125 Abs. 2 entzogen, kann dieser das Vermächtnis innerhalb von drei Monaten nach dem Tod des Erblassers ausschlagen, ohne dass dessen Wert von seinem Pflichtteil abgezogen wird.

Art. 74
¹ Der Barwert eines Vermächtnisses an einen Pflichtteilsberechtigten, bestehend aus einem in Raten zu bezahlenden Geldbetrag, wird auch bei Ausschlagung von seinem Pflichtteil abgezogen, wenn in der letztwilligen Verfügung gesagt wird, dass ohne diese Verfügung die Fortsetzung eines Berufs oder die Wieterführung eines Gewerbes des Erblassers in ernstlichem Masse erschwert würde. Dem Beruf oder Gewerbe des Erblassers wird ein Unternehmen gleichgestellt, das durch eine Aktiengesellschaft oder eine Gesellschaft mit beschränkter Haftung geführt wird, in welcher der Erblasser Mitglied des Verwaltungsrates oder der Geschäftsleitung war, und in der er allein oder mit seinen andern Mitgliedern des Verwaltungsrates oder der Geschäftsleitung zusammen die Mehrheit der Aktien oder Anteile hielt.

² Heeft de erflater de in artikel 125 lid 2 bedoelde bevoegdheid ontzegd aan een legitimaris, dan kan deze het legaat binnen drie maanden na het overlijden van de erflater verwerpen, zonder dat de waarde ervan in mindering komt van zijn legitieme portie.

Art. 74
¹ De contante waarde van een aan een legitimaris gemaakt legaat van een in termijnen te betalen geldsom komt ook bij verwerping in mindering van zijn legitieme portie, indien in de uiterste wil is vermeld dat zonder deze beschikking de voortzetting van een beroep of bedrijf van de erflater in ernstige mate zou worden bemoeilijkt. Met een beroep of bedrijf van de erflater wordt gelijkgesteld een onderneming, gedreven door een naamloze vennootschap of een besloten vennootschap met beperkte aansprakelijkheid waarvan de erflater bestuurder was en waarin deze alleen of met zijn medebestuurders de meerderheid der aandelen hield.

² Ist der angegebene Grund unzutreffend, so kann der Pflichtteilsberechtigte innerhalb von drei Monaten nach dem Tod des Erblassers erklären, dass er die Bezahlung des Barwertes als Einmalbetrag verlange. Wer sich auf die Richtigkeit des Grunds beruft, muss diese beweisen. Trifft der angegebene Grund zu, ist indessen eine raschere Abzahlung möglich und der Richter kann die Verpflichtung aus dem Vermächtnis in diesem Sinne ändern.

³ Der Kantonsrichter kann den mit dem Vermächtnis belasteten Personen auf Antrag des Vermächtnisnehmers innerhalb von drei Monaten nach dem Tod des Erblassers befehlen, eine Sicherheit zu stellen; der Kanntonsrichter legt den Betrag und die Art der Sicherheit fest. Wenn dies nicht innert der vom Kanntonsrichter angesetzten Frist erfolgt, wird das Vermächtnis nicht vom Pflichtteil abgezogen, wenn der Vermächtnisnehmer es nachträglich ausschlägt.

Art. 75
¹ Der Wert dessen, was ein Pflichtteilsberechtigter gemäss Erbrecht unter Verwaltung erhalten kann, wird auch bei einer Ausschlagung seines Pflichtteils abgezogen, wenn die Verwaltung aus dem in der letztwilligen Verfügung angegebenen Grund eingesetzt worden ist:

² Is de vermelde grond onjuist, dan kan de legitimaris binnen drie maanden na het overlijden van de erflater verklaren dat hij betaling van de contante waarde ineens verlangt. Degene die de juistheid van de grond staande houdt, moet haar bewijzen. Is de opgegeven grond juist, doch laat deze een snellere afbetaling toe, dan kan de rechter de verbintenis uit het legaat in die zin wijzigen.

³ Indien de legitimaris zulks binnen drie maanden na het overlijden van de erflater verzoekt, kan de kantonrechter de met het legaat belaste personen bevelen zekerheid te stellen; de kantonrechter stelt het bedrag en de aard van de zekerheid vast. Wordt daaraan niet voldaan binnen de door de kantonrechter daarvoor gestelde termijn, dan komt het legaat niet in mindering van zijn legitieme portie indien de legitimaris het alsnog verwerpt.

Art. 75
¹ De waarde van hetgeen een legitimaris krachtens erfrecht onder bewind kan verkrijgen, komt ook bij verwerping in mindering van zijn legitieme portie, indien het bewind is ingesteld op de in de uiterste wil vermelde grond:

a. dass der Pflichtteilsberechtigte ungeschickt oder nicht in der Lage ist, die Verwaltung zu besorgen, oder

b. dass ohne Verwaltung die Vermögensgegenstände zur Hauptsache dessen Gläubigern zugutekommen würden.

² Ein Pflichtteilsberechtigter, der das Erbe oder das Vermächtnis angetreten hat, ist während drei Monaten nach dem Tod des Erblassers befugt, die Richtigkeit des angegebenen Grundes zu bestreiten; dann muss derjenige, der sich weiterhin auf die Richtigkeit beruft, diese bewiesen. Trifft der angegebene Grund zu, rechtfertigt er indessen die durch den Erblasser festgehaltenen Regeln bezüglich der Verwaltung nicht, so kann der Richter die Regeln ändern oder selbst zum Teil aufheben.

a. dat de legitimaris ongeschikt of onmachtig is in het beheer te voorzien, of

b. dat zonder bewind de goederen hoofdzakelijk diens schuldeisers zouden ten goede komen.

² De legitimaris die de nalatenschap of het legaat heeft aanvaard is gedurende drie maanden na het overlijden van de erflater bevoegd de juistheid van de opgegeven grond te betwisten; alsdan moet degene die haar staande houdt haar bewijzen. Is de opgegeven grond juist, doch rechtvaardigt dit de door de erflater vastgestelde regels van het bewind niet, dan kan de rechter die regels wijzigen of zelfs ten dele opheffen.

³ Ist der angegebene Grund unzutreffend, so kann der Pflichtteilsberechtigte innerhalb eines Monats, nachdem die Feststellung der Unrichtigkeit in Rechtskraft erwachsen ist, dem Sachwalter schriftlich erklären, dass er seinen Pflichtteil in Geld empfangen möchte. Der Sachwalter macht zu diesem Zweck das unter Verwaltung gestellte Vermögen unter entsprechender Anwendung von Art. 147, soweit erforderlich, zu Geld; die übrig gebliebenen Vermögensgegenstände weist er denjenigen zu, denen sie zugestanden hätten, wenn der Pflichtteilsberechtigte das Erbe oder das Vermächtnis ausgeschlagen hätte.

⁴ Befinden sich Vermögensgegenstände, deren Wert gemäss Art. 70 beim Pflichtteil in Abzug kommt, unter Verwaltung, und enthält der Akt, mit welchem die Verwaltung eingerichtet worden ist, einen Grund gemäss Abs. 1, finden die Abs. 2 und 3 entsprechende Anwendung. Findet sich im Akt kein Grund gemäss Abs. 1, kann der Pflichtteilsberechtigte den Empfang seines Pflichtteils in Geld auf die Weise verlangen, wie es in Abs. 3 vorgesehen ist, und zwar in dem Sinne, dass die dort angegebene Erklärung innerhalb von drei Monaten nach dem Tod des Erblassers abgegeben werden muss.

³ Is vermelde grond onjuist, dan kan de legitimaris binnen een maand nadat de uitspraak waarbij de onjuistheid is vastgesteld, in kracht van gewijsde is gegaan, schriftelijk aan de bewindvoerder verklaren dat hij zijn legitieme in geld wenst te ontvangen. De bewindvoerder maakt daartoe het onder bewind gestelde met overeenkomstige toepassing van artikel 147 voor zover nodig te gelde; het restant van de goederen keert hij uit aan degenen aan wie deze zouden zijn toegekomen indien de legitimaris de nalatenschap of het legaat had verworpen.

⁴ Staan goederen onder bewind waarvan de waarde krachtens artikel 70 in mindering van de legitieme komt en vermeldt de akte waarbij het bewind is ingesteld een grond als bedoeld in lid 1, dan zijn de leden 2 en 3 van overeenkomstige toepassing. Vermeldt de akte niet een grond als bedoeld in lid 1, dan kan de legitimaris aanspraak maken op ontvangst van zijn legitieme in geld op de wijze als voorzien in lid 3, met dien verstande dat de aldaar bedoelde verklaring binnen drie maanden na het overlijden van de erflater moet worden afgelegd.

⁵ Bei der Bewertung des Pflichtteils wird die Verwaltung nur dann berücksichtigt, wenn der angegebene Grund als unzutreffend erklärt worden ist, die Pflichtteilsberechtigten jedoch von der ihnen gemäss Abs. 3 Satz 1 verliehenen Befugnis keinen Gebrauch machen.

Art. 76
Bei Bewertung dessen, was gemäss den Art. 70 bis und mit Art. 75 beim Pflichtteil in Abzug zu bringen ist, wird die Nutzniessung, die daran gemäss Abteilung 1 oder 2 des Titels 3 bestehen kann, nicht berücksichtigt.

Art. 77
Die Fristen gemäss Art. 72, Art. 73 Abs. 1 letzter Satz und Abs. 2, Art. 74 Abs. 2 und 3 sowie Art. 75 Abs. 2 und 4 können vom Kantonsrichter ein Mal oder mehrmals aufgrund besonderer Gegebenheiten verlängert werden, selbst nachdem die Frist bereits abgelaufen ist.

⁵ Bij de vaststelling van de op de legitieme portie toe te rekenen waarde wordt met het bewind slechts rekening gehouden, indien de vermelde grond onjuist is verklaard doch de legitimaris geen gebruik maakt van de hem in lid 3, eerste zin, verleende bevoegdheid.

Art. 76
Bij de vaststelling van de waarde van hetgeen overeenkomstig de artikelen 70 tot en met 75 op de legitieme portie in mindering komt, wordt geen rekening gehouden met het vruchtgebruik dat daarop krachtens afdeling 1 of 2 van titel 3 kan komen te rusten.

Art. 77
De in de artikelen 72, 73 lid 1, laatste zinsnede, en lid 2, 74 leden 2 en 3 en 75 leden 2 en 4 bedoelde termijnen kunnen door de kantonrechter een of meermalen op grond van bijzondere omstandigheden worden verlengd, zelfs nadat de termijn reeds was verlopen.

Art. 78

¹ Ein Pflichtteilsberechtigter, der nicht Erbe ist, kann gegenüber den Erben und den mit der Behandlung des Nachlasses betrauten Testamentsvollstreckern Einsicht in eine Abschrift aller Schriftstücke verlangen, die er für die Berechnung seines Pflichtteils benötigt; sie haben ihm auf seinen Antrag alle diesbezüglichen Informationen zu liefern.

² Auf Antrag kann der Kantonsrichter einen oder mehrere Erben und die mit der Behandlung des Nachlasses betrauten Testamentsvollstrecker damit beauftragen, die Richtigkeit des Inventars in Gegenwart des Antragstellers eidlich zu bescheinigen.

Art. 78

¹ Een legitimaris die niet erfgenaam is, kan tegenover de erfgenamen en met het beheer der nalatenschap belaste executeurs aanspraak maken op inzage en een afschrift van alle bescheiden die hij voor de berekening van zijn legitieme portie behoeft; zij verstrekken hem desverlangd alle daartoe strekkende inlichtingen

² Op zijn verzoek kan de kantonrechter een of meer der erfgenamen en met het beheer der nalatenschap belaste executeurs doen oproepen ten einde de deugdelijkheid van de boedelbeschrijving in tegenwoordigheid van de verzoeker onder ede te bevestigen.

3. Internationales Erbrecht (Art. 10:145-152 BW)

Bürgerliches Gesetzbuch
10. Buch: Internationales Privatrecht
2. Titel: Erbrecht
Art. 145-152

Burgerlijk Wetboek (BW)
Boek 10: Internationaal privaatrecht
Titel 2: Erfrecht [220]
Art. 145-152

Art. 145
¹ Für die Zwecke dieses Titels gilt die Regelung der Erbschaftsverordnung (EU) Nr. 650/2012 des Europäischen Parlaments und des Rates vom 4. Juli 2012 über die Zuständigkeit, das anzuwendende Recht, die Anerkennung und Vollstreckung von Entscheidungen und die Annahme und Vollstreckung öffentlicher Urkunden in Erbsachen sowie zur Einfhrung eines Europäischen Nachlasszeugnisses (ABl 2012 L 201).

² Für die Anwendung dieses Titels ist unter dem Haager Erbrechtsübereinkommen 1989 zu verstehen: das am 1. August 1989 in Den Haag zustande gekommene Übereinkommen über das auf die Erbfolge anzuwendende Recht (Trb. 1994, 49).

Art. 145 (17.08.2015)
¹ Voor de toepassing van deze titel wordt verstaan onder de verordening erfrecht: de verordening (EU) nr. 650/2012 van het Europees Parlement en de Raad van 4 juli 2012 betreffende de bevoegdheid, het toepasselijke recht, de erkenning en de tenuitvoerlegging van beslissingen en de aanvaarding en de tenuitvoerlegging van authentieke akten op het gebied van erfopvolging, alsmede betreffende de instelling van een Europese erfrechtverklaring (PbEU 2012, L 201).

² Voor de toepassing van deze titel wordt verstaan onder het Haags Erfrechtverdrag 1989: het op 1 augustus 1989 te 's-Gravenhage tot stand gekomen Verdrag inzake het recht dat van toepassing is op erfopvolging (Trb. 1994, 49).

---

[220] Neufassung in Kraft seit 01.01.2012; vgl. die offizielle Homepage der niederländischen Regierung: wetten.overheid. nl/BWBR0030068/2015-12-05; Stand: 18.09.2018.

Art. 146
(aufgehoben)

Art. 147
¹ Falls einer der Berechtigten bei einer abzuwickelnden Erbschaft einem anderen Berechtigten gegenüber durch die Anwendung eines Anspruchs auf einen im Ausland befindlichen Vermögensgegenstand benachteiligt wird, welcher nach dem internationalen Privatrecht des Staates bestimmt wird, wo sich der Vermögensgegenstand befindet, werden die Sachen, die gemäss diesem Recht von diesem anderen Berechtigten oder von einem Dritten erworben wurden, als gültig erworben anerkannt.
² Der Benachteiligte kann jedoch fordern, dass im Rahmen der Abwicklung der Erbschaft zwischen ihm und dem bevorzugten Berechtigten eine Verrechnung bis zur Höhe des erlittenen Nachteils erfolgt. Die Verrechnung ist nur in Bezug auf Erbschaftssachen bzw. durch Einschränkung einer Auflage möglich.
³ In den vorherigen Absätzen ist unter Berechtigter ein Erbe, ein Legatar oder ein Steuerbegünstigter zu verstehen.

Art. 146 (17.08.2015)
(vervallen)

Art. 147
¹ Indien een der gerechtigden in een te vereffenen nalatenschap ten opzichte van een andere gerechtigde wordt benadeeld door de toepassing op een buitenslands gelegen vermogensbestanddeel van een krachtens het internationaal privaatrecht van het land van ligging aangewezen recht, worden de goederen, aldus overeenkomstig dat recht door die andere gerechtigde of door derden verkregen, als geldig verkregen erkend.

² De benadeelde gerechtigde kan echter vorderen dat ter gelegenheid van de vereffening van de nalatenschap tussen hem en de bevoordeelde gerechtigde een verrekening plaatsvindt tot ten hoogste het ondervonden nadeel. Verrekening is uitsluitend mogelijk met betrekking tot goederen van de nalatenschap dan wel door vermindering van een last.
³ In de voorgaande leden wordt onder gerechtigde verstaan een erfgenaam, een legataris of een lastbevoordeelde.

Art. 148
Beim Widerruf aller bisher vom Erblasser errichteten letztwilligen Verfügungen wird angenommen, dass dieser Widerruf auch die Rechtswahl für die Vererbung seines Nachlass umfasse.

Art. 149
[1] Die Abwicklung der Erbschaft unterliegt niederländischem Recht, wenn der Erblasser seinen letzten ordentlichen Wohnsitz in den Niederlanden hatte. Es gelten insbesondere die niederländischen Vorschriften bezüglich der Verpflichtung der Erben, welche nach dem gemäss Haager Erbrechtsübereinkommen 1989 anwendbaren Recht bestimmt werden, die Schulden des Erblassers zu übernehmen, und bezüglich der Bedingungen, worunter sie diese Verpflichtung ausschliessen oder einschränken können.

[2] Die Art und Weise, wie die Erbschaft aufgeteilt wird, unterliegt niederländischem Recht, wenn der Erblasser seinen letzten ordentlichen Wohnsitz in den Niederlanden hatte, ausser die Beteiligten bestimmen gemeinsam das Recht eines anderen Landes. Den Erfordernissen des Güterrechts des Ortes, wo sich die Aktiva befinden, wird Rechnung getragen.

Art. 148
De herroeping door de erflater van alle eerder door hem gemaakte uiterste wilsbeschikkingen wordt vermoed mede te omvatten een eerder door hem gedane aanwijzing van het recht dat de vererving van zijn nalatenschap beheerst.

Art. 149
[1] De vereffening van de nalatenschap wordt door het Nederlandse recht beheerst indien de erflater zijn laatste gewone verblijfplaats in Nederland had. In het bijzonder zijn van toepassing de Nederlandse voorschriften inzake de gehoudenheid van de door het volgens het Haags Erfrechtverdrag 1989 toepasselijke recht aangewezen erfgenamen voor de schulden van de erflater en de voorwaarden waaronder zij hun gehoudenheid kunnen uitsluiten of beperken.

[2] De wijze waarop de verdeling van de nalatenschap tot stand wordt gebracht, wordt door het Nederlandse recht beheerst indien de erflater zijn laatste gewone verblijfplaats in Nederland had, tenzij de deelgenoten gezamenlijk het recht van een ander land aanwijzen. Met de eisen van het goederenrecht van de plaats van ligging van de activa wordt rekening gehouden.

Art. 150
¹ Die Aufgaben und die Befugnisse eines vom Erblasser bestimmten Vollstreckers unterliegen niederländischem Recht, wenn der Erblasser seinen letzten ordentlichen Wohnsitz in den Niederlanden hatte.
² Der Richter kann auf Verlangen eines Beteiligten Massnahmen treffen, um zu gewährleisten, dass in Bezug auf die Vererbung der in den Niederlanden befindlichen Teile der Erbschaft das laut Haager Erbrechtsübereinkommen 1989 anwendbare Recht beachtet wird. Er kann anordnen, dass in Zusammenhang hiermit Sicherheiten zu leisten sind.

Art. 151
¹ Die Erbrechtsverordnung lässt das am 5. Oktober 1961 in Den Haag zustande gekommene Übereinkommen über das auf die Form letztwilliger Verfügungen anzuwendende Recht unberührt (Trb. 1980, 50). Das auf die Form von tztwilligen Verfügungen anwendbare Recht wird von diesem Übereinkommen bestimmt.
² Eine mündliche letztwillige Verfügung, die, ausser in aussergewöhnlichen Umständen, von einem Niederländer gemacht wurde, der nicht auch eine andere Staatsangehörigkeit besitzt, wird in den Niederlanden nicht anerkannt.

Art. 150 (17.08.2015)
¹ De taak en de bevoegdheden van een door de erflater aangewezen vereffenaar worden door het Nederlandse recht beheerst indien de erflater zijn laatste gewone verblijfplaats in Nederland had.

² De rechter kan op verlangen van een belanghebbende voorzieningen treffen om te waarborgen dat met betrekking tot de vererving van de in Nederland gelegen bestanddelen van de nalatenschap het volgens het Haags Erfrechtverdrag 1989 toepasselijke recht wordt in acht genomen. Hij kan bevelen dat in verband daarmee zekerheden worden gesteld.

Art. 151 (17.08.2015)
¹ De verordening erfrecht laat onverlet het op 5 oktober 1961 te 's-Gravenhage tot stand gekomen Verdrag inzake de wetsconflicten betreffende de vorm van testamentaire beschikkingen (Trb. 1980, 50). Het recht dat van toepassing is op de vorm van uiterste wilsbeschikkingen wordt bepaald door dit verdrag.

² Een mondelinge testamentaire beschikking welke, behoudens in buitengewone omstandigheden, is gemaakt door een Nederlander die niet tevens een andere nationaliteit bezit, wordt in Nederland niet erkend.

Art. 152
¹ Die Artikel 147 und 148 finden auf die Erbfolge von Personen Anwendung, deren Ableben nach dem 1. Oktober 1996 erfolgt ist. Auf die Erbfolge von Personen, die am oder nach dem 17. August 2015 versterben, ist der Artikel nur anwendbar, wenn sich Vermögenswerte im Nachlass befinden, welche sich in einem Staat befinden, der durch die Erbrechtsverordnung nicht gebunden ist.
² Falls der Erblasser das auf seine Erbfolge anwendbare Recht vor dem 1. Oktober 1996 bestimmt hat, wird diese Bestimmung als gültig erachtet, wenn sie den Erfordernissen von Artikel 5 des Haager Erbrechtsübereinkommens 1989 entspricht.
³ Falls die Parteien bei einem Vertrag bezüglich Erbfolge vor dem 1. Oktober 1996 das für diesen Vertrag geltende Recht bestimmt haben, wird diese Bestimmung als gültig erachtet, wenn sie den Erfordernissen von Artikel 11 des Haager Erbrechtsübereinkommens 1989 entspricht.

Art. 152 (17.08.2015)
¹ De artikelen 147 en 148 zijn van toepassing op de erfopvolging van personen wier overlijden na 1 oktober 1996 heeft plaatsgevonden. Op de erfopvolging van personen wier overlijden op of na 17 augustus 2015 heeft plaatsgevonden is artikel alleen van toepassing als het vermogensbestanddeel waarop de verrekening betrekking heeft, ligt in een staat die niet gebonden is door de verordening erfrecht.
² Indien de erflater voor 1 oktober 1996 het op zijn erfopvolging toepasselijke recht heeft aangewezen, wordt die aanwijzing als geldig beschouwd indien zij voldoet aan de vereisten van artikel 5 van het Haags Erfrechtverdrag 1989.
³ Indien de partijen bij een overeenkomst inzake erfopvolging voor 1 oktober 1996 het op die overeenkomst toepasselijke recht hebben aangewezen, wordt die aanwijzing als geldig beschouwd indien zij voldoet aan de vereisten van artikel 11 van het Haags Erfrechtverdrag 1989.

⁴ Unbeschadet der vorstehenden Absätze kann die Bestimmung des auf die Vererbung seiner Erbschaft anwendbaren Rechts oder die Änderung einer solchen Bestimmung durch den Erblasser, die vor dem 1. Oktober 1996 erfolgt ist, nicht aus dem alleinigen Grund, dass im Gesetz eine solche Bestimmung damals nicht geregelt war, als ungültig erachtet werden.
⁵ Artikel 149 und 150 finden nur Anwendung auf die Erbfolge von Personen, die nach dem 1. Oktober 1996 und vor dem 17. August 2015 verstorben sind.

⁴ Onverminderd de voorgaande leden kan een aanwijzing door de erflater van het op de vererving van zijn nalatenschap toepasselijke recht of de wijziging van een zodanige aanwijzing, welke is geschied voor 1 oktober 1996, niet als ongeldig worden beschouwd op de enkele grond dat de wet een zodanige aanwijzing toen niet regelde.

⁵ De artikelen 149 en 150 zijn uitsluitend van toepassing op de erfopvolging van personen wier overlijden na 1 oktober 1996 en vóór 17 augustus 2015 heeft plaatsgevonden.

Bilaterale Staatsverträge:
-

Bemerkung:
Alle Bestimmungen mit erbkollisionsrechtlichem Inhalt in Staatsverträgen mit den Verordnungsstaaten der EuErbVO werden durch die EuErbVO ersetzt.

Multilaterale Staatsverträge:
Haager Übereinkommen vom 5. Oktober 1961 über das auf die Form letztwilliger Verfügungen anzuwendende Recht (zu den Vertragsstaaten, vgl. hinten, L.16).

Bilaterale contracten:
-

Multilaterale contracten:
Haags Verdrag inzake de wetsconflicten betreffende de vorm van testamtaire beschikkingen (in Kraft seit 01.08.1982).

Basler Übereinkommen vom 16. Mai 1972 über die Schaffung eines Systems zur Registrierung von Testamenten (zu den Vertragsstaaten vgl. hinten, L.16).

Haager Übereinkommen vom 2. Oktober 1973 über die Internationale Verwaltung von Erbschaften (zu den Vertragssstaaten vgl. hinten, L.16).

Haager Übereinkommen vom 1. August 1989 über das auf die Rechtsnachfolge von Todes wegen anwendbare Recht (zu den Vertragsstaaten, vgl. hinten, L.16).

Verordnung (EU) Nr. 650/2012 des Europäischen Parlaments und des Rates vom 4. Juli 2012 über die Zuständigkeit, das anzuwendende Recht, die Anerkennung und Vollstreckung von Entscheidungen und die Annahme und Vollstreckung öffentlicher Urkunden in Erbsachen sowie zur Einführung eines Europäischen Nachlasszeugnisses (EUErbVO; zum Text vgl. hinten, X.1.a.).

Basel Convention of 16 May 1972, on the Establishment of a Scheme of Registratin of Wills (in Kraft seit 13.03.1978).

Hague Convention of 2 October 1973 concerning the International Administration of the Estates of Deceased Persons (von den Niederlanden am 02.10.1973 unterzeichnet, aber nicht ratifiziert).

Haags Verdrag inzake het recht dat van toepassing is op erfopvolging van 1 augustus 1989 (Ferid/Firsching, Niederlande, Texte A II Nr. 8) (von den Niederlanden signiert; noch nicht in Kraft getreten).

Verordening (EU) Nr. 650/2012 van het Europees Parlement en de Raad van 4 juli 2012 betreffende de bevoegdheid, het toepasselijke recht, de erkenning en de tenuitvoerlegging van beslissingen en de aanvaarding en de tenuitvoerlegging van authentieke akten op het gebied van erfopvolging, alsmede betreffende de instelling van een Europese erfrechtverklaring (in Kraft seit 17.08.2015).

S. Gesetzestexte Österreich

1. Gesetzliche Erbfolge (§§ 727–761 ABGB)

Allgemeines Bürgerliches Gesetzbuch (ABGB)[227]
2. Teil: Von dem Sachenrechte
1. Abteilung des Sachenrechtes: Von den dinglichen Rechten
13. Hauptstück: Von der gesetzlichen Erbfolge *(01.01.2017)*
I. Grundsätze
Fälle der gesetzlichen Erbfolge

§ 727
Wenn der Verstorbene seinen letzten Willen nicht gültig erklärt oder nicht über sein gesamtes Vermögen verfügt hat oder wenn die eingesetzten Erben die Verlassenschaft nicht annehmen können oder wollen, kommt es ganz oder zum Teil zur gesetzlichen Erbfolge.

§ 728
Mangels einer gültigen Erklärung des letzten Willens fällt die gesamte Verlassenschaft den gesetzlichen Erben zu. Hat der Verstorbene über einen Teil seines Vermögens nicht gültig verfügt, so kommt allein dieser den gesetzlichen Erben zu.

Verkürzter Pflichtteil und Folgen einer Enterbung

§ 729
¹ Ist eine pflichtteilsberechtigte Person durch eine letztwillige Verfügung verkürzt worden, so kann sie sich auf das Gesetz berufen und den ihr gebührenden Pflichtteil fordern.
² Hat der Verstorbene die gänzliche oder teilweise Entziehung des Pflichtteils verfügt, so wird vermutet, dass er der enterbten Person auch deren gesetzlichen Erbteil entziehen wollte.
³ Bei gesetzlicher Erbfolge erben die Nachkommen der enterbten Person an deren Stelle, auch wenn diese den Verstorbenen überlebt hat.

---

[227] Vgl. die Homepage der Regierung, www.ris.bka.gv.at/bundesrecht/; Stand: 01.10.2019.

Gesetzliche Erben

§ 730
Gesetzliche Erben sind die in nächster Linie mit dem Verstorbenen Verwandten und sein Ehegatte oder eingetragener Partner.

II. Gesetzliches Erbrecht der Verwandten

§ 731
[1] Zur ersten Linie gehören diejenigen Verwandten, die vom Verstorbenen abstammen, also seine Kinder und deren Nachkommen.
[2] Zur zweiten Linie gehören die Eltern des Verstorbenen und deren Nachkommen, also seine Geschwister und deren Nachkommen.
[3] Zur dritten Linie gehören die Großeltern des Verstorbenen und deren Nachkommen, also seine Onkel und Tanten und deren Nachkommen.
[4] In der vierten Linie sind nur die Urgroßeltern des Verstorbenen zur Erbfolge berufen.

1. Linie: Kinder

§ 732
Wenn der Verstorbene Kinder hat, fällt ihnen die gesamte Verlassenschaft zu, mögen sie zu seinen Lebzeiten oder nach seinem Tod geboren sein. Mehreren Kindern fällt die Verlassenschaft zu gleichen Teilen zu. Enkel von noch lebenden Kindern und Urenkel von noch lebenden Enkeln haben kein Recht zur Erbfolge.

§ 733
Wenn ein Nachkomme des Verstorbenen vor ihm gestorben ist und seinerseits Nachkommen hinterlassen hat, fällt der Anteil, der dem verstorbenen Nachkommen gebührt hätte, dessen Kindern zu gleichen Teilen zu.

§ 734
Auf diese Art wird eine Verlassenschaft nicht nur dann geteilt, wenn Enkel von verstorbenen Kindern mit noch lebenden Kindern oder entferntere Nachkommen mit näheren Nachkommen des Verstorbenen zusammen treffen, sondern auch dann, wenn die Verlassenschaft bloß zwischen Enkeln von verschiedenen Kindern oder zwischen Urenkeln von verschiedenen Enkeln zu teilen ist. Es können also die von jedem Kind hinterlassenen Enkel und die von jedem Enkel hinterlassenen Urenkel nie mehr und nie weniger erhalten, als das verstorbene Kind

oder der verstorbene Enkel erhalten hätte, wenn es oder er am Leben geblieben wäre.

2. Linie: Eltern und ihre Nachkommen

§ 735
Ist kein Nachkomme des Verstorbenen vorhanden, so fällt die Verlassenschaft den mit ihm in zweiter Linie Verwandten, also seinen Eltern und deren Nachkommen zu. Leben noch beide Eltern, so gebührt ihnen die ganze Verlassenschaft zu gleichen Teilen. Ist ein Elternteil verstorben, so treten dessen Nachkommen in sein Recht ein. Die Hälfte, die dem Verstorbenen gebührt hätte, wird nach den §§ 732 bis 734 geteilt.

§ 736
Wenn beide Eltern des Verstorbenen verstorben sind, wird die eine Hälfte der Verlassenschaft, die dem einen Elternteil zugefallen wäre, unter dessen Nachkommen, die andere Hälfte aber unter den Nachkommen des anderen nach den §§ 732 bis 734 geteilt. Haben die Eltern nur gemeinsame Kinder oder deren Nachkommen hinterlassen, so teilen diese die beiden Hälften unter sich gleich. Sind aber außer diesen noch Kinder nur eines Elternteils vorhanden, so erhalten diese und deren Nachkommen nur den ihnen von der Hälfte gebührenden Anteil.

§ 737
Hat ein verstorbener Elternteil des Verstorbenen keine Nachkommen hinterlassen, so fällt die gesamte Verlassenschaft dem anderen noch lebenden Elternteil zu. Ist auch dieser verstorben, so wird die gesamte Verlassenschaft unter seinen Kindern und Nachkommen nach den bereits angeführten Grundsätzen verteilt.

3. Linie: Großeltern und ihre Nachkommen

§ 738
Sind die Eltern des Verstorbenen ohne Nachkommen verstorben, so fällt die Verlassenschaft der dritten Linie, also den Großeltern und ihren Nachkommen zu. Die Verlassenschaft wird dann in zwei gleiche Teile geteilt. Die eine Hälfte gebührt den Eltern des einen Elternteils des Verstorbenen und ihren Nachkommen, die andere den Eltern des anderen und ihren Nachkommen.

§ 739
Jede dieser Hälften wird unter den Großeltern der einen und der anderen Seite, wenn sie beide noch leben, gleich geteilt. Ist ein Großelternteil oder sind beide Großeltern von der einen oder anderen Seite gestorben, so wird die dieser Seite zugefallene Hälfte zwischen den Kindern und Nachkommen dieser Großeltern nach den Grundsätzen geteilt, nach denen in der zweiten Linie die ganze Verlassenschaft zwischen den Kindern und Nachkommen der Eltern des Verstorbenen geteilt wird (§§ 735 bis 737).

§ 740
Sind von der Seite eines Elternteils beide Großeltern ohne Nachkommen verstorben, so fällt den von der anderen Seite noch lebenden Großeltern oder nach deren Tod deren Kindern und Nachkommen die gesamte Verlassenschaft zu.

4. Linie: Urgroßeltern

§ 741
[1] Nach gänzlichem Ausfall der dritten Linie sind die Urgroßeltern des Verstorbenen zur gesetzlichen Erbfolge berufen. Auf die Großeltern des einen Elternteils des Verstorbenen entfällt die eine Hälfte der Verlassenschaft, auf die Großeltern des anderen Elternteils die andere Hälfte. Jede Hälfte der Verlassenschaft teilen sich die beiden Großelternpaare zu gleichen Teilen. Ist ein Teil eines Großelternpaares nicht vorhanden, so fällt das auf diesen Teil entfallende Achtel der Verlassenschaft an den überlebenden Teil dieses Großelternpaares. Fehlt ein Großelternpaar, so ist zu seinem Viertel das andere Großelternpaar desselben Elternteiles des Verstorbenen berufen.
[2] Fehlen die Großelternpaare des einen Elternteiles des Verstorbenen, so sind zu der auf sie entfallenden Verlassenschaftshälfte die Großelternpaare des anderen Elternteils in demselben Ausmaß wie zu der ihnen unmittelbar zufallenden Nachlaßhälfte berufen.

Mehrfache Verwandtschaft

§ 742
Wenn jemand mit dem Verstorbenen mehrfach verwandt ist, genießt er von jeder Seite das Erbrecht, das ihm als einem Verwandten von dieser Seite gebührt.

Ausschluss von entfernten Verwandtschaft

§ 743
Auf diese vier Linien der Verwandtschaft (§ 731) wird die gesetzliche Erbfolge eingeschränkt.

III. Gesetzliches Erbrecht des Ehegatten und eingetragenen Partners

§ 744
[1] Der Ehegatte oder eingetragene Partner des Verstorbenen ist neben Kindern des Verstorbenen und deren Nachkommen zu einem Drittel der Verlassenschaft, neben Eltern des Verstorbenen zu zwei Dritteln der Verlassenschaft und in den übrigen Fällen zur Gänze gesetzlicher Erbe. Ist ein Elternteil vorverstorben, so fällt auch dessen Anteil dem Ehegatten oder dem eingetragenen Partner zu.
[2] Auf den Erbteil des Ehegatten oder eingetragenen Partners ist alles anzurechnen, was er durch Ehe- oder Partnerschaftspakt oder Erbvertrag aus dem Vermögen des Verstorbenen erhält.

Gesetzliches Vorausvermächtnis

§ 745
[1] Sofern der Ehegatte oder eingetragene Partner nicht rechtmäßig enterbt worden ist, gebühren ihm als gesetzliches Vorausvermächtnis das Recht, in der Ehe- oder Partnerschaftswohnung weiter zu wohnen, und die zum ehelichen oder partnerschaftlichen Haushalt gehörenden beweglichen Sachen, soweit sie zu dessen Fortführung entsprechend den bisherigen Lebensverhältnissen erforderlich sind.
[2] Dem Lebensgefährten des Verstorbenen steht ein solches gesetzliches Vermächtnis zu, sofern er mit dem Verstorbenen als dessen Lebensgefährte zumindest in den letzten drei Jahren im gemeinsamen Haushalt gelebt hat und der Verstorbene im Zeitpunkt des Todes weder verheiratet war noch in einer eingetragenen Partnerschaft gelebt hat. Die in Abs. 1 erwähnten Rechte enden ein Jahr nach dem Tod des Verstorbenen.

Auflösung der Ehe oder Partnerschaft

§ 746
[1] Nach Auflösung der Ehe oder eingetragenen Partnerschaft zu Lebzeiten des Verstorbenen steht dem früheren Ehegatten oder eingetragenen Partner weder ein gesetzliches Erbrecht noch das gesetzliche Vorausvermächtnis zu.

² Das gesetzliche Erbrecht und das gesetzliche Vorausvermächtnis stehen dem überlebenden Ehegatten oder eingetragenen Partner auch dann nicht zu, wenn in einem im Zeitpunkt des Erbfalls anhängigen Verfahren über die Auflösung der Ehe oder eingetragenen Partnerschaft eine Vereinbarung über die Aufteilung des Gebrauchsvermögens und der Ersparnisse für den Fall der Rechtskraft der Auflösungsentscheidung vorliegt. Eine solche Vereinbarung gilt im Zweifel auch für die Auflösung der Ehe oder eingetragenen Partnerschaft durch den Tod eines Ehegatten oder eingetragenen Partners.

Anspruch auf Unterhalt

§ 747
Der Ehegatte oder eingetragene Partner hat, außer in den Fällen der §§ 746 und 777, gegen die Verlassenschaft und nach Einantwortung gegen die Erben bis zum Wert der Verlassenschaft einen Anspruch auf Unterhalt nach den sinngemäß anzuwendenden Grundsätzen des § 94 oder des § 12 EPG, solange er nicht wieder eine Ehe oder eingetragene Partnerschaft eingeht. Auf diesen Anspruch ist alles anzurechnen, was der Ehegatte oder eingetragene Partner nach dem Verstorbenen durch vertragliche oder letztwillige Zuwendung, als gesetzlichen Erbteil, als Pflichtteil und durch öffentlich-rechtliche oder privatrechtliche Leistung erhält, desgleichen eigenes Vermögen des Ehegatten oder eingetragenen Partners sowie Erträgnisse einer von ihm tatsächlich ausgeübten oder einer solchen Erwerbstätigkeit, die von ihm den Umständen nach erwartet werden kann.

IV. Außerordentliches Erbrecht und Aneignung durch den Bund
Außerordentliches Erbrecht des Lebensgefährten

§ 748
¹ Gelangt kein gesetzlicher Erbe zur Verlassenschaft, so fällt dem Lebensgefährten des Verstorbenen die ganze Erbschaft zu, sofern er mit dem Verstorbenen als dessen Lebensgefährte zumindest in den letzten drei Jahren vor dem Tod des Verstorbenen im gemeinsamen Haushalt gelebt hat.
² Vom Erfordernis eines gemeinsamen Haushalts ist dann abzusehen, wenn diesem erhebliche Gründe, etwa gesundheitlicher oder beruflicher Art, entgegenstanden, ansonsten aber eine für Lebensgefährten typische besondere Verbundenheit bestand.

Außerordentliches Erbrecht der Vermächtnisnehmer

§ 749
Gelangt weder ein gesetzlicher Erbe noch der Lebensgefährte des Verstorbenen zur Verlassenschaft, so werden die vom Verstorbenen bedachten Vermächtnisnehmer verhältnismäßig als Erben betrachtet.

Aneignung durch den Bund

§ 750
[1] Wenn kein zur Erbfolge Berechtigter vorhanden ist und auch sonst niemand die Verlassenschaft erwirbt, hat der Bund das Recht, sie sich anzueignen.
[2] Soweit eine Verlassenschaft, die sich im Zeitpunkt des Todes des Verstorbenen in Österreich befindet, weder auf einen durch Verfügung von Todes wegen eingesetzten Erben oder Vermächtnisnehmer noch auf eine natürliche Person als gesetzlicher Erbe übergeht, hat der Bund das Recht, sie sich anzueignen, auch wenn sich die Erbfolge nicht nach österreichischem Recht richtet.

Abweichungen von der allgemeinen Erbfolge

§ 751
Abweichungen von der in diesem Hauptstück bestimmten gesetzlichen Erbfolge, insbesondere für land- und forstwirtschaftliche Betriebe, sind gesondert geregelt.

2. Verfügungsbeschränkungen (§§ 762–796 ABGB)

Allgemeines Bürgerliches Gesetzbuch (ABGB)[228]
2. Teil: Von dem Sachenrechte
1. Abteilung des Sachenrechts: Von den dinglichen Rechten
14. Hauptstück: Von Pflichtteil und der Anrechnung auf den Pflichtteil *(01.01.2017)*
I. Allgemeines
1. Pflichtteilsberechtigung

§ 756
Der Pflichtteil ist der Anteil am Wert des Vermögens des Verstorbenen, der dem Pflichtteilsberechtigten zukommen soll.

§ 757
Pflichtteilsberechtigt sind die Nachkommen sowie der Ehegatte oder eingetragene Partner des Verstorbenen.

§ 758
[1] Einer in § 757 angeführten Person steht ein Pflichtteil zu, wenn ihr bei gesetzlicher Erbfolge ein Erbrecht zustünde, sie nicht enterbt wurde und nicht auf den Pflichtteil verzichtet worden ist.
[2] Den Nachkommen einer erbunfähigen oder enterbten vorverstorbenen Person steht ein Pflichtteil zu, wenn sie die Voraussetzungen des Abs. 1 erfüllen. Der Verzicht auf den Pflichtteil und die Ausschlagung der Erbschaft erstrecken sich im Zweifel auch auf die Nachkommen. Die Nachkommen eines vorverstorbenen Pflichtteilsberechtigten, dessen Pflichtteil gemindert worden ist, müssen sich mit dem geminderten Pflichtteil begnügen, wenn auch für sie die Voraussetzungen für die Minderung vorliegen (§ 776 Abs. 1 und 2).
[3] Eine in ihrem Pflichtteil verkürzte Person kann sich auch dann auf ihre Pflichtteilsberechtigung stützen, wenn ihr ein Erbrecht aus einem Erbvertrag, einem letzten Willen oder dem Gesetz gebührt.

---

[228] Vgl. die Homepage der Regierung: www.ris.bka.gv.at/bundesrecht/; Stand: 01.10.2019.

2. Höhe

§ 759
Als Pflichtteil gebührt jeder pflichtteilsberechtigten Person die Hälfte dessen, was ihr nach der gesetzlichen Erbfolge zustünde.

§ 760
[1] Wenn einer der in § 757 angeführten Personen infolge Pflichtteilsverzichtes oder Ausschlagung der Erbschaft kein Pflichtteil zusteht, erhöht dies im Zweifel die Pflichtteile der anderen Pflichtteilsberechtigten nicht.
[2] Wenn aber einer der in § 757 angeführten Personen aus anderen Gründen kein oder nur ein geminderter Pflichtteil zusteht und an ihrer Stelle auch keine Nachkommen den Pflichtteil erhalten, erhöhen sich die Pflichtteile der anderen Pflichtteilsberechtigten anteilig; die §§ 733 und 734 sind anzuwenden.

3. Erfüllungsarten
Leistung und Deckung des Pflichtteils

§ 761
[1] Der Pflichtteil ist in Geld zu leisten. Er kann aber auch durch eine Zuwendung auf den Todesfall des Verstorbenen (§ 780) oder eine Schenkung unter Lebenden (§ 781) gedeckt werden.
[2] Wenn der Verstorbene jemanden auf den Pflichtteil gesetzt hat, wird vermutet, dass er ihm einen Geldanspruch und nicht ein Vermächtnis zuwenden wollte.

Bedingungen und Belastungen

§ 762
Haften einer Zuwendung oder Schenkung im Sinn der §§ 780 und 781 Bedingungen oder Belastungen an, die der Verwertung des zugewendeten Vermögens entgegenstehen, so hindert dies nicht deren Eignung zur Pflichtteilsdeckung; ein dadurch fehlender oder verminderter Nutzen ist aber bei der Bewertung der Zuwendung oder Schenkung zu berücksichtigen.

Geldpflichtteil

§ 763
Soweit der Pflichtteil durch eine Zuwendung oder Schenkung im Sinn der §§ 780 und 781 nicht oder nicht voll gedeckt wird, kann der Pflichtteilsberechtigte den Pflichtteil selbst oder dessen Ergänzung in Geld fordern.

4. Pflichtteilsschuldner

§ 764
[1] Der Pflichtteilsanspruch ist von der Verlassenschaft und nach der Einantwortung von den Erben zu erfüllen.
[2] Wenn der Pflichtteil durch eine Zuwendung oder Schenkung im Sinn der §§ 780 und 781 nicht oder nicht voll gedeckt wird, haben neben den Erben auch die Vermächtnisnehmer höchstens bis zum Wert der Verlassenschaft zu seiner Bedeckung verhältnismäßig beizutragen, nicht jedoch der Ehegatte oder eingetragene Partner mit dem gesetzlichen Vorausvermächtnis, der Lebensgefährte mit einem solchen gesetzlichen Vermächtnis und der Begünstigte aus einem Pflegevermächtnis.

5. Anfall und Fälligkeit

§ 765
[1] Der Pflichtteilsberechtigte erwirbt den Anspruch für sich und seine Nachfolger mit dem Tod des Verstorbenen.
[2] Den Geldpflichtteil kann der Pflichtteilsberechtigte erst ein Jahr nach dem Tod des Verstorbenen fordern.

Stundung

§ 766
[1] Der letztwillig Verfügende kann die Stundung des Pflichtteilsanspruchs auf höchstens fünf Jahre nach seinem Tod oder die Zahlung in Teilbeträgen innerhalb dieses Zeitraums anordnen. Ebenso kann er die Deckung des Pflichtteils durch eine Zuwendung ganz oder zum Teil auf diesen Zeitraum erstrecken.
[2] In den Fällen des Abs. 1 kann der Pflichtteilsberechtigte den gesamten oder restlichen Geldpflichtteil erst mit Ende dieses Zeitraums fordern, es sei denn, dass ihn dies unter Berücksichtigung aller Umstände unbillig hart träfe. Die Interessen

und die Vermögenslage des Pflichtteilsschuldners sind angemessen zu berücksichtigen.
[3] In besonders berücksichtigungswürdigen Fällen kann der in Abs. 1 genannte Zeitraum auf insgesamt höchstens zehn Jahre durch das Gericht verlängert werden.

§ 767
[1] Der Pflichtteilsanspruch ist auf Verlangen eines Pflichtteilsschuldners auch gerichtlich zu stunden, soweit diesen die Erfüllung unter Berücksichtigung aller Umstände unbillig hart träfe. Dies kann insbesondere der Fall sein, wenn er mangels ausreichenden anderen Vermögens die Wohnung, die ihm zur Befriedigung seines dringenden Wohnbedürfnisses dient, oder ein Unternehmen, das seine wirtschaftliche Lebensgrundlage darstellt, veräußern müsste. Ebenso ist der Geldpflichtteilsanspruch auf Verlangen eines Pflichtteilsschuldners zu stunden, wenn dessen sofortige Entrichtung den Fortbestand eines Unternehmens erheblich gefährdet. Die Interessen des Pflichtteilsberechtigten sind angemessen zu berücksichtigen.
[2] Das Gericht kann den Pflichtteilsanspruch auf höchstens fünf Jahre nach dem Tod des Verstorbenen stunden oder die Zahlung in Teilbeträgen innerhalb dieses Zeitraums bewilligen.
[3] In besonders berücksichtigungswürdigen Fällen kann der in Abs. 2 genannte Zeitraum auf insgesamt höchstens zehn Jahre durch das Gericht verlängert werden.

Sicherstellung des Pflichtteilsanspruchs und Anpassung einer Stundungsregelung

§ 768
Das Gericht kann auf Antrag die Sicherstellung des Pflichtteilsanspruchs anordnen und bei einer erheblichen Änderung der Umstände eine Stundungsregelung ändern oder aufheben. Der Pflichtteilsschuldner und der Pflichtteilsberechtigte haben einander über eine wesentliche Änderung der Umstände unverzüglich zu informieren.

II. Ausschluss von der Pflichtteilsberechtigung
1. Enterbung
...

2. Pflichtteilsminderung

§ 776
[1] Der Verfügende kann den Pflichtteil letztwillig auf die Hälfte mindern, wenn er und der Pflichtteilsberechtigte zu keiner Zeit oder zumindest über einen längeren Zeitraum vor dem Tod des Verfügenden nicht in einem Naheverhältnis standen, wie es zwischen solchen Familienangehörigen gewöhnlich besteht.
[2] Das Recht auf Pflichtteilsminderung steht nicht zu, wenn der Verstorbene den Kontakt grundlos gemieden oder berechtigten Anlass für den fehlenden Kontakt gegeben hat.
[3] Die §§ 773 und 774 gelten sinngemäß für die Pflichtteilsminderung; die Pflichtteilsminderung kann auch stillschweigend durch Übergehung in der letztwilligen Verfügung angeordnet worden sein.

3. Notwendiger Unterhalt des Pflichtteilsberechtigten

§ 777
Selbst wenn ein Pflichtteilsberechtigter erbunwürdig oder enterbt worden ist, steht ihm doch stets der notwendige Unterhalt zu.

3. Internationales Erbrecht (EU ErbVO, §§ 105-107 JN)

Für Österreich gilt seit 17.8.2015 die Erbrechtsverordnung (EU ErbVO – siehe X.1.a).

Bundesgesetz vom 15. Juni 1978 über das internationale Privatrecht (IPR-Gesetz)[229]
Abschnitt 4: Erbrecht
Rechtsnachfolge von Todes wegen

§ 28-§ 30 (17.08.2015)
(aufgehoben)

§ 50 (15.08.2015)
⁷ Die Aufhebung der §§ 28 bis 30 tritt mit 17. August 2015 in Kraft. Sie sind jedoch weiterhin anzuwenden, sofern der Verstorbene vor dem 17. August 2015 gestorben ist und soweit die EuErbVO nicht das maßgebende Recht bestimmt.

Gesetz vom 1. August 1895, über die Ausübung der Gerichtsbarkeit und die Zuständigkeit der ordentlichen Gerichte in bürgerlichen Rechtssachen (Jurisdiktionsnorm, JN)[230]
Dritter Teil: Von der Gerichtsbarkeit in Geschäften außer Streitsachen.
Verlassenschaftsabhandlung.

§ 105 (17.08.2015)
¹ Die Verlassenschaftsverfahren (§§ 143 bis 185 AußStrG) gehören vor das Gericht, in dessen Sprengel der Verstorbene seinen allgemeinen Gerichtsstand in Streitsachen hatte. Lässt sich ein solcher im Inland nicht ermitteln oder ist er bei mehreren Gerichten begründet, so gehören sie vor das Gericht, in dessen Sprengel sich der größte Teil des im Inland gelegenen Vermögens des Verstorbenen befindet, sonst vor das Bezirksgericht Innere Stadt Wien.
² Für die Anpassung nach Art. 31 EuErbVO ist jedes Gericht zuständig, in dessen Sprengel sich eine der Sachen befindet, an der das anzupassende Recht geltend gemacht wird.

---

[229] Vgl. die Homepage der Regierung, www.ris.bka.gv.at/bundesrecht/; Stand: 01.10.2019.
[230] Vgl. die Homepage der Regierung, www.ris.bka.gv.at/bundesrecht/; Stand: 01.10.2019.

³ Für einstweilige Maßnahmen und Maßnahmen zur Sicherung der Verlassenschaft im Sinn des Art. 19 EuErbVO ist das Gericht zuständig, in dessen Sprengel sich der Teil der Verlassenschaft befindet, den die Maßnahme betrifft.
⁴ Für die Entgegennahme einer Erklärung im Sinn des Art. 13 EuErbVO über ihre Annahme oder Ausschlagung der Erbschaft, eines Vermächtnisses oder ihres Pflichtteils oder einer Erklärung über die Begrenzung ihrer Haftung für Verbindlichkeiten der Verlassenschaft für Zwecke eines ausländischen Verlassenschaftsverfahrens ist das Gericht zuständig, in dessen Sprengel die Person, die die Erklärung abgibt, ihren gewöhnlichen Aufenthalt hat.

§ 106 (17.08.2015)
Die inländische Gerichtsbarkeit für die Abhandlung einer Verlassenschaft und für diese ersetzende Verfahren (§§ 153 ff. AußStrG) ist gegeben, soweit dies erforderlich ist, um einem internationalen Übereinkommen im Sinn des Art. 75 Abs. 1 EuErbVO zu entsprechen.

§ 107 (17.08.2015)
Zur Entscheidung über Einwände gegen die Authentizität einer öffentlichen Urkunde (Art. 59 Abs. 2 EuErbVO) ist das Gericht zuständig, in dessen Sprengel die Urkunde ausgestellt worden ist.

Bilaterale Staatsverträge:
Konsularvertrag vom 24. Juni 1960 zwischen der Republik Österreich und dem Vereinigten Königreich von **Grossbritannien und Nordirland** (BGBl 1964/416), Teil VII Nachlassangelegenheiten.
Freundschafts- und Niederlassungsvertrag vom 9. September 1959 zwischen der Republik Österreich und dem Kaiserreich **Iran** (BGBl 1966/45), Art. 10 (Heimatrecht).
Vertrag vom 16. Dezember 1954 zwischen der Republik Österreich und der Förderativen Volksrepublik **Jugoslawien** über den wechselseitigen rechtlichen Verkehr (BGBl 1955/224), III. Teil Nachlassangelegenheiten.
Konsularvertrag vom 18. März 1960 zwischen der Republik Österreich und der Förderativen Volksrepublik **Jugoslawien** (BGBl 1968/378), Art. 21-24 Nachlassangelegenheiten.
Vertrag vom 16. Dezember 1954 zwischen der Republik Österreich und der Förderativen Republik **Jugoslawien** über den wechselseitigen rechtlichen Ver-

kehr samt Schlussprotokoll (BGBl 1955/224), Art. 29-40 (Nachlassangelegenheiten).

Vertrag vom 27.08.1870 zwischen der Republik Österreich und der **Schweizerischen Eidgenossenschaft** zur Regelung der Niederlassungsverhältnisse, Befreiung vom Militärdienste und den Militärsteuern, gleichmäßige Besteuerung der beiderseitigen Staatsangehörigen, gegenseitige unentgeltliche Verpflegung in Krankheits- und Unglücksfällen und gegenseitige kostenfreie Mitteilung von amtlichen Auszügen aus den Geburts-, Trauungs- und Sterberegistern (BGBl. 1876/70), Art. 8.

Konsularvertrag vom 28. Februar 1959 zwischen der Republik Österreich und der **Union der sozialistischen Sowjetrepubliken** (BGBl 1960/21), Art. 21-26.

Freundschafts- Handels- und Konsularvertrag vom 19. Juni 1928 zwischen der Republik Österreich und den **Vereinigten Staaten von Amerika** (BGBl 1931/192), Art. IV und XIX.

Bemerkung:
Alle Bestimmungen mit erbkollisionsrechtlichem Inhalt in Staatsverträgen mit den Verordnungsstaaten der EuErbVO werden durch die EuErbVO ersetzt.

Multilaterale Staatsverträge:
Haager Übereinkommen vom 5. Oktober 1961 über das auf die Form letztwilliger Verfügungen anzuwendende Recht (in Kraft seit 1.1.1966; zu den Vertragssstaaten vgl. hinten, L.16).

Verordnung (EU) Nr. 650/2012 des Europäischen Parlaments und des Rates vom 4. Juli 2012 über die Zuständigkeit, das anzuwendende Recht, die Anerkennung und Vollstreckung von Entscheidungen und die Annahme und Vollstreckung öffentlicher Urkunden in Erbsachen sowie zur Einführung eines Europäischen Nachlasszeugnisses (EU-ErbVO; in Kraft seit 17.08.2015; zum Text vgl. hinten, X.1.a.).

T. Gesezestexte Schweden

1. Gesetzliche Erbfolge (1.–5. Kap. ÄB)

Erbgesetz vom 12. Dezember 1958[231] **1. Kapitel: Das gesetzliche Erbrecht**	**Ärvdabalk 12 december, 1958 (ÄB)**[232] **1 kap. Om rätt att taga arv**
§ 1. Erben kann nur, wer im Zeitpunkt des Ablebens des Erblassers lebt; ein Kind, das vorher gezeugt wurde, erbt unter der Voraussetzung, dass es lebend geboren wird. Wenn es um einen Anteil am Nachlass des überlebenden Ehegatten geht, ist der Zeitpunkt des Ablebens dieses Ehegatten massgebend.	*§ 1.* Arv kan tagas endast av den som lever vid arvlåtarens död; dock må barn, som är avlat dessförinnan, taga arv, om det sedermera födes med liv. Är fråga om rätt till del i boet efter arvlåtarens efterlevande make, skall hänsyn tagas till tiden för makens död.
§ 2. Wenn ein gesetzlicher Erbe von jemandem, der ein Erbe empfängt, ebenfalls verstorben ist und nicht bewiesen werden kann, dass er jenen überlebt hat, wird die Erbschaft so behandelt, wie wenn er ihn nicht überlebt hätte.	*§ 2.* Är arvinge till den, efter vilken arv fallit, jämväl avliden, och kann bevis ej förebringas att han överlevat arvlåtaren, skall med arvet så förfaras som om han icke överlevat denne.

---

[231] Erbgesetz übersetzt in Anlehnung an Gebhard Carsten, Schweden, in: Internationales Erbrecht, hrsg. v. Murad Ferid, Karl Firsching, Heinrich Dörner und Rainer Hausmann, München 2006.
[232] Vgl. die Homepage der Regierung: www.riksdagen.se/sv/Dokument-Lagar/ Lagar/Svenskforfattningsamling/rvda balk-1958637_sfs-1958-637/#k1; Stand: 01.10.2019.

§ 3.
Ein ausländischer Staatsangehöriger kann im Inland auf gleiche Weise erben wie ein schwedischer. Wenn der andere Staat schwedische Staatsangehörige den Inländern bezüglich des gesetzlichen Erbrechts nicht gleichgestellt oder von ihnen grössere Abgaben verlangt, ist die Regierung berechtigt, für die Staatsangehörigen dieses Staates im Inland entsprechende Beschränkungen anzuordnen.

2. Kapitel: Das gesetzliche Erbrecht der Verwandten

§ 1.
[1] Die nächsten Erben aufgrund der Verwandtschaft sind die Nachkommen des Erblassers (leibliche Erben).
[2] Die Kinder des Erblassers erhalten gleiche Anteile. Wenn ein Kind vorverstorben ist, treten die Nachkommen an seine Stelle (sc. Eintritt), wobei jeder Stamm den gleichen Anteil erhält.

§ 2.
[1] Wenn keine leiblichen Erben vorhanden sind, erhalten die Eltern des Erblassers je die Hälfte der Erbschaft.

§ 3. (Lag 1987: 231)
Utländsk medborgare må lika med svensk taga arv här i riket. Är i annan stat svensk medborgare icke likställd med inlänning i fråga om rätten att taga arv, eller måste han där vidkännas större avdrag än denne, äger Regeringen förordna att motsvarande inskränkning skall gälla för den statens medborgare här i riket.

2 kap. Om skyldemans arvsrätt

§ 1.
[1] Närmaste arvingar på grund av skyldskap äro arvlåtarens avkomlingar (bröstarvingar).
[2] Arvlåtarens barn taga lika lott. Är barn dött, skola dess avkomlingar träda i dess ställe, och skall var gren taga lika lott.

§ 2. (Lag 2005: 435)
[1] Finns det inga bröstarvingar, tar arvlåtarens föräldrar hälften var av arvet.

² Wenn ein Elternteil vorverstorben ist, teilen die Geschwister des Erblassers deren Anteil. An die Stelle vorverstorbener Geschwister treten deren Nachkommen, wobei jeder Stamm den gleichen Anteil erhält. Sind keine Geschwister oder deren Nachkommen vorhanden, ist aber noch ein Elternteil des Erblassers vorhanden, erhält dieser die ganze Erbschaft.

³ Sind halbbürtige Geschwister des Erblassers vorhanden, teilen sie sich mit den vollbürtigen Geschwistern oder deren Nachkommen den Anteil, der ihren Eltern zugefallen wäre. Sind keine vollbürtigen Geschwister vorhanden und beide Eltern vorverstorben, erhalten die halbbürtigen Geschwister des Erblassers die ganze Erbschaft. An die Stelle vorverstorbener halbbürtiger Geschwister treten deren Nachkommen.

§ 3.

¹ Sind weder die Eltern des Erblassers noch seine Geschwister oder deren Nachkommen vorhanden, erhalten die Grosseltern väterlicher- und mütterlicherseits die Erbschaft, und zwar zu gleichen Teilen.

² Är någon av föräldrarna död, delar arvlåtarens syskon den förälderns lott. I ett avlidet syskons ställe träder dess avkomlingar, och varje gren tar lika lott. Finns det inga syskon eller avkomlingar till dem, men lever någon av arvlåtarens föräldrar, tar den föräldern hela arvet.

³ Finns det halvsyskon efter arvlåtaren, tar de tillsammans med helsyskon eller deras avkomlingar del i lott, som skulle ha tillfallit deras förälder. Finns det inga helsyskon, och är båda föräldrarna döda, tar arvlåtarens halvsyskon hela arvet. I ett avlidet halvsyskons ställe träder dess avkomlingar.

§ 3. (Lag 2005: 435)

¹ Lever inte arvlåtarens föräldrar, syskon eller syskons avkomlingar, tar farföräldrar och morföräldrar arvet. Var och en ärver lika lott

² Ist ein Grosselternteil väterlicher- oder mütterlicherseits vorverstorben, teilen sich dessen Kinder seinen Anteil. Hat der Verstorbene keine Kinder hinterlassen, so erhält der andere Grosselternteil väterlicher- oder mütterlicherseits oder, wenn auch dieser vorverstorben ist, aber Kinder hinterlassen hat, dessen Kinder seinen Anteil. Sind auf dieser Seite keine Erben vorhanden, geht die ganze Erbschaft an die Erben der anderen Seite.

³ Das in Abs. 1 und Abs. 2 über Grosseltern väterlicher- und mütterlicherseits Gesagte gilt auch für einen Elternteil im Sinne von Kap. 1 § 9 des Elterngesetzes.

§ 4.
Andere Verwandte als die oben Genannten haben kein gesetzliches Erbrecht.

² Är en farförälder eller morförälder död, delar den dödes barn dennes lott. Finns det inga barn efter den döde, tar den andre av farföräldrarna eller morföräldrarna den dödes lott. Om även han eller hon är död men har efterlämnat barn, tar barnen den dödes lott. Finns det ingen arvinge på den sidan, går hela arvet till arvingarna på den andra sidan.

³ Det som sägs i första och andra styckena om farföräldrar och morföräldrar gäller även föräldrar till en förälder enligt 1 kap. 9 § föräldrabalken.

§ 4.
Andra skyldemän än ovan sägs äga ej ärva.

3. Kapitel: Das gesetzliche Erbrecht des Ehegatten sowie das Recht der Erben des vorverstorbenen Ehegatten am Nachlass des überlebenden Ehegatten

§ 1.
[1] War der Erblasser verheiratet, fällt der ganze Nachlass an den überlebenden Ehegatten. Hinterlässt der Erblasser einen leiblichen Erben, der nicht zugleich leiblicher Erbe des überlebenden Ehegatten ist, umfasst das Recht des Ehegatten am Nachlass den Erbteil eines solchen Erben nur, wenn dieser auf sein Recht gemäss § 9 verzichtet hat.
[2] Der überlebende Ehegatte hat das Recht, aus dem Nachlass des verstorbenen Ehegatten, soweit dieser ausreicht, Vermögen in einem so grossen Umfang zu entnehmen, dass dieses zusammen mit dem Vermögen, das der überlebende Ehegatte bei der Teilung der Errungenschaft (Gattenanteilsguts) erhielt oder das sein Eigengut (Vorbehaltsgut) ist, das Vierfache des Grundbetrages ausmacht, in Übereinstimmung mit 2. Kapitel §§ 6 und 7 Sozialgesetzbuch im Zeitpunkt des Todes. Ein Testament des verstorbenen Ehegatten ist soweit unwirksam, als dessen Verfügungen das Recht des überlebenden Ehegatten gemäss diesem Absatz einschränken.

3 kap. Om makes arvsrätt; så ock om rätt för den först avlidne makens arvingar i boet efter den sist avlidne maken

§ 1. (Lag 2010: 1205)
[1] Var arvlåtaren gift, skall kvarlåtenskapen tillfalla den efterlevande maken. Efterlämnar arvlåtaren någon bröstarvinge som inte är den efterlevande makens bröstarvinge, gäller dock att makens rätt till kvarlåtenskapen omfattar en sådan arvinges arvslott endast om arvingen har avstått från sin rätt i enlighet med vad som anges i 9 §.
[2] Den efterlevande maken har alltid rätt att ur kvarlåtenskapen efter den avlidna maken, så långt kvarlåtenskapen räcker, få egendom till så stort värde att den tillsammans med egendom som den efterlevande maken erhöll vid bodelningen eller som utgör den makens enskilda egendom motsvarar fyra gånger det prisbasbelopp enligt 2 kap. 6 och 7 §§ socialförsäkringsbalken som gäller vid tiden för dödsfallet. Ett testamente av den avlidna maken är utan verkan i den mån förordnandet inkräktar på den rätt för efterlevande maken som avses i detta stycke.

§ 2.
¹ Wenn beim Ableben des überlebenden Ehegatten ein leiblicher Erbe des zuerst verstorbenen Ehegatten oder dessen Eltern, Geschwister oder deren Nachkommen vorhanden sind, und soweit sich aus Abs. 3 oder aus §§ 3-5, § 6 Abs. 3 oder § 7 Abs. 3 nichts anderes ergibt, fällt die Hälfte des Nachlasses an den, der das beste Erbrecht neben dem zuerst verstorbenen Ehegatten hat. Der überlebende Ehegatte darf nicht durch Testament über Vermögen verfügen, das den Erben des zuerst verstorbenen Ehegatten zufällt.
² Hat ein leiblicher Erbe beim Tod des zuerst verstorbenen Ehegatten sein Erbe schon ganz oder teilweise bekommen, verringert sich sein Anteil am Nachlass des überlebenden Ehegatten entsprechend.
³ Wenn das, was der überlebende Ehegatte aus dem Nachlass des zuerst verstorbenen Ehegatten als gesetzlichen Anteil erhielt, etwas anderes ausmachte als die Hälfte der Summe dieses Erbes und des Vermögens des überlebenden Ehegatten nach der güterrechtlichen Auseinandersetzung, erhalten die Erben des zuerst verstorbenen Ehegatten denselben Anteil am Nachlass des überlebenden Ehegatten.

§ 2. (Lag 2005: 435)
¹ Lever vid den efterlevande makens död någon bröstarvinge till den först avlidna maken eller dennes föräldrar, syskon eller syskons avkomling, skall, om inte annat sägs i tredje stycket eller i 3-5 §§, 6 § tredje stycket eller 7 § tredje stycket, hälften av den efterlevande makens bo tillfalla dem som då har den bästa arvsrätten efter den först avlidna maken. Den efterlevande maken får inte genom testamente bestämma över egendom som skall tillfalla den först avlidnes arvingar.

² Har en bröstarvinge redan vid den först avlidna makens död helt eller delvis fått ut sitt arv efter denne, skall bröstarvingens andel i den efterlevande makens bo minskas i motsvarande mån.

³ Om det som den efterlevande maken erhöll i arv av kvarlåtenskapen efter den först avlidne utgjorde annan andel än hälften av summan av detta arv och den efterlevandes egendom efter bodelningen, skall arvingarna efter den först avlidne ta samma andel i boet efter den sist avlidne.

§ 3.
¹ Hat der überlebende Ehegatte, ohne gebührend Rücksichtnahme auf die gesetzlichen Erben des zuerst verstorbenen Ehegatten zu nehmen, durch eine Schenkung oder eine andere unentgeltliche Verfügung sein Vermögen wesentlich vermindert, ist aus dem Anteil, der beim Tode des überlebenden Ehegatten dessen gesetzlichen Erben zusteht, eine Vergütung an die gesetzlichen Erben des zuerst verstorbenen Ehegatten im Umfang der Minderung zu leisten, die sich für deren Anteil am Nachlass ergeben hat.
² Kann keine Vergütung geleistet werden, ist die Schenkung oder dessen Wert zurückzuerstatten, falls der Beschenkte erkannte oder hätte erkennen müssen, dass die Schenkung für die gesetzlichen Erben des zuerst verstorbenen Ehegatten einen Nachteil bringt. Die entsprechende Klage ist innert fünf Jahren seit dem Empfang der Schenkung einzureichen.
³ Wenn eine unter den obgenannten Umständen zustande gekommene Schenkung beim Ableben des Erblassers noch nicht vollzogen ist, kann sie in dem Umfange nicht mehr vollzogen werden, als sie den Erben des zuerst verstorbenen Ehegatten einen Nachteil bringt.

§ 3.
¹ Har efterlevande maken genom gåva eller annan därmed jämförlig handling, utan tillbörlig hänsyn till den först avlidnes arvingar, orsakat väsentlig minskning av sin egendom, skall av den lott, som vid efterlevande makens död tillkommer hans arvingar, vederlag utgå till arvingarna efter den först avlidne för vad av minskningen belöper å deras andel i boet.
² Kan vederlag ej utgå, skall gåvan eller dess värde återbäras, såframt den som mottog gåvan insåg eller bort inse, att den länder arvingarna efter den först avlidne till förfång. Talan härom må dock ej väckas, sedan fem år förflutit från det gåvan mottogs.
³ Var vid dödsfallet gåva, som tillkommit under omständigheter varom ovan sägs, ej fullbordad, må den ej göras gällande, i den mån det skulle lända arvingarna efter den först avlidne till förfång.

§ 4.

[1] Übersteigt der Wert des Nachlasses im Zeitpunkt des Ablebens des überlebenden Ehegatten den Wert im Zeitpunkt des Ablebens des zuerst verstorbenen Ehegatten, ist diese Wertvermehrung den gesetzlichen Erben des überlebenden Ehegatten anzurechnen, soweit diese auf gesetzliches Erbe, Schenkung oder testamentarische Verfügung zurückzuführen ist, oder aber anzunehmen ist, sie sei durch Erwerbstätigkeit des überlebenden Ehegatten nach dem Tode des zuerst verstorbenen Ehegatten zustande gekommen.

[2] Hat sich der überlebende Ehegatte eines in § 3 genannten Vorgehens schuldig gemacht, ist bei der Berechnung der Vermögensvermehrung auch die durch den überlebenden Ehegatten verursachte Vermögensverminderung hinzuzuzählen.

§ 4.

[1] Överstiger boets värde vid efterlevande makens död dess värde vid den först avlidnes frånfälle, skall denna förkovran tilläggas den efterlevandes arvingar, såvitt visas att egendom till motsvarande värde tillfallit den efterlevande i arv, gåva eller testamente eller ock må antagas att boets förkovran härrör från förvärvsarbete, som efter den först avlidne makens död drivits av den efterlevande.

[2] Har efterlevande maken gjort sig skyldig till förfarande som avses i 3 §, skall, vid beräkning huruvida förkovran föreligger, kvarlåtenskapen ökas med ett belopp, motsvarande den minskning av boet som orsakats av efterlevande maken.

§ 5.
¹ Bei der Teilung des Nachlasses des zuletzt verstorbenen Ehegatten sind die gesetzlichen Erben eines jeden Ehegatten berechtigt, in Anrechnung an ihren Anteil diejenigen Vermögenswerte zu erhalten, die dem jeweiligen Ehegatten während der Ehe gehört haben, und die gesetzlichen Erben des zuletzt verstorbenen Ehegatten auch das Vermögen, das dieser später erworben hat. Eine Liegenschaft kann aus dem Nachlass entnommen werden, auch wenn ihr Wert einen Anteil übersteigt, wenn der anderen Seite als Ausgleich Geld gezahlt wird.
² Im übrigen gelten für das Verfahren, soweit anwendbar, die Vorschriften über die güterrechtliche Auseinandersetzung.

§ 6.
¹ Wenn der überlebende Ehegatte eine neue Ehe eingegangen ist, ist bei seinem Tode die Teilung seiner noch vorhandenen Errungenschaft (Gattenanteilsgut) und des Eigenguts (Vorbehaltsgut) gemäss diesem Kapitel durchzuführen, bevor die güterrechtliche Auseinandersetzung vorgenommen wird.

§ 5.
¹ Vid delningen av boet efter den sist avlidne maken äga vardera makens arvingar på sin lott erhålla egendom, som under äktenskapet tillhört den maken, och den sist avlidnes arvingar jämväl egendom, som sedermera förvärvats av denne. Fastighet må, även om den i värde överstiger vad å lotten belöper, uttagas, om penningar lämnas till fyllnad av andra sidans lott.

² I övrigt skall beträffande förrättningen i tillämpliga delar gälla vad om bodelning är stadgat.

§ 6.
¹ Har efterlevande maken gått i nytt gifte, skall vid hans död delning enligt detta kapitel av hans behållna giftorättsgods och enskilda egendom äga rum, innan bodelning må förrättas.

² Soll zu Lebzeiten des überlebenden Ehegatten eine güterrechtliche Auseinandersetzung zwischen ihm und seinem Ehegatten aus der neuen Ehe oder dessen gesetzlichen Erben durchgeführt werden, ist vor der Teilung aus der noch vorhandenen Errungenschaft (Gattenanteilsgut) und dem Eigengut (Vorbehaltsgut) des überlebenden Ehegatten Vermögen im Umfange des Anteils der gesetzlichen Erben gemäss §§ 1-4 zu entnehmen.

³ Die Vorschriften von § 4 betreffend Vermögen, welches der überlebende Ehegatte aufgrund gesetzlicher Erbfolge, durch Schenkung oder Testament erworben hat, finden analoge Anwendung, wenn dieser aufgrund einer neuen Ehe bei der Teilung der Errungenschaft (Gattenanteilsgut) oder sonstwie Vermögen über das hinaus erhalten hat, was ihm vorher zustand.

§ 7.
¹ Wenn der überlebende Ehegatte bei seinem Tod einen nichtehelichen Partner hinterlässt und eine güterrechtliche Auseinandersetzung zwischen den Zusammenlebenden durchzuführen ist, soll vorher das vorhandene Vermögen des überlebenden Ehegatten gemäss diesem Kapitel geteilt werden

² Skall i efterlevande makens livstid bodelning äga rum mellan honom och hans make i nytt äktenskap eller dennes arvingar, skall av efterlevande makens behållna giftorättsgods och enskilda egendom före delningen uttagas egendom till värde, motsvarande vad enligt 1--4 §§ belöper å den först avlidnes arvingar.

³ Vad i 4 § stadgas för det fall, att egendom tillfallit efterlevande maken i arv, gåva eller testamente, skall äga motsvarande tillämpning, därest han, till följd av nytt gifte, vid bodelning eller eljest på grund av giftorätt erhållit egendom utöver vad förut tillkom honom.

§ 7. *(Lag 2005: 435)*
¹ Om den efterlevande maken vid sin död efterlämnar en sambo och bodelning skall förrättas mellan samborna, skall dessförinnan den efterlevande makens behållna egendom delas enligt detta kapitel.

² Wenn zu Lebzeiten des überlebenden Ehegatten eine güterrechtliche Auseinandersetzung zwischen ihm und seinem nichtehelichen Partner oder dessen gesetzlichen Erben erfolgen soll, ist dem Vermögen des überlebenden Ehegatten vor der güterrechtlichen Auseinandersetzung Vermögen im Umfang des Erbteils der gesetzlichen Erben gemäss §§ 1-4 zu entnehmen.

³ Die Vorschriften von § 4 betreffend Vermögen, welches der überlebende Ehegatte aufgrund gesetzlicher Erbfolge, durch Schenkung oder Te-stament erworben hat, finden analoge Anwendung, wenn der überlebende Ehegatte durch die güterrechtliche Auseinandersetzung mit einem nichtehelichen Partner Vermögen über das hinaus erhalten hat, was er vorher hatte.

⁴ Die Vorschriften über nichteheliche Gemeinschaften in diesem Gesetz gelten, wenn eine unverheiratete Frau und ein unverheirateter Mann unter eheähnlichen Verhältnissen zusammenleben.

§ 8.
Gibt es beim Tod des überlebenden Ehegatten nur Erbberechtigte von einem der Ehegatten, so erben diese gesetzlichen Erben alles.

² Skall i den efterlevande makens livstid bodelning ske mellan den efterlevande maken och dennes sambo eller sambons arvingar, skall av den efterlevandes egendom före bodelningen tas ut egendom till ett värde som motsvarar vad som enligt 1-4 §§ skall tillkomma den först avlidna makens arvingar.

³ Vad som föreskrivs i 4 § för det fall att egendom har tillfallit den efterlevande maken i arv, gåva eller testamente skall gälla, om den efterlevande maken genom bodelning med en sambo har erhållit egendom utöver vad maken förut hade.

⁴ Vad som föreskrivs i denna balk om sambor gäller endast sådana samboförhållanden där ingen av samborna är gift.

§ 8. (Lag 1987: 231)
Finns det vid den efterlevande makens död arvsberättigade efter endast en av makarna, skall dessa arvingar ärva allt.

§ 9.

Wenn beim Tod des zuerst verstorbenen Ehegatten jemand, der leiblicher Erbe des verstorbenen, nicht aber des überlebenden Ehegatten ist, zugunsten des überlebenden Ehegatten verzichtet, ist er stattdessen gemäss den Bestimmungen von § 2 am Nachlass des überlebenden Ehegatten beteiligt.

§ 10.

Die Bestimmungen dieses Kapitels werden nicht angewendet, wenn im Zeitpunkt des Erbfalls ein Ehescheidungsverfahren hängig war.

4. Kapitel: Das gesetzliche Erbrecht von adoptierten und nichtehelichen Kindern sowie nach diesen Kindern

§ 1-2.
Aufgehoben durch Gesetz (1971: 872).

5. Kapitel: Das gesetzliche Erbrecht des öffentlichen Erbfonds

§ 1.
Ist kein gesetzlicher Erbe nach den vorstehenden Bestimmungen vorhanden, fällt die Erbschaft an einen Fonds, der allgemeiner Erbfonds genannt wird.

§ 9. (Lag 1987: 231)
Om vid den först avlidna makens död någon som är bröstarvinge till denne men inte till den efterlevande maken avstår från sitt arv efter den först avlidna maken till förmån för den efterlevande maken, har bröstarvingen i stället rätt att ta del i dennes bo enligt bestämmelserna i 2 §.

§ 10. (Lag 1987: 231)
Detta kapitel gäller ej, om mål om äktenskapsskillnad pågick vid arvlåtarens död.

4 kap. Om arvsrätt vid adoptivförhållande

§ 1-2.
har upphävts genom lag (1971: 872).

5 kap. Om allmäna arvsfondens rätt till arv

§ 1.
Finnes ej arvinge jämlikt ovan givna bestämmelser, skall arvet tillfalla en fond, benämnd allmänna arvsfonden.

T. Gesezestexte Schweden

§ 2-4.
Aufgehoben durch Gesetz (1969: 224).

§ 2-4.
har upphävts genom lag (1969: 224).

2. Verfügungsbeschränkungen (7. Kap. ÄB)

Erbgesetz vom 12. Dezember 1958	**Ärvdabalk 12 december 1958**
7. Kapitel: Pflichtteil	**(ÄB)**[237]
	7 kap: Om laglott

§ 1.
Die Hälfte des Erbteils, der einem leiblichen Erben nach Gesetz zusteht, bildet seinen Pflichtteil.

§ 2.
Ein leiblicher Erbe ist verpflichtet, sich auf seinen Pflichtteil das anrechnen zu lassen, was er vom Erblasser als Vorempfang auf sein Erbe erhalten hat und was er aufgrund eines Testaments empfängt, wenn dieses nicht etwas anderes anordnet.

§ 1.
Hälften av den arvslott, som enligt lag tillkommer bröstarvinge, utgör hans laglott.

§ 2.
Bröstarvinge är pliktig att å sin laglott avräkna vad han av arvlåtaren mottagit i förskott å sitt arv, så ock vad han mottagit på grund av testamente, såframt icke annat föranledes av detta.

---

[237] Vgl. die Homepage der Regierung: www.riksdagen.se/sv/Dokument-Lagar/ Lagar/Svenskforfattningssamling/rvda balk-1958637_sfs-1958-637/#k7; Stand: 01.10.2019.

§ 3.
¹ Um den Pflichtteil zu erhalten, ist ein leiblicher Erbe berechtigt, eine Änderung des Testaments zu verlangen. Sind mehrere Verfügungen getroffen worden und geht aus dem Testament nichts anderes hervor, geht ein Vermächtnis der Einsetzung eines Erben vor und ein Vermächtnis bezüglich eines bestimmten Vermögensgegenstands einem allgemeinen Vermächtnis; im übrigen erfolgt eine Herabsetzung im Verhältnis zum Umfang der Verfügungen bzw. zu demjenigen Teil, den sich leibliche Erben nicht auf ihren Pflichtteil anrechnen lassen müssen.

² Was ein leiblicher Erbe erhält, wenn er eine Änderung des Testaments verlangt, wird vom Recht des überlebenden Ehegatten am Nachlass gemäss Kapitel 3 nur dann erfasst, wenn die Änderung testamentarische Verfügungen zugunsten des überlebenden Ehegatten betrifft.

³ Ein leiblicher Erbe verliert sein Recht auf Abänderung des Testaments, wenn er nicht innerhalb von sechs Monaten, nachdem er gemäss Kapitel 14 Kenntnis vom Inhalt des Testaments erlangt hat, dem testamentarisch Bedachten seinen Anspruch bekannt gibt oder gegen ihn Klage erhebt.

§ 3. (Lag 1987: 231)
¹ För utfående av laglott äger bröstarvinge påkalla jämkning i testamente. Äro flera förordnanden, skall, om ej annat följer av testamentet, legat utgå före förordnande till universell testamentstagare och legat, som avser viss egendom, utgå före annat samt i övrigt nedsättning ske i förhållande till storleken av varje förordnande eller, vad angår förordnande till bröstarvinge, till den del därav som han ej är pliktig avräkna å sin laglott.

² Vad en bröstarvinge erhåller genom att påkalla jämkning i testamente skall inte omfattas av den efterlevande makens rätt till kvarlåtenskapen enligt 3 kap. i andra fall än då jämkningen avser testamentsvillkor som gäller till förmån för den efterlevande maken.

³ Bröstarvinge, som ej inom sex månader efter det han erhöll del av testamentet på sätt i 14 kap. sägs påkallat jämkning genom att giva testamentstagaren sitt anspråk tillkänna eller genom att väcka talan mot honom, har förlorat sin rätt.

§ 4.

¹ Hat der Erblasser zu Lebzeiten Vermögen unter solchen Umständen oder Bedingungen verschenkt, dass die Schenkung ihrem Zweck nach einem Testament gleichkommt, werden die Bestimmungen der §§ 2 und 3 über das Testament entsprechend angewendet, wenn nicht besondere Gründe dagegen sprechen; bei einer Herabsetzung der Schenkung ist ein entsprechender Teil des verschenkten Vermögens zurückzuerstatten oder, wenn dies nicht möglich ist, Ersatz für seinen Wert zu leisten. Bei der Berechnung des Pflichtteils ist der Wert des so verschenkten Vermögens dem Nachlass hinzuzurechnen.

² Will ein Leibeserbe das in Abs. 1 vorgesehene Recht gegenüber einem Beschenkten geltend machen, muss er die Klage innerhalb eines Jahres nach Fertigstellung des Nachlassinventars auch gegenüber dem Erblasser anhängig machen. Wird diese Frist versäumt, ist das Klagerecht verwirkt.

³ War die Schenkung im Zeitpunkt des Ablebens noch nicht vollzogen, darf sie, falls nicht besondere Gründe dagegensprechen, nur soweit geltend gemacht werden, als dies den Pflichtteil der leiblichen Erben nicht beeinträchtigt.

§ 4.

¹ Har arvlåtaren i livstiden bortgivit egendom under sådana omständigheter eller på sådana villkor att gåvan till syftet är att likställa med testamente, skall i avseende å gåvan vad i 2 och 3 §§ är stadgat om testamente äga motsvarande tillämpning, om ej särskilda skäl äro däremot; och skall vid nedsättning av gåvan motsvarande del av den bortgivna egendomen återbäras eller, om det ej kan ske, ersättning utgivas för dess värde. Vid laglottens beräkning skall värdet av den bortgivna egendomen läggas till kvarlåtenskapen.

² Vill bröstarvinge mot gåvotagare göra gällande rätt som avses i första stycket, skall han väcka talan inom ett år från det bouppteckning efter arvlåtaren avslutades. Försittes denna tid, är rätt till talan förlorad.

³ Var vid dödsfallet gåvan ej fullbordad, må den ej, med mindre särskilda skäl äro därtill, göras gällande, i den mån det skulle lända till intrång i bröstarvinges laglott.

§ 5.
Hat der Erblasser jemandem durch Testament eine Nutzniessung, Erträge oder einen anderen aus dem Nachlass zu leistenden Vorteil gewährt oder durch Vorschriften über die Verwaltung des Nachlasses oder auf andere Weise das Verfügungsrecht über den Nachlass eingeschränkt, ist ein Leibeserbe berechtigt, seinen Pflichtteil als frei verfügbares Vermögen, ungeachtet einer solchen Verfügung, zu erhalten.

§ 6.
Aufgehoben durch Gesetz (1978: 855).

§ 7.
Das Recht eines leiblichen Erben, gemäss den Bestimmungen dieses Kapitels die Änderung eines Testaments oder einer Schenkung zu verlangen, geht nicht auf seine Gläubiger über.

§ 5.
Har arvlåtaren genom testamente tillerkänt någon nyttjanderätt, avkomst eller annan förmån att utgå av kvarlåtenskapen eller genom föreskrifter rörande dennas förvaltning eller på annat sätt inskränkt rätten att förfoga över den, äger bröstarvinge utan hinder av sådant förordnande utfå sin laglott i egendom, varöver han äger fritt förfoga.

§ 6.
har upphört att gälla genom lag (1978: 855).

§ 7. (Lag 1975:245)
Bröstarvinges rätt enligt detta kapitel att påkalla jämkning av testamente eller gåva övergår ej till hans borgenärer.

3. Internationales Erbrecht (Lag [2015:417], §§ 1-3)

Gesetz (2015:417) betreffend Nachfolge in internationalen Verhältnissen	**Lag (2015:417) om arv i internationella situationer**[242]
1. Kapitel: Gesetzes-Inhalt	**1. kap. Lagens innehål**
Erbrechtsverordnung	**Arvsförordningen**
§ 1.	*§ 1.*
Kapitel 2 enthält Bestimmungen zur Ergänzung der Verordnung Nr. 650/2012 vom 4. Juli 2012 des Europäischen Parlaments und des Rats über die Zuständigkeit, das anzuwendende Recht, die Anerkennung und Vollstreckung von Entscheidungen und die Annahme und Vollstreckung öffentlicher Urkunden in Erbsachen sowie zur Einführung eines Europäischen Nachlasszeugnisses, in der Originalfassung (Erbrechtsverordnung).	I 2 kap. finns bestämmelser som kompletterar Europaparlamentets och rådets förordning (EU) nr 650/ 2012 av den 4 juli 2012 om behörighet, tilllämplig lag, erkännande och verkställighet av domar samt godkännande och verkställighet av officiella handlingar i samband med arv och om inrättandet av ett europeiskt arvsintyg, i den ursprungliga lydelsen (arvsförordningen).

---

[242] Vgl. die Homepage der Regierung: https://www.riksdagen.se/sv/Dokument-Lagar/Lagar/Svenskforfattningssamling/Lag-2015417-om-arv-i-intern_sfs-2015-417/?bet=2015:417; Stand: 01.10.2019.

Die nordische Erbrechtskonvention

§ 2.
Kapital 3 enthält teilweise Bestimmungen zur Durchführung des Übereinkommens vom 19. November 1934 zwischen Schweden, Dänemark, Finland, Island und Norwegen über die gesetzliche und testamentarische Erbfolge und Erbschaftsverwaltung (die nordische Erbrechtskonvention).

Entscheidungen, die in Ländern ausserhalb der nordischen Region und der EU ausgestellt wurden

§ 3.
Kapitel 4 enthält Bestimmungen über die Anerkennung und Vollstreckung von Entscheidungen aus Ländern, in denen weder die Erbrechtsverordnung noch die nordische Erbrechtskonvention gilt.

Den nordiska arvskonventionen

§ 2. (Lag 2019:239)
I 3 kap. finns bestämmelser som delvis införlivar konventionen den 19 november 1934 mellan Sverige, Danmark, Finland, Island och Norge om arv, testamente och boutredning (den nordiska arvskonventionen).

Avgöranden som har meddelats i stater utanför Norden och EU

§ 3.
I 4 kap. finns bestämmelser om erkännande och verkställighet av avgöranden som har meddelats i stater som varken tillämpar arvsförordningen eller är anslutna till den nordiska arvskonventionen.

Übergangsbestimmungen
2015:417

1. Dieses Gesetz tritt am 17. August 2015 in Kraft.
2. Dieses Gesetz hebt das Gesetz (1937:81) betreffend die internationalen Verhältnisse in Erbschaftssachen auf, das Gesetz (1934:44) betreffend den Nachlass nach einem dänischen, finnischen, isländischen oder norwegischen Staatsangehörigen, der seinen Wohnsitz im Inland hatte, das Gesetz (1935:45) betreffend den Nachlass von Personen, die ihren Wohnsitz in Dänemark, Finnland, Island oder Norwegen hatten, sowie das Gesetz (1935:46) über die Aufsicht über das ungeteilte Gut dänischer, finnischer, isländischer und norwegischer Staatsangehöriger in bestimmten Fällen.
3. Ältere Bestimmungen gelten weiterhin für Fragen im Zusammenhang mit Todesfällen, die sich vor Inkrafttreten ereignet haben.

Bilaterale Staatsverträge:

-

Bemerkung:
Alle Bestimmungen mit erbkollisionsrechtlichem Inhalt in Staatsverträgen mit den Verordnungsstaaten der EuErbVO werden durch die EuErbVO ersetzt.

Övergångsbestämmelser
2015:417

1. Denna lag träder i kraft den 17 augusti 2015.
2. Genom lagen upphävs lagen (1937:81) om internationella rättsförhållanden rörande dödsbo, lagen (1935:44) om dödsbo efter dansk, finsk, isländsk eller norsk medborgare, som hade hemvist här i riket, m.m., lagen (1935:45) om kvarlåtenskap efter den som hade hemvist i Danmark, Finland, Island eller Norge och lagen (1935:46) om tillsyn i vissa fall å oskiftat dödsbo efter medborgare i Danmark, Finland, Island eller Norge.

3. Äldre bestämmelser gäller fortfarande för frågor med anledning av ett dödsfall som inträffat före ikraftträdandet.

Bilaterala Statsfördragen:

-

Multilaterale Staatsverträge:

Haager Übereinkommen vom 5. Oktober 1961 über das auf die Form letztwilliger Verfügungen anzuwendende Recht (zu den Vertragsstaaten siehe hinten, L. 16).
Verordnung (EU) Nr. 650/2012 des Europäischen Parlaments und des Rates vom 4. Juli 2012 über die Zuständigkeit, das anzuwendende Recht, die Anerkennung und Vollstreckung von Entscheidungen und die Annahme und Vollstreckung öffentlicher Urkunden in Erbsachen sowie zur Einführung eines Europäischen Nachlasszeugnisses (EU-ErbVO; zum Text vgl. hinten, X.1.a.).

Multilaterala Statsfördragen:

Hague Convention of 5 October 1961 on the Conflicts of Laws Relating to the Form of Testamentary Dispositions (in Kraft seit 07.09.1976)
Europarlamentes och rådets **Förordning (EU)** nr 650/2012 av den 4 juli 2012 om behörighet, tillämplig lag, erkännande och verkställighet av domar samt godkännande och verkställighet av officiella handlingar i samband med arv och om inrättandet av ett europeiskt arvsintyg (in Kraft seit 17.08.2015).

U. Gesetzestexte Spanien

1. Gesetzliche Erbfolge (Art. 912–958 CC esp.)

Zivilgesetzbuch vom 24. Juli 1899[243] **3. Buch: Von den verschiedenen Arten des Eigentumserwerbs** **3. Titel: Von den Erbschaften** **3. Kapitel: Von der gesetzlichen Erbfolge** **1. Abschnitt: Allgemeine Bestimmungen**	**Código Civil del 24 de julio de 1889 (CC esp.)**[244] **Libro tercero: De los diferentes modos de adquirir la propriedad** **Título III: De las sucesiones** **Capitulo III: De la sucesión intestada** **Sección primera: Disposiciones generales**
Art. 912 Die gesetzliche Erbfolge kommt zur Anwendung: 1. wenn jemand ohne Testament verstirbt oder mit einem nichtigen oder später ungültig gewordenen Testament;	*Art. 912* La sucesión legítima tiene lugar: 1. Cuando uno muere sin testamento, o con testamento nulo, o que haya perdido después su validez.

---

[243] Übersetzt in Anlehnung an: Witold Peuster, Código Civil – Das spanische Zivilgesetzbuch, Frankfurt am Main 2002, S. 457 ff.
[244] Vgl. Noticias Juridicas (noticias.juridicas.com/base_datos/Privado/cc.Html); Stand: 05.08.2018 (gültig bis 29.06.2020).

2. wenn das Testament keine Erbeinsetzung für den ganzen Nachlass oder einen Teil davon enthält oder wenn es nicht über alle Vermögenswerte des Erblassers verfügt. In diesem Fall wird die gesetzliche Erbfolge nur auf diejenigen Vermögensteile angewendet, über die nicht verfügt wurde.
3. wenn die für eine Erbeinsetzung aufgestellte Bedingung nicht eintritt oder wenn der Erbe vor dem Erblasser verstirbt oder die Erbschaft ausschlägt, ohne dass ein Ersatzerbe eingesetzt worden ist und ohne dass das Prinzip der Anwachsung zur Anwendung kommt.
4. wenn der eingesetzte Erbe erbunwürdig ist.

Art. 913
Beim Fehlen von eingesetzten Erben überträgt das Gesetz den Nachlass auf die Verwandten des Verstorbenen, auf den überlebenden Ehegatten und auf den Staat.

2. Cuando el testamento no contiene institución de heredero en todo o en parte de los bienes, o no dispone de todos los que corresponden al testador. En este caso la sucesión legítima tendrá lugar solamente respecto de los bienes de que no hubiese dispuesto.
3. Cuando falta la condición puesta a la institución de heredero, o éste muere antes que el testador, o repudia la herencia sin tener sustituto y sin que lugar al derecho de acrecer.
4. Cuando el heredero instituido es incapaz de suceder.

Art. 913 (13.05.1981)
A falta de herederos testamentarios, la ley defiere la herencia a los parientes del difunto, al viudo o viuda y al Estado.

Art. 914
Die Bestimmungen über die Erbunwürdigkeit gelten nicht nur für die eingesetzten Erben, sondern kommen auch auf die gesetzlichen Erben zur Anwendung.

2. Abschnitt: Von den Verwandten

Art. 915
Die Nähe der Verwandtschaft bestimmt sich nach der Zahl der Generationen. Jede Generation bildet einen Grad.

Art. 916
[1] Die Reihe der Grade bildet eine Linie, die direkt oder seitlich sein kann.
[2] Die Linie wird direkt genannt, wenn die Reihe von Graden durch Personen gebildet wird, bei denen die eine von der anderen abstammt.
[3] Und seitlich ist die Linie, wenn die Reihe von Graden durch Personen gebildet wird, bei denen die einen nicht von den anderen abstammen, die aber von einem gemeinsamen Stamm herkommen.

Art. 917
[1] Bei der geraden Linie unterscheidet man zwischen absteigender und aufsteigender Linie.

Art. 914
Lo dispuesto sobre la incapacidad para suceder por testamento es aplicable igualmente a la sucesión intestada.

Sección segunda: Del parentesco

Art. 915
La proximidad del parentesco se determina por el número de generaciones. Cada generación forma un grado.

Art. 916
[1] La serie de grados forma la línea, que puede ser directa o colateral.
[2] Se llama directa la constituida por la serie de grados entre personas que descienden una de otra.

[3] Y colateral la constituida por la serie de grados entre personas que no descienden unas de otras, pero que proceden de un tronco común.

Art. 917
[1] Se distingue la línea recta en descendente y ascendente.

² Die erste verbindet das Familienoberhaupt mit denjenigen Personen, die von ihm abstammen.
³ Die zweite verbindet eine Person mit denjenigen Personen, von denen sie abstammt.

Art. 918
¹ Bei den Linien werden so viele Grade gezählt, wie es Generationen oder Personen gibt, wobei diejenige des Erzeugers abgezogen wird.
² In der geraden Linie geht man bis zum Stamm hinauf. Danach ist das Kind vom Vater einen Grad, vom Grossvater zwei Grade und vom Urgrossvater drei Grade entfernt.
³ In der Seitenlinie geht man bis zum gemeinsamen Stamm hinauf und danach bis zu derjenigen Person hinunter, für welche die Berechnung gemacht wird. Danach ist der Bruder zwei Grade von seinem Bruder entfernt, drei Grade von seinem Onkel, dem Bruder seines Vaters oder seiner Mutter, vier Grade von seinem Cousin und so weiter.

Art. 919
Die Berechnung des vorhergehenden Artikels gilt in allen Rechtsbereichen.

² La primera une al cabeza de familia con los que descienden de él.
³ La segunda liga a una persona con aquellos de quienes desciende.

Art. 918
¹ En las líneas se cuentan tantos grados como generaciones o como personas, descontando la del progenitor.
² En la recta se sube únicamente hasta el tronco. Así, el hijo dista del padre un grado, dos del abuelo y tres del bisabuelo.

³ En la colateral se sube hasta el tronco común, y después se baja hasta la persona con quien se hace la computación. Por esto, el hermano dista dos grados del hermano, tres del tío, hermano de su padre o de su madre, cuatro del primo hermano, y así en adelante.

Art. 919 (07.07.1981)
El cómputo de que trata el artículo anterior rige en todas las materias.

Art. 920
Die Verwandtschaft wird vollbürtig genannt, wenn sie zugleich zum Vater und zur Mutter besteht.

Art. 921
¹ Bei der Erbfolge schliesst der nach Graden nähere Verwandte den entfernteren aus, unter Vorbehalt des Rechts der Repräsentation in denjenigen Fällen, in denen es zur Anwendung kommt.
² Verwandte im gleichen Grad erben zu gleichen Teilen, mit Ausnahme der in Art. 949 vorgesehenen Regel über die Vollbürtigkeit.

Art. 922
Wenn es mehrere Verwandte desselben Grades gibt und einer oder mehrere von ihnen nicht erben wollen oder können, wächst deren Anteil den anderen desselben Grades an, unter Vorbehalt des Rechts der Repräsentation, wenn dieses zur Anwendung kommt.

Art. 923
Schlägt der einzige nächste Verwandte oder, wenn es mehrere sind, schlagen alle nächsten Verwandten gemäss Gesetz die Erbschaft aus, so erben die Verwandten des folgenden Grades gestützt auf ein eigenes Recht und ohne dass sie den Ausschlagenden vertreten können.

Art. 920
Llámase doble vínculo al parentesco por parte del padre y de la madre conjuntamente.

Art. 921
¹ En las herencias el pariente más próximo en grado excluye al más remoto, salvo el derecho de representación en los casos en que deba tener lugar.
² Los parientes que se hallaren en el mismo grado heredarán por partes iguales, salvo lo que se dispone en el artículo 949 sobre el doble vínculo.

Art. 922
Si hubiere varios parientes de un mismo grado, y alguno o algunos no quisieren o no pudieren suceder, su parte acrecerá a los otros del mismo grado, salvo el derecho de representación cuando deba tener lugar.

Art. 923
Repudiando la herencia el pariente más próximo, si es solo, o, si fueren varios, todos los parientes más próximos llamados por la ley, heredarán los del grado siguiente por su propio derecho y sin que puedan representar al repudiante.

3. Abschnitt: Von der Repräsentation

Art. 924

Als Repräsentation wird das Recht der Verwandten einer Person bezeichnet, Nachfolger in allen Rechten zu werden, welche diese Person haben würde, wenn sie lebte oder hätte erben können.

Art. 925

[1] Die Repräsentation findet immer in der direkten absteigenden, aber niemals in der aufsteigenden Linie statt.
[2] In der Seitenlinie findet sie nur zugunsten der Kinder von Geschwistern statt, und zwar gleichgültig, ob sie vollbürtig oder nur halbbürtig sind.

Art. 926

Wenn durch Repräsentation geerbt wird, erfolgt die Teilung des Nachlasses nach Stämmen, und zwar so, dass der oder die Vertreter nicht mehr erben, als der von ihnen Vertretene erben würde, wenn er lebte.

Sección terca: De la representación

Art. 924

Llámase derecho de representación el que tienen los parientes de una persona para sucederle en todos los derechos que tendría si viviera o hubiera podido heredar.

Art. 925

[1] El derecho de representación tendrá siempre lugar en la línea recta descendente, pero nunca en la ascendente.
[2] En la línea colateral sólo tendrá lugar en favor de los hijos de hermanos, bien sean de doble vínculo, bien de un solo lado.

Art. 926

Siempre que se herede por representación, la división de la herencia se hará por estirpes, de modo que el representante o representantes no hereden más de lo que heredaría su representado, si viviera.

Art. 927
Wenn Kinder von einem oder mehreren Geschwistern des Verstorbenen vorhanden sind, beerben sie diesen durch Repräsentation, wenn sie mit ihren Onkeln und Tanten zusammentreffen. Treffen sie aber als einzige Erben zusammen, so erben sie zu gleichen Teilen.

Art. 928
Das Recht auf Repräsentation gegenüber einer Person geht nicht dadurch unter, dass man auf ihre Erbschaft verzichtet hat.

Art. 929
Eine lebende Person kann nur in den Fällen der Enterbung oder der Erbunfähigkeit repräsentiert werden.

4. Kapitel: Von der Erbfolgeordnung aufgrund der Linien
1. Abschnitt: Von der direkten absteigenden Linie

Art. 930
Die Erbschaft gehört zunächst der direkten absteigenden Linie.

Art. 927
Quedando hijos de uno o más hermanos del difunto, heredarán a éste por representación si concurren con sus tíos. Pero, si concurren solos, heredarán por partes iguales.

Art. 928
No se pierde el derecho de representar a una persona por haber renunciado su herencia.

Art. 929
No podrá representarse a una persona viva sino en los casos de desheredación o incapacidad.

Capítulo IV: Del orden de suceder según la diversidad de líneas
Sección primera: De la línea recta descendente

Art. 930
La sucesión corresponde en primer lugar a la línea recta descendente.

Art. 931
Die Kinder und deren Nachkommen beerben ihre Eltern und übrigen Vorfahren ohne Unterscheidung nach Geschlecht, Alter oder Abstammung.

Art. 932
Die Kinder eines Erblassers beerben diesen immer aufgrund ihres eigenen Rechts und zwar zu gleichen Teilen.

Art. 933
Die Enkel und übrigen Nachkommen erben durch das Recht der Repräsentation, und, wenn einer vorverstorben ist und mehrere Erben hinterlässt, ihr Anteil wird zu gleichen Teilen aufgeteilt.

Art. 934
Wenn Kinder vorhanden sind und Nachkommen von vorverstorbenen Kindern, erben die ersteren aus eigenem Recht und die letzteren aus dem Recht der Repräsentation.

2. Abschnitt: Von der direkten aufsteigenden Linie

Art. 935
Beim Fehlen von Kindern und Nachkommen des Erblassers beerben ihn seine Vorfahren.

Art. 931 (13.05.1981)
Los hijos y sus descendientes suceden a sus padres y demás ascendientes sin distinción de sexo, edad o filiación.

Art. 932
Los hijos del difunto le heredarán siempre por su derecho propio, dividiendo la herencia en partes iguales.

Art. 933
Los nietos y demás descendientes heredarán por derecho de representación, y, si alguno hubiese fallecido dejando varios herederos, la porción que le corresponda se dividirá entre éstos por partes iguales.

Art. 934
Si quedaren hijos y descendientes de otros hijos que hubiesen fallecido, los primeros heredarán por derecho propio y los segundos por derecho de representación.

Sección segunda: De la línea recta ascendente
(13.05.1981)

Art. 935 (13.05.1981)
A falta de hijos y descendientes del difunto le heredarán sus ascendientes.

Art. 936
Der Vater und die Mutter erben zu gleichen Teilen.

Art. 937
Wenn nur ein Elternteil überlebt, erbt dieser den ganzen Nachlass seines Kindes.

Art. 938
Beim Fehlen der Eltern erben die Vorfahren mit dem nächsten Grad.

Art. 939
Wenn es mehrere Vorfahren vom gleichen Grad gibt, die zur gleichen Linie gehören, teilen sie den Nachlass nach Köpfen.

Art. 940
Wenn die Vorfahren zu verschiedenen Linien, aber zum gleichen Grade gehören, steht eine Hälfte den väterlichen und die andere Hälfte den mütterlichen Vorfahren zu.

Art. 941
In jeder Linie erfolgt die Teilung nach Köpfen.

Art. 942
Die Bestimmungen in diesem Abschnitt gelten ungeachtet der Regeln von Art. 811 und 812, welche auf die gesetzliche und testamentarische Erbfolge anwendbar sind.

Art. 936 (13.05.1981)
El padre y la madre heredarán por partes iguales.

Art. 937 (13.05.1981)
En el caso de que sobreviva uno solo de los padres, éste sucederá al hijo en toda su herencia.

Art. 938 (13.05.1981)
A falta de padre y de madre sucederán los ascendientes más próximos en grado.

Art. 939 (13.05.1981)
Si hubiere varios ascendientes de igual grado pertenecientes a la misma línea, dividirán la herencia por cabezas.

Art. 940 (13.05.1981)
Si los ascendientes fueren de líneas diferentes, pero de igual grado, la mitad corresponderá a los ascendientes paternos y la otra mitad a los maternos.

Art. 941 (13.05.1981)
En cada línea la división se hará por cabezas.

Art. 942 (13.05.1981)
Lo dispuesto en esta Sección se entiende sin perjuicio de lo ordenado en los artículos 811 y 812 que es aplicable a la sucesión intestada y a la testamentaria.

3. Abschnitt: Von der Erbfolge des Ehegatten und der Seitenverwandten

Art. 943
Beim Fehlen von Personen, die in den zwei vorhergehenden Abschnitten aufgeführt sind, erben der Ehegatte und die Seitenverwandten und zwar in der Reihenfolge, die in den folgenden Artikeln bestimmt wird.

Art. 944
Beim Fehlen von Vorfahren und Nachkommen erbt der überlebende Ehegatte das ganze Vermögen des Erblassers vor den Seitenverwandten.

Art. 945
Die Erbfolge gemäss dem vorhergehenden Artikel erfolgt nicht, wenn der Ehegatte rechtlich oder faktisch getrennt war.

Art. 946
Geschwister und Kinder von Geschwistern erben vor den übrigen Seitenverwandten.

Art. 947
Wenn nur vollbürtige Geschwister vorhanden sind, erben diese zu gleichen Teilen.

Sección tercera: De la sucesión del cónyuge y de los colaterales *(13.05.1981)*

Art. 943 (13.05.1981)
A falta de las personas comprendidas en las dos Secciones que preceden, heredarán el cónyuge y los parientes colaterales por el orden que se establece en los artículos siguientes.

Art. 944 (13.05.1981)
En defecto de ascendientes y descendientes, y antes que los colaterales, sucederá en todos los bienes del difunto el cónyuge sobreviviente.

Art. 945 (23.07.2015)
No tendrá lugar el llamamiento a que se refiere el artículo anterior si el cónyuge estuviere separado legalmente o de hecho.

Art. 946 (13.05.1981)
Los hermanos e hijos de hermanos suceden con preferencia a los demás colaterales.

Art. 947
Si no existieran más que hermanos de doble vínculo, éstos heredarán por partes iguales.

Art. 948
Wenn Geschwister mit Nichten und Neffen, also Kindern vollbürtiger Geschwister, zusammentreffen, erben die ersten nach Köpfen und die zweiten nach Stämmen.

Art. 949
Wenn Geschwister väterlicher- und mütterlicherseits mit halbbürtigen Geschwistern zusammentreffen, erhalten jene einen doppelt so grossen Anteil am Nachlass wie diese.

Art. 950
Für den Fall, dass nur halbbürtige Geschwister vorhanden sind, und zwar die einen väterlicher- und die anderen mütterlicherseits, erben alle zu gleichen Teilen, ohne jede Unterscheidung der Güter.

Art. 951
Kinder von halbbürtigen Geschwistern erben nach Köpfen oder nach Stämmen gemäss den Regeln, welche für die vollbürtigen Geschwister gelten.

Art. 952-953
(aufgehoben)

Art. 948
Si concurrieren hermanos con sobrinos, hijos de hermanos de doble vínculo, los primeros heredarán por cabezas los segundos por estirpes.

Art. 949
Si concurrieren hermanos de padre y madre con medio hermanos, aquellos tomarán doble porción que éstos en la herencia.

Art. 950
En el caso de no existir sino medio hermanos, unos por parte de padre y otros por la de la madre, heredarán todos por partes iguales, sin ninguna distinción de bienes.

Art. 951
Los hijos de los medio hermanos sucederán por cabezas o por estirpes, según las reglas establecidas para los hermanos de doble vínculo.

Art. 952-953 (13.05.1981)
Suprimido.

Art. 954
Sind weder ein überlebender Ehegatte noch Geschwister oder Kinder von Geschwistern vorhanden, erben den Nachlass des Erblassers die übrigen Seitenverwandten bis zum vierten Grad, über den hinaus sich die gesetzliche Erbfolge nicht erstreckt.

Art. 955
Die Erbfolge dieser Seitenverwandten findet ohne Unterscheidung der Linien und ohne Vorrang der Vollbürtigkeit statt.

4. Abschnitt: Von der Erbfolge des Staates

Art. 956
Beim Fehlen von Personen, die nach den Bestimmungen der vorhergehenden Abschnitte ein Erbrecht haben, erbt der Staat, der eine umfassende Liquidation des Nachlasses durchführt und den Liquidationserlös der Staatskasse zuführt, es sei denn, der Ministerrat beschliesse wegen der besonderen Art des Erbguts, ganz oder teilweise, eine andere Verwendung. Zwei Drittel des Nachlasswertes soll für soziale Zwecke verwendet werden und zwar zusätzlich zu den Mitteln, welche aus dem Staatshaushalt für diese Zwecke eingesetzt werden.

Art. 954 (13.05.1981)
No habiendo cónyuge supérstite, ni hermanos ni hijos de hermanos, sucederán en la herencia del difunto los demás parientes del mismo en línea colateral hasta el cuarto grado, más allá del cual no se extiende el derecho de heredar abintestato.

Art. 955 (13.01.1928)
La sucesión de estos colaterales se verificará sin distinción de líneas ni preferencia entre ellos por razón del doble vínculo.

Sección cuarta: De la sucesión del Estado *13.05.1981)*

Art. 956 (23.07.2015)
A falta de personas que tengan derecho a heredar conforme a lo dispuesto en las precedentes Secciones, heredará el Estado quien, realizada la liquidación del caudal hereditario, ingresará la cantidad resultante en el Tesoro Público, salvo que, por la naturaleza de los bienes heredados, el Consejo de Ministros acuerde darles, total o parcialmente, otra aplicación. Dos terceras partes del valor de ese caudal relicto será destinado a fines de interés social, añadiéndose a la asignación tributaria que para estos fines se realice en los Presupuestos Generales del Estado.

Art. 957
Die Rechte und Pflichten des Staates sind dieselben wie bei den übrigen Erben, aber die Erbschaft gilt immer als unter Inventar angenommen, ohne dass es notwendig ist, für die Wirkungen des Art. 1023 eine Erklärung abzugeben.

Art. 958
Damit der Staat Besitz am Nachlassvermögen und an den Nachlassrechten übernehmen kann, muss ein administrativer Erbschein vorliegen, der ihm das Vermögen wegen Fehlens gesetzlicher Erben zuspricht.

Art. 957 (23.07.2015)
Los derechos y obligaciones del Estado serán los mismos que los de los demás herederos, pero se entenderá siempre aceptada la herencia a beneficio de inventario, sin necesidad de declaración alguna sobre ello, a los efectos que enumera el artículo 1023.

Art. 958 (23.07.2015)
Para que el Estado pueda *tomar posesión* de los bienes y derechos hereditarios habrá de preceder declaración *administrativa* de heredero, adjudicándole los bienes por falta de herederos legítimos.

2. Verfügungsbeschränkungen (Art. 806–840 CC esp.)

Zivilgesetzbuch vom 24. Juli 1899[245]
3. Buch: Von den verschiedenen Arten des Eigentumserwerbs
3. Titel: Von den Erbschaften
2. Kapitel: Von den Erben
5. Abschnitt: Von den Noterbteilen

Art. 806
Pflichtteil ist der Anteil am Vermögen, über welches der Erblasser nicht verfügen kann, weil das Gesetz diesen bestimmten Erben vorbehalten hat, welche deshalb Pflichtteilsberechtigte (Noterben) heissen.

Art. 807
Pflichtteilsberechtigte sind:
1. die Kinder und Nachkommen im Verhältnis zu ihren Eltern und Vorfahren;
2. beim Fehlen der Vorgenannten die Eltern und Vorfahren im Verhältnis zu ihren Kindern und Nachkommen;

Código Civil del 24 de julio de 1889 (CC esp.)[246]
Libro tercero: De los diferentes modos de adquirir la propriedad
Título III: De las sucesiones
Capitulo II: De la herencia
Sección quinta: De las legítimas

Art. 806
Legítima es la porción de bienes de que el testador no puede disponer por haberla reservado la ley a determinados herederos, llamados por esto herederos forzosos.

Art. 807 (13.05.1981)
Son herederos forzosos:
1. Los hijos y descendientes respecto de sus padres y ascendientes.
2. A falta de los anteriores, los padres y ascendientes respecto de sus hijos y descendientes.

---

[245] Übersetzt in Anlehnung an: Witold Peuster, Código Civil – Das spanische Zivilgesetzbuch, Frankfurt am Main 2002, S. 457 ff.
[246] Vgl. Noticias Juridicas (noticias.juridicas.com/base_datos/Privado/cc.Html); Stand: 05.08.2018 (gültig bis 29.06.2020).

3. der Witwer oder die Witwe und zwar in der Form und in dem Mass gemäss diesem Gesetzbuch.

Art. 808
[1] Der Pflichtteil der Kinder und Nachkommen beträgt zwei Drittel des väterlichen und mütterlichen Nachlasses.
[2] Diese können jedoch über einen der beiden Teile, die den Pflichtteil bilden, so verfügen, dass dies zu einer Bevorzugung ihrer Kinder oder Nachkommen führt.
[3] Wenn eines der Kinder oder Nachkommen vom Gericht für handlungsunfähig erklärt worden ist, kann der Erblasser bezüglich eines Drittels des Pflichtteils eine fideikommissarische Substitution anordnen, wobei die vom Gericht für handlungsunfähig erklärten Kinder oder Nachkommen Nutzungsberechtigte und die pflichtteilsberechtigten Miterben Treuhänder sind.
[4] Der verbleibende Drittel steht zur freien Verfügung.

3. El viudo o viuda en la forma y medida que establece este Código.

Art. 808 (20.11.2003)
[1] Constituyen la legítima de los hijos y descendientes las dos terceras partes del haber hereditario del padre y de la madre.
[2] Sin embargo, podrán éstos disponer de una parte de las dos que forman la legítima para aplicarla como mejora a sus hijos o descendientes.

[3] Cuando alguno de los hijos o descendientes haya sido judicialmente incapacitado, el testador podrá establecer una sustitución fideicomisaria sobre el tercio de legítima estricta, siendo fiduciarios los hijos o descendientes judicialmente incapacitados y fideicomisarios los coherederos forzosos.

[4] La tercera parte restante será de libre disposición.

Art. 809
Der Pflichtteil der Eltern oder Vorfahren bildet die Hälfte des Nachlasses der Kinder und Nachkommen, mit Ausnahme des Falles, in welchem sie mit dem verwitweten Ehegatten des Nachkommen und Erblassers zusammentreffen, in welchem der Pflichtteil einen Drittel ausmacht.

Art. 810
[1] Der den Eltern vorbehaltene Pflichtteil wird zwischen ihnen zu gleichen Teilen aufgeteilt; wenn einer von ihnen vorverstorben ist, fällt er gesamthaft dem Überlebenden zu.
[2] Wenn der Erblasser weder Vater noch Mutter hinterlässt, wohl aber Vorfahren im gleichen Grad, und zwar in der väterlichen wie in der mütterlichen Linie, wird der Nachlass zwischen den Linien hälftig aufgeteilt. Sind die Vorfahren von verschiedenem Grade, steht er vollständig denjenigen zu, die in der einen oder anderen Linie am nächsten sind.

Art. 809 (24.04.1958)
Constituye la legítima de los padres o ascendientes la mitad del haber hereditario de los hijos y descendientes, salvo el caso en que concurrieren con el cónyuge viudo del descendiente causante, en cuyo supuesto será de una tercera parte de la herencia.

Art. 810
[1] La legítima reservada a los padres se dividirá entre los dos por partes iguales: si uno de ellos hubiere muerto, recaerá toda en el sobreviviente.

[2] Cuando el testador no deje padre ni madre, pero sí ascendientes, en igual grado, de las líneas paterna y materna, se dividirá la herencia por mitad entre ambas líneas. Si los ascendientes fueren de grado diferente, corresponderá por entero a los más próximos de una u otra línea.

Art. 811
Ein Vorfahre, der von seinem Nachkommen Vermögen erbt, das dieser unentgeltlich von einem anderen Vorfahren oder von einem Geschwisterteil erhalten hat, ist von Gesetzes wegen verpflichtet, das erworbene Vermögen zugunsten derjenigen Verwandten vorzubehalten, die sich innerhalb des dritten Grades befinden und zu der Linie gehören, von der die Güter stammen.

Art. 812
Die Vorfahren erben, unter Ausschluss anderer Personen, diejenigen Sachen, die sie ihren Kindern und Nachkommen gegeben haben, wenn diese ohne Nachkommen versterben und soweit sich diese Sachen noch im Nachlass befinden. Wenn die Sachen veräussert worden sind, erben sie alle Ansprüche des Beschenkten bezüglich dieser Sachen, und den Kaufpreis, wenn sie verkauft wurden, oder die Ersatz-Güter, wenn diese verändert oder ersetzt wurden.

Art. 813
[1] Der Erblasser kann den Erben den Pflichtteil nur in den vom Gesetz ausdrücklich genannten Fällen entziehen.

Art. 811
El ascendiente que heredare de su descendiente bienes que éste hubiese adquirido por título lucrativo de otro ascendiente, o de un hermano, se halla obligado a reservar los que hubiere adquirido por ministerio de la ley en favor de los parientes que estén dentro del tercer grado y pertenezcan a la línea de donde los bienes proceden.

Art. 812
Los ascendientes suceden con exclusión de otras personas en las cosas dadas por ellos a sus hijos o descendientes muertos sin posteridad, cuando los mismos objetos donados existan en la sucesión. Si hubieren sido enajenados, sucederán en todas las acciones que el donatario tuviera con relación a ellos, y en el precio si se hubieren vendido, o en los bienes con que se hayan sustituido, si los permutó o cambió.

Art. 813 (20.11.2003)
[1] El testador no podrá privar a los herederos de su legítima sino en los casos expresamente determinados por la ley.

² Er kann ihn ebenso wenig mit Auflagen, Bedingungen oder irgendeiner Art von Substitution belasten, unter dem Vorbehalt der Bestimmungen über die Nutzniessung und von Art. 808 über die vom Gericht für handlungsunfähig erklärten Kinder oder Nachkommen.

Art. 814
¹ Die Übergehung eines Pflichtteilsberechtigten beeinträchtigt den Pflichtteil nicht. Die Einsetzung eines Erben wird vor den Vermächtnissen, den erhöhten Zuwendungen an Pflichtteilberechtigte und den übrigen testamentarischen Verfügungen herabgesetzt.
² Die unbeabsichtigte Übergehung von Kindern oder Nachkommen bewirkt folgendes:
    1. Wenn alle übergangen werden, sind die testamentarischen Verfügungen mit vermögensrechtlichem Inhalt ungültig.

² Tampoco podrá imponer sobre ella gravamen, ni condición, ni sustitución de ninguna especie, salvo lo dispuesto en cuanto al usufructo de viudo y lo establecido en el artículo 808 respecto de los hijos o descendientes judicialmente incapacitados.

Art. 814 (13.05.1981)
¹ La preterición de un heredero forzoso no perjudica la legítima. Se reducirá la institución de heredero antes que los legados, mejoras y demás disposiciones testamentarias.

² Sin embargo, la preterición no intencional de hijos o descendientes producirá los siguientes efectos:
    1. Si resultaren preteridos todos, se anularán las disposiciones testamentarias de contenido patrimonial.

2. Andernfalls wird die Einsetzung von Erben für ungültig erklärt, aber die unter irgendeinem Titel angeordneten Auflagen und erhöhten Zuwendungen sind gültig, soweit sie nicht nutzlos sind. Dessen ungeachtet wird die Erbeinsetzung des Ehegatten nur soweit für ungültig erklärt, als sie Pflichtteile beeinträchtigt.

³ Nachkommen eines anderen Nachkommen, der nicht übergangen wurde, treten im Nachlass des Vorfahren an seine Stelle, und werden nicht als übergangen angesehen.

⁴ Wenn die übergangenen Pflichtteilsberechtigten vor dem Erblasser versterben, entfaltet das Testament seine volle Wirkung.

⁵ Die Verfügungen des Erblassers haben unter Vorbehalt der Pflichtteile in jedem Falle Vorrang.

Art. 815

Ein Pflichtteilsberechtigter, welchem der Erblasser unter irgendeinem Titel weniger als den ihm zustehenden Pflichtteil hinterlassen hat, kann dessen Ergänzung verlangen.

2. En otro caso, se anulará la institución de herederos, pero valdrán las mandas y mejoras ordenadas por cualquier título, en cuanto unas y otras no sean inoficiosas. No obstante, la institución de heredero a favor del cónyuge sólo se anulará en cuanto perjudique a las legítimas.

³ Los descendientes de otro descendiente que no hubiere sido preterido, representan a éste en la herencia del ascendiente y no se consideran preteridos.

⁴ Si los herederos forzosos preteridos mueren antes que el testador, el testamento surtirá todos sus efectos.

⁵ A salvo las legítimas tendrá preferencia en todo caso lo ordenado por el testador.

Art. 815

El heredero forzoso a quien el testador haya dejado por cualquier título menos de la legítima que le corresponda, podrá pedir el complemento de la misma.

Art. 816
Jeder Verzicht oder jede Vereinbarung über einen künftigen Pflichtteil zwischen dem, der ihn schuldet, und den Pflichtteilsberechtigten ist nichtig, und diese können den Pflichtteil nach seinem Tod geltend machen; sie müssen sich aber anrechnen lassen, was sie für den Verzicht oder die Vereinbarung erhalten haben.

Art. 817
Testamentarische Verfügungen, die den Pflichtteil der Pflichtteilsberechtigten verletzen, werden auf deren Antrag so weit herabgesetzt, als sie nutzlos oder übermässig sind.

Art. 818
[1] Um den Pflichtteil zu bestimmen, ist auf den Wert der Nachlassgüter abzustellen unter Abzug der Schulden und Lasten und zwar ohne diejenigen, die im Testament auferlegt worden sind.
[2] Zum Nettowert des Nachlassvermögens wird der Wert der auszugleichenden Schenkungen hinzugerechnet.

Art. 819
[1] Schenkungen an die Kinder, die keine erhöhten Zuwendungen im Rahmen der Pflichtteile darstellen, werden auf den Pflichtteil angerechnet.

Art. 816
Toda renuncia o transacción sobre la legítima futura entre el que la debe y sus herederos forzosos es nula, y éstos podrán reclamarla cuando muera aquél; pero deberán traer a colación lo que hubiesen recibido por la renuncia o transacción.

Art. 817
Las disposiciones testamentarias que mengüen la legítima de los herederos forzosos se reducirán, a petición de éstos, en lo que fueren inoficiosas o excesivas.

Art. 818 (13.05.1981)
[1] Para fijar la legítima se atenderá al valor de los bienes que quedaren a la muerte del testador, con deducción de las deudas y cargas, sin comprender entre ellas las impuestas en el testamento.
[2] Al valor líquido de los bienes hereditarios se agregará el de las donaciones colacionables.

Art. 819
[1] Las donaciones hechas a los hijos, que no tengan el concepto de mejoras, se imputarán en su legítima.

² Schenkungen an Aussenstehende werden auf die verfügbare Quote angerechnet, über welche der Erblasser letztwillig verfügen kann.

³ Sie werden gemäss den Bestimmungen der nachfolgenden Artikel herabgesetzt, wenn sie nutzlos oder übermässig sind.

Art. 820
Wenn der Pflichtteil gemäss den beiden vorhergehenden Artikeln bestimmt ist, erfolgt die Herabsetzung wie folgt:
1. Die Schenkungen werden nicht herabgesetzt, wenn der Pflichtteil dadurch erhalten werden kann, dass die im Testament gemachten Auflagen herabsetzt oder nötigenfalls gestrichen werden.
2. Deren Herabsetzung erfolgt anteilsmässig ohne irgendeinen Unterschied. Wenn der Erblasser verfügt hat, dass ein bestimmtes Vermächtnis mit Vorrang vor anderen ausbezahlt werden soll, wird es erst dann herabgesetzt, nachdem die anderen vollständig zur Zahlung des Pflichtteils verwendet worden sind.

² Las donaciones hechas a extraños se imputarán a la parte libre de que el testador hubiese podido disponer por su última voluntad.

³ En cuanto fueren inoficiosas o excedieren de la cuota disponible, se reducirán según las reglas de los artículos siguientes.

Art. 820
Fijada la legítima con arreglo a los dos artículos anteriores, se hará la reducción como sigue:

1. Se respetarán las donaciones mientras pueda cubrirse la legítima, reduciendo o anulando, si necesario fuere, las mandas hechas en testamento.

2. La reducción de éstas se hará a prorrata, sin distinción alguna. Si el testador hubiere dispuesto que se pague cierto legado con preferencia a otros, no sufrirá aquél reducción sino después de haberse aplicado éstos por entero al pago de la legítima.

3. Besteht die Auflage in einer Nutzniessung oder einer lebenslänglichen Rente, deren Wert höher ist als die verfügbare Quote, können die Pflichtteilsberechtigten entweder die testamentarische Verfügung vollziehen oder dem Vermächtnisnehmer denjenigen Teil des Nachlasses übergeben, über den der Erblasser frei verfügen konnte.

Art. 821
¹ Wenn das der Herabsetzung unterliegende Vermächtnis aus einem Grundstück besteht, bei dem eine Teilung nicht auf einfache Weise möglich ist, gehört es dem Vermächtnisnehmer, wenn die Herabsetzung weniger als die Hälfte ihres Wertes beträgt, andernfalls den Pflichtteilsberechtigten; es muss jedoch jenem wie diesen der ihnen zustehende Anteil in Geld ausbezahlt werden.

² Ein pflichtteilsberechtigter Vermächtnisnehmer kann das ganze Grundstück übernehmen, soweit dessen Wert den Betrag der verfügbaren Quote und des Pflichtteils nicht übersteigt.

3. Si la manda consiste en un usufructo o renta vitalicia, cuyo valor se tenga por superior a la parte disponible, los herederos forzosos podrán escoger entre cumplir la disposición testamentaria o entregar al legatario la parte de la herencia de que podía disponer libremente el testador.

Art. 821 (20.11.2003)
¹ Cuando el legado sujeto a reducción consista en una finca que no admita cómoda división, quedará ésta para el legatario si la reducción no absorbe la mitad de su valor, y en caso contrario para los herederos forzosos; pero aquél y éstos deberán abonarse su respectivo haber en dinero.

² El legatario que tenga derecho a legítima podrá retener toda la finca, con tal que su valor no supere, el importe de la porción disponible y de la cuota que le corresponda por legítima.

³ Wenn die Erben oder Vermächtnisnehmer nicht von dem gemäss diesem Artikel zustehenden Recht Gebrauch machen wollen, ist das Grundstück auf Antrag eines Beteiligten öffentlich zu versteigern.

Art. 822
¹ Die Schenkung oder das Vermächtnis eines Wohnrechts an der Hauptwohnung durch deren Eigentümer und zugunsten eines handlungsunfähigen Begünstigten wird nicht auf den Pflichtteil angerechnet, wenn im Zeitpunkt des Ablebens beide in dieser Wohnung zusammen lebten.
² Dieses Wohnrecht ist dem für handlungsunfähig erklärten Vermächtnisnehmer, der es nötig hat und der mit dem Erblasser zusammen gewohnt hat, von Gesetzes wegen unter den gleichen Bedingungen zuzuweisen, wenn der Erblasser nichts anderes bestimmt, noch dies ausdrücklich ausgeschlossen hat, doch darf dessen Eigentümer die anderen Vermächtnisnehmer nicht am weiteren Mitbewohnen hindern, solange sie dies nötig haben.
³ Das Recht, auf welches sich die beiden vorhergehenden Absätze beziehen, ist nicht übertragbar.

³ Si los herederos o legatarios no quieren usar del derecho que se les concede en este artículo se venderá la finca en pública subasta, a instancia de cualquiera de los interesados.

Art. 822 (20.11.2003)
¹ La donación o legado de un derecho de habitación sobre la vivienda habitual que su titular haga a favor de un legitimario persona con discapacidad, no se computará para el cálculo de las legítimas si en el momento del fallecimiento ambos estuvieren conviviendo en ella.

² Este derecho de habitación se atribuirá por ministerio de la ley en las mismas condiciones al legitimario discapacitado que lo necesite y que estuviera conviviendo con el fallecido, a menos que el testador hubiera dispuesto otra cosa o lo hubiera excluido expresamente, pero su titular no podrá impedir que continúen conviviendo los demás legitimarios mientras lo necesiten.

³ El derecho a que se refieren los dos párrafos anteriores será intransmisible.

⁴ Die Bestimmungen der beiden ersten Absätze stellen kein Hindernis für die Zuweisung der Rechte gemäss den Art. 1406 und 1407 dieses Gesetzbuchs an den Ehegatten dar, die neben dem Wohnrecht bestehen.

6. Abschnitt: Von den erhöhten Zuwendungen

Art. 823
Der Vater oder die Mutter können in Form einer erhöhten Zuwendung zugunsten eines oder mehrerer ihrer Kinder oder Nachkommen, seien sie dies durch Abstammung oder Adoption, über einen der beiden Drittel verfügen, die den Pflichtteil bilden.

Art. 824
Einer erhöhten Zuwendung können nur Belastungen zugunsten der Pflichtteilsberechtigen oder ihrer Nachkommen auferlegt werden.

Art. 825
Eine Schenkung unter Lebenden an seine pflichtteilberechtigten Kinder oder Nachkommen, sei sie einfach oder belastend, wird nicht als erhöhte Zuwendung angesehen, wenn der Schenker nicht ausdrücklich erklärt hat, eine erhöhte Zuwendung machen zu wollen.

⁴ Lo dispuesto en los dos primeros párrafos no impedirá la atribución al cónyuge de los derechos regulados en los artículos 1406 y 1407 de este Código, que coexistirán con el de habitación.

Sección sexta: De la mejoras

Art. 823 (15.01.1996)
El padre o la madre podrán disponer en concepto de mejora a favor de alguno o algunos de sus hijos o descendientes, ya lo sean por naturaleza ya por adopción, de una de las dos terceras partes destinadas a legítima.

Art. 824
No podrán imponerse sobre la mejora otros gravámenes que los que se establezcan en favor de los legitimarios o sus descendientes.

Art. 825[247]
Ninguna donación por contrato entre vivos, sea simple o por una causa onerosa, en favor de sus hijos o descendientes, que sean herederos forzosos, se reputará mejora, si el donante no ha declarado de una manera expresa su voluntad de mejorar.

---

[247] STS 29 Juli 2013, rec. 253/2011.

Art. 826
¹ Das im öffentlich beurkundeten Ehevertrag abgegebene Versprechen, eine erhöhte Zuwendung zu machen oder nicht zu machen, ist gültig.
² Eine Verfügung des Erblassers, welche dieses Versprechen nicht einhält, ist unwirksam.

Art. 827
Die erhöhte Zuwendung ist widerruflich, auch wenn sie durch die Übergabe von Gütern bewirkt wurde, wenn sie nicht in einem Ehevertrag oder einem entgeltlichen Vertrag mit einem Dritten vereinbart wurde.

Art. 828
Eine Auflage oder ein Vermächtnis des Erblassers zugunsten eines Kindes oder Nachkommen wird nur dann als erhöhte Zuwendung angesehen, wenn der Erblasser ausdrücklich erklärt hat, dass dies sein Wille sei, oder wenn sie die verfügbare Quote übersteigen.

Art. 826
¹ La promesa de mejorar o no mejorar, hecha por escritura pública en capitulaciones matrimoniales, será válida.

² La disposición del testador contraria a la promesa no producirá efecto.

Art. 827
La mejora, aunque se haya verificado con entrega de bienes, será revocable, a menos que se haga hecho por capitulaciones matrimoniales o por contrato oneroso celebrado con un tercero.

Art. 828
La manda o legado hecho por el testador a uno de los hijos o descendientes no se reputará mejora sino cuando el testador haya declarado expresamente ser ésta su voluntad, o cuando no quepa en la parte líquida.

Art. 829

Die erhöhte Zuwendung kann durch Zuwendung einer bestimmten Sache erfolgen. Übersteigt deren Wert das für erhöhte Zuwendungen bestimmte Drittel sowie den Pflichtteil desjenigen, der mit der erhöhten Zuwendung bedacht ist, muss dieser den übrigen Beteiligten den Unterschied in Geld auszahlen.

Art. 830

Die Befugnis, eine erhöhte Zuwendung zu machen, kann nicht auf einen anderen übertragen werden.

Art. 829

La mejora podrá señalarse en cosa determinada. Si el valor de ésta excediere del tercio destinado a la mejora y de la parte de legítima correspondiente al mejorado, deberá éste abonar la diferencia en metálico a los demás interesados.

Art. 830

La facultad de mejorar no puede encomendarse a otro.

Art. 831
1. ¹ Ungeachtet der Bestimmungen des vorhergehenden Artikels können dem Ehegatten testamentarisch Befugnisse zugewiesen werden, dass er nach dem Tod des Erblassers zugunsten der Kinder oder von Nachkommen gemeinsame erhöhte Zuwendungen vornehmen kann unter Einschluss des Drittels der verfügbaren Quote sowie, ganz allgemein, Zuwendungen oder Zuweisungen ganz bestimmter Vermögenswerte, gleichgültig unter welchem erbrechtlichen Titel oder Konzept, sowie auch Teilungen inklusive solcher, die Vermögenswerte der aufgelösten, aber nicht liquidierten ehelichen Gemeinschaft zum Gegenstand haben.
² Der Ehegatte kann diese erhöhten Zuwendungen, Zuwendungen oder Zuweisungen von bestimmten Vermögensgegenständen in einem oder mehreren Akten, gleichzeitig oder nacheinander vornehmen.

Art. 831 (20.11.2003)
1. ¹ No obstante lo dispuesto en el artículo anterior, podrán conferirse facultades al cónyuge en testamento para que, fallecido el testador, pueda realizar a favor de los hijos o descendientes comunes mejoras incluso con cargo al tercio de libre disposición y, en general, adjudicaciones o atribuciones de bienes concretos por cualquier título o concepto sucesorio o particiones, incluidas las que tengan por objeto bienes de la sociedad conyugal disuelta que esté sin liquidar.

² Estas mejoras, adjudicaciones o atribuciones podrán realizarse por el cónyuge en uno o varios actos, simultáneos o sucesivos.

Wenn ihm nicht die Befugnis erteilt worden ist, dies in seinem eigenen Testament zu tun oder wenn keine Frist dafür angesetzt worden ist, gilt eine Frist von zwei Jahren von der Eröffnung des Nachlasses oder gegebenenfalls vom Zeitpunkt, in welchem das letzte gemeinsame Kind die Mündigkeit erlangt. ³ Verfügungen des Ehegatten, die sich auf spezifische und bestimmte Vermögenswerte beziehen, verleihen dem bedachten Kind oder Nachkommen aufgrund der Annahme zusätzlich den Besitz, sofern in den Verfügungen nichts anderes bestimmt wird. 2. Der überlebende Ehegatte verwaltet die Vermögenswerte, an denen die Befugnisse gemäss dem vorhergehenden Absatz bestehen.	Si no se le hubiere conferido la facultad de hacerlo en su propio testamento o no se le hubiere señalado plazo, tendrá el de dos años contados desde la apertura de la sucesión o, en su caso, desde la emancipación del último de los hijos comunes. ³ Las disposiciones del cónyuge que tengan por objeto bienes específicos y determinados, además de conferir la propiedad al hijo o descendiente favorecido, le conferirán también la posesión por el hecho de su aceptación, salvo que en ellas se establezca otra cosa. 2. Corresponderá al cónyuge sobreviviente la administración de los bienes sobre los que pendan las facultades a que se refiere el párrafo anterior.

3. ¹ Der Ehegatte hat bei der Ausübung der ihm verliehenen Befugnisse die gesetzlichen Pflichtteile der gemeinsamen Nachkommen sowie die erhöhten Zuwendungen und sonstigen Verfügungen des Erblassers zu deren Gunsten zu beachten.
² Werden der Pflichtteil eines gemeinsamen Nachkommen oder sein Anteil am Nachlass, welchen der Erblasser zu dessen Gunsten verfügt hat, nicht eingehalten, kann die benachteiligte Person die Aufhebung der Akte des Ehegatten verlangen, soweit dies zur Wahrung ihrer Interessen erforderlich ist.
³ Die Verfügungen des Erblassers zugunsten der gemeinsamen Kinder oder Nachkommen sowie die Pflichtteile gelten als eingehalten, wenn sowohl diese wie jene in ausreichendem Masse berücksichtigt werden, auch wenn dies mit Vermögenswerten geschieht, die ausschliesslich dem Ehegatten gehören, welcher die Befugnisse ausgeübt hat.

3. ¹ El cónyuge, al ejercitar las facultades encomendadas, deberá respetar las legítimas estrictas de los descendientes comunes y las mejoras y demás disposiciones del causante en favor de ésos.

² De no respetarse la legítima estricta de algún descendiente común o la cuota de participación en los bienes relictos que en su favor hubiere ordenado el causante, el perjudicado podrá pedir que se rescindan los actos del cónyuge en cuanto sea necesario para dar satisfacción al interés lesionado.

³ Se entenderán respetadas las disposiciones del causante a favor de los hijos o descendientes comunes y las legítimas cuando unas u otras resulten suficientemente satisfechas aunque en todo o en parte lo hayan sido con bienes pertenecientes sólo al cónyuge que ejercite las facultades.

4. [1] Die Verleihung der angegebenen Befugnisse an den Ehegatten bewirkt weder eine Änderung der Pflichtteile noch der testamentarischen Verfügungen des Erblassers, wenn die durch die eine oder andere Regelung begünstigte Person kein gemeinsamer Nachkomme ist.

In diesem Fall ist der Ehegatte, der nicht Verwandter in gerader Linie der begünstigten Person ist, bezüglich der Vermögenswerte, für welche diese Befugnisse bestehen, berechtigt, bei den Ausführungs- oder Zuweisungsakten bezüglich dieser Pflichtteile oder Verfügungen für Rechnung der gemeinsamen Nachkommen zu handeln.

[2] Wenn ein Nachkomme, der nicht vom überlebenden Ehegatten abstammt, bei der Erbschaft der vorverstorbenen Person in nicht beabsichtigter Weise übergangen worden ist, darf die Ausübung der dem Ehegatten verliehenen Befugnisse zu keiner Beeinträchtigung seines Anteils führen.

4. [1] La concesión al cónyuge de las facultades expresadas no alterará el régimen de las legítimas ni el de las disposiciones del causante, cuando el favorecido por unas u otras no sea descendiente común.

En tal caso, el cónyuge que no sea pariente en línea recta del favorecido tendrá poderes, en cuanto a los bienes afectos a esas facultades, para actuar por cuenta de los descendientes comunes en los actos de ejecución o de adjudicación relativos a tales legítimas o disposiciones.

[2] Cuando algún descendiente que no lo sea del cónyuge supérstite hubiera sufrido preterición no intencional en la herencia del premuerto, el ejercicio de las facultades encomendadas al cónyuge no podrá menoscabar la parte del preterido.

5. Die dem Ehegatten verliehenen Befugnisse werden in demjenigen Zeitpunkt hinfällig, in welchem er eine neue Ehe oder gleichartige Beziehung eingeht oder ein nicht gemeinsames Kind hat, sofern der Erblasser nichts anderes bestimmt hat.
6. Die Bestimmungen der vorhergehenden Absätze finden auch dann Anwendung, wenn die Personen mit gemeinsamen Nachkommen nicht miteinander verheiratet sind.

Art. 832
Wenn die erhöhte Zuwendung nicht mittels einer bestimmten Sache erfolgt ist, wird sie aus dem Nachlassvermögen bezahlt, wobei gegebenenfalls die Bestimmungen von Art. 1061 und 1062 zu beachten sind, welche die Gleichheit der Erben bei der Erbteilung bezwecken.

Art. 833
Das Kind oder der Nachkomme, die eine erhöhte Zuwendung erhalten haben, können auf die Erbschaft verzichten und die erhöhte Zuwendung annehmen.

5. Las facultades conferidas al cónyuge cesarán desde que hubiere pasado a ulterior matrimonio o a relación de hecho análoga o tenido algún hijo no común, salvo que el testador hubiera dispuesto otra cosa.
6. Las disposiciones de los párrafos anteriores también serán de aplicación cuando las personas con descendencia común no estén casadas entre sí.

Art. 832
Cuando la mejora no hubiere sido señalada en cosa determinada, será pagada con los mismos bienes hereditarios, observándose, en cuanto puedan tener lugar, las reglas establecidas en los artículos 1061 y 1062 para procurar la igualdad de los herederos en la partición de bienes.

Art. 833 (13.05.1981)
El hijo o descendiente mejorado podrá renunciar la herencia y aceptar la mejora.

7. Abschnitt: Rechte des überlebenden Ehegatten

Art. 834
Der im Zeitpunkt des Ablebens weder tatsächlich noch rechtlich getrenntlebende Ehegatte, erhält beim Zusammentreffen mit Kindern oder Nachkommen die Nutzniessung an demjenigen Drittel, welcher für erhöhte Zuwendungen bestimmt ist.

Art. 835
Wenn zwischen den getrenntlebenden Ehegatten eine Aussöhnung staffgefunden hat und diese dem zuständigen Gericht angezeigt wurde oder dem Notar, welcher die Trennung notariell beurkundet hat, und zwar in Übereinstimmung mit Art. 84 Zivilgesetzbuch, behält der Überlebende seine Rechte.

Art. 836
(aufgehoben)

Art. 837
Wenn zwar keine Nachkommen, aber Vorfahren vorhanden sind, erhält der überlebende Ehegatte die Nutzniessung an der Hälfte des Nachlasses.

Sección séptima: Derechos del cónyuge vuido
(13.05.1981)

Art. 834 (23.07.2015)
El cónyuge que al morir su consorte no se hallase separado de éste legalmente o de hecho, si concurre a la herencia con hijos o descendientes, tendrá derecho al usufructo del tercio destinado a mejora.

Art. 835 (23.07.2015)
Si entre los cónyuges separados hubiera mediado reconciliación notificada al Juzgado que conoció de la separación *o al Notario que otorgó la escritura pública de separación* de conformidad con el artículo 84 de este Código, el sobreviviente conservará sus derechos.

Art. 836 (13.05.1981)
Suprimido.

Art. 837 (10.07.2005)
No existiendo descendientes, pero sí ascendientes, el cónyuge sobreviviente tendrá derecho al usufructo de la mitad de la herencia.

Art. 838
Wenn weder Nachkommen noch Vorfahren vorhanden sind, erhält der überlebende Ehegatte zwei Drittel des Nachlasses.

Art. 839
¹ Die Erben können die Nutzniessung des überlebenden Ehegatten auszahlen, indem sie diesem eine Leibrente, die Erträge aus bestimmten Gütern oder einen Barbetrag zuweisen, wobei in gegenseitigem Einvernehmen oder - bei dessen Fehlen - aufgrund gerichtlicher Anordnung vorzugehen ist.
² Solange dies nicht erfolgt ist, haften alle Nachlassgüter für die Zahlung des dem überlebenden Ehegatten zustehenden Nutzniessungsanteils.

Art. 840
Wenn der überlebende Ehegatte nur mit Kindern des Erblassers konkurrenziert, kann er verlangen, dass sein Nutzniessungsrecht, nach Wahl der Kinder, in Geld oder als Erbschaftslos ausbezahlt wird.

Art. 838 (24.04.1958)
No existiendo descendientes ni ascendientes el cónyuge sobreviviente tendrá derecho al usufructo de los dos tercios de la herencia.

Art. 839 (24.04.1958)
¹ Los herederos podrán satisfacer al cónyuge su parte del usufructo, asignándole una renta vitalicia, los productos de determinados bienes, o un capital en efectivo, procediendo de mutuo acuerdo y, en su defecto, por virtud de mandato judicial.

² Mientras esto no se realice, estarán afectos todos los bienes de la herencia al pago de la parte del usufructo que corresponda al cónyuge.

Art. 840 (10.07.2005)
Cuando el cónyuge viudo concurra con hijos sólo del causante, podrá exigir que su derecho de usufructo le sea satisfecho, a elección de los hijos, asignándole un capital en dinero o un lote de bienes hereditarios.

3. Internationales Erbrecht (CC esp., LOPJ, LEC)

Zivilgesetzbuch vom 24. Juli 1899 [248] **Einführungstitel: Von den Rechtsnormen, ihrer Anwendung und ihrer Wirksamkeit 4. Kapitel: Normen des internationalen Privarechts**	**Código Civil del 24 de julio de 1889 (CC esp.)** [249] **Título preliminar: De las normas jurídicas, su aplicación y eficacia Capítulo IV: Normas de derecho internacional privado**
Art. 9 [1] Die Personalstatut der natürlichen Personen bestimmt sich aufgrund der Staatsangehörigkeit. Dieses Recht regelt die Handlungsfähigkeit und den Personenstand, die Rechte und Pflichten in der Familie und in der Erbfolge.	*Art. 9 (15.10.1990)* [1] La ley personal correspondiente a las personas físicas es la determinanda por su nacionalidad. Dicha ley regirá la capacidad y el estado civil, los derechos y deberes de familia y la sucesión por cause de muerte.

---

[248] Übersetzt in Anlehnung an: Witold Peuster, Código Civil – Das spanische Zivilgesetzbuch, Frankfurt am Main 2002, S. 457 ff.
[249] Vgl. Noticias Juridicas (noticias.juridicas.com/base_datos/Privado/cc.Html); Stand: 05.08.2018 (gültig bis 29.06.2020).

[8] Die Erbfolge untersteht dem Heimatrecht des Erblassers im Zeitpunkt seines Ablebens, welcher Natur auch immer die Nachlassgüter sind und wo immer sie sich befinden. Letztwillige Verfügungen und Erbverträge, welche nach dem Heimatrecht des Erblassers im Zeitpunkt ihrer Errichtung gültig waren, behalten ihre Gültigkeit selbst dann, wenn dies nach dem Erbstatut nicht der Fall ist und die Pflichtteile diesem Recht unterstehen. Die Rechte des überlebenden Ehegatten unterstehen dem Ehestatut, jedoch unter dem Vorbehalt von Pflichtteilen der Nachkommen.

[8] La sucesión por causa de muerte se regirá por la ley nacional del causante en el momento de su fallecimiento, cualesquiera que sean la naturaleza de los bienes y el país dónde se encuentren. Sin embargo, las disposiciones hechas en testamento y los pactos sucesorios ordenados conforme a la ley nacional del testador o del disponente en el momento de su otorgamiento conservarán su validez, aunque sea otra ley que rija la sucesión, si bien las legítimas se ajustarán, en su caso, a esta última. Los derechos que por ministerio de la ley se atribuyan al cónyuge supérstite se regirán por la misma ley que regule los efectos del matrimonio, a salvo siempre las legítimas de los descendientes.

Gerichtsverfassungsgesetz 6/1985 vom 1. Juli
1. Buch: Umfang und Grenzen der Zuständigkeit sowie Anlage und Organisation der Einzel- und Kollegialgerichte
1. Titel: Umfang und Grenzen der Zuständigkeit

Art. 22 quater
Soweit die obgenannten Kriterien nicht vorliegen, sind die spanischen Gerichte zuständig:
...
g. In Erbsachen, wenn der Erblasser seinen letzten gewöhnlichen Aufenthalt in Spanien hatte oder wenn sich Vermögenswerte in Spanien befinden und der Erblasser im Zeitpunkt des Ablebens Spanier war. Sie werden auch zuständig sein, wenn die Parteien sich den spanischen Gerichten unterstellt hatten, wenn immer das spanische Recht auf den Nachlass anwendbar ist. Wenn keine ausländische Zuständigkeit gegeben ist, sind die spanischen Gerichte beüglich der in Spanien gelegenen Nachlassgegenstände zuständig.

Ley Orgánica 6/1985, de 1 de julio, del Poder Judicial (LOPJ)[250]
Libro I: De la extensión y límites de la juridicción y de la planta y organización de los juzgados y tribunales
Título I: De la extensión y límites de la jurisdicción

Art. 22 quater (01.10.2015)
En defecto de los criterios anteriores, los Tribunales españoles serán competentes:
...
g. En materia de sucesiones, cuando el causante hubiera tenido su última residencia habitual en España o cuando los bienes se encuentren en España y el causante fuera español en el momento del fallecimiento. También serán competentes cuando las partes se hubieran sometido a los Tribunales españoles, siempre que fuera aplicable la ley española a la sucesión. Cuando ninguna jurisdicción extranjera sea competente, los Tribunales españoles lo serán respecto de los bienes de la sucesión que se encuentren en España.

---

[250] Vgl. BOE 157/1985 oder Noticias Juridicas (noticias.juridicas.com/base_datos/Admin/lo6-1985.l1t1.html#a22); Stand: 18.01.2019.

Zivilprozessordnung
Buch I: Allgemeine
Bestimmungen für das
Zivilverfahren
Titel II: Auftreten vor
Gericht und Prozessführung
Kapital II: Gerichtsbarkeit
und Zuständigkeit
Abschnitt II: Örtliche
Zuständigkeit

Art. 52 Örtliche Zuständigkeit in Sonderfällen

[1] Die in den vorhergehenden Artikeln bestimmten Gerichtsstände finden in den folgenden Fällen keine Anwendung und die Zuständigkeit wird in Übereinstimmung mit den Vorschriften dieses Artikels bestimmt: ...

(4) Bei Verfahren über Erbschaftsangelegenheiten ist das Gericht des Ortes zuständig, an dem der Erblasser seinen letzten Wohnsitz hatte oder, wenn er diesen im Ausland hatte, nach Wahl des Klägers der letzte Wohnsitz in Spanien oder der Ort, an dem sich der grösste Teil seines Vermögens befindet.

Ley de Enjuiciamiento Civil (LEC)[251]
Libro I: De las disposiciones generales relativas a los juicios civiles
Título II: De la jurisdicción y de la competencia
Capitulo II: De las reglas para determinar la competencia
Sección II: De la competencia territorial

Art. 52 Competencia territorial en casos especiales (18.11. 2002)

[1] No se aplicarán los fueros estalecidos en los artículos anteriores y se determinará la ompetencia de acuerdo con lo establecido en el presente artículo en los casos siguientes: ...

(4) En los juicios sobre cuestiones hereditarias, será competente el trinula del lugar en que el finado tuvo su último domicilio y si lo hubeiere tenido en país extranjero, el del lugar de su último domicilio en España, o donde estuviere la mayor parte de sus bienes, a elección del demandante.

---

[251] Vgl. BOE 7/2000 oder Noticias Juridicas (noticias.juridicas.com/base_datos/Privado/l1-2000.html); Stand: 16.06. 2019.

26. Schlussbestimmung

Massnahmen zur Durchführung der Verordnung (EU) Nr. 650/2012 des Europäischen Parlaments und des Rates vom 4. Juli 2012 über die Zuständigkeit, das anwendbare Recht, die Anerkennung und Vollstreckung von Entscheidungen und die Annahme und Vollstreckung öffentlicher Urkunden in Erbsachen sowie zur Einführung eines Europäischen Nachlasszeugnisses ...

Bilaterale Staatsverträge:
Vertrag vom 24. Februar 2005 betreffend Rechtshilfe in Zivil- und Handelssachen zwischen der demokratischen Republik **Algerien** und dem Königreich Spanien.

Vertrag vom 26. Oktober 1990 zwischen dem Königreich Spanien und der **Union der Sozialistischen Sowjetrepubliken** über Rechtshilfe in Zivilsachen.

Dispocisión final vigésima sexta (20.08.2015)[252]

Medidas para facilitar la aplicación en España del Reglamento (UE) n.o. 650/2012 del Parlamento Europeo y del Conseja, de 4 julio de 2012, relativo a los competencia, la ley applicable, el reconocimiento y la ejecución de los documentos públicos en materia de secesiones "mortis cause" y a la creación de un certificado sucesorio europeo.
...

Tratados bilaterales:
Convenio del 24 febbraio de 2005 relativo a la assistenca judicial en el ámbito civil y mercantil entre la República **Argelina** Democrática y Popular y el Reino de España (BOE núm. 103 del 1 mayo 2006, p. 16888, Nr. 7733), Art. 17 lit. h.

Convenio del 26 de octubre de 1990 entre el Reino de España y la **Unión de Repúblicas Socialistas Soviéticas** sobre assistencia judicial en materia civil (BOE núm. 151 del 25 junio 1997, p. 19579, Nr. 13924), Art. 19. dig. 6 e Art. 20 dig. 2.

---

[252] BOE 182/2015 vom 31.07.2017, in Kraft seit 20.08.2015.

Bemerkung:
Alle Bestimmungen mit erbkollisionsrechtlichem Inhalt in Staatsverträgen mit den Verordnungsstaaten der EuErbVO werden durch die EuErbVO ersetzt.

Multilaterale Staatsverträge:
Haager Übereinkommen vom 5. Oktober 1961 über das auf die Form letztwilliger Verfügungen anzuwendende Recht (zu den Vertragsstaaten vgl. hinten, L.16).

Basler Übereinkommen vom 16. Mai 1972 über die Schaffung eines Systems zur Registrierung von Testamenten (zu den Vertragsstaaten vgl. hinten, L.16).

Verordnung (EU) Nr. 650/2012 des Europäischen Parlaments und des Rates vom 4. Juli 2012 über die Zuständigkeit, das anzuwendende Recht, die Anerkennung und Vollstreckung von Entscheidungen und die Annahme und Vollstreckung öffentlicher Urkunden in Erbsachen sowie zur Einführung eines Europäischen Nachlasszeugnisses (EU-ErbVO; zum Text vgl. hinten, X.1.a.).

Tratados multilaterales:
Convention de la Haye du 5 octobre 1961 sur les conflits de lois en matière de forme des dispositions testamentaires (in spanischer Sprache nicht verfügbar; in Kraft seit 10.06.1988).

Convention de Bâle du 16 mai 1972 relative à l'établissement d'un système d'inscription des testaments (in spanischer Sprache nicht verfügbar; in Kraft seit 29.09.1985).

Reglamento (UE) n o 650/2012 del Parlamento Europeo y del Consejo de 4 de julio de 2012 relativo a la competencia, la ley aplicable, el reconocimiento y la ejecución de las resoluciones, a la aceptación y la ejecución de los documentos públicos en materia de sucesiones mortis causa y a la creación de un certificado sucesorio europeo (in Kraft seit 17.8. 2015).

V. United Kingdom (England and Wales)

1. Gesetzliche Erbfolge (sec. 45–52 AEA)

Administration of Estates Act 1925 (AEA)[262]
Part IV: Distribution of Residuary Estate

45. Abolition of descent to heir, curtesy, dower and escheat

(1) With regard to the real estate and personal inheritance of every person dying after the commencement of this Act, there shall be abolished –

(a) All existing modes rules and canons of descent, and of devolution by special occupancy or otherwise, of real estate, or of a personal inheritance, whether operating by the general law or by the custom of gavelkind or borough English or by any other custom of any county, locality, or manor, or otherwise howsoever; and

(b) Tenancy by the curtesy and every other estate and interest of a husband in real estate as to which his wife dies intestate, whether arising under the general law or by custom or otherwise; and

(c) Dower and freebench and every other estate and interest of a wife in real estate as to which her husband dies intestate, whether arising under the general law or by custom or otherwise: Provided that where a right (if any) to freebench or other like right has attached before the commencement of this Act which cannot be barred by a testamentary or other disposition made by the husband, such right shall, unless released, remain in force as an equitable interest; and

(d) Escheat to the Crown or the Duchy of Lancaster or the Duke of Cornwall or to a mesne lord for want of heirs.

(2) Nothing in this section affects the descent or devolution of an entailed interest.

---

[262] Vgl. 15 & 16 Geo. 5, c. 23 und 17 Statutes 257; Stand: 01.10.2019; die Homepage der Regierung (Office of Public Sector Information: www.opsi.gov.uk/acts.htm) enthält nur die Gesetze ab 1988 in chronologischer Ordnung; der aktuelle Stand für dieses Gesetz kann nur auf kommerziellen Rechtsdatenbanken wie Lexis-Nexis (www.lexisnexis.com) abgefragt werden.

V. United Kingdom (England and Wales)

46. Succession to real and personal estate on intestacy (01.10.2014)[263]

(1) The residuary estate of an intestate shall be distributed in the manner or be held on the trusts mentioned in this section, namely: –
    (i) If the intestate leaves a spouse or civil partner, then in accordance with the following table:

(1) If the intestate leaves no issue:	the residuary estate shall be held in trust for the surviving spouse or civil partner absolutely.
(2) If the intestate leaves issue:	the surviving spouse or civil partner shall take the personal chattels absolutely; the residuary estate of the intestate (other than the personal chattels) shall stand charged with the payment of a fixed net sum,[264] free of death duties and costs, to the surviving spouse or civil partner, together with simple interest on it from the date of the death at the rate provided for by subsection (1A) until paid or appreciated; and subject to providing for the sum and interest referred to into paragraph (B), the residuary estate (other than the personal chattels) shall be held -

---

[263] Fassung gemäss Intestates' Estates Act 1952 (c. 64), Family Provision Act 1966 (c. 35), Law Reform (Succession) Act 1995 (c. 41), Civil Partnership Act 2004 (c. 33) und Inheritance and Trustees's Powers Act 2014 (c. 16), in Kraft seit 01.10.2014.

[264] Die Summe wird gemäss Schedule 1A AEA bestimmt:
If the deceased died *before 1 October 2014*, the statutory legacy is: £250,000 (or, before 1 February 2009, £125,000) if the deceased died leaving a surviving spouse or civil partner and any issue. £450,000 (or, before 1 February 2009, £200,000) if the deceased died leaving a surviving spouse or civil partner without issue and either: one or both parents or no parents but brother(s) or sister(s), or issue of brother(s) or sister(s). Not applicable if the deceased died leaving a surviving spouse or civil partner and no other close relatives (the surviving spouse or civil partner inherits everything).
If the deceased died on or *after 1 October 2014*, the statutory legacy is: £250,000 if the deceased died leaving a surviving spouse or civil partner and any issue. Not applicable if the deceased died leaving a surviving spouse or civil partner without issue (the surviving spouse or civil partner inherits everything).

	(a) as to one half, in trust for the surviving spouse or civil partner absolutely, and (b) as to the other half, on the statutory trusts for the issue of the intestate.

(ii) If the intestate leaves issue but no spouse or civil partner the residuary estate of the intestate shall be held on the statutory trusts for the issue of the intestate;

(iii) If the intestate leaves no spouse or civil partner and no issue but both parents, then ... the residuary estate of the intestate shall be held in trust for the father and mother in equal shares absolutely;

(iv) If the intestate leaves no spouse or civil partner and no issue but one parent, then ... the residuary estate of the intestate shall be held in trust for the surviving father or mother absolutely;

(v) If the intestate leaves no spouse or civil partner and no issue and no parent, then ... the residuary estate of the intestate shall be held in trust for the following persons living at the death of the intestate, and in the following order and manner, namely: –

First, on the statutory trusts for the brothers and sisters of the whole blood of the intestate; but if no person takes an absolutely vested interest under such trusts; then

Secondly, on the statutory trusts for the brothers and sisters of the half blood of the intestate; but if no person takes an absolutely vested interest under such trusts; then

Thirdly, for the grandparents of the intestate and, if more than one survive the intestate, in equal shares; but if there is no member of this class; then

Fourthly, on the statutory trusts for the uncles and aunts of the intestate (being brothers or sisters of the whole blood of a parent of the intestate); but if no person takes an absolutely vested interest under such trusts; then

Fifthly, on the statutory trusts for the uncles and aunts of the intestate (being brothers or sisters of the half blood of a parent of the intestate) ...;

(vi) In default of any person taking an absolute interest under the foregoing provisions, the residuary estate of the intestate shall belong to the Crown or to the Duchy of Lancaster or to the Duke of Cornwall for the time being, as the case may be, as bona vacantia, and in lieu of any right to escheat.

The Crown or the said Duchy or the said Duke may (without prejudice to the powers reserved by section nine of the Civil List Act, 1910, or any other powers), out of the whole or any part of the property devolving on them respectively, provide, in accordance with the existing practice, for dependants, whether kindred or not, of the intestate, and other persons for whom the intestate might reasonably have been expected to make provision.

(1 A) The interest rate referred to in paragraph (B) of case (2) of the Table in subsection (1)(i) is the Bank of England rate that had effect at the end of the day on which the intestate died.

(2) A spouse or civil partner shall for all purposes of distribution or division under the foregoing provisions of this section be treated as two persons.

(2A) Where the intestate's spouse or civil partner survived the intestate but died before the end of the period of 28 days beginning with the day on which the intestate died, this section shall have effect as respects the intestate as if the spouse or civil partner had not survived the intestate.

(3) ...

(4) The interest payable on the fixed net sum payable to a surviving spouse or civil partner shall be primarily payable out of income.

(5) In subsection (1A) "Bank of England rate" means—

    (a) the rate announced by the Monetary Policy Committee of the Bank of England as the official bank rate, or

    (b) where an order under section 19 of the Bank of England Act 1998 (reserve powers) is in force, any equivalent rate determined by the Treasury under that section.

(6) The Lord Chancellor may by order made by statutory instrument amend the definition of "Bank of England rate" in subsection (5) (but this subsection does not affect the generality of subsection (7)(b)).

(7) The Lord Chancellor may by order made by statutory instrument— amend subsection (1A) so as to substitute a different interest rate (however specified or identified)

    (a) for the interest rate for the time being provided for by that subsection;

    (b) make any amendments of, or repeals in, this section that may be consequential on or incidental to any amendment made by virtue of paragraph (a).

(8) A statutory instrument containing an order under subsection (6) is subject to annulment pursuant to a resolution of either House of Parliament.

(9) A statutory instrument containing an order under subsection (7) may not be made unless a draft of the instrument has been laid before and approved by a resolution of each House of Parliament.

46a. Disclaimer or forfeiture on intestacy (01.02.2012)[265]

(1) This section applies where a person -
    (a) is entitled in accordance with section 46 to an interest in the residuary estate of an intestate but disclaims it, or
    (b) would have been so entitled had the person not been precluded by the forfeiture rule from acquiring it.

(2) The person is to be treated for the purposes of this Part as having died immediately before the intestate.

(3) But in a case within subsection (1)(b), subsection (2) does not affect the power conferred by section 2 of the Forfeiture Act 1982 (power of court to modify the forfeiture rule).

(4) In this section "forfeiture rule" has the same meaning as in the Forfeiture Act 1982.

47. Statutory trusts in favour of issue and other classes of relatives of intestate (01.02.2012)[266]

(1) Where under this Part of this Act the residuary estate of an intestate, or any part thereof, is directed to be held on the statutory trusts for the issue of the intestate, the same shall be held upon the following trusts, namely: -
    (i) In trust, in equal shares if more than one, for all or any of the children or child of the intestate, living at the death of the intestate, who attain the age of eighteen years or marry under that age or form a civil partnership under that age, and for all or any of the issue living at the death of the intestate who attain the age of eighteen years or marry, or form a civil partnership, under that age of any child of the intestate who predeceases the intestate, such issue to take through all degrees, according to

---

[265] Fassung gemäss Estates of Deceased Persons (Forfeiture Rule and Law of Succession) Act 2011 (c. 7), in Kraft seit 01.02.2012.

[266] Fassung gemäss Intestates' Estates Act 1952 (c. 64), Family Provision Act 1966 (c. 35), Family Law Reform Act 1969 (c. 46), Land Reform (Succession) Act 1995 (c. 41) und Civil Partnership Act 2004 (c. 33), Estates of Deceased Persons (Forfeiture Rule and Law of Succession) Act 2011 (c. 7), in Kraft seit 01.02.2012.

V. United Kingdom (England and Wales)

their stocks, in equal shares if more than one, the share which their parent would have taken if living at the death of the intestate; and so that (subject to section 46A) no issue shall take whose parent is living at the death of the intestate and so capable of taking;

(ii) The statutory power of advancement, and statutory provisions which relate to maintenance and accumulation of surplus income, shall apply, but when an infant marries, or forms a civil partnership, such infant shall be entitled to give valid receipts for the income of the infants' share or interest;

(iii) ...

(iv) The personal representatives may permit any infant contingently interested to have the use and enjoyment of any personal chattels in such manner and subject to such conditions (if any) as the personal representatives may consider reasonable, and without being liable to account for any consequential loss.

(2) If the trusts in favour of the issue of the intestate fail by reason of no child or other issue attaining an absolutely vested interest -

(a) the residuary estate of the intestate and the income thereof and all statutory accumulations, if any, of the income thereof, or so much thereof as may not have been paid or applied under any power affecting the same, shall go, devolve and be held under the provisions of the Part of this Act as if the intestate had died without leaving issue living at the death of the intestate;

(b) references in this Part of this Act to the intestate "leaving no issue" shall be construed as "leaving no issue who attain an absolutely vested interest";

(c) references in this Part of this Act to the intestate "leaving issue" or "leaving a child or other issue" shall be construed as "leaving issue who attain an absolutely vested interest. "

(3) Where under this Part of this Act the residuary estate of any intestate or any part thereof is directed to be held on the statutory trusts for any class of relatives of the intestate, other than issue of the intestate, the same shall be held on trusts corresponding to the statutory trusts for the issue of the intestate (other than the provision for bringing any money or property into account) as if such trusts (other than as aforesaid) were repeated with the substitution of references to the members or member of that class for reference to the children or child of the intestate.

(4) References in paragraph (i) of subsection (7) of the last foregoing section to the intestate leaving, or not leaving, a member of the class consisting of

brothers or sisters of the whole blood of the intestate and issue of brothers or sisters of the whole blood of the intestate shall be construed as references to the intestate leaving, or not leaving, a member of that class who attains an absolutely vested interest.

(4A) Subsections 2 and 4 are subject to section 46A.

(4B) Subsections (4C) and (4D) apply if a beneficiary under the statutory trusts –

(a) fails to attain an absolutely vested interest because the beneficiary dies without having reached 18 and without having married or formed a civil partnership, and

(b) dies leaving issue.

(4C) The beneficiary is to be treated for the purposes of this Part as having died immediately before the intestate.

(4D) The residuary estate (together with the income from it and any statutory accumulations of income from it) or so much of it as has not been paid or applied under a power affecting it is to devolve accordingly.

(5) ...

47A. Right of surviving spouse to have own life interest redeemed (01.10.2014)[267]

...

48. Powers of personal representative in respect of interests of surviving spouse (01.10.2014)[268]

(1) ...

(2) The personal representatives may raise -

(a) the fixed net sum or any part thereof and the interest thereon payable to the surviving spouse or civil partner of the intestate on the security of the whole or any part of the residuary estate of the intestate (other than the personal chattels), so far as that estate may be sufficient for the purpose or the said sum and interest may not have been satisfied by an appropriation under the statutory power available in that behalf,

(b) ...

---

[267] Fassung gemäss Inheritance and Trustees's Powers Act 2014 (c. 16), in Kraft seit 01.10.2014.
[268] Fassung gemäss Intestates' Estates Act 1952 (c. 64), Family Provision Act 1966 (c. 35), Civil Partnership Act 2004 (c. 33) und Inheritance and Trustees's Powers Act 2014 (c. 16), in Kraft seit 01.10.2014.

and the amount, if any, properly required for the payment of the costs of the transaction.

49. Application to cases of partial intestacy (01.10.2014)[269]

(1) Where any person dies leaving a will effectively disposing of part of his property, this Part of this Act shall have effect as respects the part of his property not so disposed of subject to the provisions contained in the will and subject to the following modifications:

(aa), (a) ...

(b) the personal representative shall, subject to his rights and powers for the purposes of administration, be a trustee for the persons entitled under this Part of this Act in respect of the part of the estate not expressly disposed of unless it appears by the will that the personal representative is intended to take such part beneficially.

(2), (3), (4) ...

50. Construction of documents (04.04.1988)[270]

(1) References to any Statutes of Distribution in an instrument inter vivos made or in a will coming into operation after the commencement of this Act shall be construed as references to this Part of this Act; and references in such an instrument or will to statutory next of kin shall be construed, unless the context otherwise requires, as referring to the persons who would take beneficially on an intestacy under the foregoing provisions of this Part of this Act.

(2) Trusts declared in an instrument inter vivos made, or in a will coming into operation, before the commencement of this Act by reference to the Statutes of Distribution, shall, unless the contrary thereby appears, be construed as referring to the enactments (other than the Intestates' Estates Act, 1890) relating to the distribution of effects of intestates which were in force immediately before the commencement of this Act.

(3) In subsection (1) of this section the reference to this Part of this Act, or the foregoing provisions of this Part of this Act, shall in relation to an instrument inter vivos made, or a will or codicil coming into operation, after the coming into force of section 18 of the Family Law Reform Act 1987 (but not in relation to

---

[269] Fassung gemäss Law Reform (Succession) Act 1995 (c. 41) und Inheritance and Trustees's Powers Act 2014 (c. 16), in Kraft seit 01.10.2014.
[270] Fassung gemäss Family Family Law Reform Act 1987 (c. 42), in Kraft seit 04.04.1988.

instruments inter vivos made or wills or codicils coming into operation earlier) be construed as including references to that section.

51. Savings (05.12.2005) [271]

(1) Nothing in this Part of this Act affects the right of any person to take beneficially, by purchase, as heir either general or special.

(2) The foregoing provisions of this Part of this Act do not apply to any beneficial interest in real estate (not including chattels real) to which a person of sound mind or defective living and of full age at the commencement of this Act, and unable, by reason of his incapacity, to make a will, who thereafter dies intestate in respect of such interest without having recovered his testamentary capacity, was entitled at his death, and any such beneficial interest (not being an interest ceasing on his death) shall, without prejudice to any will of the deceased, devolve in accordance with the general law in force before the commencement of this Act applicable to freehold land, and that law shall, notwithstanding any repeal, apply to the case.

For the purposes of this subsection a person of sound mind or defective who dies intestate as respects any beneficial interest in real estate shall not be deemed to have recovered his testamentary capacity unless his ... receiver has been discharged.

(3) Where an infant dies after the commencement of this Act without having been married or having formed a civil partnership, and without issue, and independently of this subsection he would, at his death, have been equitably entitled under a trust or settlement (including a will) to a vested estate in fee simple or absolute interest in freehold land, or in any property to devolve therewith or as freehold land, such infant shall be deemed to have had a life interest, and the trust or settlement shall be construed accordingly.

(4) ...

52. Interpretation of Part IV (04.04.1988) [272]

In this Part of this Act "real and personal estate" means every beneficial interest (including rights of entry and reverter) of the intestate in real and personal estate which (otherwise than in right of a power of appointment or of the

---

[271] Fassung gemäss Mental Treatment Act 1932 (c. 23), Mental Health Act 1959 (c. 72), Trusts of Land and Appointment of Trustees Act 1996 (c. 47) und Civil Partnership Act 2004 (c. 33), in Kraft seit 05.12.2005.

[272] Fassung gemäss Family Law Reform Act 1987 (c. 42), in Kraft seit 04.04.1988.

V. United Kingdom (England and Wales)

testamentary power conferred by statute to dispose of entailed interests) he could, if of full age and capacity, have disposed of by his will and references (however expressed) to any relationship between two persons shall be construed in accordance with section 1 of the Family Law Reform Act 1987.

V. United Kingdom (England and Wales)

2. Verfügungsbeschränkungen (sec. 1–4 I[PFD]A 1975)

Inheritance (Provision for Family and Dependants) Act 1975 (I[PFD]A 1975)[273]

1. Application for financial provision from deceased's estate (01.10.2014)[274]

(1) Where after the commencement of this Act a person dies domiciled in England and Wales and is survived by any of the following persons -
    (a) the spouse or civil partner of the deceased;
    (b) a former spouse or former civil partner of the deceased, but not one who has formed a subsequent marriage or civil partnership;
    (ba) any person (not being included in paragraph (a) or (b) above) to who subsection (1A) or (1B) below applies;
    (c) a child of the deceased;
    (d) any person (not being a person of the deceased) who in relation to any marriage or civil partnership to which the deceased was at any time a party, or otherwise in relation to any family in which the deceased at any time stood in the role of a parent, was treated by the deceased as a child of the family;
    (e) any person (not being a person included in the foregoing paragraphs of this subsection) who immediately before the death of the deceased was being maintained, either wholly or partly, by the deceased;
that person may apply to the court for an order under section (2) of this Act on the ground that the disposition of the deceased's estate effected by his will or the law relating to intestacy, or the combination of his will and that law, is not such as to make reasonable financial provision for the applicant.

(1A) This subsection applies to a person if the deceased died on or after 1 January 1996 and, during the whole of the period of two years immediately before the date when the deceased died, the person was living -
    (a) in the same household as the deceased, and
    (b) as the husband or wife of the deceased.

(1B) This subsection applies to a person if for the whole of the period of two years ending immediately before the date when the deceased died the person was living –

---

[273] Vgl. 1975, c. 63; Office of Public Sector Information: www.legislation.gov.uk/ukpga/1975/63/contents; Stand: 01.10.2019.
[274] Fassung gemäss Law Reform (Succession) Act 1995 (c. 41), Civil Partnership Act 2004 (c. 33) und Inheritance and Trustees' Powers Act 2014 (c. 16), in Kraft seit 01.10.2014.

(a) in the same household as the deceased, and

(b) as the civil partner of the deceased.

(2) In this Act "reasonable financial provision" means

(a) in the case of an application made by virtue of subsection (1)(a) above by the husband or wife of the deceased (except where the marriage with the deceased was the subject of a decree of judicial separation and at the date of death the decree was in force at the date of death, a separation order under the Family Law Act 1996 was in force in relation to the marriage and the separation was continuing), means such financial provision as it would be reasonable in all the circumstances of the case for a husband or wife to receive, whether or not that provision is required for his or her maintenance;

(aa) in the case of an application made by virtue of subsection (1)(a) above by the civil partner of the deceased (except where, at the date of death, a separation order under Chapter 2 of Part 2 of the Civil Partnership Act 2004 was in force in relation to the civil partnership and the separation was continuing), means such financial provision as it would be reasonable in all the circumstances of the case for a civil partner to receive, whether or not that provision is required for his or her maintenance;

(b) in the case of any other application made by virtue of subsection (1) above, means such financial provision as it would be reasonable in all the circumstances of the case for the applicant to receive for his maintenance.

(2A) The reference in subsection (1)(d) above to a family in which the deceased stood in the role of a parent includes a family of which the deceased was the only member (apart from the applicant).

(3) For the purposes of subsection (1)(e) above, a person is to be treated as being maintained by the deceased (either wholly or partly, as the case may be) only if the deceased was making a substantial contribution in money or money's worth towards the reasonable needs of that person, other than a contribution made for full valuable consideration pursuant to an arrangement of a commercial nature.

2. Powers of court to make orders (01.10.2014)[275]

(1) Subject to the provisions of this Act, where an application is made for an order under this section, the court may, if it is satisfied that the disposition of the deceased's estate effected by his will or the law relating to intestacy, or the com-

---

[275] Fassung gemäss Civil Partnership Act 2004 (c. 33) und Inheritance and Trustees' Powers Act 2014 (c. 16), in Kraft seit 01.10.2014.

V. United Kingdom (England and Wales)

bination of his will and that law, is not such as to make reasonable financial provision for the applicant, make any one or more of the following orders -

(a) an order for the making to the applicant out of the net estate of the deceased of such periodical payments and for such term as may be specified in the order;

(b) an order for the payment to the applicant out of that estate of a lump sum of such amount as may be so specified;

(c) an order for the transfer to the applicant of such property comprised in that estate as may be so specified;

(d) an order for the settlement for the benefit of the applicant of such property comprised in that estate as may be so specified;

(e) an order for the acquisition out of property comprised in that estate of such property as may be so specified and for the transfer of the property so acquired to the applicant or for the settlement thereof for his benefit;

(f) an order varying any ante-nuptial or post-nuptial settlement (including such a settlement made by will) made on the parties to a marriage to which the deceased was one of the parties, the variation being for the benefit of the surviving party to that marriage, or any child of that marriage, or any person who was treated by the deceased as a child of the family in relation to that marriage.

(g) an order varying any settlement made –

(i) during the subsistence of a civil partnership formed by the deceased, or

(ii) in anticipation of the formation of a civil partnership by the deceased,

On the civil partners (including such a settlement made by will), the variation being for the benefit of the surviving civil partner, or any child of both the civil partners, or any person who was treated by the deceased as a child of the family in relation to that civil partnership.

(h) an order varying for the applicant's benefit the trusts on which the deceased's estate is held (whether arising under the will, or the law relating to intestacy, or both).

(2) An order under subsection (1) (a) above providing for the making out of the net estate of the deceased of periodical payments may provide for –

(a) payments of such amount as may be specified in the order,

(b) payments equal to the whole of the income of the net estate or of such portion thereof as may be so specified,

(c) payments equal to the whole of the income of such part of the net estate as the court may direct to be set aside or appropriated for the making out of the income thereof of payments under this section,
or may provide for the amount of the payments or any of them to be determined in any other way the court thinks fit.

(3) Where an order under subsection (1) (a) above provides for the making of payments of an amount specified in the order, the order may direct that such part of the net estate as may be so specified shall be set aside or approached for the making out of the income thereof of those payments; but not larger part of the net estate shall be set aside or appropriated than is sufficient, at the date of the order, to produce by the income thereof the amount required for the making of those payments.

(3A) In assessing for the purposes of an order under this section the extent (if any) to which the net estate is reduced by any debts or liabilities (including any inheritance tax paid or payable out of the estate), the court may assume that the order has already been made.

(4) An order under this section may contain consequential and supplemental provisions as the court thinks necessary or expedient for the purpose of giving effect to the order or for the purpose of securing that the order operates fairly as between one beneficiary of the estate of the deceased and another and may, in particular, but without prejudice to the generality of this subsection –

(a) order any person who holds any property which forms part of the net estate of the deceased to make such payments or transfer such property as may be specified in the order;

(b) vary the disposition of the deceased's estate effected by the will or the law relating to intestacy, or by both the will and the law relating to intestacy, in such manner as the court thinks fair and reasonable having regard to the provisions of the order and all the circumstances of the case;

(c) confer on the trustees of any property which is the subject of an order under this section such powers as appear to the court to be necessary or expedient.

3. Matters to which court is to have regard in exercising powers under s 2 (01.10.2014)[276]

(1) Where an application is made for an order under section 2 of this Act, the court shall, in determining whether the disposition of the deceased's estate ef-

---

[276] Fassung gemäss Law Reform (Succession) Act 1995 (c. 41), Civil Partnership Act 2004 (c. 33) und Inheritance and Trustees' Powers Act 2014 (c. 16).

fected by his will or the law relating to intestacy, or the combination of his will and that law, is such as to make reasonable financial provision for the applicant and, if the court considers that reasonable financial provision has not been made, in determining whether and in what manner it shall exercise its powers under that section, have regard to the following matters, that is to say -

(a) the financial resources and financial needs which the applicant has, or is likely to have in the foreseeable future;

(b) the financial resources and financial needs which any other applicant for an order under section 2 of this Act has or is likely to have in the foreseeable future;

(c) the financial resources and financial needs which any beneficiary of the estate of the deceased has or is likely to have in the foreseeable future;

(d) any obligations and responsibilities which the deceased had towards any applicant for an order under the said section 2 or towards any beneficiary of the estate of the deceased;

(e) the size and nature of the net estate of the deceased;

(f) any physical or mental disability of any applicant for an order under the said section 2 or any beneficiary of the estate of the deceased;

(g) any other matter, including the conduct of the applicant or any other person, which in the circumstances of the case the court may consider relevant.

(2) This subsection applies, without prejudice to the generality of paragraph (g) of subsection (1) above, where an application for an order under section 2 of this Act is made by virtue of section 1 (1)(a) or (b) of this Act.

The court shall, in addition to the matters specifically mentioned in paragraphs (a) to (f) of that subsection, have regard to -

(a) the age of the applicant and the duration of the marriage or civil partnership;

(b) the contribution made by the applicant to the welfare of the family of the deceased, including any contribution made by looking after the home or caring for the family;

and in the case of an application by the wife or husband of the deceased, the court shall also, unless at the date of death a decree of judicial separation was in force and the separation (separation order under the Family Law Act 1996) was continuing, have regard to the provision which the applicant might reasonably have expected to receive if on the day on which the deceased died the marriage, instead of being terminated by death, had been terminated by a decree of divorce; but nothing requires the court to treat such provision as setting an upper or lower limit on the provision which may be made by an order under section 2.

In the case of an application by the civil partner of the deceased, the court shall also, unless at the date of the death a separation order under Chapter 2 of Part 2 of the Civil Partnership Act 2004 was in force and the separation was continuing, have regard to the provision which the applicant might reasonably have expected to receive if on the day on which the deceased died the civil partnership, instead of being terminated by death, had been terminated by a dissolution order.

(2A) Without prejudice to the generality of paragraph (g) of subsection (1) above, where an application for an order under section 2 of this Act is made by virtue of section 1(1)(ba) of this Act, the court shall, in addition to the matters specifically mentioned in paragraphs (a) to (f) of that subsection, have regard to

(a) the age of the applicant and the length of the period during which the applicant lived as the husband or wife or civil partner of the deceased and in the same household as the deceased;

(b) the contribution made by the applicant to the welfare of the family of the deceased, including any contribution made by looking after the home or caring for the family.

(3) Without prejudice to the generality of paragraph (g) of subsection (1) above, where an application for an order under section 2 of this Act is made by virtue of section 1 (1) (c) or 1 (1) (d) of this Act, the court shall, in addition to the matters specifically mentioned in paragraphs (a) to (f) of that subsection, have regard to the manner in which the applicant was being or in which he might expect to be educated or trained, and where the application is made by virtue of section 1 (1) (d) the court shall also have regard -

(a) to whether the deceased maintained the applicant and, if so, to the length of time for which and basis on which the deceased did so, and to the extent of the contribution made by way of maintenance;

(aa) to whether and, if so, to what extent the deceased assumed responsibility for the maintenance of the applicant;

(b) to whether in maintaining or assuming responsibility for maintaining the applicant the deceased did so knowing that the applicant was not his own child;

(c) to the liability of any other person to maintain the applicant.

(4) Without prejudice to the generality of paragraph (g) of subsection (1) above, where an application for an order under section 2 of this Act is made by virtue of section 1 (1) (e) of this Act, the court shall, in addition to the matters specifically mentioned in paragraphs (a) to (f) of that subsection, have regard —

(a) to the length of time for which and basis on which the deceased maintained the applicant, and to the extent of the contribution made by way of maintenance;

(b) to whether and, if so, to what extent the deceased assumed responsibility for the maintenance of the applicant.

(5) In considering the matters to which the court is required to have regard under this section, the court shall take into account the facts as known to the court at the date of the hearing.

(6) In considering the financial resources of any person for the purposes of this section the court shall take into account his earning capacity and in considering the financial needs of any person for the purposes of this section the court shall take into account his financial obligations and responsibilities.

4. Time-limit for applications (01.10.2014)[277]

An application for an order under section 2 of this Act shall not, except with the permission of the court, be made after the end of the period of six months from the date on which representation with respect to the estate of the deceased is first taken out (but nothing prevents the making of an application before such representation is first taken out).

...

---

[277] Fassung gemäss Inheritance and Trustees' Powers Act 2014 (c. 16).

3. Internationales Erbrecht (Wills Act 1963)

Das Erbrecht knüpft gemäss der Praxis grundsätzlich am Wohnort des Erblassers (Mobilien)[278] bzw. am Lageort (Immobilien)[279] an.

Wills Act 1963[280]
Part IV: Distribution of Residuary Estate

4. Construction of wills
The construction of a will shall not be altered by reason of any change in the testator's domicile after the execution of the will.

Bilaterale Staatsverträge:
Consular Convention of June 24, 1960, between Her Majesty in respect of the United Kingdom of Great Britain and Northern Ireland and the Federal Republic of **Austria** (Treaty Series 013/1964): Part VII (Estates).

Declaration from April 11, 1877, between Great Britain and **Denmark**, relative to the disposal of the Estates of Deceased Seamen of both countries (PRO FO 93/29/31/0: 0).

Agreement of December 22, 1931, between the United Kingdom and the Republic of **Estonia**, respecting the Estates of Deceased Seamen (Treaty Series TS 028/1932: Dmd4167).

Agreement from December 14, 1923, between the United Kingdom and **Finland** in regard to the Disposal of the Estates of Deceased Seamen (Treaty Series TS 007/1924: Cmd.2042).

Agreement of November 15, 1907, between the United Kingdom and **France** respecting death duties (Treaty Series 010/1908).

Exchange of Notes from May 21, 1907, between the United Kingdom and **Germany** respecting the Estates of Deceased Seamen (Treaty Series TS 012/1907: Cd.3452).

Treaty of Friendship, Commerce and Navigation of January 21, 1887, between the United Kingdom and the Republic of Honduras (Treaty Series 014/1900: Cd.254: Art. IV Gleichbehandlung [testament, successio ab intestato]).

---

[278] Vgl. State of Spain v. Treasury Solicitor (1954) P. 223, 245: mobilia sequentur personam.
[279] Vgl. Duncan v. Lawson (1889) 41 Ch.D. 394, 397: lex loci.
[280] Vgl. 1963 c. 44; Office of Public Sector Information: www.legislation.gov.uk/ukpga/1963/44/contents; Stand: 01.10.2019.

Declaration from April 17, 1877 between Great Britain and **Italy**, relative to the Disposal of the Estates of Deceased Seamen of both countries (PRO FO 93/48/12/0:0).

Convention from April 26, 1900, between the United Kingdom and **Japan** for the Protection of the Estates of Deceased Persons (Treaty Series 002/1901: Cd.433).

Agreement from July 24, 1930, between His Majestys Government in the United Kingdom and the **Latvian** Government respecting the Estates of Deceased Seaman (PRO FO 93/125/6/0:0).

Treaty of Friendship, Commerce and Navigation of March 19, 1891, between Great Britain and **Muscat** (Treaty Series 009/1892: C.6638): Art. XVII (Sicherungsmassnahmen, Heimatrecht).

Exchange of Notes from December 1, 2004, between the Government of the United Kingdom of Great Britain and Northern Ireland and the Government of the **Russian Federation** concerning Estate Matters of Mutual Interest (Treaty Series 003/2005: Cm6477).

Declaration from August 9, 1880, between Great Britain and **Russia**, relative to the Disposal of the Estates of Deceased Seamen of the two Countries (PRO FO 93/81/50/0:0).

Agreement from October 5, 1907, between the United Kingdom and **Sweden** respecting the Estates of Deceased Seamen (Treaty Series TS 037/1907: Cd.3779).

Treaty of Friendship, Commerce, and Reciprocal Establishment of September 6, 1855, between the United Kingdom and **Switzerland** (PRO FO 93/103/5/0:0; www.treaty-accord.gc.ca/text-texte.aspx?id=100707).

Multilaterale Staatsverträge:

Hague Convention of 5 October 1961 on the Conflicts of Laws Relating to the Form of Testamentary Dispositions (in Kraft seit 10.06.1988; zu den Vetragsstaaten vgl. hinten, L. 16).

Basel Convention of 16 May 1972, on the Establishment of a Scheme of Registratin of Wills (in Kraft seit 29.09.1985; zu den Vertragsstaaten vgl. hinten, L. 16.

Washington Convention of 26 October 1973, providing a Uniform Law on the Form of an International Will (von UK am 10.10.1974 signiert, aber nicht ratifiziert; nicht in Kraft getreten; zu den Vertragsstaaten vgl. hinten, L. 16).

W. United States of America

1. Kalifornien

a. Gesetzliche Erbfolge (§§ 240-241 und 6400–6455 Cal.Prob.Code)

California Probate Code (Cal.Prob.Code)[299]
Division 2: General Provisions
Part 2: Intestate Succession

§ 240

If a statute calls for property to be distributed or taken in the manner provided in this section, the property shall be divided into as many equal shares as there are living members of the nearest generation of issue then living and deceased members of that generation who leave issue then living, each living member of the nearest generation of issue then living receiving one share and the share of each deceased member of that generation who leaves issue then living being divided in the same manner among his or her then living issue.

§ 241

Section 240 does not apply where the death of the decedent in the case of intestate succession or of the testator, settlor, or other transferor occurred before January 1, 1985, and the law applicable prior to January 1, 1985, shall continue to apply where the death occurred before January 1, 1985.

Division 6: Wills and Intestate Succession
Part 2: Intestate Succession
Chapter 1: Intestate Succession Generally *(01.01.1994)*

§ 6400   Property subject to intestacy provisions
Any part of the estate of a decedent not effectively disposed of by will passes to the decedent's heirs as prescribed in this part.

---

[299] Enacted Stats 1990 ch. 79 § 14 (AB 759), operative July 1, 1991; vgl. die Homepage "California Legislative Information" (http://leginfo.legislature.ca.gov/faces/codesTOCSelected.xhtml?tocCode=PROB&tocTitle=+Probate+Code+-+PROB); Stand: 01.10.2019.

*§ 6401   Intestate share of surviving spouse or domestic partner
(01.01.2015)*

(a) As to community property, the intestate share of the surviving spouse is the one-half of the community property that belongs to the decedent under Section 100.

(b) As to quasi-community property, the intestate share of the surviving spouse is the one-half of the quasi-community property that belongs to the decedent under Section 101.

(c) As to separate property, the intestate share of the surviving spouse is as follows:

(1) The entire intestate estate if the decedent did not leave any surviving issue, parent, brother, sister, or issue of a deceased brother or sister.

(2) One-half of the intestate estate in the following cases:

(A) Where the decedent leaves only one child or the issue of one deceased child.

(B) Where the decedent leaves no issue but leaves a parent or parents or their issue or the issue of either of them.

(3) One-third of the intestate estate in the following cases:

(A) Where the decedent leaves more than one child.

(B) Where the decedent leaves one child and the issue of one or more deceased children.

(C) Where the decedent leaves issue of two or more deceased children.

*§ 6402   Intestate share of heirs other than surviving spouse or
domestic partner   (01.01.2015)*

Except as provided in Section 6402.5, the part of the intestate estate not passing to the surviving spouse, under Section 6401, or the entire intestate estate if there is no surviving spouse, passes as follows:

(a) To the issue of the decedent, the issue taking equally if they are all of the same degree of kinship to the decedent, but if of unequal degree those of more remote degree take in the manner provided in Section 240.

(b) If there is no surviving issue, to the decedent's parent or parents equally.

(c) If there is no surviving issue or parent, to the issue of the parents or either of them, the issue taking equally if they are all of the same degree of kinship to the decedent, but if of unequal degree those of more remote degree take in the manner provided in Section 240.

(d) If there is no surviving issue, parent or issue of a parent, but the decedent is survived by one or more grandparents or issue of grandparents, to the grandparent or grandparents equally, or to the issue of those grandparents if there is no surviving grandparent, the issue taking equally if they are all of the same degree of kinship to the decedent, but if of unequal degree those of more remote degree take in the manner provided in Section 240.

(e) If there is no surviving issue, parent or issue of a parent, grandparent or issue of a grandparent, but the decedent is survived by the issue of a predeceased spouse, to that issue, the issue taking equally if they are all of the same degree of kinship to the predeceased spouse, but if of unequal degree those of more remote degree take in the manner provided in Section 240.

(f) If there is no surviving issue, parent or issue of a parent, grandparent or issue of a grandparent, or issue of a predeceased spouse, but the decedent is survived by next of kin, to the next of kin in equal degree, but where there are two or more collateral kindred in equal degree who claim through different ancestors, those who claim through the nearest ancestor are preferred to those claiming through an ancestor more remote.

(g) If there is no surviving next of kin of the decedent and no surviving issue of a predeceased spouse of the decedent, but the decedent is survived by the parents of a predeceased spouse or the issue of those parents, to the parent or parents equally, or to the issue of those parents if both are deceased, the issue taking equally if they are all of the same degree of kinship to the predeceased spouse, but if of unequal degree those of more remote degree take in the manner provided in Section 240.

§ 6402.5 Portion of decedent's estate attributable to decedent's predeceased spouse

(a) For purposes of distributing real property under this section if the decedent had a predeceased spouse who died not more than 15 years before the decedent and there is no surviving spouse or issue of the decedent, the portion of the decedent's estate attributable to the decedent's predeceased spouse passes as follows:

(1) If the decedent is survived by issue of the predeceased spouse, to the surviving issue of the predeceased spouse; if they are all of the same degree of kinship to the predeceased spouse they take equally, but if of unequal degree those of more remote degree take in the manner provided in Section 240.

(2) If there is no surviving issue of the predeceased spouse but the decedent is survived by a parent or parents of the predeceased spouse, to the predeceased spouse's surviving parent or parents equally.

(3) If there is no surviving issue or parent of the predeceased spouse but the decedent is survived by issue of a parent of the predeceased spouse, to the surviving issue of the parents of the predeceased spouse or either of them, the issue

taking equally if they are all of the same degree of kinship to the predeceased spouse, but if of unequal degree those of more remote degree take in the manner provided in Section 240.

(4) If the decedent is not survived by issue, parent, or issue of a parent of the predeceased spouse, to the next of kin of the decedent in the manner provided in Section 6402.

(5) If the portion of the decedent's estate attributable to the decedent's predeceased spouse would otherwise escheat to the state because there is no kin of the decedent to take under Section 6402, the portion of the decedent's estate attributable to the predeceased spouse passes to the next of kin of the predeceased spouse who shall take in the same manner as the next of kin of the decedent take under Section 6402.

(b) For purposes of distributing personal property under this section if the decedent had a predeceased spouse who died not more than five years before the decedent, and there is no surviving spouse or issue of the decedent, the portion of the decedent's estate attributable to the decedent's predeceased spouse passes as follows:

(1) If the decedent is survived by issue of the predeceased spouse, to the surviving issue of the predeceased spouse; if they are all of the same degree of kinship to the predeceased spouse they take equally, but if of unequal degree those of more remote degree take in the manner provided in Section 240.

(2) If there is no surviving issue of the predeceased spouse but the decedent is survived by a parent or parents of the predeceased spouse, to the predeceased spouse's surviving parent or parents equally.

(3) If there is no surviving issue or parent of the predeceased spouse but the decedent is survived by issue of a parent of the predeceased spouse, to the surviving issue of the parents of the predeceased spouse or either of them, the issue taking equally if they are all of the same degree of kinship to the predeceased spouse, but if of unequal degree those of more remote degree take in the manner provided in Section 240.

(4) If the decedent is not survived by issue, parent, or issue of a parent of the predeceased spouse, to the next of kin of the decedent in the manner provided in Section 6402.

(5) If the portion of the decedent's estate attributable to the decedent's predeceased spouse would otherwise escheat to the state because there is no kin of the decedent to take under Section 6402, the portion of the decedent's estate attributable to the predeceased spouse passes to the next of kin of the predeceased spouse who shall take in the same manner as the next of kin of the decedent take under Section 6402.

(c) For purposes of disposing of personal property under subdivision (b), the claimant heir bears the burden of proof to show the exact personal property to be disposed of to the heir.

(d) For purposes of providing notice under any provision of this code with respect to an estate that may include personal property subject to distribution under subdivision (b), if the aggregate fair market value of tangible and intangible personal property with a written record of title or ownership in the estate is believed in good faith by the petitioning party to be less than ten thousand dollars ($10,000), the petitioning party need not give notice to the issue or next of kin of the predeceased spouse. If the personal property is subsequently determined to have an aggregate fair market value in excess of ten thousand dollars ($10,000), notice shall be given to the issue or next of kin of the predeceased spouse as provided by law.

(e) For the purposes of disposing of property pursuant to subdivision (b), "personal property" means that personal property in which there is a written record of title or ownership and the value of which in the aggregate is ten thousand dollars ($10,000) or more.

(f) For the purposes of this section, the "portion of the decedent's estate attributable to the decedent's predeceased spouse" means all of the following property in the decedent's estate:

(1) One-half of the community property in existence at the time of the death of the predeceased spouse.

(2) One-half of any community property, in existence at the time of death of the predeceased spouse, which was given to the decedent by the predeceased spouse by way of gift, descent, or devise.

(3) That portion of any community property in which the predeceased spouse had any incident of ownership and which vested in the decedent upon the death of the predeceased spouse by right of survivorship.

(4) Any separate property of the predeceased spouse which came to the decedent by gift, descent, or devise of the predeceased spouse or which vested in the decedent upon the death of the predeceased spouse by right of survivorship.

(g) For the purposes of this section, quasi-community property shall be treated the same as community property.

(h) For the purposes of this section:

(1) Relatives of the predeceased spouse conceived before the decedent's death but born thereafter inherit as if they had been born in the lifetime of the decedent.

(2) A person who is related to the predeceased spouse through two lines of relationship is entitled to only a single share based on the relationship which would entitle the person to the larger share.

§ 6403   Requirement that heir survive decedent
(a) A person who fails to survive the decedent by 120 hours is deemed to have predeceased the decedent for the purpose of intestate succession, and the heirs are determined accordingly. If it cannot be established by clear and convincing evidence that a person who would otherwise be an heir has survived the decedent by 120 hours, it is deemed that the person failed to survive for the required period. The requirement of this section that a person who survives the decedent must survive the decedent by 120 hours does not apply if the application of the 120-hour survival requirement would result in the escheat of property to the state.

(b) This section does not apply to the case where any of the persons upon whose time of death the disposition of property depends died before January 1, 1990, and such case continues to be governed by the law applicable before January 1, 1990.

§ 6404   Escheat if no taker
Part 4 (commencing with Section 6800) (escheat) applies if there is no taker of the intestate estate under the provisions of this part.

§ 6406   Relatives of halfblood   (01.01.1994)
Except as provided in Section 6451, relatives of the halfblood inherit the same share they would inherit if they were of the whole blood.

§ 6407   Unborn relatives of decedent
Relatives of the decedent conceived before the decedent's death but born thereafter inherit as if they had been born in the lifetime of the decedent.

§ 6409   Advancements   (01.01.2003)
(a) If a person dies intestate as to all or part of his or her estate, property the decedent gave during lifetime to an heir is treated as an advancement against that heir's share of the intestate estate only if one of the following conditions is satisfied:

(1) The decedent declares in a contemporaneous writing that the gift is an advancement against the heir's share of the estate or that its value is to be deducted from the value of the heir's share of the estate.

(2) The heir acknowledges in writing that the gift is to be so deducted or is an advancement or that its value is to be deducted from the value of the heir's share of the estate.

(b) Subject to subdivision (c), the property advanced is to be valued as of the time the heir came into possession or enjoyment of the property or as of the time of death of the decedent, whichever occurs first.

(c) If the value of the property advanced is expressed in the contemporaneous writing of the decedent, or in an acknowledgment of the heir made contemporaneously with the advancement, that value is conclusive in the division and distribution of the intestate estate.

(d) If the recipient of the property advanced fails to survive the decedent, the property is not taken into account in computing the intestate share to be received by the recipient's issue unless the declaration or acknowledgment provides otherwise.

§ 6410   Debt owed to decedent

(a) A debt owed to the decedent is not charged against the intestate share of any person except the debtor.

(b) If the debtor fails to survive the decedent, the debt is not taken into account in computing the intestate share of the debtor's issue.

§ 6411   Aliens

No person is disqualified to take as an heir because that person or a person through whom he or she claims is or has been an alien.

§ 6412   Dower and curtesy not recognized

Except to the extent provided in Section 120, the estates of dower and curtesy are not recognized.

§ 6413   Person related to decedent through two lines of relationships

A person who is related to the decedent through two lines of relationship is entitled to only a single share based on the relationship which would entitle the person to the larger share.

§ 6414   Testator's death before January 1, 1985

(a) Except as provided in subdivision (b), this part does not apply where the decedent died before January 1, 1985, and the law applicable prior to January 1, 1985, continues to apply where the decedent died before January 1, 1985.

(b) Section 6412 applies whether the decedent died before, on, or after January 1, 1985.

(c) Where any of the following provisions is applied in a case where the decedent died before January 1, 1985, any reference in that provision to this part shall be deemed to be a reference to former Division 2 (commencing with Section 200) which was repealed by Section 19 of Chapter 842 of the Statutes of 1983:

(1) Section 377 of the Code of Civil Procedure.

(2) Section 3524 of the Penal Code.

Chapter 2: Parent and child relationship *(01.01.1994)*

§ 6450   Circumstances for existence of relationship   (01.01.1994)

Subject to the provisions of this chapter, a relationship of parent and child exists for the purpose of determining intestate succession by, through, or from a person in the following circumstances:

(a) The relationship of parent and child exists between a person and the person's natural parents, regardless of the marital status of the natural parents.

(b) The relationship of parent and child exists between an adopted person and the person's adopting parent or parents.

§ 6451   Effect of adoption   (01.01.1994)

(a) An adoption severs the relationship of parent and child between an adopted person and a natural parent of the adopted person unless both of the following requirements are satisfied:

(1) The natural parent and the adopted person lived together at any time as parent and child, or the natural parent was married to or cohabiting with the other natural parent at the time the person was conceived and died before the person's birth.

(2) The adoption was by the spouse of either of the natural parents or after the death of either of the natural parents.

(b) Neither a natural parent nor a relative of a natural parent, except for a wholeblood brother or sister of the adopted person or the issue of that brother or sister, inherits from or through the adopted person on the basis of a parent and child relationship between the adopted person and the natural parent that satisfies the requirements of paragraphs (1) and (2) of subdivision (a), unless the adoption is by the spouse or surviving spouse of that parent.

(c) For the purpose of this section, a prior adoptive parent and child relationship is treated as a natural parent and child relationship.

§ 6452 (01.01.2014)
(a) A parent does not inherit from or through a child on the basis of the parent and child relationship if any of the following apply:

(1) The parent's parental rights were terminated and the parent-child relationship was not judicially reestablished.

(2) The parent did not acknowledge the child.

(3) The parent left the child during the child's minority without an effort to provide for the child's support or without communication from the parent, for at least seven consecutive years that continued until the end of the child's minority, with the intent on the part of the parent to abandon the child. The failure to provide support or to communicate for the prescribed period is presumptive evidence of an intent to abandon.

(b) A parent who does not inherit from or through the child as provided in subdivision (a) shall be deemed to have predeceased the child, and the intestate estate shall pass as otherwise required under Section 6402.

§ 6453 "Natural parent" (01.01.2019)
For the purpose of determining whether a person is a "natural parent" as that term is used in this chapter:

(a) A natural parent and child relationship is established where that relationship is presumed and not rebutted pursuant to the Uniform Parentage Act (Part 3 (commencing with Section 7600) of Division 12 of the Family Code).

(b) A natural parent and child relationship may be established pursuant to any other provisions of the Uniform Parentage Act, except that the relationship may not be established by an action under subdivision (c) of Section 7630 of the Family Code unless any of the following conditions exist:

(1) A court order was entered during the father's lifetime declaring parentage.

(2) Parentage is established by clear and convincing evidence that the parent has openly held out the child as that parent's own.

(3) It was impossible for the parent to hold out the child as that parents's own and parentage is established by clear and convincing evidence, which may include genetic DNA evidence acquired during the parent's lifetime.

(c) A natural parent and child relationship may be established pursuant to Section 249.5.

§ 6454 Foster parent or stepparent (01.01.1994)
For the purpose of determining intestate succession by a person or the person's issue from or through a foster parent or stepparent, the relationship of parent

and child exists between that person and the person's foster parent or stepparent if both of the following requirements are satisfied:

(a) The relationship began during the person's minority and continued throughout the joint lifetimes of the person and the person's foster parent or stepparent.

(b) It is established by clear and convincing evidence that the foster parent or stepparent would have adopted the person but for a legal barrier.

§ 6455   Equitable adoption   (01.01.1994)

Nothing in this chapter affects or limits application of the judicial doctrine of equitable adoption for the benefit of the child or the child's issue.

b. Verfügungsbeschränkungen (§§ 6500–6615 Cal.Prob.Code)

California Probate Code (Cal.Prob.Code)[300]
Part 3: Family Protection
Chapter 1: Temporary Possession of Family Dwelling and Exempt Property

§ 6500   Temporary right to remain in possession
Until the inventory is filed and for a period of 60 days thereafter, or for such other period as may be ordered by the court for good cause on petition therefor, the decedent's surviving spouse and minor children are entitled to remain in possession of the family dwelling, the wearing apparel of the family, the household furniture, and the other property of the decedent exempt from enforcement of a money judgment.

§ 6501   Petition for order; notice of hearing
A petition for an order under Section 6500 may be filed by any interested person. Notice of the hearing on the petition shall be given as provided in Section 1220.

Chapter 2: Setting Aside Exempt Property other than Family Dwelling

§ 6510   Setting aside exempt property
Upon the filing of the inventory or at any subsequent time during the administration of the estate, the court in its discretion may on petition therefor set apart all or any part of the property of the decedent exempt from enforcement of a money judgment, other than the family dwelling, to any one or more of the following:
(a) The surviving spouse.
(b) The minor children of the decedent.

§ 6511   Petition for order; notice of hearing
A petition for an order under Section 6510 may be filed by any interested person. Notice of the hearing on the petition shall be given as provided in Section 1220.

---

[300]   Enacted Stats 1990 ch 79 § 14 (AB 759), operative July 1, 1991; vgl. die Homepage "California Legislative Information" (http://leginfo.legislature.ca.gov/faces/codesTOCSelected.xhtml?tocCode=PROB&tocTitle=+Probate+Code+-+PROB); Stand: 01.10.2019.

Chapter 3: Setting Aside Probate Homestead

§ 6520   Court may select and set aside probate homestead
Upon the filing of the inventory or at any subsequent time during the administration of the estate, the court in its discretion may on petition therefor select and set apart one probate homestead in the manner provided in this chapter.

§ 6521   Persons for whose use homestead to be set apart
The probate homestead shall be set apart for the use of one or more of the following persons:
(a) The surviving spouse.
(b) The minor children of the decedent.

§ 6522   Property out of which homestead selected   (01.07.1991)
(a) The probate homestead shall be selected out of the following property, giving first preference to the community and quasi-community property of, or property owned in common by, the decedent and the person entitled to have the homestead set apart:
(1) If the homestead is set apart for the use of the surviving spouse or for the use of the surviving spouse and minor children, out of community property or quasi-community property.
(2) If the homestead is set apart for the use of the surviving spouse or for the use of the minor children or for the use of the surviving spouse and minor children, out of property owned in common by the decedent and the persons entitled to have the homestead set apart, or out of the separate property of the decedent or, if the decedent was not married at the time of death, out of property owned by the decedent.
(b) The probate homestead shall not be selected out of property the right to possession of which is vested in a third person unless the third person consents thereto. As used in this subdivision, "third person" means a person whose right to possession of the property (1) existed at the time of the death of the decedent or came into existence upon the death of the decedent and (2) was not created by testate or intestate succession from the decedent.

§ 6523   Factors to be considered in setting apart homestead
(a) In selecting and setting apart the probate homestead, the court shall consider the needs of the surviving spouse and minor children, the liens and encumbrances on the property, the claims of creditors, the needs of the heirs or devisees of the decedent, and the intent of the decedent with respect to the property in the

estate and the estate plan of the decedent as expressed in inter vivos and testamentary transfers or by other means.

(b) The court, in light of subdivision (a) and other relevant considerations as determined by the court in its discretion, shall:

(1) Select as a probate homestead the most appropriate property available that is suitable for that use, including in addition to the dwelling itself such adjoining property as appears reasonable.

(2) Set the probate homestead so selected apart for such a term and upon such conditions (including, but not limited to, assignment by the homestead recipient of other property to the heirs or devisees of the property set apart as a homestead) as appear proper.

§ 6524   Duration of homestead; Rights of parties

The property set apart as a probate homestead shall be set apart only for a limited period, to be designated in the order, and in no case beyond the lifetime of the surviving spouse, or, as to a child, beyond its minority. Subject to the probate homestead right, the property of the decedent remains subject to administration including testate and intestate succession. The rights of the parties during the period for which the probate homestead is set apart are governed, to the extent applicable, by the Legal Estates Principal and Income Law, Chapter 2.6 (commencing with Section 731) of Title 2 of Part 1 of Division 2 of the Civil Code.

§ 6525   Petition; notice of hearing

(a) A petition to select and set apart a probate homestead may be filed by any interested person.

(b) Notice of the hearing on the petition shall be given as provided in Section 1220 to all of the following persons:

(1) Each person listed in Section 1220.

(2) Each known heir whose interest in the estate would be affected by the petition.

(3) Each known devisee whose interest in the estate would be affected by the petition.

§ 6526   Liability of property set apart as homestead for claims against estate

(a) Property of the decedent set apart as a probate homestead is liable for claims against the estate of the decedent, subject to the probate homestead right. The probate homestead right in property of the decedent is liable for claims that are secured by liens and encumbrances on the property at the time of the decedent's death but is exempt to the extent of the homestead exemption as to any claim that would have been subject to a homestead exemption at the time of the decedent's death under Article 4 (commencing with Section 704.710) of Chapter 4 of Division 2 of Title 9 of Part 2 of the Code of Civil Procedure.

(b) The probate homestead right in the property of the decedent is not liable for claims against the person for whose use the probate homestead is set apart.

(c) Property of the decedent set apart as a probate homestead is liable for claims against the testate or intestate successors of the decedent or other successors to the property after administration, subject to the probate homestead right.

§ 6527   *Modification or termination of homestead right*

(a) The court may by order modify the term or conditions of the probate homestead right or terminate the probate homestead right at any time prior to entry of an order for final distribution of the decedent's estate if in the court's discretion to do so appears appropriate under the circumstances of the case.

(b) A petition for an order under this section may be filed by any of the following:

(1) The person for whose use the probate homestead is set apart.

(2) The testate or intestate successors of the decedent or other successors to the property set apart as a probate homestead.

(3) Persons having claims secured by liens or encumbrances on the property set apart as a probate homestead.

(c) Notice of the hearing on the petition shall be given to all the persons listed in subdivision (b) as provided in Section 1220.

§ 6528   *Declared homestead not affected*

Nothing in this chapter terminates or otherwise affects a declaration of homestead by, or for the benefit of, a surviving spouse or minor child of the decedent with respect to the community, quasi-community, or common interest of the surviving spouse or minor child in property in the decedent's estate. This section is declaratory of, and does not constitute a change in, existing law.

Chapter 4: Family Allowance

§ 6540   *Persons for whom family allowance may be made*

(a) The following are entitled to such reasonable family allowance out of the estate as is necessary for their maintenance according to their circumstances during administration of the estate:

(1) The surviving spouse of the decedent.

(2) Minor children of the decedent.

(3) Adult children of the decedent who are physically or mentally incapacitated from earning a living and were actually dependent in whole or in part upon the decedent for support.

(b) The following may be given such reasonable family allowance out of the estate as the court in its discretion determines is necessary for their maintenance according to their circumstances during administration of the estate:

(1) Other adult children of the decedent who were actually dependent in whole or in part upon the decedent for support.

(2) A parent of the decedent who was actually dependent in whole or in part upon the decedent for support.

(c) If a person otherwise eligible for family allowance has a reasonable maintenance from other sources and there are one or more other persons entitled to a family allowance, the family allowance shall be granted only to those who do not have a reasonable maintenance from other sources.

§ 6541   Grant or modification; Petition; Notice of hearing

(a) The court may grant or modify a family allowance on petition of any interested person.

(b) With respect to an order for the family allowance provided for in subdivision (a) of Section 6540:

(1) Before the inventory is filed, the order may be made or modified either (A) ex parte or (B) after notice of the hearing on the petition has been given as provided in Section 1220.

(2) After the inventory is filed, the order may be made or modified only after notice of the hearing on the petition has been given as provided in Section 1220.

(c) An order for the family allowance provided in subdivision (b) of Section 6540 may be made only after notice of the hearing on the petition has been given as provided in Section 1220 to all of the following persons:

(1) Each person listed in Section 1220.

(2) Each known heir whose interest in the estate would be affected by the petition.

(3) Each known devisee whose interest in the estate would be affected by the petition.

§ 6542 Time of commencement of allowance
A family allowance commences on the date of the court's order or such other time as may be provided in the court's order, whether before or after the date of the order, as the court in its discretion determines, but the allowance may not be made retroactive to a date earlier than the date of the decedent's death.

§ 6543 Termination of allowance
(a) A family allowance shall terminate no later than the entry of the order for final distribution of the estate or, if the estate is insolvent, no later than one year after the granting of letters.
(b) Subject to subdivision (a), a family allowance shall continue until modified or terminated by the court or until such time as the court may provide in its order.

§ 6544 Cost of proceeding paid as expense of administration
The costs of proceedings under this chapter shall be paid by the estate as expenses of administration.

§ 6545 No stay on appeal if undertaking furnished
Notwithstanding Chapter 2 (commencing with Section 916) of Title 13 of Part 2 of the Code of Civil Procedure, the perfecting of an appeal from an order made under this chapter does not stay proceedings under this chapter or the enforcement of the order appealed from if the person in whose favor the order is made gives an undertaking in double the amount of the payment or payments to be made to that person. The undertaking shall be conditioned that if the order appealed from is modified or reversed so that the payment or any part thereof to the person proves to have been unwarranted, the payment or part thereof shall, unless deducted from any preliminary or final distribution ordered in favor of the person, be repaid and refunded into the estate within 30 days after the court so orders following the modification or reversal, together with interest and costs.

Chapter 6: Small Estate Set-Aside

§ 6600 "Decedent's estate" defined; Exclusions in determining estate of the decedent or its value
(a) Subject to subdivision (b), for the purposes of this chapter, "decedent's estate" means all the decedent's personal property, wherever located, and all the decedent's real property located in this state.

(b) For the purposes of this chapter:

(1) Any property or interest or lien thereon which, at the time of the decedent's death, was held by the decedent as a joint tenant, or in which the decedent had a life or other interest terminable upon the decedent's death, shall be excluded in determining the estate of the decedent or its value.

(2) A multiple-party account to which the decedent was a party at the time of the decedent's death shall be excluded in determining the estate of the decedent or its value, whether or not all or a portion of the sums on deposit are community property, to the extent that the sums on deposit belong after the death of the decedent to a surviving party, P.O.D. payee, or beneficiary. As used in this paragraph, the terms "multiple-party account," "party," "P.O.D. payee," and "beneficiary" have the meanings given those terms in Article 2 (commencing with Section 5120) of Chapter 1 of Part 2 of Division 5.

§ 6601   "Minor child" defined

As used in this chapter, "minor child" means a child of the decedent who was under the age of 18 at the time of the decedent's death and who survived the decedent.

§ 6602   Petition to set aside estate; Maximum value

A petition may be filed under this chapter requesting an order setting aside the decedent's estate to the decedent's surviving spouse and minor children, or one or more of them, as provided in this chapter, if the net value of the decedent's estate, over and above all liens and encumbrances at the date of death and over and above the value of any probate homestead interest set apart out of the decedent's estate under Section 6520, does not exceed twenty thousand dollars ($20,000).

§ 6603   Venue

The petition shall be filed in the superior court of a county in which the estate of the decedent may be administered.

§ 6604   Contents of petition

(a) The petition shall allege that this chapter applies and request that an order be made setting aside the estate of the decedent as provided in this chapter.

(b) The petition shall include the following:

(1) If proceedings for administration of the estate are not pending, the facts necessary to determine the county in which the estate of the decedent may be administered.

(2) The name, age, address, and relation to the decedent of each heir and devisee of the decedent, so far as known to the petitioner.

(3) A specific description and estimate of the value of the decedent's estate and a list of all liens and encumbrances at the date of death.

(4) A specific description and estimate of the value of any of the decedent's real property located outside this state that passed to the surviving spouse and minor children of the decedent, or any one or more of them, under the will of the decedent or by intestate succession.

(5) A specific description and estimate of the value of any of the decedent's property described in subdivision (b) of Section 6600 that passed to the surviving spouse and minor children of the decedent, or any one or more of them, upon the death of the decedent.

(6) A designation of any property as to which a probate homestead is set apart out of the decedent's estate under Section 6520.

(7) A statement of any unpaid liabilities for expenses of the last illness, funeral charges, and expenses of administration.

(8) The requested disposition of the estate of the decedent under this chapter and the considerations that justify the requested disposition.

§ 6605   *Filing of petition*

(a) If proceedings for the administration of the estate of the decedent are pending, a petition under this chapter shall be filed in those proceedings without the payment of an additional fee.

(b) If proceedings for the administration of the estate of the decedent have not yet been commenced, a petition under this chapter may be filed concurrently with a petition for the probate of the decedent's will or for administration of the estate of the decedent, or, if no petition for probate or for administration is being filed, a petition under this chapter may be filed independently.

(c) A petition may be filed under this chapter at any time prior to the entry of the order for final distribution of the estate.

§ 6606   *Who may file*

(a) A petition may be filed under this chapter by any of the following:

(1) The person named in the will of the decedent as executor.

(2) The surviving spouse of the decedent.

(3) The guardian of a minor child of the decedent.

(4) A child of the decedent who was a minor at the time the decedent died.

(5) The personal representative if a personal representative has been appointed for the decedent's estate.

(b) The guardian of a minor child of the decedent may file the petition without authorization or approval of the court in which the guardianship proceeding is pending.

§ 6607 Notice of hearing

(a) Where proceedings for the administration of the estate of the decedent are not pending when the petition is filed under this chapter and the petition under this chapter is not joined with a petition for the probate of the decedent's will or for administration of the estate of the decedent, the petitioner shall give notice of the hearing on the petition as provided in Section 1220 to (1) each person named as executor in the decedent's will and to (2) each heir or devisee of the decedent, if known to the petitioner. A copy of the petition shall be sent with the notice of hearing to the surviving spouse, each child, and each devisee who is not petitioning.

(b) If the petition under this chapter is filed with a petition for the probate of the decedent's will or with a petition for administration of the estate of the deceased spouse, notice of the hearing on the petition shall be given to the persons and in the manner prescribed by Section 8003 and shall be included in the notice required by that section.

(c) If proceedings for the administration of the estate of the decedent are pending when the petition is filed under this chapter and the hearing of the petition for probate of the will or administration of the estate of the decedent is set for a day more than 15 days after the filing of the petition filed under this chapter, the petition under this chapter shall be set for hearing at the same time as the petition for probate of the will or for administration of the estate, and notice of hearing on the petition filed under this chapter shall be given by the petitioner as provided in Section 1220. If the hearing of the petition for probate of the will or for administration of the estate is not set for hearing for a day more than 15 days after the filing of the petition under this chapter, (1) the petition filed under this chapter shall be set for hearing at least 15 days after the date on which it is filed, (2) notice of the hearing on the petition filed under this chapter shall be given by the petitioner as provided in Section 1220, and (3) if the petition for probate of the will or for administration of the estate has not already been heard, that petition shall be continued until that date and heard at the same time unless the court otherwise orders.

§ 6608 Inventory and appraisal

If a petition is filed under this chapter, the personal representative, or the petitioner if no personal representative has been appointed, shall file with the clerk of the court, prior to the hearing of the petition, an inventory and appraisal made as provided in Part 3 (commencing with Section 8800) of Division 7. The personal representative or the petitioner, as the case may be, may appraise the assets which a personal representative could appraise under Section 8901.

§ 6609   Court order

(a) If the court determines that the net value of the decedent's estate, over and above all liens and encumbrances at the date of death of the decedent and over and above the value of any probate homestead interest set apart out of the decedent's estate under Section 6520, does not exceed twenty thousand dollars ($20,000) as of the date of the decedent's death, the court shall make an order under this section unless the court determines that making an order under this section would be inequitable under the circumstances of the particular case.

(b) In determining whether to make an order under this section, the court shall consider the needs of the surviving spouse and minor children, the liens and encumbrances on the property of the decedent' s estate, the claims of creditors, the needs of the heirs or devisees of the decedent, the intent of the decedent with respect to the property in the estate and the estate plan of the decedent as expressed in inter vivos and testamentary transfers or by other means, and any other relevant considerations. If the surviving spouse has remarried at the time the petition is heard, it shall be presumed that the needs of the surviving spouse do not justify the setting aside of the small estate, or any portion thereof, to the surviving spouse. This presumption is a presumption affecting the burden of proof.

(c) Subject to subdivision (d), if the court makes an order under this section, the court shall assign the whole of the decedent's estate, subject to all liens and encumbrances on property in the estate at the date of the decedent's death, to the surviving spouse and the minor children of the decedent, or any one or more of them.

(d) If there are any liabilities for expenses of the last illness, funeral charges, or expenses of administration that are unpaid at the time the court makes an order under this section, the court shall make such orders as are necessary so that those unpaid liabilities are paid.

(e) Title to property in the decedent's estate vests absolutely in the surviving spouse, minor children, or any or all of them, as provided in the order, subject to all liens and encumbrances on property in the estate at the date of the decedent's death, and there shall be no further proceedings in the administration of the decedent's estate unless additional property in the decedent's estate is discovered.

§ 6610   Effect of court order
Upon becoming final, an order under Section 6609 shall be conclusive on all persons, whether or not they are then in being.

§ 6611   Liability for unsecured debts of decedent   (01.01.1993)
(a) Subject to the limitations and conditions specified in this section, the person or persons in whom title vested pursuant to Section 6609 are personally liable for the unsecured debts of the decedent.

(b) The personal liability of a person under this section does not exceed the fair market value at the date of the decedent's death of the property title to which vested in that person pursuant to Section 6609, less the total of all of the following:

(1) The amount of any liens and encumbrances on that property.

(2) The value of any probate homestead interest set apart under Section 6520 out of that property.

(3) The value of any other property set aside under Section 6510 out of that property.

(c) In any action or proceeding based upon an unsecured debt of the decedent, the surviving spouse of the decedent, the child or children of the decedent, or the guardian of the minor child or children of the decedent, may assert any defense, cross-complaint, or setoff which would have been available to the decedent if the decedent had not died.

(d) If proceedings are commenced in this state for the administration of the estate of the decedent and the time for filing claims has commenced, any action upon the personal liability of a person under this section is barred to the same extent as provided for claims under Part 4 (commencing with Section 9000) of Division 7, except as to the following:

(1) Creditors who commence judicial proceedings for the enforcement of the debt and serve the person liable under this section with the complaint therein prior to the expiration of the time for filing claims.

(2) Creditors who have or who secure an acknowledgment in writing of the person liable under this section that that person is liable for the debts.

(3) Creditors who file a timely claim in the proceedings for the administration of the estate of the decedent.

(e) Section 366.2 of the Code of Civil Procedure applies in an action under this section.

§ 6612   Order where estate not set aside
If a petition filed under this chapter is filed with a petition for the probate of the decedent's will or for administration of the estate of the decedent and the court

determines not to make an order under Section 6609, the court shall act on the petition for probate of the decedent's will or for administration of the estate of the decedent in the same manner as if no petition had been filed under this chapter, and the estate shall then be administered in the same manner as if no petition had been filed under this chapter.

§ 6613 Attorney's fee

The attorney's fees for services performed in connection with the filing of a petition and the obtaining of a court order under this chapter shall be determined by private agreement between the attorney and the client and are not subject to approval by the court. If there is no agreement between the attorney and the client concerning the attorney's fees for services performed in connection with the filing of a petition and obtaining of a court order under this chapter and there is a dispute concerning the reasonableness of the attorney's fees for those services, a petition may be filed with the court in the same proceeding requesting that the court determine the reasonableness of the attorney's fees for those services. If there is an agreement between the attorney and the client concerning the attorney's fees for services performed in connection with the filing of a petition and obtaining a court order under this chapter and there is a dispute concerning the meaning of the agreement, a petition may be filed with the court in the same proceeding requesting that the court determine the dispute.

§ 6614 Chapter not applicable where decedent died before July 1, 1987

Sections 6600 to 6613, inclusive, do not apply if the decedent died before July 1, 1987. If the decedent died before July 1, 1987, the case continues to be governed by the law applicable to the case prior to July 1, 1987.

§ 6615 Reference to provision of former law deemed reference to provision of this chapter

A reference in any statute of this state or in a written instrument, including a will or trust, to a provision of former Sections 640 to 647.5, inclusive, repealed by Chapter 783 of the Statutes of 1986, shall be deemed to be a reference to the comparable provisions of this chapter.

c. Internationales Erbrecht (§§ 7051-7052 Cal.Prob.Code ...)

California Probate Code (Cal.Prob.Code)[301]
Division 7: Administration of Estates of Decedents
Part 1: General Provisions
Chapter 2: Jurisdiction and Courts
Article 1: Jurisdiction and Venue

§ 7051   Venue where decedent domiciled in this state
If the decedent was domiciled in this state at the time of death, the proper county for proceedings concerning administration of the decedent's estate is the county in which the decedent was domiciled, regardless of where the decedent died.

§ 7052   Venue where decedent not domiciled in this state
If the decedent was not domiciled in this state at the time of death, the proper county for proceedings under this code concerning the administration of the decedent's estate is one of the following:

(a) If property of the nondomiciliary decedent is located in the county in which the nondomiciliary decedent died, the county in which the nondomiciliary decedent died.

(b) If no property of the nondomiciliary decedent is located in the county in which the nondomiciliary decedent died or if the nondomiciliary decedent did not die in this state, any county in which property of the nondomiciliary decedent is located, regardless of where the nondomiciliary decedent died. If property of the nondomiciliary decedent is located in more than one county, the proper county is the county in which a petition for ancillary administration is first filed, and the court in that county has jurisdiction of the administration of the estate.

---

[301]   Enacted Stats 1990 ch. 79 § 14 (AB 759), operative July 1, 1991; vgl. die Homepage "California Legislative Information" (http://leginfo.legislature.ca.gov/faces/codesTOCSelected.xhtml?tocCode=PROB&tocTitle=+Probate+Code+-+PROB); Stand: 01.10.2019.

California Civil Code (Cal.Civ.Code) [302]
Division 2: Property
Part 2: Real or Immovable Property
Title 1: General Provisions

§ 755[303]

Real property within this State is governed by the law of this State, except where the title is in the United States.

Division 2: Property
Part 3: Personal or Movable Property
Title 1: Personal Property in General

§ 946[304]

If there is no law to the contrary, in the place where personal property is situated, it is deemed to follow the person of its owner, and is governed by the law of his domicile.

Bilaterale Staatsverträge:

Treaty of June 19, 1928, of friendship, commerce and consular rights between the United States of America and **Austria** (47 Stat. 1876; TS 838; 5 Bevans 341), Art. IV und XIX.

---

[302] vgl. die Homepage "California Legislative Information" (https://leginfo.legislature.ca.gov/faces/codesTOCSelected.xhtml?tocCode=CIV); Stand: 01.10.2019.

[303] Amended Stats 1963 ch 860 § 5.
Zum *real property* (immovable property) gehören Grundbesitz (land), wesentliche Bestandteile eines Grundstücks oder Gebäude (things affixed to land), zum Grundstück gehörende Nutzungsrechte und Grunddienstbarkeiten (things incidental or appurtenant to land) sowie Sachen, die qua Gesetz unbeweglich sind, wie ein leasehold interest (siehe Cal. Civ. Code § 658-662).

[304] Enacted Stats 1872. Repealed Code Amdts 1873-74 ch 612 § 123. Reenacted Code Amdts 1875-76 ch 167 § 1.
Zum *personal property* (movable property) gehört alles, was nicht unbewegliches Vermögen ist (siehe Cal. Civ. Code § 663).
Das *domicile* befindet sic han demjenigen Ort, „wo eine Person ihren festen Wohnsitz mit Bleibeabsicht hat und im Hinblick auf den, wann immer sie sich dort nicht aufhält, eine Rückkehrabsicht besteht" (Steffen Leithold, California [Kalifornien], in: Internationales Erbrecht, hrsg. v. Murad Ferid, Karl Firsching, Heinrich Dörner und Rainer Hausmann, München 2016, N 6; Cal. Elec. Code § 349 [b]).

Treaty of December 8, 1923, of friendship, commerce and consular rights between the United States of America and **Germany** (44 Stat. 2132; TS 725; 8 Bevans 153; LNTS 131), Art. XXIV; with amendments of November 20, 1954 (5 UST 1939; TIAS 3062; 253 UNTS 89), Art. IX und XXVII.

Convention of November 25, 1850 on friendship, commerce and extradition between the United States of America and **Switzerland** (11 Stat. 587; TS 353; 11 Bevans 894).[305]

Multilaterale Staatsverträge:
Washington Convention of 26 October 1973, providing a uniform law on the form of an international will (von den U.S. am 27.10.1973 signiert, aber nicht ratifiziert; nicht in Kraft getreten; zu den Vertragsstaaten vgl. hinten, L. 16).[306]

---

[305] Vgl. dazu ZK-KÜNZLE (Fn. 73), Vorbem. zu Art. 86-96 IPRG N 46-63.
[306] Vgl. dazu ZK-KÜNZLE (Fn. 73), Vorbem. zu Art. 86-96 IPRG N 32.

2. New York

a. Gesetzliche Erbfolge (EPTL Article 4)

New York Code[313]
Estates, Powers and Trusts (EPT)
Article 4: Decedent and Distribution of an Intestate Estate
Part 1: Rules Governing Intestate Succession

§ 4-1.1 Descent and distribution of a decedent's estate
The property of a decedent not disposed of by will shall be distributed as provided in this section. In computing said distribution, debts, administration expenses and reasonable funeral expenses shall be deducted but all estate taxes shall be disregarded, except that nothing contained herein relieves a distributee from contributing to all such taxes the amounts apportioned against him or her under 2-1.8.

Distribution shall then be as follows:
(a) If a decedent is survived by:
(1) A spouse and issue, fifty thousand dollars and one-half of the residue to the spouse, and the balance thereof to the issue by representation.
(2) A spouse and no issue, the whole to the spouse.
(3) Issue and no spouse, the whole to the issue, by representation.
(4) One or both parents, and no spouse and no issue, the whole to the surviving parent or parents.
(5) Issue of parents, and no spouse, issue or parent, the whole to the issue of the parents, by representation.
(6) One or more grandparents or the issue of grandparents (as hereinafter defined), and no spouse, issue, parent or issue of parents, one-half to the surviving grandparent or grandparents of one parental side, or if neither of them survives the decedent, to their issue, by representation, and the other one-half to the surviving grandparent or grandparents of the other parental side, or if neither of them survives the decedent, to their issue, by representation; provided that if the decedent was not survived by a grandparent or grandparents on one side or by the issue of such grandparents, the whole to the surviving grandparent or grandparents on the other side, or if neither of them survives the decedent, to their issue, by representation, in the same manner as the one-half. For the purposes of this

---

[313] Vgl. die Homepage "New York State Legislature" (http://public.leginfo.state.ny.us); Stand: 01.10.2019.

subparagraph, issue of grandparents shall not include issue more remote than grandchildren of such grandparents.

(7) Great-grandchildren of grandparents, and no spouse, issue, parent, issue of parents, grandparent, children of grandparents or grandchildren of grandparents, one-half to the great-grandchildren of the grandparents of one parental side, per capita, and the other one-half to the great-grandchildren of the grandparents of the other parental side, per capita; provided that if the decedent was not survived by great-grandchildren of grandparents on one side, the whole to the great-grandchildren of grandparents on the other side, in the same manner as the one-half.

(b) For all purposes of this section, decedent's relatives of the half blood shall be treated as if they were relatives of the whole blood.

(c) Distributees of the decedent, conceived before his or her death but born alive thereafter, take as if they were born in his or her lifetime.

(d) The right of an adopted child to take a distributive share and the right of succession to the estate of an adopted child continue as provided in the domestic relations law.

(e) A distributive share passing to a surviving spouse under this section is in lieu of any right of dower to which such spouse may be entitled.

§ 4-1.2 Inheritance by non-marital children (28.04.2010)

(a) For the purposes of this article:

(1) A non-marital child is the legitimate child of his mother so that he and his issue inherit from his mother and from his maternal kindred.

(2) A non-marital child is the legitimate child of his father so that he and his issue inherit from his father and his paternal kindred if:

(A) a court of competent jurisdiction has, during the lifetime of the father, made an order of filiation declaring paternity or the mother and father of the child have executed an acknowledgment of paternity pursuant to section four thousand one hundred thirty-five-b of the public health law, which has been filed with the registrar of the district in which the birth certificate has been filed or;

(B) the father of the child has signed an instrument acknowledging paternity, provided that

(i) such instrument is acknowledged or executed or proved in the form required to entitle a deed to be recorded in the presence of one or more witnesses and acknowledged by such witness or witnesses, in either case, before a notary public or other officer authorized to take proof of deeds and

(ii) such instrument is filed within sixty days from the making thereof with the putative father registry established by the state department of social services pursuant to section three hundred seventy-two-c of the social services law, as added by chapter six hundred sixty-five of the laws of nineteen hundred seventy-six and

(iii) the department of social services shall, within seven days of the filing of the instrument, send written notice by registered mail to the mother and other legal guardian of such child, notifying them that an acknowledgment of paternity instrument acknowledged or executed by such father has been duly filed or;

(C) paternity has been established by clear and convincing evidence, which may include, but is not limited to: (i) evidence derived from a genetic marker test, or (ii) evidence that the father openly and notoriously acknowledged the child as his own, however nothing in this section regarding genetic marker tests shall be construed to expand or limit the current application of subdivision four of section forty-two hundred ten of the public health law.

(3) The existence of an agreement obligating the father to support the non-marital child does not qualify such child or his issue to inherit from the father in the absence of an order of filiation made or acknowledgement of paternity as prescribed by subparagraph (2).

(4) A motion for relief from an order of filiation may be made only by the father and a motion for relief from an acknowledgement of paternity may be made by the father, mother or other legal guardian of such child, or the child, provided however, such motion must be made within one year from the entry of such order or from the date of written notice as provided for in subparagraph (2).

(b) If a non-marital child dies, his or her surviving spouse, issue, mother, maternal kindred, father and paternal kindred inherit and are entitled to letters of administration as if the decedent was a marital child, provided that the father and paternal kindred may inherit or obtain such letters only if the paternity of the non-marital child has been established pursuant to any of the provisions of subparagraph (2) of paragraph (a).

§ 4-1.3 Inheritance by children conceived after the death of a genetic Parent (21.11.2014)

(a) When used in this article, unless the context or subject matter manifestly requires a different interpretation:

(1) "Genetic parent" shall mean a man who provides sperm or a woman who provides ova used to conceive a child after the death of the man or woman.

(2) "Genetic material" shall mean sperm or ova provided by a genetic parent.

(3) "Genetic child" shall mean a child of the sperm or ova provided by a genetic parent, but only if and when such child is born.

(b) For purposes of this article, a genetic child is the child of his or her genetic parent or parents and, notwithstanding paragraph (c) of section 4-1.1 of this part, is a distributee of his or her genetic parent or parents and, notwithstanding subparagraph (2) of paragraph (a) of section 2-1.3 of this chapter, is included in any disposition of property to persons described in any instrument of which a genetic parent of the genetic child was the creator as the issue, children, descendants, heirs, heirs at law, next of kin, distributees (or by any term of like import) of the creator if it is established that:

(1) the genetic parent in a written instrument executed pursuant to the provisions of this section not more than seven years before the death of the genetic parent:

(A) expressly consented to the use of his or her genetic material to posthumously conceive his or her genetic child, and

(B) authorized a person to make decisions about the use of the genetic parent's genetic material after the death of the genetic parent;

(2) the person authorized in the written instrument to make decisions about the use of the genetic parent's genetic material gave written notice, by certified mail, return receipt requested, or by personal delivery, that the genetic parent's genetic material was available for the purpose of conceiving a genetic child of the genetic parent, and such written notice was given;

(A) within seven months from the date of the issuance of letters testamentary or of administration on the estate of the genetic parent, as the case may be, to the person to whom such letters have issued, or, if no letters have been issued within four months of the death of the genetic parent, and

(B) within seven months of the death of the genetic parent to a distributee of the genetic parent;

(3) the person authorized in the written instrument to make decisions about the use of the genetic parent's genetic material recorded the written instrument within seven months of the genetic parent's death in the office of the surrogate granting letters on the genetic parent's estate, or, if no such letters have been granted, in the office of the surrogate having jurisdiction to grant them; and

(4) the genetic child was in utero no later than twenty-four months after the genetic parent's death or born no later than thirty-three months after the genetic parent's death.

(c) The written instrument referred to in subparagraph (1) of paragraph (b) of this section:

(1) must be signed by the genetic parent in the presence of two witnesses who also sign the instrument, both of whom are at least eighteen years of age and

neither of whom is a person authorized under the instrument to make decisions about the use of the genetic parent's genetic material;

(2) may be revoked only by a written instrument signed by the genetic parent and executed in the same manner as the instrument it revokes;

(3) may not be altered or revoked by a provision in the will of the genetic parent;

(4) may authorize an alternate to make decisions about the use of the genetic parent's genetic material if the first person so designated dies before the genetic parent or is unable to exercise the authority granted; and

(5) may be substantially in the following form and must be signed and dated by the genetic parent and properly witnessed:

I, _____,
(Your name and address)

consent to the use of my (sperm or ova) (referred to below as my "genetic material") to conceive a child or children of mine after my death, and I authorize

_____
(Name and address of person)

to decide whether and how my genetic material is to be used to conceive a child or children of mine after my death.

In the event that the person authorized above dies before me or is unable to exercise the authority granted I designate

_____
(Name and address of person)

to decide whether and how my genetic material is to be used to conceive a child or children of mine after my death.

I understand that, unless I revoke this consent and authorization in a written document signed by me in the presence of two witnesses who also sign the document, this consent and authorization will remain in effect for seven years from this day and that I cannot revoke or modify this consent and designation by any provision in my will.

Signed this day of,

_____
(Your signature)

Statement of witnesses:

I declare that the person who signed this document is personally known to me and appears to be of sound mind and acting willingly and free from duress. He or she signed this document in my presence. I am not the person authorized in this document to control the use of the genetic material of the person who signed this document.

Witness:
Address:
Date:
Witness:
Address:
Date:

(d) Any authority granted in a written instrument authorized by this section to a person who is the spouse of the genetic parent at the time of execution of the written instrument is revoked by a final decree or judgment of divorce or annulment, or a final decree, judgment or order declaring the nullity of the marriage between the genetic parent and the spouse or dissolving such marriage on the ground of absence, recognized as valid under the law of this state, or a final decree or judgment of separation, recognized as valid under the law of this state, which was rendered against the spouse.

(e) Process shall not issue to a genetic child who is a distributee of a genetic parent under sections one thousand three and one thousand four hundred three of the surrogate's court procedure act unless the child is in being at the time process issues.

(f) Except as provided in paragraph (b) of this section with regard to any disposition of property in any instrument of which the genetic parent of a genetic child is the creator, for purposes of section 2-1.3 of this chapter a genetic child who is entitled to inherit from a genetic parent under this section is a child of the genetic parent for purposes of a disposition of property to persons described in any instrument as the issue, children, descendants, heirs, heirs at law, next of kin, distributees (or by any term of like import) of the creator or of another. This paragraph shall apply to the wills of persons dying on or after September first, two thousand fourteen, to lifetime instruments theretofore executed which on said date are subject to the grantor's power to revoke or amend, and to all lifetime instruments executed on or after such date.

(g) For purposes of section 3-3.3 of this chapter the terms "issue", "surviving issue" and "issue surviving" include a genetic child if he or she is entitled to inherit from his or her genetic parent under this section.

(h) Where the validity of a disposition under the rule against perpetuities depends on the ability of a person to have a child at some future time, the possibility that such person may have a genetic child shall be disregarded. This provision shall not apply for any purpose other than that of determining the validity of a disposition under the rule against perpetuities where such validity depends on the ability of a person to have a child at some future time. A determination of validity or invalidity of a disposition under the rule against perpetuities by the application of this provision shall not be affected by the later birth of a genetic child disregarded under this provision.

(i) The use of a genetic material after the death of the person providing such material is subject exclusively to the provisions of this section and to any valid and binding contractual agreement between such person and the facility providing storage of the genetic material and may not be the subject of a disposition in an instrument created by the person providing such material or by any other person.

§ 4-1.4 Disqualification of parent to take intestate share   (01.01.2007)
(a) No distributive share in the estate of a deceased child shall be allowed to a parent if the parent, while such child is under the age of twenty-one years:
(1) has failed or refused to provide for the child or has abandoned such child, whether or not such child dies before having attained the age of twenty-one years, unless the parental relationship and duties are subsequently resumed and continue until the death of the child; or
(2) has been the subject of a proceeding pursuant to section three hundred eighty-four-b of the social services law which:
(A) resulted in an order terminating parental rights, or
(B) resulted in an order suspending judgment, in which event the surrogate's court shall make a determination disqualifying the parent on the grounds adjudicated by the family court, if the surrogate's court finds, by a preponderance of the evidence, that the parent, during the period of suspension, failed to comply with the family court order to restore the parent-child relationship.
(b) Subject to the provisions of subdivision eight of section two hundred thirteen of the civil practice law and rules, the provisions of subparagraph one of paragraph (a) of this section shall not apply to a biological parent who places the child for adoption based upon:
(1) a fraudulent promise, not kept, to arrange for and complete the adoption of such child, or
(2) other fraud or deceit by the person or agency where, before the death of the child, the person or agency fails to arrange for the adoptive placement or petition for the adoption of the child, and fails to comply timely with conditions imposed by the court for the adoption to proceed.
(c) In the event that a parent or spouse is disqualified from taking a distributive share in the estate of a decedent under this section or 5-1.2, the estate of such decedent shall be distributed in accordance with 4-1.1 as though such spouse or parent had predeceased the decedent.

§ 4-1.5 Other disqualifications

No estate property, whether passing by intestacy or otherwise, which has its situs in this state, shall pass to any other state or territory of the United States, or to any foreign country or sovereignty in the event of the absence of an individual heir, distributee, legatee or owner of said property, but shall pass as abandoned property to the state of New York, and shall be held as such property pursuant to the abandoned property law.

§ 4-1.6 Disqualification of joint tenant in certain instances   (20.07.1994)

Notwithstanding any other provision of law to the contrary, a joint tenant convicted of murder in the second degree as defined in section 125.25 of the penal law or murder in the first degree as defined in section 125.27 of the penal law of another joint tenant shall not be entitled to the distribution of any monies in a joint bank account created or contributed to by the deceased joint tenant, except for those monies contributed by the convicted joint tenant.

Upon the conviction of such joint tenant of first or second degree murder and upon application by the prosecuting attorney, the court, as part of its sentence, shall issue an order directing the amount of any joint bank account to be distributed pursuant to the provisions of this section from the convicted joint tenant and to the deceased joint tenant's estate. The court and the prosecuting attorney shall each have the power to subpoena records of a banking institution to determine the amount of money in such bank account and by whom deposits were made. The court shall also have the power to freeze such account upon application by the prosecuting attorney during the pendency of a trial for first or second degree murder. If, upon receipt of such court orders described in this section, the banking institution holding monies in such joint account complies with the terms of the order, such banking institution shall be held free from all liability for the distribution of such funds as were in such joint account. In the absence of actual or constructive notice of such order, the banking institution holding monies in such account shall be held harmless for distributing the money according to its ordinary course of business.

For purposes of this section, the term banking institution shall have the same meaning as provided for in paragraph (b) of subdivision three of section nine-f of the banking law.

b. Verfügungsbeschränkungen (EPTL Article 5)

New York Code[314]
Estates, Powers and Trusts (EPT)
Article 5: Family Rights
Part 1: Rights of Surviving Spouse

§ 5-1.1 Right of election by surviving spouse (29.09.1986)

(a) Election by surviving spouse against will executed after August thirty-first, nineteen hundred thirty and prior to September first, nineteen hundred sixty-six.

(1) Where a testator executes a will after August thirty-first, nineteen hundred thirty but prior to September first, nineteen hundred sixty-six, and is survived by a spouse, a personal right of election is given to the surviving spouse to take a share of the decedent's estate, subject to the following:

(A) For the purposes of this section, the elective share of the surviving spouse is one-third of the net estate if the decedent is survived by one or more issue and, in all other cases, one-half of such net estate. In computing the net estate, debts, administration and reasonable funeral expenses shall be deducted but all estate taxes shall be disregarded, except that nothing contained herein relieves the surviving spouse from contributing to all such taxes the amounts apportioned against him under 2-1.8.

(B) Where the elective share is over twenty-five hundred dollars and the testator has made a testamentary disposition in trust of an amount equal to or greater than the elective share, with income therefrom payable to the surviving spouse for life, the surviving spouse has the limited right to elect to take the sum of twenty-five hundred dollars absolutely, which shall be deducted from the principal of such trust and the terms of the will remain otherwise effective.

(C) Where the elective share of the surviving spouse does not exceed twenty-five hundred dollars, the surviving spouse has the right to elect to take his elective share absolutely, which shall be in lieu of any provision for his benefit in the will.

(D) Where the will contains an absolute disposition to the surviving spouse of or in excess of the sum of twenty-five hundred dollars and also a disposition in trust with income payable to such spouse for life of an amount equal to or greater than the difference between the absolute disposition and his elective share, the surviving spouse has no right of election.

---

[314] Vgl. die Homepage "New York State Legislature" (http://public.leginfo.state.ny.us); Stand: 01.10.2019.

(E) Where the will contains an absolute disposition to the surviving spouse of an amount less than the sum of twenty-five hundred dollars and also a disposition in trust with income payable to such spouse for life of an amount equal to or greater than the difference between the absolute disposition and his elective share, the surviving spouse has the limited right to elect to take the sum of twenty-five hundred dollars, inclusive of the amount of such absolute disposition, and the difference between such disposition and the sum of twenty-five hundred dollars shall be deducted from the principal of such trust and the terms of the will remain otherwise effective.

(F) Where the aggregate of the provisions in the will for the surviving spouse, including the principal of a trust, an absolute disposition or any other kind of testamentary disposition is less than the elective share, the surviving spouse has the limited right to elect to take the difference between such aggregate and the amount of the elective share, and the terms of the will remain otherwise effective. In every estate, the surviving spouse has the limited right to withdraw the sum of twenty-five hundred dollars if the elective share is equal to or greater than that amount. Such sum, however, is inclusive of any absolute disposition, whether general or specific. Where a trust is created for the life of the surviving spouse, such sum of twenty-five hundred dollars or any lesser amount necessary to make up that sum is payable from the principal of such trust.

(G) The provisions of this paragraph with respect to trusts with income payable for the life of the surviving spouse likewise apply to a legal life estate, to an annuity for life or to any other disposition in the will by which income is payable for the life of the surviving spouse. In computing the value of the dispositions in the will, the capital value of the fund or other property producing the income shall be taken and not the value of the life estate.

(H) The grant of authority in a will to a fiduciary or his successor (i) to act without bond, (ii) to name his successor to act without bond, (iii) to sell assets of the estate upon terms fixed by him, (iv) to invest the funds of the estate in other than legal investments, (v) to retain in the assets of the estate investments or property owned by the testator in his lifetime, (vi) to make distribution in kind, (vii) to make a binding and conclusive valuation of assets for the purpose of their distribution, (viii) to allocate assets either outright or in trust for the life of a surviving spouse or (ix) to conduct the affairs of the estate with partial or total exoneration from the legal responsibility of a fiduciary, shall not, either singly or in the aggregate, give the surviving spouse an absolute right to take his elective share; but the surrogate's court having jurisdiction of the estate, notwithstanding the terms of the will, may, in its discretion, in an appropriate proceeding by the surviving spouse or upon an accounting, direct and enforce for the protection of the surviving spouse an equitable distribution, allocation or valuation of the assets, enforce the liability of a fiduciary under the law and make such other directions, consistent with the provisions and purposes of this paragraph, as it may consider necessary for the protection of the surviving spouse.

(b) Inter vivo dispositions treated as testamentary substitutes for the purpose of election by surviving spouse.

(1) Where a person dies after August thirty-first, nineteen hundred sixty-six and is survived by a spouse who exercises a right of election under paragraph (c), the following transactions effected by such decedent at any time after the date of the marriage and after August thirty-first, nineteen hundred sixty-six, whether benefiting the surviving spouse or any other person, shall be treated as testamentary substitutes and the capital value thereof, as of the decedent's death, included in the net estate subject to the surviving spouse's elective right:

(A) Gifts causa mortis.

(B) Money deposited, after August thirty-first, nineteen hundred sixty-six, together with all dividends credited thereon, in a savings account in the name of the decedent in trust for another person, with a banking organization, savings and loan association, foreign banking corporation or organization or bank or savings and loan association organized under the laws of the United States, and remaining on deposit at the date of the decedent's death.

(C) Money deposited, after August thirty-first, nineteen hundred sixty-six, together with all dividends credited thereon, in the name of the decedent and another person and payable on death, pursuant to the terms of the deposit or by operation of law, to the survivor, with a banking organization, savings and loan association, foreign banking corporation or organization or bank or savings and loan association organized under the laws of the United States, and remaining on deposit at the date of the decedent's death.

(D) Any disposition of property made by the decedent after August thirty-first, nineteen hundred sixty-six whereby property is held, at the date of his death, by the decedent and another person as joint tenants with a right of survivorship or as tenants by the entirety.

(E) Any disposition of property made by the decedent after August thirty-first, nineteen hundred sixty-six, in trust or otherwise, to the extent that the decedent at the date of his death retained, either alone or in conjunction with another person, by the express provisions of the disposing instrument, a power to revoke such disposition or a power to consume, invade or dispose of the principal thereof. The provisions of this paragraph shall not affect the right of any income beneficiary to the income undistributed or accrued at the date of death.

W. United States of America

(2) Nothing in this paragraph shall affect, impair or defeat the right of any person entitled to receive (A) payment in money, securities or other property under a thrift, savings, pension, retirement, death benefit, stock bonus or profit-sharing plan, system or trust, (B) money payable by an insurance company or a savings bank authorized to conduct the business of life insurance under an annuity or pure endowment contract, a policy of life, group life, industrial life or accident and health insurance or a contract by such insurer relating to the payment of proceeds or avails thereof or (C) payment of any United States savings bond payable to a designated person, and such transactions are not testamentary substitutes within the meaning of this paragraph.

(3) Transactions described in subparagraphs (C) or (D) shall be treated as testamentary substitutes in the proportion that the funds on deposit were the property of the decedent immediately before the deposit or the consideration for the property held as joint tenants or as tenants by the entirety was furnished by the decedent. The surviving spouse shall have the burden of establishing the proportion of the decedent's contribution. Where the other party to a transaction described in subparagraphs (C) or (D) is a surviving spouse, such spouse shall have the burden of establishing the proportion of his contribution, if any. For the purpose of this subparagraph, the surrogate's court may accept such evidence as is relevant and competent, whether or not the person offering such evidence would otherwise be competent to testify.

(4) The provisions of this paragraph shall not prevent a corporation or other person from paying or transferring any funds or property to a person otherwise entitled thereto, unless there has been served personally upon such corporation or other person a certified copy of an order enjoining such payment or transfer made by the surrogate's court having jurisdiction of the decedent's estate or by another court of competent jurisdiction. Such order may be made, on notice to such persons and in such manner as the court may direct, upon application of the surviving spouse or any other interested party and on proof that the surviving spouse has exercised his right of election under paragraph (c). Service of a certified copy of such order on the corporation or other person holding such fund or property shall be a defense to it, during the effective period of the order, in any action or proceeding brought against it which involves such fund or property.

(5) This paragraph shall not impair or defeat the rights of creditors of the decedent with respect to any matter as to which any such creditor has rights.

(6) In case of a conflict between this paragraph and any other provision of law affecting the transactions described in subparagraph (1), this paragraph controls.

(c) Election by surviving spouse against wills executed and testamentary provisions made after August thirty-first, nineteen hundred sixty-six; election where decedent dies intestate as to all or any part of his estate.

(1) Where, after August thirty-first, nineteen hundred sixty-six, a testator executes a will disposing of his entire estate, and is survived by a spouse, a personal right of election is given to the surviving spouse to take a share of the decedent's estate, subject to the following:

(A) For the purposes of this paragraph, the decedent's estate includes the capital value, as of the decedent's death, of any property described in subparagraph (b) (1).

(B) The elective share, as used in this paragraph, is one-third of the net estate if the decedent is survived by one or more issue and, in all other cases, one-half of such net estate. In computing the net estate, debts, administration and reasonable funeral expenses shall be deducted but all estate taxes shall be disregarded, except that nothing contained herein relieves the surviving spouse from contributing to all such taxes the amounts apportioned against him under 2-1.8.

(C) The term "testamentary provision», as used in this paragraph, includes, in addition to dispositions made by the decedent's will, any transaction described as a testamentary substitute in subparagraph (b) (1).

(D) Where the elective share is over ten thousand dollars and the decedent has by testamentary provision created a trust in an amount equal to or greater than the elective share, with income therefrom payable to the surviving spouse for life, the surviving spouse has the limited right to elect to take the sum of ten thousand dollars absolutely, which shall be deducted from the principal of such trust and the terms of the instrument making the testamentary provision remain otherwise effective.

(E) Where the elective share of the surviving spouse does not exceed ten thousand dollars, the surviving spouse has the right to take the elective share absolutely, in lieu of any testamentary provision for his benefit.

(F) Where an absolute testamentary provision is made for the surviving spouse of or in excess of ten thousand dollars, and also a provision in trust with income payable to such spouse for life of an amount equal to or greater than the difference between such absolute testamentary provision and his elective share, the surviving spouse has no right of election.

(G) Where an absolute testamentary provision is made for the surviving spouse in an amount less than ten thousand dollars, and also a testamentary provision in trust with income payable to such spouse for life of an amount equal to or greater than the difference between such absolute testamentary provision and his elective share, the surviving spouse has the limited right to take the sum of ten thousand dollars, inclusive of the amount of such absolute testamentary provision, and the difference between such absolute testamentary provision and the sum of ten thousand dollars shall be deducted from the principal of the trust and the terms of the instrument making the testamentary provision remain otherwise effective.

(H) Where the aggregate of the testamentary provisions for the surviving spouse, including the principal of a trust, an absolute testamentary provision or any other kind of testamentary provision, is less than the elective share, the surviving spouse has the limited right to elect to take the difference between such aggregate and the amount of the elective share, and the terms of the instrument making such testamentary provisions remain otherwise effective. In every estate, the surviving spouse has the limited right to withdraw the sum of ten thousand dollars if the elective share is equal to or greater than that amount. Such sum, however, is inclusive of any absolute testamentary provision. Where a trust is created with income payable to the surviving spouse for life, such sum of ten thousand dollars or any lesser amount necessary to make up that sum is payable from the principal of such trust.

(I) The provisions of this paragraph with respect to trusts for the life of the surviving spouse also apply to a legal life estate, to an annuity for the life of the surviving spouse, to an annuity trust and a unitrust as provided in subparagraph (K) of paragraph one of this subdivision or to any other testamentary provision by which income is payable for the life of the surviving spouse. In computing the value of the testamentary provisions the capital value of the fund or other property producing the income shall be taken and not the value of the life estate.

(J) The surviving spouse is entitled to take the capital value (if no case to exceed such spouse's elective share) of the fund or other property producing the income whenever any instrument making a testamentary provision of income for his life authorizes:

(i) The reduction of any trust, legal life estate or annuity by invasion of the principal for another person.

(ii) The termination of any trust, legal life estate or annuity prior to the death of the surviving spouse by payment of the principal thereof to another person.

(iii) The fiduciary to pay or apply to the use of the surviving spouse less than substantially all of the net income from any trust, legal life estate or annuity. If an instrument making any such testamentary provision contains grants of authority to a fiduciary other than the foregoing, the surrogate's court having jurisdiction of the decedent's estate may, in its discretion, in an appropriate proceeding by the surviving spouse or upon an accounting, direct and enforce for the protection of the surviving spouse an equitable distribution, allocation or valuation of the assets, enjoin any fiduciary, whether appointed by will or otherwise, from exercising any power, statutory or otherwise, which would be prejudicial to the interests of the surviving spouse, enforce the liability of a fiduciary under the law and make such other directions, consistent with the provisions and purposes of this paragraph, as it may consider necessary for the protection of the surviving spouse.

(K) If any testamentary provision for the surviving spouse provides that such spouse shall receive, for life and not less often than annually, from a charitable remainder annuity trust, as defined in paragraph one of subdivision (d) of section six hundred sixty-four of the United States Internal Revenue Code, a sum certain (which is not less than five percent of the initial net fair market value of all property placed in such trust) or from a charitable remainder unitrust, as defined in paragraph two of subdivision (d) of section six hundred sixty-four of such code, a fixed percentage (which is not less than five percent) of the net fair market value of its assets, valued annually, such testamentary provisions shall satisfy the provisions of this paragraph with respect to trusts with income payable to the surviving spouse for life.

(2) Where, after August thirty-first, nineteen hundred sixty-six, a person dies intestate as to all or any part of his estate, and, in the case of part intestacy, executes a will after such date, and is survived by a spouse, a personal right of election is given to the surviving spouse to take a share of the testamentary provisions made by the decedent, as such provisions are defined in subparagraph (1) (C), subject to the following:

(A) The share of the testamentary provisions to which the surviving spouse is entitled hereunder is his elective share, as defined in subparagraphs (1) (A) and (B), reduced by the capital value of all property passing to such spouse (i) in intestacy under 4-1.1, (ii) by testamentary substitute as described in subparagraph (b) (1) and (iii) by disposition under the decedent's last will.

(B) The satisfaction of such elective share shall not reduce the intestate share of any other distributee of the decedent.

(C) Whenever a testamentary provision for the surviving spouse takes the form of income payable for his life:

(i) The surviving spouse has the limited right to elect to take, absolutely, the sum of ten thousand dollars or the share to which he is entitled hereunder, whichever is less. Such sum, however, is inclusive of any absolute testamentary provision, as described in subparagraph (1) (C), and any amount to which the surviving spouse is entitled in intestacy under 4-1.1, and is payable from the principal of any trust, legal life estate or annuity created by such testamentary provision, the terms of which remain otherwise effective.

(ii) The provisions of subparagraph (1) (J) apply.

(d) General provisions governing right of election.

(1) Where an election has been made under this section, the will or other instrument making a testamentary provision, as the case may be, is valid as to the residue after the share to which the surviving spouse is entitled has been deducted, and the terms of such will or instrument remain otherwise effective so far as possible.

(2) Whenever a will creates a trust, legal life estate or annuity for the benefit of the surviving spouse for life, and such will commands, directs, authorizes or permits the fiduciary to allocate, apportion or charge receipts or expenses to principal or income in such manner as will or might deprive the spouse of income as defined in section 11-2.1 of this act or in any other law applicable to such trust, legal life estate or annuity, and where such trust, legal life estate or annuity, but for such will provision would satisfy the elective share of the spouse in whole or in part, such command, direction, authorization or permission shall not of itself give the surviving spouse an absolute right to take his elective share. The surrogate's court having jurisdiction of the decedent's estate may, in any appropriate proceeding, direct and enforce for the protection of the surviving spouse an allocation, apportionment or charge of all receipts and expenses in accordance with applicable legal or equitable principles so as to assure such surviving spouse of all or substantially all of the income of such trust, legal life estate or annuity consistent with the purposes and provisions of this section. The court may enjoin any fiduciary from exercising any power; authority or permission or doing any act which would be prejudicial to the rights and interests of such surviving spouse under this section. The court may enforce the liability of a fiduciary under the law and make such directions, consistent with the purposes and provisions of this section, as it may consider necessary for the protection of the surviving spouse.

(3) Except as otherwise expressly provided in the will or other instrument making a testamentary provision, ratable contribution to the share to which the surviving spouse is entitled shall be made by the beneficiaries (including the recipients of any such testamentary provision), other than the surviving spouse, under:

(A) In the case of an election under paragraph (a), the decedent's will.

(B) In the case of an election under paragraph (c), the decedent's will and other instruments making testamentary provisions.

(4) The right of election is personal to the surviving spouse, except that an election may be made by:

(A) The guardian of the property of an infant spouse, when so authorized by the surrogate having jurisdiction of the decedent's estate.

(B) The committee of an incompetent spouse, when so authorized by the supreme court.

(C) The conservator of conservatee spouse, when so authorized by the supreme court.

(5) Any question arising as to the right of election shall be determined by the surrogate's court having jurisdiction of the decedent's estate in a proceeding brought for that purpose on notice to all interested persons in such manner as the court may direct, or in a proceeding for the judicial settlement of the accounts of the personal representative.

(6) Upon application by a surviving spouse who has made an election under this section, the surrogate may make an order cancelling such election, provided that no adverse rights have intervened and no prejudice is shown to creditors of such spouse or other persons interested in the estate. Such application shall be made on notice to such persons and in such manner as the court may direct. A certified copy of such order shall be indexed and recorded in the same manner as a notice of pendency of an action in the office of the clerk of the county in which any real property of the decedent is situated.

(7) The right of election granted by this section is not available to the spouse of a decedent who was not domiciled in this state at the time of death, unless such decedent elects, under paragraph (h) of 3-5.1, to have the disposition of his property situated in this state governed by the laws of this state.

(8) The decedent's estate shall include all property of the decedent, wherever situated.

(9) An election made by the surviving spouse under this section is in lieu of any right of dower to which such spouse may be entitled.

(e) Procedure for exercise of right of election.

(1) An election under this section must be made within six months from the date of issuance of letters testamentary or of administration, as the case may be. Written notice of such election shall be served upon any personal representative in the manner herein provided, or upon a person named as executor in a will on file in the surrogate's court in a case where such will has not yet been admitted to probate, and the original thereof shall be filed and recorded, with proof of service, in the surrogate's court in which such letters were issued within six months from the date of the issuance of letters. Such notice may be served by mailing a copy thereof, addressed to any personal representative, or to the nominated executor, as the case may be, at the place of residence stated in the designation required by SCPA 708 or in such other manner as the surrogate may direct.

(2) The time to make such election may be extended before its expiration by an order of the surrogate's court from which such letters issued for a further period not exceeding six months upon any one application. If a spouse defaults in filing such election within six months from the date of issuance of such letters, the sur-

rogate's court may relieve the spouse from such default and authorize the making of an election within the period fixed by the order, provided that no decree settling the account of the personal representative has been made and that twelve months have not elapsed since the issuance of letters. An application for relief from a default and for an extension of time to elect shall be made upon a petition showing reasonable cause and on notice to such persons and in such manner as the surrogate may direct. A certified copy of such order shall be indexed and recorded in the same manner as a notice of pendency of an action in the office of the clerk of each county in which real property of the decedent is situated.

(3) The time limited in this paragraph for making an election is exclusive and shall not be suspended or otherwise affected by any provision of law, except that the surrogate may, in his discretion, permit an election to be made in behalf of an infant or incompetent spouse at any time up to, but not later than, the entry of the decree of the first judicial account of the permanent representative of the estate, made more than seven months after the issuance of letters.

(f) Waiver or release of right of election.

(1) A spouse, during the lifetime of the other, may waive or release a right of election, granted by this section, against a particular or any last will or a testamentary substitute, as described in subparagraph (b) (1), made by the other spouse. A waiver or release of all rights in the estate of the other spouse is a waiver or release of a right of election against any such last will or testamentary provision.

(2) To be effective under this section, a waiver or release must be in writing and subscribed by the maker thereof, and acknowledged or proved in the manner required by the laws of this state for the recording of a conveyance of real property.

(3) Such a waiver or release is effective, in accordance with its terms, whether:

(A) Executed before or after the marriage of the spouses.

(B) Executed before, on or after September first, nineteen hundred sixty-six.

(C) Unilateral in form, executed only by the maker thereof, or bilateral in form, executed by both spouses.

(D) Executed with or without consideration.

(E) Absolute or conditional.

§ 5-1.1-A Right of election by surviving spouse (24.08.2018)
(a) Where a decedent dies on or after September first, nineteen hundred ninety-two and is survived by a spouse, a personal right of election is given to the surviving spouse to take a share of the decedent's estate, subject to the following:

(1) For the purpose of this section, the decedent's estate includes the capital value, as of the decedent's death, of any property described
in subparagraph (b) (1).

(2) The elective share, as used in this paragraph, is the pecuniary amount equal to the greater of (i) fifty thousand dollars or, if the capital value of the net estate is less than fifty thousand dollars, such capital value, or (ii) one third of the net estate. In computing the net estate, debts, administration expenses and reasonable funeral expenses shall be deducted, but all estate taxes shall be disregarded, except that nothing contained herein relieves the surviving spouse from contributing to all such taxes the amounts apportioned against him or her under 2-1.8.

(3) The term "testamentary provision", as used in this paragraph, includes, in addition to dispositions made by the decedent's will, distributions of property pursuant to 4-1.1 and any transaction described as a testamentary substitute in subparagraph (b) (1).

(4) The share of the testamentary provisions to which the surviving spouse is entitled hereunder (the "net elective share") is his or her elective share, as defined in subparagraphs (1) and (2), reduced by the capital value of any interest which passes absolutely from the decedent to such spouse, or which would have passed absolutely from the decedent to such spouse but was renounced by the spouse, (i) by intestacy, (ii) by testamentary substitute as described in subparagraph (b) (1), or (iii) by disposition under the decedent's last will.

(A) Unless the decedent has provided otherwise, if a spouse elects under this section, such election shall have the same effect with respect to any interest which passes or would have passed to the spouse, other than absolutely, as though the spouse died on the same date but immediately before the death of the decedent.

(B) For the purposes of this subparagraph (4), (i) an interest in property shall be deemed to pass other than absolutely from the decedent to the spouse if the interest so passing consists of less than the decedent's entire interest in that property or consists of any interest in a trust or trust equivalent created by the decedent; and (ii) an interest in property shall be deemed to pass absolutely from the decedent to the spouse if it is not deemed to pass other than absolutely.

(5) Where a decedent dies before September first, nineteen hundred ninety-four, paragraphs (c)(1)(D) through (c)(1)(K) of section 5-1.1 shall apply except that the words "fifty thousand dollars" shall be substituted for the words "ten thousand dollars" wherever they appear in such paragraphs.

(b) Inter vivo dispositions treated as testamentary substitutes for the purpose of election by surviving spouse.

(1) Where a person dies after August thirty-first, nineteen hundred ninety-two and is survived by a spouse who exercises a right of election under paragraph (a), the transactions affected by and property interests of the decedent described in clauses (A) through (H), whether benefiting the surviving spouse or any other person, shall be treated as testamentary substitutes and the capital value thereof, as of the decedent's death, shall be included in the net estate subject to the surviving spouse's elective right except to the extent that the surviving spouse has executed a waiver of release pursuant to paragraph (e) with respect thereto. Notwithstanding the foregoing, a transaction, other than a transaction described in clause (G), that is irrevocable or is revocable only with the consent of a person having a substantial adverse interest (including any such transactions with respect to which the decedent retained a special power of appointment as defined in 10-3.2), will constitute a testamentary substitute only if it is effected after the date of the marriage.

(A) Gifts causa mortis.

(B) The aggregate transfers of property (including the transfer, release or relinquishment of any property interest which, but for such transfer, release or relinquishment, would come within the scope of clause (F)), other than gifts causa mortis and transfers coming within the scope of clauses (G) and (H), to or for the benefit of any person, made after August thirty-first, nineteen hundred ninety-two, and within one year of the death of the decedent, to the extent that the decedent did not receive adequate and full consideration in money or money's worth for such transfers; provided, however, that any portion of any such transfer that was excludible from taxable gifts pursuant to subsections (b) and (e) of section two thousand five hundred three of the United States Internal Revenue Code, including any amounts excluded as a result of the election by the surviving spouse to treat any such transfer as having been made one half by him or her, shall not be treated as a testamentary substitute.

(C) Money deposited, together with all dividends or interest credited thereon, in a savings account in the name of the decedent in trust for another person, with a banking organization, savings and loan association, foreign banking corporation or organization or bank or savings and loan association organized under the laws of the United States, and remaining on deposit at the date of the decedent's death.

(D) Money deposited after August thirty-first, nineteen hundred sixty-six, together with all dividends or interest credited thereon, in the name of the decedent and another person and payable on death, pursuant to the terms of the deposit or by operation of law, to the survivor, with a banking organization, savings and loan association, foreign banking corporation or organization or bank or savings and loan association organized under the laws of the United States, and remaining on deposit at the date of the decedent's death.

(E) Any disposition of property made by the decedent whereby property, at the date of his or her death, is held (i) by the decedent and another person as joint tenants with a right of survivorship or as tenants by the entirety where the disposition was made after August thirty-first, nineteen hundred sixty-six, or (ii) by the decedent and is payable on his or her death to a person other than the decedent or his or her estate.

(F) Any disposition of property or contractual arrangement made by the decedent, in trust or otherwise, to the extent that the decedent (i) after August thirty-first, nineteen hundred ninety-two, retained for his or her life or for any period not ascertainable without reference to his or her death or for any period which does not in fact end before his or her death the possession or enjoyment of, or the right to income from, the property except to the extent that such disposition or contractual arrangement was for an adequate consideration in money or money's worth; or (ii) at the date of his or her death retained either alone or in conjunction with any other person who does not have a substantial adverse interest, by the express provisions of the disposing instrument, a power to revoke such disposition or a power to consume, invade or dispose of the principal thereof. The provisions of this subparagraph shall not affect the right of any income beneficiary to the income undistributed or accrued at the date of death nor shall they impair or defeat any right which has vested on or before August thirty-first, nineteen hundred ninety-two.

(G) Any money, securities or other property payable under a thrift, savings, retirement, pension, deferred compensation, death benefit, stock bonus or profit-sharing plan, account, arrangement, system or trust, except that with respect to a plan to which subsection (a) (11) of section four hundred one of the United States Internal Revenue Code applies or a defined contribution plan to which such subsection does not apply pursuant to paragraph (B) (iii) thereof, only to the extent of fifty percent of the capital value thereof. Notwithstanding the foregoing, a transaction described herein shall not constitute a testamentary substitute if the decedent designated the beneficiary or beneficiaries of the plan benefits on or before September first, nineteen hundred ninety-two and did not change such beneficiary designation thereafter.

(H) Any interest in property to the extent the passing of the principal thereof to or for the benefit of any person was subject to a presently exercisable general power of appointment, as defined in section two thousand forty-one of the United States Internal Revenue Code, held by the decedent immediately before his or her death or which the decedent, within one year of his or her death, released (except to the extent such release results from a lapse of the power which is not treated as a release pursuant to section two thousand forty-one of the United States Internal Revenue Code) or exercised in favor of any person other than himself or herself or his or her estate.

(I) A transfer of a security to a beneficiary pursuant to part 4 of article 13 of this chapter.

(2) Transactions described in clause (D) or (E) (i) shall be treated as testamentary substitutes in the proportion that the funds on deposit were the property of the decedent immediately before the deposit or the consideration for the property described in clause (E) (i) was furnished by the decedent. The surviving spouse shall have the burden of establishing the proportion of the decedent's contribution; provided, however, that where the surviving spouse is the other party to the transaction, it will be conclusively presumed that the proportion of the decedent's contribution is one-half. For the purpose of this subparagraph, the court may accept such evidence as is relevant and competent, whether or not the person offering such evidence would otherwise be competent to testify.

(3) The property referred to in clause (E) shall include United States savings bonds and other United States obligations.

(4) The provisions of this paragraph shall not prevent a corporation or other person from paying or transferring any funds or property to a person otherwise entitled thereto, unless there has been served personally upon such corporation or other person a certified copy of an order enjoining such payment or transfer made by the surrogate's court having jurisdiction of the decedent's estate or by another court of competent jurisdiction. A corporation or other person paying or transferring any funds or property described in clause (G) of subparagraph one of this paragraph to a person otherwise entitled thereto, shall be held harmless and free from any liability for making such payment or transfer, in any action or proceeding which involves such funds or property. Such order may be made, on notice to such persons and in such manner as the court may direct, upon application of the surviving spouse or any other interested party and on proof that the surviving spouse has exercised his or her right of election under paragraph (a). Service of a certified copy of such order on the corporation or other person holding such fund or property shall be a defense, during the effective period of the order, in any action or proceeding which involves such fund or property.

(5) This paragraph shall not impair or defeat the rights of creditors of the decedent with respect to any matter as to which any such creditor has rights.

(6) In case of a conflict between this paragraph and any other provision of law affecting the transactions described in subparagraph (1) of this paragraph, this paragraph controls.

(7) If any part of this section is preempted by federal law with respect to a payment or an item of property included in the net estate, a person who, not for value, received that payment or item of property is obligated to return to the surviving spouse that payment or item of property or is personally liable to the surviving spouse for the amount of that payment or the value of that item of property, to the extent required under this section.

(c) General provisions governing right of election.

(1) Where an election has been made under this section, the will or other instrument making a testamentary provision, as the case may be, is valid as to the residue after the share to which the surviving spouse is entitled has been deducted, and the terms of such will or instrument remain otherwise effective so far as possible, subject, however, to the provisions of clause (a)(4)(A).

(2) Except as otherwise expressly provided in the will or other instrument making a testamentary provision, ratable contribution to the share to which the surviving spouse is entitled shall be made by the beneficiaries and distributees (including the recipients of any such testamentary provision), other than the surviving spouse, under the decedent's will, by intestacy and other instruments making testamentary provisions, which contribution may be made in cash or in the specific property received from the decedent by the person required to make such contribution or partly in cash and partly in such property as such person in his or her discretion shall determine.

(3) The right of election is personal to the surviving spouse, except that an election may be made by:

(A) The guardian of the property of an infant spouse, when so authorized by the court having jurisdiction of the decedent's estate.

(B) The committee of an incompetent spouse, when so authorized by the court that appointed the committee.

(C) The conservator of a conservatee spouse, when so authorized by the court that appointed the conservator.

(D) The guardian ad litem for the surviving spouse when so authorized by the court that appointed such guardian.

(E) A guardian authorized under Article 81 of the mental hygiene law, when so authorized by the court that appointed the guardian.

(4) Any question arising as to the right of election shall be determined by the court having jurisdiction of the decedent's estate in a proceeding brought for that purpose on notice to all interested persons in such manner as the court may direct,

or in a proceeding for the judicial settlement of the accounts of the personal representative.

(5) Upon application by a surviving spouse who has made an election under this section, the court may make an order cancelling such election, provided that no adverse rights have intervened and no prejudice is shown to creditors of such spouse or other persons interested in the estate. Such application shall be made on notice to such persons and in such manner as the court may direct. A certified copy of such order shall be indexed and recorded in the same manner as a notice of pendency of an action in the office of the clerk of the county in which any real property of the decedent is situated.

(6) The right of election granted by this section is not available to the spouse of a decedent who was not domiciled in this state at the time of death, unless such decedent has elected, under paragraph (h) of 3-5.1, to have the disposition of his or her property situated in this state governed by the laws of this state.

(7) The decedent's estate shall include all property of the decedent wherever situated.

(8) An election made by the surviving spouse under this section is in lieu of any right of dower to which such spouse may be entitled.

(9) The references in this paragraph to sections of the United States Internal Revenue Code are to the Internal Revenue Code of 1986, as amended. Such references, however, shall be deemed to constitute references to any corresponding provisions of any subsequent federal tax code.

(d) Procedure for exercise of right of election.

(1) An election under this section must be made within six months from the date of issuance of letters testamentary or of administration, as the case may be, but in no event later than two years after the date of decedent's death, except as otherwise provided in subparagraph 2 of this paragraph. Written notice of such election shall be served upon any personal representative in the manner herein provided, or upon a person named as executor in a will on file in the surrogate's court in a case where such will has not yet been admitted to probate, and the original thereof shall be filed and recorded, with proof of service, in the surrogate's court in which such letters were issued within six months from the date of the issuance of letters but in no event later than two years from the date of decedent's death, except as otherwise provided in subparagraph 2 of this paragraph. Such notice may be served by mailing a copy thereof, addressed to any personal representative, or to the nominated executor, as the case may be, at the place of residence stated in the designation required by section 708 of the surrogate's court procedure act, to the domicile address of such executor, or in such other manner as the surrogate may direct.

(2) The time to make such election may be extended before expiration by an order of the surrogate's court from which such letters issued for a further period not exceeding six months upon any one application. If the spouse defaults in filing such election within the time provided in subparagraph (1) of this paragraph, the surrogate's court may relieve the spouse from such default and authorize the making of an election within the period fixed by the order, provided that no decree settling the account of the personal representative has been made and that twelve months have not elapsed since the issuance of the letters, and two years have not elapsed since the decedent's date of death, in the case of initial application; except that the court may, in its discretion for good cause shown, extend the time to make such election beyond such period of two years. An application for relief from the default and for an extension of time to elect shall be made upon a petition showing reasonable cause and on notice to such persons and in such manner as the surrogate may direct. A certified copy of such order shall be indexed and recorded in the same manner as a notice of pendency of an action in the office of the clerk of each county in which real property of the decedent is situated.

(3) The time limited in this paragraph for making an election is exclusive and shall not be suspended or otherwise affected by any provision of law, except that the surrogate may, in his or her discretion, permit an election to be made in behalf of an infant or incompetent spouse at any time up to, but no later than, the entry of the decree of the first judicial account of the representative of the estate, made more than seven months after the issuance of letters.

(e) Waiver or release of right of election.

(1) A spouse, during the lifetime of the other, may waive or release a right of election, granted by this section, against a particular or any last will or a testamentary substitute, as described in subparagraph (b) (1) made by the other spouse. A waiver or release of all rights in the estate of the other spouse is a waiver or release of a right of election against any such last will or testamentary provision.

(2) To be effective under this section, a waiver or release must be in writing and subscribed by the maker thereof, and acknowledged or proved in the manner required by the laws of this state for the recording of a conveyance of real property.

(3) Such a waiver or release is effective, in accordance with its terms, whether:

(A) Executed before or after the marriage of the spouses.

(B) Executed before, on or after September first, nineteen hundred sixty-six.

(C) Unilateral in form, executed only by the maker thereof, or bilateral in form, executed by both spouses.

(D) Executed with or without consideration.

(E) Absolute or conditional.

(4) If there is in effect at the time of the decedent's death a waiver, or a consent to the decedent's waiver, executed by the surviving spouse with respect to any survivor benefit, or right to such benefit, under subsection (a) (11) of section four hundred one or section four hundred seventeen of the United States Internal Revenue Code, then such waiver shall be deemed to be a waiver within the meaning of this paragraph (e) against the testamentary substitute constituting such benefit.

§ 5-1.2 Disqualification as surviving spouse   (01.01.1994)

(a) A husband or wife is a surviving spouse within the meaning, and for the purposes of 4-1.1, 5-1.1, 5-1.1-A, 5-1.3, 5-3.1 and 5-4.4, unless it is established satisfactorily to the court having jurisdiction of the action or proceeding that:

(1) A final decree or judgment of divorce, of annulment or declaring the nullity of a marriage or dissolving such marriage on the ground of absence, recognized as valid under the law of this state, was in effect when the deceased spouse died.

(2) The marriage was void as incestuous under section five of the domestic relations law, bigamous under section six thereof, or a prohibited remarriage under section eight thereof.

(3) The spouse had procured outside of this state a final decree or judgment of divorce from the deceased spouse, of annulment or declaring the nullity of the marriage with the deceased spouse or dissolving such marriage on the ground of absence, not recognized as valid under the law of this state.

(4) A final decree or judgment of separation, recognized as valid under the law of this state, was rendered against the spouse, and such decree or judgment was in effect when the deceased spouse died.

(5) The spouse abandoned the deceased spouse, and such abandonment continued until the time of death.

(6) A spouse who, having the duty to support the other spouse, failed or refused to provide for such spouse though he or she had the means or ability to do so, unless such marital duty was resumed and continued until the death of the spouse having the need of support.

§ 5-1.3 Revocatory effect of marriage after execution of will

(a) If the testator leaves a will executed prior to September first, nineteen hundred thirty and marries at any time after such will was executed, the spouse who survives such testator is entitled to succeed to the same portion of the testator's estate as would have passed to such spouse had the testator died intestate, unless provision was made for the surviving spouse by ante nuptial agreement in writing. No evidence shall be admissible to impair or defeat the rights of a surviving spouse hereunder except to establish the existence of such ante nuptial agreement.

(b) A surviving spouse may recover the portion of the testator's estate to which he is entitled under this section from the beneficiaries, ratably, out of the portions of the estate passing to such persons under the will. In abating the interests of the beneficiaries the character of the testamentary plan adopted by the testator shall be preserved to the maximum extent possible.

(c) A surviving spouse may waive his right under this section to an intestate share of the testator's estate, and may accept in lieu thereof any benefits he may have received, in whatever status, under the will.

§ 5-1.4 Revocatory effect of divorce, annulment or declaration of nullity, or dissolution of marriage on disposition, appointment, provision, or nomination regarding a former spouse (07.07.2008)

(a) Except as provided by the express terms of a governing instrument, a divorce (including a judicial separation as defined in subparagraph (f)(2)) or annulment of a marriage revokes any revocable (1) disposition or appointment of property made by a divorced individual to, or for the benefit of, the former spouse, including, but not limited to, a disposition or appointment by will, by security registration in beneficiary form (TOD), by beneficiary designation in a life insurance policy or (to the extent permitted by law) in a pension or retirement benefits plan, or by revocable trust, including a bank account in trust form, (2) provision conferring a power of appointment or power of disposition on the former spouse, and (3) nomination of the former spouse to serve in any fiduciary or representative capacity, including as a personal representative, executor, trustee, conservator, guardian, agent, or attorney-in-fact.

(b)(1) Provisions of a governing instrument are given effect as if the former spouse had predeceased the divorced individual as of the time of the revocation.

(2) A disposition, appointment, provision, or nomination revoked solely by this section shall be revived by the divorced individual's remarriage to the former spouse.

(c) Except as provided by the express terms of a governing instrument, a divorce (including a judicial separation as defined in subparagraph (f)(2)) or annulment of a marriage severs the interests of the divorced individual and the former spouse in property held by them at the time of the divorce or annulment as joint tenants with the right of survivorship, transforming their interests into interests as tenants in common.

(d)(1) A payor or other third party is not liable for having made a payment or transferred an item of property or any other benefit to a beneficiary (including a former spouse) designated in a governing instrument affected by a divorce, annulment, or remarriage, or for having taken any other action in good faith reliance on the validity of the governing instrument, before the payor or other third party received written notice of the divorce, annulment, or remarriage.

(2) Written notice of a divorce, annulment, or remarriage under subparagraph (1) must be mailed to the payor's or other third party's main office or home by registered or certified mail, return receipt requested, or served upon the payor or other third party in the same manner as a summons in a civil action and may be filed with the secretary of state if real property or a cooperative apartment is affected. Upon receipt of written notice of the divorce, annulment, or remarriage, a payor or other third party may pay any amount owed or transfer or deposit any item of property held by it or with the court having jurisdiction of the probate proceedings relating to the decedent's estate or, if no proceedings have been commenced, to or with the court having jurisdiction over the divorce, the real property or cooperative apartment, securities, bank accounts or other assets affected by the divorce or annulment under this section. The court shall hold the funds or item of property and, upon its determination under this section, shall order disbursement or transfer in accordance with the determination. Payments, transfers, or deposits made to or with the court discharge the payor or other third party from all claims for the value of amounts paid to or items of property transferred to or deposited with the court.

(e) A person who purchases property from a former spouse or any other person for value and without notice, or who receives from a former spouse or any other person, a payment or other item of property in partial or full satisfaction of a legally enforceable obligation, is neither obligated under this section to return the payment, item of property or benefit, nor is liable under this section for the amount of the payment or the value of the item of property or benefit. But a former spouse or other person who, not for value, received a payment, item of property or any other benefit to which that person is not entitled under this section is obligated to return the payment, item of property or benefit, with interest thereon, to the person who is entitled to it under this section.

(f) For purposes of this section, the following terms shall have the following meaning and effect:

(1) "Disposition or appointment of property" includes a transfer of an item of property or any other benefit to a beneficiary designated in a governing instrument.

(2) "Divorce or annulment" means a final decree or judgment of divorce or annulment, or a final decree, judgment or order declaring the nullity of a marriage or dissolving such marriage on the ground of absence, recognized as valid under the law of this state, or a "judicial separation," which means a final decree or judgment of separation, recognized as valid under the law of this state, which was rendered against the spouse.

(3) "Divorced individual" includes an individual whose marriage has been annulled or subjected to a judicial separation.

(4) "Former spouse" means a person whose marriage to the divorced individual has been the subject of a divorce, annulment, or judicial separation.

(5) "Governing instrument" includes, but is not limited to, a will, testamentary instrument, trust agreement (including, but not limited to a totten trust account under 7-5.1(d)), insurance policy, thrift, savings, retirement, pension, deferred compensation, death benefit, stock bonus or profit-sharing plan, account, arrangement, system or trust, agreement with a bank, brokerage firm or investment company, registration of securities in beneficiary form pursuant to part 4 of article 13 of this chapter, a court order, or a contract relating to the division of property made between the divorced individuals before or after the marriage, divorce, or annulment.

(6) "Revocable," with respect to a disposition, appointment, provision, or nomination, means one under which the divorced individual, at the time of the divorce or annulment, was empowered, by law or under governing instrument, either alone or in conjunction with any other person who does not have a substantial adverse interest, to cancel the designation in favor of the former spouse, whether or not the divorced individual was then empowered to designate himself or herself in place of the former spouse and whether or not the divorced individual then had the capacity to exercise the power.

Part 3: Rights of Family Unit

§ 5-3.1 Exemption for benefit of family   (01.01.2013)
(a) If a person dies, leaving a surviving spouse or children under the age of twenty-one years, the following items of property are not assets of the estate but vest in, and shall be set off to such surviving spouse, unless disqualified, under 5-1.2, from taking an elective or distributive share of the decedent's estate. In case there is no surviving spouse or such spouse, if surviving, is disqualified, such items of property vest in, and shall be set off to the decedent's children under the age of twenty-one years:
(a)

(1) All housekeeping utensils, musical instruments, sewing machine, jewelry unless disposed of in the will, clothing of the decedent, household furniture and appliances, electronic and photographic devices, and fuel for personal use, not exceeding in aggregate value twenty thousand dollars. This subparagraph shall not include items used exclusively for business purposes.

(2) The family bible or other religious books, family pictures, books, computer tapes, discs and software, DVDs, CDs, audio tapes, record albums, and other electronic storage devices, including but not limited to videotapes, used by such family, not exceeding in value two thousand five hundred dollars.

(3) Domestic and farm animals with their necessary food for sixty days, farm machinery, one tractor and one lawn tractor, not exceeding in aggregate value twenty thousand dollars.

(4) The surviving spouse or decedent's children may acquire items referred to in subparagraphs (1), (2) and (3) of this paragraph, in excess of the values set forth in such subparagraphs by payment to the estate of the amount by which the value of the items acquired exceeds the amounts set forth in such subparagraphs. If any item so acquired by the spouse or children of the decedent was a specific legacy in decedent's will, the payment to the estate for such item shall vest in the specific legatee.

(5) One motor vehicle not exceeding in value twenty-five thousand dollars. In the alternative, if the decedent shall have been the owner of one or more motor vehicles each of which exceed twenty-five thousand dollars in value, the surviving spouse or decedent's children may acquire one such motor vehicle from the estate, regardless of the fact that the decedent may also have been the owner of another motor vehicle of lesser value than twenty-five thousand dollars, by payment to the estate of the amount by which the value of the motor vehicle exceeds twenty-five thousand dollars; in lieu of receiving such motor vehicle, the surviving spouse or children may elect to receive in cash an amount equal to the value of the motor vehicle, not to exceed twenty-five thousand dollars. If any motor vehicle so acquired by the spouse or children of the decedent was a specific legacy in decedent's will, the payment to the estate of the amount by which the value of the motor vehicle exceeds twenty-five thousand dollars shall vest in the specific legatee.

(6) Money including but not limited to cash, checking, savings and money market accounts, certificates of deposit or equivalents thereof, and marketable securities, not exceeding in value twenty-five thousand dollars, reduced by the excess value, if any, of acquired items referred to in subparagraphs (1), (2), (3) and (5) of this paragraph. However, where assets are insufficient to pay the reasonable

funeral expenses of the decedent, the personal representative must first apply such money to defray any deficiency in such expenses.

(7) Any set off to a child under the age of twenty-one years not exceeding ten thousand dollars shall be covered by the provisions of section twenty-two hundred twenty of the surrogate's court procedure act as if the child were a beneficiary of the estate. Any excess amounts shall be governed by the guardianship statute, if applicable.

(8) The court shall have the authority to issue such documentation as necessary to effectuate the transfer of any items under this section.

(b) No allowance shall be made in money or other property if the items of property described in subparagraph (1), (2), (3) or (5) of paragraph (a) are not in existence when the decedent dies.

(c) The items of property, set off as provided in paragraph (a), shall, at least to the extent thereof, be deemed reasonably required for the support of the surviving spouse or children under the age of twenty-one years of the decedent during the settlement of the estate.

(d) As used in this section, the term "value" shall refer to the fair market value of each item, reduced by all outstanding security interests or other encumbrances affecting the decedent's ownership of said item.

§ 5-3.2 Revocatory effect of birth of child after execution of will (01.08.2007)

(a) Whenever a testator has a child born after the execution of a last will, and dies leaving the after-born child unprovided for by any settlement, and neither provided for nor in any way mentioned in the will, every such child shall succeed to a portion of the testator's estate as herein provided:

(1) If the testator has one or more children living when he executes his last will, and:

(A) No provision is made therein for any such child, an after-born child is not entitled to share in the testator's estate.

(B) Provision is made therein for one or more of such children, an after-born child is entitled to share in the testator's estate, as follows:

(i) The portion of the testator's estate in which the after-born child may share is limited to the disposition made to children under the will.

(ii) The after-born child shall receive such share of the testator's estate, as limited in subclause (i), as he would have received had the testator included all after-born children with the children upon whom benefits were conferred under the will, and given an equal share of the estate to each such child.

(iii) If it appears from the will that the intention of the testator was to make a limited provision which specifically applied only to the testator's children living at the time the will was executed, the after-born child succeeds to the portion of such testator's estate as would have passed to such child had the testator died intestate.

(iv) To the extent that it is feasible, the interest of the after-born child in the testator's estate shall be of the same character, whether an equitable or legal life estate or in fee, as the interest which the testator conferred upon his children under the will.

(2) If the testator has no child living when he executes his last will, the after-born child succeeds to the portion of such testator's estate as would have passed to such child had the testator died intestate.

(b) The term "after-born child" shall mean a child of the testator born during the testator's lifetime or in gestation at the time of the testator's death and born thereafter. For purposes of this section, a non-marital child, born after the execution of a last will shall be considered an after-born child of his or her father where paternity is established pursuant to section 4-1.2 of this chapter.

(c) The after-born child may recover the share of the testator's estate to which such child is entitled, either from the other children under subparagraph (a) (1) (B) or the testamentary beneficiaries under subparagraph (a) (2), ratably, out of the portions of such estate passing to such persons under the will. In abating the interests of such beneficiaries, the character of the testamentary plan adopted by the testator shall be preserved to the maximum extent possible.

§ 5-3.4 Action in supreme court by child born after execution of will, by surviving spouse upon revocation of will by marriage or by subscribing witness with interest under will (01.09.1967)

In the event that the administration of a decedent's estate in the surrogate's court has been completed and the estate distributed, an action may be maintained in the supreme court by an after-born child under 5-3.2, a surviving spouse under 5-1.3 or an attesting witness under 3-3.2 to enforce rights under such sections against testamentary beneficiaries or distributees, as the case may be.

Part 4: Rights of Members of Family Resulting from Wrongful Act, neglect or Default Causing Death of Decedent

§ 5-4.1 Action by personal representative for wrongful act, neglect or default causing death of decedent (01.07.2003)
1. The personal representative, duly appointed in this state or any other jurisdiction, of a decedent who is survived by distributees may maintain an action to recover damages for a wrongful act, neglect or default which caused the decedent's death against a person who would have been liable to the decedent by reason of such wrongful conduct if death had not ensued. Such an action must be commenced within two years after the decedent's death; provided, however, that an action on behalf of a decedent whose death was caused by the terrorist attacks on September eleventh, two thousand one, other than a decedent identified by the attorney general of the United States as a participant or conspirator in such attacks, must be commenced within two years and six months after the decedent's death. When the distributees do not participate in the administration of the decedent's estate under a will appointing an executor who refuses to bring such action, the distributees are entitled to have an administrator appointed to prosecute the action for their benefit.
2. Whenever it is shown that a criminal action has been commenced against the same defendant with respect to the event or occurrence from which a claim under this section arises, the personal representative of the decedent shall have at least one year from the termination of the criminal action as defined in section 1.20 of the criminal procedure law in which to maintain an action, notwithstanding that the time in which to commence such action has already expired or has less than a year remaining.

§ 5-4.2 Trial and burden of proof of contributory negligence (01.09.1975)
On the trial of an action accruing before September first, nineteen hundred seventy-five to recover damages for causing death the contributory negligence of the decedent shall be a defense, to be pleaded and proved by the defendant.

§ 5-4.3 Amount of recovery (08.07.1986)
(a) The damages awarded to the plaintiff may be such sum as the jury or, where issues of fact are tried without a jury, the court or referee deems to be fair and just compensation for the pecuniary injuries resulting from the decedent's death to the persons for whose benefit the action is brought. In every such action, in addition to any other lawful element of recoverable damages, the reasonable expenses of medical aid, nursing and attention incident to the injury causing death

and the reasonable funeral expenses of the decedent paid by the distributees, or for the payment of which any distributee is responsible, shall also be proper elements of damage. Interest upon the principal sum recovered by the plaintiff from the date of the decedent's death shall be added to and be a part of the total sum awarded.

(b) Where the death of the decedent occurs on or after September first, nineteen hundred eighty-two, in addition to damages and expenses recoverable under paragraph (a) above, punitive damages may be awarded if such damages would have been recoverable had the decedent survived.

(c) (i) In any action in which the wrongful conduct is medical malpractice or dental malpractice, evidence shall be admissible to establish the federal, state and local personal income taxes which the decedent would have been obligated by law to pay.

(ii) In any such action tried by a jury, the court shall instruct the jury to consider the amount of federal, state and local personal income taxes which the jury finds, with reasonable certainty, that the decedent would have been obligated by law to pay in determining the sum that would otherwise be available for the support of persons for whom the action is brought.

(iii) In any such action tried without a jury, the court shall consider the amount of federal, state and local personal income taxes which the court finds, with reasonable certainty, that the decedent would have been obligated by law to pay in determining the sum that would otherwise be available for the support of persons for whom the action is brought.

§ 5-4.4 Distribution of damages recovered   (01.09.1992)

(a) The damages, as prescribed by 5-4.3, whether recovered in an action or by settlement without an action, are exclusively for the benefit of the decedent's distributees and, when collected, shall be distributed to the persons entitled thereto under 4-1.1 and 5-4.5, except that where the decedent is survived by a parent or parents and a spouse and no issue, the parent or parents will be deemed to be distributees for purposes of this section. The damages shall be distributed subject to the following:

(1) Such damages shall be distributed by the personal representative to the persons entitled thereto in proportion to the pecuniary injuries suffered by them, such proportions to be determined after a hearing, on application of the personal representative or any distributee, at such time and on notice to all interested persons in such manner as the court may direct. If no action is brought, such determination shall be made by the surrogate of the county in which letters were issued

to the plaintiff; if an action is brought, by the court having jurisdiction of the action or by the surrogate of the county in which letters were issued.

(2) The court which determines the proportions of the pecuniary injuries suffered by the distributees, as provided in subparagraph (1), shall also decide any question concerning the disqualification of a parent, under 4-1.4, or a surviving spouse, under 5-1.2, to share in the damages recovered.

(b) The reasonable expenses of the action or settlement and, if included in the damages recovered, the reasonable expenses of medical aid, nursing and attention incident to the injury causing death and the reasonable funeral expenses of the decedent may be fixed by the court which determines the proportions of the pecuniary injuries suffered by the distributees, as provided in subparagraph (1), upon notice given in such manner and to such persons as the court may direct, and such expenses may be deducted from the damages recovered. The commissions of the personal representative upon the residue may be fixed by the surrogate, upon notice given in such manner and to such persons as the surrogate may direct or upon the judicial settlement of the account of the personal representative, and such commissions may be deducted from the damages recovered.

(c) In the event that an action is brought, as authorized in this part, and there is no recovery or settlement, the reasonable expenses of such unsuccessful action, excluding counsel fees, shall be payable out of the assets of the decedent's estate.

§ 5-4.5 Non-marital children   (01.09.1992)
For the purposes of this part, a non-marital child is the distributee of his father and paternal kindred and the father and paternal kindred of a non-marital child are that child's distributees to the extent permitted by 4-1.2.

§ 5-4.6 Application to compromise action   (11.10.2005)
(a) Within sixty days of the application of an administrator appointed under 5-4.1 or a personal representative to the court in which an action for wrongful act, neglect or default causing the death of a decedent is pending, the court shall, after inquiry into the merits of the action and the amount of damages proposed as a compromise either disapprove the application or approve in writing a compromise for such amount as it shall determine to be adequate including approval of attorneys fees and other payable expenses as set forth below, and shall order the defendant to pay all sums payable under the order of compromise, within the time frames set forth in section five thousand three-a of the civil practice law and rules, to the attorney for the administrator or personal representative for placement in an interest bearing escrow account for the benefit of the distributees. The order shall also provide for the following:

(1) Upon collection of the settlement funds and creation of an interest bearing escrow account, the attorney for the administrator or personal representative shall pay from the account all due and payable expenses, excluding attorney's fees, approved by the court, such as medical bills, funeral costs and other liens on the estate.

(2) All attorneys fees approved by the court for the prosecution of the action for wrongful act, neglect or default, inclusive of all disbursements, shall be immediately payable from the escrow account upon submission to the trial court proof of filing of a petition for allocation and distribution in the surrogate's court on behalf of the decedent's estate.

(3) The attorney for the administrator or personal representative in the action for wrongful act, neglect or default who receives payment under this section shall continue to serve as attorney for the estate until the entry of a final decree in the surrogate's court.

(b) If any of the distributees is an infant, incompetent, person who is incarcerated or person under disability, the court shall determine whether some guardian ad litem is required before any payments are made, in which case the court will seek an immediate appointment of a guardian ad litem by the surrogate's court or, if the surrogate's court defers, the court shall make such appointment. Any guardian appointed for this purpose shall continue to serve as the guardian ad litem for the person requiring same for all other purposes.

(c) The filing fee in the surrogate's court shall be computed based on the amount of the gross estate prior to any payments made under this paragraph.

(d) The written approval by such court of the compromise is conclusive evidence of the adequacy of the compromise in any proceeding in the surrogate's court for the final settlement of the account of such administrator or personal representative.

(e) Nothing in this section shall be deemed to preclude the attorney for the administrator or personal representative from petitioning the surrogate's court for approval of a compromise and for allocation and distribution thereof.

(f) No letters of administration shall be issued which will in any way serve to abrogate the rights or obligations of an administrator or personal representative or an attorney representing an administrator or personal representative under this section.

c. Internationales Erbrecht (EPTL § 3-5.1)

New York Code[315]
Estates, Powers and Trusts (EPT)
Article 3: Substantive Law of Wills
Part 5: Rules Governing Wills Having Relation to Another Jurisdiction

§ 3-5.1 Formal validity, intrinsic validity, effect, interpretation, revocation or alteration of testamentary dispositions of, and exercise of testamentary powers of appointment over property by wills having relation to another Jurisdiction

(a) As used in this section:

(1) "Real property" means land or any estate in land, including leaseholds, fixtures and mortgages or other liens thereon.

(2) "Personal property" means any property other than real property, including tangible and intangible things.

(3) "Formal validity" relates to the formalities prescribed by the law of a jurisdiction for the execution and attestation of a will.

(4) "Intrinsic validity" relates to the rules of substantive law by which a jurisdiction determines the legality of a testamentary disposition, including the general capacity of the testator.

(5) "Effect" relates to the legal consequences attributed under the law of a jurisdiction to a valid testamentary disposition.

(6) "Interpretation" relates to the procedure of applying the law of a jurisdiction to determine the meaning of language employed by the testator where is intention is not otherwise ascertainable.

(7) "Local law" means the law which the courts of a jurisdiction apply in adjudicating legal questions that have no relation to another jurisdiction.

(b) Subject to the other provisions of this section:

(1) The formal validity, intrinsic validity, effect, revocation or alteration of a testamentary disposition of real property, and the manner in which such property descends when not disposed of by will, are determined by the law of the jurisdiction in which the land is situated.

(2) The intrinsic validity, effect, revocation or alteration of a testamentary disposition of personal property, and the manner in which such property devolves

---

[315] Vgl. die Homepage "New York State Legislature" (http://public.leginfo.state.ny.us); Stand: 01.10.2019.

when not disposed of by will, are determined by the law of the jurisdiction in which the decedent was domiciled at death.

(c) A will disposing of personal property, wherever situated, or real property situated in this state, made within or without this state by a domiciliary or non-domiciliary thereof, is formally valid and admissible to probate in this state, if it is in writing and signed by the testator, and otherwise executed and attested in accordance with the local law of:

(1) This state;

(2) The jurisdiction in which the will was executed, at the time of execution; or

(3) The jurisdiction in which the testator was domiciled, either at the time of execution or of death.

(d) A testamentary disposition of personal property intrinsically valid under the law of the jurisdiction in which the testator was domiciled at the time the will was executed shall not be affected by a subsequent change in the domicile of the testator to a jurisdiction by the law of which the disposition is intrinsically invalid.

(e) Interpretation of a testamentary disposition of personal property shall be made in accordance with the local law of the jurisdiction in which the testator was domiciled at the time the will was executed.

(f) Whether a testamentary disposition of personal property is effectively revoked or altered by the provisions of a subsequent testamentary instrument or by a physical act to or upon the will by which the testamentary disposition was made is determined by the law of the jurisdiction in which the testator was domiciled at the time the subsequent instrument was executed or the physical act performed.

(g) Subject to paragraphs (d), (e) and (f), the intrinsic validity, effect, revocation or alteration of a testamentary disposition by which a power of appointment over personal property is exercised, and the question of whether such power has been exercised at all, are determined by:

(1) In the case of a presently exercisable general power of appointment, the law of the jurisdiction in which the donee of such power was domiciled at the time of death.

(2) In the case of a general power of appointment exercisable by will alone or a special power of appointment:

(A) If such power was created by will, the law of the jurisdiction in which the donor of the power was domiciled at the time of death.

(B) If such power was created by inter vivos disposition, the law of the jurisdiction which the donor of the power intended to govern such disposition.

(C) If the donor is himself the donee of a general power of appointment exercisable by will alone, the law of the jurisdiction in which the donor of the power was domiciled at the time of death.

(3) The formal validity of a will by which any power of appointment over personal property is exercised is determined in accordance with paragraph (c) on the basis that the testator referred to therein is the donee of such power.

(h) Whenever a testator, not domiciled in this state at the time of death, provides in his will that he elects to have the disposition of his property situated in this state governed by the laws of this state, the intrinsic validity, including the testator's general capacity, effect, interpretation, revocation or alteration of any such disposition is determined by the local law of this state. The formal validity of the will, in such case, is determined in accordance with paragraph (c).

(i) Notwithstanding the definition of "real property" in subparagraph (a) (1), whether an estate in, leasehold of, fixture, mortgage or other lien on land is real property governed by subparagraph (b) (1) or personal property governed by subparagraph (b) (2) is determined by the local law of the jurisdiction in which the land is situated.

Bilaterale Staatsverträge:
Treaty of June 19, 1928, of friendship, commerce and consular rights between the United States of America and **Austria** (47 Stat. 1876; TS 838; 5 Bevans 341), Art. IV und XIX.

Treaty of December 8, 1923, of friendship, commerce and consular rights between the United States of America and **Germany** (44 Stat. 2132; TS 725; 8 Bevans 153; LNTS 131), Art. XXIV; with amendments of November 20, 1954 (5 UST 1939; TIAS 3062; 253 UNTS 89), Art. IX und XXVII.

Convention of November 25, 1850 on friendship, commerce and extradition between the United States of America and **Switzerland** (11 Stat. 587; TS 353; 11 Bevans 894).[316]

Multilaterale:
Convention of Washington from Octobre 26, 1973, providing a uniform law on the form of an international will (von U.S. am 27.10.1973 signiert, aber nicht ratifiziert; nicht in Kraft getreten); zu den Vertragsstaaten vgl. hinten, L. 16.[317]

---

[316] Vgl. dazu ZK-KÜNZLE (Fn. 73), Vorbem. zu Art. 86-96 IPRG N 46-63.
[317] Vgl. dazu ZK-KÜNZLE (Fn. 73), Vorbem. zu Art. 86-96 IPRG N 32.

X. Internationale Übereinkommen

1. Erbrechtsverordnung der Europäischen Union

a. Gesetzestext

Verordnung (EU) Nr. 650/2012 des Europäischen Parlaments und des Rates vom 4. Juli 2012 über die Zuständigkeit, das anzuwendende Recht, die Anerkennung und Vollstreckung von Entscheidungen und die Annahme und Vollstreckung öffentlicher Urkunden in Erbsachen sowie zur Einführung eines Europäischen Nachlasszeugnisses.[321]

Kapitel I: Anwendungsbereich und Begriffsbestimmungen

Art. 1   Anwendungsbereich
¹ Diese Verordnung ist auf die Rechtsnachfolge von Todes wegen anzuwenden. Sie gilt nicht für Steuer- und Zollsachen sowie verwaltungsrechtliche Angelegenheiten.
² Vom Anwendungsbereich dieser Verordnung ausgenommen sind:
   a. der Personenstand sowie Familienverhältnisse und Verhältnisse, die nach dem auf diese Verhältnisse anzuwendenden Recht vergleichbare Wirkungen entfalten;
   b. die Rechts-, Geschäfts- und Handlungsfähigkeit von natürlichen Personen, unbeschadet des Artikels 23 Absatz 2 Buchstabe c und des Artikels 26;
   c. Fragen betreffend die Verschollenheit oder die Abwesenheit einer natürlichen Person oder die Todesvermutung;
   d. Fragen des ehelichen Güterrechts sowie des Güterrechts aufgrund von Verhältnissen, die nach dem auf diese Verhältnisse anzuwendenden Recht mit der Ehe vergleichbare Wirkungen entfalten;
   e. Unterhaltspflichten außer derjenigen, die mit dem Tod entstehen;
   f. die Formgültigkeit mündlicher Verfügungen von Todes wegen;
   g. Rechte und Vermögenswerte, die auf andere Weise als durch Rechtsnachfolge von Todes wegen begründet oder übertragen werden, wie unentgeltliche Zuwendungen, Miteigentum mit Anwachsungsrecht des Überlebenden (joint tenancy), Rentenpläne, Versicherungsverträge und ähnliche Vereinbarungen, unbeschadet des Artikels 23 Absatz 2 Buchstabe i;

---

[321] ABl. EU L Nr. 201 vom 27. Juli 2012 (Stand: 01.10.2019).

h. Fragen des Gesellschaftsrechts, des Vereinsrechts und des Rechts der juristischen Personen, wie Klauseln im Errichtungsakt oder in der Satzung einer Gesellschaft, eines Vereins oder einer juristischen Person, die das Schicksal der Anteile verstorbener Gesellschafter beziehungsweise Mitglieder regeln;
i. die Auflösung, das Erlöschen und die Verschmelzung von Gesellschaften, Vereinen oder juristischen Personen;
j. die Errichtung, Funktionsweise und Auflösung eines Trusts;
k. die Art der dinglichen Rechte und
l. jede Eintragung von Rechten an beweglichen oder unbeweglichen Vermögensgegenständen in einem Register, einschließlich der gesetzlichen Voraussetzungen für eine solche Eintragung, sowie die Wirkungen der Eintragung oder der fehlenden Eintragung solcher Rechte in einem Register.

Art. 2   Zuständigkeit in Erbsachen innerhalb der Mitgliedstaaten
Diese Verordnung berührt nicht die innerstaatlichen Zuständigkeiten der Behörden der Mitgliedstaaten in Erbsachen.

Art. 3   Begriffsbestimmungen
[1] Für die Zwecke dieser Verordnung bezeichnet der Ausdruck
a. "Rechtsnachfolge von Todes wegen" jede Form des Übergangs von Vermögenswerten, Rechten und Pflichten von Todes wegen, sei es im Wege der gewillkürten Erbfolge durch eine Verfügung von Todes wegen oder im Wege der gesetzlichen Erbfolge;
b. "Erbvertrag" eine Vereinbarung, einschließlich einer Vereinbarung aufgrund gegenseitiger Testamente, die mit oder ohne Gegenleistung Rechte am künftigen Nachlass oder künftigen Nachlässen einer oder mehrerer an dieser Vereinbarung beteiligter Personen begründet, ändert oder entzieht;
c. "gemeinschaftliches Testament" ein von zwei oder mehr Personen in einer einzigen Urkunde errichtetes Testament;
d. "Verfügung von Todes wegen" ein Testament, ein gemeinschaftliches Testament oder einen Erbvertrag;
e. "Ursprungsmitgliedstaat" den Mitgliedstaat, in dem die Entscheidung ergangen, der gerichtliche Vergleich gebilligt oder geschlossen, die öffentliche Urkunde errichtet oder das Europäische Nachlasszeugnis ausgestellt worden ist;
f. "Vollstreckungsmitgliedstaat" den Mitgliedstaat, in dem die Vollstreckbarerklärung oder Vollstreckung der Entscheidung, des gerichtlichen Vergleichs oder der öffentlichen Urkunde betrieben wird;

g. "Entscheidung" jede von einem Gericht eines Mitgliedstaats in einer Erbsache erlassene Entscheidung ungeachtet ihrer Bezeichnung einschließlich des Kostenfestsetzungsbeschlusses eines Gerichtsbediensteten;

h. "gerichtlicher Vergleich" einen von einem Gericht gebilligten oder vor einem Gericht im Laufe eines Verfahrens geschlossenen Vergleich in einer Erbsache;

i. "öffentliche Urkunde" ein Schriftstück in Erbsachen, das als öffentliche Urkunde in einem Mitgliedstaat förmlich errichtet oder eingetragen worden ist und dessen Beweiskraft

i) sich auf die Unterschrift und den Inhalt der öffentlichen Urkunde bezieht und

ii) durch eine Behörde oder eine andere vom Ursprungsmitgliedstaat hierzu ermächtigte Stelle festgestellt worden ist.

² Im Sinne dieser Verordnung bezeichnet der Begriff "Gericht" jedes Gericht und alle sonstigen Behörden und Angehörigen von Rechtsberufen mit Zuständigkeiten in Erbsachen, die gerichtliche Funktionen ausüben oder in Ausübung einer Befugnisübertragung durch ein Gericht oder unter der Aufsicht eines Gerichts handeln, sofern diese anderen Behörden und Angehörigen von Rechtsberufen ihre Unparteilichkeit und das Recht der Parteien auf rechtliches Gehör gewährleisten und ihre Entscheidungen nach dem Recht des Mitgliedstaats, in dem sie tätig sind

a. vor einem Gericht angefochten oder von einem Gericht nachgeprüft werden können und

b. vergleichbare Rechtskraft und Rechtswirkung haben wie eine Entscheidung eines Gerichts in der gleichen Sache.

Die Mitgliedstaaten teilen der Kommission nach Artikel 79 die in Unterabsatz 1 genannten sonstigen Behörden und Angehörigen von Rechtsberufen mit.

Kapitel II: Zuständigkeit

Art. 4 Allgemeine Zuständigkeit
Für Entscheidungen in Erbsachen sind für den gesamten Nachlass die Gerichte des Mitgliedstaats zuständig, in dessen Hoheitsgebiet der Erblasser im Zeitpunkt seines Todes seinen gewöhnlichen Aufenthalt hatte.

Art. 5 Gerichtsstandsvereinbarung
¹ Ist das vom Erblasser nach Artikel 22 zur Anwendung auf die Rechtsnachfolge von Todes wegen gewählte Recht das Recht eines Mitgliedstaats, so können die betroffenen Parteien vereinbaren, dass für Entscheidungen in Erbsachen aus-

schließlich ein Gericht oder die Gerichte dieses Mitgliedstaats zuständig sein sollen.

² Eine solche Gerichtsstandsvereinbarung bedarf der Schriftform und ist zu datieren und von den betroffenen Parteien zu unterzeichnen. Elektronische Übermittlungen, die eine dauerhafte Aufzeichnung der Vereinbarung ermöglichen, sind der Schriftform gleichgestellt.

Art. 6   Unzuständigerklärung bei Rechtswahl

Ist das Recht, das der Erblasser nach Artikel 22 zur Anwendung auf die Rechtsnachfolge von Todes wegen gewählt hat, das Recht eines Mitgliedstaats, so verfährt das nach Artikel 4 oder Artikel 10 angerufene Gericht wie folgt:

a. Es kann sich auf Antrag einer der Verfahrensparteien für unzuständig erklären, wenn seines Erachtens die Gerichte des Mitgliedstaats des gewählten Rechts in der Erbsache besser entscheiden können, wobei es die konkreten Umstände der Erbsache berücksichtigt, wie etwa den gewöhnlichen Aufenthalt der Parteien und den Ort, an dem die Vermögenswerte belegen sind, oder

b. es erklärt sich für unzuständig, wenn die Verfahrensparteien nach Artikel 5 die Zuständigkeit eines Gerichts oder der Gerichte des Mitgliedstaats des gewählten Rechts vereinbart haben.

Art. 7   Zuständigkeit bei Rechtswahl

Die Gerichte eines Mitgliedstaats, dessen Recht der Erblasser nach Artikel 22 gewählt hat, sind für die Entscheidungen in einer Erbsache zuständig, wenn

a. sich ein zuvor angerufenes Gericht nach Artikel 6 in derselben Sache für unzuständig erklärt hat;

b. die Verfahrensparteien nach Artikel 5 die Zuständigkeit eines Gerichts oder der Gerichte dieses Mitgliedstaats vereinbart haben oder

c. die Verfahrensparteien die Zuständigkeit des angerufenen Gerichts ausdrücklich anerkannt haben.

Art. 8   Beendigung des Verfahrens von Amtes wegen bei Rechtswahl

Ein Gericht, das ein Verfahren in einer Erbsache von Amts wegen nach Artikel 4 oder nach Artikel 10 eingeleitet hat, beendet das Verfahren, wenn die Verfahrensparteien vereinbart haben, die Erbsache außergerichtlich in dem Mitgliedstaat, dessen Recht der Erblasser nach Artikel 22 gewählt hat, einvernehmlich zu regeln.

Art. 9 Zuständigkeit aufgrund rügeloser Einlassung
¹ Stellt sich in einem Verfahren vor dem Gericht eines Mitgliedstaats, das seine Zuständigkeit nach Artikel 7 ausübt, heraus, dass nicht alle Parteien dieses Verfahrens der Gerichtstandsvereinbarung angehören, so ist das Gericht weiterhin zuständig, wenn sich die Verfahrensparteien, die der Vereinbarung nicht angehören, auf das Verfahren einlassen, ohne den Mangel der Zuständigkeit des Gerichts zu rügen.
² Wird der Mangel der Zuständigkeit des in Absatz 1 genannten Gerichts von Verfahrensparteien gerügt, die der Vereinbarung nicht angehören, so erklärt sich das Gericht für unzuständig.
In diesem Fall sind die nach Artikel 4 oder Artikel 10 zuständigen Gerichte für die Entscheidung in der Erbsache zuständig.

Art. 10 Subsidiäre Zuständigkeit
¹ Hatte der Erblasser seinen gewöhnlichen Aufenthalt im Zeitpunkt seines Todes nicht in einem Mitgliedstaat, so sind die Gerichte eines Mitgliedstaats, in dem sich Nachlassvermögen befindet, für Entscheidungen in Erbsachen für den gesamten Nachlass zuständig, wenn
  a. der Erblasser die Staatsangehörigkeit dieses Mitgliedstaats im Zeitpunkt seines Todes besaß, oder, wenn dies nicht der Fall ist,
  b. der Erblasser seinen vorhergehenden gewöhnlichen Aufenthalt in dem betreffenden Mitgliedstaat hatte, sofern die Änderung dieses gewöhnlichen Aufenthalts zum Zeitpunkt der Anrufung des Gerichts nicht länger als fünf Jahre zurückliegt.
² Ist kein Gericht in einem Mitgliedstaat nach Absatz 1 zuständig, so sind dennoch die Gerichte des Mitgliedstaats, in dem sich Nachlassvermögen befindet, für Entscheidungen über dieses Nachlassvermögen zuständig.

Art. 11 Notzuständigkeit (forum necessitatis)
Ist kein Gericht eines Mitgliedstaats aufgrund anderer Vorschriften dieser Verordnung zuständig, so können die Gerichte eines Mitgliedstaats in Ausnahmefällen in einer Erbsache entscheiden, wenn es nicht zumutbar ist oder es sich als unmöglich erweist, ein Verfahren in einem Drittstaat, zu dem die Sache einen engen Bezug aufweist, einzuleiten oder zu führen.
Die Sache muss einen ausreichenden Bezug zu dem Mitgliedstaat des angerufenen Gerichts aufweisen.

Art. 12   Beschränkung des Verfahrens
¹ Umfasst der Nachlass des Erblassers Vermögenswerte, die in einem Drittstaat belegen sind, so kann das in der Erbsache angerufene Gericht auf Antrag einer der Parteien beschließen, über einen oder mehrere dieser Vermögenswerte nicht zu befinden, wenn zu erwarten ist, dass seine Entscheidung in Bezug auf diese Vermögenswerte in dem betreffenden Drittstaat nicht anerkannt oder gegebenenfalls nicht für vollstreckbar erklärt wird.
² Absatz 1 berührt nicht das Recht der Parteien, den Gegenstand des Verfahrens nach dem Recht des Mitgliedstaats des angerufenen Gerichts zu beschränken.

Art. 13   Annahme oder Ausschlagung der Erbschaft, eines
Vermächtnisses oder eines Pflichtteils
Außer dem gemäß dieser Verordnung für die Rechtsnachfolge von Todes wegen zuständigen Gericht sind die Gerichte des Mitgliedstaats, in dem eine Person ihren gewöhnlichen Aufenthalt hat, die nach dem auf die Rechtsnachfolge von Todes wegen anzuwendenden Recht vor einem Gericht eine Erklärung über die Annahme oder Ausschlagung der Erbschaft, eines Vermächtnisses oder eines Pflichtteils oder eine Erklärung zur Begrenzung der Haftung der betreffenden Person für die Nachlassverbindlichkeiten abgeben kann, für die Entgegennahme solcher Erklärungen zuständig, wenn diese Erklärungen nach dem Recht dieses Mitgliedstaats vor einem Gericht abgegeben werden können.

Art. 14   Anrufung eines Gerichts
Für die Zwecke dieses Kapitels gilt ein Gericht als angerufen
 a. zu dem Zeitpunkt, zu dem das verfahrenseinleitende Schriftstück oder ein gleichwertiges Schriftstück bei Gericht eingereicht worden ist, vorausgesetzt, dass der Kläger es in der Folge nicht versäumt hat, die ihm obliegenden Maßnahmen zu treffen, um die Zustellung des Schriftstücks an den Beklagten zu bewirken,
 b. falls die Zustellung vor Einreichung des Schriftstücks bei Gericht zu bewirken ist, zu dem Zeitpunkt, zu dem die für die Zustellung verantwortliche Stelle das Schriftstück erhalten hat, vorausgesetzt, dass der Kläger es in der Folge nicht versäumt hat, die ihm obliegenden Maßnahmen zu treffen, um das Schriftstück bei Gericht einzureichen, oder
 c. falls das Gericht das Verfahren von Amts wegen einleitet, zu dem Zeitpunkt, zu dem der Beschluss über die Einleitung des Verfahrens vom Gericht gefasst oder, wenn ein solcher Beschluss nicht erforderlich ist, zu dem Zeitpunkt, zu dem die Sache beim Gericht eingetragen wird.

Art. 15 Prüfung der Zuständigkeit
Das Gericht eines Mitgliedstaats, das in einer Erbsache angerufen wird, für die es nach dieser Verordnung nicht zuständig ist, erklärt sich von Amts wegen für unzuständig.

Art. 16 Prüfung der Zulässigkeit
[1] Lässt sich der Beklagte, der seinen gewöhnlichen Aufenthalt im Hoheitsgebiet eines anderen Staates als des Mitgliedstaats hat, in dem das Verfahren eingeleitet wurde, auf das Verfahren nicht ein, so setzt das zuständige Gericht das Verfahren so lange aus, bis festgestellt ist, dass es dem Beklagten möglich war, das verfahrenseinleitende Schriftstück oder ein gleichwertiges Schriftstück so rechtzeitig zu empfangen, dass er sich verteidigen konnte oder dass alle hierzu erforderlichen Maßnahmen getroffen wurden.
[2] Anstelle des Absatzes 1 des vorliegenden Artikels findet Artikel 19 der Verordnung (EG) Nr. 1393/2007 des Europäischen Parlaments und des Rates vom 13. November 2007 über die Zustellung gerichtlicher und außergerichtlicher Schriftstücke in Zivil- oder Handelssachen in den Mitgliedstaaten (Zustellung von Schriftstücken) (1) Anwendung, wenn das verfahrenseinleitende Schriftstück oder ein gleichwertiges Schriftstück nach der genannten Verordnung von einem Mitgliedstaat in einen anderen zu übermitteln war.
[3] Ist die Verordnung (EG) Nr. 1393/2007 nicht anwendbar, so gilt Artikel 15 des Haager Übereinkommens vom 15. November 1965 über die Zustellung gerichtlicher und außergerichtlicher Schriftstücke im Ausland in Zivil- und Handelssachen, wenn das verfahrenseinleitende Schriftstück oder ein gleichwertiges Schriftstück nach Maßgabe dieses Übereinkommens ins Ausland zu übermitteln war.

Art. 17 Rechtshängigkeit
[1] Werden bei Gerichten verschiedener Mitgliedstaaten Verfahren wegen desselben Anspruchs zwischen denselben Parteien anhängig gemacht, so setzt das später angerufene Gericht das Verfahren von Amts wegen aus, bis die Zuständigkeit des zuerst angerufenen Gerichts feststeht.
[2] Sobald die Zuständigkeit des zuerst angerufenen Gerichts feststeht, erklärt sich das später angerufene Gericht zugunsten dieses Gerichts für unzuständig.

Art. 18 Im Zusammenhang stehende Verfahren
[1] Sind bei Gerichten verschiedener Mitgliedstaaten Verfahren, die im Zusammenhang stehen, anhängig, so kann jedes später angerufene Gericht das Verfahren aussetzen.

² Sind diese Verfahren in erster Instanz anhängig, so kann sich jedes später angerufene Gericht auf Antrag einer Partei auch für unzuständig erklären, wenn das zuerst angerufene Gericht für die betreffenden Verfahren zuständig ist und die Verbindung der Verfahren nach seinem Recht zulässig ist.

³ Verfahren stehen im Sinne dieses Artikels im Zusammenhang, wenn zwischen ihnen eine so enge Beziehung gegeben ist, dass eine gemeinsame Verhandlung und Entscheidung geboten erscheint, um zu vermeiden, dass in getrennten Verfahren widersprechende Entscheidungen ergehen.

Art. 19   Einstweilige Maßnahmen einschließlich Sicherungsmaßnahmen
Die im Recht eines Mitgliedstaats vorgesehenen einstweiligen Maßnahmen einschließlich Sicherungsmaßnahmen können bei den Gerichten dieses Staates auch dann beantragt werden, wenn für die Entscheidung in der Hauptsache nach dieser Verordnung die Gerichte eines anderen Mitgliedstaats zuständig sind.

Kapitel III: Anzuwendendes Recht

Art. 20   Universelle Anwendung
Das nach dieser Verordnung bezeichnete Recht ist auch dann anzuwenden, wenn es nicht das Recht eines Mitgliedstaats ist.

Art. 21   Allgemeine Kollisionsnorm
¹ Sofern in dieser Verordnung nichts anderes vorgesehen ist, unterliegt die gesamte Rechtsnachfolge von Todes wegen dem Recht des Staates, in dem der Erblasser im Zeitpunkt seines Todes seinen gewöhnlichen Aufenthalt hatte.

² Ergibt sich ausnahmsweise aus der Gesamtheit der Umstände, dass der Erblasser im Zeitpunkt seines Todes eine offensichtlich engere Verbindung zu einem anderen als dem Staat hatte, dessen Recht nach Absatz 1 anzuwenden wäre, so ist auf die Rechtsnachfolge von Todes wegen das Recht dieses anderen Staates anzuwenden.

Art. 22   Rechtswahl
¹ Eine Person kann für die Rechtsnachfolge von Todes wegen das Recht des Staates wählen, dem sie im Zeitpunkt der Rechtswahl oder im Zeitpunkt ihres Todes angehört.

Eine Person, die mehrere Staatsangehörigkeiten besitzt, kann das Recht eines der Staaten wählen, denen sie im Zeitpunkt der Rechtswahl oder im Zeitpunkt ihres Todes angehört.

² Die Rechtswahl muss ausdrücklich in einer Erklärung in Form einer Verfügung von Todes wegen erfolgen oder sich aus den Bestimmungen einer solchen Verfügung ergeben.

³ Die materielle Wirksamkeit der Rechtshandlung, durch die die Rechtswahl vorgenommen wird, unterliegt dem gewählten Recht.

⁴ Die Änderung oder der Widerruf der Rechtswahl muss den Formvorschriften für die Änderung oder den Widerruf einer Verfügung von Todes wegen entsprechen.

Art. 23   Reichweite des anzuwendenden Rechts

¹ Dem nach Artikel 21 oder Artikel 22 bezeichneten Recht unterliegt die gesamte Rechtsnachfolge von Todes wegen

² Diesem Recht unterliegen insbesondere:

a. die Gründe für den Eintritt des Erbfalls sowie dessen Zeitpunkt und Ort;

b. die Berufung der Berechtigten, die Bestimmung ihrer jeweiligen Anteile und etwaiger ihnen vom Erblasser auferlegter Pflichten sowie die Bestimmung sonstiger Rechte an dem Nachlass, einschließlich der Nachlassansprüche des überlebenden Ehegatten oder Lebenspartners;

c. die Erbfähigkeit;

d. die Enterbung und die Erbunwürdigkeit;

e. der Übergang der zum Nachlass gehörenden Vermögenswerte, Rechte und Pflichten auf die Erben und gegebenenfalls die Vermächtnisnehmer, einschließlich der Bedingungen für die Annahme oder die Ausschlagung der Erbschaft oder eines Vermächtnisses und deren Wirkungen;

f. die Rechte der Erben, Testamentsvollstrecker und anderer Nachlassverwalter, insbesondere im Hinblick auf die Veräußerung von Vermögen und die Befriedigung der Gläubiger, unbeschadet der Befugnisse nach Artikel 29 Absätze 2 und 3;

g. die Haftung für die Nachlassverbindlichkeiten;

h. der verfügbare Teil des Nachlasses, die Pflichtteile und andere Beschränkungen der Testierfreiheit sowie etwaige Ansprüche von Personen, die dem Erblasser nahe stehen, gegen den Nachlass oder gegen den Erben;

i. die Ausgleichung und Anrechnung unentgeltlicher Zuwendungen bei der Bestimmung der Anteile der einzelnen Berechtigten und

j. die Teilung des Nachlasses.

Art. 24   Verfügungen von Todes wegen außer Erbverträgen

¹ Die Zulässigkeit und die materielle Wirksamkeit einer Verfügung von Todes wegen mit Ausnahme eines Erbvertrags unterliegen dem Recht, das nach dieser

Verordnung auf die Rechtsnachfolge von Todes wegen anzuwenden wäre, wenn die Person, die die Verfügung errichtet hat, zu diesem Zeitpunkt verstorben wäre.

² Ungeachtet des Absatzes 1 kann eine Person für die Zulässigkeit und die materielle Wirksamkeit ihrer Verfügung von Todes wegen das Recht wählen, das sie nach Artikel 22 unter den darin genannten Bedingungen hätte wählen können.

³ Absatz 1 gilt für die Änderung oder den Widerruf einer Verfügung von Todes wegen mit Ausnahme eines Erbvertrags entsprechend. Bei Rechtswahl nach Absatz 2 unterliegt die Änderung oder der Widerruf dem gewählten Recht.

Art. 25   Erbverträge
¹ Die Zulässigkeit, die materielle Wirksamkeit und die Bindungswirkungen eines Erbvertrags, der den Nachlass einer einzigen Person betrifft, einschließlich der Voraussetzungen für seine Auflösung, unterliegen dem Recht, das nach dieser Verordnung auf die Rechtsnachfolge von Todes wegen anzuwenden wäre, wenn diese Person zu dem Zeitpunkt verstorben wäre, in dem der Erbvertrag geschlossen wurde.

² Ein Erbvertrag, der den Nachlass mehrerer Personen betrifft, ist nur zulässig, wenn er nach jedem der Rechte zulässig ist, die nach dieser Verordnung auf die Rechtsnachfolge der einzelnen beteiligten Personen anzuwenden wären, wenn sie zu dem Zeitpunkt verstorben wären, in dem der Erbvertrag geschlossen wurde.

Die materielle Wirksamkeit und die Bindungswirkungen eines Erbvertrags, der nach Unterabsatz 1 zulässig ist, einschließlich der Voraussetzungen für seine Auflösung, unterliegen demjenigen unter den in Unterabsatz 1 genannten Rechten, zu dem er die engste Verbindung hat.

³ Ungeachtet der Absätze 1 und 2 können die Parteien für die Zulässigkeit, die materielle Wirksamkeit und die Bindungswirkungen ihres Erbvertrags, einschließlich der Voraussetzungen für seine Auflösung, das Recht wählen, das die Person oder eine der Personen, deren Nachlass betroffen ist, nach Artikel 22 unter den darin genannten Bedingungen hätte wählen können.

Art. 26   Materielle Wirksamkeit einer Verfügung von Todes wegen
¹ Zur materiellen Wirksamkeit im Sinne der Artikel 24 und 25 gehören:
   a. die Testierfähigkeit der Person, die die Verfügung von Todes wegen errichtet;
   b. die besonderen Gründe, aufgrund deren die Person, die die Verfügung errichtet, nicht zugunsten bestimmter Personen verfügen darf oder aufgrund deren eine Person kein Nachlassvermögen vom Erblasser erhalten darf;
   c. die Zulässigkeit der Stellvertretung bei der Errichtung einer Verfügung von Todes wegen;

d. die Auslegung der Verfügung;

e. Täuschung, Nötigung, Irrtum und alle sonstigen Fragen in Bezug auf Willensmängel oder Testierwillen der Person, die die Verfügung errichtet.

² Hat eine Person nach dem nach Artikel 24 oder 25 anzuwendenden Recht die Testierfähigkeit erlangt, so beeinträchtigt ein späterer Wechsel des anzuwendenden Rechts nicht ihre Fähigkeit zur Änderung oder zum Widerruf der Verfügung.

Art. 27   Formgültigkeit einer schriftlichen Verfügung von Todes wegen

¹ Eine schriftliche Verfügung von Todes wegen ist hinsichtlich ihrer Form wirksam, wenn diese:

a. dem Recht des Staates entspricht, in dem die Verfügung errichtet oder der Erbvertrag geschlossen wurde,

b. dem Recht eines Staates entspricht, dem der Erblasser oder mindestens eine der Personen, deren Rechtsnachfolge von Todes wegen durch einen Erbvertrag betroffen ist, entweder im Zeitpunkt der Errichtung der Verfügung bzw. des Abschlusses des Erbvertrags oder im Zeitpunkt des Todes angehörte,

c. dem Recht eines Staates entspricht, in dem der Erblasser oder mindestens eine der Personen, deren Rechtsnachfolge von Todes wegen durch einen Erbvertrag betroffen ist, entweder im Zeitpunkt der Errichtung der Verfügung oder des Abschlusses des Erbvertrags oder im Zeitpunkt des Todes den Wohnsitz hatte,

d. dem Recht des Staates entspricht, in dem der Erblasser oder mindestens eine der Personen, deren Rechtsnachfolge von Todes wegen durch einen Erbvertrag betroffen ist, entweder im Zeitpunkt der Errichtung der Verfügung oder des Abschlusses des Erbvertrags oder gewöhnlichen Aufenthalt hatte, oder

e. dem Recht des Staates entspricht, in dem sich unbewegliches Vermögen befindet, soweit es sich um dieses handelt.

Ob der Erblasser oder eine der Personen, deren Rechtsnachfolge von Todes wegen durch einen Erbvertrag betroffen ist, in einem bestimmten Staat ihren Wohnsitz hatte, regelt das in diesem Staat geltende Recht.

² Absatz 1 ist auch auf Verfügungen von Todes wegen anzuwenden, durch die eine frühere Verfügung geändert oder widerrufen wird. Die Änderung oder der Widerruf ist hinsichtlich ihrer Form auch dann gültig, wenn sie den Formerfordernissen einer der Rechtsordnungen entsprechen, nach denen die geänderte oder widerrufene Verfügung von Todes wegen nach Absatz 1 gültig war.

³ Für die Zwecke dieses Artikels werden Rechtsvorschriften, welche die für Verfügungen von Todes wegen zugelassenen Formen mit Beziehung auf das Alter, die Staatsangehörigkeit oder andere persönliche Eigenschaften des Erblassers oder der Personen, deren Rechtsnachfolge von Todes wegen durch einen Erbver-

trag betroffen ist, beschränken, als zur Form gehörend angesehen. Das Gleiche gilt für Eigenschaften, welche die für die Gültigkeit einer Verfügung von Todes wegen erforderlichen Zeugen besitzen müssen.

Art. 28   Formgültigkeit einer Annahme- oder Ausschlagungserklärung
Eine Erklärung über die Annahme oder die Ausschlagung der Erbschaft, eines Vermächtnisses oder eines Pflichtteils oder eine Erklärung zur Begrenzung der Haftung des Erklärenden ist hinsichtlich ihrer Form wirksam, wenn diese den Formerfordernissen entspricht
   a. des nach den Artikeln 21 oder 22 auf die Rechtsnachfolge von Todes wegen anzuwendenden Rechts oder
   b. des Rechts des Staates, in dem der Erklärende seinen gewöhnlichen Aufenthalt hat.

Art. 29   Besondere Regelungen für die Bestellung und die Befugnisse eines Nachlassverwalters in bestimmten Situationen
¹ Ist die Bestellung eines Verwalters nach dem Recht des Mitgliedstaats, dessen Gerichte nach dieser Verordnung für die Entscheidungen in der Erbsache zuständig sind, verpflichtend oder auf Antrag verpflichtend und ist das auf die Rechtsnachfolge von Todes wegen anzuwendende Recht ausländisches Recht, können die Gerichte dieses Mitgliedstaats, wenn sie angerufen werden, einen oder mehrere Nachlassverwalter nach ihrem eigenen Recht unter den in diesem Artikel festgelegten Bedingungen bestellen.
Der/die nach diesem Absatz bestellte(n) Verwalter ist/sind berechtigt, das Testament des Erblassers zu vollstrecken und/oder den Nachlass nach dem auf die Rechtsnachfolge von Todes wegen anzuwendenden Recht zu verwalten. Sieht dieses Recht nicht vor, dass eine Person Nachlassverwalter ist, die kein Berechtigter ist, können die Gerichte des Mitgliedstaats, in dem der Verwalter bestellt werden muss, einen Fremdverwalter nach ihrem eigenen Recht bestellen, wenn dieses Recht dies so vorsieht und es einen schwerwiegenden Interessenskonflikt zwischen den Berechtigten oder zwischen den Berechtigten und den Nachlassgläubigern oder anderen Personen, die für die Verbindlichkeiten des Erblassers gebürgt haben, oder Uneinigkeit zwischen den Berechtigten über die Verwaltung des Nachlasses gibt oder wenn es sich um einen aufgrund der Art der Vermögenswerte schwer zu verwaltenden Nachlasses handelt.
Der/die nach diesem Absatz bestellte(n) Verwalter ist/sind die einzige(n) Person(en), die befugt ist/sind, die in den Absätzen 2 oder 3 genannten Befugnisse auszuüben.

² Die nach Absatz 1 bestellte(n) Person(en) üben die Befugnisse zur Verwaltung des Nachlasses aus, die sie nach dem auf die Rechtsnachfolge von Todes wegen anzuwendenden Recht ausüben dürfen. Das bestellende Gericht kann in seiner Entscheidung besondere Bedingungen für die Ausübung dieser Befugnisse im Einklang mit dem auf die Rechtsnachfolge von Todes wegen anzuwendenden Recht festlegen.

Sieht das auf die Rechtsnachfolge von Todes wegen anzuwendende Recht keine hinreichenden Befugnisse vor, um das Nachlassvermögen zu erhalten oder die Rechte der Nachlassgläubiger oder anderer Personen zu schützen, die für die Verbindlichkeiten des Erblassers gebürgt haben, so kann das bestellende Gericht beschließen, es dem/den Nachlassverwalter(n) zu gestatten, ergänzend diejenigen Befugnisse, die hierfür in seinem eigenen Recht vorgesehen sind, auszuüben und in seiner Entscheidung besondere Bedingungen für die Ausübung dieser Befugnisse im Einklang mit diesem Recht festlegen.

Bei der Ausübung solcher ergänzenden Befugnisse hält/halten der/die Verwalter das auf die Rechtsnachfolge von Todes wegen anzuwendende Recht in Bezug auf den Übergang des Eigentums an dem Nachlassvermögen, die Haftung für die Nachlassverbindlichkeiten, die Rechte der Berechtigten, gegebenenfalls einschließlich des Rechts, die Erbschaft anzunehmen oder auszuschlagen, und gegebenenfalls die Befugnisse des Vollstreckers des Testaments des Erblassers ein.

³ Ungeachtet des Absatzes 2 kann das nach Absatz 1 einen oder mehrere Verwalter bestellende Gericht ausnahmsweise, wenn das auf die Rechtsnachfolge von Todes wegen anzuwendende Recht das Recht eines Drittstaats ist, beschließen, diesen Verwaltern alle Verwaltungsbefugnisse zu übertragen, die in dem Recht des Mitgliedstaats vorgesehen sind, in dem sie bestellt werden.

Bei der Ausübung dieser Befugnisse respektieren die Nachlassverwalter jedoch insbesondere die Bestimmung der Berechtigten und ihrer Nachlassansprüche, einschließlich ihres Anspruchs auf einen Pflichtteil oder ihres Anspruchs gegen den Nachlass oder gegenüber den Erben nach dem auf die Rechtsnachfolge von Todes wegen anzuwendenden Recht.

Art. 30 Besondere Regelungen mit Beschränkungen, die die Rechtsnachfolge von Todes wegen in Bezug auf bestimmte Vermögenswerte betreffen oder Auswirkungen auf sie haben

Besondere Regelungen im Recht eines Staates, in dem sich bestimmte unbewegliche Sachen, Unternehmen oder andere besondere Arten von Vermögenswerten befinden, die die Rechtsnachfolge von Todes wegen in Bezug auf jene Vermögenswerte aus wirtschaftlichen, familiären oder sozialen Erwägungen beschränken oder berühren, finden auf die Rechtsnachfolge von Todes wegen Anwendung, soweit sie nach dem Recht dieses Staates unabhängig von dem auf die Rechtsnachfolge von Todes wegen anzuwendenden Recht anzuwenden sind.

Art. 31   Anpassung dinglicher Rechte
Macht eine Person ein dingliches Recht geltend, das ihr nach dem auf die Rechtsnachfolge von Todes wegen anzuwendenden Recht zusteht, und kennt das Recht des Mitgliedstaats, in dem das Recht geltend gemacht wird, das betreffende dingliche Recht nicht, so ist dieses Recht soweit erforderlich und möglich an das in der Rechtsordnung dieses Mitgliedstaats am ehesten vergleichbare Recht anzupassen, wobei die mit dem besagten dinglichen Recht verfolgten Ziele und Interessen und die mit ihm verbundenen Wirkungen zu berücksichtigen sind.

Art. 32   Kommorienten
Sterben zwei oder mehr Personen, deren jeweilige Rechtsnachfolge von Todes wegen verschiedenen Rechten unterliegt, unter Umständen, unter denen die Reihenfolge ihres Todes ungewiss ist, und regeln diese Rechte diesen Sachverhalt unterschiedlich oder gar nicht, so hat keine der verstorbenen Personen Anspruch auf den Nachlass des oder der anderen.

Art. 33   Erbenloser Nachlass
Ist nach dem nach dieser Verordnung auf die Rechtsnachfolge von Todes wegen anzuwendenden Recht weder ein durch Verfügung von Todes wegen eingesetzter Erbe oder Vermächtnisnehmer für die Nachlassgegenstände noch eine natürliche Person als gesetzlicher Erbe vorhanden, so berührt die Anwendung dieses Rechts nicht das Recht eines Mitgliedstaates oder einer von diesem Mitgliedstaat für diesen Zweck bestimmten Einrichtung, sich das im Hoheitsgebiet dieses Mitgliedstaates belegene Nachlassvermögen anzueignen, vorausgesetzt, die Gläubiger sind berechtigt, aus dem gesamten Nachlass Befriedigung ihrer Forderungen zu suchen.

Art. 34   Rück- und Weiterverweisung
[1] Unter dem nach dieser Verordnung anzuwendenden Recht eines Drittstaats sind die in diesem Staat geltenden Rechtsvorschriften einschließlich derjenigen seines Internationalen Privatrechts zu verstehen, soweit diese zurück- oder weiterverweisen auf:
  a. das Recht eines Mitgliedstaats oder
  b. das Recht eines anderen Drittstaats, der sein eigenes Recht anwenden würde.

² Rück- und Weiterverweisungen durch die in Artikel 21 Absatz 2, Artikel 22, Artikel 27, Artikel 28 Buchstabe b und Artikel 30 genannten Rechtsordnungen sind nicht zu beachten.

Art. 35   Öffentliche Ordnung (ordre public)
Die Anwendung einer Vorschrift des nach dieser Verordnung bezeichneten Rechts eines Staates darf nur versagt werden, wenn ihre Anwendung mit der öffentlichen Ordnung (ordre public) des Staates des angerufenen Gerichts offensichtlich unvereinbar ist.

Art. 36   Staaten mit mehr als einem Rechtssystem – Interlokale Kollisionsvorschriften
¹ Verweist diese Verordnung auf das Recht eines Staates, der mehrere Gebietseinheiten umfasst, von denen jede eigene Rechtsvorschriften für die Rechtsnachfolge von Todes wegen hat, so bestimmen die internen Kollisionsvorschriften dieses Staates die Gebietseinheit, deren Rechtsvorschriften anzuwenden sind.
² In Ermangelung solcher internen Kollisionsvorschriften gilt:
   a. jede Bezugnahme auf das Recht des in Absatz 1 genannten Staates ist für die Bestimmung des anzuwendenden Rechts aufgrund von Vorschriften, die sich auf den gewöhnlichen Aufenthalt des Erblassers beziehen, als Bezugnahme auf das Recht der Gebietseinheit zu verstehen, in der der Erblasser im Zeitpunkt seines Todes seinen gewöhnlichen Aufenthalt hatte;
   b. jede Bezugnahme auf das Recht des in Absatz 1 genannten Staates ist für die Bestimmung des anzuwendenden Rechts aufgrund von Bestimmungen, die sich auf die Staatsangehörigkeit des Erblassers beziehen, als Bezugnahme auf das Recht der Gebietseinheit zu verstehen, zu der der Erblasser die engste Verbindung hatte;
   c. jede Bezugnahme auf das Recht des in Absatz 1 genannten Staates ist für die Bestimmung des anzuwendenden Rechts aufgrund sonstiger Bestimmungen, die sich auf andere Anknüpfungspunkte beziehen, als Bezugnahme auf das Recht der Gebietseinheit zu verstehen, in der sich der einschlägige Anknüpfungspunkt befindet.
³ Ungeachtet des Absatzes 2 ist jede Bezugnahme auf das Recht des in Absatz 1 genannten Staates für die Bestimmung des anzuwendenden Rechts nach Artikel 27 in Ermangelung interner Kollisionsvorschriften dieses Staates als Bezugnahme auf das Recht der Gebietseinheit zu verstehen, zu der der Erblasser oder die Personen, deren Rechtsnachfolge von Todes wegen durch den Erbvertrag betroffen ist, die engste Verbindung hatte.

Art. 37 Staaten mit mehr als einem Rechtssystem – Interpersonale Kollisionsvorschriften
Gelten in einem Staat für die Rechtsnachfolge von Todes wegen zwei oder mehr Rechtssysteme oder Regelwerke für verschiedene Personengruppen, so ist jede Bezugnahme auf das Recht dieses Staates als Bezugnahme auf das Rechtssystem oder das Regelwerk zu verstehen, das die in diesem Staat geltenden Vorschriften zur Anwendung berufen. In Ermangelung solcher Vorschriften ist das Rechtssystem oder das Regelwerk anzuwenden, zu dem der Erblasser die engste Verbindung hatte.

Art. 38 Nichtanwendung dieser Verordnung auf innerstaatliche Kollisionen
Ein Mitgliedstaat, der mehrere Gebietseinheiten umfasst, von denen jede ihre eigenen Rechtsvorschriften für die Rechtsnachfolge von Todes wegen hat, ist nicht verpflichtet, diese Verordnung auf Kollisionen zwischen den Rechtsordnungen dieser Gebietseinheiten anzuwenden.

Kapitel IV: Anerkennung, Vollstreckbarkeit und Vollstreckung von Entscheiden

Art. 39 Anerkennung
¹ Die in einem Mitgliedstaat ergangenen Entscheidungen werden in den anderen Mitgliedstaaten anerkannt, ohne dass es hierfür eines besonderen Verfahrens bedarf.
² Bildet die Frage, ob eine Entscheidung anzuerkennen ist, als solche den Gegenstand eines Streites, so kann jede Partei, welche die Anerkennung geltend macht, in dem Verfahren nach den Artikeln 45 bis 58 die Feststellung beantragen, dass die Entscheidung anzuerkennen ist.
³ Wird die Anerkennung in einem Rechtsstreit vor dem Gericht eines Mitgliedstaats, dessen Entscheidung von der Anerkennung abhängt, verlangt, so kann dieses Gericht über die Anerkennung entscheiden.

Art. 40 Gründe für die Nichtanerkennung einer Entscheidung
Eine Entscheidung wird nicht anerkannt, wenn
  a. die Anerkennung der öffentlichen Ordnung (ordre public) des Mitgliedstaats, in dem sie geltend gemacht wird, offensichtlich widersprechen würde;
  b. dem Beklagten, der sich auf das Verfahren nicht eingelassen hat, das verfahrenseinleitende Schriftstück oder ein gleichwertiges Schriftstück nicht so rechtzeitig und in einer Weise zugestellt worden ist, dass er sich verteidigen

konnte, es sei denn, der Beklagte hat die Entscheidung nicht angefochten, obwohl er die Möglichkeit dazu hatte;

c. sie mit einer Entscheidung unvereinbar ist, die in einem Verfahren zwischen denselben Parteien in dem Mitgliedstaat, in dem die Anerkennung geltend gemacht wird, ergangen ist;

d. sie mit einer früheren Entscheidung unvereinbar ist, die in einem anderen Mitgliedstaat oder in einem Drittstaat in einem Verfahren zwischen denselben Parteien wegen desselben Anspruchs ergangen ist, sofern die frühere Entscheidung die notwendigen Voraussetzungen für ihre Anerkennung in dem Mitgliedstaat, in dem die Anerkennung geltend gemacht wird, erfüllt.

Art. 41   Ausschluss einer Nachprüfung in der Sache
Die in einem Mitgliedstaat ergangene Entscheidung darf keinesfalls in der Sache selbst nachgeprüft werden.

Art. 42   Aussetzung des Anerkennungsverfahrens
Das Gericht eines Mitgliedstaats, vor dem die Anerkennung einer in einem anderen Mitgliedstaat ergangenen Entscheidung geltend gemacht wird, kann das Verfahren aussetzen, wenn im Ursprungsmitgliedstaat gegen die Entscheidung ein ordentlicher Rechtsbehelf eingelegt worden ist.

Art. 43   Vollstreckbarkeit
Die in einem Mitgliedstaat ergangenen und in diesem Staat vollstreckbaren Entscheidungen sind in einem anderen Mitgliedstaat vollstreckbar, wenn sie auf Antrag eines Berechtigten dort nach dem Verfahren der Artikel 45 bis 58 für vollstreckbar erklärt worden sind.

Art. 44   Bestimmung des Wohnsitzes
Ist zu entscheiden, ob eine Partei für die Zwecke des Verfahrens nach den Artikeln 45 bis 58 im Hoheitsgebiet des Vollstreckungsmitgliedstaats einen Wohnsitz hat, so wendet das befasste Gericht sein eigenes Recht an.

Art. 45   Örtlich zuständiges Gericht
[1] Der Antrag auf Vollstreckbarerklärung ist an das Gericht oder die zuständige Behörde des Vollstreckungsmitgliedstaats zu richten, die der Kommission von diesem Mitgliedstaat nach Artikel 78 mitgeteilt wurden.
[2] Die örtliche Zuständigkeit wird durch den Ort des Wohnsitzes der Partei, gegen die die Vollstreckung erwirkt werden soll, oder durch den Ort, an dem die Vollstreckung durchgeführt werden soll, bestimmt.

Art. 46   Verfahren
¹ Für das Verfahren der Antragstellung ist das Recht des Vollstreckungsmitgliedstaats maßgebend.
² Von dem Antragsteller kann nicht verlangt werden, dass er im Vollstreckungsmitgliedstaat über eine Postanschrift oder einen bevollmächtigten Vertreter verfügt.
³ Dem Antrag sind die folgenden Schriftstücke beizufügen:
   a. eine Ausfertigung der Entscheidung, die die für ihre Beweiskraft erforderlichen Voraussetzungen erfüllt;
   b. die Bescheinigung, die von dem Gericht oder der zuständigen Behörde des Ursprungsmitgliedstaats unter Verwendung des nach dem Beratungsverfahren nach Artikel 81 Absatz 2 erstellten Formblatts ausgestellt wurde, unbeschadet des Artikels 47.

Art. 47   Nichtvorlage der Bescheinigung
¹ Wird die Bescheinigung nach Artikel 46 Absatz 3 Buchstabe b nicht vorgelegt, so kann das Gericht oder die sonst befugte Stelle eine Frist bestimmen, innerhalb deren die Bescheinigung vorzulegen ist, oder sich mit einer gleichwertigen Urkunde begnügen oder von der Vorlage der Bescheinigung absehen, wenn kein weiterer Klärungsbedarf besteht.
² Auf Verlangen des Gerichts oder der zuständigen Behörde ist eine Übersetzung der Schriftstücke vorzulegen. Die Übersetzung ist von einer Person zu erstellen, die zur Anfertigung von Übersetzungen in einem der Mitgliedstaaten befugt ist.

Art. 48   Vollstreckbarerklärung
Sobald die in Artikel 46 vorgesehenen Förmlichkeiten erfüllt sind, wird die Entscheidung unverzüglich für vollstreckbar erklärt, ohne dass eine Prüfung nach Artikel 40 erfolgt. Die Partei, gegen die die Vollstreckung erwirkt werden soll, erhält in diesem Abschnitt des Verfahrens keine Gelegenheit, eine Erklärung abzugeben.

*Art. 49   Mitteilung der Entscheidung über den Antrag auf
              Vollstreckbarerklärung*
¹ Die Entscheidung über den Antrag auf Vollstreckbarerklärung wird dem Antragsteller unverzüglich in der Form mitgeteilt, die das Recht des Vollstreckungsmitgliedstaats vorsieht.

² Die Vollstreckbarerklärung und, soweit dies noch nicht geschehen ist, die Entscheidung werden der Partei, gegen die die Vollstreckung erwirkt werden soll, zugestellt.

Art. 50   Rechtsbehelf gegen die Entscheidung über den Antrag auf Vollstreckbarerklärung
¹ Gegen die Entscheidung über den Antrag auf Vollstreckbarerklärung kann jede Partei einen Rechtsbehelf einlegen.

² Der Rechtsbehelf wird bei dem Gericht eingelegt, das der betreffende Mitgliedstaat der Kommission nach Artikel 78 mitgeteilt hat.

³ Über den Rechtsbehelf wird nach den Vorschriften entschieden, die für Verfahren mit beiderseitigem rechtlichem Gehör maßgebend sind.

⁴ Lässt sich die Partei, gegen die die Vollstreckung erwirkt werden soll, auf das Verfahren vor dem mit dem Rechtsbehelf des Antragstellers befassten Gericht nicht ein, so ist Artikel 16 auch dann anzuwenden, wenn die Partei, gegen die die Vollstreckung erwirkt werden soll, ihren Wohnsitz nicht im Hoheitsgebiet eines Mitgliedstaats hat.

⁵ Der Rechtsbehelf gegen die Vollstreckbarerklärung ist innerhalb von 30 Tagen nach ihrer Zustellung einzulegen. Hat die Partei, gegen die die Vollstreckung erwirkt werden soll, ihren Wohnsitz im Hoheitsgebiet eines anderen Mitgliedstaats als dem, in dem die Vollstreckbarerklärung ergangen ist, so beträgt die Frist für den Rechtsbehelf 60 Tage und beginnt mit dem Tag, an dem die Vollstreckbarerklärung ihr entweder in Person oder in ihrer Wohnung zugestellt worden ist. Eine Verlängerung dieser Frist wegen weiter Entfernung ist ausgeschlossen.

Art. 51   Rechtsbehelf gegen die Entscheidung über den Rechtsbehelf
Gegen die über den Rechtsbehelf ergangene Entscheidung kann nur der Rechtsbehelf eingelegt werden, den der betreffende Mitgliedstaat der Kommission nach Artikel 78 mitgeteilt hat.

Art. 52   Versagung oder Aufhebung einer Vollstreckbarerklärung
Die Vollstreckbarerklärung darf von dem mit einem Rechtsbehelf nach Artikel 50 oder Artikel 51 befassten Gericht nur aus einem der in Artikel 40 aufgeführten Gründen versagt oder aufgehoben werden. Das Gericht erlässt seine Entscheidung unverzüglich.

Art. 53   Aussetzung des Verfahrens
Das nach Artikel 50 oder Artikel 51 mit dem Rechtsbehelf befasste Gericht setzt das Verfahren auf Antrag des Schuldners aus, wenn die Entscheidung im

Ursprungsmitgliedstaat wegen der Einlegung eines Rechtsbehelfs vorläufig nicht vollstreckbar ist.

Art. 54   Einstweilige Maßnahmen einschließlich Sicherungsmaßnahmen
[1] Ist eine Entscheidung nach diesem Abschnitt anzuerkennen, so ist der Antragsteller nicht daran gehindert, einstweilige Maßnahmen einschließlich Sicherungsmaßnahmen nach dem Recht des Vollstreckungsmitgliedstaats in Anspruch zu nehmen, ohne dass es einer Vollstreckbarerklärung nach Artikel 48 bedarf.
[2] Die Vollstreckbarerklärung umfasst von Rechts wegen die Befugnis, Maßnahmen zur Sicherung zu veranlassen.
[3] Solange die in Artikel 50 Absatz 5 vorgesehene Frist für den Rechtsbehelf gegen die Vollstreckbarerklärung läuft und solange über den Rechtsbehelf nicht entschieden ist, darf die Zwangsvollstreckung in das Vermögen des Schuldners nicht über Maßnahmen zur Sicherung hinausgehen.

Art. 55   Teilvollstreckbarkeit
[1] Ist durch die Entscheidung über mehrere Ansprüche erkannt worden und kann die Vollstreckbarerklärung nicht für alle Ansprüche erteilt werden, so erteilt das Gericht oder die zuständige Behörde sie für einen oder mehrere dieser Ansprüche.
[2] Der Antragsteller kann beantragen, dass die Vollstreckbarerklärung nur für einen Teil des Gegenstands der Entscheidung erteilt wird.

Art. 56   Prozesskostenhilfe
Ist dem Antragsteller im Ursprungsmitgliedstaat ganz oder teilweise Prozesskostenhilfe oder Kosten- und Gebührenbefreiung gewährt worden, so genießt er im Vollstreckbarerklärungsverfahren hinsichtlich der Prozesskostenhilfe oder der Kosten- und Gebührenbefreiung die günstigste Behandlung, die das Recht des Vollstreckungsmitgliedstaats vorsieht.

Art. 57   Keine Sicherheitsleistung oder Hinterlegung
Der Partei, die in einem Mitgliedstaat die Anerkennung, Vollstreckbarerklärung oder Vollstreckung einer in einem anderen Mitgliedstaat ergangenen Entscheidung beantragt, darf wegen ihrer Eigenschaft als Ausländer oder wegen Fehlens eines inländischen Wohnsitzes oder Aufenthalts im Vollstreckungsmitgliedstaat eine Sicherheitsleistung oder Hinterlegung, unter welcher Bezeichnung es auch sei, nicht auferlegt werden.

Art. 58   Keine Stempelabgaben oder Gebühren
Im Vollstreckungsmitgliedstaat dürfen in Vollstreckbarerklärungsverfahren keine nach dem Streitwert abgestuften Stempelabgaben oder Gebühren erhoben werden.

Kapitel V: Öffentliche Urkunden und gerichtliche Vergleiche

Art. 59   Annahme öffentlicher Urkunden
¹ Eine in einem Mitgliedstaat errichtete öffentliche Urkunde hat in einem anderen Mitgliedstaat die gleiche formelle Beweiskraft wie im Ursprungsmitgliedstaat oder die damit am ehesten vergleichbare Wirkung, sofern dies der öffentlichen Ordnung (ordre public) des betreffenden Mitgliedstaats nicht offensichtlich widersprechen würde.
Eine Person, die eine öffentliche Urkunde in einem anderen Mitgliedstaat verwenden möchte, kann die Behörde, die die öffentliche Urkunde im Ursprungsmitgliedstaat errichtet, ersuchen, das nach dem Beratungsverfahren nach Artikel 81 Absatz 2 erstellte Formblatt auszufüllen, das die formelle Beweiskraft der öffentlichen Urkunde in ihrem Ursprungsmitgliedstaat beschreibt.
² Einwände mit Bezug auf die Authentizität einer öffentlichen Urkunde sind bei den Gerichten des Ursprungsmitgliedstaats zu erheben; über diese Einwände wird nach dem Recht dieses Staates entschieden. Eine öffentliche Urkunde, gegen die solche Einwände erhoben wurden, entfaltet in einem anderen Mitgliedstaat keine Beweiskraft, solange die Sache bei dem zuständigen Gericht anhängig ist.
³ Einwände mit Bezug auf die in einer öffentlichen Urkunde beurkundeten Rechtsgeschäfte oder Rechtsverhältnisse sind bei den nach dieser Verordnung zuständigen Gerichten zu erheben; über diese Einwände wird nach dem nach Kapitel III anzuwendenden Recht entschieden. Eine öffentliche Urkunde, gegen die solche Einwände erhoben wurden, entfaltet in einem anderen als dem Ursprungsmitgliedstaat hinsichtlich des bestrittenen Umstands keine Beweiskraft, solange die Sache bei dem zuständigen Gericht anhängig ist.
⁴ Hängt die Entscheidung des Gerichts eines Mitgliedstaats von der Klärung einer Vorfrage mit Bezug auf die in einer öffentlichen Urkunde beurkundeten Rechtsgeschäfte oder Rechtsverhältnisse in Erbsachen ab, so ist dieses Gericht zur Entscheidung über diese Vorfrage zuständig.

Art. 60   Vollstreckbarkeit öffentlicher Urkunden
¹ Öffentliche Urkunden, die im Ursprungsmitgliedstaat vollstreckbar sind, werden in einem anderen Mitgliedstaat auf Antrag eines Berechtigten nach dem Verfahren der Artikel 45 bis 58 für vollstreckbar erklärt.

² Für die Zwecke des Artikels 46 Absatz 3 Buchstabe b stellt die Behörde, die die öffentliche Urkunde errichtet hat, auf Antrag eines Berechtigten eine Bescheinigung unter Verwendung des nach dem Beratungsverfahren nach Artikel 81 Absatz 2 erstellten Formblatts aus.
³ Die Vollstreckbarerklärung wird von dem mit einem Rechtsbehelf nach Artikel 50 oder Artikel 51 befassten Gericht nur versagt oder aufgehoben, wenn die Vollstreckung der öffentlichen Urkunde der öffentlichen Ordnung (ordre public) des Vollstreckungsmitgliedstaats offensichtlich widersprechen würde.

Art. 61   Vollstreckbarkeit gerichtlicher Vergleiche
¹ Gerichtliche Vergleiche, die im Ursprungsmitgliedstaat vollstreckbar sind, werden in einem anderen Mitgliedstaat auf Antrag eines Berechtigten nach dem Verfahren der Artikel 45 bis 58 für vollstreckbar erklärt.
² Für die Zwecke des Artikels 46 Absatz 3 Buchstabe b stellt das Gericht, das den Vergleich gebilligt hat oder vor dem der Vergleich geschlossen wurde, auf Antrag eines Berechtigten eine Bescheinigung unter Verwendung des nach dem Beratungsverfahren nach Artikel 81 Absatz 2 erstellten Formblatts aus.
³ Die Vollstreckbarerklärung wird von dem mit einem Rechtsbehelf nach Artikel 50 oder Artikel 51 befassten Gericht nur versagt oder aufgehoben, wenn die Vollstreckung des gerichtlichen Vergleichs der öffentlichen Ordnung (ordre public) des Vollstreckungsmitgliedstaats offensichtlich widersprechen würde.

Kapital VI: Europäisches Nachlasszeugnis

Art. 62   Einführung eines Europäischen Nachlasszeugnisses
¹ Mit dieser Verordnung wird ein Europäisches Nachlasszeugnis (im Folgenden "Zeugnis") eingeführt, das zur Verwendung in einem anderen Mitgliedstaat ausgestellt wird und die in Artikel 69 aufgeführten Wirkungen entfaltet.
² Die Verwendung des Zeugnisses ist nicht verpflichtend.
³ Das Zeugnis tritt nicht an die Stelle der innerstaatlichen Schriftstücke, die in den Mitgliedstaaten zu ähnlichen Zwecken verwendet werden. Nach seiner Ausstellung zur Verwendung in einem anderen Mitgliedstaat entfaltet das Zeugnis die in Artikel 69 aufgeführten Wirkungen jedoch auch in dem Mitgliedstaat, dessen Behörden es nach diesem Kapitel ausgestellt haben.

Art. 63   Zweck des Zeugnisses
¹ Das Zeugnis ist zur Verwendung durch Erben, durch Vermächtnisnehmer mit unmittelbarer Berechtigung am Nachlass und durch Testamentsvollstrecker oder Nachlassverwalter bestimmt, die sich in einem anderen Mitgliedstaat auf ihre

X. Internationale Übereinkommen

Rechtsstellung berufen oder ihre Rechte als Erben oder Vermächtnisnehmer oder ihre Befugnisse als Testamentsvollstrecker oder Nachlassverwalter ausüben müssen.

² Das Zeugnis kann insbesondere als Nachweis für einen oder mehrere der folgenden speziellen Aspekte verwendet werden:

a. die Rechtsstellung und/oder die Rechte jedes Erben oder gegebenenfalls Vermächtnisnehmers, der im Zeugnis genannt wird, und seinen jeweiligen Anteil am Nachlass;

b. die Zuweisung eines bestimmten Vermögenswerts oder bestimmter Vermögenswerte des Nachlasses an die in dem Zeugnis als Erbe(n) oder gegebenenfalls als Vermächtnisnehmer genannte(n) Person(en);

c. die Befugnisse der in dem Zeugnis genannten Person zur Vollstreckung des Testaments oder Verwaltung des Nachlasses.

Art. 64 Zuständigkeit für die Erteilung des Zeugnisses

Das Zeugnis wird in dem Mitgliedstaat ausgestellt, dessen Gerichte nach den Artikeln 4, 7, 10 oder 11 zuständig sind. Ausstellungsbehörde ist

a. ein Gericht im Sinne des Artikels 3 Absatz 2 oder

b. eine andere Behörde, die nach innerstaatlichem Recht für Erbsachen zuständig ist.

Art. 65 Antrag auf Ausstellung eines Zeugnisses

¹ Das Zeugnis wird auf Antrag jeder in Artikel 63 Absatz 1 genannten Person (im Folgenden "Antragsteller") ausgestellt.

² Für die Vorlage eines Antrags kann der Antragsteller das nach dem Beratungsverfahren nach Artikel 81 Absatz 2 erstellte Formblatt verwenden.

³ Der Antrag muss die nachstehend aufgeführten Angaben enthalten, soweit sie dem Antragsteller bekannt sind und von der Ausstellungsbehörde zur Beschreibung des Sachverhalts, dessen Bestätigung der Antragsteller begehrt, benötigt werden; dem Antrag sind alle einschlägigen Schriftstücke beizufügen, und zwar entweder in Urschrift oder in Form einer Abschrift, die die erforderlichen Voraussetzungen für ihre Beweiskraft erfüllt, unbeschadet des Artikels 66 Absatz 2:

a. Angaben zum Erblasser: Name (gegebenenfalls Geburtsname), Vorname(n), Geschlecht, Geburtsdatum und -ort, Personenstand, Staatsangehörigkeit, Identifikationsnummer (sofern vorhanden), Anschrift im Zeitpunkt seines Todes, Todesdatum und -ort;

b. Angaben zum Antragsteller: Name (gegebenenfalls Geburtsname), Vorname(n), Geschlecht, Geburtsdatum und -ort, Personenstand, Staatsangehörigkeit, Identifikationsnummer (sofern vorhanden), Anschrift und etwaiges Verwandtschafts- oder Schwägerschaftsverhältnis zum Erblasser;

c. Angaben zum etwaigen Vertreter des Antragstellers: Name (gegebenenfalls Geburtsname), Vorname(n), Anschrift und Nachweis der Vertretungsmacht;

d. Angaben zum Ehegatten oder Partner des Erblassers und gegebenenfalls zu(m) ehemaligen Ehegatten oder Partner(n): Name (gegebenenfalls Geburtsname), Vorname(n), Geschlecht, Geburtsdatum und -ort, Personenstand, Staatsangehörigkeit, Identifikationsnummer (sofern vorhanden) und Anschrift;

e. Angaben zu sonstigen möglichen Berechtigten aufgrund einer Verfügung von Todes wegen und/oder nach gesetzlicher Erbfolge: Name und Vorname(n) oder Name der Körperschaft, Identifikationsnummer (sofern vorhanden) und Anschrift;

f. den beabsichtigten Zweck des Zeugnisses nach Artikel 63;

g. Kontaktangaben des Gerichts oder der sonstigen zuständigen Behörde, das oder die mit der Erbsache als solcher befasst ist oder war, sofern zutreffend;

h. den Sachverhalt, auf den der Antragsteller gegebenenfalls die von ihm geltend gemachte Berechtigung am Nachlass und/ oder sein Recht zur Vollstreckung des Testaments des Erblassers und/oder das Recht zur Verwaltung von dessen Nachlass gründet;

i. eine Angabe darüber, ob der Erblasser eine Verfügung von Todes wegen errichtet hatte; falls weder die Urschrift noch eine Abschrift beigefügt ist, eine Angabe darüber, wo sich die Urschrift befindet;

j. eine Angabe darüber, ob der Erblasser einen Ehevertrag oder einen Vertrag in Bezug auf ein Verhältnis, das mit der Ehe vergleichbare Wirkungen entfaltet, geschlossen hatte; falls weder die Urschrift noch eine Abschrift des Vertrags beigefügt ist, eine Angabe darüber, wo sich die Urschrift befindet;

k. eine Angabe darüber, ob einer der Berechtigten eine Erklärung über die Annahme oder die Ausschlagung der Erbschaft abgegeben hat;

l. eine Erklärung des Inhalts, dass nach bestem Wissen des Antragstellers kein Rechtsstreit in Bezug auf den zu bescheinigenden Sachverhalt anhängig ist;

m. sonstige vom Antragsteller für die Ausstellung des Zeugnisses für nützlich erachtete Angaben.

Art. 66   Prüfung des Antrags

[1] Nach Eingang des Antrags überprüft die Ausstellungsbehörde die vom Antragsteller übermittelten Angaben, Erklärungen, Schriftstücke und sonstigen Nachweise. Sie führt von Amts wegen die für diese Überprüfung erforderlichen Nachforschungen durch, soweit ihr eigenes Recht dies vorsieht oder zulässt, oder

fordert den Antragsteller auf, weitere Nachweise vorzulegen, die sie für erforderlich erachtet.

² Konnte der Antragsteller keine Abschriften der einschlägigen Schriftstücke vorlegen, die die für ihre Beweiskraft erforderlichen Voraussetzungen erfüllen, so kann die Ausstellungsbehörde entscheiden, dass sie Nachweise in anderer Form akzeptiert.

³ Die Ausstellungsbehörde kann – soweit ihr eigenes Recht dies vorsieht und unter den dort festgelegten Bedingungen – verlangen, dass Erklärungen unter Eid oder durch eidesstattliche Versicherung abgegeben werden.

⁴ Die Ausstellungsbehörde unternimmt alle erforderlichen Schritte, um die Berechtigten von der Beantragung eines Zeugnisses zu unterrichten. Sie hört, falls dies für die Feststellung des zu bescheinigenden Sachverhalts erforderlich ist, jeden Beteiligten, Testamentsvollstrecker oder Nachlassverwalter und gibt durch öffentliche Bekanntmachung anderen möglichen Berechtigten Gelegenheit, ihre Rechte geltend zu machen.

⁵ Für die Zwecke dieses Artikels stellt die zuständige Behörde eines Mitgliedstaats der Ausstellungsbehörde eines anderen Mitgliedstaats auf Ersuchen die Angaben zur Verfügung, die insbesondere im Grundbuch, in Personenstandsregistern und in Registern enthalten sind, in denen Urkunden oder Tatsachen erfasst werden, die für die Rechtsnachfolge von Todes wegen oder den ehelichen Güterstand oder einen vergleichbaren Güterstand des Erblassers erheblich sind, sofern die zuständige Behörde nach innerstaatlichem Recht befugt wäre, diese Angaben einer anderen inländischen Behörde zur Verfügung zu stellen.

Art. 67   Ausstellung des Zeugnisses
¹ Die Ausstellungsbehörde stellt das Zeugnis unverzüglich nach dem in diesem Kapitel festgelegten Verfahren aus, wenn der zu bescheinigende Sachverhalt nach dem auf die Rechtsnachfolge von Todes wegen anzuwendenden Recht oder jedem anderen auf einen spezifischen Sachverhalt anzuwendenden Recht feststeht. Sie verwendet das nach dem Beratungsverfahren nach Artikel 81 Absatz 2 erstellte Formblatt.

Die Ausstellungsbehörde stellt das Zeugnis insbesondere nicht aus,
   a. wenn Einwände gegen den zu bescheinigenden Sachverhalt anhängig sind oder
   b. wenn das Zeugnis mit einer Entscheidung zum selben Sachverhalt nicht vereinbar wäre.

² Die Ausstellungsbehörde unternimmt alle erforderlichen Schritte, um die Berechtigten von der Ausstellung des Zeugnisses zu unterrichten.

Art. 68   Inhalt des Nachlasszeugnisses
Das Zeugnis enthält folgende Angaben, soweit dies für die Zwecke, zu denen es ausgestellt wird, erforderlich ist:
  a. die Bezeichnung und die Anschrift der Ausstellungsbehörde;
  b. das Aktenzeichen;
  c. die Umstände, aus denen die Ausstellungsbehörde ihre Zuständigkeit für die Ausstellung des Zeugnisses herleitet;
  d. das Ausstellungsdatum;
  e. Angaben zum Antragsteller: Name (gegebenenfalls Geburtsname), Vorname(n), Geschlecht, Geburtsdatum und -ort, Personenstand, Staatsangehörigkeit, Identifikationsnummer (sofern vorhanden), Anschrift und etwaiges Verwandtschafts- oder Schwägerschaftsverhältnis zum Erblasser;
  f. Angaben zum Erblasser: Name (gegebenenfalls Geburtsname), Vorname(n), Geschlecht, Geburtsdatum und -ort, Personenstand, Staatsangehörigkeit, Identifikationsnummer (sofern vorhanden), Anschrift im Zeitpunkt seines Todes, Todesdatum und -ort;
  g. Angaben zu den Berechtigten: Name (gegebenenfalls Geburtsname), Vorname(n) und Identifikationsnummer (sofern vorhanden);
  h. Angaben zu einem vom Erblasser geschlossenen Ehevertrag oder, sofern zutreffend, einem vom Erblasser geschlossenen Vertrag im Zusammenhang mit einem Verhältnis, das nach dem auf dieses Verhältnis anwendbaren Recht mit der Ehe vergleichbare Wirkungen entfaltet, und Angaben zum ehelichen Güterstand oder einem vergleichbaren Güterstand;
  i. das auf die Rechtsnachfolge von Todes wegen anzuwendende Recht sowie die Umstände, auf deren Grundlage das anzuwendende Recht bestimmt wurde;
  j. Angaben darüber, ob für die Rechtsnachfolge von Todes wegen die gewillkürte oder die gesetzliche Erbfolge gilt, einschließlich Angaben zu den Umständen, aus denen sich die Rechte und/oder Befugnisse der Erben, Vermächtnisnehmer, Testamentsvollstrecker oder Nachlassverwalter herleiten;
  k. sofern zutreffend, in Bezug auf jeden Berechtigten Angaben über die Art der Annahme oder der Ausschlagung der Erbschaft;
  l. den Erbteil jedes Erben und gegebenenfalls das Verzeichnis der Rechte und/oder Vermögenswerte, die einem bestimmten Erben zustehen;
  m. das Verzeichnis der Rechte und/oder Vermögenswerte, die einem bestimmten Vermächtnisnehmer zustehen;
  n. die Beschränkungen ihrer Rechte, denen die Erben und gegebenenfalls die Vermächtnisnehmer nach dem auf die Rechtsnachfolge von Todes wegen anzuwendenden Recht und/oder nach Maßgabe der Verfügung von Todes wegen unterliegen;

o. die Befugnisse des Testamentsvollstreckers und/oder des Nachlassverwalters und die Beschränkungen dieser Befugnisse nach dem auf die Rechtsnachfolge von Todes wegen anzuwendenden Recht und/oder nach Maßgabe der Verfügung von Todes wegen.

Art. 69   Wirkungen des Zeugnisses
¹ Das Zeugnis entfaltet seine Wirkungen in allen Mitgliedstaaten, ohne dass es eines besonderen Verfahrens bedarf.

² Es wird vermutet, dass das Zeugnis die Sachverhalte, die nach dem auf die Rechtsnachfolge von Todes wegen anzuwendenden Recht oder einem anderen auf spezifische Sachverhalte anzuwendenden Recht festgestellt wurden, zutreffend ausweist. Es wird vermutet, dass die Person, die im Zeugnis als Erbe, Vermächtnisnehmer, Testamentsvollstrecker oder Nachlassverwalter genannt ist, die in dem Zeugnis genannte Rechtsstellung und/oder die in dem Zeugnis aufgeführten Rechte oder Befugnisse hat und dass diese Rechte oder Befugnisse keinen anderen als den im Zeugnis aufgeführten Bedingungen und/oder Beschränkungen unterliegen.

³ Wer auf der Grundlage der in dem Zeugnis enthaltenen Angaben einer Person Zahlungen leistet oder Vermögenswerte übergibt, die in dem Zeugnis als zur Entgegennahme derselben berechtigt bezeichnet wird, gilt als Person, die an einen zur Entgegennahme der Zahlungen oder Vermögenswerte Berechtigten geleistet hat, es sei denn, er wusste, dass das Zeugnis inhaltlich unrichtig ist, oder ihm war dies infolge grober Fahrlässigkeit nicht bekannt.

⁴ Verfügt eine Person, die in dem Zeugnis als zur Verfügung über Nachlassvermögen berechtigt bezeichnet wird, über Nachlassvermögen zugunsten eines anderen, so gilt dieser andere, falls er auf der Grundlage der in dem Zeugnis enthaltenen Angaben handelt, als Person, die von einem zur Verfügung über das betreffende Vermögen Berechtigten erworben hat, es sei denn, er wusste, dass das Zeugnis inhaltlich unrichtig ist, oder ihm war dies infolge grober Fahrlässigkeit nicht bekannt.

⁵ Das Zeugnis stellt ein wirksames Schriftstück für die Eintragung des Nachlassvermögens in das einschlägige Register eines Mitgliedstaats dar, unbeschadet des Artikels 1 Absatz 2 Buchstaben k und l.

Art. 70   Beglaubigte Abschriften des Zeugnisses
¹ Die Ausstellungsbehörde bewahrt die Urschrift des Zeugnisses auf und stellt dem Antragsteller und jeder anderen Person, die ein berechtigtes Interesse nachweist, eine oder mehrere beglaubigte Abschriften aus.

² Die Ausstellungsbehörde führt für die Zwecke des Artikels 71 Absatz 3 und des Artikels 73 Absatz 2 ein Verzeichnis der Personen, denen beglaubigte Abschriften nach Absatz 1 ausgestellt wurden.

³ Die beglaubigten Abschriften sind für einen begrenzten Zeitraum von sechs Monaten gültig, der in der beglaubigten Abschrift jeweils durch ein Ablaufdatum angegeben wird. In ordnungsgemäß begründeten Ausnahmefällen kann die Ausstellungsbehörde abweichend davon eine längere Gültigkeitsfrist beschließen. Nach Ablauf dieses Zeitraums muss jede Person, die sich im Besitz einer beglaubigten Abschrift befindet, bei der Ausstellungsbehörde eine Verlängerung der Gültigkeitsfrist der beglaubigten Abschrift oder eine neue beglaubigte Abschrift beantragen, um das Zeugnis zu den in Artikel 63 angegebenen Zwecken verwenden zu können.

Art. 71   Berichtigung, Änderung oder Widerruf des Zeugnisses

¹ Die Ausstellungsbehörde berichtigt das Zeugnis im Falle eines Schreibfehlers auf Verlangen jedweder Person, die ein berechtigtes Interesse nachweist, oder von Amts wegen.

² Die Ausstellungsbehörde ändert oder widerruft das Zeugnis auf Verlangen jedweder Person, die ein berechtigtes Interesse nachweist, oder, soweit dies nach innerstaatlichem Recht möglich ist, von Amts wegen, wenn feststeht, dass das Zeugnis oder einzelne Teile des Zeugnisses inhaltlich unrichtig sind.

³ Die Ausstellungsbehörde unterrichtet unverzüglich alle Personen, denen beglaubigte Abschriften des Zeugnisses gemäß Artikel 70 Absatz 1 ausgestellt wurden, über eine Berichtigung, eine Änderung oder einen Widerruf des Zeugnisses.

Art. 72   Rechtsbehelfe

¹ Entscheidungen, die die Ausstellungsbehörde nach Artikel 67 getroffen hat, können von einer Person, die berechtigt ist, ein Zeugnis zu beantragen, angefochten werden.

Entscheidungen, die die Ausstellungsbehörde nach Artikel 71 und Artikel 73 Absatz 1 Buchstabe a getroffen hat, können von einer Person, die ein berechtigtes Interesse nachweist, angefochten werden.

Der Rechtsbehelf ist bei einem Gericht des Mitgliedstaats der Ausstellungsbehörde nach dem Recht dieses Staates einzulegen.

² Führt eine Anfechtungsklage nach Absatz 1 zu der Feststellung, dass das ausgestellte Zeugnis nicht den Tatsachen entspricht, so ändert die zuständige Behörde das Zeugnis oder widerruft es oder sorgt dafür, dass die Ausstellungsbehörde das Zeugnis berichtigt, ändert oder widerruft.

Führt eine Anfechtungsklage nach Absatz 1 zu der Feststellung, dass die Versagung der Ausstellung nicht gerechtfertigt war, so stellen die zuständigen Justizbehören das Zeugnis aus oder stellen sicher, dass die Ausstellungsbehörde den Fall erneut prüft und eine neue Entscheidung trifft.

Art. 73 Aussetzung der Wirkungen des Zeugnisses
¹ Die Wirkungen des Zeugnisses können ausgesetzt werden
 a. von der Ausstellungsbehörde auf Verlangen einer Person, die ein berechtigtes Interesse nachweist, bis zur Änderung oder zum Widerruf des Zeugnisses nach Artikel 71 oder
 b. von dem Rechtsmittelgericht auf Antrag einer Person, die berechtigt ist, eine von der Ausstellungsbehörde nach Artikel 72 getroffene Entscheidung anzufechten, während der Anhängigkeit des Rechtsbehelfs.
² Die Ausstellungsbehörde oder gegebenenfalls das Rechtsmittelgericht unterrichtet unverzüglich alle Personen, denen beglaubigte Abschriften des Zeugnisses nach Artikel 70 Absatz 1 ausgestellt worden sind, über eine Aussetzung der Wirkungen des Zeugnisses.
Während der Aussetzung der Wirkungen des Zeugnisses dürfen keine weiteren beglaubigten Abschriften des Zeugnisses ausgestellt werden.

Kapitel VII: Allgemeine und Schlussbestimmungen

Art. 74 Legalisation oder ähnliche Förmlichkeiten
Im Rahmen dieser Verordnung bedarf es hinsichtlich Urkunden, die in einem Mitgliedstaat ausgestellt werden, weder der Legalisation noch einer ähnlichen Förmlichkeit.

Art. 75 Verhältnis zu bestehenden internationalen Übereinkommen
¹ Diese Verordnung lässt die Anwendung internationaler Übereinkommen unberührt, denen ein oder mehrere Mitgliedstaaten zum Zeitpunkt der Annahme dieser Verordnung angehören und die Bereiche betreffen, die in dieser Verordnung geregelt sind.
Insbesondere wenden die Mitgliedstaaten, die Vertragsparteien des Haager Übereinkommens vom 5. Oktober 1961 über das auf die Form letztwilliger Verfügungen anzuwendende Recht sind, in Bezug auf die Formgültigkeit von Testamenten und gemeinschaftlichen Testamenten anstelle des Artikels 27 dieser Verordnung weiterhin die Bestimmungen dieses Übereinkommens an.
² Ungeachtet des Absatzes 1 hat diese Verordnung jedoch im Verhältnis zwischen den Mitgliedstaaten Vorrang vor ausschließlich zwischen zwei oder meh-

reren von ihnen geschlossenen Übereinkünften, soweit diese Bereiche betreffen, die in dieser Verordnung geregelt sind.

³ Diese Verordnung steht der Anwendung des Übereinkommens vom 19. November 1934 zwischen Dänemark, Finnland, Island, Norwegen und Schweden mit Bestimmungen des Internationalen Privatrechts über Rechtsnachfolge von Todes wegen, Testamente und Nachlassverwaltung in der geänderten Fassung der zwischenstaatlichen Vereinbarung zwischen diesen Staaten vom 1. Juni 2012 durch die ihm angehörenden Mitgliedstaaten nicht entgegen, soweit dieses Übereinkommen Folgendes vorsieht:

a. Vorschriften über die verfahrensrechtlichen Aspekte der Nachlassverwaltung im Sinne der in dem Übereinkommen enthaltenen Begriffsbestimmung und die diesbezügliche Unterstützung durch die Behörden der dem Übereinkommen angehörenden Staaten und

b. vereinfachte und beschleunigte Verfahren für die Anerkennung und Vollstreckung von Entscheidungen in Erbsachen.

Art. 76   Verhältnis zur Verordnung (EG) Nr. 1346/2000 des Rates
Diese Verordnung lässt die Anwendung der Verordnung (EG) Nr. 1346/2000 des Rates vom 29. Mai 2000 über Insolvenzverfahren[322] unberührt.

Art. 77   Informationen für die Öffentlichkeit
Die Mitgliedstaaten übermitteln der Kommission eine kurze Zusammenfassung ihrer innerstaatlichen erbrechtlichen Vorschriften und Verfahren, einschließlich Informationen zu der Art von Behörde, die für Erbsachen zuständig ist, sowie zu der Art von Behörde, die für die Entgegennahme von Erklärungen über die Annahme oder die Ausschlagung der Erbschaft, eines Vermächtnisses oder eines Pflichtteils zuständig ist, damit die betreffenden Informationen der Öffentlichkeit im Rahmen des Europäischen Justiziellen Netzes für Zivil- und Handelssachen zur Verfügung gestellt werden können.

Die Mitgliedstaaten stellen auch Merkblätter bereit, in denen alle Urkunden und/oder Angaben aufgeführt sind, die für die Eintragung einer in ihrem Hoheitsgebiet belegenen unbeweglichen Sache im Regelfall erforderlich sind.

Die Mitgliedstaaten halten die Informationen stets auf dem neuesten Stand.

Art. 78   Informationen zu Kontaktdaten und Verfahren
¹ Die Mitgliedstaaten teilen der Kommission bis zum 16. Januar 2014 mit:

---

[322] ABl. EU L Nr. 160 vom 30.6.2000, S. 1.

a. die Namen und Kontaktdaten der für Anträge auf Vollstreckbarerklärung gemäß Artikel 45 Absatz 1 und für Rechtsbehelfe gegen Entscheidungen über derartige Anträge gemäß Artikel 50 Absatz 2 zuständigen Gerichte oder Behörden;

b. die in Artikel 51 genannten Rechtsbehelfe gegen die Entscheidung über den Rechtsbehelf;

c. die einschlägigen Informationen zu den Behörden, die für die Ausstellung des Zeugnisses nach Artikel 64 zuständig sind, und

d. die in Artikel 72 genannten Rechtsbehelfe.

Die Mitgliedstaaten unterrichten die Kommission über spätere Änderungen dieser Informationen.

² Die Kommission veröffentlicht die nach Absatz 1 übermittelten Informationen im Amtsblatt der Europäischen Union, mit Ausnahme der Anschriften und sonstigen Kontaktdaten der unter Absatz 1 Buchstabe a genannten Gerichte und Behörden.

³ Die Kommission stellt der Öffentlichkeit alle nach Absatz 1 übermittelten Informationen auf andere geeignete Weise, insbesondere über das Europäische Justizielle Netz für Zivil- und Handelssachen, zur Verfügung.

Art. 79 Erstellung und spätere Änderung der Liste der in Artikel 3 Absatz 2 vorgesehenen Informationen

¹ Die Kommission erstellt anhand der Mitteilungen der Mitgliedstaaten die Liste der in Artikel 3 Absatz 2 genannten sonstigen Behörden und Angehörigen von Rechtsberufen.

² Die Mitgliedstaaten teilen der Kommission spätere Änderungen der in dieser Liste enthaltenen Angaben mit. Die Kommission ändert die Liste entsprechend.

³ Die Kommission veröffentlicht die Liste und etwaige spätere Änderungen im Amtsblatt der Europäischen Union.

⁴ Die Kommission stellt der Öffentlichkeit alle nach den Absätzen 1 und 2 mitgeteilten Informationen auf andere geeignete Weise, insbesondere über das Europäische Justizielle Netz für Zivil- und Handelssachen, zur Verfügung.

Art. 80 Erstellung und spätere Änderung der Bescheinigungen und der Formblätter nach den Artikeln 46, 59, 60, 61, 65 und 67

Die Kommission erlässt Durchführungsrechtsakte zur Erstellung und späteren Änderung der Bescheinigungen und der Formblätter nach den Artikeln 46, 59, 60, 61, 65 und 67. Diese Durchführungsrechtsakte werden nach dem in Artikel 81 Absatz 2 genannten Beratungsverfahren angenommen.

Art. 81 Ausschussverfahren
¹ Die Kommission wird von einem Ausschuss unterstützt. Dieser Ausschuss ist ein Ausschuss im Sinne der Verordnung (EU) Nr. 182/2011.
² Wird auf diesen Absatz Bezug genommen, so gilt Artikel 4 der Verordnung (EU) Nr. 182/2011.

Art. 82 Überprüfung
Die Kommission legt dem Europäischen Parlament, dem Rat und dem Europäischen Wirtschafts- und Sozialausschuss bis 18. August 2025 einen Bericht über die Anwendung dieser Verordnung vor, der auch eine Evaluierung der etwaigen praktischen Probleme enthält, die in Bezug auf die parallele außergerichtliche Beilegung von Erbstreitigkeiten in verschiedenen Mitgliedstaaten oder eine außergerichtliche Beilegung in einem Mitgliedstaat parallel zu einem gerichtlichen Vergleich in einem anderen Mitgliedstaat aufgetreten sind. Dem Bericht werden gegebenenfalls Änderungsvorschläge beigefügt.

Art. 83 Übergangsbestimmungen
¹ Diese Verordnung findet auf die Rechtsnachfolge von Personen Anwendung, die am 17. August 2015 oder danach verstorben sind.
² Hatte der Erblasser das auf seine Rechtsnachfolge von Todes wegen anzuwendende Recht vor dem 17. August 2015 gewählt, so ist diese Rechtswahl wirksam, wenn sie die Voraussetzungen des Kapitels III erfüllt oder wenn sie nach den zum Zeitpunkt der Rechtswahl geltenden Vorschriften des Internationalen Privatrechts in dem Staat, in dem der Erblasser seinen gewöhnlichen Aufenthalt hatte, oder in einem Staat, dessen Staatsangehörigkeit er besaß, wirksam ist.
³ Eine vor dem 17. August 2015 errichtete Verfügung von Todes wegen ist zulässig sowie materiell und formell wirksam, wenn sie die Voraussetzungen des Kapitels III erfüllt oder wenn sie nach den zum Zeitpunkt der Errichtung der Verfügung geltenden Vorschriften des Internationalen Privatrechts in dem Staat, in dem der Erblasser seinen gewöhnlichen Aufenthalt hatte, oder in einem Staat, dessen Staatsangehörigkeit er besaß, zulässig sowie materiell und formell wirksam ist.
⁴ Wurde eine Verfügung von Todes wegen vor dem 17. August 2015 nach dem Recht errichtet, welches der Erblasser gemäß dieser Verordnung hätte wählen können, so gilt dieses Recht als das auf die Rechtsfolge von Todes wegen anzuwendende gewählte Recht.

Art. 84 Inkrafttreten
Diese Verordnung tritt am zwanzigsten Tag nach ihrer Veröffentlichung im Amtsblatt der Europäischen Union in Kraft.

Sie gilt ab dem 17. August 2015, mit Ausnahme der Artikel 77 und 78, die ab dem 16. Januar 2014 gelten, und der Artikel 79, 80 und 81, die ab dem 5. Juli 2012 gelten.

Diese Verordnung ist in allen ihren Teilen verbindlich und gilt gemäß den Verträgen unmittelbar in den Mitgliedstaaten.

Geschehen zu Strassburg am 4. Juli 2012.

Im Namen des Europäischen Parlaments Der Präsident M. SCHULZ

Im Namen des Rates Der Präsident A.D. MAVROYIANNIS

b. Die EuErbVO und die Schweiz[323]

b1. Vorbehalt bilateraler Abkommen mit Drittstaaten

Während Staatsverträge unter den Mitgliedstaaten mit dem Inkrafttreten der EuErbVO aufgehoben werden, bleiben Staatsverträge der Mitgliedstaaten (EU inkl. Kroatien, aber ohne Dänemark, Grossbritannien und Irland) mit Drittstaaten (wie der Schweiz) grundsätzlich bestehen und haben Vorrang gegenüber den Regeln der Erbrechtsverordnung (Art. 75 Abs. 1 EuErbVO). Das bedeutet, dass die **Staatsverträge** der Schweiz **mit Italien, Griechenland und Portugal** vorbehalten bleiben. In den Staatsverträgen mit Italien (SR 0.142.114.541) und Griechenland (SR 0.142.113.721) wird das Heimatrecht auf Erbfälle angewendet.

Ein weiterer Vorbehalt besteht auch für das **Haager Form-Übereinkommen** (siehe M. 16).

b2. Anwendung der EuErbVO auf Drittstaaten

Die Schweiz (als Nicht-EU-Mitglied) gehört zu den Drittstaaten, ebenso wie das Vereinigte Königreich (UK), Irland und Dänemark, welche nicht an der Erbrechtsverordnung teilnehmen. Die EuErbVO gilt an sich nur für die Verordnungsstaaten, sie betrifft aber auch **Erbfälle mit Bezug zu Drittstaaten** (wie der Schweiz), was als erga omnes-Wirkung bezeichnet wird. Allerdings gelten nicht alle Regeln der EuErbVO im Verhältnis zu den Drittstaaten, was durchaus zu Konflikten führen kann. Ein Bezug zu Drittstaaten kommt etwa vor: (1) wenn Drittstaatsangehörige ihren gewöhnlichen Aufenthalt in einem Verordnungsstaat haben, (2) wenn Verordnungsstaatsangehörige ihren gewöhnlichen Aufenthalt in einem Drittstaat haben, (3) wenn ein Erblasser mit letztem gewöhnlichem Aufenthalt in einem Verordnungsstaat Vermögenswerte in einem Drittstaat hinterlässt, und (4) wenn ein Erblasser mit gewöhnlichem Aufenthalt in einem Drittstaat Nachlasswerte in einem Verordnungsstaat hinterlässt.

Ob man die EuErbVO auch auf **reine Drittstaatsachverhalte** anwenden soll (etwa wenn nur Erben sich in der EU aufhalten), ist umstritten, wohl aber zu verneinen.

---

[323] Auszüge aus: HANS RAINER KÜNZLE, Die EuErbVO und die Schweiz, in: Tagungsband zum 8. Testamentsvollstreckertag, hrsg. v. Matthias Pruns, Angelbachtal 2015, S. 117 ff.; für mehr Details siehe HANS RAINER KÜNZLE, Kommentar zu Art. 86-96 IPRG, in: Zürcher Kommentar zum IPRG, Zürich 2018, Vorbem. zu Art. 86-96 IPRG N 112 ff.

Nach **Art. 20 EuErbVO** wird das **Erbstatut** auch dann angewendet, wenn es sich nicht um das Recht eines Mitgliedstaates handelt. Erwägungsgrund 37 EuErbVO ergänzt, dass das ganze Nachlassvermögen dem Erbstatut (Aufenthaltsrecht nach Art. 21 EuErbVO bzw. Heimatrecht nach Art. 22 EuErbVO) untersteht, auch wenn es in einem Drittstaat gelegen ist.

Verweisungen auf das Recht eines Drittstaates sind nach **Art. 34 EuErbVO** grundsätzlich als Gesamtverweisung zu verstehen. Damit wird eine Rück- oder Weiterverweisung (Renvoi) auf das Recht eines Mitgliedstaates (lit. a) und auf das Recht eines (anderen) Drittstaates ermöglicht, welcher die Verweisung annimmt.

b3. Zuständigkeit

Grundregel: Während das IPRG auf den Wohnsitz abstellt (Art. 86 IPRG), knüpft die EuErbVO am **gewöhnlichen Aufenthalt** an (Art. 4 EuErbVO). Diese beiden Kriterien sind häufig, aber nicht immer deckungsgleich. Unterschiede entstehen vor allem deshalb, weil beim Wohnsitz stärker auf subjektive Kriterien abgestellt wird, während beim gewöhnlichen Aufenthalt die objektiven Kriterien im Vordergrund stehen.

Während der Erblasser nach dem IPRG seine **Zuständigkeit** (in begrenztem Umfang) **wählen** kann (Art. 87 Abs. 2 IPRG), ist dies nach der EuErbVO nicht der Fall (**Art. 5-9 EuErbVO**), was ein gewisses Konfliktpotential darstellt. Die Wahl des Gerichtsstands ist nach Art. 5 Abs. 1 EuErbVO den "betroffenen Parteien" vorbehalten, wobei nicht restlos klar ist, was damit gemeint ist. Die Erklärung des Erblassers über den gewöhnlichen Aufenthalt in seinem Testament ist aus der Sicht der EuErbVO ein Ausgangspunkt, aber nicht das Endergebnis.

Die **Ausnahmeregel** von **Art. 10 ErbVO** lässt aus der Sicht eines Drittstaates (wie der Schweiz) die Befürchtung aufkommen, dass es sich um einen exorbitanten Gerichtsstand handelt, der neue Konflikte schafft und zu einem forum running führt. Es wäre zu begrüssen, wenn die Zuständigkeit nach Art. 10 EuErbVO zurückhaltend verwendet wird. Denkbar wäre, dass der Gesetzgeber eine konkrete Schranke einbauen würde (z.B. mindestens 10% des Nachlasses). Wenn ein Erblasser vermeiden will, dass Art. 10 EuErbVO zur Anwendung kommt, muss er "zufällige und unnötige zuständigkeitsbegründende Berührungspunkte zu einem Mitgliedstaat zu Lebzeiten ... beseitigen", sprich: sein Vermögen aus dem Mitgliedstaat abziehen.

Für den Fall, dass ein Verfahren in einem Drittstaat unmöglich oder unzumutbar wird, schafft **Art. 11 EuErbVO** eine **Notzuständigkeit**. Verlangt wird ein ausreichender Bezug zum Mitgliedstaat. Gedacht ist etwa an den Fall des Stillstands der Rechtspflege; dann soll das Verfahren nach Art. 10 Abs. 2 EuErbVO auf das Ausland ausgedehnt werden.

Für den Fall, dass Entscheidungen von Mitgliedstaaten in einem Drittstaat keine Aussicht auf Anerkennung oder Vollstreckung haben, kann das Verfahren im Mitgliedstaat **auf den europäischen Nachlass beschränkt** werden (**Art. 12 EuErbVO**). In diesem Zusammenhang ist Liechtenstein zu erwähnen.

b4. Anwendbares Recht

Während das IPRG **grundsätzlich** auf den Wohnsitz abstellt (Art. 90 Abs. 1 IPRG), knüpft die EuErbVO am **gewöhnlichen Aufenthalt** an (Art. 21 Abs. 1 EuErbVO). Diese beiden Kriterien sind häufig, aber nicht immer deckungsgleich. Damit dürften die meisten bestehenden Konfliktfälle, welche auf die Anwendung des Staatsangehörigkeitsrechts zurückgehen, verschwinden. Es macht durchaus Sinn, dass der Erblasser seine tatsächlichen Verhältnisse in der letztwilligen Verfügung festhält (confessio iuris). "Von einer 'Rechtswahl durch Verschiebung des gewöhnlichen Aufenthaltsorts' ist aufgrund der damit verbundenen Rechtsunsicherheit ... abzuraten". Die Anwendung der EuErbVO in der Schweiz und damit die Auslegung von Art. 91 Abs. 1 IPRG wird noch einiger Präzisierungen bedürfen. Ein gewisses Konfliktpotential liegt darin, dass in der Schweiz neben dem Erbstatut auch noch ein Eröffnungsstatut gibt.

Nach dem IPRG kann der Erblasser sein Heimatrecht im Zeitpunkt des Todes wählen (Art. 90 Abs. 2 IPRG), nach der EuErbVO kann der Erblasser sein Staatsangehörigkeitsrecht **im Zeitpunkt der Rechtswahl** oder des Todes **wählen (Art. 22 Abs. 1 EuErbVO)**. Auch hier besteht weitgehende (aber nicht vollständige) Übereinstimmung. Die Wahl des Heimatrechts kann aus schweizerischer Sicht zu einer Verlagerung der Zuständigkeit in die Schweiz führen (Art. 87 Abs. 2 IPRG) und damit möglicherweise (je nach kantonalem Recht) zu einer Anwendung der Erbschaftssteuer in der Schweiz. Wenn beim Erblasser Anknüpfungspunkte mit mehreren Ländern bestehen, sollte er sich in der letztwilligen Verfügung zum anwendbaren Recht äussern, selbst dann, wenn er kein Recht wählen möchte.

Ein Konfliktpotential besteht bei **Doppelbürgern**: Diese sind in der Schweiz von einer Wahl des Heimatrechts ausgeschlossen, während Mehrstaatler in der EU das Recht wählen dürfen, dem sie zur Zeit der Rechtswahl oder im Zeitpunkt des Todes angehören (Art. 22 Abs. 1 Satz 2 EuErbVO).

b5. Erbverträge

Die Erbrechtsverordnung ändert nichts an der Beurteilung (Zulässigkeit) von **Erbverträgen** in den einzelnen Ländern. Deshalb ist je nach Zielland sorgfältig abzuklären, ob Erbverträge (zwischen Ehegatten oder zwischen beliebigen Erben) zulässig sind.

Wenn deutsche Staatsangehörige in die Schweiz kommen, ist ihnen zu empfehlen, allfällige **gemeinschaftliche Testamente** (welche im schweizerischen Recht nicht bekannt sind) durch einen Erbvertrag zu ersetzen.

b6. Testamentsvollstrecker

In der Schweiz hat der Gesetzgeber die Anwendung des Eröffnungsstatuts vorgesehen (Art. 92 Abs. 2 IPRG), die Lehre wendet aber hauptsächlich das Erbstatut an. In der EU wendet man auf den Testamentsvollstrecker grundsätzlich das Erbstatut an (Art. 23 Abs. 2 lit. f EuErbVO), lässt aus zwingenden Gründen aber auch das Eröffnungsstatut zu (Art. 29 Abs. 1 EuErbVO). Obwohl der umgekehrte Weg gewählt wurde, sollten diese beiden Lösungen ziemlich (aber nicht vollständig) **kompatibel** sein.

b7. Nachlasszeugnisse

Es ist davon auszugehen, dass die **schweizerische Behörden** (Grundbuch) und Gerichte sowie Private (Banken und Versicherungen) das Europäische Nachlasszeugnis ohne weiteres anerkennen werden, auch wenn der Gutglaubensschutz (Art. 69 Abs. 2 EuErbVO) schwächer ausgestaltet ist als beim deutschen Erbschein. "Aus Gründen des Verkehrsschutzes wird man ... dem Europäischen Nachlasszeugnis in der Schweiz höchstens die Wirkungen zuerkennen können, die eine Bescheinigung nach Art. 559 Abs. 1 ZGB hätte". Zu Problemen kann es kommen, wenn ein Mitgliedstaat die Zuständigkeit nach Art. 10 EuErbVO begründet oder in der Schweiz zuerst ein Erbschaftsverfahren eingeleitet wurde. Neben dem Europäischen Nachlasszeugnis bleiben die nationalen Erbfolgezeugnisse bestehen, welche teilweise (weiterhin) einem Vollstreckungsverfahren (Exequaturverfahren - Art. 25 ff. IPRG) unterworfen sind.

Beim umgekehrten Weg (**Anerkennung der schweizerischen Erbbescheinigung im Ausland**) sind zusätzliche Hindernisse zu erwarten, weil die sehr detaillierte Regelung des Europäischen Nachlasszeugnisses (Art. 68 EuErbVO) dazu führen wird, dass die (aufgrund kantonaler Gesetzgebung) sehr uneinheitlichen und teilweise nur mit rudimentären Angaben versehenen schweizerischen Erbbescheinigungen (ohne Ehevertrag, ohne Nachlasswerte, ohne Erbquote) je länger je weniger akzeptiert werden.

b8. Zwingende Bestimmungen

Die Schweiz wendet die Bestimmungen des **bäuerlichen Bodenrechts** (BGBB) und über den **Grundstückerwerb durch Personen im Ausland** (BewG) als zwingende Bestimmungen an. Ob diese Regeln auch bei Erbfällen mit EU-Bezug zur Anwendung kommen, hängt davon ab, ob Art. 30 EuErbVO auch auf Drittstaaten zur Anwendung kommt, was zu bejahen ist.

b9. Weitere Bereiche der Erbschaftsplanung

Schliesslich ist daran zu erinnern, dass zur umfassenden Erbschaftsplanung auch das Ehegüterrecht gehört und immer mehr auch **Verfügungen unter Lebenden** vorgenommen werden (insbesondere im Rahmen der Unternehmensnachfolge) sowie (weiterhin) **Strukturierungen** mit Gesellschaften, Stiftungen und Trusts. Alle diese Bereiche werden von der EuErbVO nicht erfasst, und werden somit weiter von den nationalen Kollisionsregeln beherrscht.

2. Haager Trust Übereinkommen (SR 0.221.371)

a. Gesetzestext
Von der Bundesversammlung genehmigt am 20. Dezember 2006
Schweizerische Ratifikationsurkunde hinterlegt am 26. April 2007
Für die Schweiz in Kraft getreten am 1. Juli 2007

Übereinkommen über das auf Trusts anzuwendende Recht und über ihre Anerkennung **Abgeschlossen am 1. Juli 1985** **In Kraft getreten am 1. Januar 1992**[324]	**Convention on the law applicable to trusts and on their recognition** **Concluded 1 July 1985** **Entered into force 1 January 1992**[325]
Die Unterzeichnerstaaten dieses Übereinkommens, in der Erwägung, dass der Trust, wie er von Gerichten des Billigkeitsrechts in den Ländern des Common Law entwickelt und mit einigen Änderungen in andere Länder übernommen wurde, ein einzigartiges Rechtsinstitut ist, in dem Wunsch, gemeinsame Bestimmungen über das auf Trusts anzuwendende Recht aufzustellen und die wichtigsten Fragen bezüglich der Anerkennung von Trusts zu regeln,	The States signatory to the present Convention, Considering that the trust, as developed in courts of equity in common law jurisdictions and adopted with some modifications in other jurisdictions, is a unique legal institution, Desiring to establish common provisions on the law applicable to trusts and to deal with the most important issues concerning the recognition of trusts,

---

[324] Die deutsche Übersetzung (des französischen Originals) kann in der Gesetzessammlung (www.admin.ch/opc/de/classified-compilation/20051844/index.ht- ml) eingesehen werden; Stand: 09.01. 2012.
[325] Die englische Originalfassung kann bei der Hague Conference on International Law eingesehen werden (www.hcch.net/ index_en.php?act=conventions.text&cid =59); Stand: 17.08.2010.

haben beschlossen, zu diesem Zweck ein Übereinkommen zu schliessen, und haben die folgenden Bestimmungen vereinbart:

Kapitel I: Anwendungsbereich

Art. 1

Dieses Übereinkommen bestimmt das auf Trusts anzuwendende Recht und regelt ihre Anerkennung.

Art. 2

¹ Im Sinn dieses Übereinkommens bedeutet der Ausdruck "Trust" die von einer Person, dem Begründer, – durch Rechtsgeschäft unter Lebenden oder für den Todesfall – geschaffenen Rechtsbeziehungen, wenn Vermögen zugunsten eines Begünstigten oder für einen bestimmten Zweck der Aufsicht eines Trustees unterstellt worden ist.

² Ein Trust hat folgende Eigenschaften:

a) Das Vermögen des Trusts stellt ein getrenntes Sondervermögen dar und ist nicht Bestandteil des persönlichen Vermögens des Trustees;

b) Die Rechte in Bezug auf das Vermögen des Trusts lauten auf den Namen des Trustees oder auf den einer anderen Person in Vertretung des Trustees;

Have resolved to conclude a Convention to this effect, and have agreed upon the following provisions:

Chapter I – Scope

Article 1

This Convention specifies the law applicable to trusts and governs their recognition.

Article 2

¹ For the purposes of this Convention, the term "trust" refers to the legal relationships created – inter vivos or on death – by a person, the settlor, when assets have been placed under the control of a trustee for the benefit of a beneficiary or for a specified purpose.

² A trust has the following characteristics:

a) the assets constitute a separate fund and are not a part of the trustee's own estate;

b) title to the trust assets stands in the name of the trustee or in the name of another person on behalf of the trustee;

c) Der Trustee hat die Befugnis und die Verpflichtung, über die er Rechenschaft abzulegen hat, das Vermögen in Übereinstimmung mit den Trustbestimmungen und den ihm durch das Recht auferlegten besonderen Verpflichtungen zu verwalten, zu verwenden oder darüber zu verfügen.

³ Die Tatsache, dass sich der Begründer bestimmte Rechte und Befugnisse vorbehält oder dass der Trustee selbst Rechte als Begünstigter hat, steht dem Bestehen eines Trusts nicht notwendigerweise entgegen.

Art. 3

Das Übereinkommen ist nur auf freiwillig errichtete und schriftlich nachgewiesene Trusts anzuwenden.

Art. 4

Das Übereinkommen ist nicht auf Vorfragen in Bezug auf die Gültigkeit von Testamenten oder anderen Rechtsgeschäften anzuwenden, durch die dem Trustee Vermögen übertragen wird.

Art. 5

Das Übereinkommen ist nicht anzuwenden, soweit das nach Kapitel II bestimmte Recht Trusts oder die Art von Trusts, um die es geht, nicht vorsieht.

c) the trustee has the power and the duty, in respect of which he is accountable, to manage, employ or dispose of the assets in accordance with the terms of the trust and the special duties imposed upon him by law.

³ The reservation by the settlor of certain rights and powers, and the fact that the trustee may himself have rights as a beneficiary, are not necessarily inconsistent with the existence of a trust.

Article 3

The Convention applies only to trusts created voluntarily and evidenced in writing.

Article 4

The Convention does not apply to preliminary issues relating to the validity of wills or of other acts by virtue of which assets are transferred to the trustee.

Article 5

The Convention does not apply to the extent that the law specified by Chapter II does not provide for trusts or the category of trusts involved.

Kapitel II: Anzuwendendes Recht

Art. 6

¹ Der Trust untersteht dem vom Begründer gewählten Recht. Die Rechtswahl muss ausdrücklich sein oder sich aus den Bestimmungen der Errichtungsurkunde oder des Schriftstücks ergeben, das den Trust bestätigt, wobei diese, soweit erforderlich, nach den Umständen des Falles auszulegen sind.

² Sieht das nach Absatz 1 gewählte Recht Trusts oder die Art von Trusts, um die es geht, nicht vor, so ist die Rechtswahl unwirksam und das in Artikel 7 bestimmte Recht anzuwenden.

Art. 7

¹ Ist kein anzuwendendes Recht gewählt worden, so untersteht der Trust dem Recht, mit dem er die engsten Verbindungen aufweist.

² Bei der Bestimmung des Rechts, mit dem der Trust die engsten Verbindungen aufweist, ist insbesondere Folgendes zu berücksichtigen:

    a) der vom Begründer bezeichnete Ort der Verwaltung des Trusts;

    b) die Belegenheit des Vermögens des Trusts;

    c) der Ort des gewöhnlichen Aufenthalts oder der Niederlassung des Trustees;

    d) die Zwecke des Trusts und die Orte, an denen sie erfüllt werden sollen.

Chapter II – Applicable Law

Article 6

¹ A trust shall be governed by the law chosen by the settlor. The choice must be express or be implied in the terms of the instrument creating or the writing evidencing the trust, interpreted, if necessary, in the light of the circumstances of the case.

² Where the law chosen under the previous paragraph does not provide for trusts or the category of trust involved, the choice shall not be effective and the law specified in Article 7 shall apply.

Article 7

¹ Where no applicable law has been chosen, a trust shall be governed by the law with which it is most closely connected.

² In ascertaining the law with which a trust is most closely connected reference shall be made in particular to:

    a) the place of administration of the trust designated by the settlor;

    b) the situs of the assets of the trust;

    c) the place of residence or business of the trustee;

    d) the objects of the trust and the places where they are to be fulfilled.

Art. 8

¹ Das in Artikel 6 oder 7 bestimmte Recht regelt die Gültigkeit des Trusts, seine Auslegung, seine Wirkungen und seine Verwaltung.

² Dieses Recht regelt insbesondere:

a) die Ernennung, den Rücktritt und die Abberufung von Trustees, die Fähigkeit, als Trustee zu handeln, und die Übertragung der Aufgaben eines Trustees;

b) die Rechte und Pflichten von Trustees untereinander;

c) das Recht von Trustees, die Wahrnehmung ihrer Pflichten oder die Ausübung ihrer Befugnisse ganz oder teilweise zu übertragen;

d) die Befugnis von Trustees, das Vermögen des Trusts zu verwalten, darüber zu verfügen, daran Sicherungsrechte zu begründen oder neues Vermögen zu erwerben;

e) die Befugnisse von Trustees, Investitionen vorzunehmen;

f) Beschränkungen in Bezug auf die Dauer des Trusts und in Bezug auf die Befugnis, aus den Einkünften des Trusts Rücklagen zu bilden;

g) die Beziehungen zwischen den Trustees und den Begünstigten, einschliesslich der persönlichen Haftung der Trustees gegenüber den Begünstigten;

h) die Änderung oder Beendigung des Trusts;

i) die Verteilung des Vermögens des Trusts;

Article 8

¹ The law specified by Article 6 or 7 shall govern the validity of the trust, its construction, its effects, and the administration of the trust.

² In particular that law shall govern:

a) the appointment, resignation and removal of trustees, the capacity to act as a trustee, and the devolution of the office of trustee;

b) the rights and duties of trustees among themselves;

c) the right of trustees to delegate in whole or in part the discharge of their duties or the exercise of their powers;

d) the power of trustees to administer or to dispose of trust assets, to create security interests in the trust assets, or to acquire new assets;

e) the powers of investment of trustees;

f) restrictions upon the duration of the trust, and upon the power to accumulate the income of the trust;

g) the relationships between the trustees and the beneficiaries including the personal liability of the trustees to the beneficiaries;

h) the variation or termination of the trust;

i) the distribution of the trust assets;

j) die Verpflichtung von Trustees, über ihre Verwaltung Rechenschaft abzulegen.

Art. 9
Bei der Anwendung dieses Kapitels kann ein abtrennbarer Teilbereich des Trusts, insbesondere seine Verwaltung, einem anderen Recht unterliegen.

Art. 10
Das auf die Gültigkeit des Trusts anzuwendende Recht bestimmt, ob dieses Recht oder das für einen abtrennbaren Teilbereich des Trusts massgebliche Recht durch ein anderes Recht ersetzt werden kann.

Kapitel III: Anerkennung
Art. 11
[1] Ein Trust, der nach dem in Kapitel II bestimmten Recht errichtet worden ist, wird als Trust anerkannt.

[2] Die Anerkennung hat mindestens die Wirkung, dass das Vermögen des Trusts ein vom persönlichen Vermögen des Trustees getrenntes Sondervermögen darstellt, dass der Trustee in seiner Eigenschaft als Trustee klagen oder verklagt werden kann und dass er in dieser Eigenschaft vor einem Notar oder jeder Person auftreten kann, die in amtlicher Eigenschaft tätig wird.

j) the duty of trustees to account for their administration.

Article 9
In applying this Chapter a severable aspect of the trust, particularly matters of administration, may be governed by a different law.

Article 10
The law applicable to the validity of the trust shall determine whether that law or the law governing a severable aspect of the trust may be replaced by another law.

Chapter III – Recognition
Article 11
[1] A trust created in accordance with the law specified by the preceding Chapter shall be recognized as a trust.

[2] Such recognition shall imply, as a minimum, that the trust property constitutes a separate fund, that the trustee may sue and be sued in his capacity as trustee, and that he may appear or act in this capacity before a notary or any person acting in an official capacity.

³ Soweit das auf den Trust anzuwendende Recht dies erfordert oder vorsieht, hat die Anerkennung insbesondere die Wirkung:

a) dass die persönlichen Gläubiger des Trustees keinen Zugriff auf das Vermögen des Trusts nehmen können;

b) dass das Vermögen des Trusts im Fall der Zahlungsunfähigkeit oder des Konkurses des Trustees nicht Bestandteil des Vermögens des Trustees ist;

c) dass das Vermögen des Trusts weder Bestandteil des ehelichen Vermögens noch des Nachlasses des Trustees ist;

d) dass das Vermögen des Trusts herausverlangt werden kann, wenn der Trustee unter Verletzung der sich aus dem Trust ergebenden Verpflichtungen Vermögen des Trusts mit seinem persönlichen Vermögen vermischt oder Vermögen des Trusts veräussert hat. Die Rechte und Pflichten eines Dritten, der das Vermögen des Trusts in seinem Besitz hat, unterstehen jedoch weiterhin dem durch die Kollisionsnormen des Staates des angerufenen Gerichts bestimmten Recht.

³ In so far as the law applicable to the trust requires or provides, such recognition shall imply, in particular:

a) that personal creditors of the trustee shall have no recourse against the trust assets;

b) that the trust assets shall not form part of the trustee's estate upon his insolvency or bankruptcy;

c) that the trust assets shall not form part of the matrimonial property of the trustee or his spouse nor part of the trustee's estate upon his death;

d) that the trust assets may be recovered when the trustee, in breach of trust, has mingled trust assets with his own property or has alienated trust assets. However, the rights and obligations of any third party holder of the assets shall remain subject to the law determined by the choice of law rules of the forum.

Art. 12

Will ein Trustee bewegliches oder unbewegliches Vermögen oder Rechte daran in ein Register eintragen lassen, so ist er hierzu, soweit dies nicht nach dem Recht des Staates, in dem die Eintragung erfolgen soll, verboten oder mit diesem Recht unvereinbar ist, in seiner Eigenschaft als Trustee oder unter anderweitiger Offenlegung des Bestehens eines Trusts befugt.

Art. 13

Ein Staat ist nicht verpflichtet, einen Trust anzuerkennen, dessen wesentliche Bestandteile mit Ausnahme der Wahl des anzuwendenden Rechts, des Ortes der Verwaltung und des gewöhnlichen Aufenthalts des Trustees engere Verbindungen mit Staaten aufweisen, die das Rechtsinstitut des Trusts oder die Art von Trust, um die es geht, nicht kennen.

Art. 14

Das Übereinkommen steht der Anwendung von Rechtsvorschriften nicht entgegen, die für die Anerkennung von Trusts günstiger sind.

Article 12

Where the trustee desires to register assets, movable or immovable, or documents of title to them, he shall be entitled, in so far as this is not prohibited by or inconsistent with the law of the State where registration is sought, to do so in his capacity as trustee or in such other way that the existence of the trust is disclosed.

Article 13

No State shall be bound to recognize a trust the significant elements of which, except for the choice of the applicable law, the place of administration and the habitual residence of the trustee, are more closely connected with States which do not have the institution of the trust or the category of trust involved.

Article 14

The Convention shall not prevent the application of rules of law more favourable to the recognition of trusts.

Kapitel IV: Allgemeine Bestimmungen

Art. 15

¹ Soweit von Bestimmungen des Rechts, auf das die Kollisionsnormen des Staates des angerufenen Gerichts verweisen, durch Rechtsgeschäft nicht abgewichen werden kann, steht das Übereinkommen der Anwendung dieser Bestimmungen nicht entgegen, insbesondere auf folgenden Gebieten:

a) Schutz Minderjähriger und Handlungsunfähiger;

b) persönliche und vermögensrechtliche Wirkungen der Ehe;

c) Erbrecht einschliesslich Testamentsrecht, insbesondere Pflichtteil;

d) Übertragung von Eigentum und dingliche Sicherungsrechte;

e) Schutz von Gläubigern bei Zahlungsunfähigkeit;

f) Schutz gutgläubiger Dritter in anderen Belangen.

² Steht Absatz 1 der Anerkennung eines Trusts entgegen, so wird das Gericht versuchen, die Zwecke des Trusts mit anderen rechtlichen Mitteln zu verwirklichen.

Art. 16

¹ Das Übereinkommen berührt nicht die Anwendung von Bestimmungen des Rechts des Staates des angerufenen Gerichts, die ohne Rücksicht auf Kollisionsnormen auch auf internationale Sachverhalte anzuwenden sind.

Chapter IV – General Clauses

Article 15

¹ The Convention does not prevent the application of provisions of the law designated by the conflicts rules of the forum, in so far as those provisions cannot be derogated from by voluntary act, relating in particular to the following matters:

a) the protection of minors and incapable parties;

b) the personal and proprietary effects of marriage;

c) succession rights, testate and intestate, especially the indefeasible shares of spouses and relatives;

d) the transfer of title to property and security interests in property;

e) the protection of creditors in matters of insolvency;

f) the protection, in other respects, of third parties acting in good faith.

² If recognition of a trust is prevented by application of the preceding paragraph, the court shall try to give effect to the objects of the trust by other means.

Article 16

¹ The Convention does not prevent the application of those provisions of the law of the forum which must be applied even to international situations, irrespective of rules of conflict of laws.

² Besteht eine hinreichend enge Verbindung des Streitgegenstands mit einem anderen Staat, so kann ausnahmsweise auch gleich gearteten Vorschriften dieses Staates Wirkung verliehen werden.

³ Jeder Vertragsstaat kann durch Vorbehalt erklären, dass er Absatz 2 nicht anwenden wird.

Art. 17
In diesem Übereinkommen bedeutet der Ausdruck "Recht" die in einem Staat geltenden Rechtsnormen unter Ausschluss seiner Kollisionsnormen.

Art. 18
Die Bestimmungen des Übereinkommens können ausser Betracht bleiben, wenn ihre Anwendung mit der öffentlichen Ordnung (Ordre public) offensichtlich unvereinbar wäre.

Art. 19
Das Übereinkommen lässt die Befugnisse der Staaten in Steuersachen unberührt.

Art. 20
¹ Jeder Vertragsstaat kann jederzeit erklären, dass das Übereinkommen auch auf Trusts Anwendung findet, die durch gerichtliche Entscheidung errichtet wurden.

² If another State has a sufficiently close connection with a case then, in exceptional circumstances, effect may also be given to rules of that State which have the same character as mentioned in the preceding paragraph.

³ Any Contracting State may, by way of reservation, declare that it will not apply the second paragraph of this Article.

Article 17
In the Convention the word "law" means the rules of law in force in a State other than its rules of conflict of laws.

Article 18
The provisions of the Convention may be disregarded when their application would be manifestly incompatible with public policy (ordre public).

Article 19
Nothing in the Convention shall prejudice the powers of States in fiscal matters.

Article 20
¹ Any Contracting State may, at any time, declare that the provisions of the Convention will be extended to trusts declared by judicial decisions.

² Diese Erklärung ist dem Ministerium für Auswärtige Angelegenheiten des Königreichs der Niederlande zu notifizieren und wird mit dem Eingang der Notifikation wirksam.

³ Artikel 31 gilt für die Rücknahme dieser Erklärung entsprechend.

Art. 21

Jeder Vertragsstaat kann sich das Recht vorbehalten, Kapitel III nur auf Trusts anzuwenden, deren Gültigkeit dem Recht eines Vertragsstaats unterliegt.

Art. 22

¹ Das Übereinkommen ist ohne Rücksicht auf den Tag anzuwenden, an dem der Trust errichtet worden ist.

² Ein Vertragsstaat kann sich jedoch das Recht vorbehalten, das Übereinkommen nicht auf Trusts anzuwenden, die errichtet wurden, bevor das Übereinkommen für ihn in Kraft getreten ist.

² This declaration shall be notified to the Ministry of Foreign Affairs of the Kingdom of the Netherlands and will come into effect on the day when this notification is received.

³ Article 31 is applicable to the withdrawal of this declaration in the same way as it applies to a denunciation of the Convention.

Article 21

Any Contracting State may reserve the right to apply the provisions of Chapter III only to trusts the validity of which is governed by the law of a Contracting State.

Article 22

¹ The Convention applies to trusts regardless of the date on which they were created.

² However, a Contracting State may reserve the right not to apply the Convention to trusts created before the date on which, in relation to that State, the Convention enters into force.

Art. 23

Umfasst ein Staat mehrere Gebietseinheiten, von denen jede für Trusts ihre eigenen Rechtsnormen hat, so ist bei der Bestimmung des nach diesem Übereinkommen anzuwendenden Rechts eine Verweisung auf das Recht dieses Staates als Verweisung auf das Recht zu verstehen, das in der betreffenden Gebietseinheit gilt.

Art. 24

Ein Staat, in dem verschiedene Gebietseinheiten ihre eigenen Rechtsnormen für Trusts haben, ist nicht verpflichtet, das Übereinkommen auf Kollisionen zwischen den Rechtsordnungen dieser Gebietseinheiten anzuwenden.

Art. 25

Dieses Übereinkommen berührt nicht andere internationale Übereinkünfte, deren Vertragspartei ein Vertragsstaat des Übereinkommens ist oder wird und die Bestimmungen über die durch dieses Übereinkommen geregelten Angelegenheiten enthalten.

Article 23

For the purpose of identifying the law applicable under the Convention, where a State comprises several territorial units each of which has its own rules of law in respect of trusts, any reference to the law of that State is to be construed as referring to the law in force in the territorial unit in question.

Article 24

A State within which different territorial units have their own rules of law in respect of trusts is not bound to apply the Convention to conflicts solely between the laws of such units.

Article 25

The Convention shall not affect any other international instrument containing provisions on matters governed by this Convention to which a Contracting State is, or becomes, a party.

Kapitel V: Schlussbestimmungen

Art. 26

[1] Jeder Staat kann bei der Unterzeichnung, der Ratifikation, der Annahme, der Genehmigung oder dem Beitritt oder bei der Abgabe einer Erklärung nach Artikel 29 die in den Artikeln 16, 21 und 22 vorgesehenen Vorbehalte anbringen.

[2] Andere Vorbehalte sind nicht zulässig.

[3] Jeder Vertragsstaat kann einen von ihm angebrachten Vorbehalt jederzeit zurücknehmen; die Wirkung des Vorbehalts endet am ersten Tag des dritten Kalendermonats nach der Notifikation der Rücknahme.

Art. 27

[1] Das Übereinkommen liegt für die Staaten zur Unterzeichnung auf, die zur Zeit der Fünfzehnten Tagung der Haager Konferenz für Internationales Privatrecht Mitglied der Konferenz waren.

[2] Es bedarf der Ratifikation, Annahme oder Genehmigung; die Ratifikations-Annahme- oder Genehmigungsurkunden werden beim Ministerium für Auswärtige Angelegenheiten des Königreichs der Niederlande hinterlegt.

Art. 28

[1] Jeder andere Staat kann dem Übereinkommen beitreten, nachdem es gemäss Artikel 30 Absatz 1 in Kraft getreten ist.

Chapter V – Final Clauses

Article 26

[1] Any State may, at the time of signature, ratification, acceptance, approval or accession, or at the time of making a declaration in terms of Article 29, make the reservations provided for in Articles 16, 21 and 22.

[2] No other reservation shall be permitted.

[3] Any Contracting State may at any time withdraw a reservation which it has made; the reservation shall cease to have effect on the first day of the third calendar month after notification of the withdrawal.

Article 27

[1] The Convention shall be open for signature by the States which were Members of the Hague Conference on Private International Law at the time of its Fifteenth Session.

[2] It shall be ratified, accepted or approved and the instruments of ratification, acceptance or approval shall be deposited with the Ministry of Foreign Affairs of the Kingdom of the Netherlands.

Article 28

[1] Any other State may accede to the Convention after it has entered into force in accordance with Article 30, paragraph 1.

² Die Beitrittsurkunde wird beim Ministerium für Auswärtige Angelegenheiten des Königreichs der Niederlande hinterlegt.

³ Der Beitritt wirkt nur in den Beziehungen zwischen dem beitretenden Staat und den Vertragsstaaten, die binnen zwölf Monaten nach Eingang der in Artikel 32 vorgesehenen Notifikation nicht Einspruch gegen den Beitritt erhoben haben. Nach dem Beitritt kann ein solcher Einspruch auch von einem Mitgliedstaat in dem Zeitpunkt erhoben werden, in dem er das Übereinkommen ratifiziert, annimmt oder genehmigt. Die Einsprüche werden dem Ministerium für Auswärtige Angelegenheiten des Königreichs der Niederlande notifiziert.

Art. 29

¹ Ein Staat, der aus zwei oder mehr Gebietseinheiten besteht, in denen unterschiedliche Rechtsordnungen gelten, kann bei der Unterzeichnung, der Ratifikation, der Annahme, der Genehmigung oder dem Beitritt erklären, dass sich das Übereinkommen auf alle seine Gebietseinheiten oder nur auf eine oder mehrere davon erstreckt; er kann diese Erklärung durch Abgabe einer neuen Erklärung jederzeit ändern.

² The instrument of accession shall be deposited with the Ministry of Foreign Affairs of the Kingdom of the Netherlands.

³ The accession shall have effect only as regards the relations between the acceding State and those Contracting States which have not raised an objection to its accession in the twelve months after the receipt of the notification referred to in Article 32. Such an objection may also be raised by Member States at the time when they ratify, accept or approve the Convention after an accession. Any such objection shall be notified to the Ministry of Foreign Affairs of the Kingdom of the Netherlands.

Article 29

¹ If a State has two or more territorial units in which different systems of law are applicable, it may at the time of signature, ratification, acceptance, approval or accession declare that this Convention shall extend to all of its territorial units or only to one or more of them and may modify this declaration by submitting another declaration at any time.

² Eine solche Erklärung wird dem Ministerium für Auswärtige Angelegenheiten des Königreichs der Niederlande unter ausdrücklicher Bezeichnung der Gebietseinheiten notifiziert, für die das Übereinkommen gilt.

³ Gibt ein Staat keine Erklärung nach diesem Artikel ab, so erstreckt sich das Übereinkommen auf alle Gebietseinheiten dieses Staates.

Art. 30

¹ Das Übereinkommen tritt am ersten Tag des dritten Kalendermonats nach der in Artikel 27 vorgesehenen Hinterlegung der dritten Ratifikations-, Annahme- oder Genehmigungsurkunde in Kraft.

² Danach tritt das Übereinkommen in Kraft:

a) für jeden Staat, der es später ratifiziert, annimmt oder genehmigt, am ersten Tag des dritten Kalendermonats nach Hinterlegung seiner Ratifikations-, Annahme- oder Genehmigungsurkunde;

b) für jeden beitretenden Staat am ersten Tag des dritten Kalendermonats nach Ablauf der in Artikel 28 vorgesehenen Frist;

c) für eine Gebietseinheit, auf die das Übereinkommen nach Artikel 29 erstreckt worden ist, am ersten Tag des dritten Kalendermonats nach der in dem betreffenden Artikel vorgesehenen Notifikation.

² Any such declaration shall be notified to the Ministry of Foreign Affairs of the Kingdom of the Netherlands and shall state expressly the territorial units to which the Convention applies.

³ If a State makes no declaration under this Article, the Convention is to extend to all territorial units of that State.

Article 30

¹ The Convention shall enter into force on the first day of the third calendar month after the deposit of the third instrument of ratification, acceptance or approval referred to in Article 27.

² Thereafter the Convention shall enter into force:

a) for each State ratifying, accepting or approving it subsequently, on the first day of the third calendar month after the deposit of its instrument of ratification, acceptance or approval;

b) for each acceding State, on the first day of the third calendar month after the expiry of the period referred to in Article 28;

c) for a territorial unit to which the Convention has been extended in conformity with Article 29, on the first day of the third calendar month after the notification referred to in that Article.

Art. 31

¹ Jeder Vertragsstaat kann dieses Übereinkommen schriftlich durch eine förmliche Notifikation kündigen, die an das Ministerium für Auswärtige Angelegenheiten des Königreichs der Niederlande, den Verwahrer des Übereinkommens, zu richten ist.

² Die Kündigung wird am ersten Tag des Monats, der auf einen Zeitabschnitt von sechs Monaten nach Eingang der Notifikation beim Verwahrer folgt, oder zu einem in der Notifikation genannten späteren Zeitpunkt wirksam.

Art. 32

Das Ministerium für Auswärtige Angelegenheiten des Königreichs der Niederlande notifiziert den Mitgliedstaaten der Konferenz sowie den Staaten, die nach Artikel 28 beigetreten sind:

a) jede Unterzeichnung, Ratifikation, Annahme und Genehmigung nach Artikel 27;

b) den Tag, an dem das Übereinkommen nach Artikel 30 in Kraft tritt;

c) jeden Beitritt und jeden gegen einen Beitritt erhobenen Einspruch nach Artikel 28;

d) jede Erstreckung nach Artikel 29;

e) jede Erklärung nach Artikel 20;

Article 31

¹ Any Contracting State may denounce this Convention by a formal notification in writing addressed to the Ministry of Foreign Affairs of the Kingdom of the Netherlands, depositary of the Convention.

² The denunciation takes effect on the first day of the month following the expiration of six months after the notification is received by the depositary or on such later date as is specified in the notification.

Article 32

The Ministry of Foreign Affairs of the Kingdom of the Netherlands shall notify the States Members of the Conference, and the States which have acceded in accordance with Article 28, of the following:

a) the signatures and ratifications, acceptances or approvals referred to in Article 27;

b) the date on which the Convention enters into force in accordance with Article 30;

c) the accessions and the objections raised to accessions referred to in Article 28;

d) the extensions referred to in Article 29;

e) the declarations referred to in Article 20;

f) jeden Vorbehalt und jede Rücknahme eines Vorbehalts nach Artikel 26;

g) jede Kündigung nach Artikel 31.

Zu Urkund dessen haben die hierzu gehörig befugten Unterzeichneten dieses Übereinkommen unterschrieben.

Geschehen in Den Haag am 1. Juli 1985 in englischer und französischer Sprache, wobei jeder Wortlaut gleichermassen verbindlich ist, in einer Urschrift, die im Archiv der Regierung des Königreichs der Niederlande hinterlegt und von der jedem Staat, der zur Zeit der Fünfzehnten Tagung der Haager Konferenz für Internationales Privatrecht Mitglied der Konferenz war, auf diplomatischem Weg eine beglaubigte Abschrift übermittelt wird.

f) the reservation or withdrawals referred to in Article 26;

g) the denunciations referred to in Article 31.

In witness whereof the undersigned, being duly authorized thereto, have signed this Convention.

Done at The Hague, on the first day of July, 1985, in English and French, both texts being equally authentic, in a single copy which shall be deposited in the archives of the Government of the Kingdom of the Netherlands, and of which a certified copy shall be sent, through diplomatic channels, to each of the States Members of the Hague Conference on Private International Law at the date of its Fifteenth Session.

b. Vertragsstaaten

Land	Inkrafttreten	Sprache
Belgien	-	-
Deutschland	-	-
Frankreich	-	-
Italien	01.01.1992	Italienisch
Liechtenstein	01.04.2006	Deutsch
Niederlande	01.02.1996	Niederländisch
Österreich	-	-
Schweden	-	-
Spanien	-	-
United Kingdom	01.01.1992	Englisch
U.S., Kalifornien	-	-
U.S., New York	-	-

3. Weitere erbrechtliche Übereinkommen

a. Haager Form-Übereinkommen

Haager Übereinkommen vom 5. Oktober 1961 über das auf die Form letztwilliger Verfügungen anzuwendende Recht.
Internet: www.hcch.net/index_de.php?act=conventions.text&cid=40.
In Kraft seit 5. Januar 1964.

Land	Inkrafttreten	Sprache
Belgien	19.12.1971	Französisch
Deutschland	01.01.1966	Deutsch
Frankreich	19.11.1967	Französisch
Italien	(15.12.1961 signiert)	-
Liechtenstein	-	-
Niederlande	01.08.1982	Niederländisch
Österreich	05.01.1964	Deutsch
Schweden	07.09.1976	Englisch
Schweiz	17.10.1971	Deutsch
Spanien	10.06.1988	Französisch
United Kingdom	05.01.1964	Englisch
U.S., Kalifornien	-	-
U.S., New York	-	-

b. Basler Registrierungs-Übereinkommen

Basler Übereinkommen vom 16. Mai 1972 über die Schaffung eines Systems zur Registrierung von Testamenten.
Internet: http://conventions.coe.int/Treaty/Commun/QueVoulezVous.asp?CL=ENG&CM=1&NT=077.
In Kraft seit 20.03.1976.

Land	Inkrafttreten	Sprache
Belgien	09.05.1977	Französisch
Deutschland	(16.05.1972 signiert)	Deutsch
Frankreich	20.03.1976	Französisch
Italien	26.12.1981	Französisch
Liechtenstein	-	-
Niederlande	13.03.1978	Englisch
Österreich	-	-
Schweden	-	-
Schweiz	-	-
Spanien	29.09.1985	Französisch
United Kingdom	(16.05.1972 signiert)	Englisch
U.S., Kalifornien	-	-
U.S., New York	-	-

c. Haager Erbverwaltungs-Übereinkommen

Convention of 2 October 1973 Concerning the International Administration of the Estates of Deceased Persons.
Internet: www.hcch.net/de/instruments/conventions/full-text/?cid=83.
In Kraft getreten am 01.07.1993.

Land	Inkrafttreten	Sprache
Belgien	-	-
Deutschland	-	-
Frankreich	-	-
Italien	(06.02.1975 signiert)	Französisch
Liechtenstein	-	-
Niederlande	(02.10.1973 signiert)	Englisch
Österreich	-	-
Schweden	-	-
Schweiz	-	-
Spanien	-	-
United Kingdom	(02.10.1973 signiert)	Englisch
U.S., Kalifornien	-	-
U.S., New York	-	-

d. Washingtoner Form-Übereinkommen

Washingtoner Übereinkommen vom 26. Oktober 1973 über ein einheitliches Recht der Form eines internationalen Testaments.
Internet: www.unidroit.org/instruments/international-will.
In Kraft getreten am 09.02.1978.

Land	Inkrafttreten	Sprache
Belgien	21.10.1983	Französsich
Deutschland	-	-
Frankreich	01.12.1994	Französisch
Italien	16.11.1991	Französisch
Liechtenstein	-	-
Niederlande	-	-
Österreich	-	-
Schweden	-	-
Schweiz	-	-
Spanien	-	-
United Kingdom	(10.10.1974 signiert)	Englisch
U.S., Kalifornien	(27.10.1973 signiert)	Englisch
U.S., New York	(27.10.1973 signiert)	Englisch

e. Haager Erbrechts-Übereinkommen

Übereinkommen vom 1. August 1989 über das auf die Rechtsnachfolge von Todes wegen anzuwendende Recht.
Internet: www.hcch.net/index_de.php?act=conventions.text&cid=62.
Noch nicht in Kraft getreten.

Land	Inkrafttreten	Sprache
Belgien	-	-
Deutschland	-	-
Frankreich	-	-
Italien	-	-
Liechtenstein	-	-
Niederlande	27.09.1966	Niederländisch
Österreich	-	-
Schweden	-	-
Schweiz	(01.08.1989 signiert)	Deutsch
Spanien	-	-
United Kingdom	-	-
U.S., Kalifornien	-	-
U.S., New York	-	-

Y. Gesetze, Literatur und Rechtsprechung 2018/2019

1. Gesetzgebung zum schweizerischen Erbrecht 2018/2019

(inkl. Erbschaftssteuern und Erbschaftsplanung mit Strukturen [Stiftungen, Trusts, Gesellschaften]).

laufend
- **Für ein zeitgemässes Erbrecht (Motion 10.3524 Felix Gutzwiller).**
- ◊ 12.09.2019: Behandlung des Entwurfs I im Ständerat.
- ◊ 10.04.2019: Vernehmlassung des Vorentwurfs II (Unternehmensnachfolge)
- ◊ 29.08.2018: *Entwurf I und Botschaft* (Pflichtteile und Härtefallregelung für faktische Lebenspartner), BBl. 2018, 7163
- ◊ 10.05.2017: Bundesrat nimmt Kenntnis von Vernehmlassungsergebnissen und entscheidet über weiteres Vorgehen (Trennung in 2 Vorlagen).
- ◊ 04.03.2016: Vernehmlassung eines Vorentwurfs.
- ◊ August 2014: 3 Gutachten werden in einer Sondernummer Successio/ Not@lex publiziert.
- ◊ 10.08.2013: Bundesrätin Sommaruga kündigt Reform des Erbrechts an.
- ◊ 07.06.2011: Angenommen vom Ständerat.
- ◊ 02.03.2011: Angenommen vom Nationalrat.
- o 05.11.2010: *Motion*: Der Bundesrat wird beauftragt, das über hundertjährige, nicht mehr zeitgemässe Erb-/Pflichtteilsrecht flexibler auszugestalten und es den stark geänderten demografischen, familiären und gesellschaftlichen Lebensrealitäten anzupassen. Dabei soll das geltende Recht in seinem Kerngehalt bewahrt und die Familie als institutionelle Konstante auch weiterhin geschützt werden. Trotz Teilrevision soll es dem Erblassenden weiterhin freistehen, die Angehörigen im bisherigen Ausmass zu begünstigen.

laufend
- **Erbenaufruf. Änderung von Artikel 555 Absatz 1 ZGB (Parlamentarische Initiative 12.450 Fabio Abate).**
- ◊ 14.12.2017: *Fristverlängerung bis Wintersession 2019.*
- ◊ 15.12.2015: Fristverlängerung bis zur Wintersession 2017.
- ◊ 08.10.2015: Bericht RK-SR.
- ◊ 07.11.2013: RK-NR stimmt zu.
- ◊ 23.10.2012: RK-SR Initiative wird Folge gegeben.

o *14.06.2012: Parlamentarische Initiative*: Mit einer Änderung von Artikel 555 Absatz 1 des Zivilgesetzbuches (ZGB) soll die Frist der Berechtigten, *sich zum Erbgang zu melden, verkürzt werden, und zwar auf sechs Monate* nach der Veröffentlichung des Erbenaufrufs durch die zuständige Behörde.

laufend
- **Schweizer Stiftungsstandort. Stärkung (Parlamentarische Initiative 14.470 Werner Luginbühl).**
◊ 16.09.2019: Fristverlängerung durch Ständerat (bis Herbstsession 2021).
◊ 19.10.2017: *RK-NR: Folge gegeben (Initiative zustande gekommen)*
◊ 12.09.2017: Ständerat: Initiative wird Folge gegeben.
◊ 03.11.2016: RK-NR Keine Zustimmung.
◊ 03.11.2015: RK-SR Initiative wird Folge gegeben.
o 09.12.2014: *Parlamentarische Initiative*: Gestützt auf Artikel 160 Absatz 1 der Bundesverfassung und Artikel 107 des Parlamentsgesetzes reiche ich folgende parlamentarische Initiative ein:
Das Parlament wird dazu aufgefordert, entsprechende Gesetzesänderungen vorzunehmen, damit die Rahmenbedingungen für ein wirksames und liberales Schweizer Gemeinnützigkeits- und Stiftungswesen gestärkt werden; insbesondere soll folgenden Punkten Rechnung getragen werden:
1. eine regelmässige Publikation von Daten zu den wegen Gemeinnützigkeit steuerbefreiten Organisationen durch das Bundesamt für Statistik;
2. eine klarere Regelung der Stiftungsaufsichtsbeschwerde im Sinne eines Beschwerderechts von Personen mit einem berechtigten Kontrollinteresse;
3. die Optimierung der Rechte des Stifters durch eine Ausdehnung des Änderungsvorbehalts in der Stiftungsurkunde auf Organisationsänderungen;
4. die Vereinfachung von Änderungen der Stiftungsurkunde durch unbürokratische Änderungen ohne notarielle Beurkundung und durch eine offenere Regelung für unwesentliche Urkundenänderungen;
5. eine Haftungsbegrenzung für ehrenamtliche Organmitglieder durch den Ausschluss einer Haftung für leichte Fahrlässigkeit (unter Vorbehalt einer gegenteiligen statutarischen Regelung);
6. eine steuerliche Privilegierung für von Erben vorgenommene Zuwendungen aus dem Nachlass durch die Gewährung einmalig erhöhter Spendenabzüge im Jahr des Todesfalls oder im Folgejahr bzw. im Jahr der Erbteilung;
7. die Möglichkeit eines Spendenvortrags auf spätere Veranlagungsperioden, wenn die Höchstgrenze des Spendenabzugs überschritten ist;
8. keine Verweigerung bzw. kein Entzug der Steuerbefreiung, wenn gemeinnützige Organisationen ihre strategischen Leitungsorgane angemessen ho-

norieren; dies ist zivilrechtlich zulässig und soll dementsprechend auch steuerrechtlich möglich sein.

laufend
- **Prüfung einer allfälligen gesetzlichen Regelung des Trusts (Postulat 15.30908 FDP-Liberale Fraktion).**
◊ 27.02.2017: *Annahme im Nationalrat.*
◊ 08.05.2015: Der Bundesrat beantragt die Ablehnung des Postulates.
◊ 11.03.2015: *Postulat*: Der Bundesrat wird beauftragt, im Rahmen seines Berichtes "Strategische Stossrichtung für die Finanzmarktpolitik" eine mögliche Einführung des Rechtsinstituts des Trusts ins schweizerische Privatrecht sowie eine Anpassung des anwendbaren Steuerrechts zu prüfen.

laufend
- **Revision des Aktienrechts (16.077 Geschäft des Bundesrates).**
◊ 03.09.2019: Kommission für Rechtsfragen SR.
◊ 19.02.2019: Kommission für Rechtsfragen SR.
◊ 18.05.2018: Kommission für Rechtsfragen NR.
◊ 23.11.2016: *Entwurf des Bundesrates.*
◊ Nach Art. 84a nZGB soll der Stiftungsrat im Falle der Zahlungsunfähigkeit einen Liquiditätsplanerstellen und die Aufsichtsbehörde benachrichtigen. Zudem soll das oberste Stiftungsoragn nach Art. 85b nZGB der Aufsichtsbehörde die jährlich erhaltenen Verfügungen offenlegen.

laufend
- **Patchworkfamilien. Lösungen für eine zeitgemässe Regelung der gesetzlichen Erbfolge? (Postulat 16.3416 Philippe Nantermod).**
◊ 15.03.*2017: Annahme im Nationalrat.*
◊ 30.09.2016: Bekämpft; Diskussion verschoben.
◊ 24.08.2016: Der Bundesrat beantragt die Annahme des Postulates.
◊ 09.06.2016 *Postulat*: Der Bundesrat wird beauftragt, einen Bericht zu verfassen, der Möglichkeiten aufzeigt, wie das Zivilgesetzbuch geändert werden kann, damit Kinder aus Patchworkfamilien durch die gesetzliche Erbfolgeregelung nicht mehr benachteiligt werden.

laufend
- **Aufnahme des Rechtsinstituts des Trusts in die schweizerische Gesetzgebung (Parlamentarische Initiative 16.488 Fabio Regazzi).**
  ◊ 26.04.2018: *RK-SR stimmt zu (Initiative kommt zustande).*
  ◊ 20.10.2017: RK-NR Initiative wird Folge gegeben.
  o 13.12.2016: *Parlamentarische Initiative:* Gestützt auf Artikel 160 Absatz 1 der Bundesverfassung und auf Artikel 107 des Parlamentsgesetzes reiche ich folgende parlamentarische Initiative als allgemeine Anregung ein: In unserem Obligationenrecht oder in unserem Zivilgesetzbuch sind die rechtlichen Grundlagen für die Aufnahme des Rechtsinstituts des Trusts zu schaffen.

laufend
- **Datenschutzgesetz (Totalrevision und Änderung weiterer Erlasse zum Datenschutz - 17.059 Geschäfts des Bundesrates).**
  ◊ 24./25.09.2019: *Behandlung im NR (AB 2019 N 297).*
  ◊ 28.09.2018: *Schlussabstimmung über 2 Teilentwürfe im SR+NR.*
  ◊ Art. 22 E-DSG: Meldepflicht, welcher auch kleine und mittlere Stiftungen unterliegen.

laufend
- **Einführung des Trusts in die schweizerische Rechtsordnung (Motion 18.3383 der Rechtskommission des Ständerats).**
  ◊ 13.03.2019: *NR stimmt zu (AB 2019 N 297).*
  ◊ 25.10.2018: Bericht der Kommission für Rechtsfragedes Nationalrats.
  ◊ 12.06.2018: *SR stimmt zu (AB 2018 S 509).*
  ◊ 23.05.2018: Ablehnung durch den Bundesrat.
  ◊ 26.04.2018: *Motion*: „Der Bundesrat wird beauftragt, die rechtlichen Grundlagen für einen Schweizer Trust zu schaffen".

22.03.2019
- **Bundesgesetz über Ergänzungsleistungen zur Alters-, Hinterlassenen- und Invalidenversicherung** (ELG; EL-Reform vom 22.03.2019; BBl. 2019, 2603)
  o Art. 16a: «[1] Rechtmässig bezogene Leistungen nach Artikel 3 Absatz 1 sind nach dem Tod der Bezügerin oder des Bezügers aus dem Nachlass zurückzuerstatten. Die Rückerstattung ist nur von demjenigen Teil des Nachlasses zu leisten, der den Betrag von 40 000 Franken übersteigt. [2] Bei Ehepaaren entsteht eine Rückerstattungspflicht erst aus dem Nachlass des Zweitverstor-

benen, soweit die Voraussetzungen nach Absatz 1 noch immer gegeben sind».
- Inkrafttreten: voraussichtlich 2021.

27.02.2019
- **Verordnung über den Internationalen automatischen Informationsaustausch in Steuersachen (AIAV - Revision)**
◊ *Parlamentarische Beratung 2020.*
◊ *27.02.2019: Vernehmlassung*
- Aufhebung der Ausnahmen von Art. 6 und Art. 11 AIAV; neu werden gemeinnützige Sitftungen meldepflichtig; erfasst werden Stiftungsräte, Stifter und Destinatäre.
- Inkrafttreten: voraussichtlich 01.01.2021.

24.10.2018
- **Bundesgesetz über das Internationale Privatrecht (12. Kapitel: Internationales Schiedsgerichtsrecht)**
◊ *24.10.2018: Botschaft und Entwurf (BBl. 2018, 7163)*
- Art. 178 Abs. 4 E-IPRG: «⁴ Für eine Schiedsklausel, die in einem einseitigen Rechtsgeschäft oder in Statuten vorgesehen ist, gelten die Bestimmungen dieses Kapitels sinngemäss»
- Art. 358 Abs. 2 E-ZPO: «² Für Schiedsklauseln, die in einseitigen Rechtsgeschäften und in Statuten vorgesehen sind, gelten die Bestimmungen dieses Teils sinngemäss».

11.09.2018
- **Befugnisse von Beistandspersonen nach dem Tod der verbeiständeten Person (Parlamentarische Initiative 17.465 Jean-Luc Addor).**
◊ 11.09.2018: *Ablehnung im Nationalrat.*
- 16.06.2017: *Parlamentarische Initiative*: Gestützt auf Artikel 160 Absatz 1 der Bundesverfassung und auf Artikel 107 des Parlamentsgesetzes reiche ich folgende parlamentarische Initiative ein:
Beistandspersonen sollen nach dem Tod der verbeiständeten Person mit einer Vertretungsbefugnis ausgestattet werden, entsprechend der Vertretungsbefugnis von Beauftragten gemäss Artikel 405 Absatz 2 OR.

14.02.2018
- **Bundesgesetz über das Internationale Privatrecht (6. Kapitel: Erbrecht).**
◊ *14.02.2018:* Vorentwurf.

2. Literatur zum schweizerischen Erbrecht 2018/2019

Literatur des Jahres 2019 sowie im KENDRIS Jahrbuch 2018/2019 nicht aufgeführte Literatur des Jahres 2018 zum Erbrecht (inkl. Erbschaftssteuern und Erbschaftsplanung mit Strukturen [Stiftungen, Trusts, Gesellschaften]):

Aebi-Müller, Regina E./Camenzind, Janine, Besonderheiten der Nachlassplanung bei Nachkommen mit Behinderung, successio 13 (2019) 5-26.

Affolter, Kurt, Verwaltung von Einkommen und Vermögen bevormundeter Minderjähriger durch Vormundin und Gemeinwesen, ZKE 73 (2018) 107-133.

Amarka, Jean-Chritophe, Le trust dans le cadre de la liquidation du régime matrimonial et de la pratipation aux acquêts, in: Entretien de l'enfant et prévoyance professionelle, hrsg. v. CHristiana Fountoulakis et al., Zürich/Basel/Genf 2018, S. 158-176.

Arnet, Ruth/Eitel, Paul/Jungo, Alexandra/Künzle, Hans Rainer (Hrsg.), Der Mensch als Mass, Festschr. für Peter Breitschmid, Zürich 2019.

Arnet, Ruth/Schnierer, Anne Elisabeth, Stunde der Wahrheit? - Informationsansprüche der Erben im Kontext der Publizität des Grundbuchs, in: Festschr. für Peter Breitschmid, hrsg. v. Ruth Arnet et al., Zürich 2019, S. 221-236.

Arter, Oliver, Das neue Finanzinstitutsgesetz: Auswirkungen auf die Tätigkeit als Trustee, Expert Focus 92 (2018) 709-717.

-, Wer soll den Stiftungsrat meiner philanthropischen Stiftung wählen? : Empfehlungen zur Stiftungserrichtung und -führung, Expert Focus 92 (2018) 464-468.

Baumann, Andreas/Ryffel Gritli, Übungsbuch Erbrecht, Zürich 2018.

Baumgartner, Samuel/Lustenberger, Sara, Garantiert das IPRG in trustrechtlichen Angelegenheiten den Wohnsitzgerichtsstand?, in: Festschr. für Jolanta Kren Kostkiewicz, hrsg. v. Alexander R. Markus et al., Bern 2018, S. 1-19.

Beck, Julius, Die Familienstiftung - Eine rechtsvergleichende Darstellung der Stiftungsrecht der Bundesrepublik Deutschland, der Republik Österreich, des Fürstentums Liechtenstein und der Schweizerischen Eidgenossenschaft unter Berücksichtigung von Anfechtungs- und Pflichtteilsrecht sowie Aufsichts- und Steuerrecht, Hamburg 2018.

Boente, Walter, Die Ausgleichung - neu gelesen, in: Festschr. für Peter Breitschmid, hrsg. v. Ruth Arnet et al., Zürich 2019, S. 237-253.

Bonefeld, Michael, Befugnisse der Vollstrecker, insbesondere bei ganz oder teilweise unentgeltlichen lebzeitigen Zuwendungen/Verfügungen : Länderbericht Deutschland - zur Auseinandersetzung durch den Testamentsvollstrecker, in: 2. Schweizerisch-deutscher Testamentsvollstreckertag, hrsg. v. Hans Rainer Künzle, Zürich 2018, S. 69-110.

Bonomi, Andrea, L'avant-projet de révision du chapitre 6 de la LDIP, successio 13 (2019) 205-206.

-, La révision du chapitre 6 LDIP: le droit applicable à la succession à défaut de choix et aux dispositions pour cause de mort, successio 13 (2019) 238-248.

-, Les règlements européens sur les régimes matrimoniaux et les effets patrimoniaux des partenariats enregistrés : un premier regard depuis la Suisse, Journée de droit successoral 2019, hrsg. v. Paul-Henri Steinauer et al., Bern 2019, S. 169-204.

Bornhauser, Philip R., Einfluss des Erbteilungsvertrags auf die Willensvollstreckung, in: Festschr. für Peter Breitschmid, hrsg. v. Ruth Arnet et al., Zürich 2019, S. 255-269.

Bottge, Delphine, Shareholder foundations (holding foundations) in Switzerland: overview from a legal perspective, Expert Focus 93 (2019) 180-184.

Breitschmid, Peter, Das Erbrecht des 21. Jahrhunderts, successio 12 (2018) 350-354.

-, Der 13. Schweizerische Erbrechtstag - Tod und Erbrechtsreform ... oder Tod der Erbrechtsreform?, successio 13 (2019) 85-92.

-, Die unaufgeklärten Aufgeklärten und die Urteilsfähigkeit der beschränkt Urteilsfähigen, Pflegerecht Nr. 2/2018, 101-104.

-, Drehbuch bei der Erbrechtsrevision!, Jusletter vom 01.04.2019

-, Interessenkollision oder Interessenkoordination? - Nützliches Heikles und unnützes Striktes… und Risiken von Extravaganzen, in: 2. Schweizerisch-deutscher, Testamentsvollstreckertag, hrsg. v. Hans Rainer Künzle, Zürich 2018, S. 227-244.

Breitschmid, Peter/Geissberger, Isabel, Kindes- und Erwachsenenschutzrecht, Pflegerecht Nr. 2/2018, 125-127.

Breitschmid, Peter/Vögeli, Annina, Entwicklungen im Erbrecht SJZ 115 (2019) 143-149.

Breitschmid, Peter/Wyss, Claudia, Freiwilliger Verzicht auf Nahrung und Flüssigkeit als Form der Lebensbeendigung, Pflegerecht Nr. 2/2018, 84-89.

Breitschmid, Peter/Zaugg, Helene, Urteilsfähigkeit: Aufgeregtheit und Schwäche, vermeintliche und tatsächliche Autonomie, Pflegerecht Nr. 2/2018, 99-100.

Cardinaux, Basile, Hinterbliebenenverantwortung, SZS 62 (2018) 796-818.

Chapus-Rapin, Géraldine, La médiation successorale, in: Arbitrage, médiation et autres modes pour résoudre les conflits autrement, Genève 2018, S. 27-35.

De Vos Burchart, Fabianne, Trustees under the Financial Services Act?: quo vadis, GesKR 2018, 10-20.

De Vries, Ursula, Erbrecht zwischen Zwang und Verfügungsfreiheit - überfällige Revision des Pflichtteils?, ius.full 17 (2019) 97-99.

Eggel, Martin, Eine andere Perspektive: Contracts and Wills: die Erbfolge betreffende Verträge aus Sicht des US-amerikanischen Rechts, in: Der Erbvertrag aus rechtsvergleichender Sicht, Bern 2018, S. 211-228.

Eigenmann, Antoine, Succession et secrets, in: Journée de droit successoral 2019, hrsg. v. Paul-Henri Steinauer et al., Bern 2019, S. 93-142.

Eigenmann, Antoine/Landert, Alexa, Actions successorales, Basel 2019.

Eitel, Paul, Der letzte Wille des Erblassers - Notizen zu aktuellen Entwicklungen, in: Festschr. für Peter Breitschmid, hrsg. v. Ruth Arnet et al., Zürich 2019, S. 271-288.

-, Erbrecht 2015-2017: Rechtsprechung, Gesetzgebung, Literatur, successio 12 (2018) 169-186 und 232-284.

-, Ein weiterer Schritt auf dem Weg zu einem (vor allem politisch) zeitgemässen Erbrecht (?): vom Vorentwurf 2016 zum Entwurf 2018, successio 12 (2018) 336-349.

Eitel, Paul/Zeiter, Alexandra (Hrsg.), Equus et aequus - et cetera, Liber amicorum für Benno Studer, Zürich 2019.

Fankhauser, Roland/Burckhardt, Thierry, Sozialversicherungsoptimierte Nachlassplanung - Sittenwidrigkeit von Heim- und Demenzklauseln?, in: Festschr. für Peter Breitschmid, hrsg. v. Ruth Arnet et al., Zürich 2019, S. 289-303.

Fankhauser, Roland/Jungo, Alexandra, Entwurf zur Revision des Erbrechts vom 29. August 2018 : ein Überblick, recht 37 (2019) 1-11.

Fasel, Urs, Das Testament von Eugen Huber, successio 13 (2019) 165-170.

-, Entwicklungen 2018, Bern 2019 (njus.ch).

Feuerstein, Nadine/Suter, Christian, Die Hofübergabe - ausgewählte notarielle Aspekte, in: Liber amicorum für Benno Studer, hrsg. v. Paul Eitel et al., Zürich 2019, S. 21-47.

Gächter, Thomas, Wozu noch Erbrecht?: Gedanken zu aktuellen Entwicklungen in der Pflegefinanzierung, Pflegerecht 2019, 70-77.

Gauron-Carlin, Sabrina, Les conditions de la recevabilité du recours en matière successorale devant le Tribunal fédéral, in: Journée de droit successoral 2019, hrsg. v. Paul-Henri Steinauer, Bern 2019, S. 61-91.

Geiser, Thomas, Neuerungen im Personenrecht, Familienrecht und Erbrecht, Plädoyer 36 (2018) Nr. 1, S. 54-60.

Geiser Thomas/Wolf Stephan (Hrsg.), Baseler Kommentar, Zivilgesetzbuch II: Art. 457-977 ZGB und Art. 1-61 SchlT ZGB, 6. A., Basel 2019.

Geissberger, Isabel/Vögeli, Annia, Ausgewählte kindesschutz- und erbrechtliche Aspekte beim Erbvertrag, in: Festschr. für Peter Breitschmid, hrsg. v. Ruth Arnet et al., Zürich 2019, S. 305-320.

Göksu, Tarkan, Das Problem des Rechtsbegehrens im Erbrecht, in: Festschr. für Peter Breitschmid, hrsg. v. Ruth Arnet et al., Zürich 2019, S. 321-342.

-, Prozessrechtlich relevante Entscheide im Erbrecht aus dem Jahr 2017, successio 12 (2018) 313-319.

Grüninger, Harold, Aktuelles aus dem Stiftungs- und Gemeinnützigkeitsbereich, successio 13 (2019) 113-127.

-, Aktuelles aus dem Stiftungs- und Gemeinnützigkeitsbereich : neue Stiftungen, Literatur, Entscheide, successio 12 (2018) 153-168.

-, Kommentar zu Art. 80-89a und Art. 335 ZGB, in: Basler Kommentar, Zivilgesetzbuch I, hrsg. v. Thomas Geiser et al., 6. A., Basel 2018.

Gubler, Simon L., Der Interessenkonflikt im Stiftungsrat, Zürich 2018.

Guillaume, Florence, L'extension de la portée de l'élection du droit de la matière - Quel avenir pour la professio iuris?, successio 13 (2019) 224-237.

Haberbeck, Philipp, Gedanken zur zwingenden Inventaraufnahme in allen Erbfällen, Jusletter vom 04.03.2019.

Haidmayer, Barbara, Die Revision des Erbrechts: Änderungen im Pflichtteilsrecht und Unterstützungsanspruch für Lebenspartner, AJP 27 (2018) 1544-1555.

Hampel, Sara, Der Aktionärbindungsvertrag als Instrument der Nachlassplanung, Jusletter vom 11.02.2019.

Heiss, Helmut, Die liechtensteinische Stiftung und das Pflichtteilsrecht, in: Festschr. für Peter Breitschmid, hrsg. v. Ruth Arnet et al., Zürich 2019, S. 343-358.

Henninger, Julia, Die Pflichtteilsproblematik bei der Unternehmensnachfolge : am Beispiel der Familienaktiengesellschaft, Diss. Freiburg, Zürich 2019 (Arbeiten aus dem Juristischen Seminar der Universität Freiburg Schweiz, Band 394).

Horat, Felix, Die Grundstückschenkung unter "Vorbehalt" einer Nutzniessung zu Gunsten des Schenkers und seines Ehegatten, BN 2019, 71-85.

-, Grundstückschenkungen mit Nutzniessungsvorbehalt : Rechtsnatur und Hinweise zur Nachlassplanung, ZBGR 100 (2019) 181-196

-, Grundstückschenkungen mit Nutzniessungs- und Wohnrechtsvorbehalt, Zürich 2018.

Hrubesch-Millauer, Stephanie/Bosshardt Martina, Widerruf des Widerrufs der letztwilligen Verfügung, in: Festschr. für Peter Breitschmid, hrsg. v. Ruth Arnet et al., Zürich 2019, S. 359-373.

Hrubesch-Millauer, Stephanie/Bürki, Melanie, Forum shopping - eine erbrechtliche Betrachtung (IPRG & EuErbVO), in: Festschr. Jolanta Kren Kostkiewicz, Bern 2018, S. 105-131.

Iten, Marc'Antonio, Erbrecht : die Erbvorbezugsgemeinschaft in der Zürcher Steuerpraxis, TREX 25 (2018) 352-361.

-, Droit successoral : la communauté d'avancement d'hoirie dans la pratique fiscale zurichoise, TREX 25 (2018) 362-371.

Jahnel, Werner, Grundlagen des österreichischen Erbrechts unter besonderer Berücksichtigung des österreichisch-schweizerischen Erbfalls, successio 13 (2019) 65-84.

Jakob, Dominique, 8. Kapitel. Internationales Stiftungsrecht, § 30 Internationale Stiftungen, in: Stiftungsrecht, hrsg. v. Andreas Richter, München 2019, S. 915-988.

-, Kommentar zu Art. 80-89a, 335 und 493 ZGB, in: Kurzkommentar ZGB Schweizerisches Zivilgesetzbuch, hrsg. v. Andrea Büchler et al., 2. A., Basel 2018.

-, Time to say goodbye - Die Auswanderung von Schweizer Familienstiftungen aus stiftungsrechtlicher und internationalprivatrechtlicher Perspektive, in: Festschr. für Anton K. Schnyder, hrsg. v. Pascal Grolimund et al., Zürich 2018, S. 171-186.

Jakob, Dominique/Brugger, Lukas/Kalt, Michelle/Keuschnigg, Isabela/Ulmann, Alexandra, Verein - Stiftung - Trust, Entwicklungen 2017, Bern 2018.

Jakob, Dominique/Liechti, Aron, Entwicklungen im Vereins- und Stiftungsrecht, SJZ 114 (2018), 501-503.

Jansen, Klemens, Der Vertrag über die ausgleichspflichtige Zuwendung, Diss. Zürich 2019 (Zürcher Studien zum Privatrecht, Band 296).

Jungo, Alexandra, Die Säule 3a gemäss Entwurf zur Erbrechtsrevision vom 29. August 2018, successio 13 (2019) 98-112.

Jungo, Alexandra/Breitschmid, Peter/Schmid, Jörg (Hrsg.), Erste Silser Erbrechtsgespräche, Gedanken zur Erbrechtsrevision anlässlich des 60. Geburtstages von Paul Eitel, Zürich 2018.

Keller, Tomie, Die faktische Lebensgemeinschaft im Erbrecht: Rechtsvergleich und Reformüberlegungen zum gesetzlichen Erb- und Pflichtteilsrecht, Bern 2018.

Kipfer-Berger, Jonas, Die wesentliche Zweckäderung bei Stiftungen nach schweizerischem Recht, in: Non Profit Law Yearbook 2017, hrsg. v. Birgit

Weitenmeyer et al., Hamburg 2018, S. 207-217.Kratz-Ulmer, Aline, Die Säule 3a - eine Vorsorgeform mit teils öffentlich-rechtlichem und teils privatrechtlichem Charakter, SZS 63 (2019) 189-196.

Kratz-Ulmer, Aline, Anknüpfungskriterien zu einer gesetzlichen Regelung für die faktische Lebensgemeinschaft und deren Auflösung infolge Todesfalls, successio 12 (2018) 210-216.

Kratz-Ulmer, Aline/Gnädiger, Andreas, Zusammenwirken von VOrsorgeeinrichtung und Anlagestiftung, Expert Focus 2018, 718-722.

Krug, Walter, Die Rechte der Erben vor dem Erbfall nach deutschem Recht, in: Festschr. für Peter Breitschmid, hrsg. v. Ruth Arnet et al., Zürich 2019, S. 375-401.

Kümin, Karl, Neues Erbrecht kommt in Etappen, Plädoyer 36 (2018) Nr. 6, S. 11-13.

-, Une révision par étapes de droit des successions, Plädoyer 37 (2019) 10-13.

Künzle, Hans Rainer, Aktuelle Praxis zur Willensvollstreckung (2017-2018), successio 13 (2019) 27-48.

-, Der Willensvollstrecker und die Erbrechtsrevision, in: Liber amicorum für Benno Studer, hrsg. v. Paul Eitel, Zürich 2019, S. 153-179.

-, Kommentar zu Art. 86-96 IPRG, in: Zürcher Kommentar zum IPRG, hrsg. v. Corinne Widmer Lüchinger et al., Zürich 2018.

-, Schiedsfähigkeit von Erbsachen, in: Festschr. für Peter Breitschmid, hrsg. v. Ruth Arnet et al., Zürich 2019, S. 403-423.

-, Testamentsvollstreckung in der Schweiz, in: Testamentsvollstreckung in Europa, hrsg. v. Martin Löhnig et al., Bielefeld 2018, S. 109-128 (Beiträge zum europäischen Familien- und Erbrecht, Band 20).

-, Unternehmen im Nachlass - insbesondere Vollstreckung an Gesellschaftsanteilen – Länderbericht, Schweiz, in: 2. Schweizerisch-deutscher Testamentsvollstreckertag, hrsg. v. Hans Rainer Künzle, Zürich 2018, S. 48-67.

-, Zwitserland – Länderbericht Schweiz, in: Tijdschrift Erfrecht 2018, Nr. 4, S. 119-128.

Künzle, Hans Rainer (Hrsg.), 2. Schweizerisch-deutscher Testamentsvollstreckertag, Zürich 2018 (Band 14 der Schweizer Schriften zur Vermögensberatung und zum Vermögensrecht).

Leu, Daniel, Haftung des Willensvollstreckers, inkl. Versicherung, in: 2. Schweizerisch-deutscher Testamentsvollstreckertag, hrsg. v. Hans Rainer Künzle, Zürich 2018, S. 261-278.

Leuba, Audrey, Transmissions d'entreprises en droit des successions : de quelques difficultés actuelles et améliorations possibles, in: Journée de droit successoral 2019, hrsg. v. Paul-Henri Steinauer, Bern 2019, S. 15-59.

Lideikyte Huber, Giedre, Philanthopy and Taxation, Expert Focus 2018, 209-212.

Lienhard, Bettina/Lüdi, Michael, Schattierungen der Handlungs(un)fähigkeit und ihre Bedeutung aus Sicht des Erblassers, in: Festschr. für Peter Breitschmid, hrsg. v. Ruth Arnet et al., Zürich 2019, S. 425-447.

Lötscher, Cordula, Das schwarze Schaf in der Erbengemeinschaft - Auswege aus einer Blockade und planerische Möglichkeiten, successio 13 (2019) 174-198.

-, (Kein) gesetzliches Erbrecht für faktische Lebenspartner? - Das Unterhaltsvermächtnis gemäss Art. 484a VE ZGB zwischen erbrechtlicher Kompensation und Solidarität, successio 12 (2018) 195-209.

Lombardi, Carlo, Bankgeheimnis und Auskunft der Erben, not@lex 2018, 99-117.

Mächler, August, Wenn Gemeinden erben ..., in: Festschr. für Peter Breitschmid, hrsg. v. Ruth Arnet et al., Zürich 2019, S. 449-461.

Mirimanoff, Jean A., Médiation commerciale: un témoignage : comment conjuguer les intérêts de la famille et ceux des entreprises dans les conflits successoraux, in: Arbitrage, médiation et autres modes pour résoudre les conflits autrement, Genève 2018, S. 95-99.

Moser, Michel, Le créancier face au débiteur contronté à une succession, not@lex 2018, 37-52-

Nueber, Michael/Puschmann, Hendrik, Arbitration and foundations and trust disutes in Liechtenstein and the United Kingdom - a comparative analysis, Trust & Trustees 24 (2018) No. 5 (June 2018) 418-426.

Peter Henry, Les avocats et la philanthropie, Anwaltsrevue 2018, 79-85.Piotet, Denis, L'attribution du bénéfice matrimonial et l'ordre des réductions : réviser l'art. 532 CC autrement, SJZ 115 (2019) 67-75.

Piotet, Denis, La représentation de l'hoirie dans le procès successoral, in: Journée de droit successoral 2019, hrsg. v. Paul-Henri Steinauer et al., Bern 2019, S. 143-167.

-, Stipulation d'un avancement d'hoirie et ordonnance de rapport - Quelques réflexions chronologiques sur les conséquences de leur nature juridique, in: Festschr. für Peter Breitschmid, hrsg. v. Ruth Arnet et al., Zürich 2019, S. 463-470.

Pretelli, Ilaria, Les pouvoirs du créancier dans le patrimoine du débiteur - Exemples choisis du successions transfrontalières rébudiées, not@lex 2018, 77-98.

Riemer, Hans Michael, Testamentarisch sowie erb- und schenkungsvertraglich errichtete unselbständige Stiftungen, in: Festschr. für Peter Breitschmid, hrsg. v. Ruth Arnet et al., Zürich 2019, S. 471-478.

Riemer, Hans Michael/Riemer-Kafka, Gabriela/Bloch-Riemer, Ruth, Die Entschädigung des Stiftungsrats im Privat-, Sozialversicherungs- und Steuerrecht, in: Festschr. für Thomas Koller, hrsg. v. Susan Emmenegger et al., Bern 2018, S. 795-834.

Romano, Gian Paolo, L'élection de for par le de cuius, successio 13 (2019) 207-223.

Rubido, José-Miguel, Les droits successoraux du conjoint, partenaire ou concubin survivant, in: Aspects de droit civil suisse et international, hrsg. v. Gabriel Frossard, Bern 2019, S. 171-200.

Schmid Jürg, Notariats- und grundbuchliche Aspekte im erbrechtlichen Umfeld, successio 12 (2018) 299-312.

Schwander, Ivo, Bewegt sich das internationale Erbrecht, in: Festschr. für Peter Breitschmid, hrsg. v. Ruth Arnet et al., Zürich 2019, S. 479-490.

Spirig, Sandra, Pflichtteilsansprüche und überschuldeter Nachlass, in: Festschr. für Peter Breitschmid, hrsg. v. Ruth Arnet et al., Zürich 2019, S. 491-504.

Sprecher, Thomas, Der Stifter im Erbrecht: der Erblasser im Stiftungsrecht, SJZ 114 (2018) 541-551 und in: Liber amicorum für Andreas Kellerhals, Zürich/Basel/Genf 2018, S. 387-393.

Steck, Daniel, Betrachtungen zur Nachlassabwicklung und zum Erbschaftserwerb - Erinnerungen an einen Fall aus der Werkstatt des ehemaligen zürcherischen Einzelrichters in nichtstreitigen Rechtssachen (Erbsachen), in: Festschr. für Peter Breitschmid, hrsg. v. Ruth Arnet et al., Zürich 2019, S. 505-518.

Steinauer, Paul-Henri, L'art 613 al. 3 CC à la lumière de l'arrêt 143 III 425, in: Festschr. für Peter Breitschmid, hrsg. v. Ruth Arnet et al., Zürich 2019, S. 519-530.

-, Première approche de la révision du droit des successions, in: Journée de droit successoral 2019, hrsg. v. Paul-Henri Steinauer et al., Bern 2019, S. 205-221.

-, Vers une révision du droit des successions, ZSR 137 (2018) 495-505.

Steinauer, Paul-Henri/Moser, Michel/Eigenmann, Antoine (Hrsg.), Journée de droit successoral 2019, Bern 2019.

Strazzer, René, Der Umgang des Willensvollstreckers mit ganz oder teilweise unentgeltlichen lebzeitigen Zuwendungen/Verfügungen des Erblassers : Länderbericht Schweiz, in: 2. Schweizerisch-deutscher Testamentsvollstreckertag, hrsg. v. Hans Rainer Künzle, Zürich 2018, S. 111-136.

Strazzer, René/Zeiter, Alexandra, Erbengemeinschaft oder einfache Gesellschaft: was jetzt?, in: Festschr. für Peter Breitschmid, hrsg. v. Ruth Arnet et al., Zürich 2019, S. 531-541.

Strebel, Lorenz, Dauernd urteilsunfähige Nachkommen - ein kritischer Blick auf Pflichtteil und Nacherbschaf, in: Liber amicorum für Benno Studer, hrsg. v. Paul Eitel et al., Zürich 2019, S. 243-281.

Studen, Goran, Art (of) foundations - the use of Swiss foundations in the art market, Trusts & Trustees 24 (2018) No. 6 (July 2018) 617-620.

Studen, Goran/Geinoz, François, Zweckgebundene Mittel und stiftungsartige Vermögensbindungen, Expert Focus 92 (2018) 172-176, 272-277 und 421-428.

Sutter-Somm, Thomas/Ammann, Dario, "Tombola iudicialis" - das Los er uneinigen Erben? - Wege zur Auflösung der Erbengemeinschaft unter besonderer Berücksichtigung der Kompetenzen des Teilungsgerichts, in: Festschr. für Peter Breitschmid, hrsg. v. Ruth Arnet et al., Zürich 2019, S. 543-558.

Takhtarova, Alexandra, Behandlung von Trusts unter dem Common Reporting Standard : Bestandesaufnahme, Stolpersteine und Zukunftsideen, ASA 87 (2018/2019) 1-31.

Thévenoz, Luc, Propositions pour un trust suisse, SZW 90 (2018) 99-112.

Tschumy, Nicolas, Les frais funéraires en droit privé, not@lex 2019, 1-15.

Ullmann, Emmanuel/Spiess, Fabia, Säule-3a-Guthaben bei Bankstiftungen in der Erbrechtsrevision, Jusletter vom 14.01.2019.

van Berchem, Costin, Le rôle du notaire dans la résolution des litiges successoraux, in: Arbitrage, médiation et autres modes pour résoudre les conflits autrement, Genève 2018, S. 389-394.

Velasco Retamosa, José Manuel, International jurisdiction rules in matters of succession in the European context, SRIEL 28 (2018) 317-335.

Vincenzo, Barbara, Alternative al contratto successorio in Italia, in particolare il patto di famiglia : pianificazione ereditaria tra atti tra vivi e atti di ultima volontà, in: Der Erbvertrag aus rechtsvergleichender Sicht, Bern 2018, S. 67-112.

Vögeli, Annina, Möglichkeiten und Grenzen von fair division im schweizerischen Erbrecht, Diss. Zürich 2019 (Zürcher Studien zum Privatrecht, Band 292).

von Flüe, Karin/Zeugin Käthi, Im Todesfall: der kompelette Ratgeber, Zürich 2018.

Wang, Quiang, Disposition Mortis Causa in the Law of Succession, successio 13 (2019) 141-152.

Wilson, David Wallace, Switzerland, in: International Trust Laws, hrsg. v. David Brownbill et al., Bristol 2018 (Loseblattsammlung).

Wintsch, Alexander, Recent Swiss Case Law on Trust-related Issues, Trusts & Trustees 24 (2018) No. 2 (March 2018) 168-176.

Wolf, Franz A., Die Mehrheitsbeteiligung an einer juristischen Person im bäuerlichen Boden- und Erbrecht, Blätter für Agrarrecht 52 (2018) 213-226.
Wolf, Stephan, Die privatrechtliche Rechtsprechung des Bundesgerichts im Jahr 2018: Erbrecht, ZBJV 155 (2019) 270-286.
-, Die Vollmacht im Erbgang des Vollmachtgebers - zu einer Schnittstelle zwischen Obligationen- und Erbrecht, in: Festschr. für Thomas Koller, hrsg. v. Susan Emmenegger et al., Bern 2018, S. 975-993.
Wolf, Stephan/Buff, Tobias, Der in der Erbschaft nicht mehr vorhandene Vermächtnisgegenstand - insbesondere zu dessen Verkauf durch den Beistand des Erblassers, in: Festschr. für Peter Breitschmid, hrsg. v. Ruth Arnet et al., Zürich 2019, S. 559-573.
Wolf, Stephan/Stoppelhaar, Ricarda, Paulianische Anfechtung und Schutz der Erbengläubiger gemäss Art. 578 ZGB - ein Vergleich, in: Festschr. Jolanta Kren Kostkiewicz, Bern 2018, S. 693-708.
Wüstemann, Tina, Chapter 10: Arbitrating Trust Disputes, in: Arbitration in Switzerland - The Practitioner's Guide, hrsg. v. Manuel Arroyo, Alphen aan den Tijn 2018, S. 1249-1273.
Wyss, Daniel Arne, Eugen Huber und die Erbrechtsrevision, ZBJV 154 (2018) 833-846.
Zeugin, Käthi, Ich bestimme. Mein komplettes Vorsorgedossier, Zürich 2018.
Zeiter, Alexandra/Strazzer, René, Der Willensvollstrecker und Art. 28 ZPO, in: Liber amicorum für Benno Studer, hrsg. v. Paul Eitel et al., Zürich 2019, S. 309-322.

Weitere Literatur finden Sie auf dem Internet (www.successio.ch) bei der online-Ergänzung von successio, der Zeitschrift für Erbrecht, unter der Lasche "successio online", in der Rubrik "Literatur".

3. Rechtsprechung zum schweizerischen Erbrecht 2018/2019

2019 ergangene bzw. publizierte Urteile sowie im KENDRIS Jahrbuch 2018/2019 noch nicht aufgeführte oder ohne Inhalt dargestellte Urteile des Jahres 2018 (inkl. Erbschaftssteuern und Erbschaftsplanung mit Strukturen [Stiftungen, Trusts, Gesellschaften]).

12.01.2018
- **Obergericht Zürich LF170058.**
- ◊ *Testamentseröffnung.*
- **njus.ch Erbrecht Entwicklungen 2018, 34** (Anmerkungen von Urs Fasel).

16.01.2018
- **Cour de Justice Genève ATA/45/2018.**
- ◊ *Art. 537 al. 1, art. 560 al. 1 et 2 CC; art. 1, art. 2 LEFI; art. 14 al. 1 LHID; art. 48, art. 50 al. 1, art. 52 al. 2, 3 et 4 let. b, art. 60 al. 1 LIPP: Assujettissement (impôt); calcul de l'impôt; communauté héréditaire; héritier légal; impôt sur la fortune; partage successoral; procédure d'estimation; quotepart; succession; valeur vénale (sens général); usufruit.*
- o L'héritier acquière la propriété de la succession à compter de l'ouverture de celle-ci et doit, dès cet instant, l'ajouter à ses propres éléments imposables. La fortune grevée d'usufruit est imposable auprès de l'usufruitier. Par ailleurs, l'évaluation des immeubles autres que locatifs est faite par des commissions d'experts et vaut pour une période de dix ans (période décennale). Cette estimation peut être revue notamment lorsque, pendant cette période, un immeuble est aliéné à titre onéreux ou à titre gratuit, ou dévolu pour cause de mort. Pour le reste de la période décennale, l'adaptation de la valeur d'estimation est suspendue en cas de succession, pour le logement principal de la personne décédée, s'il est attribué en propriété ou en usufruit à un héritier qui faisait ménage commun avec elle, tant que cet héritier continue à occuper personnellement le logement comme résidence principale.
- **not@lex 3/2019, 119** (Anmerkungen von Michael Monod/Virginie Mecic/Ludovic Fuchs).

24.01.2018
- **Obergericht Aargau WBE.2017.373.**
- **AGVE 2018, 329.**

◊ *Grundbuch.*
o Eintragung der Ehefrau als Alleineigentümerin einer Liegenschaft gestützt auf den Todesschein des Ehemannes und die Ehegattengesellschaft mit Anwachsungsvereinbarung.
Bedeutung der Grundbuchanmeldung gestützt auf die Erbbescheinigung, wenn die Liegenschaft bereits veräussert worden ist.

31.01.2018
- **Tribunal Cantonal Fribourg 101 2017 347.**
- ◊ *Intervention au partage (art. 609 al. 1 CC), nomination d'un mandataire professionnel.*
  "Recours" (en réalité appel) du 30 octobre 2017 contre la décision de la Juge de paix de la Sarine du 16 octobre 2017.
- **njus.ch Erbrecht Entwicklungen 2018, 67** (Anmerkungen von Urs Fasel).

31.01.2018
- **Obergericht Zürich PF180002.**
- ◊ *Öffentliches Inventar, Fristansetzung.*
- **njus.ch Erbrecht Entwicklungen 2018, 40** (Anmerkungen von Urs Fasel).

12.02.2018
- **Kantonsgericht Schwyz ZK2 2017 85.**
- ◊ *Erbausschlagung.*
- **njus.ch Erbrecht Entwicklungen 2018, 42** (Anmerkungen von Urs Fasel).

13.02.2018
- **Obergericht Zürich SB170333.**
- ◊ *Urkundenfälschung (Testament).*
  o

16.02.2018
- **Obergericht Solothurn OBGES.2017.6.**
- ◊ *Erbschaftsinventar.*

19.02.2018
- **Kantonsgericht Schwyz ZK2 2018 17.**
- ◊ *Eröffnung Ehe- und Erbvertrag sowie eigenhändige letztwillige Verfügung.*

01.03.2018
- **Tribunale d'appello Ticino 11.2016.94.**
- ◊ *Art. 610 CC; art. 227 CPC: Divisione ereditaria, mutazione dell'azione in corso di causa, azione di divisione, scambio di scritti e preparazione del dibattimento.*
- **njus.ch Erbrecht Entwicklungen 2018, 67** (Anmerkungen von Urs Fasel).

02.03.2018
- **Tribunale d'appello Ticino 11.2016.25.**
- ◊ *Art. 626 CCC: Divisione ereditaria, contestazione d'inventario, obbligo di collazione, collazione, divisione ereditaria, inventario.*
- **njus.ch Erbrecht Entwicklungen 2018, 68** (Anmerkungen von Urs Fasel).

09.03.2018
- **Obergericht Zürich LF180003.**
- ◊ *Testamentseröffnung.*

13.03.2018
- **Kantonsgericht Basel-Landschaft 400 18 12.**
- ◊ *Sicherstellung von Nachlassschulden im vorsorglichen Massnahmeverfahren (Art. 610 Abs. 3 ZGB i.V.m. Art. 261 ff. ZPO), nachdem im partiellen Erbteilungsprozess auf die Stellung eines entsprechenden Begehrens verzichtet wurde.*

15.03.2018
- **Obergericht Zürich LF170080.**
- ◊ *Testamentseröffnung.*

15.03.2018
- **Obergericht Zürich LF180004.**
- ◊ *Testamentseröffnung.*
- **njus.ch Erbrecht Entwicklungen 2018, 45** (Anmerkungen von Urs Fasel).

16.03.2018
- **Bundesverwaltungsgericht B-3779/2016.**
- ◊ Widerruf der Befreiung von der Revisionspflicht.
- **njus.ch Verein Stiftung Trust Entwicklungen 2018, 43.**

◊ *Voraussetzung für die Befreiung der Stiftung von der Revisionspflicht ist unter anderem, dass die Stiftung nicht öffentlich zu Spenden oder sonstigen Zuwendungen aufruft. Das bedeutet auch, dass die Stiftung auf ihrer Website keine Bankverbindung publiziert. Es ist dabei unbeachtlich, ob dadurch tatsächlich Zuwendungen generiert werden.*

20.03.2018
- **Obergericht Zürich PS180012.**
- ◊ *Testamentseröffnung.*

30.03.2018
- **Tribunale d'appello Ticino 11.2018.17.**
- ◊ Art. 576 CC: *Eredi che chiedono di essere reintegrati nel termine per rinunciare a una successione. Rinuncia dell'eredità.*
- **njus.ch Erbrecht Entwicklungen 2018, 48** (Anmerkungen von Urs Fasel).

03.04.2018
- **Steuergericht Solothurn SGNEB.2016.2.**
- ◊ *§ 217 Abs. 1, § 221 Abs. 1, § 223 Abs. 1 StG: Nachlasstaxe, Erbschaftssteuer, Schulden, Liegenschaftskosten, Konkubinat.*
- o Die Anteile der Liegenschaftskosten der Konkubinatspartnerin und eingesetzten Alleinerbin sind hier keine Schulden des Erblassers und Konkubinatspartners. Es fehlt ein Konkubinatsvertrag und damit der Nachweis, dass die Konkubinatspartnerin die Kosten alleine getragen hat. Es geht dabei um einen Beitrag zum Konkubinat.

13.04.2018
- **Obergericht Zürich LF170077.**
- ◊ *Einsprache gegen die Ausstellung eines Erbscheins.*
- **njus.ch Erbrecht Entwicklungen 2018, 49** (Anmerkungen von Urs Fasel).

16.04.2018
- **Kantonsgericht Graubünden ZK1 17 89.**
- ◊ *Testamentseröffnung.*
- **njus.ch Erbrecht Entwicklungen 2018, 50** (Anmerkungen von Urs Fasel).

19.04.2018
- **Schweizerisches Bundesgericht 6B 1295/2018.**
- ◊ *Strafrechtliche Abteilung - Strafprozess - Nichtanhandnahme (Falschbeurkundung etc.); Nichteintreten.*
- successio 13 (2019) 137 (Roberto Fornito: Zum Dritten - Legitimation einzelner Erben zur Beschwerde in Strafsachen - BGE 6B-1295/2017).

24.04.2018
- **Cour de Justice Genève ACJC/536/2018.**
- ◊ *Art. 474, art. 475, art. 619, art. 663, art. 696 CC, art. 281 CO, art. 7, art. 11, art. 15, art. 17, art. 58 LDFR: Action en partage successoral; masse successorale; loi fédérale sur le droit foncier rural; exploitation agricole; fermage.*
- njus.ch Erbrecht Entwicklungen 2018, 68 (Anmerkungen von Urs Fasel).

27.04.2018
- **Verwaltungsgericht St. Gallen B 2016/214.**
- ◊ *Art. 2, 5 und 7 lit. a des Bundesgesetzes über den Erwerb von Grundstücken durch Personen im Ausland (SR 211.412.41; BewG).*
  - o Der Beschwerdeführer war als direkter Nachkomme der Erblasserin im Sinn des Schweizerischen Rechts (Art. 457 Abs. 1 ZGB) gesetzlicher Erbe im Sinn von Art. 7 lit. a BewG. Die Erblasserin hatte jedoch eine Stiftung als „alleinige und ausschliessliche Erbin" eingesetzt, welche als juristische Person mit Sitz in Deutschland nicht gesetzliche, sondern eingesetzte Alleinerbin ist. Der Erwerb der Grundstücke in der Schweiz durch sie selbst unterstände somit der Bewilligungspflicht (vgl. Art. 7 lit. a BewG).
  - o Der Begriff „im Erbgang" (Art. 7 lit. a BewG) ist nach schweizerischem Recht auszulegen. Der Beschwerdeführer als von der Erblasserin nicht berücksichtigter Pflichtteilserbe war nicht Mitglied der Erbengemeinschaft, da über seine Erbenstellung kein gerichtliches Urteil (Ungültigkeits- und Herabsetzungsverfahren) vorlag und die Miterben seine Erbenstellung auch nicht anerkannten. Er nahm daher nicht am Erbgang teil, weshalb er sich nicht auf Art. 7 lit. a BewG berufen konnte.
  - o Im Weiteren verneinte das Verwaltungsgericht die Frage der Gleichbehandlung der Stiftung mit einem nicht nach schweizerischem Recht geschaffenen Trust (Treugesellschaft), (Verwaltungsgericht, B 2016/214).
  - o Die gegen dieses Urteil erhobene Beschwerde ans Bundesgericht wurde mit Urteil vom 19. August 2019 abgewiesen (Verfahren 2C_484/2018).

07.05.2018
- **Obergericht Zürich LF180025.**
◊ *Testament.*

08.05.2018
- **Obergericht Solothurn OBGES.2018.1.**
◊ *Erbschaftsinventar.*
- **njus.ch Erbrecht Entwicklungen 2018, 51** (Anmerkungen von Urs Fasel).

16.05.2018
- **Kantonsgericht Basel-Landschaft 400 17 302.**
◊ *Genehmigungspflicht wichtiger Rechtsgeschäfte / Erweiterung der Beistandschaft / Wechsel der Mandatsperson.*

30.05.2018
- **Bundesstrafgericht BB.2017.206.**
- **TPF 2018, 88.**
◊ *Art. 115 Abs. 1 StPO: Vermögensdelikte zum Nachteil eines Trusts; geschädigte Person.*
  o Allgemeines zur Frage, wem im Falle von Vermögensstraftaten zum Nachteil eines Trusts die Rolle der geschädigten Person und damit der Privatklägerschaft zusteht (E. 3). Bei Veruntreuung von bzw. ungetreuer Geschäftsbesorgung bezüglich Trustvermögen durch den Trustee selber oder unter seiner Beteiligung als Teilnehmer wird das Vermögen des beneficiary unmittelbar geschädigt. Letzterem steht in einem solchen Fall die Rolle der geschädigten Person im Sinne von Art. 115 Abs. 1 StPO zu (E. 3.43.7).
◊ *Art. 115 al. 1 CPP: Délits contre le patrimoine au préjudice d'un trust; lésé.*
  o Considérations générales sur la question de savoir qui revêt la qualité de lésé, et, partant, de partie plaignante, en cas d'infractions contre le patrimoine commises au préjudice d'un trust (c. 3). En cas d'abus de confiance respectivement de gestion déloyale, en relation avec le patrimoine d'un trust, commis par le trustee lui-même ou avec la participation de celui-ci, le patrimoine du beneficiary est directement lésé. Ce dernier est alors lésé au sens de l'art. 115 al. 1 CPP (c. 3.43.7).
◊ *Art. 115 cpv. 1 CPP: Reati patrimoniali a danno di un trust; persona danneggiata.*
  o Considerazioni generali sulla titolarità della posizione di danneggiato e quindi di accusatore privato nel caso di reati patrimoniali a danno di un trust (c.

3). Nel caso di appropriazione indebita risp. di amministrazione infedele in relazione al patrimonio di un trust da parte dello stesso trustee o con la sua partecipazione viene direttamente danneggiato il patrimonio del beneficiary. Quest'ultimo è in tal caso danneggiato ai sensi dell'art. 115 cpv. 1 CPP (c. 3.43.7).
- **njus.ch Verein Stiftung Trust Entwicklungen 2018, 87.**
◊ *Im Falle von Straftaten des Trustees gegenüber dem Trustvermögen gilt der Beneficiary als geschädigte Person und ist somit zur Privatklage zugelassen.*

15.06.2018
- **Tribunal Cantonal Vaud ML/2018/53.**
◊ *Art. 49, art. 80 LP: Légitimation active et passive, communauté héréditaire, mainlevée (LP).*

26.06.2018
- **Obergericht Zürich LF180033.**
o *Testamentseröffnung.*
- **njus.ch Erbrecht Entwicklungen 2018, 53** (Anmerkungen von Urs Fasel).

29.06.2018
- **Kantonsgericht Basel-Landschaft 710 18 2/170.**
◊ *Die Beitragsschuld geht nach den Regeln des Erbrechts durch Universalsukzession auf die Erbinnen und Erben der beitragspflichten Person über.*

29.06.2018
- **Kantonsgericht Graubünden ZK1 18 41.**
◊ *Anordnung einer Erbenvertretung.*
- **njus.ch Erbrecht Entwicklungen 2018, 53** (Anmerkungen von Urs Fasel).

03.07.2018
- **Schweizerisches Bundesgericht 5A 237/2018.**
◊ *II. zivilrechtliche Abteilung - Sachenrecht – Grundbucheintragung.*
o Die Erben eines verstorbenen Gesellschafters haben keinen Anspruch auf Eintrag ins Grundbuch, nachdem der überlebende Gesellschafter sich aufgrund einer Vereinbarung im Gesellschaftsvertrag ins Grundbuch eintragen liess.
- **BN 79 (2018) 335** (Anmerkungen von Roland Pfäffli).
- **ius.focus 9/2018, 3** (Anmerkungen von Luca Sprecher).

◊ *Für die inhaltliche Berichtigung des Grundbucheintrags steht nicht die Beschwerde nach Art. 956a ZGB, sondern einzig die Grundbuchberichtigungsklage nach Art. 975 ZGB zur Verfügung.*

03.07.2018
- **Obergericht Zürich LF180006.**
◊ *Ausschlagung.*

13.07.2018
- **Obergericht Zug Z1 2017 8.**
◊ *Art. 602 f. ZGB; Art. 70 Abs. 1 ZPO; Art. 311 Abs. 1 ZPO – Erbengemeinschaft; Erfordernis des gemeinsamen Handelns im Berufungsverfahren.*
- **ZG GVP 2018, 160.**
- **njus.ch Erbrecht Entwicklungen 2018, 68** (Anmerkungen von Urs Fasel).

17.07.2018
- **Obergericht Bern ZK 2018 209.**
◊ *Wichtige Gründe für die Wiederherstellung der Ausschlagungsfrist gemäs Art. 576 ZGB.*
- **njus.ch Erbrecht Entwicklungen 2018, 56** (Anmerkungen von Urs Fasel).

17.07.2018
- **Kantonsgericht Wallis C1 16 84.**
◊ *Herabsetzungs- und Erbteilungsklage.*

02.08.2018
- **Tribunal Cantonal Neuchâtel ARMC.2018.47.**
◊ *Art. 560 al. 2 CC, Art. 89 al. 1 CO, Art. 82 LP: Mainlevée provisoire de l'opposition. Prétentions en loyers impayés contre les héritiers du locataire. Quittance comme moyen libératoire.*
  o Au décès du locataire, ses héritiers deviennent immédiatement et de par la loi parties au contrat de bail et répondent solidairement entre eux des loyers en découlant (art. 560 al. 2 CC). Le contrat de bail à loyer signé par le locataire constitue dès lors un titre de mainlevée provisoire contre chacun de ses héritiers ; le poursuivant doit prouver la qualité d'héritiers des poursuivis, mais non l'acceptation de la succession par ces derniers (cons. 3/d). Comme moyen libératoire au sens de l'article 82 al. 2 LP, le poursuivi peut, pour autant qu'il soit un débiteur consciencieux, opposer au poursuivant la

présomption de l'article 89 al. 1 CO, selon laquelle le créancier qui donne quittance pour un terme, sans faire de réserves, est présumé avoir perçu les termes antérieurs (c. 3/g).
- **njus.ch Erbrecht Entwicklungen 2018, 57** (Anmerkungen von Urs Fasel).

02.08.2018
- **Kantonsgericht Schwyz ZK2 2017 91.**
- ◊ *Testamentseröffnung.*
- o (Weiterzug ans Bundesgericht BGer. 5A_735/2018 vom 15.02.2019).
- **njus.ch Erbrecht Entwicklungen 2018, 56** (Anmerkungen von Urs Fasel).

14.08.2018
- **Kantonsgericht Basel-Landschaft 400 18 58.**
- ◊ *Klage auf Ungültigerklärung einer letztwillig verfügten Einsetzung eines Willensvollstreckers (Art. 519 ff. ZGB); relative Wirkung der erbrechtlichen Ungültigkeitsklage; Anwendbarkeit der bundesgerichtlichen Rechtsprechung zur „unteilbaren Einheit" mit dem Ergebnis, dass nebst dem Willensvollstrecker sämtliche Erben bzw. Begünstigten in passiver notwendiger Streitgenossenschaft eingeklagt werden müssen.*
- **njus.ch Erbrecht Entwicklungen 2018, 23** (Anmerkungen von Urs Fasel).

14.08.2018
- **Tribunal Cantonal Vaud HC/2018/776.**
- ◊ *Art. 553 CC, art. 109 al. 3, art. 111, art. 117 CDPJ: Inventaire, rectification de la décision, voie de droit prématurée.*

16.08.2018
- **Obergericht Zürich PF 180030 vom 16.08.2018.**
- ◊ *Ausschlagung der Erbschaft / Kosten.*

20.08.2018
- **Schweizerisches Bundesgericht 5A 894/2017.**
- ◊ *II. zivilrechtliche Abteilung - Erbrecht - Erbteilung (Herabsetzung lebzeitiger Zuwendungen).*
- o Wird ein Rückweisungsentscheid des Bundesgerichts von der Vorinstanz missachtet, ist das Bundesgericht dennoch an das Verschlechterungsverbot gebunden, wenn die Beschwerdeführerin das den Rückweisungsentscheid

veranlassende, vorinstanzliche Urteil seinerzeit selber nicht angefochten hatte (E. 5.1 ff.).
- **AJP 29 (2019) 963** (Anmerkungen von Lorena Bur/Martina Bosshardt/Stephanie Hrubesch-Millauer).
- **dRSK vom 30.11.2018** (Alexandra Hirt: Pflichtteilsberechnung nach missachteten Rückweisungsentscheid).
  - Der Erbe, der in einem ersten bundesgerichtlichen Verfahren obsiegt hat, muss sich im Verfahren nach der Rückweisung durch das Bundesgericht im ungünstigsten Fall mit dem bisherigen, von der Miterbin nicht angefochtenen Urteil der Vorinstanz abfinden (Verschlechterungsverbot). Das Bundesgericht lässt erneut offen, ob gegen den kantonalen Entscheid nach bundesgerichtlicher Rückweisung die Beschwerde unabhängig vom Streitwert zulässig ist.
- **successio 13 (2019) 56** (Lorenz Baumann: Verzicht auf Herabsetzung einer Vor-/Nacherbschaft als [herabsetzbare] lebzeitige Vermögensentäusserung - BGer 5A_267/2016, mit ergänzenden Hinweisen auf BGer 5A_894/2017).
- **njus.ch Erbrecht Entwicklungen 2018, 64.**

21.08.2018
- **Schweizerisches Bundesgericht 5A 1038/2017 und 5A_1055/2017.**
- ◊ *II. zivilrechtliche Abteilung - Personenrecht -Stiftungsaufsichtsbeschwerde (Beschwerdefrist).*
- **njus.ch Verein Stiftung Trust Entwicklungen 2018, 45.**
- ◊ *Das Stiftungsrecht sieht für die Stiftungsaufsichtsbeschwerde zwar keine Befristung vor, jedoch scheint eine zeitliche Begrenzung auf den für die Beschwerdefristen üblichen Rahmen geboten.*

22.08.2018
- **Tribunale d'appello Ticino 11.2018.66.**
- ◊ *Art. 554 cpv. 1 e 3 CC: Esecutore testamentario e amministratore dell'eredità.* Nomina di un amministratore.
- **njus.ch Erbrecht Entwicklungen 2018, 57** (Anmerkungen von Urs Fasel).

23.08.2018
- **Verwaltungsgericht des Kantons Zürich VB.2017.00552.**
- ◊ *Verletzung von Berufsregeln: Interessenskollision und Pflichtverletzung.*
  - Der Beschwerdeführer übernahm das Mandat der rechtlichen Beratung eines Willensvollstreckers. Als dieser von einem Teil der Erbinnen wegen diverser

Handlungen im Rahmen der Erbteilung strafrechtlich angezeigt wurde, übernahm der Beschwerdeführer auch die Rolle des Verteidigers des Willensvollstreckers, worin die Aufsichtskommission eine Verletzung von Art. 12 lit. c BGFA sah und den Beschwerdeführer entsprechend mit einer Busse belegte.
- o Ein Mandatsverhältnis zu den Erben, wie es Art. 12 lit c BGFA voraussetzt, ist vorliegend zu verneinen. Nimmt der Beschwerdeführer jedoch sein später angenommenes Mandat als Verteidiger des Willensvollstreckers im obgenannten Strafverfahren ernst, so muss er zu dessen Gunsten die Vorwürfe der Anzeige erstattenden Erbinnen bestreiten. Damit bot er keine genügende Gewähr mehr für die von ihm als Vertreter des Willensvollstreckers gegenüber den Erbinnen geforderten Pflichten (Objektivität, Vermeidung von Interessenkollisionen, die die Vertretung des Willensvollstreckers "wesentlich" beeinträchtigen). Durch die Übernahme des Mandats zur Strafverteidigung unter gleichzeitiger Weiterführung des Mandats als Vertreter des Willensvollstreckers gegenüber den Erbinnen verstiess er gegen die Pflicht zur sorgfältigen und gewissenhaften Berufsausübung nach Art. 12 lit. a BGFA. Das Fehlverhalten ist als grob zu qualifizieren. Unter diesem Gesichtspunkt ist die von der Aufsichtskommission ausgesprochene Busse gerechtfertigt.

24.08.2018
- **Tribunal Cantonal Vaud HC/2018/83.**
- ◊ *Art. 518 CC, art. 6 PCF, art. 126 CPC (CH): Exécuteur testamentaire, suspension de la procédure, admission de la demande, décision de renvoi, légitimation active et passive, droit des successions, droit d'être entendu.*

27.08.2018
- **Tribunal Fédéral 5A_570/2017.**
- ◊ *IIe Cour de droit civil - Droit des successions - certificat d'héritier.*
- o La procédure d'établissement du certificat d'héritier n'a pas pour objet de statuer matériellement sur la qualité d'héritier et le certificat d'héritier n'est pas revêtu de l'autorité de la chose jugée matérielle, la décision d'établissement et de délivrance du certificat d'héritier constitue une mesure provisionnelle au sens de l'art. 98 LTF (c. 2).
- o Le bénéficiaire d'un legs d'usufruit selon l'art. 473 CC, doit obligatoirement figurer dans le certificat d'héritier (c. 7.2).
- o Die Errichtung und Ausstellung eines Erbscheins stellt eine vorsorgliche Massnahme i.S.v. Art. 98 BGG dar, da damit nicht materiell über die Erben-

stellung entschieden wird und der Entscheid nicht in materielle Rechtskraft erwächst (E. 2).
- o Die Nutzniesserin i.S.v. Art. 473 ZGB ist auf dem Erbschein aufzuführen und berechtigt, sich einen solchen ausstellen zu lassen (E. 7.2).
- **njus.ch Erbrecht Entwicklungen 2018, 34.**
- **not@lex 12 (2019) 80** (Anmerkungen von Denis Piotet/Bastien Verrey/Maya Kiepe).

28.08.2018
- **Kantonsgericht Basel-Landschaft 400 18 110.**
- ◊ *Rechtsschutz in klären Fällen (Art. 257 ZPO); keine klare Rechtslage bei divergierenden Lehrmeinungen und Fehlen einschlägiger Rechtsprechung (vorliegend zum Verhältnis zwischen Art. 615 und Art. 610 Abs. 3 ZGB; Anspruch auf Sicherstellung von pfandgesicherten Erbschaftsschulden).*

30.08.2018
- **Tribunal Cantonal Neuchâtel CACIV.2018.56.**
- ◊ *Art. 580 ss. CC, art. 248 litt. e, art. 314 CPC, art. 5 al. 3 Cst.F/1999: Requête de bénéfice d'inventaire. Juridiction gracieuse. Délai d'appel. Protection de la bonne foi.*
- o Possibilité pour une partie de se prévaloir de la protection de la bonne foi en cas d'indication erronée du délai d'appel (cons. 2.1).
- o On ne saurait admettre qu'un avocat breveté puisse ignorer totalement le contenu de la notion – de droit fédéral – de juridiction gracieuse. Retenir le contraire aboutirait à ôter toute portée pratique aux articles 314 CPC cum 248 let. e CPC (cons. 2.2).

30.08.2018
- **Tribunal Cantonal Vaud HC/2018/882.**
- ◊ *Art. 560, art. 566, art. 568 CC, art. 319 CPC (CH), art. 109 al. 3 CDPJ Répudiation (droit successoral), frais (en général), certificat d'héritier, héritier légal.*
- **njus.ch Erbrecht Entwicklungen 2018, 57** (Anmerkungen von Urs Fasel).

10.09.2018
- **Schweizerisches Bundesgericht 5A 97/2018.**
- ◊ *II. zivilrechtliche Abteilung - Personenrecht - Legitimation zur Stiftungsaufsichtsbeschwerde.*

- **BGE 144 III 433.**
- ◊ *Art. 84 ZGB; Stiftungsaufsicht; Beschwerdelegitimation.*
- o Voraussetzungen, unter denen Stiftungsratsmitglieder, Destinatäre und Dritte zur Beschwerde an die Stiftungsaufsichtsbehörde berechtigt sind (E. 4-7).
- ◊ *Art. 84 CC; surveillance des fondations; qualité pour recourir.*
- o Conditions auxquelles les membres du conseil de fondation, les destinataires et les tiers sont légitimés à recourir à l'autorité de surveillance de la fondation (c. 4-7).
- ◊ *Art. 84 CC; vigilanza sulle fondazioni; legittimazione ad impugnare decisioni della fondazione.*
- o Condizioni alle quali i membri del consiglio di fondazione, i destinatari ed i terzi sono legittimati a ricorrere all'autorità di vigilanza sulle fondazioni (c. 4-7).
- **njus.ch Verein Stiftung Trust Entwicklungen 2018, 46.**
- ◊ *Um die Beschwerdelegitimation für die Stiftungsaufsichtsbeschwerde zu erlangen, muss ein Stiftungsrat zuerst die internen Kontrollmechanismen ausgeschöpft und über sein Anliegen einen Stiftungsratsbeschluss herbeigeführt haben.*

12.09.2018
- **Sozialversicherungsgericht Zürich ZL.2017.00030.**
- ◊ *Vermögenswert- und Ertrag aus Miteigentum an Liegenschaften von Erbengemeinschaft im Ausland. Katasterertrag als Grundlage für Vermögenswertermittlung zu pauschal. Konkrete Schätzung einholen.*

21.09.2018
- **Schweizerisches Bundesgericht 5A 536/2018.**
- ◊ *II. zivilrechtliche Abteilung - Erbrecht - Nichteintreten auf die Berufung (Erbteilung).*
- o Eine wegen falscher Adressierung retournierte Berufung ist dennoch fristgerecht eingereicht worden, wenn sie umgehend originalverpackt und neu adressiert eingereicht wird (E. 3.6).

26.09.2018
- **Sozialversicherungsgericht Zürich BV.2017.00015.**
- ◊ *Weitergehende berufliche Vorsorge; Lebenspartnerrente; Zulässigkeit von formellen Zusatzvoraussetzungen (Formularzwang).*

27.09.2018
- **Verwaltungsgericht St. Gallen 2017/10.**
- ◊ *Erbschaftssteuer.*
- o Für die Ermittlung des steuerbaren Nachlasses ist relevant, ob es sich um unbewegliches oder bewegliches Vermögen handelt. Sinn und Zweck der Einsetzung von Repartitionswerten bei der Schuldenverlegung liegt darin, für diese Belange sämtliche Aktiven zu einheitlichen Werten einzusetzen und damit die unterschiedlichen Bewertungen von Liegenschaften durch die einzelnen Kantone auszugleichen. Damit wird verhindert, dass Kantonen, welche die Liegenschaften vergleichsweise tief bewerten bessergestellt werden, als Kantone, welche die Liegenschaften im schweizweiten Vergleich hoch bewerten. Da das bewegliche Vermögen jedoch bereits einheitlich nach Verkehrswerten ermittelt wurde, besteht weder eine Notwendigkeit noch ein Recht, dieses Vermögen um irgendwelche Repartitionswerte zu bereinigen. Vorliegend steht dem Kanton St. Gallen nur bewegliches Vermögen zur Besteuerung zu, weshalb dieses zum effektiven Wert einzusetzen ist und keine Repartitionsdifferenz zum Nachlassvermögen hinzugerechnet werden kann (Verwaltungsgericht, B 2017/10).
- o Gegen dieses Urteil wurden Beschwerden beim Bundesgericht erhoben (Verfahren 2C_942/2018 und 2C_981/2018).

01.10.2018
- **Tribunal Cantonal Vaud HC/2018/924.**
- ◊ *Art. 29 al. 2 Cst., art. 125 al. 1 CDPJ: Droit d'être entendu, motivation de la décision, juge de paix, administration d'office de la succession, compétence, avance de frais.*

02.10.2018
- **Tribunal Fédéral 5A_620/2018.**
- ◊ *IIe Cour de droit civil - Droit des successions - destitution de l'exécuteur testamentaire.*
- o Il appartient à la partie qui retire son recours de supporter les frais de procédure (c. 2).

- Die Partei, die ihre Klage zurückzieht, trägt die Kosten des Verfahrens (E. 2).

08.10.2018
- **Tribunal Cantonal Vaud HC/2018/885.**
- ◊ *Art. 485 al. 2, art. 602 al. 2 CC, al. 261 al. 1 CPC (CH): Mesure provisionnelle, dommage irréparable, legs, succession, représentant de la communauté héréditaire.*
- **njus.ch Erbrecht Entwicklungen 2018, 57** (Anmerkungen von Urs Fasel).

09.10.2018
- **Tribunal Fédéral 5A_789/2016.**
- ◊ *IIe Cour de droit civil - Droit des successions - partage/succession.*
  - La constitution d'une garantie sous forme de gage hypothécaire ne constitue pas une libéralité au sens de l'art. 626 al. 2 CC. Une libéralité rapportable ne survient qu'au moment où le futur de cujus renonce à faire valoir la créance compensatrice, renonciation équivalant à une remise de dette (art. 110 ch. 1 CO; art. 827 al. 2 CC) (c. 5.2).
  - Die blosse Verpfändung einer Immobilie ist keine unentgeltliche Zuwendung i.S.v. Art. 626 Abs. 2 ZGB. Erst der Verzicht auf die Geltendmachung des Anspruchs kommt einem Schuldenerlass gleich (Art. 110 Ziff. 1 OR bzw. Art. 827 Abs. 2 ZGB) (E. 5.2).
- **njus.ch Erbrecht Entwicklungen 2018, 65.**
- **not@lex 12 (2019) 80** (Anmerkungen von Denis Piotet/Bastien Verrey/Maya Kiepe).

09.10.2018
- **Tribunal Cantonal Vaud HC/2018/980.**
- ◊ *Art. 560 al. 1, art. 566 CC, art. 110, art. 321 al. 1 CPC (CH): Décision d'irrecevabilité, fiction de la notification, délai, motivation de la demande, conclusions, dévolution de la succession.*

12.10.2018
- **Tribunal Cantonal Vaud HC/2018/973.**
- ◊ *Art. 559 al. 1 CC, art. 320 let. b CPC (CH), art. 133 CDPJ: Certificat d'héritier, révocation (en général).*
- **njus.ch Erbrecht Entwicklungen 2018, 58** (Anmerkungen von Urs Fasel).

12.10.2018
- **Tribunal Cantonal Valais C1 17 62.**
- ◊ *Art. 519 al. 1 CC; action en annulation d'un pacte successoral.*

15.10.2018
- **Tribunal Cantonal Vaud NL/2018/159.**
- ◊ *Art. 602, art. 603, art. 652 CC, art. 110 al. 1, art. 148 al. 2, art. 533 CO, art. 83 al. 2 LP, art. 95 al. 3 let. c, art. 320 let. b CPC (CH): Poursuite en réalisation de gage, mainlevée provisoire, constatation des faits, propriété commune, quote-part, subrogation, communauté héréditaire, société simple.*

15.10.2018
- **Tribunal Cantonal Vaud HC/2018/1012.**
- ◊ *Art. 580, art. 581 CC, art. 113 al. 2, art. 116 CDPJ: Bénéfice d'inventaire, dévolution de la succession, valeur vénale (sens général), prétention de tiers, rectification (en général), estimation des actes.*
- **njus.ch Erbrecht Entwicklungen 2018, 58** (Anmerkungen von Urs Fasel).

16.10.2018
- **Sozialversicherungsgericht Zürich BV.2017.00068.**
- ◊ *Rückforderung von zu Unrecht ausgerichteten Hinterlassenenleistungen infolge unterlassener Meldung des Todes der Rentenberechtigten; mutwillige Prozessführung.*

19.10.2018
- **Obergericht Zürich LF180042.**
- ◊ *Amtliche Liquidation.*

23.10.2018
- **Tribunal Fédéral 5A_774/2018.**
- ◊ *IIe Cour de droit civil - Droit des successions - partage d'une succession (art. 604 CC).*
  - o Un recours, qui ne correspond pas aux exigences minimales des art. 42 al. 2 et 106 al. 2 LTF, doit être déclaré irrecevable selon la procédure simplifiée de l'art. 108 al. 1 let. a et b LTF (c. 3).
  - o Auf eine Beschwerde, die nicht den Mindestanforderungen von Art. 42 Abs. 2 und 106 Abs. 2 BGG entspricht, wird nach dem vereinfachten Verfahren von Art. 108 Abs. 1 lit. a und b BGG nicht eingetreten (E. 3).

23.10.2018
- **Tribunale Federale 5A 811/2018.**
  II Corte di diritto civile - Diritto successorio - provvedimenti assicurativi della devoluzione ereditaria.

23.10.2018
- **Tribunale Federale 5A 347/2018.**
- ◊ *II Corte di diritto civile - Diritto successorio - divisione ereditaria.*

24.10.2018
- **Obergericht Solothurn OBGES.2018.4.**
- ◊ *Verlängerung der Ausschlagungsfrist.*
- **njus.ch Erbrecht Entwicklungen 2018, 58** (Anmerkungen von Urs Fasel).

29.10.2018
- **Tribunal Fédéral 5F_19/2018.**
- ◊ *IIe Cour de droit civil - Droit des successions - Demande de révision de l'arrêt du Tribunal fédéral suisse 5A_325/2017 du 18 octobre 2017.*
  - o Si l'on invoque des preuves qui ont été fournies après l'adoption de la décision, aucune révision au sens de l'art. 123, al. 2, let. a LTF, n'est possible (c. 2.3).
  - o Werden Beweise angeführt die nach dem Entscheid ergangen sind, ist keine Revision i.S.v. Art. 123 Abs. 2 lit. a BGG möglich (E. 2.3).

29.10.2018
- **Tribunal Cantonal Vaud HC/2018/1033.**
- ◊ *Art. 20 LDIP, art. 60 CPC (CH): Succession, compétence ratione loci, domicile.*

29.10.2018
- **Tribunal Cantonal Vaud HC/2018/1057.**
- ◊ *Art. 566 CC, art. 148 CPC (CH): Répudiation (droit successoral), restitution du délai, décision du renvoi.*
- **njus.ch Erbrecht Entwicklungen 2018, 59** (Anmerkungen von Urs Fasel).

01.11.2018
- **Tribunal Fédéral 5A_834/2018.**
- ◊ *IIe Cour de droit civil - Droit des successions - Partage successoral.*

- o Un recours, manifestement mal fondé, doit être rejeté selon la procédure simplifiée prévue à l'art. 109 al. 2 let. a et al. 3 LTF (c. 4).
- o Auf eine offensichtlich unbegründete Beschwerde ist im vereinfachten Verfahren nach Art. 109 Abs. 2 lit. a und Abs. 3 BGG nicht einzutreten (E.4).

02.11.2018
- **Tribunal Fédéral 2C_955/2018.**
- ◊ *IIe Cour de droit public - Entraide et extradition - Entraide administrative (CDI CH-SE).*
- **njus.ch Verein Stiftung Trust Entwicklungen 2018, 88.**
- ◊ *Der Beneficiary eines Discretionary Trusts gilt nicht ohne weiteres als wirtschaftlich Berechtigter des Trustvermögens. Die Feststellung des wirtschaftlich Berechtigten hat in solchen Fällen nicht schematisch, sondern anhand der Umstände des Einzelfalles und im Einklang mit dem Prinzip "substance over form" zu erfolgen.*

- o 06.11.2018
    - **Schweizerisches Bundesgericht 5A 404/2018.**
    - ◊ *II. zivilrechtliche Abteilung - Erbrecht – Herabsetzungsklage.*
    - o Die blosse Erkennbarkeit eines Missverhältnisses genügt nicht, um bei der Herabsetzung bzw. Ausgleichung einen Schenkungswillen anzunehmen (E. 3.2).
    - **= BGE 145 III 1.**
    - ◊ *Art. 527 Ziff. 1 ZGB; Herabsetzung; gemischte Schenkung; Beweis des Schenkungswillens.*
    - o Die Herabsetzung einer gemischten Schenkung setzt insbesondere voraus, dass der Erblasser das Missverhältnis zwischen Leistung und Gegenleistung zur Zeit des Vertragsabschlusses tatsächlich erkannt hat. Beweislast für den Schenkungswillen des Erblassers (E. 3 und 4).
    - ◊ *Art. 527 ch. 1 CC; réduction; donation mixte; preuve de la volonté de donner.*
    - o La réduction d'une donation mixte suppose en particulier que le disposant ait effectivement reconnu la disproportion entre prestation et contre-prestation lors de la conclusion du contrat. Fardeau de la preuve de la volonté de donner du disposant (c. 3 et 4).
    - ◊ *Art. 527 n. 1 CC; riduzione; donazione mista; prova dell'intenzione di procedere ad una donazione.*

- o La riduzione di una donazione mista presuppone in particolare che il disponente abbia effettivamente riconosciuto la sproporzione tra prestazione e controprestazione al momento della conclusione del contratto. Onere della prova dell'intenzione del disponente di procedere ad una donazione (c. 3 e 4).
- **AJP 29 (2019) 955** (Anmerkungen von Lorena Bur/Martina Bosshardt/Stephanie Hrubesch-Millauer)
- **dRSK vom 31.01.2019** (Barbara Graham-Siegenthaler: Herabsetzungsklage und gemischte Schenkung).
- o Bleibt der Schenkungswille des Erblassers zum Nachteil von Erben unbewiesen, ist deren Herabsetzungsbegehren abzuweisen. Insgesamt konnte beim beurteilten Urteil des Bundesgerichts 5A_404/2018 vom 6. November 2018 unter Willküraspekten entgegen dem vorinstanzlichen Entscheid ein tatsächlicher Schenkungswille in dem behaupteten Umfang weder aus dem äusseren Verhalten des Erblassers gefolgert noch anhand der Umstände als bewiesen betrachtet werden.
- **dRSK vom 29.01.2019** (Francesca Valentina: L'animus donandi du testateur lors du transfert d'un bien immobilier en échange d'un usufruit).
- o Pour qu'une libéralité soit qualifiée comme telle et soit donc soumise à réduction (art. 527 ch. 1 CC et 626 al. 2 CC), l'animus donandi du testateur ne peut être retenu que si celui-ci a effectivement reconnu la disproportion manifeste entre la prestation et la contre-prestation (confirmation de jurisprudence). Dans ce contexte, un usufruit ou un droit d'habitation (qui a pour effet de diminuer la valeur commerciale du bien immobilier) peut constituer une contre-prestation.
- **ius.focus 8/2019, 4** (Anmerkungen von Nicolas Huber).
- ◊ *Ein grobes Missverhältnis zwischen Leistung und Gegenleistung genügt nicht für die Annahme einer unentgeltlichen Zuwendung; dazu ist ein Zuwendungswille erforderlich.*
- **JdT 167 (2019) II 222.**
- ◊ *Art. 527 ch. 1 et 626 al. 2 CC; Droit des successions. Donation mixte. Avancement d'hoirie. Réduction. Notion de libéralité.*
- o Avancement d'hoirie par un père en faveur de trois de ses six enfants A., E. et F. dont deux (E. et F.) reçoivent chacun un terrain non bâti, un troisième (A.) une maison d'habitation évaluée à 400 000 francs. - Dispense de rapporter la plus-value. - Compensation imposée à A. sous forme de reprise de dette hypothécaire à raison de 310 000 francs et du versement d'une somme de 30 000 francs à chacune de ses trois sœurs, B., C. et D. - Octroi en outre d'un usufruit en faveur du père et de son épouse, transformé ultérieurement

en droit d'habitation viager. - Décès de la mère en 2006 et du père en 2012. - Vente de la maison pour 980 000 francs en 2013. - Action en réduction ouverte par B., C. et D. contre A., E. et F. admise en première instance et jugement confirmé par le Tribunal cantonal. - Recours de A. au TF admis.
- **njus.ch Erbrecht Entwicklungen 2018, 18.**
- **not@lex 2019, 79** (Anmerkungen von Denis Piotet/Bastien Verrey/Maya Kiepe).
- **Pra. 108 (2019) Heft 2, Hinweise VIII.**
- o Zu prüfen war die Anwendung von Art. 527 Ziff. 1 ZGB, der vorsieht, dass die Zuwendungen auf Anrechnung an den Erteil, als Heiratsgut, Ausstattung oder Vermögensabtretung der Herabsetzung unterliegen wie die Verfügungen von Todes wegen, wenn sie nicht der Ausgleichung unterworfen sind. Im Zusammenhang mit einem Abtretungsvertrag bzw. Eigentumsübertrag an einer Liegenschaft wurde als Gegenleistung eine Nutzniessung eingeräumt. Allein aus einem Missverhältnis zwischen der Leistung und der Gegenleistung kann nicht auf eine unentgeltliche Zuwendung geschlossen werden. Zusätzlich muss ein Zuwendungs- oder Schenkungswillen vorliegen. Weil ein Schenkungswille vorliegend nicht ersichtlich war, wurde ein Herabsetzungsbegehren abgewiesen. Abweisung der Beschwerde in Zivilsachen; Aufhebung des Entscheids der Vorinstanz und Abänderung des Dispositivs des vorinstanzlichen Entscheids; Auferlegung der Gerichtskosten an die solidarisch haftenden Klägerinnen und Beschwerdegegnerinnen, die den Beschwerdeführer solidarisch haftend zu entschädigen haben; Rückweisung an die Vorinstanz zu neuem Entscheid über die Kosten und Entschädigungen des kantonalen Verfahrens (Art. 527 Ziff. 1 ZGB).

06.11.2018
- **Sozialversicherungsgericht Basel-Stadt BV.2016.16.**
- ◊ *Hinterlassenenleistungen für Lebenspartnerin.*
- o Begünstigtenerklärung als konstitutives Element zulässig.

08.11.2018
- **Tribunal Fédéral 5A_790/2018.**
- ◊ *IIe Cour de droit civil - Droit des successions – succession.*
- o Un recours, qui ne correspond pas aux exigences minimales des art. 42 al. 2 et 106 al. 2 LTF, doit être déclaré irrecevable selon la procédure simplifiée de l'art. 108 al. 1 let. b LTF (c. 3).

- o Auf eine Beschwerde, die nicht den Mindestanforderungen von Art. 42 Abs. 2 und 106 Abs. 2 BGG entspricht, wird nach dem vereinfachten Verfahren von Art. 108 Abs. 1 lit. b BGG nicht eingetreten (E. 3).

12.11.2018
- **Tribunal Cantonal Vaud HC/2018/1077.**
- ◊ *Art. 553 CC: Inventaire, succession, consultation du dossier, exclusion (en général), héritier légal.*
- **njus.ch Erbrecht Entwicklungen 2018, 51** (Anmerkungen von Urs Fasel).

16.11.2018
- **Schweizerisches Bundesgericht 5D 173/2018.**
- ◊ *II. zivilrechtliche Abteilung - Erbrecht – Testamentseröffnung.*
- o Werden im Rahmen einer subsidiären Verfassungsbeschwerde keine Verfassungsnormen als verletzt gerügt, sind die formellen Beschwerdeanforderungen nicht erfüllt und es wird im vereinfachten Verfahren nach Art. 109 Abs. 2 lit. a BGG nicht darauf eingetreten.
- **njus.ch Erbrecht Entwicklungen 2018, 20.**

16.11.2018
- **Tribunal Cantonal de Fribourg 603 2017 106.**
- ◊ *Agriculture - Décision en constatation - Droit d'être entendu / Représentation d'une communauté héréditaire.*

21.11.2018
- **Kantonsgericht Schwyz ZK2 2018 16.**
- ◊ *Anordnung der Erbenvertretung.*
- o (Weiterzug ans Bundesgericht BGer. 5A_1/2019).
- **njus.ch Erbrecht Entwicklungen 2018, 60** (Anmerkungen von Urs Fasel).

21.11.2018
- **Kantonsgericht Schwyz ZK2 2018 75.**
- ◊ *Erbausschlagung.*
- **njus.ch Erbrecht Entwicklungen 2018, 60** (Anmerkungen von Urs Fasel).

30.11.2018
- **Kantonsgericht Schwyz ZK1 2016 38.**
- ◊ *Erbteilung.*
- o (Weiterzug ans Bundesgericht BGer. 5A_71/2019).

03.12.2018
- **Obergericht Bern ZK 18 395.**
- ◊ *Bestellung der Vertretung einer Erbengemeinschaft gemäss Art. 602 Abs. 3 ZGB.*

03.12.2018
- **Obergericht Zürich LF180044.**
- ◊ *Erbausschlagung.*

07.12.2018
- **Obergericht Zürich LF180085.**
- ◊ *Testament.*

11.12.2018
- **Schweizerisches Bundesgericht 5A 398/2018.**
- ◊ *II. zivilrechtliche Abteilung - Erbrecht - Gerichtskosten (Erbteilungsklage).*
- o Die Höhe der Gerichtskosten richtet sich weder nach dem reinen Zeitaufwand des Gerichts, noch nach dem Ausgang des Prozesses, sondern nach dem streitigen Betrag, d.h. dem wirtschaftlichen Nutzen des Pflichtigen (E. 5.4).
- **dRSK vom 15.04.2019** (Fabienne Wiget: Gerichtskosten [Erbteilungsklage]).
- ◊ *Das Bundesgericht hatte sich im vorliegenden Entscheid mit der Festsetzung der erstinstanzlichen Gerichtskosten in einem mittels aussergerichtlichen Vergleichs erledigten Erbteilungsprozess zu befassen. Es äusserte sich dabei insbesondere zum Kostendeckungs- und Äquivalenzprinzip (E. 5.4).*

11.12.2018
- **Tribunal Cantonal du Jura ADM 39/2018.**
- ◊ *Devoirs inhérents à l'activité de l'exécuteur testamentaire.*

19.12.2018
- **Tribunal Fédéral 6B_1051/2018.**
- ◊ *Cour de droit pénal - Procédure pénale - Décision de non-entrée en matière (faux témoignage, faux dans les titres, escroquerie).*
- **njus.ch Verein Stiftung Trust Entwicklungen 2018, 87.**
- ◊ *Ein Trustee gilt in Bezug auf strafbare Handlungen gegen Vermögenswerte, die er für den Trust hält, als Geschädigter gemäss Art. 115 StPO.*

20.12.2018
- **Tribunal Cantonal Vaud HC/2018/1180.**
- ◊ *Art. 483, art. 559 al. 1 CC: Héritier institué, légataire, certificat d'héritier.*
- **njus.ch Erbrecht Entwicklungen 2018, 61** (Anmerkungen von Urs Fasel).

28.12.2018
- **Schweizerisches Bundesgericht 5A 1042/2018.**
- ◊ *II. zivilrechtliche Abteilung – Erbrecht - Bestellung der Vertretung der Erbengemeinschaft.*
- o Ein Rückweisungsentscheid ist nur ein Endentscheid i.S.v. Art. 90 BGG, wenn der Vorinstanz kein Entscheidungsspielraum verbleibt, ansonsten ist es ein Vor- und Zwischenentscheid i.S.v. Art. 93 BGG (E. 1).

09.01.2019
- **Schweizerisches Bundesgericht 5A 517/2018.**
- ◊ *II. zivilrechtliche Abteilung - Erbrecht - Sicherungs- bzw. Erbschaftsinventar und amtliche Mitwirkung bei der Teilung (Art. 553 Abs. 3 und Art. 609 Abs. 2 ZGB).*
- o Die Unterzeichnung des Erbschaftsinventars durch die Erben, stellt nach der Lehre eine blosse Ordnungsvorschriften dar, deren Nichtbeachtung oder nicht richtige Einhaltung ohne materielle Bedeutung für den Erbgang und die Rechte der Beteiligten bleibt (E. 3.2).
- **dRSK 10.05.2019** (Stefan Birrer: Behördliche Entscheide im Erbrecht sind vorsorgliche Massnahmen i.S.v. Art. 98 BGG).
- ◊ *Das Inventar gemäss Art. 553 ZGB und Entscheide betreffend die amtliche Mitwirkung gemäss Art. 609 Abs. 2 ZGB gleichwie solche betreffend Erbschaftsverwaltung und Erbenvertretung sind vorsorgliche Massnahmen i.S.v. Art. 98 BGG. Gegen vorsorgliche Massnahmen kann nur die Verletzung verfassungsmässiger Rechte gerügt werden.*

09.01.2019
- **Tribunal Cantonal Vaud HC/2019/38.**
- ◊ *Art. 110, art. 319 let. b ch. 1 CPC (CH): Certificat d'héritier, copie, émoulement.*

09.01.2019
- **Obergericht Zürich LF180100.**
- ◊ *Testamente.*

18.01.2019
- **Verwaltungsgericht Basel-Stadt VD.2018.147.**
- ◊ *Erbschaftssteuer.*
- **BJM 2019, 241.**
- ◊ *Erbschaftssteuerpflicht: Ausnahme für Pflegekinder.*
  - o Nach § 120 Abs. 1 lit. a StG sind u.a. die Pflegekinder der verstorbenen Person von der Erbschaftssteuerpflicht ausgenommen (E. 3.1).
  - o Der Begriff des Pflegekindes wird vom Steuergesetz nicht umschrieben. Zivilrechtliche Begriffe, die in Steuergesetzen verwendet werden, haben wie alle steuergesetzlichen Begriffe die Bedeutung, die ihnen im Zusammenhang mit der betreffenden steuerrechtlichen Regelung zukommt (E. 3.2).
  - o Die Annahme eines Pflegekindsverhältnisses setzt voraus, dass die Pflegeeltern dem Pflegekind die Pflege im eigenen Haushalt erwiesen haben und das Pflegekind mit den Pflegeeltern in einer Hausgemeinschaft gelebt hat (E. 3.4.2.3).
  - o Ein Pflegekindsverhältnis im steuerrechtlichen Sinn kann nur durch eine Hausgemeinschaft während der Minderjährigkeit begründet werden (E. 3.4.4.5).
  - o Da sich Aufenthalte während den Wochenenden und den Ferien jeweils nur über eine verhältnismässig kurze Dauer erstrecken, können sie in qualitativer Hinsicht nicht mit einem Pflegeverhältnis verglichen werden. Daran ändert nichts, dass sie zusammengerechnet weit mehr als die gesetzliche Mindestdauer für die Zulässigkeit einer Adoption ausmachen (E. 3.4.2.3).
  - o In casu Fehlen einer Hausgemeinschaft zwischen der Rekurrentin und der Erblasserin, weil das Zusammenleben während der Minderjährigkeit jeweils nur von verhältnismässig kurzer Dauer war und bloss eine Ferien- und Wochenendgemeinschaft und keine Alltagsgemeinschaft bestand (E. 4.2 f.).
- **BStP 2019 Nr. 6.**

18.01.2019
- **Kantonsgericht Schwyz ZK2 2018 64.**
- ◊ *Erbausschlagung.*

21.01.2019
- **Bundesgericht 5A 753/2018.**
- ◊ *II. zivilrechtliche Abteilung - Erbrecht - Ungültigkeit einer letztwilligen Verfügung.*
  - o Das urteilende Gericht soll den eigentlichen Sinn des Rechtsbegehrens ermitteln und dessen Zulässigkeit danach und nicht nach einem gegebenenfalls unzutreffenden Wortlaut beurteilen. Massgebend ist, ob sich aus dem Begehren in Verbindung mit der Begründung mit hinreichender Klarheit entnehmen lässt, was eigentlich gewollt ist (E. 3.1).
  - o Beruft sich der Kläger nicht auf einen Ungültigkeitsgrund gemäss Art. 519 ff. ZGB, sondern wird die Enterbung lediglich mangels Grundangabe oder wegen Unrichtigkeit der Grundangabe angefochten und verlangt der Kläger nur die Auszahlung seines Pflichtteils, handelt es sich nicht um eine Ungültigkeitsklage i.S. der Art. 519 ff. ZGB sondern um eine besondere Art der Herabsetzungsklage i.S. der Art. 522 ff. ZGB (E. 3.2.6).
  - o Selbst wenn ein Rechtsbegehren mit dem Satzteil „Es sei festzustellen" beginnt, kann der rechtliche Rahmen der Klage wie auch deren Begründung auf ein schliessen lassen. (E. 3.3.1).
- **dRSK vom 10.04.2019** (Felix Horat: Qualifikation einer Klage mit unklarem Rechtsbegehren als Herabsetzungsklage).
- ◊ *Rechtsbegehren sind objektiv nach allgemeinen Grundsätzen unter Berücksichtigung von Treu und Glauben im Lichte der Begründung auszulegen. In casu qualifizierte das Bundesgericht eine Klage mit unklaren Rechtsbegehren im Wesentlichen deshalb als Herabsetzungsklage, weil es zum Schluss kam, dass sich das in der Klagebegründung (klar) zum Ausdruck gebrachte Ziel der Klägerin lediglich mit einer Herabsetzungsklage erreichen lasse.*

21.01.2019
- **Kantonsgericht Schwyz ZK2 2018 65.**
- ◊ *Anordnung des öffentlichen Inventars.*

21.01.2019
- **Tribunal Cantonal Vaud HC/2019/76.**
- ◊ *Art. 518 al. 1 CC, art. 327 al. 1 let. a CPC (CH): Décision de renvoi, autorité, exécuteur testamentaire, révocation (personne ou organe).*

22.01.2019
- **Obergericht Zürich LF180092.**
- ◊ *Testamentseröffnung.*

28.01.2019
- **Tribunal Cantonal Vaud HC/2019/108.**
- ◊ *Art. 29 al. 2 Cst., art. 125 al. 1 CDPJ: Administration d'office de la succession, décompte final, honoraires, droit d'être entendu.*

28.01.2019
- **Bundesgericht 6B 261/2018.**
- ◊ *Strafrechtliche Abteilung - Straftaten - Fahrlässige Tötung (Art. 117 StGB); mehrfache fahrlässige Körperverletzung (Art. 125 Abs. 1 StGB); Willkür Adhäsionsweise Geltendmachung von Zivilansprüchen durch Erbengemeinschaft.*

29.01.2019
- **Sozialversicherungsgericht Basel-Stadt BV.2018.1.**
- ◊ *Säule 3a; Anzeigepflichtverletzung.*
- o Streit der Erben mit der Versicherung über die Gesundheitserklärung der Erblasserin.

29.01.2019
- **Cour de Justice Genève ACPR/92/2019.**
- ◊ *Art. 116 al. 2 CCP ; art. 2, 3 CEDH ; art. 117 CP ; art. 319 al. 5, art. 121 al. 1, art. 122 al. 2, art. 392 al. 3 CPP. Qualité pour agir et recourir; personne proche; lésé; héritier; homicide par négligence; médecin; suicide; besoin de surveillance; devoir professionnel; expertise.*
- o Il convient de déterminer si les parents de la défunte disposent de la légitimation pour recourir (art. 382 CPP) en qualité d'héritiers de leur fille (c. 2.1) ou à titre personnel (statut de proches de la victime; c. 2.2).

29.01.2019
- **Tribunale d'appello Ticino 11.2017.39.**
- ◊ *Art. 518, art. 595 cpv. 3 CC: Vigilanza sull'esecutore testamentario: obbligo d'informazione e edizione di documenti.*

30.01.2019
- **Tribunal Fédéral 5A 60/2019.**
- ◊ *IIe Cour de droit civil - Droit des successions - rapport final de l'administrateur d'office.*
  - o Si comme recourant on s'en prend pas à l'objet de la décision attaquée et de surcroît on soulève aucun grief, même de manière implicite, le recours est irrecevable, parce qu'il ne concerne pas l'objet litigieux devant l'autorité précédente et ne correspond pas aux exigences minimales de motivation des art. 42 al. 2 et 106 al. 2 LTF. (c. 2).
  - o Wenn man sich als Beschwerdeführer mit dem Gegenstand des angefochtenen Entscheides nicht auseinandersetzt und darüber hinaus keine, auch nicht implizite, Rüge erhebt, ist die Beschwerde unzulässig, weil sie sich nicht mit dem vorinstanzlichen Streitgegenstand auseinandersetzt und die Mindestanforderungen an die Begründung gemäss Art. 42 Abs. 2 und Art. 106 Abs. 2 BGG nicht erfüllt (E. 2).

30.01.2019
- **Tribunal Fédéral 5A 84/2019.**
- ◊ *IIe Cour de droit civil - Droit des successions - assistance judiciaire (action en annulation d'une disposition par cause de mort).*
  - o Un recours contre une décision incidente refusant l'assistance judiciaire pour une action de nature successorale tombe sous le coup de l'art. 93 LTF. Une telle décision peut faire l'objet d'un recours uniquement si les conditions de l'art. 93 al. 1 LTF sont données. Les conditions cumulatives posées à la let. b ne sont manifestement pas remplies si la décision porte sur le bénéfice de l'assistance judiciaire. Les conditions de la let. a ne sont également pas remplies, si le recourant se réfère nullement, même de manière implicite, à l'existence d'un préjudice irréparable et s'il démontre pas l'éventualité d'un tel dommage causé par la décision (c. 4).
  - o Eine Beschwerde gegen einen Zwischenentscheid, welcher die unentgeltliche Rechtspflege bzgl. einer erbrechtlichen Klage verweigert, fällt unter Art. 93 BGG. Ein solcher Entscheid kann nur angefochten werden, wenn die Voraussetzungen des Art. 93 Abs. 1 BGG erfüllt sind. Falls es um einen Entscheid über die unentgeltliche Rechtspflege geht, sind die in lit. b genannten

kumulativen Voraussetzungen eindeutig nicht erfüllt. Die in lit. a genannten Voraussetzungen sind ebenfalls nicht erfüllt, wenn der Beschwerdeführer in keiner Weise, auch nicht implizit, auf das Vorhandensein eines nicht wieder gutzumachenden Nachteils verweist und wenn er die Wahrscheinlichkeit des Eintritts eines durch den Entscheid verursachten Schadens nicht beweist. (E. 4).

01.02.2019
- **Bundesgericht 5A 92/2019.**
- ◊ *II. zivilrechtliche Abteilung - Erbrecht - Unentgeltliche Rechtspflege (Forderungen).*
- o Die Prozessarmut ist in jedem neuen Verfahren, vor jeder neuen Instanz nachzuweisen. Die über den Grundbetrag hinausgehenden Bedarfspositionen und insbesondere auch deren regelmässige Zahlung sind nachzuweisen, bei anwaltlich vertretenen Prozessparteien haben die Angaben ohne Setzung einer Nachfrist aus eigenem Antrieb zu geschehen (E. 4).

08.02.2019
- **Bundesgericht 4A 23/2018.**
- ◊ *I. zivilrechtliche Abteilung - Vertragsrecht - Eventuelle Streitgenossenschaft*
- o Übertragung von Aktien des Erblassers auf einen Erben unter Mitwirkung des Willensvollstreckers.

12.02.2019
- **Bundesgericht 4A 404/2018.**
- ◊ *I. zivilrechtliche Abteilung - Vertragsrecht - Mäklervertrag; Insichgeschäft*
- o Willensvollstrecker als Immobilien-Makler.

15.02.2019
- **Bundesgericht 5A 735/2018.**
- ◊ *II. zivilrechtliche Abteilung - Erbrecht – Testamentseröffnung.*
- o Eine Erbscheinprognose kann nicht als verbindliche behördliche Aussage gelten, wem auf Verlangen eine Erbenbescheinigung ausgestellt wird. Dieser Einschätzung (Erbscheinprognose) liegt eine bloss vorläufige und unpräjudizielle Auslegung der fraglichen letztwilligen Verfügung zugrunde, die weder verbindlich ist noch materiellrechtliche Wirkung hat. Es ist nicht Sache der Eröffnungsbehörde, sondern allein des ordentlichen Zivilrichters, die materielle Rechtslage zu beurteilen. Allein die Vorahnung, dass die zuständige Behörde bei der Beurteilung eines allfälligen Gesuchs um Ausstellung

einer Erbenbescheinigung an ihrer früheren Einschätzung aus dem Verfahren der Testamentseröffnung festhalten könnte, genügt nicht als aktuelles und praktisches Interesse im Sinne von Art. 76 Abs. 1 Bst. b BGG. Dass nur schon eine (angeblich) unzutreffende Erbscheinprognose den Willensvollstrecker an der getreuen und sorgfältigen Ausführung der ihm übertragenen Geschäfte hindern würde, kann nicht als "notorisch" gelten (E. 3.2.).

15.02.2019
- **Tribunal Fédéral 5D 42/2019.**
- ◊ *IIe Cour de droit civil - Droit des successions - Remboursement de l'assistance judiciaire (succession).*
  - o La simple énonciation d'un droit fondamental, sans s'en prendre à la motivation de l'autorité cantonale et sans soulever un grief, ne suffit pas à démontrer, avec précision et de manière détaillée en quoi cette garantie fondamentale aurait été violée et pour quelle raison une telle violation devrait être admise. Dans un tel cas les exigences minimales de motivation de l'art. 106 al. 2 LTF ne sont pas respectées (c. 2).
  - o Die blosse Erwähnung eines Grundrechts, ohne dabei zur Argumentation der kantonalen Behörde Stellung zu nehmen und ohne eine Rüge zu formulieren, reicht nicht aus, um im Detail nachzuweisen, wie gegen diese grundlegende Garantie verstossen worden wäre und aus welchem Grund ein solcher Verstoss anzunehmen wäre. In einem solchen Fall sind die Mindestanforderungen gemäss Art. 106 Abs. 2 BGG nicht erfüllt (E. 2).

18.02.2019
- **Obergericht Solothurn ZKBER.2018.67.**
- ◊ *Ungültigkeit einer letztwilligen Verfügung.*

18.02.2019
- **Obergericht Zürich LB180064.**
- ◊ *Erbteilung.*

19.02.2019
- **Bundesgericht 5A 590/2018.**
- ◊ *II. zivilrechtliche Abteilung - Erbrecht - Forderung aus Vermächtnis (Erbschaft).*
  - o Wer vom objektiv verstandenen Sinn und Wortlaut des Testaments abweicht oder davon ausgeht, dass ein Testament unklar formuliert ist, hat gemäss Art. 8 ZGB das Vorhandensein der Tatsachen nachzuweisen, aus denen er Rechte

ableitet. Es ist nicht Aufgabe des Bundesgerichts, in den Akten nach den entsprechenden Hinweisen zu suchen (E. 4.3).

19.02.2019
- **Kantonsgericht St. Gallen BO.2017.36.**
- ◊ *Art. 494 Abs. 3 ZGB: Anfechtungsklage.*
- o Vereinbarkeit lebzeitiger Schenkungen mit einem Erbvertrag; Vertragsauslegung; Ausgleichungsdispens.
- ◊ *Art. 527 Ziff. 1 ZGB: Herabsetzung.*
- o Qualifikation von Grundstücksübertragungen mit Nutzniessungs- bzw. Wohnrechtsvorbehalt zugunsten der (späteren) Erblasserin; Beweis des Zuwendungswillens der Erblasserin.

26.02.2019
- **Cour de Justice Genève ATA/175/2019.**
- ◊ *Cst 29; LIPAD 39 al. 9 et 10; LIPAD 1; LIPAD 3 al. 1.let. a; LIPAD 35 al. 1; LIPAD 4; LIPAD 39 al. 11; RDROCPMC 3; LPFisc 11 al. 1; LPFisc 12 al. 6; Cst 5 al. 2; LPD 8; LPD 2 al. 1 let. b; LPA 87; RFPA 6; ROAC 5 al.1 let. d ; Duplique principe de la transparence (en général) ; accès (en général) ; préposé à la protection des données ; données personnelles ; consultation du dossier ; intérêt digne de protection ; intérêt personnel ; communication ; proportionnalité ; pesée des intérêts ; dépens ; pouvoir d'appréciatoin ; honoraires.*
- o Accès aux données personnelles d'une personne à une tierce personne de droit privé. La recourante ne conteste pas l'intérêt digne de protection de l'hoirie à ce que ses données personnelles après la sélection des pièces pertinentes par l'autorité intimée lui soient transmises pour faire valoir ses droits en justice. Le fait qu'une procédure civile soit pendante ne constitue pas un motif pour refuser une requête fondée sur la LIPAD. La question de savoir si l'autorité intimée et ses collaborateurs font partie du cercle des personnes visées par l'art. 11 al. 1 LPFisc s'agissant de la question du secret fiscal peut souffrir de rester indécise. La recourante n'a pas démontré, à satisfaction de droit, un intérêt prépondérant à ce que ses données personnelles ne soient pas transmises à l'hoirie. Toutefois, l'autorité intimée devra procéder au caviardage des noms et coordonnées de tiers qui ont ouvré dans l'exercice de leurs fonctions. Recours admis partiellement.

01.03.2019
- **Tribunal Cantonal Vaud HC/2019/223.**
- ◊ *Art. 517, art. 518 CC, art. 73 JOJV, art. 109 al. 3, art. 111 CDPJ Exécuteur testamentaire, autorité de surveillance, compétence.*

04.03.2019
- **Bundesgericht 5A 46/2018.**
- ◊ *II. zivilrechtliche Abteilung - Schuldbetreibungs- und Konkursrecht - Provisorische Rechtsöffnung.*
- o Betreibung durch "Erbengemeinschaft"; Nachweis des Todes des Erblassers und der Zusammensetzung der Erbengemeinschaft; Erbbescheinigung hätte im kantonalen Verfahren eingereicht werden müssen.

06.03.2019
- **Tribunal Fédéral 5A 167/2019.**
- ◊ *IIe Cour de droit civil - Droit des successions - assistance judiciaire dans un procès en partage et en liquidation du régime matrimonial.*
- o Remettre un recours à une poste étrangère ne respecte pas les délais. L'observation du délai est possible seulement quand le pli parvient en mains de la Poste suisse (art. 143 al. 1 CPC). (E 4.1).
- o Die Einreichung einer Beschwerde bei einer ausländischen Poststelle wahrt die Frist nicht. Eine Frist kann erst eingehalten werden, wenn der Brief bei der Schweizerischen Post eingetroffen ist (Art. 143 Abs. 1 ZPO) (E. 4.1).

06.03.2019
- **Bundesgericht 5A 174/2019.**
- ◊ *II. zivilrechtliche Abteilung - Erbrecht - Ungültigkeit des Testaments.*
- o Es ist kein Nichtigkeitsgrund für ein Testament, dass ein Erblasser von seiner Testierfreiheit Gebrauch macht und eine nicht zum Kreis der gesetzlichen Erben gehörende Person einsetzt. (E. 3).

07.03.2019
- **Bundesgericht 5A 61/2017.**
- ◊ *II. zivilrechtliche Abteilung - Erbrecht – Erbteilung.*
- o Privat eingeholten Bewertungsgutachten (z.B. Verkehrswertschätzung eines Grundstücks) kommt kein Vertragscharakter zu, sie haben für die Erben nur dann verbindliche Wirkungen, wenn die sachverständige Person als Schiedsgutachter bestellt wurde, sich die Erben also vorgängig schriftlich verpflich-

tet haben, den Entscheid des Gutachters als verbindlich anzuerkennen. (E. 6.4).
- o Seit Inkrafttreten der ZPO hat der Richter die Verkehrswertschätzung (auch für Gutachten gemäss Art. 618 ZGB) in Anwendung von Art. 157 ZPO frei zu würdigen. Wo ein Gutachten dieser freien Beweiswürdigung unterliegt, darf ein Gericht nur aus triftigen Gründen davon abweichen; es hat zu prüfen, ob sich auf Grund der übrigen Beweismittel und der Vorbringen der Parteien ernsthafte Einwände gegen die Schlüssigkeit der gutachterlichen Darlegungen aufdrängen (E. 8.2.2).
- o Gemäss Art. 404 Abs. 1 ZPO gilt für Verfahren, die bei Inkrafttreten der ZPO rechtshängig sind, das bisherige Verfahrensrecht bis zum Abschluss vor der betroffenen Instanz. (E. 8.4.)

07.03.2019
- **Tribunale d'appello Ticino 11.2019.30.**
- ◊ *Art. 554 CC: Nomina di un amministratore della successione: scelta della persona da designare.*

08.03.2019
- **Tribunal Cantonal Vaud HC/2019/281.**
- ◊ *Art. 566 CC, Art. 29a al. 2 Cst., art. 53 CPC (CH): Droit d'être entendu, admission de la demande, répudiation (droit successoral).*

11.03.2019
- **Tribunal Cantonal Vaud HC/2019/303.**
- *Art. 566 al. 1 e 2, Art. 567 CC: Certificat d'héritier, répudiation (droit successoral).*

12.03.2019
- **Tribunal Fédéral 5D 176/2018.**
- ◊ *IIe Cour de droit civil - Droit des successions - Droit aux renseignements (succession), transaction, vice du consentement - Mesures provisionnelles.*
- o x Si à une ordonnance incidente, querellée devant le Tribunal fédéral, a été donnée suite après l'introduction du recours auprès du Tribunal fédéral; ledit recours devient sans objet. (c. 4).
- o Wird einer Zwischenverfügung, welche vor Bundesgericht angefochten wird, nach der Einreichung der Beschwerde beim Bundesgericht folgegeben; wird die eingereichte Beschwerde gegenstandslos (E. 4).

12.03.2019
- **Kantonsgericht Schwyz ZK1 2018 3.**
- ◊ *Erbteilung (Ausgleichung und gemischte Schenkung).*
- o (Weiterzug ans Bundesgericht BGer. 5A_323/2019).

14.03.2019
- **Obergericht Zürich LF190004.**
- ◊ *Testament.*

15.03.2019
- **Obergericht Zürich LF180087.**
- ◊ *Ausschlagung.*

17.03.2019
- **Obergericht Zürich LB170041.**
- ◊ *Erbteilung.*

22.03.2019
- **Tribunal Fédéral 4A 537/2018.**
- ◊ *Ire Cour de droit civil - Droit des contrats - répétition de l'indu; prescription.*
- o Rückforderungen aus zuviel ausbezahltem Erben.

25.03.2019
- **Bundesgericht 2C 933/2018.**
- ◊ *II. öffentlich-rechtliche Abteilung - Grundrecht - Verletzung von Berufsregeln.*
- o Tätigkeiten eines Rechtsanwalts als Berater des Erblassers, Vertreter des Willensvollstreckers und des Nachlasses sowie Verteidiger des Willensvollstreckers im Strafverfahren sind unvereinbar.

25.03.2019
- **Kantonsgericht Schwyz ZK2 2018 83.**
- ◊ *Testamentseröffnung und Erbbescheinigung.*

27.03.2019
- **Cour de Justice Genève DAS/67/2019.**
- ◊ *Inventaire.*

27.03.2019
- **Tribunale d'appello Ticino 11.2018.76.**
◊ *Art. 517 cpv. 3 CC: "Equo compenso" dell'esecutore testamentario.*

27.03.2019
- **Tribunal Cantonal Vaud HC/2019/375.**
◊ *Art. 322 al. 1 CPC (CH), art. 109 al. 3 CDPJ: Décision d'irrecevabilité, certificat d'héritier.*

27.03.2019
- **Obergericht Zürich PF180047.**
◊ *Erbschein.*

28.03.2019
- **Obergericht Zürich LF180094.**
◊ *Einsprache gegen Ausstellung des Erbscheins.*

01.04.2019
- **Tribunal Fédéral 4A_600/2018.**
◊ *Ire Cour de droit civil - Droit des contrats - action en remboursement d'un prêt, reconnaissance préalable d'un document d'homologation d'un testament étranger (art. 96 al. 1 et 31 LDIP), faculté pour l'exécuteur testamentaire de conduire le procès.*
◊ *Reconnaissance préalable d'un document d'homologation d'un testament étranger*
  o L'art. 96 LDIP définit de manière très large les actes étrangers susceptibles d'être reconnus en Suisse (c. 3.1.1).
  o Selon la jurisprudence les conditions de la reconnaissance à titre préalable d'un document sont fixées par l'art. 96 al. 1 let. a LDIP en relation avec l'art. 29 al. 3 LDIP, un exequatur n'est pas nécessaire (c. 3.1.2).
◊ *Faculté pour l'exécuteur testamentaire de conduire le procès*
  o En droit suisse, ont la faculté de conduire le procès comme partie le titulaire, respectivement l'obligé du droit (légitimation), mais aussi, dans certains cas prévus par la loi, un tiers qui agit à la place du titulaire ou de l'obligé (Prozessstandschaft ou Prozessführungsbefugnis; legitimatio ad causam). Ce tiers agit en son propre nom et en tant que partie à la place du titulaire, respectivement de l'obligé, qui n'ont plus le pouvoir de disposer de ce droit. Tel est le cas de l'exécuteur testamentaire (art. 518 CC) (c. 4.1.1).

◊ *Vorgängige Anerkennung eines Genehmigungsdokuments bzgl. eines ausländischen Testaments*
o Der Art. 96 IPRG enthält eine sehr weit gefasste Definition der ausländischen Akten, die in der Schweiz anerkannt werden (E. 3.1.1).
o Gemäss der Rechtsprechung werden die Voraussetzungen für die vorgängige Anerkennung eines Dokuments gemäss Art. 96 Abs. 1 lit. a IPRG i.V.m. Art. 29 Abs. 3 IPRG festgelegt, ein Exequaturverfahren ist nicht erforderlich (E. 3.1.2.).
◊ *Fähigkeit des Willensvollstreckers zur Prozessführung*
o Nach schweizerischem Recht haben das Recht den Prozess als Partei zu führen, der Rechtsträger bzw. die verpflichtete Partei (Legitimation), aber auch, in bestimmten gesetzlich vorgesehenen Fällen, ein Dritter, der an der Stelle des Rechtsträgers oder der verpflichteten Partei handelt (Prozessstandschaft oder Prozessführungsbefugnis; legitimatio ad causam). Dieser Dritte handelt im eigenen Namen und als Partei anstelle des Rechtsträgers bzw. der verpflichteten Partei, die nicht mehr die Befugnis haben über dieses Recht zu verfügen. Dies ist der Fall beim Willensvollstrecker (Art. 518 ZPO). (E. 4.1.1).

01.04.2019
- **Obergericht Bern SK 18 226.**
◊ *Ungetreue Geschäftsbesorgung sowie Widerrufsverfahren.*
o Monatliche Zuwendung aus dem Nachlass von CHF 2,500 an einen Erben, der als Willensvollstrecker tätig war.

03.04.2019
- **Tribunal Cantonal Vaud HC/2019/393.**
◊ *Art. 40 LMSD: Autorisation ou Approbation (an général), blocage, succession.*

08.04.2019
- **Obergericht Bern ZK 18 604.**
◊ *Gerichtsstand für Auskunftsbegehren im Zusammenhang mit Pflichtteilsansprüchen.*
o Gemäss Rechtsprechung des Berner Obergerichts darf bei offensichtlicher sachlicher Schlichtungsunzuständigkeit ein Nichteintretensentscheid erfolgen (E. 9.3).
o Setzt sich die Vorinstanz ausführlich mit dem Streitgegenstand, den Anspruchsgrundlagen sowie der Vertragsnatur auseinander und tätigt aufwän-

dige Rechtsabklärungen, dann kann nicht von offensichtlicher Unzuständigkeit die Rede sein. Unter diesen Umständen ist es schlussendlich Sache des angerufenen Gerichts zu entscheiden, ob die Prozessvoraussetzungen gegeben sind (E. 10.2).

10.04.2019
- **Bundesgericht 5A 893/2018.**
◊ *II. zivilrechtliche Abteilung – Erbrecht - unentgeltliche Rechtspflege (Einsetzung einer Erbenvertretung).*
  o Auf Begehren eines Miterben kann die zuständige Behörde für die Erbengemeinschaft bis zur Teilung eine Vertretung bestellen (Art. 602 Abs. 3 ZGB). Die Behörde "kann" bestellen, daher verfügt sie über ein Ermessen, wobei in der Hauptsache praktische und nicht rechtliche Gesichtspunkte massgebend sind. Es kann ein Miterbe zum Erbvertreter ernannt werden. Sprechen sich die anderen Erben dagegen aus, ist von der Ernennung eines Miterben abzusehen, da sich dieser regelmässig in eneim Interessenkonflikt befindet (E. 3.1).
  o Ist bei der Beschwerde um ein solches Begehren auf Vertretung ein Interessenkonflikt zu bejahen und ist gleichzeitig kein Antrag auf Einsetzung eines neutralen Erbenvertreters formuliert worden, kann die Beschwerde als aussichtslos bezeichnet werden (somit wird auch die unentgeltliche Rechtspflege verweigert) (E. 3.3.).

12.04.2019
- **Tribunale d'appello Ticino 11.2019.39.**
◊ *Art. 554 CC: Designazione di un amministratore dell'eredità.*

12.04.2019
- **Obergericht Zürich RB180037.**
◊ *Tesamentsungültigkeit (Kosten und Entschädigung).*

12.04.2019
- **Obergericht Zürich UH180386.**
◊ *Nichtwiederaufnahme.*
- **ZR 118 (2019) Nr. 41.**
◊ *Art. 2, Art. 6 Abs. 1, Art. 7 Abs. 1, Art. 8 Abs. 1, Art. 11 Abs. 3 lit. b des Haager Übereinkommens vom 1. Juli 1985 über das auf Trusts anzuwendende Recht und über ihre Anerkennung. Art. 115 Abs. 1, Art. 118 Abs. 1, Art. 119*

Abs. 2, Art. 382 Abs. 1 StPO. Beschwerdelegitimation bei Straftaten zum Nachteil eines Trustvermögens.
◊ *Art. 6 Ziff. 1 EMRK. Art. 29 Abs. 1 und 2, Art. 36 Abs. 1 BV. Art. 3 Abs. 2 lit. c, Art. 107 Abs. 1 lit. a, Art. 310, Art. 318 Abs. 1 StPO. Voraussetzungen, unter denen das Recht auf Akteneinsicht ausnahmsweise vor Erlass einer Nichtanhandnahmeverfügung zu gewähren ist.*
  o Die Beschwerdebefugnis verlangt eine direkte persönliche Betroffenheit der rechtsuchenden Person in den eigenen rechtlich geschützten Interessen; Zusammenfassung der Rechtsprechung (Erw. II/2.2–2.3).
  o Feststellung, dass es sich bei den zur Anzeige gebrachten Vermögensdelikten um mutmasslich begangene Straftaten zum Nachteil eines Trustvermögens handelt (Erw. II/2.4).
  o Bei Straftaten von Drittpersonen zum Nachteil des Trustvermögens ist der Trustee zur Beschwerde gegen die Nichtanhandnahme des Strafverfahrens legitimiert (Erw. II/2.5.1).
  o Bei Straftaten des Trustees zum Nachteil des Trustvermögens liegt die Beschwerdelegitimation beim Begünstigten (Erw. II/2.5.2).
  o Sind mehrere Personen begünstigt, kann sich der einzelne Begünstigte unabhängig von den anderen Begünstigten im Strafpunkt als Privatkläger konstituieren und Beschwerde gegen die Nichtanhandnahme des Strafverfahrens erheben (Erw. II/2.5.3).
  o Vorliegend ist die Beschwerdelegitimation der Beschwerdeführerin als Begünstigte zu bejahen (Erw. II/2.6).
  o Die Privatklägerschaft hat vor dem Erlass einer Nichtanhandnahmeverfügung grundsätzlich kein Recht auf Stellungnahme und auf Akteneinsicht. Voraussetzungen, unter denen von diesem Grundsatz ausnahmsweise abzuweichen ist (Erw. II/4.1–4.2).
  o Diese Voraussetzungen sind vorliegend erfüllt (Erw. II/4.3).

15.04.2019
- **Tribunal Cantonal Vaud HC/2019/426.**
◊ *Art. 125 al. 1 CDPJ: Honoraires, administrateur officiel de la succession.*

16.04.2019
- **Obergericht Zürich LF190011.**
◊ *Erbschein. Abweisung.*

18.04.2019
- **Bundesgericht 5A 758/2018.**
- ◊ *II. zivilrechtliche Abteilung - Erbrecht - Erbteilung (Wiederherstellungsgesuch).*
- o Ist eine Sache bereits rechtskräftig entschieden, darf ein Gericht auf eine Klage oder auf ein Gesuch, welche bzw. welches die bereits entschiedene Sache aufwirft, nicht eintreten (Art. 59 Abs. 2 lit. e ZPO) (E. 1.5.2.).
- o Selbst bei Nichteintreten, erwachsen jene Aspekte des Entscheids in Rechtskraft, auf welchen der Nichteintretensentscheid basiert. Ein Entscheid, der das Vorliegen von Nichtigkeitsgründen prüft und verneint, wird nicht wegen der Verneinung des Vorhalts seinerseits nichtig: es entfaltet Rechtskraft und führt zu einer abgeurteilten Sache. Eine allfällige Nichtigkeit muss sich vielmehr aus dem zweiten Verfahren selbst ergeben (E. 1.5.3.).

02.05.2019
- **Sozialversicherungsgericht Zürich BV.2017.00008.**
- ◊ *Verantwortlichkeitsansprüche gegen Stiftungsräte. Schadensbemessung. Schadenszins.*

03.05.2019
- **Bundesgericht 5A 307/2019.**
- ◊ *II. zivilrechtliche Abteilung - Erbrecht - Prozessleitender Entscheid (Erbteilung).*
- o Wenn der angefochtene Beschwerdeentscheid eine erstinstanzliche prozessleitende Verfügung zum Gegenstand hat; geht der erstinstanzliche Prozess weiter. (E.1).

06.05.2019
- **Obergericht Bern BK 2019 116.**
- ◊ *Veruntreuung: Nichtanhandnahme wegen verspäteter Strafanzeige.*
- o Barbezüge aus Postkonto des Nachlasses sowie Zahlungen aus diesem Konto für eigene Bedürfnisse durch eine Erbin.

06.05.2019
- **Steuergericht Solothurn SGNEB.2018.4.**
- ◊ *Nebensteuern, Nachlasstaxe, Veranlagungsverjährung, § 241 Abs. 2, § 244 Abs. 1 StG.*

- o Hier ist die Veranlagungsverjährung noch nicht eingetreten. Verletzung der Anzeigepflicht bei auswärtigen Steuerpflichtigen, wenn die betreffende Liegenschaft lediglich in der Steuererklärung deklariert wird.

06.05.2019
- **Obergericht Zürich VB190002.**
- ◊ *Anfechtung eines öffentlichen Inventars.*
- o Über den materiellen Bestand bzw. die Höhe der inventarisierten Erbschaftsschulden ist nicht im Inventarverfahren, sondern in einem späteren Zivilprozess zu befinden. Demgegenüber muss die formale Korrektheit des öffentlichen Inventars - insbesondere die Frage, ob Forderungen rechtzeitig angemeldet wurden bzw. von Amtes wegen aufzunehmen sind (Art. 582 f. ZGB) - im Rahmen des summarischen Inventarverfahrens überprüft werden können; in einem sich daran anschliessenden Zivilprozess kann darauf nicht mehr zurückgekommen werden.
- o Im Kanton Zürich sind solche gegen die formale Inventarstellung gerichteten Beanstandungen mit Beschwerde nach § 85 i.V.m. § 83 f. GOG analog geltend zu machen. Sachlich zuständig ist das mit dem Inventarverfahren befasste Einzelgericht im summarischen Verfahren (§ 131 Abs. 2 EG ZGB und § 139 GOG als Sondervorschriften gegenüber § 33 Abs. 2 NotG). In formeller Hinsicht besteht volle Kognition.

07.05.2019
- **Verwaltungsgericht St. Gallen B 2019/74.**
- ◊ *Erbschaftssteuer.*
- o Neuberechnung der im Kanton St. Gallen steuerbare Zuwendung nach Rückweisung durch das Bundesgericht aufgrund eines Berechnungsfehlers des Verwaltungsgerichts

07.05.2019
- **Steuerrekursgericht Zürich ES.2019.1.**
- ◊ *Erbschaftssteuer.*
- **NZZ Nr. 133 vom 12.06.2019** (Anmerkungen von Reto Flury).
- ◊ Nachweis der Eigenschaft als Patenkind (mangels Aufzeichnungen genügt der Bruder als Zeuge).

07.05.2019
- **Obergericht Zürich LF180091.**
- ◊ *Öffentliches Inventar / Begehren eines gesetzlichen Erben auf Abnahme bzw. Erstreckung der mit Verfügung vom 8. November 2018 angesetzten Deliberationsfrist im Nachlass Berufung gegen eine Verfügung des Einzelgerichtes in Erbschaftssachen des Bezirksgerichtes Winterthur vom 28. November 2018 (EN160010).*
- ◊ *Ansetzen der Deliberationsfrist trotz hängiger Beschwerde gegen das öffentliche Inventar.*
- o Die Deliberationsfrist gemäss Art. 587 Abs. 1 ZGB darf erst angesetzt werden, wenn das öffentliche Inventar vollständig und unveränderlich vorliegt, d.h. insbesondere, wenn dagegen gerichtete Beanstandungen rechtskräftig erledigt sind. Dies gilt auch dann, wenn ein klarer Aktivenüberschuss besteht und das Inventarverfahren ungewöhnlich lange dauert.

07.05.2019
- **Obergericht Zürich LF190019.**
- ◊ *Testamentseröffnung.*

08.05.2019
- **Obergericht Zürich LF190024.**
- ◊ *Einsprache gegen Ausstellung eines Erbscheins.*

10.05.2019
- **Tribunal Fédéral 5A 488/2018.**
- ◊ *IIe Cour de droit civil - Droit des poursuites et faillites - séquestre; caducité de la poursuite en validation et levée du séquestre.*
- **BGE 145 III 205**
- ◊ *Art. 49 LP; art. 517 s., 554 al. 1 et 593 ss CC; for de poursuite d'une succession régie selon le droit anglais avec désignation d'un administrator, au regard des prérogatives de ce dernier comparées à celles d'un représentant successoral selon le droit suisse.*
- o Rôle et fonction du personal representative - ici un administrator - du droit anglais. Comparaison des prérogatives de ce dernier avec celles, en droit suisse, de l'exécuteur testamentaire, du liquidateur officiel ou de l'administrateur officiel. Rapprochement avec la mission de l'exécuteur testamentaire et conséquence quant au for de la poursuite dirigée contre la succession (c. 4.4.5).

◊ *Art. 49 SchKG; Art. 517 f., 554 Abs. 1 und 593 ff. ZGB; Betreibungsort einer Erbschaft, die englischem Recht unterliegt und für welche ein "administrator" bezeichnet wird, mit Blick auf die Befugnisse des Letzteren im Vergleich zu denjenigen eines erbrechtlichen Vertreters nach schweizerischem Recht.*
  o Rolle und Funktion des *personal representative* - hier eines *administrator* - nach englischem Recht. Vergleich der Befugnisse des Letzteren mit denjenigen des Willensvollstreckers, des amtlichen Erbschaftsverwalters und des Erbschaftsliquidators im schweizerischen Recht. Annäherung an den Auftrag des Willensvollstreckers und daraus folgender Betreibungsort der Erbschaft (E. 4.4.5).
◊ *Art. 49 LEF; art. 517 seg., 554 cpv. 1 e 593 segg. CC; foro d'esecuzione di una successione retta dal diritto inglese con nomina di un administrator, nell'ottica delle prerogative di quest'ultimo paragonate con quelle di un rappresentante previsto dal diritto successorio svizzero.*
  o Ruolo e funzione del *personal representative* - qui un *administrator* - del diritto inglese. Paragone delle prerogative di quest'ultimo con quelle, nel diritto svizzero, dell'esecutore testamentario, del liquidatore ufficiale o dell'amministratore ufficiale. Similarità con l'incarico dell'esecutore testamentario e conseguenza quanto al foro dell'esecuzione diretta contro la successione (c. 4.4.5).
• **Pra. 108 (2019) Heft 7, Hinweise X.**
  o Der in England Verstorbene hatte keine letztwillige Verfügung getroffen und die Verwaltung seines Nachlasses wurde von Gesetzes wegen einem persönlichen Vertreter übertragen. Vor dem Tod hatte ein Genfer Gericht einen Arrest angeordnet. Das Einspracheverfahren gegen den Arrestbefehl und zwei betreibungsrechtliche Beschwerdeverfahren wurden nach dem Tod sistiert. Der Vertreter sah sich als administrator des Nachlasses gemäss englischem Recht, was mit dem amtlichen Liquidator vergleichbar sei, so dass mit Blick auf Art. 49 SchKG eine Betreibung gegen den Nachlass nicht mehr möglich sei. Insbesondere seinen die Betreibung zur Arrestprosequierung einzustellen und der Arrest aufzuheben. Gemäss den Erwägungen ist die Tätigkeit des administrator am ehesten mit der Tätigkeit des Willensvollstreckers, aber nicht mit jener des amtlichen Liquidators vergleichbar. Art. 49 SchKG wird nicht verletzt mit der Fortführung der Betreibung des Nachlasses zur Prosequierung des Arrests am Ort, wo der Verstorbene oder Erblasser im Todeszeitpunkt betrieben worden ist gemäss der für ihn massgebenden Betreibungsart. Abweisung der Beschwerde in Zivilsachen; Auferlegung der Gerichtskosten an den Beschwerdeführer (Art. 49, 52 SchKG).

10.05.2019
- **Obergericht Zürich LF190029.**
◊ *Testamentseröffnung.*

14.05.2019
- **Bundesgericht 9C 861/2017.**
◊ *II. sozialrechtliche Abteilung - Berufliche Vorsorge - Berufliche Vorsorge*
  o Legitimation von Erben zur Geltendmachung einer Invalidenrente des Erblassers. Abtretung von Ansprüchen der Kinder an deren Mutter.

15.05.2019
- **Bundesgericht 5A 206/2018.**
◊ *II. zivilrechtliche Abteilung - Schuldbetreibungs- und Konkursrecht - Definitive Rechtsöffnung.*
- **dRSK vom 28.08.2019** (Gian Sandro Genna: Sozialversicherungsrechtliche Schadenersatzpflichten gehen auf die Erben über).
  o Der besprochene Entscheid BGer 5A_206/2018 vom 15. Mai 2019 stammt zwar materiell aus dem Sozialversicherungsrecht sowie dem Schuldbetreibungsrecht, äussert sich aber im Kern zu erbrechtlichen Fragestellungen: Das Bundesgericht hält fest, dass sozialversicherungsrechtliche Schadenersatzpflichten (hier nach Art. 52 AHVG) durch Universalsukzession auf die Erben des Verstorbenen übergehen (Art. 560 Abs. 2 ZGB) und sich der überlebende Ehegatte nicht durch ehevertragliche Vereinbarung der Gütergemeinschaft von der Schuldenhaftung befreien kann.

15.05.2019
- **Appellationsgericht Basel-Stadt BES.2018.122.**
◊ *Kostenauflage nach Verfahrenseinstellung (Veruntreuung, ungetreue Geschäftsführung und Falschbeurkundung).*

21.05.2019
- **Tribunal Cantonal Vaud Jug/2019/5.**
◊ *Art. 590 al. 1, art. 842 CC, art. 102, art. 115, art. 312, art. 318, art. 492, art. 496 CO, art. 70 al. 2, art. 83 al. 2 LP: Cédule hypothécaire sur papier, titre au porteur, action en libération en dette, prêt de consommation, mainlevée définitive, cautionnement solidaire, créance garantie sur gage, code de procédure civile cantonal, remise conventionnelle de dette.*

27.05.2019
- **Bundesgericht 5D 110/2019.**
- ◊ *II. zivilrechtliche Abteilung – Erbrecht - Kostenvorschuss (Einsetzung einer Erbenvertretung).*
- o Soweit eine Kostenvorschussverfügung als solche angefochten wird, handelt es sich um einen Zwischenentscheid, der nur unter den besonderen Voraussetzungen von Art. 93 Abs. 1 BGG beim Bundesgericht anfechtbar ist. Art. 98 ZPO gibt dem Gericht die Möglichkeit einen Vorschuss zu verlangen, und dies wird auch regelmässig getan, ein solches Handeln stellt keine Rechtsverletzung dar (E.2).

04.06.2019
- **Tribunal Fédéral 5A 5/2019.**
- ◊ *IIe Cour de droit civil - Droit des successions - frais et dépens (action en partage successoral).*

04.06.2019
- **Bundesgericht 5A 973/2017.**
- ◊ *II. zivilrechtliche Abteilung - Erbrecht - vorsorgliche Massnahmen.*
- o Dans le cadre d'une action en partage (art. 604 CC), compte tenu de la diversité des conclusions envisageables il est souvent difficile et inexact de parler de partie gagnante ou succombante, dès lors que chaque partie reçoit sa part de la succession et perd en même temps toute prétention sur les biens successoraux qui ne lui ont pas été attribués. Selon les circonstances le tribunal peut ainsi répartir les frais selon sa libre appréciation, en les statuant selon les règles du droit et de l'équité (art. 4 CC), conformément à l'art. 107 al. 1 let. f CPC et par dérogation aux art. 106 al. 1, 1 ère phrase et al. 2 CPC. (E. 3.3.1, E. 3.3.2).
- o Auf der Grundlage der Vielfalt der möglichen Schlussfolgerungen im Rahmen einer erbrechtlichen Teilungsklage (Art. 604 ZGB), ist es oft schwierig und ungenau von einer obsiegenden oder unterliegenden Partei zu reden, da jede Partei ihren Anteil am Nachlass erhält und gleichzeitig jeden Anspruch auf die Nachlassgüter, die ihr nicht zugeordnet wurden verliert. Je nach den Umständen kann das Gericht somit die Kosten nach eigenem Ermessen, nach Recht und Billigkeit (Art. 4 ZGB), verteilen, nämlich gemäss Art. 107 Abs. 1 lit. f ZPO und in Abweichung von Art. 106 Abs. 1 Satz 1 und Abs. 2 ZPO. (E. 3.3.1, E. 3.3.2).

07.06.2019
- **Tribunal Fédéral 5A 141/2019.**
- ◊ *IIe Cour de droit civil - Droit des successions - partage successoral (recevabilité de pièces nouvelles, établissement des faits).*

11.06.2019
- **Cour de Justice Genève ATA/1007/2019.**
- ◊ *Art. 1 al. 1, art. 2, art. 16, art. 17 al. 2, art. 19 al. 2, art. 28 LDS; art. 488 al. 1, art. 90 al. 1, art. 491, art. 492 al. 2, art. 531 al. 1 CC. Succession; héritier légal; impôt sur les successions et les donations; fardeau de la preuve; substitution fidéicommissaire; disposition pour cause de mort; droit civil; droit fiscal; interprétations (sens général).*
- o Confirmation de la taxation des droits de succession relative à une substitution fidéicommissaire.

12.06.2019
- **Tribunal Cantonal Vaud HC/2019/575.**
- ◊ *Art. 576 CC: Répudiation (droit successoral), restitution du délai.*

13.06.2019
- **Bundesgericht 5A 475/2019.**
- ◊ *II. zivilrechtliche Abteilung – Erbrecht - Ausstand (Erbschaftsangelegenheit).*

17.06.2019
- **Tribunal Cantonal Vaud HC/2019/587.**
- ◊ *Art. 559 al. 1 CC, art. 106 al. 1, art. 107 al. 1 let. b CPC (CH) Certificat d'héritier, action en contestation, frais judiciaires, dépens.*

20.06.2019
- **Tribunal Fédéral 5A 50/2019.**
- ◊ *IIe Cour de droit civil - Droit des successions - surveillance de l'exécuteur testamentaire.*

20.06.2019
- **Bundesgericht 5A 69/2019.**
- ◊ *II. zivilrechtliche Abteilung – Erbrecht - Auszahlung eines Vermächtnisses.*

- **dRSK vom 10.09.2019** (Alexandra Hirt: Trotz Vernichtung des Widerrufstestaments kein Wiederaufleben des ursprünglichen Testaments).
  - Die Wiederinkraftsetzung eines widerrufenen Testaments durch Widerruf des Widerrufs setzt einen dahingehenden rechtsgeschäftlichen Gestaltungswillen des Erblassers voraus. Das Bundesgericht lässt offen, ob sich ein entsprechender «animus revivendi» formgültig aus einem Widerruf durch Vernichtung ergeben kann.
- **ius.focus 8/2019, 5** (Anmerkungen von Kevin Gretsch).
  - Der Widerruf einer späteren letztwilligen Verfügung durch Vernichtung hat nicht zur Folge, dass eine frühere Verfügung, welche durch die spätere ersetzt wurde, wieder auflebt. Vielmehr setzt das Wiederaufleben der früheren Verfügung eine Willensäusserung des Erblassers in einer gesetzlichen Form voraus.

20.06.2019
- **Tribunal Cantonal Vaud HC/2019/606.**
  - ◊ *Art. 553 al. 1 ch. 3 CC: Dévolution de la succession, inventaire, héritier institué.*

26.06.2019
- **Tribunal Fédéral 5A 176/2019.**
  - ◊ *IIe Cour de droit civil - Droit des successions - destitution de l'exécuteur testamentaire.*

26.06.2019
- **Bundesgericht 9C_874/2018.**
  - ◊ *II. sozialrechtliche Abteilung - Berufliche Vorsorge - Berufliche Vorsorge (Begünstigungserklärung).*

26.06.2019
- **Obergericht Luzern 7H 18 147.**
  - ◊ *Art. 8 Abs. 2 BV; § 3 Abs. 1 lit. c EStG; § 116 VRG. Erbschaftssteuer.*
  - Kinder, deren Vater nach altem Recht adoptiert worden ist, sind gegenüber ihrer Tante zweiten Grades aufgrund der "schwachen Wirkung" der altrechtlichen Adoption als nicht verwandte bzw. entfernt verwandte Personen im Sinn von § 3 Abs. 1 lit. c EStG zu qualifizieren.
- **LGVE 2019 IV Nr. 10.**

28.06.2019
- **Tribunal Cantonal Neuchâtel ARMC.2019.45.**
- ◊ *Art. 602 al. 3 CC, art. 52 CPC: Allégués et preuves nouveaux en procédure de recours. Capacité d'être partie. Représentation d'une communauté héréditaire. Principe de la bonne foi.*
  - En procédure de recours contre une décision de mainlevée, des novas résultant uniquement de la décision attaquée elle-même sont admissibles quand ils concernent des faits dont les parties ont pris connaissance avec le jugement à entreprendre et seulement avec ce jugement (cons. 2). Agit de manière contraire à la bonne foi le créancier poursuivant qui n'informe pas le juge du décès de l'autre créancier poursuivant, intervenu au cours de la procédure de mainlevée (cons. 3).

01.07.2019
- **Bundesgericht 5A_763/2018.**
- ◊ *II. zivilrechtliche Abteilung - Erbrecht - Nichtigkeitsklage / Ungültigkeit aus Erbrecht.*
- **ius.focus 9/2019, 4** (Anmerkungen von Bojan Momic).
- ◊ *Hirnmetastasen führen auch in Kombination mit Cannabiskonsum und einer Morphinmedikation nicht per se zur Urteilsunfähigkeit.*

01.07.2019
- **Bundesgericht 5A_767/2018.**
- ◊ *II. zivilrechtliche Abteilung - Erbrecht - Parteientschädigung (Nichtigkeitsklage / Ungültigkeit aus Erbrecht).*

04.07.2019
- **Sozialversicherungsgericht Zürich UV.2019.00132.**
- ◊ *Suizid. im massgebenden Tatzeitpunkt ermangelte es dem Versicherten nicht gänzlich an der Fähigkeit, vernunftmässig zu handeln. Kein Leistungsanspruch der Eltern des Verstorbenen.*

09.07.2019
- **Kantonsgericht Schwyz ZK1 2018 10.**
- ◊ *Erbteilung. Vorabverteilung.*

10.07.2019
- **Bundesgericht 5A 722/2018.**
- ◊ *II. zivilrechtliche Abteilung - Erbrecht - Ungültigkeit eines Ehe- und Erbvertrages.*

10.07.2019
- **Tribunal Cantonal Vaud HC/2019/635.**
- ◊ *Art. 604 al. 1 CC, art. 3, art. 580 CPC, art. 59 al. 2 let. a CPC (CH): Droit des successions, action en partage, maxime de disposition, réparation des frais.*

11.07.2019
- **Tribunal Cantonal Vaud HC/2019/697.**
- ◊ *Art. 142 al. 1, art. 143 al. 1 CPC, art. 133 CDPJ: Certificat d'héritier, observation du délai, convention (notification à l'étranger de documents en matière administrative), Italie, la Poste, décision d'irrecevabilité.*

17.07.2019
- **Kantonsgericht Schwyz ZK2 2019 1.**
- ◊ *Beschwerde gegen Willensvollstrecker.*

18.07.2019
- **Tribunal Fédéral 4A 522/2018.**
- ◊ *Ire Cour de droit civil - Droit des contrats - droit des héritiers aux renseignements contre la banque du défunt, délimitation en matière internationale entre le droit de nature contractuelle et le droit de nature successorale.*

18.07.2019
- **Bundesgericht 5A_1/2019.**
- ◊ *II. zivilrechtliche Abteilung – Erbrecht - Anordnung einer Erbenvertretung.*

23.07.2019
- **Kantonsgericht Schwyz ZK1 2018 18.**
- ◊ *Erbteilung, Auskunftsansprüche.*

23.07.2019
- **Tribunal Cantonal Vaud HC/2019/746.**
- ◊ *Art. 594 CC, art. 106 al. 1 CPC, art. 159 CDPJ: Juridiction gracieuse, legs, droit des successions, décision sur frais.*

05.08.2019
- **Bundesgericht 5A 601/2019.**
- ◊ *II. zivilrechtliche Abteilung - Erbrecht - Testamentseröffnung.*

05.08.2019
- **Bundesgericht 5A 814/2018.**
- ◊ *II. zivilrechtliche Abteilung – Erbrecht – Erbteilung.*

06.08.2019
- **Kantonsgericht St. Gallen BO.2017.36.**
- ◊ *Art. 494 Abs. 3 ZGB: Anfechtungsklage; Vereinbarkeit lebzeitiger Schenkungen mit einem Erbvertrag; Vertragsauslegung; Ausgleichungsdispens. Art. 527 Ziff. 1 ZGB: Herabsetzung; Qualifikation von Grundstücksübertragungen mit Nutzniessungs- bzw. Wohnrechtsvorbehalt zugunsten der (späteren) Erblasserin; Beweis des Zuwendungswillens der Erblasserin.*

13.08.2019
- **Tribunal Cantonal Vaud HC/2019/750.**
- ◊ *Art. 517 al. 3 CC, art. 125 al. 2 CDPJ: Exécuteur testamentaire, honoraires, indemnité équitable, compétence.*

19.08.2019
- **Bundesgericht 2C 484/2018.**
- ◊ *II. öffentlich-rechtliche Abteilung -Grundrecht - Entschädigung für Todesfeststellung.*
- o Wenn die Erben den Nachlass ausschlagen, hat das Gemeinwesen die Entschädigung für die Todesfeststellung zu übernehmen, weil mit dem Beizug eines Arztes zur Ausstellung der ärztlichen Bescheinigung ein öffentlich rechtliches Rechtsverhältnis eingegangen wird, für welches gestützt auf das Bundesprivatrecht als subsidiär anwendbarem kantonalen Recht eine Vergütung geschuldet ist.

21.08.2019
- **Verwaltungsgericht Zürich SR.2019.00001.**
- ◊ *Nachsteuerverfahren: Umstritten ist, ob die hinterzogenen Werte dem Verstorbenen oder seiner Ehefrau zuzurechnen sind, was eine Nachsteuerperiode von drei bzw. zehn Jahren umfassen würde.*
  - o Die streitbetroffenen Vermögenswerte sind einer transparent zu behandelnden Familienstiftung zugeteilt und werden grundsätzlich der die Stiftung kontrollierenden Person, in der Regel dem Stifter, steuerlich zugerechnet (E. 4.6.1). Gründer und Stifter der Stiftung ist der verstorbene Ehemann. Im Widerspruch dazu stehen Unterlagen zweier Banken, welche die Ehefrau als wirtschaftliche Berechtigte an diesen Werten nennen. Die Ehefrau hat sich indes nie persönlich gegenüber den Banken als Berechtigte erklärt oder ausgewiesen (E. 4.6.2).
  - o Im Lichte dieser letztlich wenigen und gegenläufigen Indizien kann nicht mit an Sicherheit grenzender Wahrscheinlichkeit davon ausgegangen werden, dass die zu Unrecht nicht deklarierten Werte der Ehefrau zuzurechnen sind. Das Steueramt hat die steuerbegründenden Tatsachen nachzuweisen und die Folgen der Beweislosigkeit zu tragen (E. 4.6.3).

22.08.2019
- **Bundesgericht 2C 657/2018.**
- ◊ *II. zivilrechtliche Abteilung - Erbrecht - Aufsicht über den Willensvollstrecker.*

23.08.2019
- **Bundesgericht 5A 940/2018.**
- ◊ *II. zivilrechtliche Abteilung - Erbrecht - Aufsicht über den Willensvollstrecker.*

03.09.2019
- **Bundesgericht 5A 126/2019.**
- ◊ *II. zivilrechtliche Abteilung - Erbrecht – Offenlegungspflicht.*

03.09.2019
- **Tribunal Fédéral 5A 257/2019.**
- ◊ *IIe Cour de droit civil - Droit des successions - droit foncier rural; valeur de rendement (partage successoral).*

03.09.2019
- **Bundesgericht 5A 666/2019.**
◊ *II. zivilrechtliche Abteilung - Erbrecht - Einsetzung einer Erbenvertretung.*

03.09.2019
- **Bundesgericht 5F 10/2019.**
◊ *II. zivilrechtliche Abteilung - Erbrecht - Revisionsgesuch gegen das Urteil 5A_893/2018 des Schweizerischen Bundesgerichts vom 10. April 2019.*

04.09.2019
- **Tribunal Fédéral 5A 603/2019.**
◊ *IIe Cour de droit civil - Droit des successions - succession (certificat d'héritier).*

10.09.2019
- **Tribunal Fédéral 5A 286/2019.**
◊ *IIe Cour de droit civil - Droit des successions – partage successoral (recevabilité de la demande).*

30.09.2019
- **Tribunal Cantonal Vaud HC/2019/712.**
◊ *Art. 552 CC, art. 326 CPC, art. 104 CDPJ: Scellés.*

Weitere, laufend nachgeführte Entscheide (und dazu gehörende Leitsätze) finden Sie auf dem Internet (www.successio.ch) bei der online-Ergänzung von successio, der Zeitschrift für Erbrecht, unter der Lasche "successio online", in der Rubrik "Entscheide".

Z. Kantonale Behörden und Gerichte in Erbschaftssachen

1. Errichten von (öffentlichen) Testamenten und Erbverträgen
2. Eröffnung von Testamenten und Erbverträgen
3. Ausschlagung / öffentliches Inventar
4. Ausstellen des Willensvollstreckerausweises
5. Ausstellen der Erbbescheinigung

Kanton	1	2	3	4	5
AG	Notar	Bezirksgerichtspräsident	Bezirksgerichtspräsident	Bezirksgerichtspräsident	Bezirksgerichtspräsident
AI	Erbschaftsamt	Erbschaftsamt	Erbschaftsbehörde	Erbschaftsamt	Erbschaftsamt
AR	Gemeindeschreiber (Erbschaftsamt)	Gemeinderat (Erbschaftsamt)	Gemeinderat (Erbschaftsamt)	Gemeinderat (Erbschaftsamt)	Gemeinderat (Erbschaftsamt)
BL	Zivilrechtsverwaltung (Erbschaftsamt) / Notar	Zivilrechtsverwaltung (Erbschaftsamt)	Zivilrechtsverwaltung (Erbschaftsamt)	Zivilrechtsverwaltung (Erbschaftsamt)	Zivilrechtsverwaltung (Erbschaftsamt)
BS	Notar	Vorsteher Erbschaftsamts	Erbschaftsamt	Vorsteher Erbschaftsamt	Vorsteher Erbschaftsamt
BE	Notar	Einwohnergemeinderat	Regierungsstatthalter	Einwohnergemeinderat / Notar	Einwohnergemeinderat / Notar
FR	Notar	Friedensrichter / Notar	Präsident Bezirksgericht	Friedensrichter / Notar	Friedensrichter mit Notar

Z. Kantonale Behörden und Gerichte in Erbschaftssachen

1. Errichten von (öffentlichen) Testamenten und Erbverträgen
2. Eröffnung von Testamenten und Erbverträgen
3. Ausschlagung / öffentliches Inventar
4. Ausstellen des Willensvollstreckerausweises
5. Ausstellen der Erbbescheinigung

Kanton	1	2	3	4	5
GE	Notaire	Juge de paix	Juge de paix (Greffe des succesions)	Juge de paix	Notaire / Juge de paix
GL	Ermächtigte Anwälte	KESB (Erbschaftsamt)	Präsident Kantonsgericht	KESB (Erbschaftsamt)	KESB (Erbschaftsamt
GR	Kreis-Notar	Einzelrichter am Regionalgericht	Einzelrichter am Regionalgericht	Einzelrichter am Regionalgericht	Einzelrichter am Regionalgericht
JU	Notaire	Recette et Administration de district / Notaire	Juge administratif	Notaire	Notaire
LU	Notar	Teilungsbehörde	Teilungsbehörde	Teilungsbehörde	Teilungsbehörde
NE	Notaire	Notaire	Tribunal régional / Notaire	Notaire	Notaire
NW	Landschreiberei, Amtsnotar, Handelsregisterführer, Gemeindeschreiber, Anwälte m. Wohnsitz	Kommunale Teilungsbehörde	(Kant.) Konkursamt, Abteilung für öffentliche Inventarisationen	Kommunale Teilungsbehörde	Kommunale Teilungsbehörde

Z. Kantonale Behörden und Gerichte in Erbschaftssachen

1. Errichten von (öffentlichen) Testamenten und Erbverträgen
2. Eröffnung von Testamenten und Erbverträgen
3. Ausschlagung / öffentliches Inventar
4. Ausstellen des Willensvollstreckerausweises
5. Ausstellen der Erbbescheinigung

Kanton	1	2	3	4	5
OW	Kantonaler Amtsnotar, Gemeinde-Notare, Notar	Einwohnergemeinderat	Einwohnergemeindepräsident, Obergerichtskommission	Einwohnergemeinderat	Gemeindeschreiber / Einwohnergemeindepräsident
SG	Amtsnotariat, Rechtsanwalt mit SG Patent	Amtsnotariat	Amtsnotariat	Amtsnotariat	Amtsnotariat
SH	Erbschaftsbehörde	Erbschaftsbehörde	Erbschaftsbehörde	Erbschaftsbehörde	Erbschaftsbehörde
SZ	Gemeindeschreiber, Notar, Rechtsanwalt	Einzelrichter	Erbschaftsamt	Einzelrichter	Einzelrichter
SO	Amtschreiberei, Notar	Amtschreiberei (Erbschaftsamt)	Amtschreiberei (Erbschaftsamt)	Amtschreiberei (Erbschaftsamt)	Amtschreiberei (Erbschaftsamt)
TG	Notariat	Notariat	Bezirksgerichtspräsident	Notariat	Notariat
TI	Notaio	Pretore	Pretore	Pretore	Pretore
UR	Notar	Gemeinderat	Gemeinderat	Gemeinderat	Gemeinderat
VD	Notaire	Juge de paix	Juge de paix	Juge de paix	Juge de paix
VS	Notar	Gemeinderichter	Bezirksrichter	Gemeinderichter	Gemeinderichter

1. Errichten von (öffentlichen) Testamenten und Erbverträgen
2. Eröffnung von Testamenten und Erbverträgen
3. Ausschlagung / öffentliches Inventar
4. Ausstellen des Willensvollstreckerausweises
5. Ausstellen der Erbbescheinigung

Kanton	1	2	3	4	5
ZG	Einwohnerkanzlei, Gerichtskanzlei	Erbschaftsbehörde	Kantonsgerichtspräsident	Erbschaftsbehörde	Erbschaftsbehörde
ZH	Notariat	Einzelgericht	Einzelgericht	Einzelgericht	Einzelgericht

Zu weiteren Details siehe
- Hans Rainer Künzle, **Berner Kommentar** zu Art. 517-518 ZGB, Bern 2011, Art. 517-518 ZGB N 25 (Eröffnung), N 35 (Willensvollstreckerausweis), N 49 (Erbbescheinigung) und N 105 (Öffentliches Inventar) sowie
- **successio online** (www.successio.ch) unter der Rubrik "Zuständigkeiten".

KENDRIS Ansprechpartner im Bereich der Steuer- und Nachfolgeplanung

(www.kendris.com)
(Partner, Direktoren, Of Counsels)

ZÜRICH

KENDRIS AG
Wengistrasse 1
Postfach
CH-8021 Zürich 4

Telefon	+41 58 450 50 00
Fax	+41 58 450 59 23

Steuerberatung:	Albert Klöti, dipl. Steuerexperte (Of Counsel)
	a.kloeti@kendris.com
	Christian Lyk, Fürsprecher, dipl. Steuerexperte, LL.M.
	c.lyk@kendris.com
	Olivier Weber, Rechtsanwalt, dipl. Steuerexperte
	o.weber@kendris.com
	Andreas Blättler
	a.blaettler@kendris.com
	Jeanine Blumer
	j.blumer@kendris.com
	Cecilia Stenberg, dipl. Steuerexpertin
	c.stenberg@kendris.com
Rechtsberatung:	Prof. Dr. Hans Rainer Künzle, Rechtsanwalt (Of Counsel)
	h.kuenzle@kendris.com
	Raphael Cica, Rechtsanwalt, LL.M.
	r. cica@kendris.com
	Nicole Figi, LL.M.
	n.figi@kendris.com

AARAU

KENDRIS AG
Mühlemattstrasse 56
CH-5001 Aarau

Telefon	+41 58 450 58 00
Fax	+41 58 450 58 52

Steuerberatung: Fabian Lüscher, dipl. Steuerexperte
f.luescher@kendris.com

Rechtsberatung: Raphael Cica, Rechtsanwalt, LL.M.
r.cica@kendris.com

Nachfolgeplanung für KMU: Dieter Knapp, dipl. Controller SIB / dipl. Immobilientreuhänder
d.knapp@kendris.com
Kevin Dietiker, dipl. Treuhandexperte
k.dietiker@kendris.com

BASEL

KENDRIS AG
Steinengraben 5
CH-4002 Basel

Telefon	+41 58 450 52 00
Fax	+41 58 450 58 52

Steuerberatung: Olivier Weber, Rechtsanwalt, dipl. Steuerexperte
o.weber@kendris.com

Rechtsberatung: Raphael Cica, Rechtsanwalt, LL.M.
r.cica@kendris.com

GENF

KENDRIS AG
Avenue Louis-Casï 86A
CH-1216 Cointrin

Telefon	+41 58 450 57 00
Fax	+41 58 450 57 50

Steuerberatung: Olivier Weber, Rechtsanwalt, dipl. Steuerexperte
o.weber@kendris.com

Rechtsberatung: Thomas Narbel, lic. iur., TEP, SACTM
t.narbel@kendris.com
Anne Perret, lic. iur., MASIT
a.perret@kendris.com

WIEN (Österreich)

KENDRIS GmbH
Argentiniergasse 21
A-1040 Wien

Telefon	+43 1 504 73 24-0
Fax	+43 1 504 73 24-10

Christian Lyk, Fürsprecher, dipl. Steuerexperte, LL.M.
c.lyk@kendris.com

Larnaca (Zypern)

KENDRIS (Cyprus) Ltd.
50 Spyrou Kyprianou Avenue
Irida Tower 3, Floor 6
CY-6057 Larnaca

Telefon   +357 24 631300

Steuerberatung: Christian Lyk, Fürsprecher, dipl. Steuerexperte, LL.M.
                         c.lyk@kendris.com